主　办

教育部人文社会科学重点研究基地
上海师范大学都市文化研究中心
上海高校都市文化 E- 研究院

主　编

苏智良　陈　恒

编　委（以姓氏笔画为序）

王安忆　王　旭　王晓明　许纪霖　孙　逊　苏智良　杨远婴　杨剑龙　陆伟芳
陈思和　周大鸣　周振华　唐力行　葛剑雄　詹　丹　熊月之　潘建国　薛　义

本书系国家社科基金重大招标项目多卷本《西方城市史》（17ZDA229）阶段性成果

都市文化研究
Urban Cultural Studies

Knowledge,
Power and the City

中文社会科学引文索引 (CSSCI) 来源集刊

第 27 辑

知识、权力与城市

上海三联书店

CONTENTS | 目
　　　　　　　录

城市史

城市与社会

艺术中的都市文化

光启评论

城市史

从知识、权力到秩序：王朝统治意志与地方意识的博弈

——以明清方志的编纂与传播为例

孙 波

摘　要:明清时期方志的编纂,常以统治阶级收集地方信息为肇始,其间承载着王朝统治意志。实际的编纂过程需要地方士绅执行,由于方志承载的"知识"展现着权力来源的功能,因而编纂方志的实质是王朝统治意志与地方意识之间的博弈。虽然编纂者常秉持"忠于史实"的情怀,但在权力攫取的过程中,方志内容终究失于客观真实。编纂者也成为了区域性叙事这个行为面前的无意识者。官方意志在下探的过程中,由于资金短缺以及执行问题,必须通过让渡一部分权力,以折中的方式与接手编纂的地方士绅们形成一种不成文的、类似于契约的权力传递形式,并从中获得更多合法性。在传统的实体权力结构下,知识的传递像一个纺锤形结构,广义上的知识成为秩序的具体表现。方志、书籍等印刷品作为知识的物质化载体,也就成为了秩序建立过程中不可或缺的一环。

关键词:明清方志　王朝统治意志　地方意识　新文化史

方志编纂历史悠久,传世数量较多,故而常被用作史学研究的资料。受西方后现代史学思潮影响,国内学者已经逐渐注意到以分析文本的视角来考察方志编纂的历史情境,从而跳脱出实证主义还原历史的窠臼,探究历史文本与历史之间的间隙。此类研究已有著述如孙正军《魏晋南北朝史研究中的史料

批判研究》、①包伟民《说"坊"——唐宋城市制度演变与地方志书的"书写"》、②李晓方《传记书写与皇权攀附:清代瑞金县志对谢长震的形象建构》③等,总结了历史书写的主要研究方法,以及从文本上剖析了方志蕴含的权力格局、理学教化、宗族关系、地方意识等问题。④然而既有讨论多以讨论文本为核心,未曾深入到知识史的层面。知识史涵盖科学、风俗、书籍、文化等多个方面,涉及人与人、人与自然、人与社会、人与时空等多个维度,对东西方文明的全球化融合也有巨大的推动力。⑤当然,在我们审视知识史的力量之时,也需要明白知识的"革命"需要社会多方面的共同变革、需要社会群体广泛的传播,才能发挥其潜能。在这方面,成一农、陈松在《中国古代的河源图研究——基于知识史的一些解读》已经有所提及。⑥

本文拟以讨论方志的编纂、生产与传播过程,连接王朝统治意志及地方意识,并从知识史的角度来厘清知识如何通过影响权力,进而影响社会秩序。

一、"忠于史实"? ——修志动因背后的权力攫取

方志的体裁沿革,最早可以追溯到周朝时期。彼时应周天子的要求,诸侯进献各自属地的地图,由此可见最初编纂方志的主要目的是记录地理信息。⑦先秦时期,各国管辖面积不大,既已修史,按理说不必再专门修志,加之方志在早期多被史家称作"郡书""郡国地志"等,因而也有学者如仓修良等推断,方志实起源于两汉之地记,⑧并经由隋唐五代之图经的过渡演化,时至 13 世纪,方志的体例已经大有扩展,逐渐涵盖了地理信息、历史记录、文学著作与政府档案,更像是一个混合类型的、杂烩式的知识集合。从体例上看,方志与史书的最大区别在于方志以地域范围为基准坐标,史书则以王朝更迭为时段架构。

---

① 孙正军:《魏晋南北朝史研究中的史料批判研究》,《文史哲》2016 年第 1 期。
② 包伟民:《说"坊"——唐宋城市制度演变与地方志书的"书写"》,《文史哲》2018 年第 1 期。
③ 李晓方:《传记书写与皇权攀附:清代瑞金县志对谢长震的形象建构》,《上海师范大学学报(哲学社会科学版)》2014 年第 6 期。
④ 周毅:《方志研究中的"历史书写"研究范式——一个方志研究的新取向》,《中国史研究动态》2019 年第 2 期。
⑤ 陈恒:《知识史研究的兴起及意义》,《光明日报》2020 年 12 月 21 日。
⑥ 成一农、陈松:《中国古代的河源图研究——基于知识史的一些解读》,《学术研究》2020 年第 6 期。
⑦ 唐雅芝:《方志地图的起源与发展》,《社会科学战线》1991 年第 3 期。
⑧ 仓修良:《方志学通论》,华东师范大学出版社 2014 年版,第 60 页。

　　与史书的发展脉络不同,方志在宋代方确定体裁,然有宋两朝留存至今的方志不足三十部。元时蒙人代汉,也只有十余部方志幸免于佚亡。明代的方志数量出现井喷,所留逾千,此势直至后世。方志在 12—18 世纪的中国蓬勃兴起,或体现了一种王朝观念影响下,地方意识逐渐兴起的趋势。根据包弼德的说法,方志是以士大夫为主的精英阶层,对于"国家"概念的重新建构。①诚然,这种建构的本质,仍然依托于以"想象"为基础的融合模式。

　　戴思哲在其新作《中华帝国的方志的书写、出版与阅读(1100—1700)年》中,着力探究了方志编纂的背后动因。对于官方来说,方志在内容上,意味着统治范围内的具体信息;在形式上,以"凡例"的推广来扩大其权力的合法性。②前者是长期不变的统治刚需,后者则会随着政治生态的变化有所浮动。在地方修志的层面上,地方官员、文人和大族为代表的精英阶层,通过修志的方式建立符合自身利益的话语体系,谋取个人与宗族地位的提升,本质上亦是对权力的攫取。

　　以明末清初封丘县的李氏家族为例,该家族自顺治时期修纂县志时,便开始尝试把方志当成提升家族声望的平台。万历四十三年,岳州府通判李日敬参与了《封丘县志》的订正工作。到了清代,《封丘县志》由知县余缙修,李嵩阳纂。李嵩阳系封丘本县人,李日敬之孙,举人,曾督学江南,任浙江温处道右参议。③而在康熙十九年所修纂的《封丘县志》中,李姓编纂人员已经占据修志主体的半壁江山,含时任封丘县知县的王赐魁在内,共计 15 人参与修志,姓李的就有 7 人。其中李承统、李承绂、李承纶、李大任和李湛与李嵩阳有亲属关系:李承统为嵩阳之子,岁贡;李承绂为嵩阳祖日敬之曾孙,承统之堂兄弟,进士;李承纶同为日敬之曾孙,援例廪监;李湛则是嵩阳之孙,承统之子,贡生;李大任是嵩阳弟载阳之孙。④在康熙时的县志"艺文"一卷,李日敬的三个孙子嵩阳、载阳和岱阳均有传记,如知县王赐魁分别为李嵩阳、李载阳所作的《广文李公传》《观察李公传》,以及教谕李会生为李岱阳作的《汾阳令李公小传》等。由于后代在当地方志编纂中发挥的作用,李嵩阳的高祖、曾祖、大父及父母亲都

---

① 参见 Bol, Peter K. The Rise of Local History: History, Geography, and Culture in Southern Song and Yuan Wuzhou. *Harvard Journal of Asiatic Studies* 61, no.1, 2001。

② 戴思哲:《中华帝国的方志的书写、出版与阅读(1100—1700 年)》,向静译,上海人民出版社 2022 年版,第 37—48 页。

③ 见于顺治《封丘县志》。

④ 见于康熙《封丘县志》。

受到了封荫。①从明末清初的《封丘县志》修纂来看,参与方志编纂的家族的名声和地位得到了加强。

值得一提的是,戴思哲的研究思路明显受到罗杰·夏蒂埃、罗伯特·达恩顿等人书籍史观中"文化史转向"的影响,虽然其在书中多次提到方志编纂者在修志上投入了大量物力人力,对考证辑录也下了很大功夫,但戴思哲也承认方志的编纂并非对事实的客观描述。戴氏提及的新视角是将纷繁的方志看作整体来研究,以往方志研究者多是从方志中拣取所需要的细节材料,但却忽视了具备齐一体例的方志,在多角度上代表着王朝统治意志的宏观政治逻辑。

例如在边疆地区,汉字作为一种占优势的书写体系,通过边疆修志的方式,将其书写体系带到了边疆,进而成为边疆地区土著社会的主流语言。书面化的历史比口头化的历史更容易留存,也就更容易传播,还能提供一个知识平台去进行后续的历史增殖过程。如嘉靖《河州志》的"后序"中阐明了这种功能:"予惟中国之所以异于外夷者,以其有文章也。志又文章之显著切要者也。居中国而无志,是无文章也。无文章则亦何贵于居中国哉!是故大而王畿,次而一省,又次而一郡一邑,莫不有志。凡以修文教以别中外也。"②

同样的故事亦发生在西南地区,如明代云南寻甸罢土官而设府,并以方志作为向"蛮夷之地"强力推行华夏文化的方式,"寻昔为土部,无文也,后改为流设,人文渐著,兹采而刻之者,非无谓也"。③嘉靖《普安州志》也有记载:"普安旧为夷地,前代无文献可征。郡志一修于永乐,时尚草昧,历代圣圣相承,化洽遐域,人物文章渐盛。"④在这样的作用下,即便是地方土著在编纂族谱时,也逐渐开始使用汉字,地方语言文字的生命力急剧下降,遑论地方语言文字写成的文学作品。中原王朝使用汉字实现了对原有地方语言文字的迭代,构建出全新的秩序体系,也随之获得了源于其中的合法性。简而言之,方志利用其文本,自上而下地协助了王朝统治意志的传播。

明代方志编纂开始着力强调方志的意义和性质,编纂者看待方志的性质基本上等同于史。"夫郡之有志,犹国之有史也。史载天下之事,其所书者简

---

① 见于康熙《封丘县志》。
② 《河州志》,清康熙四十六年点校本,第 250 页。
③ 嘉靖《寻甸府志》2 卷下。
④ 嘉靖《普安州志》,《天一阁藏明代方志选刊》,第 13a—13b 页。

而严；志纪一郡之事，其所书者详以尽。"①杨宗气在《嘉靖山西通志》中的序中更加直截了当地表示："治天下以史为鉴，治郡国以志为鉴。"②仓修良认为，"六经"在明代的地位已经出现了动摇。经学在西汉成为了王朝统治的主导意识形态。汉文帝设置经学博士，汉景帝时则有《公羊传》以宣扬"大一统"思想，汉武帝罢黜百家独尊儒术，进一步将经学的地位拔高到史学所远不能及。③然而自宋末陆九渊"六经注我"、明代王阳明"六经皆史"启，王世贞、李贽等人都认为经典不可不变，任何道理都需要依托史来承载与表现，经学所代表的中央王朝观念，受到了以史为纲的地方意识的强烈冲击。这种史学对于经学后来居上的反超之势，恰是发生在方志体例趋于定型并得以蓬勃发展的时段。应当说这并非巧合，在某种程度上，方志编纂最主要的出发点仍是上层统治阶级的意志，实际产生的效果则伴随着地方意识的崛起有所偏移。

口头语言相比书面文字，在继承与传播上的天然劣势是显而易见的，语言一旦被书面记录下来，阅读它的参考背景和诠释方式即发生改变。从年鉴学派的观点来看，文本的创造者在创造的伊始及过程中，都希望通过设定规则来进行秩序的建构。无论是文本、主题抑或是物质形态、权力规范，皆是如此。同时读者在进行阅读的过程中，也在不断地进行二次解读，根据这个逻辑，方志作为一种书面知识形式，既承载着规则设定，也承载着权力传递。王朝统治阶层向方志编纂者下放权力，方志编纂者则向王朝统治阶层索取权力，这形成了一种对冲，而且这种对冲的力量，不一定是均衡的。上层权力与下层权力之间的关系，也会因为实际形势的不断变化而变化。

在以整个国家为基底的权力层级之中，下游的权力对接者不可避免地会落到世家宗族身上。例如方志原本意在记载统治范围内的信息，但由于权力架构的变化，与族谱这种记载宗族组织信息的形式之间出现了融合。从客观来讲，在明清鼎革所造成的大量文献被破坏与佚失，以及清初近百年不修志的情况下，族谱成为方志编纂者不得不倚重的主要民间文献之一。有研究表明，那些掌握了方志编纂权的姓氏宗族，会通过在方志中的人物志为宗族成员立传，在艺文志中收录宗族成员诗文，在其他各个卷类、门目中设法安插有利于

---

① 道光《肇庆府志》序。
② 《嘉靖山西通志》，明嘉靖四十三年刻本。
③ 仓修良、夏瑰琦：《明清时期"六经皆史"说的社会意义》，《历史研究》1983 年第 6 期。

彰显宗族地位的资料,从而达到提升家族威望与地位的目的。这也使得方志的修纂带有浓郁私家族谱的色彩,呈现出方志族谱化的特征。[①]如前引明末清初封丘地方志编纂中的李氏家族正是通过在方志的各个卷目中收录对家族有利的材料,以提升家族地位。更有极端的例子,明嘉靖年间所纂的《马湖府志》中的"序"载,"马湖旧志载安氏事详而侈,殆家乘也,故不足观"。[②]言下之意就是安氏土官在其世袭期间将方志变得就像一部自家的族谱。有趣的一点是,即便文本在创造和传播上的先天缺陷势必会偏离客观事实,许多方志的编纂者本身,仍然具备着强烈的"忠于史实"的情怀。只是他们往往无意识地陷入权力传递的过程。如明万历《钱塘县志》的编纂者聂心汤在该志的自序中所定的编纂纲领"因义起例,厘为十纪":"考城郭阡陌赋役食货,吾得纪疆;考湖山泉源形势络绎,吾得纪胜;考辟举科贡封锡,吾得纪土;考鸿硕名贤淑懿高行,吾得纪献;考灾祥风俗,吾得纪事;考古今艺林著述,吾得纪文。而仙释方伎与异事丛谈、寰中物外之奇,则以外纪附见。"[③]

这种按照"史实"分门别类的资料组合编纂方式是当时大多数编纂者所采用的方志纂述模式。编纂者通过考察和收集地方性材料,虽然可以尽可能反映王朝一方土地的人文风俗、地方社会的情况,但在编纂者选取材料、编排顺序的过程中无意中加入了其主观意识,建构属于编纂者心目中的地方性知识。从个体角度来看,他们有着强烈的自我意识,然而从更加宏观且抽象的角度来看,他们变成了区域性叙事这个行为中的无意识者。

只要方志的编纂行为开始,各人的意识及语言转向书面,那么文本就开始了客体化的过程。这种无意识的集体行为也常常彼此之间出现互动,官方与接受其下放摊派编纂任务的地方士绅,包括参与编纂的不同宗族,以及少数的编纂者和多数的阅读者之间都会产生相应的联系,也就是为人熟知的"共同体"。一旦文本的创造者、方志的编纂者出现了合作的情况,那么关于内容的描述撷取、权力的拉扯竞争就会使得方志更加远离事实,同时在规模以及版本上出现扩大和迭代。如明清时期畿辅地区方志修纂的类型,无论是修纂合一,还是修纂分开,或是混合等类型,不管是属于官督学修,或是官督绅修、官督僚佐修等,都直接地与官联系在一起,行政权力支配着方志

---

① 李晓方:《地方县志的族谱化:以明清瑞金县志为考察中心》,《史林》2013年第5期。

② 嘉靖《马湖府志》序言。

③ 万历《钱塘县志》自叙,第5b页,清光绪十九年刊本。

的编纂。①即便是远离权力中心的江南地区,以丁忧、致仕官员领衔的居乡士绅也掌握了各自地方的方志编纂主导权。②这也说明,单纯讨论权力本身是无意义的,权力需要被安置在它的承载者身上时,才能被更好地纳入社会之中并进行研究。这实际上也是受到了福柯微观权力以及后现代思潮中语言学转向的复合式影响。传统的社会史研究范式专注于还原出历史真相,但又没能意识到自己所追寻的、具备强烈情怀的求真行为,实质上与编纂地方方志的士绅们"忠于史实"的自我意识如出一辙。

二、权力影响下方志的非商业化传播

在方志的出版过程中,刻工的流动性证明了方志编纂行业范围的扩张。传统的出版中心如南京、杭州等城市自明代中叶以来就占据着行业内的主导地位,但方志上的做工资讯信息则清楚地显示,刻工不再固守作坊接受官衙送来的任务,转而以上门服务的形式进行本地以及跨省的刻印作业。戴思哲认为,由于修志者们认为刊印本的方志能够促进方志流通,且便于保存,有利于快速满足地方官员的需求,又能在地方上广泛流传。因此,相较于手抄本,他们更倾向于选择方志刊印。那么,这些在某地衙门或者儒学里从事雕版制作的工匠便由于市场的需要变得更具流动性。从戴氏的研究中,我们还可以看到,北京、江西等地都有大量的刊印工匠,还有很多工匠生活在我们视为"外围"的地区。他的研究揭示了在那些远离文化中心的地方,人们依然能够刊印书籍与其他文献,参与到主流文化当中,同时也揭示了刊印工匠们的工作区域在范围上可能是跨地区的。③当方志这个产业链的社会需求变大,调动起了匠人流动作业的积极性。需求作为供应的驱动力,也引发了出版中心的多元化。归根结底,出版物在需求和市场上的扩大,体现出的是知识传播范围、传播强度的扩大。

方志的经费来源有政府指定的款项,又常下沉成摊派费用或是里甲费用

① 秦进才:《明清畿辅方志修纂类型与修纂群体初探》,《河北师范大学学报(哲学社会科学版)》2014年第6期。

② 范莉莉:《明代方志书写中的权力关系——以正德〈姑苏志〉的修纂为中心》,《安徽大学学报(哲学社会科学版)》2015年第3期。

③ 戴思哲:《中华帝国方志的书写、出版与阅读(1100—1700)》,向静译,上海人民出版社2022年版,第220—221页。

的形式,其他类型的征收也常用于此。由此可见,方志编纂时的初衷并非以商业化、以营利为目的。由于方志编纂所需的高昂开支,地方官员个人以及实际编纂组织的捐助也是必不可少的。戴思哲的研究表明,最常见的方志筹款方式是由修志当地的官员们捐俸,如大德《南丰县志》的主修者知县李彝便在志序中言:"捐俸募匠,刻诸梓,同僚协志乐助,司属府使偕州里诸贤咸致力,书是以成。"①虽然有很多记载表明方志的经费来自一名知府或知县的捐助,但一部方志的总体开支并不是某一名知府或者知县那点微薄俸禄所能承担的。在这种情况下,许多官员还是会向他们的同僚寻求捐助。而当地方官员不愿意自掏腰包或者使用官方经费来刊印方志时,往往就会由编纂方志的成员与其他地方人士共同承担相关的开支。有些方志的经费可能由地方上大量的捐助者共同筹集,一般先由地方官员首倡捐助,其他人受到鼓舞后纷纷解囊。②这样的行为常被认为是荣誉,荣誉的背后当然与权力的传递有着直接联系。对于方志编纂的组织者们来说,个人的家国情怀、留笔于历史的荣誉、对于权力的渴望交织在一起,正如方志本身内容上的混合性。方志编纂的动机,也是混合因素之间的妥协与对抗。

早期方志非商业化的传播特点,推证了其代表的权力性质仍然是实体化的权力。实体化权力典型的特征就是强制民众遵守其统治意志。这意味着权力更集中在少数人手里,也意味着对大多数群体更强的管控。在面对知识传播时,这种对比更为显著。民间通俗出版物的内容,以迎合民众为主,以赚取利润为导向,对于知识或是信息的选择势必多元化。方志与民间出版物的最大区别即在于此。方志编纂的发起者多为官方,承接者则多为士绅精英,阅读者虽然名义上覆盖普罗大众,甚至不乏村落妇女,但实际情况恐怕没有这般理想。首先阅读的形式即影响阅读者获取知识与信息,即便迟至明清时代,地方民众的识字率也不乐观。③如果说可以通过识字之人进行朗读,那么朗读倾听与个人默读的形式差异,又会造成文本之外的知识信息获取差异。正如罗杰・夏蒂埃"三次革命"中的第一次革命描述的那样,朗读转向默读,使得身体

---

① 见于民国《南丰县志》原序二,第 3b 页。
② 戴思哲:《中华帝国方志的书写、出版与阅读(1100—1700)》,向静译,上海人民出版社 2022 年版,第 224—237 页。
③ 温海波:《杂字读物与明清识字问题研究》,《安徽史学》2021 年第 4 期;刘永华:《清代民众识字问题的再认识》,《中国社会科学评价》2017 年第 2 期。

和心理获取更多的自由。①同样的一件文本、同样的一部方志，在不同人群的面前，其社会作用也不尽相同。方志所承载的"自我意识"，无论是在编纂过程，还是传播的过程中，都没能真正涉及大多数基层民众。

与此同时，方志编纂常由地方士绅接管，官方意志在下探的过程中，囿于资金短缺以及执行问题，必须通过让渡一部分权力，以折中的方式与接手编纂的地方士绅们形成一种不成文的、类似于契约的权力传递形式。官方意志需要这样去获得大部分参与其中的地方士绅们的支持，以期获得更多的合法性。由上至下的权力传递，受限于行政能力和执行资源，只能抓大放小，亦摊派亦笼络。因此从某种程度上来说，即便是古代的封建专制统治，仍然不能脱离契约化的制约。真正的权力传递也不可能是单向传递，势必需要双方互为推手。权力上层以扩大社群的方式，获得更多的话语权，也随之获得更多的合法性。权力下层则上承"圣意"，借由官方的影响力以巩固自身在地方上的政治生态位，同时有承也有矫，"挟天子以令诸民"，在编纂过程中夹带私货，实现自身权力和利益的求索。

然而，一般来说，地方士绅等精英阶层常与统治阶层形成联系，彼此做好自身的角色，维持这种权力传递，从而满足双方的诉求。仍然有小部分士绅可能做出损害自身阶层利益的行为。这说明以知识作为权力传递的要素，无法做到绝对意义上的稳定，权力传递过程中始终存在王朝统治意志和地方意识的博弈。在这一点上，西方社会曾经发生过可以进行对比的例子。按照常见的思维逻辑，是启蒙思想的传播造就了法国大革命的爆发。然而，印刷品作为知识或者说思想的载体，其在当时的历史情境下所扮演的角色十分重要。根据罗杰·夏蒂埃的研究，法国政府甚至曾在大革命爆发之前，保护过启蒙运动的代表作品——狄德罗所编著的《百科全书》。《百科全书》恰与方志有许多相似之处——由知识分子编纂、知识庞杂、体量大、价格昂贵，因此能够负担得起的人多是有一定社会地位与财富的群体。即便《百科全书》的编纂目的是为了从中获利，但基层民众显然无力去直接促进它的传播。

拉法耶特和孔多塞这样的贵族是启蒙运动最积极的拥护者，当旧的制度无法让精英阶层满意的时候，精英阶层就有可能做出客观上在长远角度不利于其阶层利益的抉择。在古代中国，鲜少有地方士绅这么做，这可能也是造成

---

① 林佩：《罗杰·夏蒂埃的法国阅读史研究》，《现代出版》2018 年第 5 期。

启蒙思想发生在欧陆,却并没能发生在东方的原因之一。在著名的卡拉斯案件中,伏尔泰起初也如众人一样,认为是卡拉斯出于宗教狂热谋杀了自己的儿子马克·安东尼,他甚至说卡拉斯比奉神指令杀子的亚伯拉罕还要坏。①然而在多方求证之后,伏尔泰转变了观点,并开始不遗余力地为卡拉斯申冤。伏尔泰通过书信向黎塞留、贝尔尼等有名望的人呼吁案件重审,还帮助杜德芳夫人、乔弗林夫人等以沙龙的形式,广泛传播诉讼状,②利用自己的名望来号召更多的民众来关注此事,从而通过舆论来获得政治力量。当然,无论是书信,还是诉讼状抑或是大量的小册子,都是以印刷品作为最主要的物质传播媒介,突破空间距离的限制,激发了民众广泛的关注,直至最终得以翻案。应当说伏尔泰的出身是纯粹的贵族阶层,然而其仍然向往自由与平等,甚至不惜运用占领道德高地的办法来破坏教士和高等法院法官的权威。正是这种道德权威的转变,而不仅仅是对已有道德权威的侵蚀,使启蒙运动成为一种力量。③身为精英阶层的一分子,也有可能出于自身的思想倾向去做出从长远看会损害自身阶级利益的行为。在启蒙思想"理性崇拜"的核心精神广泛传播之时,承载知识的印刷品协助了其深入社会结构的内里,自然科学、哲学、伦理学、政治学、宗教学、经济学、历史学、文学、教育学等各个知识领域都发生了长足的进步,这种全方位的"知识革命"震荡了整个社会,也极大地冲击了原有的权力阶层。可惜的是,方志却没有《百科全书》这样的幸运,成为彻底革命的思想武器。在一个以"大一统"思想为政治纲领的中央集权程度很深的王朝统治下,仅凭王朝统治阶层和地方精英阶层对于知识的垄断,这样的结果也许并非偶然。

夏蒂埃甚至说,"在某种意义上,恰恰是革命'制造'了书籍,而不是相反,因为正是革命赋予某些著作先驱性和纲领性的意义,将这些著作构建为它的起源"。④事实上,对于统治阶层来说,他们明白知识是一把双刃剑。在知识真正得以传播之前,很难判断其传播带来的结果是好是坏。统治阶层虽然会对新鲜产生的知识,抱有天然的恐惧、提防的态度,但为了维持政治的稳定,仍然

① 葛力、姚鹏:《启蒙思想泰斗伏尔泰》,世界知识出版社 1989 年版,第 247 页。

② Edna Nixon, *Voltaire and the Galas Case*, p.161.

③ 张弛、成沅一:《书籍史和启蒙运动研究的往昔与未来——美国文化史学家罗伯特·达恩顿访谈录》,《史学理论研究》2021 年第 1 期。

④ 罗杰·夏蒂埃:《法国大革命的文化起源》,洪庆明译,译林出版社 2015 年版,第 83 页。

致力于用筛选的方式,以下放的部分权力作为诱惑,以一种既有施压,又有妥协的手段,来实现对新的知识、同时也是社会普通民众力量来源的束缚。

三、纺锤形的知识传递与权力——秩序体系的建构

在方志的编纂者们的想象中,各个阶层的人们都会阅读方志。然而根据实际记录来看,方志真正的阅读者们仍然主要集中在官员和知识分子。有证据表明,新刊印的方志会分送给各级官府、地方儒学、修志者、捐助者以及其他相关人士;也会提供给当地的现任官员和过境官员。[①]旧的二手方志确实曾经出现在民间的流通市场上,但新修的方志并没有明确的资料显示其被买卖。这样的情形并不奇怪。新修的方志意味着最新的权力体系建立,自然需要在官员们以及对接编纂者们之间进行权力的公示和流通。旧版方志在旧权力存续期满之后,才更像是纯粹的知识集合。对于实体权力来说,掌权者限制承载知识的印刷品的流通就是从源头上做出的应激反应。反之,对于非传统的权力类型(例如资本权力),新知识则往往处于一种被宣扬的状态。实体权力的权力下探是偏向于树形的,层级较多,就需要保障不同层级的特权,以构建出层次分明的等级差异。正如在方志编纂的过程中,统治阶级无法以传统的方式直接获取足够的信息,不具备足够的人力资源直接进行编纂,也就不能直接从基层收集合法性,从而无力直接将官方意志传达到基层民众那里。因而地方士绅自然成为其权力下游的对接者,也就自然在编纂过程中得到了秉笔的机会,继而增加了权力层级。

虽然编纂方志的主要动因之一常被认为是敦教化促向学,如"邑有志,组事迹,裨辅风教者也"[②]"可以兴,可以警,可以善治,可以敦俗"[③]"则是志之作,所以培植人心、维持教化"。[④]官员们或是官员们指派的编纂者们常将促进知识传播,提高属地民众教化写在方志序跋中,但这并不意味着基层民众就一定能获得其中的知识。对于地方士绅这个层级来说,方志的编纂已经完成,无需进一步下沉到基层民众,那么地方士绅也就不需要再将权力向下过度传递,其

---

① 戴思哲:《中华帝国方志的书写、出版与阅读(1100—1700)》,向静译,上海人民出版社 2022 年版,第 300—301 页。

② 李凯:嘉靖《龙溪县志序》,《龙溪县志》,《天一阁藏明代方志选刊》,上海书店 1965 年版,第 32 册,第 7 页。

③ 杜柟:嘉靖《鄢陵县志序》,《鄢陵志》,《天一阁藏明代方志选刊》,第 51 册,第 10 页。

④ 储珊:正德《重修颍州志序》,《颍州志》,《天一阁藏明代方志选刊》,第 24 册,第 8 页。

变成了集知识的对接者、再创造者和管控者于一身的角色,知识在他们与基层民众之间又形成了新的壁垒,这种壁垒既是协助统治的需要,也是地方士绅保护自身价值的必然选择。所以方志以史为纲的地方意识兴起,也主要集中在地方士绅这一层级,而非最低层级的基层民众。正如罗新在《一切史料都是史学》一文中也谈道,"中国史学有官修正史悠久的、独特的传统,这反映了政治权力作为历史叙述竞争力量的绝对优势地位,所有其他的竞争者都因弱势而难以发声"。①掌握知识的权力与政治权力往往是成正比的。虽然知识的产生来源是多元化的,但是它的制造和接收也需要基本的文化素养作为支撑。在古代,这一点就限制了许多基层民众接近权力的机会。缺乏基本文化素养的基层民众对本地的知识也表现出漠视的态度,以至于出现本地人不如外乡人了解本地的情况。

宋时端平二年,有丹徒人丘岳为官,当他初至常熟,本想通过询问当地人来了解风物,然而当地人对于常熟本地的历史志物并不熟稔,于是他感慨道:"吁!宰是邑,生长是邑,虽更易之岁月,名称之意义且不及知,它复何望焉!"②丘岳还在《重修琴川志叙》中提到:"余端平乙未方自淮来依宗党。始至,尝问客曰:'县名常熟,其义安在? 其始何时?'客应之曰:《绍兴县宰提名》云,梁改南沙为常熟。命名之义,则不知也。'又问:'有图经可以参考否?'曰:'所志亦同。''有故老可以质问否?'曰:'无可与语者。'及观陆澄《吴地纪》,有吴郡常熟县之文,则齐代已有常熟之名,非改于梁也。"③

迟至明清时期,方志的编纂又有了新的特点。编纂者常疏于辑录与整理,反而喜好在方志中空发议论。清人阮元在其《道光重修仪征志序》就曾抨击这种做法:"《襄沔记》及《剑南须知》,均系裒集以成,此合为一书而明注出处者也。上溯汉晋,下讫宋元,旧式具存,昭然可考。明代事不师古,修志者多炫异居功,或蹈袭前人而攘善掠美,或弁髦载籍而轻改妄删。由是新志甫成,旧志遂废,而古法不复讲矣。"④

乾隆时官方进行《四库全书》的编纂,《四库全书总目》中批评了嘉靖《江都县志》:"每条末所系论赞,皆以知县赵曰四字冠之,是县令谕示乡民之体也,以

---

① 罗新:《一切史料都是史学》,《文汇报》2018 年 4 月 13 日第 W02 版。
②③ 至正《重修琴川志·旧叙》,《中国方志丛书》,成文出版社 1983 年影印本,华中地方第 420 号,第 2642 页下栏。
④ 《道光重修仪征县志》,首一卷,清光绪十六年刻本。

入志书,不学甚矣。"①除此之外,《总目》还对所辑方志进行了大量的改毁。所谓改毁,即是通过将个别关键字句进行修改与删减,以达到曲解原意的目的。在乾隆的授意下,"如类书之分门隶事,丛书之分部标目,志传之分人记载,及各选本之胪列诸家","俱与专系一人一事必须全毁者有异","与专系一人一事必须全毁者有异,此等遇有违碍,亦只需酌量抽毁,毋庸因此概废其书"。②对于那些载有涉及民族之论、怀念旧朝或是华夷之辨的志书,乾隆也一概以维护巩固王朝中央统治意志为由,对其毫不留情地进行审查,"触碍字样,固不可存,然只需删去数卷,或删去数篇,或改定字句,亦不必因一二卷帙,遂废全部",③来打击不符合自身统治意志的地方意识。

自宋末至明,经学地位的下降、史学后来居上之势已然证明地方意识在不断试图摆脱王朝统治意志的束缚,清代初期又因战乱毁损等原因长期无志,乾隆下令编纂《四库全书》,表面上看是要整合社会的意识形态,而更深层意图则是通过重新审查包括方志在内的流传书籍,以重新夺回因史胜于经而有所弱化的统治意志话语权。与此同时,以上材料证明,知识即便已经汇总在方志上,也并不意味着其真正起到教化基层民众的作用。王朝统治意志与地方意识的博弈,至少在方志这个载体上,和基层民众之间还存在着相当程度的隔离。究其原因,一来是当地官员在政教文化传播方面的失职,二来是基层民众缺乏对知识—权力—秩序这个体系的认知。不过,在对于知识传播的审查与删改的过程中,也体现了知识的重要性——即便是集权巅峰的乾隆,也难以直接封禁所有的知识内容,只能筛选性地取舍。正如官方在编纂方志的过程中筛选出地方士绅精英等知识分子作为权力让渡的对接者一样,权力在以知识的形式传递时,也始终存在筛选。

因此,传统的实体权力结构下,知识的传递像一个纺锤形,两头尖,中间大,一头是统治阶级的官方意志,知识涵盖较小,另一头是基层民众所获得的知识供给,所涵盖的内容也不会大,而中间层级,也就是方志具体的编纂者,反而成了最大的知识保有者。可惜的是,这样的知识保有量,囿于编纂者对于权力的诉求,无法得到广泛的传播,直接的结果便是方志在传播过程中所表现出

---

① 《四库全书总目》卷七十三,史部地理类存目。
② 陆锡熊:《宝奎堂集》卷四《为总裁拟进销毁违碍书札子》,第20页。
③ 《四库全书总目》卷首一圣谕。

来的非商业性。

　　非传统的权力类型较之实体权力则更加扁平化,由相对上层层级直接面向更为广大的下层层级。权力层次的减少意味着权力源头需要更为普适的逻辑形式去引导目标人群,同时也意味着权力源头能够通过更简化的方式调动起更多的社群。那么知识就自然而然成为最有力的工具之一。知识只有通过更广泛的传播,才能直接建立起权力上层与权力下层的联系。从西方相似的历史情境中看,统治阶层在 18 世纪晚期已经不再具备很强的集权能力,知识的传播也早已伴随着宗教改革、印刷业的发展等因素更为自由,也更为商业化。坦率地说,很难完全厘清"集权能力下降"和"知识迅速广泛传播"这两个概念的先后顺序,然而回望历史,早可溯及战国时期,彼时有百家争鸣之盛况,其后两千年难有匹者;中可论至六朝时期,承汉启唐,风流俊雅,亦不可数;晚可谈到明中后期,大才迭出,也有一时之辉煌。此三个时期,或可称为"乱世",上述提及的两个概念似乎也都如影随形。根据一些量化的数据统计资料,显示了正是在明代中后期,方志的价格开始走低,较之以往多以馈赠或借阅的传播方式,其在市场上有了更多的流通。①在法国大革命与启蒙运动的轰烈时段,也会出现知识的大规模传播以及知识内容的强自由化倾向,因而才会有西方学者论定,知识传播不一定只是权力更迭的单向动力,权力更迭也是知识传播的催化剂。②在全球化的当今时代,这种现象就体现得更加淋漓尽致了。一些强势品牌就已经在以更简化的模式进行广泛传播,例如苹果公司宣传的重点更多是基于科技理念的生活方式,这种宣传可以直达绝大多数民众,因而其已经无须聘请代言人。产品(或者说以产品形式存在的知识)本身即拥有强大的号召力,这种知识传播方式较之传统上的传播方式,层级更少(品牌直达用户),权力形式更加非实体化(不涉及任何强制),反而实现了更强的权力收集效果。所以某种程度上来说,知识的传播,或者说知识实体载体(常见为早至书籍,新至流媒体的形式)的传播,或多或少也暗示着权力源头的性质。

　　方志所代表的知识传递,处于这两种模式的过渡地带。既有权力上层编纂动机中的将知识与大众隔离的目的,又因为参与者客观上必须包括地方士绅而产生了知识的传播。这种传播过程在古代的技术条件下难以完全控制,

---

① 戴思哲:《明代方志出版中的财务问题》,《浙江大学学报(人文社会科学版)》2011 年第 1 期。

② J. McDermott, *A Social History of the Chinese Book*, Hong Kong University Press, 2006, pp.84—94.

知识在传播过程中又一定会出现新的产生过程,这导致有时权力上层会与下游的执行者形成"共同体",去借用知识的传播去再次增加自身的合法性。这意味着知识的传播是另一种产生权力的孵化池。合法性的最初来源大抵与秩序有关。正是秩序的建立使人们得以对抗混乱带来的恐惧感,因而秩序和权力是同源共生的一组概念。方志作为一种特殊类型的书籍,或者说特殊类型的文本形式,除了承载文化知识之外,它的产生和传播过程中间会经过多个层级的权力传递,例如作为发起者和审查者的官方政府、参与编纂的地方士绅、捐俸捐助的资金支持者、雕版印制的工匠、底板材料的保存者、二手方志的买卖者、识字的能对方志进行朗读的宣讲者、不识字的那些倾听者,都处在这个权力传递的流程之中。以上所有人共同构建出并强化或更新了社会整体的秩序。这样的秩序既体现在地方上的行政治理,又体现在文化浸染的维度。汇集的知识支撑着权力的产生与传递,汇集的权力则构建出尘世中的秩序。

四、结　语

实际上,早在 19 世纪,社会学之父、法国著名哲学家奥古斯特·孔德就指明了知识和权力的关系:"知识是为了预见,预见是为了权力。"解构主义哲学的杰出代表让·弗朗索瓦·利奥塔尔则认为,知识和权力是同一个问题的两个方面:谁决定知识是什么? 谁知道应该决定什么? 在信息时代、知识的问题比过去任何时候都更是统治的问题。①劳斯更是直截了当地表示:知识就是权力,并且权力就是知识。②福柯在《规训与惩罚》里的看法同样如此:"权力制造知识。不仅是因为知识为权力服务,权力才鼓励知识,也不仅是因为知识有用,权力才使用知识。权力和知识是直接相互连带的,不相应地建构一种知识领域就不可能有权力关系,不同时预设和建构权力关系就不会有任何知识。"③诚如上述先贤所言,西方的百科全书如此,东方的方志也是如此。知识和权力,本就是一体的两面,只有明确了这一点,才能对于历史的本质和作用具备更深层次的理解。

---

① 让·弗朗索瓦·利奥塔尔:《后现代状态:关于知识的报告》,车槿山译,南京大学出版社 2011 年版,第 14 页。

② 约瑟夫·劳斯:《知识与权力:走向科学的政治哲学》,盛晓明、邱慧、孟强译,北京大学出版社 2004 年版,第 23 页。

③ 米歇尔·福柯:《规训与惩罚》,刘北成、杨远婴译,生活·读书·新知三联书店 2012 年版,第 29 页。

　　人类的认知基于秩序化的模式之上。在面对外界的不确定性时,人类自发的认知范式便是通过经验和知识将不确定性秩序化,进而构建出认知模型。但无论是经验也好,总结出来的知识也好,都具备着强烈的感性色彩,也就是说并不具备完全的客观性——即便人类本身抱有着强烈的、纯粹的"客观""求真"的情怀。这些感性色彩使得不确定性更加复杂,其衍生出主观论断的外在形式通常表现为分类归纳或者建立结论——这就能更明显地看出秩序的轮廓了。当人类彼此之间不同的感性认知或者说各人所持的"秩序"观念相碰撞的时候,也是污名化的历史书写、标签化的结论等刻板印象产生的逻辑源头。社会化的秩序观念形成需要更多的个体秩序观念相融合,同时也会侵蚀一些个体本身所秉持的自有秩序观念。人类出于本身的逻辑自洽需求,就需要借助外界的物质化的过程(如百科全书或者方志的编纂就属于这个性质,即意识通过物质的实体而得到加强),去保护自身的逻辑结构。广义上的知识借此成为秩序的具体表现。方志、书籍等印刷品作为知识的物质化载体,也就成为了秩序建立过程中不可或缺的一环。

　　谁能更好地总领秩序的构建,谁就能获得更多的合法性。因此罗杰·夏蒂埃认为文化史绝非从属于经济史和社会史之下的第三层次。①文化(知识)具备着强有力的力量,像是一只被关在笼子里的野兽。当统治阶级需要它沉睡的时候,就会常用权力传递作为诱饵,降低知识传播的速度。当(尤其是新兴的)统治阶级需要它爆发的时候,知识就会成为推动社会变革的重要工具。从社会心理学的角度来看,当外界秩序对于个体内部的逻辑侵蚀较浅的时候,族群通过想象实现叙事,进而实现历史最初的书写。当知识的传播使得外界秩序所控制的不确定性外溢的时候,个体就会通过寻找相近认知的同类,去构建出新的族群,而此时族群的优先级核心就变成了认同。由于需要去对抗不确定性,个体很难拒绝秩序化,但是秩序化本身又在不断地同化原本不同的个体,剿灭个体们的自我意识。知识的掌握程度差异,造就了面对不确定性时个体设置规则的能力差异,那么基于想象的共同体势必产生社会活动的分工,并衍生出不同的权力层级。这样的个体—族群的认知分化——二次重建,应该可以说是后世解构主义、后现代思潮中多元化认知的重要路径之一。

---

① 周兵:《罗杰·夏蒂埃的新文化史研究》,《史学理论研究》2008 年第 1 期;李任之:《从"文化的社会史"到"社会的文化史":罗杰·夏蒂埃的文化史研究》,《史林》2021 年第 5 期。

From knowledge, power to order: the game between the ruling will of the dynasty and local consciousness

—Taking the compilation and dissemination of local chronicles in the Ming and Qing Dynasties as an example

Abstract: The compilation of local chronicles in the Ming and Qing dynasties often began with the collection of local information by the ruling class, which carried the ruling will of the dynasty. The actual compilation process requires the execution of the local gentry. Since the "knowledge" carried by the local chronicles shows the function of the source of power, the essence of the compilation of the local chronicles is a game between the ruling will of the dynasty and the local consciousness. Although the compilers often adhere to the sentiment of "be loyal to historical facts", in the process of power grabbing, the content of the local chronicles eventually loses the objective truth. The compiler also becomes the unconscious in front of the act of regional narrative. In the process of lowering the official will, due to the shortage of funds and implementation problems, it is necessary to transfer part of the power to form an unwritten, contract-like power transmission form with the local gentry who took over the compilation in a compromise way in order to get more legitimacy from it. Under the traditional entity power structure, the transmission of knowledge is like a spindle-shaped structure, and knowledge in a broad sense becomes the concrete manifestation of order. As the material carrier of knowledge, local chronicles, books and other printed materials have become an indispensable part of the process of order establishment.

Key words: The local chronicles of the Ming and Qing Dynasties; the ruling will of the dynasty; local consciousness; new cultural history

作者简介: 孙波,云南大学历史与档案学院博士生。

民国时期高校教师公派出国访学
制度历史演进及其思考

徐松如

摘　要：本文以教师公派出国访学制度为例，力图勾勒出民国时期高校教师公派出国访学的制度化过程及其特征，进而对其进行简要的评价，以期为高校"双一流"建设以及建设教育强国、实现教育现代化提供有益的借鉴。

关键词：民国时期　高校教师　公派出国

近年来，学术界对于民国高等教育状况的评价褒贬不一，有的指出民国时期是大学发展的黄金时期，这一时期不仅大师辈出，而且不少高校的世界排名处于前列；有的则指出民国时期的高等教育虽然取得了诸多成就，但它被过分"神化"，如果拂去那层"一厢情愿"的心理包装与人为建构，民国高等教育的发展状况也不过如此。民国高等教育真实发展状况如何？民国时期中国大学为何能在不甚理想的环境中获得发展，并取得令人瞩目的成就？围绕上述问题，本文以教师公派出国访学制度①为例，力图勾勒出民国时期高校教师公派出国访学的制度化过程及其特征，进而对其进行简要的评价，以期为高校"双一流"建设以及建设教育强国、实现教育现代化提供有益的借鉴。

---

① 目前已有研究基本上都是将高校教师群体纳入留学生群体进行整体考察，但教师群体与普通留学生相比，有其独特性，因此有必要对高校教师群体公派出国情况进行专门深入的研究。据笔者搜索，目前仅有商丽浩、葛福强的《研求学术：民国时期高校教师公派出国制度的演进》一文，该文主要考察了民国时期公派高校教师出国的动因、目标、经费、派出途径等方面的演变过程。

一、教师公派出国访学制度的形成期(1911—1926 年)

1847 年 1 月,容闳等人在美国传教士布朗的带领下前往美国留学,自此开启了近代中国留学教育的序幕。民国成立后,虽然政治时局在很长一段时间处于混乱状态,但留学教育未曾中断。为加强高校师资队伍建设,一些高校的管理者提出了派遣教员出国的建议。1914 年,时任北京大学校长胡仁源在《北京大学计划书》中指出"大学设立之目的,除造就硕学通才以备世用而外,尤在养成专门学者"。"我国创立大学垂十余年,前后教员无虑百数,而其能以专门学业表见与天下者,殆无人焉,不可谓非国家之耻矣",因此,他提出"于各科教员中每年轮流派遣数人,分赴欧美各国,对于所担任科目为专门之研究。多则年余,少则数月"。①高等师范大学学校校长陈宝泉在 1915 年召开的第一届全国教育会联合会上提出了《派遣师范学校职教员游学游历》的议案,指出"资遣职教员游学,教学相长,较之派遣留学生事半功倍",因此建议高等师范和师范学校职员(包括教员、管理员)凡任职三年以上,成绩优良者,应资遣到国外游学游历,从而不断提高师资素养。②上述建议和意见均被教育部官方所采纳,并在随后的留学规程和师资管理制度中有所体现。1916 年教育部颁布的《选派留学外国学生规程》中规定,"曾任本国大学教授或助教授继续至二年以上者或曾任本国专门学校、高等师范学校教授继续至二年以上者"③,不用参加选拔考试就可申请公派留学,并且规定高校教师的资助与其他留学生相同,包括置装费、往返川资和学费,以下为资助的具体情况:

留学国	置装费	出国出资	每月学费	回国川资
英国	200 元	500 元	英国币 16 镑	英国币 50 镑
法国	200 元	500 元	法国币 400 佛郎	法国币 1 250 佛郎
德国	200 元	500 元	德国币 320 马克	德国币 1 000 马克
比利时	200 元	500 元	比国币 400 佛郎	比国币 1 250 佛郎
奥地利	200 元	500 元	奥国币 400 佛郎	奥国币 1 250 佛郎

---

① 萧超然等:《北京大学校史(1898—1949)》,上海教育出版社 1981 年版,第 36 页。
② 璩鑫圭等:《中国近代教育史资料汇编:实业教育师范教育》,上海教育出版社 1994 年版,第 825—826 页。
③ 陈学恂、田正平编:《中国近代教育资料汇编:留学教育》,上海教育出版社 1991 年版,第 76 页。

续　表

留学国	置装费	出国出资	每月学费	回国川资
意大利	200 元	500 元	意国币 400 佛郎	意国币 1 250 佛郎
瑞士	200 元	500 元	瑞士国币 400 佛郎	瑞士国币 1 250 佛郎
俄国	200 元	500 元	俄国币 135 卢布	俄国币 450 卢布
美国	200 元	500 元	美国币 80 圆	美国币 250 圆
日本	200 元	500 元	日本国币 46 圆	日本国币 70 圆

（资料来源：陈学恂、田正平编：《中国近代教育资料汇编：留学教育》，上海教育出版社1991 年版，第 76 页。）

根据上表可知，教育部针对不同的留学国家发给不同额度的留学费用。资助水平对于当时的教师来说，也是较为宽绰的。紧接着，教育部为调动教师出国访学的积极性，在 1917 年 5 月颁布的《国立大学职员任用及薪俸规程》中又明确规定："凡校长、学长、正教授每连续任职五年以上，得赴外国考察一次，以一年为限，除仍支原薪外，并酌支往返川资"①，进一步赋予大学教师在工作一定年限后享受出国访学考察的权利和待遇，这为北京大学等高校后续制定出国访学制度提供了政策依据。1917 年 12 月，由北京大学理科教员提出的《派遣大学教员出洋留学案》，经过评议会讨论通过，并予以公布。留学办法对入选资格、访学时限、经费、考核以及服务期都有了较为详细的规定。北京大学的改革举措顺应了时代的潮流，在高等教育界引起较大的影响。一些高校先行先试，开始选派教师出国留学。例如南京高等师范学校于 1918 年上半年先后选派英文教员张谔和体育教员卢颂恩前往美国学习教育学、言语学和体育学。②1918 年 7 月，教育部决定每年从各大学和各高等专门学校中选拔教授若干人赴欧美各国留学，本年度选派的教授 7 人，其中男教授 5 人，具体情况如下：北京大学刘复教授赴美国、瑞士研究言语学，北京大学朱家华教授赴瑞士研究文学，北京高等师范学校邓萃英教授、南京高等师范学校卢崇恩教授赴美研究教育学，北京高等工业学校助教授梁引年赴美研究电学；女教授 2 人，皆为北京女子高等师范学校教授，其中杨荫榆赴美研究教育学和家政学，沈葆

---

① 《国立大学职员任用及薪俸规程》，《教育公报》1917 年第 4 卷第 8 期。
② 《南京高等师范学校概况》，《新教育》1919 年第 1 卷第 1 期。

德赴美研究音乐，这是"我国教授留学之嚆矢也"。①

在民国政府和大学推动下，大学教师公派出国访学迈出了实质性的一步，具有划时代的意义。积累了一定的实践经验后，教育部又于1919年3月颁布了《专门以上学校酌派教员出洋留学研究办法》，规定："国立各校教员留学经费由教育部支给，省立各校由各省支给，私立各校由各该校支给。"②一些高校陆续派出教员出国访学，例如苏州东吴大学派出化学系教授潘慎明、顾冀东和生物教员王志稼，上海圣约翰大学派出物理教授赵修鸿前往美国芝加哥大学留学。③又如国立东南大学因急需体育人才，特派出教员张信孚前往美国留学。④

除此之外，这一时期庚款留学的派遣也对高校教师开放。早在民国之前，美国就确定了退还庚款，用于发展中国的文化教育事业。1926年，负责管理退赔庚款的中华教育文化基金会制定了《设立科学教席方法》，决定用美国退赔的庚款，在专门培养师资的高等师范学院中设立科学教席，并规定："继续服务满六年者，休假一年，由会支给全薪一年外，加旅费，但以继续留学或考察者为限。"⑤这也开辟了政府和高校以外的教师出国访学的新路径。至此，高校教师公派出国访学制度的雏形已经形成。

二、教师公派出国访学制度的发展期（1927—1937年）

南京政府成立后，随着政局趋于稳定，国民政府加大对高等教育的投入和支持力度，在发展高等教育的同时，亦注意发展留学教育，因此教师公派出国访学制度也获得了极大的发展。在1928年由中华民国大学院组织召开的全国教育会议上修正通过了《公费派出留学案》，指出"为奖进高深学术，应设公费额"，对留学资格做出如下规定："(1)大学教授在校继续服务至五年以上，经大学院审查合格者；(2)凡已得学士学位，经留学考试及格者"，并要求"各省政府得以省费派送留学，其派送方法，由各省自定之，但须经大学院批准"。⑥虽然大学院存在的时间不长，但有力地推动了教师公派出国访学的发展，一些省

---

① 《教育部选派教授留学》，《教育杂志》1918年第10卷第8期。
② 《专门以上学校酌派教员出洋留学研究办法案》，《教育公报》1919年第5期。
③ 《留学归国之教授》，《新闻报》1925年9月19日。
④ 《令国立东南大学校长郭秉文　呈一件为需才孔亟遵派教员留学恳拨还垫款由》，《教育公报》1922年第9卷第4期。
⑤ 《教育基金会设立科学教席办法》，《新闻报》1926年3月25日。
⑥ 中华民国大学院编纂：《全国教育会议报告》，商务印书馆1928年版，第444页。

份按照《公费派出留学案》的有关精神和要求,开始加强留学教育的统筹管理。福建省于 1928 年 11 月 10 日颁布了《福建教育厅选派公费留学生规程》,对选派人员的资格做出如下规定:"(1)凡经国内外大学或专门学校毕业,在本省服务三年以上,卓有成绩者;(2)凡经国内外大学或专门学校毕业,在省外服务三年以上,著有成绩,经本省之聘任,担任本省事务一年以上者。"各领域的名额分配情况如下:(1)政府服务行政人员,占百分之十;(2)技术人员,占百分之三十;(3)大学教授,占百分之三十;(4)高中教员、中学校长,占百分之三十。①浙江省亦于 1928 年颁布了《浙江派遣留学办法大纲》,对于留学资格的规定与福建省相差无几,只是在名额分配上略有差异,其中大学教授占百分之三十五,高中教员、中学校长占百分之二十五。②

除了上述两个省份外,这一时期各省出台的公派留学办法还有《安徽省国外留学生规程》③《江西遣派欧美省费留学生规程》④《广西省费留学国外学生暂行规程》⑤《广东选派留学外国学生暂行规程》⑥《湖南省考选留学欧美公费生暂行规程》⑦《甘肃省国内留学生奖学金暂行规程》⑧《河南省公费留学各国暂行规程》⑨《云南省政府选派欧美留学生暂行规程》⑩《江苏省教育厅选派出洋员生大纲》⑪《湖北省国外留学章程》⑫《山东省考选国外留学生章程》⑬《山西省资送大学教授暨专科学校专任教员留学考察办法》⑭等。上述由各省颁布的公费留学办法基本上都将大学教授纳入选派对象,不过选派时以省籍为限制,必须为本省服务,且已做出一定成绩的有关人员。对此,也有学者提出质疑。例如国立浙江大学工学院针对《浙江派遣留学办法大纲》中以省籍为限

---

① 《福建省政府教育厅选派公费留学生规程》,《燕京大学校刊》1928 年第 13 期。
② 《浙江派遣留学办法大纲》,《国立大学联合会月刊》1928 年第 1 卷第 6 期。
③ 《安徽省国外留学生规程》,《日华学报》1928 年第 7 期。
④ 《江西遣派欧美省费留学生规程》,《江西省政府公报》1928 年第 30 期。
⑤ 《广西省费留学国外学生暂行规程》,《广西教育公报》1929 年第 3 卷第 6 期。
⑥ 《广东选派留学外国学生暂行规程》,《中央政治会议广州分会月刊》1929 年第 14 期。
⑦ 《湖南省考选留学欧美公费生暂行规程》,《湖南教育行政汇刊》1929 年第 3 期。
⑧ 《甘肃省国内留学生奖学金暂行规程》,《甘肃教育公报》1932 年第 6—8 期。
⑨ 《河南省公费留学各国暂行规程》,《河南教育》1930 年第 3 卷第 1 期。
⑩ 《云南省政府选派欧美留学生暂行规程》,《云南教育周刊》1931 年第 1 卷第 2 期。
⑪ 《江苏省教育厅选派出洋员生大纲》,《教育部公报》1932 年第 4 卷第 29—30 期。
⑫ 《湖北省国外留学章程》,《湖北省政府公报》1934 年第 40 期。
⑬ 《山东省考选国外留学生章程》,《山东教育行政周报》1934 年第 273 期。
⑭ 《山西省资送大学教授暨专科学校专任教员留学考察办法》,《山西省政府行政报告》1935 年 4 月。

制的规定,向浙江大学校长致函,指出:"我国科学人才寥寥有数,势须楚材晋用聘请外省教授,若以人非浙籍,不以派遣,似示人以不广,依属院管见,凡中华民国之人,任浙省大学教授三年以上,著由成绩者,似宜不问省籍,一律予以派遣之机会",并希望浙江大学校长能"向浙江省政府委员会提案补充解释,以免误解"。①

随着这些办法的出台,各省陆续选派留学人员,并经教育部审核后派遣出国。在此基础上,1933 年 4 月国民政府颁布了更为系统全面的《国外留学规程》②。相较于以往的留学管理制度,有以下特点:第一,内容更为全面系统。规程对于留学年限、选派资格、选拔程序、留学证书、留学管理及使用等方面都有详细的规定。第二,权责更加分明。公费留学以省费为主,派遣看似由各省市负责,但实则无论是选拔,还是留学管理,都是在教育部的监督下进行的。第三,管理更为规范。通过选拔考试后,有了留学证书后才能申领护照。此外,对于留学的过程管理也较为严格,定期汇报且不能随意改变留学国别和研究科目。第四,导向更加明确。从选派的资格来看,国民政府希望选派有学历背景且有一定的工作经历,或有一定研究基础和积累,已做出一定的成绩的人出国留学,通过这个导向可知,这个选派标准其实对于高校教师来说,是非常有利于脱颖而出的。《国外留学规程》一经公布,教育部要求各省市此前颁布的国外留学章则必须依照规程进行修订,试图扭转此前地方政府留学选派各自为政的局面,从而使得全国留学选派工作有了较为统一的规划。

除各省地方政府外,各类学校也是选派教师留学的重要力量。例如国立武汉大学在经济许可范围内选派教员出国研究,1930 年选派地理系讲师韦润珊赴英国伦敦大学研究经济地理。③又如国立浙江大学于 1930 年选派农学院汤惠荪教授赴德国访学,其间前往瑞典丹麦等国考察,并赴伦敦牛津大学农业经济研究院进行研究。④再如私立北平辅仁大学派遣三位教授出国进行学术研究,其中生物系教授前往美国研究古代植物学,化学系教授前往美国研究电化学,物理系教授前往奥地利维也纳大学研究高等物理。⑤此外,这一时期高

---

① 《呈请派遣大学教授留学时不以省籍限制》,《浙江大学工学院月刊》1928 年第 7 期。
② 《国外留学规程》,《教育部公报》1933 年第 5 卷第 19—20 期。
③ 《武汉大学派员出国研究》,《新闻报》1930 年 12 月 27 日。
④ 《农学院教授留学消息》,《国立浙江大学校刊》1932 年第 94 期。
⑤ 《北平辅仁大学派遣三位教授出国专门研究》,《文藻月刊》1937 年第 1 卷第 7—8 期。

校选派教师出国还是拥有比较大的自主权的。这里我们仅以国立北平师范大学为例,略作介绍:

> 查本校每遇教职员留学请求津贴,辄交校务会议讨论,尚无专案规定,于学校行政既多窒碍,于教职员留学亦鲜奖进,兹特拟订本校专任教员及志愿自费或公费留学给予津贴章程,提交本校二十三年(1934年)二月二日校务会议议决修正通过,共计七条,谨将该项章程备文呈请,鉴核备案,以便实行。谨呈
>
> 教育部

对于国立北平师范大学的请示,教育部的回复如下:

> 令国立北平师范大学
> 呈悉。查学校津贴教员前往国外研究,本部尚无法令规定。此类案件,暂时可由学校根据专任教员自费前往国外研究者之请求,视学校教学需要,及一般财政情形,暨本人在校授课成绩、研究能力、服务年限(至少继续服务五年以上)等项严加审查后,拟定津贴数额年限,呈部核夺。所需费用,即在学校原有经费范围内撙节支付,无庸特订办法。至受此项津贴留学之教员,回国后自愿返校服务。并仰知照。①

由此可见,教育部对于各高校的教师公派出国的选派及管理还是给予较大的自主权,只要求高校对选派对象进行严格审查,确定其符合相关要求且有出国访学的必要,便不再干预,这极大地调动了高校的积极性。随着一些国立大学建立学术休假制度,公派出国教师数量不断增长,这也引起了教育部的重视。1937年,教育部高等教育司"鉴于近年我国各大学对于教授在校任职相当年限,而有成绩者,当给假出国研究教育之规定",认为对于"此项教授之姓名、系别、所往国别等均有调查之必要"。为进一步掌握教师的出国情况,加强对教师公派出国的管理,教育部高等教育司致函给全国各高校,要求各大学对

---

① 《令国立北平师范大学　呈一件为拟订教职员留学给予津贴章程请鉴核示遵由》,《教育部公报》1934年第6卷第11—12期。

本校教授出国研究情况进行调查,兹将原文照录如下:

> 迳启者,本部现欲调查本年度往国外各大学休假教授,贵校如有此项人员,即请将其姓名、系别、所往国别查明见复为荷。教育部高等教育司①

教育部开展对教师出国研究的调查,意在加强管控和监督,这也反映了中央集权不断加强的倾向。另一方面,通过切实掌握和了解教授公派出国的情况,为后续的决策提供参考依据,这也体现出这一时期教师公派出国制度正逐步朝着规范化、有序化的方向渐进。

三、教师公派出国访学制度的完善期(1938—1949 年)

抗战爆发后,很多高校教师公派出国访学工作因迁校或经费紧缺的关系,不得不停办。鉴于此,教育部在 1940 年 8 月颁布的《大学及独立学院教员聘任待遇暂行规程》中规定"教授连续在校服务七年后,成绩卓著者,得离校考察或研究半年或一年,离校期内仍领原薪,但不得担任其他有给职务"②,并将休假进修经费正式列入国家教育文化预算,以便推动国立专科以上学校的教员离校考察或研究。接着,又颁布了《廿九度国立专科以上学校专任教授离校考察或研究办法要点》,进一步明确要"遴选服务年月较长,而成绩较优,具有切实之考察或研究计划者"③。据统计,1940 年,教育部从各校推荐的合格人选中遴选出邬保良等十人离校考察和研究一年。④为将这一制度固定下来,教育部在 1941 年 5 月颁布了《国立专科以上学校教授休假进修办法》,不断修正学术休假进修制度,规定"国立专科以上学校,对于连续在校任专任教授满七年以上成绩卓著者,应依照《大学及独立学院教员聘任待遇暂行规程》第十五条之规定,予以离校考察或研究半年或一年之机会"⑤,从而掀起了教授休假进

① 《教育部调查各大学教授出国研究情形》,《全国学术工作咨询处月刊》1937 年第 3 卷第 2 期。
② 《大学及独立学院教员聘任待遇暂行规程》,《教育通讯》1940 年第 3 卷第 37—38 期。
③ 《廿九度国立专科以上学校专任教授离校考察或研究办法要点》,《国立浙江大学校刊》1940 年复刊后第 60 期。
④ 朱师逸:《教授休假进修报告:三年来国立各校院教授休假进修概况》,《高等教育季刊》1942 年第 2 卷第 2 期。
⑤ 《国立专科以上学校教授休假进修办法》,《高等教育季刊》1942 年第 2 卷第 2 期。

修的高潮。1941年,作为教师节的一种奖励,教育部选定二十名教授,准予休假一年进修。①1942年依旧选定二十名教授离校考察和研究一年。较为遗憾的是,自1940年开始实行的教授休假进修制度虽取得一定的成效,但因受外汇和交通的影响,提交出国研究计划的教授均未能成行。②对此,清华大学49位教授联名上书,阐述出国进行学术研究的必要性,他们指出国内休假进修"不过为应时之需,要求数量之增多,造就合于一般水准之人材急于致用",而教师出国研究"则为垂远之定制,期品质之提高,促学术上已有成就之人材更要求精诣,此于我国学术之独立,我校事业之发展关系极大"。③

不过自1943年开始出现转机,国民政府认为抗战建国应齐头并进,特别是为了"适应实业计划实施之需要","同时顾及国家各项建设之需要,并造就高等教育师资",进一步指出"专科以上学校教授之进修,及事业或研究机关派赴国外研究人员,必须与派遣公费留学生计划相配合,俾资联系"。④教师公派出国访学进修与普通公派留学形成互补互通的态势。在当年召开的教育部学术审议委员会第二届第二次常务委员会议上,最终选定三十名教授进行学术休假进修,其中赴国外访学进修的有十人。⑤尽管派出教授人数有限,但是在抗战后期极其困难的情况,仍派遣教师出国进行学术研究,还是非常不容易的。为解决进一步促进高校教师出国进修、讲学和研究,但又因经费限制无法扩大派出规模的矛盾,教育部又于1944年4月颁布《大学教授副教授自费出国进修办法》,规定现任大学教授、副教授,任职满五年以上,所教授或研究的学科确有出国进修的必要,并能自行筹足经费者,准予出国进修两年。⑥虽然出台了法令,但是实施起来并非顺畅。如国立贵阳师范学院教育系副教授钱安毅向校方提出自费进修的申请,师范学院院长齐泮林在呈报教育部的函中指出:"查本院教育系副教授钱安毅籍隶贵州贵阳。自本院成立以来,即在院服务,颇能黾勉从事工作,成绩尚称优良,兹拟由院保送赴美进修,俾于将来得

---

① 《教育部选定二十教授　准休假一年进修》,《前线日报》1941年8月29日。

② 朱师逊:《教授休假进修报告:三年来国立各校院教授休假进修概况》,《高等教育季刊》1942年第2卷第2期。

③ 《金希武等49教授为恢复教授休假制度致校长信》,《清华大学史料选编》第3卷(上册),清华大学出版社,第286页。

④ 郭为藩:《中华民国开国七十年之教育》(下),(台湾)广文书局1981年版,第667页。

⑤ 《休假进修教授决定三十人　计国内二十名国外十名》,《教育通讯》1943年第6卷第28期。

⑥ 《大学教授副教授自费出国进修办法》,《教育部公报》1944年第16卷第3期。

以长久为本院及地方服务。"但教育部官方以"复员期间需材孔亟,大学教授、副教授自费出国进修一律暂缓"为由,予以回复。①

抗战胜利后,国共内战升温,物价飞涨,加上复校和迁校的工作,国立大学的办学经费捉襟见肘,另一方面美国援华联合会、中美基金会等团体对于中国高校教师的资助力度也在不断加大,所以这时期不少国立大学不得不依靠国外公共组织或政府的资助派遣教师出国进修或研究。②对此,教育部于 1945 年 11 月制定了《专科以上学校教员应约出国讲学或研究办法》,进一步鼓励高校教师出国讲学或开展学术研究工作,规定"应约出国讲学人员,须任教授或副教授五年以上,并有专门著述,且在学术上有重要贡献者;应约出国研究人员须任讲师两年或助教五年以上,卓有成绩者"③,对高校教师应约出国讲学或研究做出具体规定,从而进一步完善大学教师公派出国制度建设。随后,美国援华联合会为增强中国高校的教学及研究工作以及增进美国人对中国的了解,在指定学术范围内遴选教授和研究员赴美进修一年,出台了《美国援华联合会奖励正教授研究员赴美进修办法》,拟资助名额为 30 名左右,每名教师的奖金为 4 000 美元左右,资助的学科范围主要包括:(1)社会科学(含法商);(2)自然科学;(3)农学;(4)工程学;(5)教育学及心理学(含家政学及体育)。④中美教育基金会则通过决议,对赴美国学校研究讲学或考察的中国高校教师进行往返旅费的补助。⑤此前提及的中华文教基金会也针对国家建设事业亟需人才的情况,在该会经济情形许可范围内,恢复国外科学研究补助金办法。此外,中国基督教大学联合会针对中国高校教师缺乏进修机会这一情况,为了帮助各基督教大学加强师资队伍建设,特增设留美学额,遴选青年教师赴美进修,以便其学成回国后从事专门学府之研究,特制定《教职员出国进修旨趣及办法》,对申请资格、遴选标准和程序以及出国教师的权利义务都有详细的规定。⑥

随着资助方式的多元化,高校教师公派出国规模开始逐步扩大。如华西大学为培养师资,增进国内外学术交流,分批次派遣教师出国访学。1946 年

---

① 蒲芝权、伍鹏程主编:《贵州师范大学校史资料选集(1)》,方志出版社 2011 年版,第 135—137 页。
② 李红惠:《民国时期国立大学学术休假制度研究》,南京大学高等教育学博士论文,2016 年。
③ 《专科以上学校教员应约出国讲学或研究办法》,《教育部公报》1945 年第 17 卷第 11 期。
④ 《美国援华联合会奖励正教授研究员赴美进修办法》,《国立中央大学校刊》1947 年复刊后第 1 期。
⑤ 《中教基金会补助我出国教授进修旅费》,《教育通讯》1948 年复刊 6 第 4 期。
⑥ 《教职员出国进修旨趣及办法》,《齐鲁大学校刊》1948 年第 64 期。

派出五十人；1947 年派出三十多人，1948 年又派出十多人。短短三年间，华西大学派遣到国外进行学术交流的人员近百名。① 又如 1947 年，美国援华联合会从全国高校报名的二百二十五人中遴选出十人赴美从事专门研究工作，为期一年。② 再如，据 1947 年的《厦大校刊》记载，当年赴美的生物系教授顾瑞君受教育部资助赴美国开展研究，而化学系讲师蔡启瑞经学校推荐，获得美国国务院奖学金资助。③ 而私立岭南大学政治系副教授庞德明和园艺系讲师范怀忠则是获得中国基督教大学联合会的资助，赴美进修。④ 类似上述关于教师公派出国的报道在各高校校刊和校报上有很多，兹不一一介绍。

四、结　语

通过对民国时期高校教师公派出国访学的制度化过程的分析和介绍，可知这一时期的教师公派出国是当时国内外政治和社会环境及其相互作用形成合力的结果。在政府、高校以及国外公共组织的推动下，民国高校教师公派出国的资助方式多元，出国国别主要是欧美为主，资助对象以教授为主，且具有学术休假和奖励性质，资助的学科主要以自然科学和实用性学科居多，对于中国近现代高等教育的发轫和发展起到了重要的推动作用。这一制度不仅培养了大批具有使命感的人才，同时也促进了民国时期高校和学术发展，但就总体而言，由于经费的限制，派出教师的规模有限，再加上缺乏宏观规划，对推动中国高等教育近代化的发展仍然不够，这也折射出近代中国在实践高等教育现代化过程中所表现出来的理想和现实难以统一的矛盾。

Historical evolution and reflection on the system of Universities' dispatching faculties to study overseas in the period of the Republic of China

Abstract：Analyzing the system of dispatching faculties to study overseas in a chronological

---

① 吴霓：《中国人留学史话》，商务印书馆 1997 年版，第 162 页。
② 《戴安邦等十人陆续出国　注重科学研究为期一年》，《中华时报》1947 年 8 月 24 日。
③ 《顾瑞岩教授出国研究　蔡启瑞讲师赴美留学》，《厦大校刊》1947 年第 2 卷第 1 期。
④ 《庞范两教师获留美学额出国》，《私立岭南大学校报》1947 年第 57 期。

way, this paper tries to outline the process and characteristics of the system in the period of 1910—1949 and briefly evaluates it, therefore, a useful reference can be provided to the policy makers for the construction of "double first-class" universities, the construction of a powerful educational country and the realization of educational modernization.

Key words: the Period of the Republic of China; Faculties of the universities; Dispatching faculties to study overseas

作者简介：徐松如，上海师范大学历史学博士。

上海饶家驹安全区与战时
平民庇护原则文化渊源述略

苏圣捷

摘　要:中国抗战时期,出现了众多保护平民的"安全区"和"难民区",多由西方人士发起建立。这种现象背后有着西方历史上的文化传承,即庇护权神圣性的宗教渊源,由仁慈原则带来"在暴力带来的灾祸中保护人"的人道主义精神。这一文化现象有着两个独立的起源:犹太教和希腊—罗马古典传统,在古典晚期和中世纪融入基督教传统,作为教权的象征曾盛极一时。在近代民族国家兴起后,该传统出现了分化,以耶稣会士塔帕雷利为首的教会人士坚持以"社会正义"原则改造"庇护"这一概念,为人道主义精神注入了重要的内涵。耶稣会士法国神父饶家驹继承了这种理念,折冲樽俎,在全世界范围内首创战时安全区模式,保护了 50 万中国平民。饶家驹上海南市安全区的设立原则和运作方式作为范式被日内瓦第四公约采纳,战时平民庇护原则以国际公约的缔结成为国际共识。这不但是中法两国文化交流史上的光辉篇章,更是当代人类文明史中推进人道主义精神在社会正义原则下扩大应用的重大贡献。

关键词:庇护　饶家驹　安全区　日内瓦公约

在抗日战争前期,中国战场上涌现出了相当数量的"安全区""难民区"。这些安全区大多由外国人设立,其宗旨主要是出于人道主义目的,在交战地划出特定区域以保护平民和受伤的士兵。其中的典范,就是饶家驹神父在上海南市建立的饶家驹安全区。①这个安全区保护了 50 多万人,其中 8 万人

---

① 　中文表达一般称上海南市安全区或上海南市难民区,英文通常用:The Jacquinot Zone。

是儿童。①此外,南京、汉口、广州等地也诞生过安全区。同时,在中国战场之外,其他国家也有类似的举措。战后,各国政府总结安全区的经验,并特别标识了上海战区饶家驹安全区的范式,形成了1949年8月签订的《关于战时保护平民之日内瓦公约》。现在已经有196个国家签订公约,形成了全世界在战时保护平民的共识。然而公约的文化渊源却甚少有人探究。为何饶家驹以神父的身份,积极推动上海抗战中的各方世俗势力形成安全区,他仅仅是秉持着济世救人的慈善精神吗?或者说这种慈善精神为何以"安全区"的形式表现出来?尤其是为什么公约要以上海的饶家驹安全区为主要范式,给以特别的标识?

笔者认为,安全区,这种战争中保护平民特殊方法的出现并不是偶然的。它与西方自古以来形成的"庇护"传统有直接的传承关系。出于宗教等原因,欧洲自古便允许罪犯和平民在神庙中躲避暴力带来的灾祸。这种公序良俗在近代,因为民族国家的崛起,褪去了宗教的光环,但是其"在暴力带来的灾祸中保护人"的精神传统被保留了下来。近代的天主教团体耶稣会多参与世俗政治,在与世俗政府的互动过程中,以保守派神学家塔帕雷利(Luigi Taparelli)为首,提出了社会正义的原则和以神学为基础的、与近代社会组织相适应的模式。饶家驹神父写过《塔帕雷利之后的国际秩序》(*L'ordre international après Luigi Taparelli*)一文,对前者的思想和原则进行过专门的研究,很可能是因为吸取了他相当部分的思想,从而形成了安全区的想法,并付诸行动。

《关于战时保护平民之日内瓦公约》所本的人道主义精神,最主要的历史文化依据来自西方的"庇护原则"。目前,国内外对庇护原则的研究多集中于法学领域,这与美国20世纪70年代的政治事件"庇护运动"有着直接的关联。但实际上,除了法学依据之外,庇护原则的应用与演变,与宗教文化伦理中"仁爱"与"社会公义"两大要义有着更为源远流长、密不可分的关系。因此,考察从西方古代的"庇护原则",到饶家驹的"安全区"理念与实践,进而到日内瓦第四公约的文化源流,有利于更准确与全面地认识饶家驹安全区对推进战争语境下人类自救这一人道主义文明演进话题的价值和意义。

---

① 阮玛霞:《上海安全区》,白华山译,载《饶家驹与战时平民保护》,广西师范大学出版社2015年版,第27页。

一、庇护权神圣性的宗教渊源与中世纪流变

历史上，庇护所（sanctuary）有各种不同的内涵，但原则上它可以被定义为"一个用于保护和避难的神圣地点"。这个原则中有两个要点：保护与神圣。其中"保护"阐明了庇护所原则的核心要义，即使特定人群避免某种危险，而"神圣"则标示了庇护所的宗教性质。

庇护原则带来对个人的庇护和对于社会的解难。庇护对应的西文词汇通常有两个：asylum 和 sanctuary。Asylum 来自古希腊语 ασυλος，其词义为"暴力中的安全"。Sanctuary 则来自拉丁语 Sanctuarium，在古典拉丁语中意为"保护圣物的场所""圣地"；而到了中世纪，这个拉丁语义又增加了"教堂"的涵义。与更强调教堂仪式功能的词语 aula 不同，sanctuarium 在中世纪语境下更强调教堂的神圣和超脱世俗的性质。《新天主教百科全书》中，对庇护权（right of asylum/sanctuary）的解释是"对处于危险中的人们来说"，庇护权是一种"习惯和特权，通过进入神圣（即不受侵犯或不受亵渎）的场所就可以获得认可的庇护"。这种以神圣场所为基础的庇护"通常指对调解的不依赖"。①从古典时期到中世纪，庇护在西方的社会中扮演了重要的角色。

然而，从词源上我们可以看出，庇护行为在西欧历史上分别来自古典传统和犹太传统。从犹太传统来看，首先，庇护权可以上溯至《出埃及记》，摩西律法的时代。在希伯来经文中分别有三处提到庇护所。在摩西律法中，指定了六个为"非故意杀人"者而设立的"避难城市"②。圣所庇护被视为是对于血仇的一种"相对温和的回应"，一种对于"野蛮社会的必要解药"。③这一律法有着人道主义的目的，反映了社群的公权力为了防止传统家族之间私了产生的仇恨，并且防止这种"冤冤相报何时了"的仇杀撕裂社会。当然，提供庇护并不意味着被庇护人就是无辜的。但庇护的确为弱势方和并不承认罪行的人提供了一个进行交涉的时间窗口。选择权完全在于被告本人。事实上，在古代以色列社会中，大部分的仇杀还是以家族之间的械斗方式解决。④

另一个传统则来自希腊—罗马的古典传统。与圣经传统相似的是，在希

---

① "Asylum, Right of", in *New Catholic Encyclopedia*（2ⁿᵈ *edition*），vol.I, Gale, 2003, p.815.

② 《出埃及记》21:13。

③④ J. Marshall, "An Analysis of Historical and Legal Sanctuary and a Cohesive Approach to the Current Movement," *UIC Law Review*, vol.42, p.138.

腊文化圈中,也存在着未经调解或是未经公权力审判的犯罪者,可以在神庙中享有有限庇护权的做法。其中最有名的例子是以弗所的阿芙洛狄忒神庙。"该神庙的保护权甚至超出了神庙的围墙范围,一度延伸到了部分的城市。"①而与圣经传统相异的是,古典文化圈中的神圣权力受到了不同程度的限制。首先在希腊时代,这种广泛的保护权有着经济上的代价:"似乎受庇护者只能在他能够为自己提供基本生活资料的情况下,方能受神庙的庇护。而追捕者有时并非出于对神圣权力的尊重,而是出于确信神庙很快就会将受庇护者逐出庇护所。"②由此在之后的罗马时代,庇护权力进一步受到了法律的限制。神庙的保护权仅仅持续到正式的法庭听证召开为止。③然而这种限制也证明了在罗马时期,古典社会已经将神庙的庇护权正式地整合进入了法律系统,并且成为了普通人所拥有的正式权益。

基督教继承了犹太传统,也将教堂定为庇护之所。而古典时代对于庇护权的限制倾向也影响了基督教。狄奥多西大帝在将基督教定为国教之后颁布《狄奥多西法典》,其中就明确了"庇护的有效性应当由犯罪性质和被告的个人特质所决定"。不得受教堂庇护的有欠下公债的人、犹太人、异教徒和背教者等等。④然而在罗马帝国崩溃之后的中世纪早期,教会大大扩张了教堂的庇护权,最典型的例子就是逃奴。由于基督教提倡"主内皆兄弟"的平等,因此在基督教成为罗马帝国国教之前,就经常有奴隶逃入教堂内寻求庇护。在基督教占据主导地位之后,这种风气愈演愈烈。⑤法兰克王国在教务会议上就非常正式地讨论逃入教堂的奴隶问题。教会在教会法中确立了奴隶主违反庇护承诺之后的惩罚条款。在 511 年形成的奥尔良教会法第 3 条还规定:"对于因某些错误在教堂中避难的奴隶,如果他从主人那里得到有关宽恕这一错误的誓言,他一定要回去为主人服务。但是当他的错误在主人的誓言中得到赦免之后,他被证实还是因为这一赦免的错误而受到惩罚,他的主人将会因为蔑视教会和违反诺言而被教会团体视为外人,而且不能与天主教徒

---

① ② Thomas Spencer Baynes, *The Encyclopedia Britannica*, 9th edition, 1888, p.1080.

③ J. Marshall, "An Analysis of Historical and Legal Sanctuary and a Cohesive Approach to the Current Movement," *UIC Law Review*, vol.42, p.139.

④ Ignatius Bau, *This ground is holy: Church sanctuary and Central American Refugee*, Paulist Press, 1985, 124—129.

⑤ L. Chris, "Sin as Slavery and/or Slavery as Sin? On the Relationship between Slavery and Christianity Hamartiology in Late Ancient Christianity," *Religion and Theology*, Jan. 2010, p.45.

共同参加圣餐礼。"①庇护制度由此在教会中不断完善,成为教会权力的一种象征。

随着中世纪社会的发展,世俗权力也在不断扩张,必然发生世俗权力与神圣权力之间的冲突。中世纪早期标志性的因为庇护权而引起的政教冲突事件就是查理大帝和他的修士廷臣阿尔昆之间的一场争论。一位被定罪的神职人员逃入图尔的圣马丁修道院寻求庇护,法官迪奥多尔夫派部下前去捉拿他,结果演变成了修士和法官部下的争斗和冲突。查理大帝亲自过问了此事,而作为教会势力在查理大帝宫廷中的代表,阿尔昆也写信解释,为圣马丁修道院的修士开脱。这场争论表现了国王所代表的正义原则和教会庇护所代表的仁慈原则在中世纪早期政教二元框架下的冲突。②

而在中世纪中晚期,随着世俗法律愈发完善,教会的避难权受到了越来越多的限制。在亨利二世时期通过的《克拉伦敦宪法》中规定,避难者获得庇护之后需要在法律规定的期限内宣誓弃绝国家,获得最多 40 天的保护,期满之后则被流放至海外以换取自己的生命。亨利二世还在每个郡中设立了验尸官,记录避难者的坦白和忏悔。③由此,本是教会法范畴内的庇护权成为了一项辅助弃绝国家和放逐这种世俗惩罚的措施。此后英国在亨利八世进行宗教改革,与罗马天主教廷断绝关系之后,彻底废除了教会的庇护权。

应该指出,亨利八世废除庇护权的初衷与法律的正义原则毫无关系。起因仅仅是为了防止罗马天主教徒援引避难权,逃避加入圣公会,并逃亡国外。废止庇护权的过程是渐进式的,首先是 1536 年,议会通过法案,避难者应遵守特殊的宵禁;再是 1540 年,议会禁止谋杀、强奸、入室盗窃、纵火和渎神罪犯获得庇护;最后在 1623 年,英国法律规定:"由于教士的滥用庇护权,以及它对王室起诉政治犯罪的阻碍",英国境内的庇护权被彻底取消。④

———————————

① 刘虹男、陈文海:《法兰克教务会议和中古早期高卢奴隶制的式微》,《古代文明》2020 年第 14 卷第 3 期,第 56—57 页。

② 温雅婷:《查理曼时期教会庇护权研究——以政教关系为中心》,东北师范大学硕士学位论文,2019 年,第 26 页。

③ 刘景昱:《试论中世纪英国避难权的演变及其影响》,天津师范大学硕士学位论文,2018 年,第 61 页。

④ Kathleen L. Villareul, *The underground Railroad and the Sanctuary Movement: A comparison of History, Litigation and Values*, Harvard University Press, 1987, p.1429.

二、近代基于"社会正义"的宗教庇护权理论及对安全区设立的影响

14 世纪到 15 世纪,西欧的世俗国家开始成形,形成了以王权为核心、初步中央集权化的民族国家,直到 19 世纪末,形成近代民族国家的国际格局。目前,国内对庇护原则的研究大多集中在世俗领域的演变。在世俗的语境下,庇护权被认为不再由教堂授予,而是由拥有独立主权的国家授予。庇护也渐渐失去了它本身的宗教意义,而逐渐成为一个法律概念,与国家领土主权紧密地联系在一起。①从 18 世纪开始,庇护权和普通犯罪渐渐脱钩,更多地与政治犯罪联系在一起。18 世纪中期开始,对普通犯罪者的引渡不再遭到反对,对政治庇护的拒绝则被公众认为是对人道主义精神的违反。这种世俗意义解说中的庇护原则渐渐演变为现代法学意义上的政治庇护和难民庇护,也是现当代庇护法律原则的来源。

然而起源于宗教庇护的庇护权在近代,并非只有世俗演进路线。教会并未放弃这一古老的宗教习俗。尽管民族国家的兴起,以及近代国际法所倡导的基于各国领土主权的"属地管辖权"的庇护行为,已经与古典时代和中世纪教会庇护的做法大相径庭,教会依然从自己的角度出发,提出了独特的、并非基于国家主权"属地管辖权"的庇护权理论,即基于"社会正义"庇护权理论。

该理论认为,每个国家的法律只是当地习惯的总结和固化,人类整体不应永远被这些"习惯"所束缚。理论强调超脱主权习惯的普世正义原则,在此原则之下,每个社会阶层对于正义的追求都负有必要的责任。在追求正义的过程中,需要形成与当时规则不同的临时特殊规则。这种临时特殊的规则只要体现了社会正义的原则,就可以独立于现行的法律或是规章制度而存在。②这个原则完美地契合了争议主权地区,也就是战争地区难民救助的需要,让庇护权在国际战争中对平民的救助发挥了重要的作用,真正体现了人道主义的精神。

提出这个理论原则的是耶稣会士路易·塔帕雷利。他出生于都灵,是撒丁王国首相马西莫·达泽里奥的兄弟。塔帕雷利的时代是社会巨变的时代,尤其当 1848 年欧洲革命时,西欧面临着自由资本主义和社会主义意识形态的

---

① 童琦:《国际法上的庇护制度研究》,华东政法大学硕士学位论文,2013 年,第 3 页。

② Thomas Behr, *Social justice and subsidiarity: Luigi Taparelli and the origin of modern Catholic social thought*, The Catholic University Press, 2019, p.19.

大辩论。由于教会在拿破仑战争之后的维也纳体系中扮演着重要的角色,所以不可避免地被卷入了整个社会的变革之中。然而天主教会并未形成一个系统的观念以应对 19 世纪新兴的社会矛盾,教会内部因此涌现出各种与时俱进的变革思潮。在 1850 年,塔帕雷利创办《天主教文明》(La Civilta Cattolica)杂志,宣传他以托马斯主义为基础的社会思想,带有鲜明的保守主义特征。他认为,与人对自然的观念无法干扰自然界本身的运行不同,形而上学意识形态的混乱会导致人类和社会运行的失序。①当时的确也有一种把道德和各国的法律(即"成文法")分开的倾向。针对中世纪教会法所提倡的"自然法"不再是法学界主流观点的状况,塔帕雷利提出,各个主权国家遵循各不相同的成文法律,必然导致人类社会整体的失衡。教会的社会教导必须超越各个主权国家的局限,成为全人类统一的"社会正义"原则的基础。②1939 年的《塔帕雷利之后的国际秩序》,是目前可以找到的饶家驹唯一存世的文稿,他秉承的就是基督教"社会正义"原则思想。而他最终在战火连天的中国上海,联合中国当局说服英美法租界区域和发动战争的日本各方,在日本侵略军的刺刀之下,建立超越各主权国家利益与势力范围的安全区,可以视为是对这一人类"社会正义"原则的完美诠释。

三、"社会正义"庇护原则的当代实践:
饶家驹的南市安全区和日内瓦第四公约

在 1936 年西班牙内战中,亨利·乔治曾向西班牙当局提出三点紧急呼吁:至少应为妇女和儿童建立安全区;政府和军队必须尊重安全区的神圣不可侵犯性;中立的警察监督员要保证安全区不能用作军事目的。③他认为,交战双方应确保难民安全区的神圣不可侵犯性。但是这一呼吁,并没有得到相应的落地应答。世界上第一个完整意义的安全区,终于在 1937 年的上海应运而生。

1937 年 8 月 13 日,日本侵略军大举向上海闸北进攻,淞沪战争爆发。为

---

① Thomas Behr, *Social justice and subsidiarity*: *Luigi Taparelli and the origin of modern Catholic social thought*, The Catholic University Press, 2019, p.21.

② Ibid., p.23.

③ 日内瓦地方协会编:《现代战争对平民的保护》,第 22 页。转引自 Marcia R.Ristaino, *The Jacquinot Safe Zone*: *Wartime Refugees in Shanghai*, Stanford University Press, 2008, p.64.

躲避战火,难民纷纷涌入法租界和公共租界。据公共租界工部局统计,到 9 月 5 日,已有 58 236 人涌入公共租界。①租界难民最多时曾达 70 万。②但仍有大批难民进不了租界而露宿街头,每日饿死者数百人。因此,人们"认为当下最严重最紧要的问题,是怎样解决遭受战祸的无数同胞的生计"。③面对严峻的难民问题,两租界当局都表示束手无策,只能留给国际红十字会等中外救济组织④。

在上海已生活了 24 年的法国人饶家驹,不仅是耶稣会的传教士,也是上海国际红十字会救济难民委员会主席,他"鉴于租界人口激增,房屋求过于供,难民居住发生问题,因就商于中日军事当局,将方浜路以北一带,划为安全区,为难民避难所"⑤,这便是稍后成立的南市安全区。安全区之所以在南市区,是因为南市区与法租界毗邻,中间只隔一条马路,这条马路上有几扇门可以进入法租界,大量的难民为了逃进法租界而聚集到了南市,无衣无食,流离失所。饶家驹是法国神父,就居住在法租界,日日目睹惨状,发誓尽职救难。

饶家驹设立安全区的游说是非常艰难的过程,因为各方都有自己的利益诉求。1937 年 9 月下旬,饶家驹向中日两国提出在南市开辟安全区,并要求日机"勿往轰炸"。⑥对此,中方的回复只要不违背主权原则,便会予以考虑。中方之所以强调主权问题,是因为列强在华领土扩张问题上给中国留下了深刻的历史教训。中国政府必须得到明确保证,在南市建立安全区是完全出于人道主义而划定的难民收容特区,而不是变相的租界。而且还要确保没有签署其他有关损害中国主权的协议,并规定一旦战争结束,安全区也应撤销。

到 11 月初,上海中心城区除了苏州河以南的租界地区外几乎全数沦陷于日军之手,只剩南市的中国守军仍在坚持,而难民数量也在南市日益增多。饶家驹代表各国驻沪当局及各慈善团体,加紧游说中日双方,得到了上海政府的积极回应,日方也本于人道主义精神表示了赞同。11 月 2 日,经饶家驹与上

---

① 《公共租界尚有难民五万余人工部局统计》,《申报》1937 年 9 月 7 日,第 5 版。
② 南市区地方志编纂委员会编:《南市区志》,上海社会科学院出版社 1997 年版,第 1040 页。
③ 《救亡时报》,1937 年 9 月 9 日。
④ 上海工部局:"会议记录",卷 24,1937 年 9 月。转引自 Marcia R. Ristaino, *The Jacquinot Safe Zone : Wartime Refugees in Shanghai*, Stanford University Press, 2008, p.55.
⑤ 《上海国际救济会年报 1937—1938》,上海市档案馆馆藏,档案编号:Y3-1-258。
⑥ 《饶神父救护难民热忱商敌方勿再轰炸敌尚无切实答复》,《申报》1937 年 9 月 23 日,第 5 版。

海市市长俞鸿钧、社会局局长潘公展商议,确定了安全区的具体位置。①次日俞鸿钧发表声明,中国红十字会上海国际委员会法教士饶神父建议,在城内建立收容难民区域。此纯系友邦人士热心人道之举动,颇甚钦佩,故已允予考虑。②11月5日,上海国际红十字会救济难民委员会与中日双方分别签订协议,"南市辟一安全区之举,卒告成功"③。

美国领事馆的电报显示,早在1937年8月3日,美国驻上海总领事高斯就已经开始考虑中立安全区的组织问题。在他的设想中,"中国和日本的陆军和海军都应撤出其边界,治安交由外国部队负责……我们一致认为任何中立的提议都应由主要相关国,即英国、法国和美国发起……"④然而,因各国领馆考虑的计划是中立区由外国部队负责,有损中国主权,并没有得到中国朝野的认同。因此在安全区成立之初,当时的报刊便已争相报道饶家驹与中日当局筹划南市安全区这一计划。为了避免与早先的"中立区"混淆,以致引起错误印象,11月6日,饶家驹以上海国际红十字会救济难民委员会主席身份,发表设立南市安全区的文告:"该区为南市平民安全住所,并非中立区域,盖既非中立,亦非一区域也,且不能称为非军备地。至于筹商此举,确非为法人利益起见,亦非为保全南市中教会之产业,鄙人不知其地是否有教会之产业焉。此纯粹为非战斗之安全区。因日本与中国双方为人道起见,皆愿保护非战斗员,此举始克告成。鄙人深知此种办法,仍属创见,且望如欧洲等处,亦能仿行,为益匪浅,谅不河汉余言焉。"⑤

在饶家驹的主持下,上海南市安全区从1937年11月9日到1940年6月30日,创章立制,筚路蓝缕,在极其艰难的环境下运作32个月之久,至少庇护了50万难民。国际红十字会驻中国代表路易·卡拉姆(L. P. Calame)曾多次参观上海安全区,并被这个安全区有效运作和庇护平民之多的业绩所折服。在惨烈的世界大战中,如何保护成千上万平民的生命安全,这正是国际红十字会要解决的首要问题,他终于在上海找到了成功的案例。于是,路易·卡拉姆

---

① 《国际红十字救济难民委员会促成南市安全区》,《申报》1937年11月7日,第6版。所定地理位置为"方浜路以北、民国路以南、小东门以西、方浜桥以东之区域为难民区,约估城区三分之一"。

② 《俞市长郑重否认南市划定中立区系由法国教士姚神甫建议指定城内一小区收容难民》,《申报》1937年11月4日,第3版。

③⑤ 《国际红十字会救济难民委员会促成南市安全区》,《申报》1937年11月7日,第6版。

④ Department of State, *Foreign Relations of the United States Diplomatic Papers*, *1937*, *The Far East Volume III*, pp.331—332.

于 1937 年、1938 年将上海安全区的运作经验,多次详细汇报给日内瓦总部,并希望予以推广。

饶家驹关于安全区的理念以及上海安全区的成功经验,直接促成了日内瓦第四公约的实现,公约的许多条款都是基于上海安全区的实践。日内瓦第四公约即《关于战时保护平民之日内瓦公约》中第 14 条规定:"各缔约国在平时,冲突各方在战事开始后,得在其领土内,并于必要时在占领地内,设立医院及安全地带与处所,加以适当的组织,使能保护伤者、病者、老者、十五岁以下儿童、孕妇及七岁以下儿童之母亲,俾免受战争影响。在战事爆发及其进行中,有关各方得缔结协定互相承认所设立之地带与处所……"第 15 条规定:"任何冲突之一方,得直接或通过一中立国或人道主义组织,向其敌方建议在作战区域内设立中立化地带,保护下列人等免受战争之影响,不加歧视:(甲)伤、病战斗员或非战斗员;(乙)不参加战事及虽居住在该地带内而不从事军事性工作之平民。如有关各国对于拟议之中立化地带之地理位置、管理、食物供给及监督均予同意,应由冲突各方之代表签订一书面协定,该协定应规定该地带之中立化之开始及期限。"①这些设立安全区必须遵守的重要程序和原则,都是上海安全区经验的总结与升华。

除了设立安全区所要遵守的原则,日内瓦第四公约还吸收了饶家驹安全区的许多具体做法。比如附件一《关于医院及安全地带与处所协定草案》②第二条规定:"在医院或安全地带内居住之人,无论以任何资格,不得在该地带内外从事任何与军事行动或战争物资生产有关之工作。"当年上海安全区正是这样规范寻求避难的平民的:"他们在进入安全区时便会被告知饶家驹安全区特有的规章和程序,并被告诫,这些规章和程序是必须遵守的。"③同时这也是日本承认安全区的条件之一:"中方需做出书面保证,这一区域只供市民居住,不做军事用途。"④《关于医院及安全地带与处所协定草案》第三条规定:"设立医

---

① 《1949 年 8 月 12 日关于战时保护平民之日内瓦公约》,《国际条约集 1948—1949》,世界知识出版社 1959 年版,第 382—383 页。

② 《1949 年 8 月 12 日关于战时保护平民之日内瓦公约》(附件一),《国际条约集 1948—1949》,世界知识出版社 1959 年版,第 425—427 页。

③ Marcia R. Ristaino, *The Jacquinot Safe Zone: Wartime Refugees in Shanghai*, Stanford University Press, 2008, pp.152—153.

④ 1937 年 11 月 5 日俞鸿钧写给饶家驹的信中对此做出了保证,见《1937 年 11 月 5 日俞鸿钧写给饶家驹的信(英文)》,《有关南市"难民区"的材料》,第 50 页,上海市档案馆馆藏,档案编号:U38-2-1189。

院及安全地带之国家应采取一切必要措施,对于无权居住或进入该医院与安全地带之人禁止入内。"在上海,安全区中只有凭借签发的特别通行证才可以出入,"将南市已不适用之沙袋铁丝网等物,移塞于难民区四周,并设法出入人口除难民由收容所,商户由商联会给证明书外,其余人等则施行检查或拒绝入内"①。《关于医院及安全地带与处所协定草案》第六条规定:"医院及安全地带应在其建筑物上及其外围放置白底红斜带之标志,以资识别。"上海安全区筹建阶段,上海国际救济会就已制作十余面旗帜,标有中英文国际救济会会名,中间是大红十字。成立当天下午便在议定的安全区四周路口树旗标识,避免日机前往轰炸。②《关于医院及安全地带与处所协定草案》第八条规定:"凡承认其敌国所设立之一个或数个医院及安全地带之国家,应有权要求由一个或几个特别委员会管制之,俾资确定此等地带是否履行本协定所规定之条件与义务。为此目的,特别委员会委员应随时得自由进入并长期居住于各该地带。对于彼等之视察任务应给予各种便利。"上海安全区的特别委员会就是监察委员会,在上海国际红十字会的监督下从事区内各项救济事宜。其下设具体办事机构为总办事处,地点便设在区内的安仁街南市北区救火会。当日军占领整个南市时,它仍旧允许饶家驹的监察委员会继续工作。《关于医院及安全地带与处所协定草案》第九条规定:"如特别委员会发现其所认为违反本协定之条款之事实,应立即促起管理该地带之国家注意该项事实,并限定于五日内予以纠正,该委员会应及时通知承认该地带之国家。如限期已过,而管理该地带之国家并未遵照警告办理,敌方得宣布对于该地带不复受本协定之拘束。"而当年饶家驹在与中日双方的协议中便已写明,监察委员会在安全区内享有行使视察权。③《关于医院及安全地带与处所协定草案》第十条规定:"凡设立一个或数个医院及安全地带之国家,及接获其存在之通知之敌方,应指派,或由保护国或使其他中立国代派合格人员充任第八条及第九条所述之特别委员会委员。"上海安全区监察委员会成员就是由中立的外籍人士组成,因此,才有能力妥善处理好安全区事宜。《关于医院及安全地带与处所协定草

① 《难民区代表沈心抚等请扩充难民区》,《申报》1937 年 11 月 22 日,第 6 版。

② 《南市难民区市府布告实行纯系国际救济性质绝不损害领土主权今日中午起开始》,《申报》1937 年 11 月 9 日,第 2 版。

③ 《南市难民区实现昨日开始收容四周屋顶悬红十字旗市警察武装维持治安委员会发表声明》,《申报》1937 年 11 月 10 日,第 5 版。

案》第十一条规定:"医院及安全地带在任何情形下不得为攻击之目标。冲突各方应随时予以保护并尊重。"这条便是饶家驹建立安全区的最终目的与主旨。

由于饶家驹神父 32 个月如一日,殚精竭虑地奔走于安全区和各方处理各类事务,也由于中日双方都履行了各自的诺言,从而使上海安全区最终成为战时平民救助的一个典范。

今天,尽管饶家驹神父所处的二战时代已经离我们远去,和平与发展成为世界范围内的共同追求,然而,从叙利亚、阿富汗到乌克兰,战争造成对平民伤害的人道主义灾难之阴影始终徘徊在地球上空。《关于战时保护平民之日内瓦公约》所秉持的社会正义原则仍然具有不可替代的文明进步价值,饶家驹建立难民安全区的理念与贡献,彰显了永恒的人道主义精神,这份从人类文明黎明时期一直传承发展至今的历史遗产,因为饶家驹神父的贡献而闪现出更加璀璨的光华。

Jacquinot Zone and its Culture Root of Sanctuary

Abstract:During Second Sino-Japanese war,there were numerous "safe zone" and "refugee zone" aiming protecting civilians from the harm of war. These were most established by westerners in China. The phenomenon is rooted deeply in a western culture tradition from religion, called sanctuary. To seek sanctuary means a man facing violence threat hiding in a sacred place in order to avoid possible danger. This tradition imbues the humanitarian spirit of "protecting people from the harm brought by violence". This culture phenomenon has two origins independent to each other:Jewish and Greco-Roman classical culture. In Late Antiquity and the middle ages, they merged into Christianity tradition. Sanctuary right became a symbol of power of the Church in the middle ages. After the rise of nation states, the tradition diverges. Church figures like Taparelli improves the concept of sanctuary with social justice principles, leading to humanitarian principles. Jacquinot as a Jesuit inherited their ideas, did his best to create "Jaquinot Zone" which is the instance of the safety zone in the world, protecting five hundred thousand Chinese civilians. The principle and working method of Jaquinot Zone was recognized by the fourth Genève Conventions and it becomes common ground that protecting civilians is necessary during wartime. This is not only a glorious result of Sino-French friendship，but also a great contribution to the application of humanitarian principles in the history of civilization.

Key words：Sanctuary；Jacquinot；safety zone；Genève Conventions

作者简介：苏圣捷，华东师范大学思勉人文高等研究院青年研究员。

18 世纪英国殖民者对
孟买城市地理的大改造初探①

余志乔

摘　要: 随着18世纪英国在印度洋的争夺与在印度优势的逐步确立,孟买也经历了发展的过程。在东印度公司统治下,通过修建岛屿各地块之间的海堤,孟买各岛在地理形态上逐渐连接起来成为一个实体。同时,堡垒区不仅建筑了围墙,开拓了城墙外的城壕,而且砍伐大量树木,打造了一片开阔的无人地带,作为防御空间。堡垒区内逐渐建设成为一座城镇,不仅有政府大厅、海关、教堂、公司大楼、供水设施等,而且有市场、商店、住宅、绿地等生活场所。在空间格局上,形成了南部的"白城"和北部的"黑城"。18世纪开始的大拆迁,逐渐把本地人的"违规""不健康"建筑拆除,把他们赶到北边新开发地段居住,形成了特色鲜明的分区居住现象。总之,18世纪英国殖民者对孟买城市地理的大改造,把一片蛮荒岛屿发展成初具雏形的城市。

关键词: 孟买　英国　东印度公司　堡垒区　城市地理

18 世纪,英国逐渐确立起在印度洋和阿拉伯海的海洋优势,英国的印度扩张与商业活动主要集中在印度东海岸。相对而言,孟买所在的西海岸仍然处于艰难的发展阶段。不过,孟买这个时期也获得了一个千载难逢的发展机会。东印度公司将总部从苏拉特搬迁到孟买,成为孟买崛起的重大契机。随

①　本文为教育部人文社会科学重点研究基地重大项目"集聚与离散:南亚城市带的演进轨迹"(16JJD770031)研究阶段性成果,上海师范大学高水平地方高校建设一流研究生教育项目之博士研究生拔尖人才培育"18世纪孟买城市物理空间的建构"的成果。

着公司总部迁到这里,其他的商业活动和海上贸易也都迁到了这里。于是建立了初期教堂、码头等设施,并且将小岛联合成为一个整体,几个岛屿逐渐连接成为一个城市,孟买城市地理形态初步成形。同时,以堡垒区为基础的孟买内部空间布局也初具雏形。然而,长期以来,学术界大多把孟买的填海造地看成 19 世纪的伟大成就,如同期在中国香港、新加坡和中国澳门等发生的那样,[①]而对 18 世纪的工作研究不多,认为近代早期孟买对自然环境被动应付,极少关注孟买土地景观的变迁。[②]因此,有必要探讨孟买的 18 世纪城市地理大改造和城市空间的形成,研究它如何从无足轻重发展到 18 末的"印度的门户"(Gateway of India)[③]。虽然英国殖民活动并不值得称颂,但东印度公司把一个蛮荒之地开发成一座城镇的创造性举措却是值得研究的。

一

18 世纪孟买城市地理的形成,从更广阔的背景看,与列强在印度洋上的竞争、列强与印度之间的较量分不开;也与英国逐渐取得更强势的地位分不开。从孟买本身的塑造而言,离不开几位具有远见卓识的总督的强力推进。

在 17 世纪末英国与印度莫卧儿帝国间的一场战争中,英国以失利而告终。当时,英国不满意印度的贸易条款,试图获得更大优惠,因而发动了一场对莫卧儿帝国的战争,结果英国败北,不仅赔偿巨额款项,而且仍然需要遵守印度奥朗则布的贸易规则。不过,18 世纪中叶克莱武(Robert Clive, 1725—1774)征服孟加拉国却取得了胜利,为英国进一步侵略印度奠定了基础。英国人逐渐掌握了印度的制海权,他们拥有了在马拉巴尔海岸一带海洋的主权,可以制裁马拉巴尔海盗。英国人掌握了孟买北面的古吉拉特(Guzerat)相当的

---

① R. Glaser, P. Haberzettl and R.P.D. Walsh, Land reclamation in Singapore, Hong Kong and Macau, *Geo Journal*, 24 (1991), pp.365—373; B.J. Hudson, *Cities on the Shore: The Urban Littoral Frontier*, London, 1994. 据初步考察,只有 Tim Riding 的"Making Bombay Island": land reclamation and geographical conceptions of Bombay, 1661—1728, *Journal of Historical Geography*, 59(2018)致力于探讨早期孟买的地理变迁。

② 参见 M. Harrison, *Climates and Constitutions: Health, Race, Environment and British Imperialism in India, 1600—1850*, New Delhi, 1999, p.21; G.C.D. Adamson, "'The languor of the hot weather': everyday perspectives on weather and climate in colonial Bombay, 1819—1828," *Journal of Historical Geography*, 38 (2012), pp.143—154。

③ Sujata Patel and Alice Thorner, eds., *Bombay: Mosaic of Modern Culture*, Oxford University Press, 2003, p.9.

政治权,并在 1759 年 3 月 4 日占领苏拉特城堡(Surat Castle)。他们不仅掌握孟买,而且控制了距离孟买 20 英里的提拿(Tanna)。到 18 世纪末,甚至苏拉特的整个军事、行政管理、财政全部转交给了东印度公司。①孟买的地理大改造就发生在这样的背景下。它从海疆蛮荒之地,变成西方殖民者建立起来的一座城镇,后来成为英国印度殖民统治和东西方贸易的重要基地。

孟买原先只是指印度沿海的几个只有几个渔村的荒岛。到 19 世纪,有了我们今天的孟买七岛之说。从南往北依次为:戈拉巴岛(Colaba)、小戈拉巴岛(Little Colaba)或老妇人岛(Old Woman's Island)、孟买岛、马扎加恩岛(Mazagaon)、帕雷尔岛(Parel)、沃尔利岛(Worli)和马希姆岛(Mahim)。当时的英国人一直认为,孟买就一个岛,包括马扎加恩(Mazagaon)、帕雷尔(Parel)、沃尔利(Worli)和马希姆。只是一些地段地势低洼,会被潮水淹没,造成分成几个小岛的误解。据 18 世纪的巴纳尔记载,孟买是个狭长形的地带,从北至南大约 10 英里,从东到西大约 3.5 英里宽。②葡萄牙人与英国人对孟买岛的界定有分歧:葡萄牙人认为婚约中的嫁妆仅指孟买岛本身,而英国人认为当海潮退去时,这几个岛由陆地相连,因此实际上是一个岛。18 世纪的工作,只是把英国人的这个理解具体化。

孟买的获得和开发相对较迟。1509 年 1 月 21 日,葡萄牙人首次来到孟买岛一带,1534 年 12 月 23 日,葡萄牙人在孟买建立了一个商馆。葡萄牙人的孟买贸易据点发展缓慢,主要从事当地商品的贸易。这几个岛屿先后出租给几个葡萄牙官员的冒险家,葡萄牙人在这里建筑了几个堡垒,如孟买堡(Bombay Castle)、班德拉堡(Bandra Fort)和马德堡(Madh Fort)。1652 年,英帝国就敦促过英属东印度公司从葡萄牙人手中购买孟买。但直到 17 世纪中叶的一场英葡政治联姻,才提供了解决孟买的归属问题的契机。孟买作为嫁妆成为英国的属地,但北面萨尔塞特(Salsette)的苏拉特港却继续由葡萄牙人掌握。

构建孟买岛整体性物理空间是一个长期的任务,在 18 世纪才真正开始了这个进程。这个过程大致分为两个阶段,第一个阶段是 18 世纪早期的零星连接工作,把北部的几个岛率先连接起来。其实连接小岛各地的设想很早就产

---

① James Mackenzie Maclean, *A Guide to Bombay*, *historical*, *statistical and descriptive*, 2nd edition, Bombay Gazette Steam Press, 1876, p.32.

② Sir William Foster, et al.eds, *Bombay in the Days of Queen Anne*, *Being an Account of the Settlement* written by John Burnell, Taylor and Francis, 2011, p.4. ProQuest Ebook Central.

生了,就在英国获得此地不久,即 1668 年就提出过造地计划,①当时估计需要花费 1 000—1 200 英镑。后来又从各个角度进行了研究。不过,其间仅仅进行了各种小型的边际填海,从海中获得了零星小块土地。大约在 1709 年到 1710 年初,东印度公司开始了比较系统的造地工作,计划构筑 5 条堤坝,便于退潮时把岛内水体排放出去,从而使孟买岛更具象化。1710 年起着手解决北部各地之间的连接。首先解决的是北部,在帕雷尔岛北端的锡安(Sion)和达拉维(Dharavi)之间、马希姆和达拉维之间以及马希姆和沃尔利之间的那些。到 1711 年完成了三条:在帕雷尔北端锡安的两条堤坝,补上了北端的缺口,一条连接锡安和马希姆。到 1712 年初,完成了马希姆与沃尔利间的堤坝。这样,在 18 世纪第二个 10 年里,主要完成了北部的三块地的连接,即把马希姆、帕雷尔和沃尔利实际上连成一体。

连接整个孟买岛还需要在西侧把孟买岛与沃尔利岛连接起来。这里是孟买各个地块之间空间距离最大的一处,长期以来都被称为大缺口(Great Breaches)。刚开始试图建一条直墙将其封闭,但没有成功,在 1715 年被新任总督查尔斯·布恩(Charles Boone, 1715—1722 任职)放弃。②1719 年,一个名叫埃利亚斯·贝茨(Elias Bates)的船长计划了一条半圆形的墙来实现这个目标,计划需要 9 个月时间。该工程在 1720 年开始,约 4 年后基本成形,③到 1728 年才最终全部完工,另外后续工作又进行了很多年。④这项工程,就把孟买岛与北部的三个岛初步连接起来了,使英国人认知中的孟买一岛成为无可争辩的现实。

第二个阶段是 18 世纪晚期的填海造地工程。战争与领土占领为孟买岛的整体化进程创造了外部条件,填海工程进一步加强了岛屿各地之间的联系,使孟买岛内土地空间得到扩展。这时东印度公司对印度政策有了巨大的转变,即从商业活动转向领土征服。1782 年签署的《萨尔白条约》(Treaty of Sal-

---

① Surat to London, 2 November 1668, in: W. Foster, *The English Factories in India, 1668—1669*, Oxford, 1927, p.78.

② Tim Riding, "Making Bombay Island: land reclamation and geographical conceptions of Bombay, 1661—1728," *Journal of Historical Geography*, 59(2018), p.36.

③ Sir William Foster, et al.eds, *Bombay in the Days of Queen Anne, Being an Account of the Settlement* written by John Burnell, Taylor and Francis, 2011, pp.xviii—xix.

④ Bombay consultation, 17 January 1727/8, IOR/P/341/6, 683. Reinforcement of the work, additionally, carried on for years: Bombay to London, 22 September 1732, IOR/E/4/450, 444.

bai)中,正式将 1774 年英国占领的萨尔塞特岛割让给了英国,英国还另外获得了象岛、卡拉吉(Karanja)和霍格岛(Hog),从而在港口外围有一连串的岛屿充当物理屏障,保卫着港口的安全①。因此,《萨尔白条约》标志着东印度公司在孟买甚至印度政府的转折点。东印度公司把重点从贸易开始转到领土占领,公司的性质也从商业公司彻底转变成帝国主义者,东印度公司成为印度的"统治者"。

第二个阶段的填海工程是由孟买总督威廉·霍恩比(William Hornby, 1771—1784 年任职)策划完成的,它填充了孟买西部的大片水域,使孟买的岛屿空间更加实体化。1782 年,威廉·霍恩比启动了霍恩比填海工程(Hornby Vellard)。实际上,当时的英国东印度公司并没有批准该工程,但威廉·霍恩比公然违抗公司意旨,在缺口路(Breach Candy)开工建设。工程的目的是阻断沃尔利岛河,防止孟买低洼地在涨潮时被淹。当时估计工程造价达 10 万卢比。据说公司为此下令他暂时停职,但威廉·霍恩比置之不理,直到任期结束。②这次工程不仅把孟买与沃尔利岛更好地连接起来,成为了连接孟买西部的南北部之间往来的重要通道;而且还开始了在沃尔利岛和后来称为玛哈拉克西米(Mahalaxmi)的填海造地工程。玛哈拉克西米一带在涨潮时容易被淹无法居住,其缺口被填上后,就形成了一个永久性的填海工程,使该岛中部地段成为适合居住的地段。③最北端的锡安堤道(Sion Causeway)把孟买帕雷尔岛的锡安村与萨尔塞特的库拉村(Kurla)直接相连,从而把这几个岛屿与萨尔塞特联系起来了,也就是在一定程度上结束了这些岛屿的孤立状态。锡安堤道始建于 1798 年,完成于 1805 年,花费了 5 037 英镑。另外,1776 年,也开始了在孟买与提拿间的轮渡服务,建筑了新的市场,改善了城市的排水系统。④这些不仅增加了孟买的土地面积,而且大大提高了孟买的可通达性,加强了与印度大陆的连接性。

在 18 世纪历史进程中,孟买的岛屿连接工程,实质上就是填海造地(参见图 1)。直接的目的是解决生存问题。当时在孟买七岛周围,包括北面的萨尔塞特岛,一直是葡萄牙的属地。孟买的食物供应主要依赖于萨尔塞特。英葡

① Sharada Dwivedi and Rahul Mehrotra, *Bombay: the Cities Within*, India Book House, 1995, p.28.
② The Hornby Vellard, http://theory.tifr.res.in/bombay/architecture/civil/hornby-vellard.html.
③ Reclamations, http://theory.tifr.res.in/bombay/history/reclamation.html.
④ Sharada Dwivedi and Rahul Mehrotra, *Bombay: the Cities Within*, p.28.

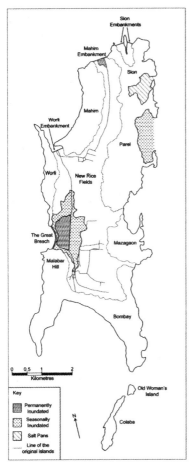

图1　筑堤填海后的孟买空间形态①

之间时时处于竞争状态,有时孟买无法获得足够的食物供应,促使食品价格飞涨。因此,最初填海获得的小块土地,其中有些用来种植大米,有些用于晒盐。在18世纪十年代筑坝而来的土地相当低洼,只能用来种植水稻。这些土地都被小块出租,土地收益在租地人与东印度公司间分配,不过,直到1723年才成功进行。从利润的角度看,这些土地似乎收益很差。1737—1781年期间,在从海中收复的土地上仅获得了94 000卢比收益,远远低于填海造地的成本,仅仅是构筑大缺口的堤坝就花了320 000卢比。②因为还有相当部分的土地,在雨季时仍然处于海水中,无法耕作。而且随着孟买本身人口的增长,新获得的土地的粮食无法满足新增人口的需求,东印度公司把填海项目视为巨大的错误,说如果早知道这么巨大的成本的话压根儿不会同意。③但是18世纪晚期的大缺口海堤的完成,给孟买提供了约400英亩的大片良田。后来的玛哈拉克西米、镰仓(Kamakura)、塔迪奥(Tardeo)和部分的巴克拉(Bycullah)辖区就大多得益于填海造地的地理空间。④确实,筑堤填海工程在一定程度上有助于给日益增长的人口提供食物,后来又成为城市发展空间。

---

① Tim Riding, "Making Bombay Island: land reclamation and geographical conceptions of Bombay, 1661—1728," *Journal of Historical Geography*, 59(2018), p.36.

② Materials Towards a Statistical Account of Bombay, volume 3, Bombay, 1894, 299, 501—503; Elias Bates to Robert Cowan, 23 May 1729, IOR/P/341/6, 1028.

③ London to Bombay, 25 March 1724, IOR/E/3/102, 131v.

④ Reclamations, http://theory.tifr.res.in/bombay/history/reclamation.html.

总之,筑堤工程,真正在外观形态上把孟买几块分散的岛屿逐渐连接成一个整体。18 世纪晚期的填海工程造就了大片土地,为未来孟买城市建设奠定了用地基础,有利于未来孟买城市空间的扩展,也为孟买从遥远的海疆变成滨海海港城市奠定了基础。

二

海堤工程和填海工程获得的领土逐步奠定孟买的物理形态基础,而城市基础设施的建设则为孟买从一个以堡垒区为中心的港口发展成一座城市创造了条件。

公司总部的搬迁直接促进了城市基础设施的发展。1686 年,公司总部迁到孟买。20 多年后的 1710 年,孟买堡就拥有了向 1 000 人提供 20 个月用度的巨大供水设施。1715 年新总督查尔斯·布恩的到来,又进一步促进了居住点的增长。该年 12 月,查尔斯·布恩就任孟买市长,1716 年,他采纳了前总督杰拉尔德·安杰尔(Gerald Aungier,1640—1677)的构筑城墙建议,建筑了北起董格里(Dongri)南至门德汉姆角(Mendham)的城墙。1718 年在堡垒区范围内建筑了圣托马斯教堂,该教堂是孟买的第一个英国国教的教堂。[①]他还巩固了孟买的防御圈,扩展了堡垒区的老码头,建立了一支海军力量,鼓励建筑几座大型建筑。1753 年建立的海军码头仍然是城市中最古老的码头。[②]

孟买堡得到了巩固。18 世纪英、葡、法、马拉塔人(Maratha)等之间争夺印度的战争不断。这个阶段的英国孟买政策大多是这种局势的产物。在1746—1766 年期间,堡垒区得到更大改造,拥有了更多的堡垒和炮台。因此被印度人称为"黑堡垒"(Kala Killa),并不仅仅是因为它是用当地黑色玄武石建造的,更可能是英国人的劫掠造成的心理阴影。[③]

孟买堡垒区建筑的城墙,形成了三个设防的加强主城门,分别是阿波罗城门(Apollo)、教堂城门(Church)和集市城门(Bazaar);还有更小些的内外城门,供进出堡垒用。阿波罗城门位于堡垒的南边,靠近圣·安德鲁斯教堂,是1719 年建筑的经典苏格兰教会(Scottish Kirk)风格的建筑。最著名的是教堂

---

① Sharada Dwivedi and Rahul Mehrotra, *Bombay：the Cities Within*, p.26.
② https://en.wikipedia.org/wiki/History_of_Bombay_under_British_rule.
③ Sharada Dwivedi and Rahul Mehrotra, *Bombay：the Cities Within*, p.28.

图 2　孟买堡垒区与滨海空地(1771—1864)①

城门,几乎就建筑在靠近今天弗洛拉喷泉(Flora Fountain)的地方,它是以附近
的圣托马斯教堂命名的,由前总督查尔斯·布恩在 1718 年圣诞节揭幕开放。
第三个是位于北端的集市城门,在扩展的印度人定居地末端,几乎在后来建筑
的邮政总局圆顶的对面。②原堡垒区以外,1769 年,在原先的董格里堡场址以
东,建筑了乔治堡的扩展部分。在堡垒上,可以架设 12 门大炮,在小城门上可

① https://up.jinzhao.wiki/wikipedia/commons/3/37/Bombay_fort.jpg.
② Sharada Dwivedi and Rahul Mehrotra, *Bombay: the Cities Within*, p.28.

架设 4 门大炮。①

在堡垒区外围建设与扩展开阔的防御空间(参见图 2)。为更好地防卫孟买,殖民当局在堡垒城墙外围,清理出了一片广阔的、大致呈半圆形的空旷地带,即后来称为海滨空地(Esplanade)的防御设施。这一片非常开阔的强制开敞地带,为堡垒区提供一个极为安全的防卫空间。早在 1739 年马拉塔人驱赶葡萄牙人,孟买就加强了防御。他们把孟买堡外围方圆 120 英尺内的树木全部砍光,以提供清晰的射击空间。不仅如此,还在周围挖掘了一条长达 3 英里名为马拉塔(Maratha Ditch)的壕沟,以抵抗马拉塔人的进攻。这条壕沟直到 1743 年才完工。城里的商人从经济上赞助了壕沟的挖掘。直到 18 世纪末,这块空地得到了进一步扩展,达到 400 码宽,从堡垒直达海边。②可见,孟买除了港口功能外,还拥有武装设施(堡垒)、防御空间(滨海空地)和士兵营房等军事空间,既可以防止掠夺者入侵,也可以扩展港口。③

同时不断地重新整合城镇内部空间布局,特别是印度人居住区的不断拆迁进程。孟买颁布了第一部土地使用法。④1748 年,公司首次提出了私人和商业建筑法规,从而改变了孟买的城市面貌。此举引起了孟买历史上的第一次"拆迁",许多违背法规的建筑被拆除,导致了建筑用地增长和人口的重新分布。许多人迁到更北的新填海造就的广阔土地上去;新修了道路,包括帕雷尔岛到锡安的更为便捷的道路,从教堂门到印度人城镇——在海滨平地以北的印度人聚居区的道路,还有一条通往英国人在门德汉姆角的墓地的支路。这样,在新的建筑条例下,许多印度人被赶到更北的地方居住,被迫离开了原来堡垒区的黑城部分。在 1770 年,在董格里山的库里人住宅、在教堂门和集市门之间的赤贫者的茅屋补拆迁至他处,两年后禁止非欧洲人在教堂街以南建筑住宅,因此印度人开始在堡垒外到集市门以北的地带兴建家园。⑤

18 世纪中叶孟买城基本成形并继续发展。这时的孟买城市空间主要集

---

① Mariam Dossal, *Theatre of Conflict*, *City of Hope*: *Mumbai 1660 to Present Times*, Oxford University Press, 2010, p.26.

② Sharada Dwivedi and Rahul Mehrotra, *Bombay*: *the Cities Within*, pp.27—28.

③ Sandip Hazareesingh, *The Colonial City and the Challenge of Modernity*: *Urban Hegemonies and Civic Contestations in Bombay City 1900—1912*, Orient Longman, 2007, p.13.

④ https://en.wikipedia.org/wiki/History_of_Bombay_under_British_rule.

⑤ Sharada Dwivedi and Rahul Mehrotra, *Bombay*: *the Cities Within*, p.27, p.34.

中在这个堡垒区里。堡垒区已经成为一个商业、市民和社会的核心,遍布着英式住宅、多彩的印度人住宅、仓库、商店、作坊、码头、学校、法院、铸币厂和教堂。到 1775 年,城墙内的城镇范围长达一英里,从阿波罗门到集市门,宽度大约 0.25 英里,从海堤穿过绿地直达教堂街。旅行家约翰·格罗斯(John Henry Grose)于 1750 年绘制的孟买图表明,孟买堡突出的建筑有总督府、旗帜台和大炮台(Tank Bastion)。城墙内的重要建筑有教堂、公司的仓库、码头和海上码头、兵营、锻造厂、铁匠铺、铸币厂。而这个时代的民房建筑,则相对普通,只能描述成"够用的"。①1772 年,教堂街以南的商店因为"滋扰"被拆除,并不再允许未来在此新建商店。同时,教堂与市场门之间的港口劳工居住区也被拆除。②

1787 年开始了第二次大拆迁。该年任命了一个由地税官(Land Paymaster)、收税人(Collector)和总工程师(Chief Engineer)等人组成的专门委员会,来考察城墙内印度人居住的私人住宅,决定这些住宅在多大程度上不利于公共工程和居民的总体健康。调查发现,由于缺失规则和约束,印度人所拥有的小片土地建起的高楼达到了危害城镇健康的程度,不注意街道的宽度,不管街道的平直,相互犬牙交错,由此可能对城镇的凉爽和外貌都有着不利的影响。专门委员会提出了几项建议,包括拓宽主街道 50 英尺,交叉十字路为 25 英尺,小街巷为 15 英尺。印度人的住宅不得高于 32 英尺,去除所有商店的突出物。③另外,家家户户必须每天清洁门前的街道,如果有任何脏乱东西留存,就要处以罚款。专门委员会还建议,在城镇内绿地或任何其他开敞区域内堆放的商品,应该限于某些特定商品。这些行动,当时遭遇了许多来自私自建房者或者被强拆者的强烈反对。④

18 世纪的大拆迁行动,一方面使堡垒区逐渐成为欧洲人占主导的城市空间,另一方面使孟买城市空间越出了城墙的范围,向北扩展,形成一片新的本地人居住区。到世纪末,城墙外的城镇空间已经得到了较大发展,1794 年,在城墙内有 998 所住宅,在城墙外的新城区则有 6 659 所。还有 430 个敞开空

---

① Sharada Dwivedi and Rahul Mehrotra, *Bombay: the Cities Within*, p.34. p.28.

② Mariam Dossal, *Theatre of Conflict*, *City of Hope: Mumbai 1660 to Present Times*, Oxford University Press, 2010, p.39.

③ Sharada Dwivedi and Rahul Mehrotra, *Bombay: the Cities Within*, p.30.

④ Mariam Dossal, *Theatre of Conflict*, *City of Hope: Mumbai 1660 to Present Times*, Oxford University Press, 2010, p.53.

间,包括 430 个划船处、花园和稻田。这一年,乔治·迪克(George Dick,1739—1818,1792—1795 任职)总督命令孟买的市政建筑师(Civil Architect)约翰·坎利夫(John Cunliffe),在选定地点树立大型石质界桩,作为孟买城的界线标记。界桩有 18 英寸高,刻有"孟买城界"的字样。[①]这样,就划定了当时孟买城的地理空间。

当然,除了堡垒区,这时的孟买大部分仍然还是没有排干利用的水域,有些直到世纪末才作为农业用地。同时,位于最南端的两座小岛——戈拉巴岛和小戈拉巴岛启动开发,这两个岛屿不在当时英国人认可的"孟买岛"范围内。不过,早在 1675 年,安杰尔总督占领了此地,但在英国统治孟买的最初岁月里几乎没有开发。在 18 世纪初,大小戈拉巴岛属于欧洲人消闲娱乐的"田园乡村"。东印度公司在这里放养了一大群鹿,英国人乘坐轮渡和其他小船到这儿来休闲和打猎,以逃避城墙内城镇生活的拥挤和幽闭,享受英国式的开敞田园生活情趣。1743 年,戈拉巴岛以 200 卢比年租金租给了理查德·布劳顿(Richard Broughton)。[②]但仍然没有什么重要开发,这里只有几个墓地,包括 1681—1690 年担任总督的约翰·切德(John Chid,?—1690)墓地(今不存)。但布劳顿的寡妇在岛上建立了几所房子,军官们也建了一些临时性的住所。1768 年左右,建立一所信号室,2 年后在岛的南端,在一个葡萄牙旧瞭望塔的废墟上建立了一个信号塔。1779 年,在老妇人岛上建立兵营、一所感化院、军官公寓。到 1796 年,在戈拉巴岛已经建造了一些房子,因此政府决定宣布它是一个为军队的兵营场地,禁止建筑永久性建筑。[③]

由此可见,18 世纪孟买的城市发展,主要集中在堡垒区,堡垒区成为一座小型的城市。到世纪末,向南北两个方向延伸。在堡垒北部往北扩展了乔治堡,在海滨空地外开始建设印度人居住区;各地之间的道路建设加强,增强了各地间的联系;向南的戈拉巴岛和小戈拉巴岛当时还是作为孟买堡垒城镇区域的郊区或乡村附属地带。

三

到 18 世纪中叶,孟买已经是一座有着广泛贸易网络的贸易城镇了。它取

---

① Sharada Dwivedi and Rahul Mehrotra, *Bombay: the Cities Within*, p.34.
② https://en.jinzhao.wiki/wiki/Colaba#cite_ref-5.
③ Sharada Dwivedi and Rahul Mehrotra, *Bombay: the Cities Within*, pp.64—65.

代北边萨尔塞特岛上的贸易中心苏拉特,成为英国重要的贸易中心和最为重要的港口之一。从此,孟买、马德拉斯和加尔各答等都有大型商人船队涉足亚洲国家间的贸易往来,并用来巩固在次大陆的各个沿海贸易据点。英国船只把印度最有价值的外贸扩展到西亚和远东。①

东印度公司的印度西部总部从苏拉特迁移到孟买成为孟买商业贸易发展的重要契机。1687 年,为了加强孟买的贸易,公司总部从北面的大岛萨尔塞特岛上的苏拉特南迁孟买,此举对未来孟买的发展意义巨大。作为贸易中心,孟买在 18 世纪中叶之前一直落后于苏拉特,并依赖于苏拉特。直到 18 世纪中叶,孟买取而代之成为印度西海岸的主要港口。有几个因素造成了这一过程,苏拉特的政治动乱及其对贸易的不利影响,以及苏拉特港口的淤塞是其衰落的主要原因。此外,英国此时已成为阿拉伯海上最强大的海军强国,能够控制该地区的大部分贸易,因此也成为苏拉特土著和欧洲商人中最强大的商业集团;大约在 1750 年之后,他们逐渐取得了"事实上的"政权,从而也侵入了当地政治。因此,他们成功地将苏拉特的国际贸易转移到了孟买港口。尽管苏拉特在 17 和 18 世纪被评为"印度主要的进出口中心",但"贸易向孟买的稳定转移……继续削弱其在商业上的重要性"却是不争的事实。②因此在 18 世纪晚期,孟买逐渐超越苏拉特,成为西海岸重要港口。这里有着面向大陆的天然良港,避开了印度洋的大风大浪,港阔水深,适宜大型船只进出与停泊。而苏拉特是一个河港,船只需要溯河而上,大船不易通行。到 18 世纪下半叶,所有英印商船都驶向孟买。③

孟买的经济战略地位日益重要,成为出口印度原料与产品的重要港口。首饰匠们制作精美的珠宝首饰,织工纺织华丽的纺织品,商人经销各式商品,供货人向商人等出借资金,铁匠、种植者和仆人齐集一堂。孟买经销全印度的商品,甚至印度外的商品。④自 18 世纪 80 年代初起,以孟买为基地的英国私人

① C.A.Bayle, *The New Cambridge History of India*, Vol.II, 1: *Indian Society and the Making of the British Empire*, Cambridge University Press, 1988, p.46.

② Meera Kosambi, "Commerce, Conquest and the Colonial City: Role of Locational Factors in Rise of Bombay," *Economic and Political Weekly*, Vol.20, No.1(Jan. 5, 1985), pp.34—35.

③ James Mackenzie Maclean, *A Guide to Bombay, historical, statistical and descriptive*, 2nd edition, Bombay Gazette Steam Press, 1876, p.101.

④ 大英图书馆:《孟买:一座城市的历史》。http://www.bl.uk/learning/histcitizen/trading/bombay/history.html.

贸易变得特别活跃。到世纪末,胡椒的价格升高,东印度公司与私人公司都寻求马拉巴尔沿海王国的供应。①18 世纪初,孟买与英国的贸易量不大,主要是食物与棉花。1708/9 到 1712/13 的 5 年中,东印度公司派往东方的船只年均 11 艘,到 1743/4 与 1747/8 的数据是每年 20 艘,而且吨位更大。②18 世纪初,当时东印度公司从印度进口的商品主要有棉布和其他纺织品、生丝、钻石、茶叶、瓷器、胡椒、药品、硝石。1708 年进口价值是 493 275 英镑。1708—1727 年的年均进口值为 758 042 英镑。东印度公司出口的商品主要有铅、水银、羊毛布料、金属器皿、黄金,在这 20 年中平均有 634 638 英镑,其中 4/5 是黄金。③为了进出口贸易,设立了仓库与"工厂",并加强防御,雇用了代理人。孟买确实充当起了"印度的门户",它的著名港口为印度大陆提供了入口,形成了重要的贸易通道,孟买城本身安全肥沃的土壤,给西方的发明创造包括行政管理、教育、宗教和科技提供了嫁接的氛围。④

　　孟买逐渐扩展与东西方的贸易渠道。孟买商业活动,已经扩展到中国、马来亚、波斯湾和阿拉伯湾、非洲。⑤它把贸易网络扩展到中国,茶叶成为主要进口商品,从广东向伦敦销售。为了支付日益增加的茶叶消费,公司开始在印度扩大棉花种植,棉花越来越多地从孟买和加尔各答销向中国广东。⑥据 1766 年抵达孟买的东印度公司的职员说,可以与印度半岛的所有主要海港、内陆城市进行贸易;把它们的商业扩展到波斯和阿拉伯湾、非洲沿海、马来亚、中国和东方的岛屿。⑦商业上继续扩展。1770 年,孟买开始与中国的棉花贸易。孟买出口的布匹、棉花和胡椒有了相当的增长,于是决定在马扎加恩岛建筑一个新码头。

　　孟买的造船业发展起来并逐渐成为孟买的重要产业。苏拉特是 18 世纪

① C.A. Bayle, *The New Cambridge History of India*, Vol.II, 1: *Indian Society and the Making of the British Empire*, Cambridge University Press, 1988, p.104.

② John Burnell, *Bombay in the Days of Queen Anne*: *Being an Account of the Settlement*, Printed for The Hakluyt Society, 1933, p.xviii.

③ James Mackenzie Maclean, *A Guide to Bombay*, *historical*, *statistical and descriptive*, 2nd edition, Bombay Gazette Steam Press, 1876, p.100.

④ Sujata Patel and Alice Thorner, eds., *Bombay*: *Mosaic of Modern Culture*, p.9.

⑤ Sharada Dwivedi and Rahul Mehrotra, *Bombay*: *the Cities Within*, p.26.

⑥ Sandip Hazareesingh, *Colonial City and the Challenge of Modernity*: *Urban Hegemonies and Civic Contestations in Bombay City*, *1905—1925*, University of Warwick, Thesis, 1999, p.13.

⑦ James Forbes, *Oriental Memoirs*, London, 1813, vol.1, pp.22, 153. Cited in James Gordon Parker, *The Directors of the East India Company*, *1754—1790*, University of Edinburgh Ph.D, 1977, p.369.

重要造船业中心。1735年,苏拉特公司造船厂一位名叫洛吉·努瑟万吉(Lowjee Nusserwanji)的帕西人造船大师受邀来孟买造船厂建造船只,改造孟买造船厂。他与5位家庭成员到达孟买标志着孟买开始转变成亚洲最繁忙的海港。[1]1735年,造船厂选择在一个港湾岛屿东岸,这里成为小型船只的良好停泊地。次年,在洛吉·努瑟万吉的指导下,开始在孟买老码头的上游、中游和下游码头建造,取名瓦迪亚(Wadia)。并由公共道路连接起来,使该地所有居民都易于通达。1767年,造船厂规模进一步扩大,以应付扩展的海上商业活动。[2]

18世纪孟买的商业贸易日益发展,逐渐取代苏拉特,成为印度西海岸的重要港口。孟买港不仅从事英国与印度之间的贸易往来,而且还与东方其他国家之间开展贸易活动。最终从一个几乎无足轻重的地方,发展成为"印度的门户"。

四

孟买从一开始就形成了某种程度的功能分区。港口区域,有海关与仓库,似乎构成了城镇的商业心脏。孟买城堡以及围绕着它的半圆形地带,构成一个行政管理、军事和商业中心地带。这种拥抱海滨的半圆形定居地带,成为殖民地城市的最初居住形态。堡垒区的房屋大多数是1758年后建造的,人们觉得居住在城墙内比较安全。[3]

堡垒区分成南北两个特色鲜明的区域。1772年发布公告,在城堡内外都隔离印度人与英国人的住房。[4]以东西向的教堂门街(Churchgate Street)为有形的分界线,分成"白城"(White Town)与"黑城"(Black Town)。在界线以南欧洲人区为"白城",聚集着英国居民、商业建筑,从教堂到教堂街西端的大教堂,到阿尔菲斯通圆圈(Alphinstone Circle)和市政大厅,以及背靠码头的关税大楼,还有政府、商人办公楼、欧洲人的商店等;在界线以北是印度人区,从大教堂向北,直到后来的火车站对面,聚集印度人住宅、在堡垒北部遍布着小商

[1][2] Sharada Dwivedi and Rahul Mehrotra, *Bombay: the Cities Within*, p.26.

[3] James Mackenzie Maclean, *A Guide to Bombay, historical, statistical and descriptive*, 2nd edition, Bombay Gazette Steam Press, 1876, p.197.

[4] 大英图书馆:《孟买:一座城市的历史》。http://www.bl.uk/learning/histcitizen/trading/bombay/history.html.

贩小集市。①18 世纪晚期,据詹姆士·福布斯(James Forbes)的《东方纪事》(*Oriental Memoirs*)记述,"在堡垒内黑城的大广场或街道,有着大量优质的亚洲房屋和商店,商店里有着来自世界各地的商品,满足欧洲和当地人的需求。这些商店通常由印度人经营,特别是帕西人,他们在支付了既定的进口税后,没有其他税赋"。②

印度本地的不同人群也是各自集中居住与生活的。在堡垒区里,最初的商业用地与住宅用地是混杂的,因为绝大多数的居民往往是在家里做生意的贸易商和商人。即使如此,早期居住区里就发生了居住区抱团分化现象。不同人群在孟买定居下来,往往依种族、种姓、宗教聚居一处,从而形成了不同的种族或宗教聚居区。城墙围绕的城区里,拜火教徒、印度商人和英国人把堡垒作为他们的主要居住地和商业活动场所。③

随着孟买的商业地位取代了苏拉特,有能耐的帕西家庭把家安顿在孟买,不过还是把苏拉特看成家乡。④帕西人集中在北堡和黑城的西部,古吉拉特人、印度人、耆那教徒、穆斯林在黑城的中心,特别是在黑白城分界线附近。马哈拉施特拉人(Maharashtrians)人、印度教徒特别集中在黑城西部边缘的吉尔高(Girgaum)一带。⑤

欧洲人在城墙外的岛屿各地,建设了自己的"田园郊区"。如在北部的帕雷尔岛和巴克拉,以及西部的马拉巴尔山和库姆巴拉山(Cumballa Hill)一带。⑥一般来说,印度基督教徒居住在马希姆岛、班德拉、马扎加恩岛、卡裴尔(Cavel)和吉尔高,而印度教徒则在吉尔高、赫特瓦迪(Khetwadi)和卡尔巴德维(Kalbadevi)一带,穆斯林聚居在集市、董格里、乌马克哈德(Umarkhade)和曼德维(Mandvi)。甚至外国人也有自己的聚居地,如亚美尼亚人集中在堡垒,安德拉帮(Andhra)的印度人居住在镰仓,而犹太人也有自己的聚居地。⑦

孟买的群体抱团居住形成隔都现象有很多原因。根本的原因是殖民因素

---

① Sharada Dwivedi and Rahul Mehrotra, *Bombay: the Cities Within*, p.32.
② James Mackenzie Maclean, *A Guide to Bombay, historical, statistical and descriptive*, 2nd edition, Bombay Gazette Steam Press, 1876, p.82.
③⑦ Sharada Dwivedi and Rahul Mehrotra, *Bombay: the Cities Within*, p.56.
④ A.G. Constable, "Bombay and the Parsees", *Harper's New Monthly Magazine*, Volume 0042, Issue 247, December 1870, p.71.
⑤ Sujata Patel and Alice Thorner, eds., *Bombay: Mosaic of Modern Culture*, p.8.
⑥ Ibid., p.9.

使欧洲的葡萄牙和英国殖民者聚居一处。不过,孟买居住分区最直接的动因,则是第二任总督的移民政策。他强化了潘查雅特(Panchayat)制度,即在村庄里实行的由 5 个长老组成的基层村委会的自治制度,它有着悠久的历史,在这个制度下,印度社区有关宗教、法律与秩序的内部事务,由 5 人长老决断。这种制度虽然保证了当地人的自由与福祉,但也导致印度人的聚居,形成孟买城里的一块块聚居地。①例如,孟买的帕西人潘查雅特似乎始自 18 世纪初,随着商业社会和英国法律的影响,他们不时向孟买政府申诉许多帕西人违反宗教规则,请求处罚权。由于潘查雅特的权力形成事实上的父子相传,因此在孟买的潘查雅特往往有两个群体,一个是世家大姓,一个是新贵。②

印度复杂的种姓制度和宗教状况也起了一定作用。印度还有印度教和穆斯林两大教派,还有锡克教、祆教、天主教、基督教各教派、犹太教和巴哈伊等其他教派。印度种姓制度是古代世界最典型、最森严的等级制度。各个等级在地位、权利、职业、义务等方面有严格的规定。不过,这时种姓制也开始了解体过程,西方化的种姓成员开始要求进入所有生活领域,表明新的地位要优先于纯粹的等级权威。即使没有西化者,由于英国法庭的潜移默化,也有了敢于对抗传统顺从的自信心,③另外,这些不同种姓和教派的人往往聚集而居。

孟买分区形成的第三个原因是殖民者与当地人之间没有工作以外的交往。如以做生意诚实著称的帕西人为例:虽然欧洲人天天与他们打交道,不管是男人与男人之间,是殖民者与被殖民者,他们也许在工作场所时常相见,但他们并没有两者都参加的社交场合。一个英国商人把他的生意放心交给当地的银行家或中介商人,他们可能在办公室天天相见,但对他们家里情况一无所知——比如,他是有一个妻子还是妻妾成群?④

因此,在孟买很早就形成了相对分离的区域。不仅是欧洲人与印度本地人分居在白城与黑城,甚至印度人也依宗教、种姓、种族等形成了各自的聚居区。

---

① Sharada Dwivedi and Rahul Mehrotra, *Bombay: the Cities Within*, p.32.
② Christine Dobbin, "The Parsi Panchayat in Bombay City in the Nineteenth Century," *Modern Asian Studies*, Vol.4, No.2(1970), p.150.
③ Christine Dobbin, "The Parsi Panchayat in Bombay City in the Nineteenth Century," p.149.
④ A.G. Constable, "Bombay and the Parsees," *Harper's New Monthly Magazine*, Volume 0042, Issue 247, December 1870, p.70.

总之,18 世纪的孟买从一个无足轻重的滨海岛屿,发展成英国在"印度洋的门户"。几个分散孤立的小岛逐渐整合成大岛屿——孟买岛。同时,以堡垒区为核心,构建了孟买城市的核心,建筑了一座有城墙保护的城市。城市空间得到了开发,城市基础设施逐渐建成,从码头、防御工事、教堂、市场、住宅、排水,到市政厅、海关、法院等公共建筑。孟买也发展成为一个重要的工商业和贸易中心,日益承担着更多的进出口贸易,成为连接亚洲与欧洲的重要商贸中心和交通枢纽。这些都为 19 世纪孟买的黄金时代奠定了基础。然而,孟买城市的分区与隔离现象也已经开始出现,奠定了未来孟买人口的分布与构成特性。

On the Bombay's Reconstruction of Urban Geography by British Colonists in the 18th Century

Abstract: Bombay had undergone a process of development with the gradual establishment of British competition in the Indian Ocean and the gradual establishment of advantages in India in the 18th century. Under the rule of the East India Company, through the construction of embarkments between the various parts of island, the island of Mumbai was gradually connected geographically into one true entity. At the same time, the fortress area not only built the walls and opened up the trenches outside the walls, but also cut down a lot of trees to build an open space Esplanade as a defensive space. The fortress area was gradually built into a town, with not only government halls, customs, churches, company buildings, water supply facilities, etc., but also markets, shops, residences, green spaces and other living places. In terms of the spatial pattern, the "White Town" in the south and the "Black Town" in the north had been formed. The large-scale demolition that began in the 18th century gradually demolished local people's "violating" and "unhealthy" buildings and drove them to live in newly developed areas in the north, forming a distinctively distinctive residential phenomenon. In short, the British colonists' great transformation of Bombay's urban geography in the 18th century turned a barren island into a city that took shape.

Key words: Bombay; Britain; East India Company; fort; urban geography

作者简介:余志乔,上海师范大学都市文化研究中心博士生。

19世纪大马士革中上层
女性的财产情况探析①

王　霏　贾婧红

摘　要:19世纪,大马士革中上层女性的财产有所增加,主要因为大马士革的商业、农业在西方资本刺激下得到较快发展,商业、交通的发展促使中产阶层数量大幅度增多,家庭和社会对女性财产权利有所重视,出现了维护女性财产的法律等。这一时期,中上层女性财产主要来源于遗产继承、房地产和商业投资。大马士革中上层女性的财产情况影响深远,加剧了大马士革女性群体的阶层分化,女性地位与其财产占有成正比;中上层女性价值观发生变化,她们重视教育并开始接受欧洲的文化;影响城市中下层女性及农村女性工作赚钱,寻求经济与社会地位的提高;中上层女性地位总体有所提高,促进了家庭、社会的进步等。

关键词:女性　财产　现代化　"哥迪克"

家庭是中东社会结构中最重要的单元,近年来成为中东城市、社会研究中的热点,作为家庭重要成员的女性地位也备受关注。19世纪,随着奥斯曼帝国衰落的加剧,西方国家加紧了对奥斯曼行省的经济、文化渗透,这加速了作为中东交通枢纽、商业和文化中心之一的大马士革城市的现代化进程。本文通过考察19世纪大马士革的社会经济背景,分析中上层女性财产占有的情况与主要来源,以及该情况对大马士革女性的阶层分化、中上层女性价值观、家

---

① 本文系2018年度社科基金重大项目"丝绸之路城市史研究(多卷本)"(18ZDA213)的阶段性成果。

庭与社会地位的变化和对城市中下层及农村妇女的影响等,试图从女性财产情况这一侧面来审视该时期大马士革的现代化进程。

一、大马士革中上层女性财产占有的背景

关于阶级,马克思、恩格斯认为,它既是一个经济范畴又是一个历史范畴。阶级的形成同生产力、社会分工和所有制等紧密相关,但人类在史前时代的低级阶段及未来共产主义的高级阶段,阶级都不存在。[①]19 世纪,中东地区的阶级划分还不明显,故本文参照詹姆斯·比尔[②]等人关于阶层的划分,将大马士革的社会结构大致分为:上层,包括贵族、高级乌莱玛(宗教领袖)、大地主、高级官员、军官等;中产阶层,包括巴扎商人、作坊主、中下层乌莱玛、中下级官员和军官、中小地主等构成的传统中产阶层和大马士革现代化过程中出现的少数技术人员、管理人员、中小资本家等新兴中产阶层;下层,包括小手工业者、雇工以及奴隶等。本文的研究对象"中上层女性"主要是指上述上层及中产阶层家庭的女眷,她们在经济状况、受教育程度、社会地位等方面都优于其他阶层女性。19 世纪,大马士革中上层女性财产显著增加,主要有以下原因:

首先,大马士革经济面临挑战与机遇并存的转型时期。大马士革是奥斯曼帝国传统的农业、制造业与商业贸易中心,与阿勒颇、巴格达、希贾兹、巴勒斯坦和埃及等地素有频繁的贸易往来,大马士革的纺织品、手工艺品等颇负盛名。但是,19 世纪,欧洲资本主义经济的渗透使大马士革的经济面临严峻挑战。例如,英国棉纺织品的流入给当地的纺织业带来危机,传统的手工纺织作坊与工人的生计均难以为继。而此时自然灾害、政府的贪污腐败进一步加重了大马士革的经济危机,大马士革的传统经济结构趋于瓦解。

但与此同时,西方资本的输入也给大马士革的经济发展带来了机遇。农业上,克里米亚战争(1853 年 7 月—1855 年 12 月)以及这一时期欧洲及中东港口城市人口的增长,使叙利亚以外地区特别是欧洲对大马士革农产品的需

---

① 马克思、恩格斯:《马克思恩格斯选集》第 1 卷,中共中央编译局编译,人民出版社 1995 年版,第 193 页。

② 詹姆斯·比尔认为中产阶层可以分为:官僚中产阶层(bureaucratic middle class)、宗教中产阶层(clerical middle class)、资产中层阶层(bourgeois middle class)和职业中产阶层(professional middle class)。详见:James A. Bill, *The Politics of Iran Groups, Classes, and Modernization*, Charles E. Merrill Publishing, 1972, pp.9—10。

求持续增加,直到 19 世纪 80 年代后才有所放缓,这刺激了大马士革农业的发展。交通上,19 世纪中叶以前,大马士革是没有通向沿海地区公路的,但随着欧洲对大马士革农产品需求的增加,19 世纪后半叶起欧洲资本家在此大肆投资修建铁路、公路、电车和自来水厂等交通与基础设施。1863 年,贝鲁特至大马士革公路建成,①促进了大马士革粮食的出口与农业的商业化,大大提升了大马士革经济发展的速度与其在世界经济中的地位。商业上,欧洲市场需求的增加、海洋与陆地间通信技术的提高增加了沿海港口地区的资金往来,促进了从沿海地区到大马士革的进出口贸易。大马士革至伊拉克的陆路贸易衰落,大马士革至埃及的海上贸易开始繁荣。

其次,中产阶层的扩大与个人投资的盛行。欧洲商品的流入和生活成本的上升给家庭经济带来了负担,而此时农业、商业的发展与交通的便利为大马士革居民投资致富创造了机会。据统计,从 1860 年至 1913 年,进入贝鲁特港口的船舶吨位从每年 40 万吨增加到每年 170 万吨。20 世纪初,贝鲁特港口的投资者能获得年平均 5% 的回报率,而经营贝鲁特到大马士革转运贸易的商人则能获得年平均 12% 的利润。②于是,大马士革从事对外贸易并致富的商人增多,中产阶层迅速扩大。居民的流动资金和商业资产均大幅度增加,人均年收入从 1880 年的 1 976 皮阿斯特增至 1910 年的 3 539 皮阿斯特。③

再次,宗教、家庭、社会对女性财产占有的保护。伊斯兰教从创立起就对女性的聘礼、遗产继承权等经济权益进行了保护。《古兰经》中规定,应把妇女的聘礼赠予她们;在继承遗产时,不论遗产多寡,女性与男性一样有权继承,但一般男性所得遗产份额是女性所得的两倍。④19 世纪,女性在法定继承权上仍处于劣势。女性不仅在现金的继承上比男性少得多,房产也一般由男性继承。但大马士革中上层家庭已具有维护女性权益的意识,许多家庭会提早把房产低价出售给女性使之成为其私有财产。⑤在社会上,这一时期奥斯曼帝国许多城市的法庭都对女性财产包括土地、商铺等进行了登记、承认。奥斯曼帝国

---

① Leila Hudson, *Transforming Damascus: Space and Modernity in an Islamic City*, Tauris Academic Studies Press, 2008, p.51.

② Ibid., p.49.

③ Ross Burns, *Damascus: a History*, Routledge Published, 2005, p.307.

④ 穆罕默德:《古兰经》,马坚译,中国社会科学出版社 1981 年版,第 56—57 页。

⑤ James A. Reilly, "Women in the Economic Life of Late-Ottoman Damascus," *Arabica*, Vol.42, No. 3, Brill, 1995, p.81.

1839 年颁布的《花庭御令》和 1858 年颁布的《土地法》都对财产所有权以及土地所有权进行了规定,①各行省法院也开始维护属于女性财产的权益。

最后,大马士革女性的财产意识、维权意识增强。19 世纪,大马士革大量中上层女性参与商业、财产交易,表明这一时期的女性正在积极寻求投资机会以增加其财富。她们甚至逐渐意识到财产占有的数额与其在家庭乃至社会中的地位有直接关系。19 世纪,大马士革的妇女已经可以通过宗教法庭"沙里亚法庭"来捍卫自己的经济权益了。例如,男女婚前可以去法院签订一份关于新娘彩礼数额的协议,以便日后女方取得约定的彩礼。但这一时期女性诉诸法律手段通常是为了遗产继承问题。例如,1828 年大马士革有两起典型的女性维权的案子,一起是一名阿拉比勒村的妇女起诉她丈夫的弟弟和妹妹侵占了她丈夫给她的遗产;另一起是一名妇女控诉一名男子侵占了她从先夫那里继承的一片核桃林,被告称她比她的丈夫早两年买了那片土地,该妇女却称那片核桃林不在被告购买的土地范围内。在这两起案件中,法院均做出了有利于原告妇女的判决。②这些案例表明,大马士革的"沙里亚法庭"已经成为城市及农村普通妇女维护财产权益的重要机构。

但值得注意的是,1839 年至 1876 年,奥斯曼帝国发起了轰轰烈烈的改革运动"且齐玛特"(Tanzimat),初步建立起法典化、系统化的现代法律体系和新式法庭,"沙里亚法庭"的权威被削弱。而由于原来的"沙里亚法庭"更加普及,所以改革一定程度上使城市中下层女性及农村妇女丧失了维护其经济权益的途径。

二、大马士革中上层女性的财产来源

19 世纪,大马士革中上层女性财产占有比例明显增长,其财产的来源主要有以下几方面:

首先,遗产继承。这一时期,遗产继承仍是大马士革中上层女性财产及进行投资的原始资金的主要来源。虽然女性在遗产继承上相较男性处于劣势,不仅继承的现金大大少于男性,且住宅房的房产与土地一般不会给女性,女性只能分到远少于男性的继承份额,但是,最终得到房产和土地所有权的男性继承人一般会购买女性继承人获得的房产、土地份额,这便使女性获得了可供自

---

① James A. Reilly, "Women in the Economic Life of Late-Ottoman Damascus," *Arabica*, Vol.42, No. 3, Brill, 1995, p.80.

② Ibid., p.91.

己掌握、支配的资金。例如,1848 年,两名兄弟从他们已故父亲的妻子(非二人生母)那里购买了她继承的果园、花园、土地的份额以及工具、牲畜等;同年,一名男子从他已故父亲的妻子(非其生母)那里购买了他父亲给她的大马士革以东马格(Marg)地区的土地遗产。与土地、房屋不同,遗产中的商铺女性可以直接继承。

如前文所述,这一时期很多家庭意识到从法律上来说女性在继承房屋等不动产上处于不利地位,因而为了维护其利益,提前将房产低价出售给女性,使其获得比正常继承遗产更多的财产。例如,1828 年,一位妇女把她从祖母那里继承的苏克萨鲁加区(Suq Saruge quarter)房子的大部分份额卖给了受她监护的小孙女;1848 年,一位大马士革妇女向 4 个成年女儿出售了她从已故丈夫、儿子处继承的米丹区(Midan quarter)的一所房子。[1]虽然当时大马士革也常有将房产提前卖给男性遗产继承人的情况,但这种做法对于女性来说更有利,因为继承法赋予她们的权利比男性少得多。

女性不仅可以自行处理自己获得的遗产,比如将自己继承的房产、土地份额出售,还有权代她们监护的未成年人处理其继承的资金、土地、房屋、产业份额等遗产。例如,1848 年,一名男子的两名遗孀经法院判决,允许出售丈夫给她们的遗产——水厂"哥迪克"(gedik,经营权)四分之一的份额。由于其中一名遗孀还抚养两个年幼的孩子,因此还可以将这两个孩子得到的份额及机器等遗产加以出售。[2]由于法律还允许妇女代表其监护的未成年人购买土地、房产等,因而这一时期有的女性还使用其监护的未成年人所获得的遗产进行投资。

其次,房地产投资。19 世纪,投资房地产是大多大马士革投资者快速积累财富的方式。由于在房地产交易中,女性与男性有平等的权利,且中上层女性拥有充足的资金,并已经普遍具有投资房地产特别是城市住房的意识,将其视为一种风险小、收益快的投资,因此,中上层女性也积极加入房地产投资中。其中,中产阶层女性买的房产相对少,主要将其看作是生活保障;而上层贵族妇女购买房产的规模大,且倾向于买在城市中心的"黄金地段",将此作为一种商业投资。例如,1828 年,贵族妇女法蒂玛·卡丁·本特·穆斯塔法·伊斯坦堡(Fatima Qadinbint Mustafa al-Istanbuli)从商人伊斯马伊尔·阿加·伊

---

① James A. Reilly, "Women in the Economic Life of Late-Ottoman Damascus," *Arabica*, Vol.42, No. 3, Brill, 1995, p.82.

② Ibid., p.83.

本·阿尤布·阿加·迪亚尔·巴基里(Isma'il Aga ibn Ayyub Aga al-Diyar Ba-kirli)那里购买了一栋位于繁华的塔赫特卡拉区(Taht al-Qal'a quarter)的房子,售价为3 550皮阿斯特,而同一时期萨利希亚郊区(Salihiyya)同样大小的房子的价格只有232皮阿斯特。①对于房产的投资,女性通常会从非家庭成员那里购买房屋,然后将其高价出售,而不是作为遗产留给继承人。这表明,这一时期大马士革中上层女性并不把购买房屋作为增加家庭财产的手段,而是把买卖房产作为自己在市场经济中获利的方式。

相对于房产的投资,土地的投资更麻烦,且由于一般不在城市中心,因而不太受城市上层女性的青睐,中产阶层女性有的会在郊区进行土地投资。这一时期出售的土地大多属于奥斯曼帝国或宗教地产,只出售土地租赁权、耕种等使用权。②中上层女性投资土地往往是用来当"地主"获利的。例如,1827年,艾莎·哈尼姆·宾特·瓦利·伊本·穆罕默德·阿加·拉姆伊(Aisa Hanim bint Wali Aga ibn Muhammad Aga al-Rum)从哈拉姆(Haramayn)的行政长官那里购买了大马士革以南霍兰(Hawran)地区半个村庄的土地以及一个农场的耕种权,然后她让奴隶及雇佣劳动力来耕种这些地,自己成为"离地地主"坐享土地上的收益。③

再次,商业投资。这一时期,大马士革中上层女性通常通过租赁咖啡馆、蔬菜水果店、香料店、肉店、木材仓库、织布店等商铺或购买这些商铺的经营权再转手从中获利,④即通过租售店铺及经营权而非直接经营来投资营利。在大马士革的城区,商铺一般属于宗教公产"瓦克夫",不能进行买卖,但可以租用。租用这些商铺有两个环节,一是从瓦克夫管理者那里按年租赁商铺,二是需要购买该商铺指定经营行业的经营权"哥迪克"。"哥迪克"相当于奥斯曼帝国对于商铺经营的许可,即在指定地点的特许经营权。从瓦克夫管理者处租赁一处商铺和收购其"哥迪克"是可以同时进行的两项交易。"哥迪克"不仅可以买卖,也可以作为一种财产形式传给男、女继承人。当继承人"出售"瓦克夫

① James A. Reilly, "Women in the Economic Life of Late-Ottoman Damascus," *Arabica*, Vol.42, No. 3, Brill, 1995, p.83.
② 1858年6月6日颁布的《奥斯曼帝国土地法典》和1869年颁布的《民法典》规定了国家土地所有权以及与土地权利相关的各种规定,是19世纪奥斯曼法律演变中最具革命性的一步。
③ James A. Reilly, "Women in the Economic Life of Late-Ottoman Damascus," *Arabica*, Vol.42, No. 3, Brill, 1995, p.88.
④ Ibid., p.84.

拥有的商业地产时,实际上出售的是属于私人的"哥迪克"。

"沙里亚法庭"的销售登记簿上记录着很多大马士革妇女购买"哥迪克"的案例。例如,1848 年,一位女性马亚姆·本特·穆斯塔法·阿加·卡亚亚尔(Maryam bint Mustafa Aga Kayyal)在塔赫塔·卡拉(Taht al-Qala)租赁了一家制革商店,其实就是马亚姆获得了在这家店铺从事制革及出售皮革产品的权利。[①]可实际上,这一时期大马士革中上层女性一般不会亲自经营这种生意。而法律规定,"哥迪克"的所有者(无论男女)有权从该行业的实际从业者那里收取租金。因此,大马士革中上层女性取得"哥迪克"后,一般会转租给经营者赚取利润。例如,1829 年,一名男子投诉继母,称自己是父亲拉瓦斯(Rawwas)的羊肉铺子的继承人,继母继续在此地进行经营,应该支付他每天 2 皮阿斯特的租金。而被告、他的继母则称她丈夫生前已将这家店铺"哥迪克"的全部权利卖给了她,因此她无需给原告任何租金。由于商铺租赁、"哥迪克"的买卖与租赁通常都不用在"沙里亚法庭"登记,因此法庭没有证据只能判被告胜诉。

19 世纪大马士革的中上层女性一般租赁商铺让别人经营,而不直接经营、管理,也就是说她们是投资者而非老板。这一方面由于这一时期的中上层女性对经营不在行,另一方面是由于社会对女性的约束。女性无法到社会上抛头露面做生意,甚至女性出钱进行商业财产交易也不能亲自出面。不论是租赁商铺或"哥迪克"以及再将其转租、转卖,女性通常需要由男性亲属代表其出面或请中间人出面。当然,这种情况也有例外,如果女性购买女公共浴室,由于是专为女性服务的,就可以由她们自行管理、经营。

三、大马士革中上层女性财产占有的影响

19 世纪,大马士革中上层女性财产占有情况影响深远,主要有以下几方面:

首先,女性阶层分化日益明显,女性地位与其财产占有量密切相关。19世纪的大马士革,资本主义的出现与社会经济的转型导致居民包括女性贫富差距和阶层分化逐渐明显。大马士革受世界贸易的冲击及奥斯曼帝国政治、经济变革的影响,19 世纪后半叶在商业、制造业和土地兼并方面发展迅速,以

---

① James A. Reilly, "Women in the Economic Life of Late-Ottoman Damascus," *Arabica*, Vol.42, No. 3, Brill, 1995, p.85.

制造业、贸易和农业投资为基础的中上层发展迅猛。中上层女性有更多的资金和机会投资于住宅、商业和农业上,这使她们拥有更多合法的财产,从而成为经济发展潜在的受益者。①这一时期,中上层女性的财产主要来源于遗产继承、住房、商业和农田上的投资等,越富有的人财富增长越快;而下层女性只能依靠体力劳动获得低廉的薪酬,赚取的钱往往仅够贴补家用。②

随着贫富分化的加剧,拥有财产的多少成为决定大马士革女性家庭和社会地位的一个重要的因素。19世纪,城市中上层女性的财产日益增多,家庭和社会地位也随之提升。而城市下层妇女和农村妇女的主要收入来源是从事手工纺织等生产,由于这一时期传统的手工纺织业受到进口棉纺织品的冲击,她们的收入降低,家庭和社会地位有所下降。19世纪中叶,大马士革的纺织业受到欧洲棉纺织业的冲击,许多纺织工面临失业的困境。1871年,丝绸价格暴跌,进一步影响了大马士革城市纺织女工的生计。③农村妇女更是无法再依靠在家从事纺织工作赚钱,只能从事报酬极低的农业劳作贴补家用。

其次,中上层女性的价值观发生变化,开始愈发重视教育和接受欧洲的文化。19世纪末20世纪初,大马士革处于现代化和经济、社会转型的关键时期,中上层女性萌生了"女性主义"及理财意识。从19世纪后半叶开始,中上层女性逐渐意识到,她们拥有的财产越多,家庭及社会地位越高。然而,随着这些女性财产的增多和社会经济情况的复杂化,她们发觉自己根本没有管理和经营财产的能力。与此同时,大马士革城市的大众文化与精英文化的鸿沟正在拉开。中上层女性发觉自己与受过教育的男性之间,在文化和能力上的差距越来越大,这使自己在商业竞争等方面处于不利地位,而改变这种劣势的唯一途径就是接受现代教育。随着社会的变革和女性价值观的转变,中上层女性开始接受现代教育和职业培训。随着欧洲棉纺织品的输入,大马士革大众从青睐丝绸转向推崇棉纺织品;欧洲商品冲击着奥斯曼帝国的市场,欧洲文化影响力日益增长。随着财产的增多和外部环境的影响,中上层妇女在着装和生活方式方面也发生变化,开始转向新消费模式和西化的文化、生活方式。

---

① James A. Reilly, "Damascus Merchants and Trade in the Transition to Capitalism," *Canadian Journal of History*, Vol.52, No.1, 1992, pp.1—27.

② Issa Boullata, *Trends and Issues in Contemporary Arab Thought*, State University of New York Press, 1990, p.117.

③ James A. Reilly, "Women in the Economic Life of Late-Ottoman Damascus," *Arabica*, Vol.42, No.3, Brill, 1995, p.92.

再次,中上层女性通过投资增加个人资产,进而提高家庭与社会地位的普遍做法,促使城市下层女性和农村女性也积极工作赚钱,以期改变自身处境。这一时期,城市下层女性主要从事的是纺织、烟草制造等劳动密集、报酬低廉的工作。纺织业是以雇佣妇女为主的行业,她们的日常工作包括纺纱、织布、刺绣和缝纫。19 世纪 30、40 年代,受西方工业革命和棉纺织品冲击的影响,大马士革对国产棉纱的需求急剧下降,手工纺织的棉纱被取代,大量妇女失去了工作机会。19 世纪 90 年代,缝纫机传入大马士革,妇女们用缝纫机在家制作袜子等赚钱。到 1910 年,大马士革缝纫机的数量已达约 2 000 台。因而,虽然纺织行业受到冲击,但到 19 世纪末,大马士革从事纺织生产相关行业的人仍有约 1.5 万,约占该市总人口的 10%,其中包括约 5 000 名在家纺织棉纱的妇女。①相对纺织业,烟草制造是大马士革新兴的资本主义产业。例如,1883年,欧洲控股的瑞吉(Regie)烟草公司在大马士革投资建立了一家烟草加工厂,这家工厂雇佣的大多是女性,从事烟草切割、包装等工作。

除了从事上述生产工作之外,城市下层女性还积极从事服务行业,如当女浴室员工(负责取水、洗头、皂洗和按摩等)、助产士以及托儿、备餐、家政服务②等工作来获得薪酬。在农村,妇女除了从事常规的农业劳作外,还会在春季给一些农场、果园、花园做除草、喷杀虫剂等短期的工作。这类工作是农村季节性的杂务,一般一年只有几天,按天算工资。受雇妇女通常每天从早干到晚,但这几天的收入对于农村妇女来说也颇为可观。

最后,中上层女性地位总体有所提高,促进了家庭、社会的进步。随着中上层女性财富积累的增多,其社会地位总体上升。在婚姻上,这一时期大马士革的女性是没有恋爱、婚姻自主权的,女性在嫁给谁或是否结婚的问题上几乎没有选择。但由于中上层家庭给女性包办的结婚对象往往是与自己家庭条件相当或更有钱和地位的人,而这一时期法律对女性继承权、财产权的维护使中上层女性在这种婚姻中有利可图,因此她们一般也不排斥这种可以维持或提高她们经济和社会地位的婚姻。在经济上,中上层女性拥有很大的经济自主

---

① Donald Quataert, "Ottoman Handicrafts and Industry in the Age of European Industrial Hegemony, 1800—1914," *Review*, Vol.11, No.2, 1998, p.175.

② 19 世纪以前,家庭奴隶制度在大马士革的大家族中很常见,大多数富裕家庭都有女仆,但随着家庭奴隶制度的衰落,家政服务的需求逐渐增长。到了 20 世纪初,大马士革只有少数家庭仍然有女奴了。Judith E. Tucker, *Women in the Middle East : Restoring Women to History* (*Restoring Women to History*), Indiana University Press, 1988, p.62.

权。她们常常利用自己掌握的金钱和资源进行私人投资,积累个人资产并可以随意支配自己财产。此外,中上层女性不仅能够购买城市房地产、商铺和农业土地,还能购买男女奴隶。反过来,她们也可以利用自己在家庭中的经济地位和话语权来释放奴隶。有的贵族女性在给奴隶自由后还让他们替自己管理私人产业,这在一定程度上也促进了社会的进步。

综上所述,19世纪后半叶大马士革的中上层女性的财产数量有所上升,已经普遍开始投资以增加财产。但总的来说,这一时期男性仍普遍比女性富有。据统计,1880年时,大马士革女性平均持有财产是男性平均持有财产的29%,到1910年时,虽然这一比例略有上升,达到了32%,但男性还是比女性富有得多。①虽然社会及法律已有对女性财产的保护,但女性在遗产继承上仍处于不利地位。当时,已故妇女的遗产分配通常会秘密处理,不会公开,更不会到法院进行公正。在遗产纠纷上,有时法官也会营私舞弊,不严格按照伊斯兰继承法处理案件,损害女性继承人的合法权利。19世纪末,随着战争和通货膨胀等因素的影响,女性财产占有量有所下降,大多数女性的经济地位在19世纪末20世纪初有所下降。但无论如何,19世纪后半叶大马士革中上层女性积极通过投资等方式增加财产,努力改变自身的家庭、社会地位。随着她们财富的增加,她们对于政治参与的兴趣也越来越高,这对之后的女性解放运动以及对整个中东社会影响深远。

Analysis on the Property of Upper-middle Class Women in Damascus in the 19th Century

Abstract: In the 19th century, the property of upper-middle class women in Damascus has increased, mainly because of commerce and agriculture developed rapidly under the stimulation of western capital, the development of commerce and transportation contributed to the substantial increase of the middle class, family and society attached great importance to women's property rights, and laws have emerged to safeguard women's property, etc. During

---

① Leila Hudson, *Transforming Damascus: Space and Modernity in an Islamic City*, Tauris Academic Studies Press, 2008, p.61.

this period, the upper-middle class women's wealth mainly came from inheritance, real estate and business investment. The property of the upper-middle class women in Damascus has a profound influence, which aggravated the class differentiation of the women in Damascus. The values of upper-middle class women changed, they valued education and began to accept European fashion culture; influence the urban lower-middle class women and rural women work to earn money, seeking economic and social status improvement; The status of upper-middle class women has been improved, which has promoted the progress of the family and the society, etc.

Key words: Women; Property; Modernization; Gedik

作者简介：王霏，山西师范大学历史与旅游文化学院教授；贾婧红，山西师范大学历史与旅游文化学院硕士。

城市与社会

英属海峡殖民地华埠聚落斑块形成及街区动态延展轨迹

——槟城华侨聚落及其周边区域的开发①

赵　龙　李　渊

摘　要: 本文从殖民地社会单一族群的微观视角切入到殖民地宏观社会结构的底层视角来研究英属海峡殖民地时期华埠的聚落斑块形成及街区扩展轨迹。基于共时性与历时性的探讨,研究以槟榔屿乔治市华侨聚落为例,从"社群—聚落—规制"三个维度勾勒出槟榔屿华侨聚落演变的具体驱动因素和街区动态延展轨迹。本文具体剖析了以下四个方面:(1)殖民地、流动性语境下的人口跨境迁移及殖民地底层社会集团的客观形成;(2)殖民地聚落斑块形成;(3)殖民制度下的城市规划与华侨聚落建设;(4)华侨聚落街区扩展轨迹。通过对历史文本、历史测绘图、历史图像资料的分析、解读、互证,归纳殖民地、流动性语境下华埠聚落斑块形成及街区动态延展的轨迹,地域空间分布、原因与过程机制。

关键词: 英属海峡殖民地　聚落斑块　街区扩展轨迹　华侨聚落　槟榔屿

一、问题提出

聚落包含了一系列的具有特定社会关系和社会观念的空间单位②,聚落

---

① 本文为集美大学陈嘉庚研究院重点课题"英属马来亚时期(1785—1957)港口城市华人聚落形成及其发展研究"(JGYJ201903)的阶段性成果。

② 余英:《中国东南系建筑区系类型研究》,中国建筑工业出版社 2001 年版,第 117—118 页。

中的建筑不仅要提供遮蔽,还要创造一个社会和象征性的空间:一个反映并塑造创造者和居民世界观的空间。①1974 年法国哲学家列斐伏尔在《空间的生产》一书中提出了社会空间理论,将历史性、社会性和空间性联系起来,引入了社会空间、生活空间以及社会实践和空间实践的概念,其空间概念之核心在于空间的生产,②体现出人居环境在社会文化与空间营造上的历时性与共时性演变。基于上述逻辑,宏观尺度的英属海峡殖民地中国移民网络、中观尺度的聚落斑块形成及街区扩展,以及微观尺度的住屋建筑作为殖民聚落中物质文化的一部分,在殖民地人居环境的文化空间、住居空间、祭祀空间、生活与生产生计空间调适的过程中不断生产。从这一点来看,在城市史、建筑史的视角下,透过海外移民来探究殖民时期东南亚华埠的聚落斑块形成及街区扩展轨迹,具有高度的研究价值。

对东南亚英属海峡殖民地华埠的研究,回避不了的是源自于历史学、经济学、人类学、社会学、建筑学的思考与追问,比如李国卿(日)在《华侨资本的形成和发展》中对华侨资本的形成与发展的探究;诺丁·侯赛因(Nordin Hussin)在《马六甲海峡的贸易和社会:荷属马六甲和英属槟城,1780—1830》(*Trade and society in the Straits of Melaka*: *Dutch Melaka and English Penang*, *1780—1830*)中通过贸易历史和社会历史的角度详细介绍了殖民地城市、经贸关系、移民社区或聚落的发展;William Tai Yuen 在《1900—1941 年马来亚殖民地的华侨资本主义》(*Chinese Capitalism in Colonial Malaya 1900—1941*)一书中基于历史的维度描述了自 19 世纪以来华侨聚落在西方资本主义与殖民主义共同支配下的社会经济架构,全方面地介绍了华侨资本在殖民地的成长、繁荣与衰落过程;Wang Han 和贾倍思以马六甲和槟城为案例探讨了东南亚商业港口的城市形态,重点对上述城市的空间布局与利用、街区结构和街道系统按时间顺序进行了梳理,讨论了城市演变的具体驱动因素和反映在这一过程中的文化连续性;陈志宏在《马来西亚槟城华侨建筑》一书中对英属海峡殖民地槟榔屿的华侨聚落的形成发展、族群迁移与聚居、建筑类型进行了梳理,呈现出华侨建筑发展的历史性、系统性过程,其中"移民建筑史"的提法

---

① Roxana Waterson, *The Living House*: *An Anthropology of Architecture in South-East Asia*, Oxford University Press, 1990, "Introduction".

② 薛莉清:《晚清民初南洋华人社群的文化建构:一种文化空间的发现》,新加坡国立大学博士学位论文,2012 年,第 15—17 页。

非常值得探讨,也给研究国外建筑历史及其理论的学者提供统合的方向。

回顾过去,对东南亚聚落的跨学科、多面向探讨拓展了东南亚聚落研究的深度和广度,提供了多元的视角和进一步研究的路径,其中从底层史、微观史、边缘史的视角切入的研究相对较少,本文从殖民地社会单一族群的微观视角切入到殖民地宏观社会结构的底层视角来研究英属海峡殖民地时期华埠的聚落斑块形成及街区扩展轨迹,以期补足移民建筑史多尺度上的理论研究。

二、殖民地流动性语境下人口空间迁移

15—17 世纪时期的地理大发现推动了贸易移民背景下早期东南亚华侨聚落的形成发展,这些聚落受点对点贸易组织形式和贸易规模的制约,基本局限于东西洋贸易航道上各个港口“节点”之间。[①]17 世纪成书的军事著作《武备志》就记载了 15 世纪郑和下西洋的航线和沿途景观经过的国家、城市和港口,其中槟榔屿赫然在列(图 1)。中国、日本和琉球的商船利用 1、2 月份自北而南的季风驶向南洋,到了 6、7 月份或 8 月份再乘自南而北的季风返航。[②]殖民主义时代,人口的跨境迁移随着出发地和目的地之间距离的增加而呈现出迁移数量的递减,这些人口成为殖民地经济、城市化及人口增长的重要驱动力。

流动性语境在本文中包含两个层面:第一是跨地域的人口迁移与人口扩散;第二是殖民地移民社会内的阶层流动,包括底层集团形成及阶层分异。流动性语境下的人口迁移与聚落斑块形成体现在两个主要层面:一方面是对外贸易促成东南亚地区华侨聚落斑块的形成,具有自发性的特点。例如,乾隆年间(1736—1796),中国东南沿海省份的对外贸易空前扩大,在东北季风的推动下,中国帆船年复一年地载着成千上万的人出国,从而在南海沿岸形成了中国流动人口的聚居地;[③]另一方面是殖民势力的扩张促成东南亚地区华侨聚落斑块的形成,具有被动性的特点,有几个历史节点值得注意:17世纪,欧洲对东南亚的商业渗透最终建立了有效的贸易垄断,但其结果不是强化而是扼杀了东南亚本地城市的发展与商业生活,以致当地社会的许多进程

① 李勇:《语言,历史,边界:东南亚华人族群关系的变迁》,载丘进、张禹东等:《华侨华人蓝皮书:华侨华人研究报告》,社会科学文献出版社 2012 年版,第 122—155 页。

② 安东尼·瑞德:《东南亚的贸易时代:1450—1680(第二卷:扩张与危机)》,孙来臣、李塔娜译,商务印书馆 2020 年版,第 92—97 页。

③ Eric Tagliacozzo and Chang Wen-Chin, *Chinese Circulations: Capital, Commodities, and Networks in Southeast Asia*, Duke University Press, 2011, pp.222—223.

纷纷遽然转逆。①自 18 世纪之后,英国紧跟老牌殖民国家葡萄牙、西班牙、荷兰先后占领马来半岛的槟榔屿(1786 年)、新加坡(1819 年)、马六甲(1824 年)。

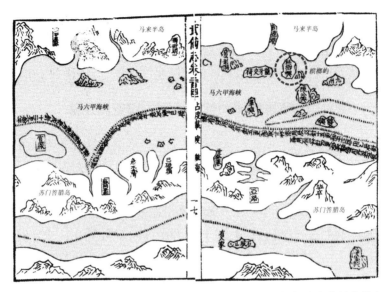

图 1　17 世纪军事著作《武备志》中标记的东南亚航线和包括槟榔屿在内的岛屿和港口
(图片来源:改绘自茅元仪《武备志》中的航海图,1621)

　　19 世纪初,马六甲海峡是欧洲贸易的重要十字路口,不断扩大的英国殖民地急需大量劳动力,在这个背景下,对因犯、印度契约工和中国移民劳工产生严重依赖,在此期间,中国富商控制了中国和印度之间流动的产品和劳动力(包括奴隶贸易)。②③早在 1785 年,槟城成为英属东印度公司的殖民地之后,岛上约有中国移民 60 户;到 1800 年,槟榔屿市上已经出现转让契约华工的公开行情,每一个立有佣工一年契约的中国工人可以值西班牙银洋 30 元;1803年华侨人口增加到 5 500 人;1805 年后的十多年间,不断有成批的契约华工,或五六百人,或一千人,从澳门偷运出口,发往槟榔屿和新加坡进行开山辟林、建港采矿活动;在 1820 年达到 8 595 人;1860 年达 36 000 人以上,超过其他任

①　安东尼·瑞德:《东南亚的贸易时代:1450—1680(第一卷:季风吹拂下的土地)》,吴小安、孙来臣译,商务印书馆 2013 年版,第 8—15 页。

②　Craig Lockard, *Southeast Asia in World History*, Oxford University Press, 2009, pp.98—101.

③　Herzog Shawna, "Domesticating Labor: An Illicit Slave Trade to The British Straits Settlements, 1811—1845," *Journal of World History*, Vol.28, No.3/4(2017), pp.341—369.

何民族,人口结构的转变使"槟榔屿已经变为中国人的城市"。①②英国殖民者开辟和建设槟榔屿的计划,客观上为中国移民提供了更加广阔的活动空间和成功创业的机会,英属海峡殖民地槟榔屿、新加坡、马六甲等港口城市的设立,不仅使中国移民更容易与外界亲密接触,与家乡中国的港口城市也始终保持着密切的商贸往来,而且在客观上更进一步加速了社会的自由流动。③

到 19 世纪末期,英国的殖民势力已经扩展至整个马来半岛、缅甸和加里曼丹北部。值得注意的是,"20 世纪 30 年代的英属马来亚的人口普查数据显示,1931 年中国和印度移民及其后裔占人口的一半以上④,纵观整个东亚和东南亚,除了英属马来亚之外,所有地方的土著居民都占总数的 85% 以上",⑤中国移民的人口基数为后续华侨聚落的商贸经济发展奠定基础。从 19 世纪 80 年代至 20 世纪初的一段历史时期内,殖民主义的介入使得东南亚当地社会经济开始出现大幅度转型,英国殖民主义巩固了其在马来半岛的政治地位,为西方资本的大规模流入做了必要的准备,因此,这也是中国资本和资本家的黄金时代。⑥总体看来,从 18 世纪末到 20 世纪中期,在马来半岛聚居的中国移民主要集中在三种区域类型,即港口城市、矿区和农村社区。⑦在殖民地经济体制下,一方面需要有足够的人口来形成满足西方工业制品销售的市场;另一方面,殖民地原物料的供应,需要在各个环节有足够的劳动力来保证正常运作。无论是殖民主义在东南亚的亚热带经济作物种植还是矿藏开采,巨大劳动力的缺口相当程度上由中国移民来填充,这也是《南京条约》签订之后,大批量的东南沿海人口从各个通商口岸"出洋",也引起后续移民群体"链式移民"(亲属、同乡间相互牵引出洋的跨国移民形式)⑧现象的出现,为华侨聚落的持续

---

① 陈泽宪:《十九世纪盛行的契约华工制》,载吴泽主编:《华侨史研究论集》,华东师范大学出版社 1984 年版,第 54—89 页。

② 林远辉、张应龙:《新加坡马来西亚华侨史》,广东高等教育出版社 2016 年版,第 242—248 页。

③⑦ 胡波:《马来西亚华侨华人史话》,广东教育出版社 2019 年版,第 50—54 页。

④ 根据 Anne E. Booth 根据 1939 年英属马来亚统计局数据所整理的 20 世纪 30 年代殖民人口百分比表格中显示:中国移民占 39%;印度及其他占 16.2%;土著人口占 44.7%。

⑤ Anne E. Booth, *Colonial Legacies : Economic and Social Development in East and Southeast Asia*, University of Hawai'i Press, 2017, pp.18—19.

⑥ Wu Xiao An, *Chinese Business in the Making of a Malay State, 1882—1941 : Kedah and Penang*, Routledge, 2003, p.31.

⑧ 李勇:《语言,历史,边界:东南亚华人族群关系的变迁》,载丘进、张禹东等:《华侨华人蓝皮书:华侨华人研究报告》,社会科学文献出版社 2012 年版,第 122—155 页。

成长扩张、华侨资本的崛起提供动能。

对于人口迁移与东南亚华侨聚落形成存在"旅居"到"定居"的历史过程，形成"流动"与"聚合"的历史过程，澳大利亚历史学者、澳洲人文科学院院士安东尼·里德(Anthony Reid)教授认为，在公元 10—16 世纪，中国商人只是在东南亚的港口作短暂停留，很少会建立永久性的中国流动人口社区；在 1567—1800 年之间，中国人的商贸街区在东南亚贸易线路上的主要城市比如曼谷、马尼拉、巴达维亚(今雅加达)扩大并长期稳定下来；在 1800—1860 年间，中国人在东南亚的数量逐步增长，大量人口集中在曼谷和新加坡；从 19 世纪 60 年代到 20 世纪 30 年代以后，大规模的人口从中国南部来到东南亚，特别是新加坡、马来亚、印度尼西亚的外部岛屿，在泰国、菲律宾、爪哇的华侨及其混血人口则增长缓慢；1931—1981 年，泰国、马来亚、新加坡、印度尼西亚当地华侨人口数量相较过去有大幅度增长。[1]

三、槟榔屿乔治市殖民地聚落斑块形成

不同历史时期社会结构的变化体现在东南亚港口城市及其建筑的城市形态和建筑类型的转变上。[2]乔治市作为英属海峡殖民地港口城市，是前殖民主义时代封闭的海上岛屿，因货物及原料流通的需要而转变为殖民主义时代具有大都会特色的自由贸易港，是殖民势力介入后崛起的临海城邦，代表着区域商贸和经济繁荣对殖民城市的作用力，[3]其发展过程也循着热带荒岛、早期定居点、殖民地港口城镇、殖民地商贸中心、现代化殖民城市的路径展开。[4]英属海峡殖民地时期对乔治市土地的开发、资本对城市发展的刺激、人口的集聚和流动都对当地产生强烈的地域空间作用，加速了殖民地城市化的进程，并成为所在城市空间重塑的基本力量，华埠的聚落斑块及街区就在这个过程当中建

---

[1]　Reid Anthony ed., *Sojourners and Settlers：Histories of Southeast Asia and the Chinese*, University of Hawai'i Press, 2001, pp.9—15.

[2]　Wang Han and Jia Beisi, "Urban Morphology of Commercial Port Cities and Shophouses in Southeast Asia," *Procedia Engineering*, No.142(2016), pp.190—197.

[3]　麦留芳：《早期华人社会组织与星马城镇发展的模式》，中国海洋发展史论文集编辑委员会：《中国海洋发展史论文集(第一辑)》，台湾省"中央研究院"中山人文社会科学研究所 1984 年版，第 367—402 页。

[4]　Zhao Long, Wun Bin Wong, and Zulkifli Bin Hanafi, "The Evolution of George Town's Urban Morphology in the Straits of Malacca, Late 18th Century-Early 21st Century", *Frontiers of Architectural Research*, Vol.8, No.4(2019), pp.513—534.

立起来。

　　早期槟榔屿和东南亚的大部分热带岛屿一样,受热带季风气候影响的自给自足的岛屿生态系统,除了土著及落脚于此的渔民之外,仅为过往船只补给淡水之处。英国人首次到访槟榔屿是在1592年,当时詹姆斯·兰卡斯特(James Lancaster,1554—1618)船长率领爱德华·博纳文图尔号(Edward Bonaventure)在槟榔屿抛锚停泊。詹姆斯和他的水手们由于坏血病而选择停留在槟榔屿补给水源和休顿数周,兰卡斯特的航海记录里没有提及岛上生活的人,该时期槟榔屿隶属于马来半岛北部与暹粒(Siam)接壤的穆斯林王国吉打(Kedah)。18世纪在岛上发现的坟场证明有土著族群早已在岛上生存,海盗也生活在这个岛上,直到1750年和1786年吉打苏丹将其驱逐出岛,"岛上早就成为补给淡水的停靠点,并且有证据(坟场、犁过的土地和果树种植)显示有更早的定居者在岛上生活"①。

　　1786年6月15日和8月11日,英属东印度公司的弗朗西斯·莱特(Francis Light,1740—1794)登陆并正式占领该岛,②在开辟乔治市作为商埠以后,槟榔屿被纳入英国的全球殖民体系和贸易体系当中,成为英国殖民者落脚马六甲海峡的重要据点。根据以利沙·查博德(Captain Elisha Trapaud,1750—1828)在1786年的描述称,有五十余人居住在马来样式的房屋中,该时期乔治市大致维持在一个小型渔村的规模,房屋采用的是马来人传统住屋样式的亚答屋(Atap)。莱特在该区域内划定城市规划范围,根据福布斯·罗斯·麦克唐纳德(Forbes Ross MacDonald,died 1799)担任殖民总督时期(1796—1798)的《康华丽思堡与岛屿东部城镇规划》(*Plan of Fort Cornwallis with the Town on the East Point of the Island*):在康华丽思堡的西南区域规划出方格状路网,把如今的莱特街(Light Street)、土库街(Beach Street)、吉宁仔街(Chulia Street)、椰脚街(Pitt Street)所围合的范围内,规划成棋盘格子状(gridiron planning layout)的市区(图2)。

　　这种规划布局形式可以追溯到希腊城市规划者在殖民地的规划实践,是希腊在地中海沿岸建立新殖民地时对定居点进行的布局方式,罗马人在这个基础上进行了升级,在道路的交接处形成90°角,凸显出精准、理性和计

---

① 文芸、傅朝卿:《当代社会中遗产价值的保存与维护》,《建筑学报》2013年第84期,第77—96页。

② Cheah Jin Seng, *Penang 500 Early Postcards*, Editions Didier Millet, 2013, pp.8—9.

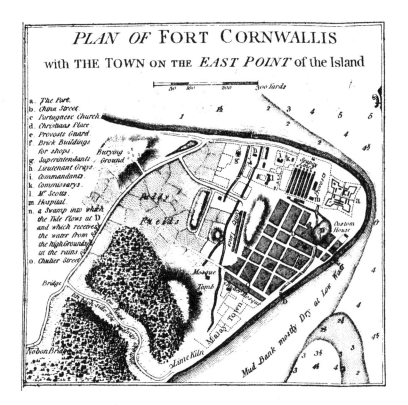

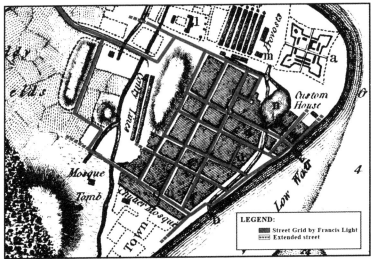

图 2   波帕姆·里格斯(Popham, Home Riggs)于 1799 年绘制的
康华丽斯堡及周边区域规划图纸

（图片来源：Popham，1799；作者改绘，2020）

算的思想，①而莱特及其随从只是沿用了这种在欧洲已经普遍使用的规划方式，在乔治市进行了不规则棋盘格式的规划，作为非专业规划或者测绘人员，该规划布局缺乏精准，表现得简单、随意而且蹩脚。在不规则棋盘格的规划布局下，乔治市的土地分割成大小不一的地块，这种规划布局形式下的街道在规划之处就被植入"控制"意图，并创造成"有秩序"的组织形式，一方面，地块与地块之间通过横平竖直的主干道、次干道和支路进行最有效率的连接(图2)，这种规划方式在地块建设、基础设施建设(城市给排水系统、电力及通讯设施)、交通可达性、公共安全方面具有优势，能够在最快的时间内沿街道形成商业网和居住街坊，加速殖民地城镇的发展，也契合了莱特对乔治市的定位；另一方面，所有殖民地的居民都必须使用这些街道作为从一个地方到另一个地方以及商业路线的主要通道。美国城市理论家刘易斯·芒福德(Lewis Mumford，1895—1990)认为，标准的棋盘格规划形式实际上是一个殖民者随身携带的、可直接利用的全部工具中的一项重要内容，……它可以在最短时间内使一切都置于控制之下，这种最起码的秩序不仅能使大家都处于平等的条件下，而尤其能使外来人感到像老住户一样的安定，……这种让人从心理上容易适应容易熟悉的特点，对于一个商业城市是很有价值的。②英国在槟榔屿的这种规划实践体现了16世纪至17世纪欧洲的古典主义城市规划风格，通过几何形状社区地块、笔直的街道及建设过程中的标准和规制要求来建构殖民地有序社会的理念。③但也应该注意的是，作为"帝国的工具"(The tool of empire)，殖民者规划建设了这种威压性的城市形态和象征，进行了人种隔离区划，建造了享乐、奢侈的宅邸，同时为了夸示殖民地统治的正统性而吸取当地建筑文化，摆出继承当地传统的样子，④这些事实隐藏着宗主国对殖民地的渗透、驯化、支配和霸权的本质。

正如前述，这种棋盘格子状的规划形式也服务于殖民地人口管理的需要，英国殖民当局采取"分而治之"的策略(divide and rule concept)把移民族群进

---

① Hassan Ahmad Sanusi, "The British Colonial 'Divide and Rule' Concept: Its Influence to Transport Access in Inner City of George Town, Penang," *Transportation*, Vol.36, No.3(2009), pp.309—324.

② 刘易斯·芒福德：《城市发展史：起源、演化和前景》，宋俊岭、倪文彦译，中国建筑工业出版社2005年版，第205页。

③ 潘兴明：《英国殖民城市模式考察》，《世界历史》2009年第1期，第75—83页。

④ 村松伸、包慕萍：《工具·象征·享乐·知识的称霸——建筑·城市的帝国主义》，《建筑史》2003年第2期，第239—250页。

行分类安置、集中居住、自治管理,创造移民城市向定居型殖民地城市转变的可能性。在市区内,莱特指定地块安置欧亚混血、中国人、印度裔穆斯林族群、马来人,由各族群居住地块由殖民当局任命的"captain"(甲必丹)负责管理。在这种殖民地族群管理思路下,早期乔治市形成了 8 个主要的区域,分别是(1)英国行政管理与居住区域;(2)印度人聚居区域;(3)港口和金融区域;(4)印度穆斯林聚居区域;(5)马来人聚居区域;(6)中国人聚居区域(东);(7)中国人聚居区域(北);(8)商业地带和市贸地。①对于中国人的聚居区域(东、北),需要解释的是,从 18 世纪末期以来,根据来到殖民地的先后时序,乔治市形成了两个大的中国人聚居斑块,一个是早期中国移民的聚落斑块(东),另一个是后期中国移民的聚落斑块(北)。早期华侨聚落斑块内,莱特划定的方格状路网将土地分割成大小不等分的方形街区,沿街道两侧设店建屋;迫于土地的局限,后期中国移民的聚落斑块沿乔治市南海岸分布和扩展。从空间的意涵来看,这种棋盘格子状的道路一方面影响了土地利用形式和空间功能布局;另一方面也构成了包括华侨聚落在内的各个移民聚居斑块的边界。

中国人是海峡英国殖民统治者特别关注的一个族群,对贸易环境的熟悉、职业分工的明确和自身的能动性成为中国移民在槟榔屿立足和快速发展的基础。19 世纪初期新加坡常驻议员约翰·克劳福德(John Crawfurd,1823—1826)认为,与中国的贸易"是最广泛、最亲密、可能也是印度洋领地中最古老的对外商业关系"。②中国移民社群以其行业广泛性成为槟榔屿早期聚落斑块成长的主要力量,在殖民地生产生计生活方面,清代谢清高编著的地理著作《海录》中称槟榔屿为"新埠",记录了槟榔屿开埠早期中国移民在殖民地的生活面貌,文中记载,"英吉利召集商贾,遂渐富庶,衣服、饮食、房屋俱极华丽,出入悉用马车,……闽、粤到此种胡椒者万余人,每岁酿酒、贩鸦片及开赌场者,榷税银两十余万两"③。在商贸方面,"市场中所设店铺,渐见发展,都由华人经理之;华人眷属之居于斯者已达六十家,继续来者尚不绝。其人勤奋驯良,

① Hassan Ahmad Sanusi, "The British Colonial 'Divide and Rule' Concept: Its Influence to Transport Access in Inner City of George Town, Penang," *Transportation*, Vol.36, No.3(2009), pp.309—324.

② Crawfurd John, *History of the Indian Archipelago: Containing an Account of the Manners, Arts, Languages, Religions, Institutions, and Commerce of Its Inhabitants*, A. Constable and Co., 1820, p.155.

③ 谢清高口述,杨炳南笔录:《海录校译》,安京校释,商务印书馆 2022 年版,第 51—52 页。

遍布马来各邦,各种手艺,无不为之,零卖商业,亦归其掌握"。①②在农业方面,在乔治市规划范围以外(城镇西部)有大面积的林地被开垦出来作为种植园,历史学家 K. G. 特雷贡宁在《槟榔屿的早期土地管理和农业发展》(Tregonning, K. G. , *The Early Land Administration and Agricultural Development of Penang*)一文中引述莱特在 1790 年代记录,描述道:"'从槟榔河到 Soongly Cluan 之间五到六英里的距离,大部分土地已被中国人和马来人占用,地面被清理并进行了种植,沿海一带许多地块被用来种植胡椒和藤黄果(gutta gamba),椰子树到处都是',……'从槟榔河到 Prinqho 的土地,地势很低且覆盖着红树林……,这片土地上到处都是房子',在 Jeehoase Teekhouse Point 形成的海湾和康华丽思堡附近,'经过暹罗人的教堂后,有三个中国花园,从花园到尼帕河(River Nipa)之间是一英里的平原,由中国人在耕种'。"③这些商贸活动、生产生计活动成为支撑华埠聚落斑块形成及街区扩展的重要动力。

殖民当局在 18 世纪末期发布的自由贸易法案(Liberal Trading Policy)吸引大量周边国家的人口,由于定居者来自不同的国度和文化背景,随着殖民地土地开发和时间的演替,早期的定居者已经在乔治市城区内和周边形成本民族的聚居区,这些聚居区被街道粗略地划分为中国人区、印度人区、马来人区,港口区和姓氏桥(Clan Jetties)。乔治市的中国人聚居区域分布在老城区范围内,随着聚居区内多元化的贸易活动和中国移民生活习惯需要,与之相对应的比如市场、旅店、药铺、钱庄、客栈等商业性建筑出现在聚落空间当中,丰富了华侨聚落商业性街道的景观涵构。早在 1811 年,詹姆斯·沃森(James Wathen)关于乔治市的绘画作品中,他有这样的描述:"把视线转向南方,乔治市和港口尽收眼底,小镇中各种风格的住屋产生了奇特的效果——欧洲人的住宅、印度人的平房、马来人的村舍、中国人的寓所和缅甸人的小屋——毫无规划、无规则地混合在一起,首批定居者根据自己国家的风俗来建造自己的房屋。"④该时期乔治市区内已经出现了中国人聚居为主的中国

---

① 陈志宏:《马来西亚槟城华侨建筑》,中国建筑工业出版社 2019 年版,第 27 页。

② 书蠹(bookworm):《槟榔屿开辟史》,顾因明、王旦华译,台湾商务印书馆 1970 年版,第 82 页。

③ Tregonning K. G. , "The Early Land Administration and Agricultural Development of Penang," *Journal of the Malaysian Branch of the Royal Asiatic Society*,Vol.39, No.2(1966),pp.34—49.

④ Harold Parker Clodd, *Malaya's First British Pioneer: The Life of Francis Light*, Luzac & Co., 1948, p.120.

街(China Street),吉宁仔街以西是马来人聚居区域(Malay Town),附近分布有清真寺和墓地。中国移民人口从开埠初期的 60 户,迅速增加为 1794年的 3 000 人。

1830 年,乔治市总人口达到 40 000 人,其中中国移民仅占 9 000 人①。英国殖民为了从原产品中获取巨额利润,竭尽所能地往殖民地输入大量劳工,随着英国殖民主义势力穿过马六甲海峡进入东亚,由于在道光二十年(1840 年)的鸦片战争中清政府的失败,道光二十二年(1842 年)签订了《南京条约》(Treaty of Nanking),②外国势力进驻的通商口岸与租借地遂成"国中之国";此时,屡有粤闽华人透过通商口岸出洋谋生。③咸丰十年(1860 年)英法联军签订《北京条约》(Convention of Peking, 1860),条约第五条规定:"中国人选择在英国殖民地或海外其他地方服务与英国臣民进行接触是完全自由的,他们自己和他们的家人可以在任何一个中国开放的口岸搭载任何英国船只。"④由此,大量中国人口流入东南亚的英属殖民地。到 1881 年槟城中国移民的人口已达六万余人,占当地总人口的一半以上,从而逐渐在当地形成了一个庞大的中国移民群体。⑤随着在 19 世纪中期大量中国移民到霹雳(Perak)的锡矿和槟榔屿的种植园,这个数字很快被刷新,"人口空前增加,中国移民也是在这个时期内大量地涌进新马一带的"⑥。到了 20 世纪初,从 1910 年代到 1930 年代,乔治市人口因中国新移民的涌入而快速增长,1901 年的中国移民总人口为 95 296 人,1911 年(十年后)增加到的 101 182 人,到 1921 年、1931 年这一数字上升到 123 069、149 408 人。⑦与此同时,到了 20 世纪初,海峡华人住宅开始流

---

① Colin M. Turnbull, *The Straits Settlements 1826—1867*: *Indian Presidency to Crown Colony*, Athlone Press, 1972, p.8.

② 引自 Queen of the United Kingdom of Great Britain and Ireland, and the Emperor of China. Treaty of Nanking(Nanjing): http://www.chinaforeignrelations.net/treaty_nanking, 1842, Article II.

③ 江柏炜:《"五脚基":近代闽粤侨乡洋楼建筑的原型》,《城市与设计学报》2003 年第 13、14 期,第 177—243 页。

④ 引自 Queen of Great Britain and Ireland, and Imperial Majesty the Emperor of China. Convention of Peking: http://www.chinaforeignrelations.net/treaty_beijing, 1860, Article V.

⑤ 聂德宁:《〈槟榔屿志略〉与槟城华侨史料》,《华侨华人历史研究》2000 年第 3 期,第 65—68 页。

⑥ 麦留芳:《早期华人社会组织与星马城镇发展的模式》,中国海洋发展史论文集编辑委员会:《中国海洋发展史论文集(第一辑)》,台湾省"中央研究院"中山人文社会科学研究所 1984 年版,第 367—402 页。

⑦ McTaggart, W. D., *Social Survey of Penang. George Town*, City Council of George Town, 1966.

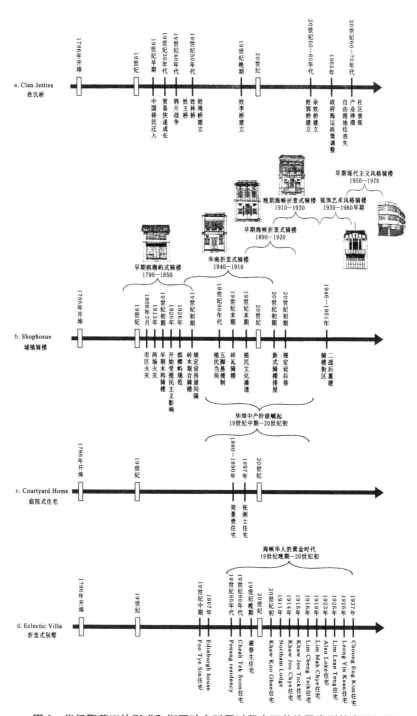

图 3　华侨聚落斑块形成和街区动态延展过程中四种住屋类型的发展历程

行起来,并且随着财富的增长,装饰华丽的住宅屡见不鲜,①郑景贵、张弼士在槟榔屿的豪宅就是该时期的典型案例。

无论是共时性还是历时性变化,聚落斑块内移民群体的住屋建设及发展衍化受到殖民地规制、社会经济地位、地理空间环境的影响,自槟榔屿开埠以

a.

b.

图4　二战前乔治市姓氏桥(a.)及20世纪60年代姓氏桥鸟瞰(b.)

(图片来源:a. 乔治市姓氏桥,2019; Penang Past and Present 1786—1963, 1966)

---

① Zwain Akram and Azizi Bahauddin, "Feng Shui and Sustainable Design Applications in Interior Design Case Study: Baba Nyonya Shophouses in Georgetown, Penang," *Advances in Environmental Biology*, Vol.9, No.5(2015), pp.32—34.

后，四种类型的住屋在聚落内及周边建造起来，这四种类型根据空间的主要特点大致可以分为姓氏桥、城镇骑楼、庭院式住宅、折中式别墅，一方面体现出聚落斑块形成过程中住屋类型的多样性；另一方面也展现出街区动态延展过程中的空间地域分布。聚落斑块形成和街区动态延展过程中四种类型住屋的建设如图3所示。

中国移民在所定居的地方与所从事的工商业经济活动是相互影响的，随着乔治市转口贸易的发展，住屋、港口、人口流动、商业社群编织成槟榔屿殖民社会内部与亚欧国际贸易外部的双循环商业网络。为了在紧凑的殖民地城市环境中满足商业发展的需求，中国移民群体当中的中产阶级在乔治市区内建造骑楼，该类型住屋呈现立面宽度相对固定、中轴纵向延展的竖式布局形态和以天井为间隔所形成的一落或多落住居平面形制。

与骑楼不同，处于流动的边缘位置的底层劳工社群则是沿海岸带建造栈桥和高脚木屋（或水上棚屋），形成海上聚落姓氏桥（或木屋村）。从1832—1839年，在总督罗伯特·艾伯特逊（Robert Ibbetson，1789—1880）、肯尼斯·默奇森（Kenneth Murchison，1794—1854）和塞缪尔·乔治·博纳姆（Samuel George Bonham，1803—1863）治理乔治市时期，为了转口贸易的便利，海岸线一带也出现以劳工为主体的聚落，这些群体在海岸的浅水中建造吊脚楼和伸向海水的栈道，既方便居住又便于装卸货物。姓氏桥的成长主要原因是由于英殖民政府所提供的公共船只停泊处不足，再加上为了减缓北端港口发展所造成的负载承担，各姓氏劳工们开始聚居在南端的桥头让船艄着陆卸货，并照料仓库交易的运输。[1]相同地缘、血缘与业缘的人聚居南部海陆交界地带，单个姓氏桥形成"带状—梳状"的布局形式，多个姓氏桥则形成平行排列的形式从海岸带向海洋延伸，各桥头建有供奉神祇的庙宇，木板走道两侧搭建木屋，先后形成早期以林姓、周姓、陈姓与杨姓为代表的单姓桥和后期的杂姓桥。姓氏桥作为殖民经济体系下转口贸易的一环，较之城镇当中的骑楼街区，该聚落斑块社会区隔、边界与区隔性明显，是殖民时代槟榔屿中国移民族群内的特殊存在，体现出流动性语境下的边缘性特征。

回溯华侨聚落在槟榔屿的建造历史，殖民地规制对骑楼街区的作用力如

---

[1]　乔治市世界遗产机构：《乔治市姓氏桥》，2019年：https://gtwhi.com.my/wp-content/uploads/2019/05/The-Clan-Jetties-of-George-Town-Mandarin-FINALWeb.pdf。

同海运生计对姓氏桥的作用力一样,在聚落斑块形成及空间延展过程中扮演重要角色,姓氏桥与城镇骑楼一样既是空间上的聚落斑块,又是特定历史阶段的产物,虽然在斑块形成的时序上存有先后,但是在聚落动态延展上却走向不同的形式和样貌,丰富了中国移民群体住居形式的多样性。

四、殖民制度下的乔治市城市规划与华侨聚落建设

权力本身蕴含空间生成机制,即使在最早的地图中也能看到权力的安排[1],空间的意义,尤其是作为地方或景观的意义,总是通过权力的各种较量来构建。[2]殖民时代的大部分东南亚港口城市被欧洲人规划和重建,西方的设计准则、城市规划方法、土地管理规制被引入到殖民地港口。殖民主义打断了作为连续性人类定居活动基础的从乡村到城市的过渡过程,殖民力量能够快速消除原有土地占有体系以及这种依稀支持下的社会和法律系统,为规则式规划提供条件。殖民主义的"病症"所开启的畸形繁华,为殖民主义时代的港口城市增加了具有世界主义的特征,这种影响是整体性的。帝国主义的扩张与殖民统治,不仅改变了世界的政治地理空间,更给其所殖民(包括文化殖民)的地区"安置"了新的空间,并彻底改变了这些地区的空间结构和地理景观。[3]殖民地文化一旦养成就会产生文化惯性,殖民建设制度一旦设立,长期以往就会有很强的制度黏性。英国人文地理学家彼得·阿迪(Peter Adey)认为,在帝国和国家扩张中,搬迁至原住民被驱逐的地方是帝国扩展的本质特征之一,法律原则使得已经被占领的土地的政治权力和占有权工具化,对它的清理也就随之合法化了,[4]"在这里,空间是自由的,城市可以按照理性和完美的原则去建造"[5],殖民者在殖民地要完成双重的使命:一个是破坏的使命,即消灭旧的亚洲式的社会;另一个是重建的使命,即在亚洲为

① Bodenhamer, John Corrigan, "The Potential of Spatial Humanities," in *The Spatial Humanities*: *GIS and the Future of Humanities Scholarship*, ed. David J. Bodenhamer et al., Indiana University Press, 2010, pp.14—30.

② Jarvis Brian, *Postmodern Cartographies*: *The Geographical Imagination in Contemporary American Culture*, Palgrave Macmillan, 1998, pp.7—8.

③ 鲁西奇:《空间的历史与历史的空间》,《澳门理工学报》2020 年第 1 期,第 5—24 页。

④ 彼得·阿迪:《移动性》,周尚意译,北京师范大学出版社 2019 年版,第 119—121 页。

⑤ 斯皮罗·科斯托夫:《城市的形成:历史进程中的城市模式和城市意义》,单晧译,中国建筑工业出版社 2005 年版,第 58 页。

西方式的社会奠定物质基础。①

　　在殖民地城市规划和政策规制的基础上发展起来的华人聚落布满整齐的骑楼,早期的骑楼有许多用途:商店、住宅、仓库、宿舍、马厩,在殖民地移民社区当中,这既体现了多元文化的互融,也体现了早期形式和功能的分层,同时代表了街景从早期的木材和茅草结构到更永久的砖瓦建筑的演变过程中的一个阶段。②华侨聚落中骑楼的传统可以追溯 18 世纪中期荷兰所统治的马六甲,在 19 世纪初期已经在马六甲、槟城、新加坡发展成形,后来传播至马来半岛其他市镇。一楼的商业空间通向街道,楼后和楼上是生活空间,一排排相邻的骑楼满足了几代中国移民商人、工匠和工人的需求。③溯及骑楼制度的产生,在 1819 年斯坦福·莱佛士(Sir Thomas Stamford Bingley Raffles)爵士开埠新加坡之后,随后英国于 1826 年将在马六甲海峡所占领的三块零散的飞地:槟榔屿、马六甲与新加坡统一成为英属海峡殖民地以便于行使殖民地管理权。斯坦福·莱佛士在考察印度、东南亚地区以及殖民地城市的规划和组织后,在其所制定的新加坡都市计划中规定了"five-foot way"的建造要求。1826 年以后,该法规在英属海峡殖民地的另外两个部分槟城和马六甲得以应用。

　　根据这些限制,依托街道延展的建筑体发生了空间形式与结构上的变化。殖民地规划下的特别条款要求骑楼建造面窄进深长,在 19 世纪 80 年代之后骑楼立面宽度被限定为"五脚基"的尺度。根据其功能性以及普及性而言,两处华侨聚落中的传统建筑大多为骑楼建筑,也可以说骑楼建筑构成了城镇聚落。1822 年至 1828 年,工程师菲利普·詹克森完成早期新加坡的城镇规划,其中在 1823 年,总督莱佛士制定《建筑法令》(Building Regulation,1823),强制规定防火材料的使用,并引入连续的过廊来帮助实现骑楼的标准化,要求新加坡市镇上的每栋建筑沿街立面统一,并从下水道处后退以让出一个公共通行的过道,沿道路的两边建设连续开放的过廊。1826 年在英属海峡殖民地的槟榔屿规范(Penang Regulations of 1826)中要求对于五脚基的廊道采用最小宽幅的 5 英尺(约 152.4 cm)的连续步廊,尽管这种宽度要求不总是在房屋建造

---

① 中共中央马克思恩格斯列宁斯大林著作编译局:《马克思恩格斯选集(第 2 卷)》,人民出版社 1972 年版,第 68 页。

②③ Ronald G. Knapp, *Chinese Houses of Southeast Asia:The Eclectic Architecture of Sojourners and Settlers*,Tuttle Publishing,2013,pp.18-20.

时遵守,但是"five-foot way"的名称却是确定了下来。"在这个建筑设计标准下,双层骑楼的上层刚好伸出到后退的路面标高前的外廊,因此(在房屋建造上)最大化地行使'空间所有权'。"①"五脚基"的建筑规范也因此被实施于城市街区房屋建造的过程的当中,这是在新加坡都市计划规范下产生的殖民地建筑的典型范式。1826年以后,该规制在英属海峡殖民地的槟榔屿和马六甲推广应用,如图5所示,乔治市的城市风貌在后续的推广与发展过程中已经转变为以骑楼为主的新面孔。

图5   海峡殖民地时期槟榔屿华侨聚落代表性骑楼街区的城市风貌
a.b.c. Campbell Street; d. King Street; e. Penang Street;
f.g. Beach Street; h.i. Chulia Street; j. Light Street

(图片来源:Penang 500 postcard,2012)

殖民城市则依据族群等级划分形成了严格的功能分区,城市核心区是西

---

① Khoo Salma Nasution and Halim Berbar, *Heritage House of Penang*, Marshall Cavendish Editions, 2009, p.57.

方殖民者的聚集区,拥有最优越的地理位置和最完善的基础设施。再往外是中国移民聚集的"唐人街"和印度移民聚集的"小印度",最外侧是当地土著居民的聚集区以及广阔的种植园和农田。①在聚落外,华侨聚落与同时期的印度人、马来人、欧洲人社区毗邻,形成不同的居住斑块。大批来自中国东南沿海的中国人,还有印度人、马来人、欧洲人迅速地改变着不断变化着的乔治市城镇景色,对于殖民地聚落的建设,莱特在 1786 年 10 月的记录写道:"我们的居民增加非常迅速,南印度人(Choolias),中国人和基督徒,这些人经常为土地争吵,每个人都竭尽最快的速度进行建造。"②1867 年 4 月 1 日,海峡殖民地正式交由伦敦殖民地部直接管辖。这一时期颁布了许多城市法规、市政条例,如《Municipal Bylaws And Municipal Ordinance 1896》和《Bylaws with Respectto Buildings and New Streets》,对槟城城市面貌以及华侨聚落均造成巨大影响。③

五、乔治市华侨聚落街区扩展轨迹

在"Chinese"这个框架下,不同地方的华南移民被塞进设定好的住居地块和区域,新的社群重构开始在冲突与融合中开展起来,并通过宗教、宗族、社群组织来构建维系社群成员的心理场,通过社群的整合来强化凝聚力,在这种情况下宗祠、庙宇、会馆、墓地、商会等场所成为社群重构过程中的文化和精神中心,新整合的移民社群以聚落中的这些空间类型为中心进行动态延展,不断壮大。

早在 1811 年,詹姆斯·沃森(James Wathen)关于乔治市的绘画作品中,他有这样的描述:"把视线转向南方,乔治市和港口尽收眼底,小镇中各种风格的住屋产生了奇特的效果——欧洲人的住宅,印度人的平房,马来人的村舍,中国人的寓所和缅甸人的小屋——毫无规划、无规则地混合在一起,首批定居者根据自己国家的风俗来建造自己的房屋。"④槟榔屿早期的骑楼在立面、功能布局、建造方式及气候适应性方面与中国南方的竹竿厝民居建筑相差无几。

---

① 曾海波:《东南亚城市兴起、族群等级与华人地位》,《东亚评论》2019 年第 2 期,第 199—210 页。

② City Council of George Town, Penang, *Past and Present 1786—1963*, City Council of George Town, 1966, pp.1-3.

③ 陈志宏:《马来西亚槟城华侨建筑》,中国建筑工业出版社 2019 年版,第 31—40 页。

④ Harold Parker Clodd, *Malaya's First British Pioneer: The Life of Francis Light*, Luzac & Co., 1948, p.120.

1826 年,根据约翰·汤姆森(John Thomson,1837—1921)的描绘,大量的居住区出现在市区范围内,所有建成区域已遍布两层的骑楼建筑。截止到 1839年,乔治市在原有海岸的基础上填海造陆拓展了南部的城区面积,面积覆盖了1832 年的定居点和码头的区域(图 6)。19 世纪中叶,港口职能促使乔治市在东部滩涂区域进行填海造陆,沿海大面积的潮间地被填埋成为解决港口和商贸用地紧缺的方法。华侨华人建筑历史研究专家陈志宏教授研究发现,1851年地图中已标示出当时华侨聚落的主要寺庙和会馆,跨帮群寺庙广福宫,广府人会馆香山公司、新宁公司,福建人会馆陈公司、邱公司、谢公司,以及秘密会社存心社、义兴公司、和胜公司、建德堂等华侨建筑出现在城市当中,并进一步指出福建族群在乔治市南侧的沿海一带已经占据大面积土地,并逐渐向西南方向拓展的趋势。①到 1867 年,在爱德华·哈伯德·安森总督(Major General Edward Harbord Anson,1826—1925)的领导下,市区近 22 条由市政当局所辖的道路得到修整,道路宽阔且形态规整。道路经过精心规划和建设,原本简单方格网状布局转变为更密集复杂的城市道路系统,乔治市的道路增长从 1799年到 1883 年几乎翻了 3 倍。

1883 年殖民政府推出都市规划,使乔治市市区范围涵盖槟榔河以北、浮罗池滑(Pulau Tikus)以东的区域,城市的边界往西部地区已经扩展到广东民路(Cantonment Road)、苏格兰路(Scotland Road)和槟榔河区域,涵盖城市扩展出去的居住郊区(表 2)。1883—1889 年,乔治市政府主导了的第二次填海造陆工程,这次形成了乔治市南部的 Weld Quay,土地同样以"名义上的价格"划拨给临近的土地持有者。1883 年,在英国殖民当局的主导下,沿土库街大规模的填海造陆工程开始进行,该工程直到 19 世纪晚期才完成,填海造陆工程在创造新的可供发展的土地之外也逐步改变南部海岸的形态,填充的区域从乔治市东部靠近钟楼的尖岬开始沿海岸线一直到 Cecil Street Ghaut,回填的土地作为港口扩建工程的一部分用于海塭地带的发展。

在 1867—1887 年期间,乔治市方格布局的城区内已被密集的建筑覆盖,城区发展仍然集中在临近港口的区域,西部大面积的农地、林地尚未用于城镇建设,城镇区域扩张到港仔墘(Prangin Ditch)并沿着 Western Arterial Road 和牛干冬街往西部延伸(图 7)。在市政当局的管理下乔治市取得了毋庸置疑的

---

① 陈志宏:《马来西亚槟城华侨建筑》,中国建筑工业出版社 2019 年版,第 31—40 页。

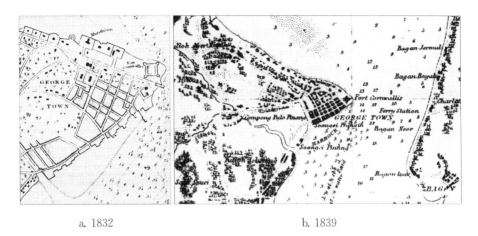

a. 1832　　　　　　　　　　　　　　　b. 1839

图 6　1832—1839 年间乔治市城市格局与沿海一带的开发情况

（图片来源：a. Lieutenant T. Woore, the anchorage enlarged; forming part of the map
of Penang or Prince of Wales Island, 1832. b. John Turnbull Thomson, Part of the map
of Prince of Wales Island and Province of Wellesley, 1839）

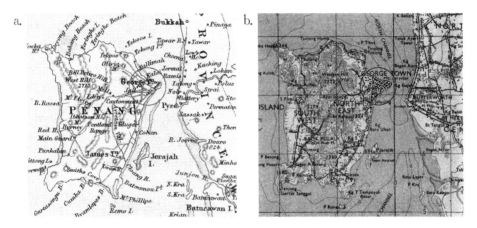

图 7　1884 年(a)和 1945 年(b)地图中乔治市的城市建设区域情况比较

（图片来源：a. John Bartholomew, 1884; b. Australian
National University Asia-Pacific Map Collection, 1945）

进步,政府把一部分财政收入用在城镇的建设和发展上。在城市发展布局上,随着城市的扩张,也是因应港口发展对土地的需求,土库街临海一侧的资产所有者逐步扩大他们在海岸滩涂地带的土地,率先对这些滩涂进行填海造陆,填海造陆工程在乔治市的南部海岸的潮间地展开。土库街以南的填海造陆区域为城市扩张暂时提供发展的空间,南部海岸的滩涂地带被填埋造陆,用于新项目的建设,土库街主要的商业区得到新的发展。1870 年,这些土地所有者获得了政府的授权进行填海造陆,临近港口的优势使该地块的开发带来了机遇,土地得到充分开发。沿东部海岸线的狭长地块除了建有成排的仓库之外,还有大大小小的劳工聚落和货运码头沿海岸线分布。

表 1　1799—1883 年间乔治市城市街道的扩张情况

(资料来源:根据 Penang Past and Present:1786—1963,1966;高丽珍,2010 整理)

年	乔治市的城市道街道
1799	King Street，Queen Street，Pitt Street，Light Street，Union Street，Bishop Street，Church Street，China Street，Chulia Street，Penang Road，Beach Street
1803	Malay Street，Acheen Street，Beach Street，Penang Street，Love Lane，Leith Street
1807—1808	Malaya Street，Prangin Lane，Farquhar Street，New cross Road，Brick Kiln Lane，Cross Road，Burma Road，Macalister Road，Water Fall Road，Northam Road，Prangin Road
1883	Campbell Street，Maxwell Road，Argyll Road，Hutton Lane，Magazine Road，Seang Tek Road，Datuk Kramat Road，Carnarvon Street，Rope Walk，Cinyra Street，Transfer Road，Kedah Road，Larut Road，Anson Road，Barrack Road，Pangkor Road，Bangkok Lane，Cantonment Road

英国维多利亚时代 F. W. Kelly 的城市土地测量图(图 8)从不同维度反映了 19 世纪后期的乔治市城市形态,该测绘图纸显示了当时的城市规模、城市布局、密集的城市街区、系统的道路网络、港口的码头和货仓。大规模、密集的骑楼街区是中国移民聚居的结果,而海墘地带的小企业、码头和仓库的发展象征着转口贸易的繁荣,城市区域被清晰的城市道路和车道划分,街区和道路有效协调,勾勒出一个生机勃勃的城市。到了 1890 年,乔治市在人口膨胀的压力下陷入了人满为患的危机。根据 1890 年 2 月 28 日的槟城公报,对城市扩张的描述是"……槟城正在迅速发展;四面八方的房屋如雨后春笋般涌现,郊区正在成为城镇的一部分,城镇比以前更加拥挤。……小镇不像以前那么健康了……"①。

---

① City Council of George Town,Penang,*Past and Present 1786—1963*,City Council of George Town,1966,pp.1—3.

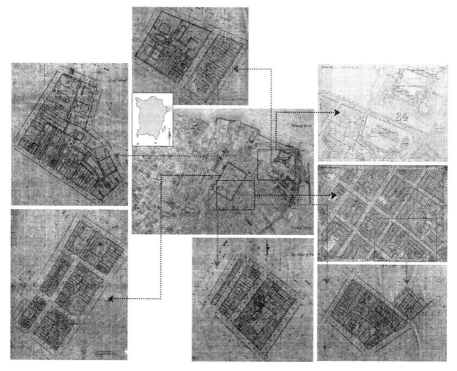

**图 8　海峡殖民地时期乔治市城市土地测量图(Kelly, F. W. Map)
及分地块骑楼地块及房屋测绘图**

（图片来源：马来西亚槟州测量与图测局提供，2016）

　　19 世纪末至 20 世纪初的维多利亚时代，苏伊士运河的开通促进了乔治市港口集散功能的提升，港仔墘(Maxwell Road)一带成为大部分从事海上贸易而致富的槟城华侨华人的发迹场所，成为土产与洋货云集、马车、牛车、人力车等各式交通工具繁忙穿梭的水前地带。此时，治市的市区范围，已延伸到"四崁店"(West of Patani Road)以东（柑仔园路）、港仔墘以北的区域。随着沼泽地与沿岸滩涂的陆化，沓田仔(Carnarvon Street)、柴埕(Jalan Maxwell & Jalan Tek Soon)、咸鱼埕(Lorong Ikan)、胡椒埕(Jalan Sungal Ujong)等地成为南北货集散地以及宗祠、会馆云集之地。槟榔河河口地带，则成为米较、油较、酱园、打石、打铁、打铜、熔锡等各式制造业集中的区域。①

---

① 　高丽珍：《马来西亚槟城地方华人移民社会的形成与发展》，台湾师范大学博士学位论文，2010 年，第 123—125 页。

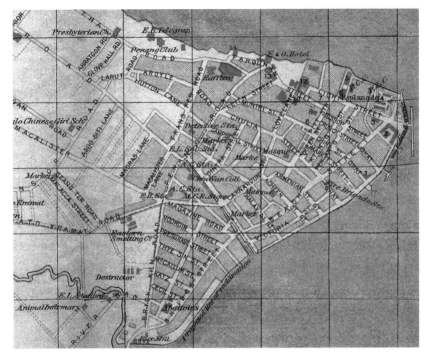

图 9　20 世纪初乔治市的市镇街廓和空间格局

（资料来源：George Town，Penang Antique Town City Plan. Malaysia，1920）

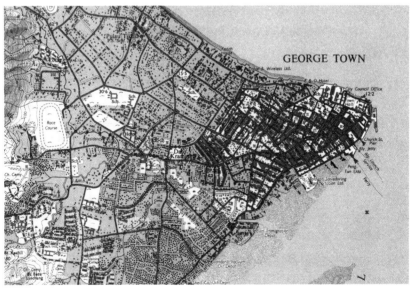

图 10　1963 年乔治市老城区的建筑密度与周边区域形成强烈对比

（资料来源：Federation of Malaya，Surveyor General，1963）

如图 10 所示,海墘地带(Weld Quay)作为港口及其设施的重要腹地,在殖民经济体系下是海洋与陆地间的连接场域,也是各类人群、物质汇聚与穿行跨越的中介地。该区域自 19 世纪末期经历数次的填海工程才缓慢形成,尤其是 1882 年的填海工程,将原有的路与沿岸填海地连接。① 在 19 世纪乔治市南部沿海填海造陆的基础上,1907 年新一轮的填海造陆工程开始进行,这次从海墘街开始延伸出 70—90 英尺(21—27 米)距离,从博世德大楼(Boustead building)的对面区域一直到唐人街(China Street Ghaut)。沿海墘街的造陆计划分别在 1907、1917 和 1929 年提出来,这其中包括了 650 英尺(198.12 米)长的码头以北的康华丽思堡一带区域。

六、结　论

本文从殖民地社会底层单一族群的微观视角来研究研究英属海峡殖民地时期华埠的聚落斑块形成及街区扩展轨迹,其使命在于重建中国移民群体在殖民地社会结构中家园再造及阶层跃升的历史过程,并进一步审视殖民地社会底层族群的社区发展现象,从历史的缝隙去窥视中国移民群体的聚居形态及其聚落整体形象。

文章从"社群—聚落—规制"三个维度和"过程—机制—结果"的基本思路研究讨论槟榔屿华侨聚落演变的具体驱动因素和街区动态扩展轨迹,内容涉及到对人口跨境迁移、聚落斑块形成、殖民制度下的城市规划与华侨聚落建设、华侨聚落街区动态延展的共时性与历时性变化四个方面。首先,在过程方面,海峡殖民地开辟、人口跨境迁移、聚落斑块的形成三个连续性历史环节形成历时性的演变过程;其次,在机制方面,殖民地政治、经济、文化发展对槟榔屿华侨聚落斑块的共时性变化产生直接影响,特别是殖民制度下的殖民管理方式、城市规划和建设规制对华侨聚落的用地规模、空间结构、空间密度、土地利用强度的作用力,体现出动态延展背后的演化逻辑;第三,在结果方面,华侨聚落斑块及街区的动态延展反映出中国移民人口与华侨资本对殖民地聚落规模形态、用地功能与空间形制的作用强度。作为伴生现象,华侨聚落斑块及街区的动态延展过程也逐步形塑了聚落建筑的建造、风格、装饰的基本规则、过程、样式与方式方法,形成以骑楼为代表的街区样式,这些建筑类型和街道形

---

① 潘怡洁:《流动的边缘性:槟城姓氏桥与"海墘"意象的转变》,《考古人类学刊》2019 年第 90 期,第 107—152 页。

式不仅在马来半岛得到扩展,也扩展到我国东南沿海一带。

Patch Formation and Block Dynamic Extension Trajectory of Overseas Chinese Settlement in The British Straits Settlements

—The Development of Overseas Chinese Settlement and Its Surrounding Areas in Penang

Abstract：This paper examines the formation of settlement patches and the trajectory of neighborhood expansion in Chinatown during the colonial period in the British Straits Settlements from the micro perspective of a single ethnic group in colonial society to the bottom perspective of the macro social structure of the colony. Based on the discussion of synchronicity and diachronism, this study takes the overseas Chinese settlement in George Town，Penang as an example，and studies and discusses the specific driving factors and the dynamic extension trajectory of the overseas Chinese settlement in Penang from the three dimensions of "community-settlement-regulation". The research specifically analyzes the following four facets：(1) Cross-border migration of populations in colonial and mobility contexts and the objective formation of colonial underclass social groups；(2) formation of colony settlement patches；(3) urban planning and overseas Chinese settlement construction under the colonial system；(4) The expansion trajectory of overseas Chinese settlement blocks. Through the analysis，interpretation and inter-evidence of historical texts，historical mapping and historical image materials，the trajectory of the formation of Chinatown settlement patches and the dynamic extension of neighborhoods in the context of colonization and mobility is summarized，covering the geographical and spatial distribution，causes and process mechanisms.

Key words：British Straits Settlements；Settlement patch；Block expansion trajectory；Overseas Chinese settlement；Penang

作者简介：赵龙,集美大学陈嘉庚研究院特约研究员,厦门大学建筑与土木工程学院文化遗产与城市建设博士研究生,研究方向为流域传统聚落研究、殖民地城市研究、建筑遗产保护与更新的理论与实践。李渊,通讯作者,厦门大学建筑与土木工程学院,教授,博导,厦门市建筑遗产保护智能技术集成应用重点实验室副主任,研究方向为遗产城市与社区研究、遗产地空间行为研究、文化遗产数字保护与应用。

神圣坐标的营造与中心城市的形成

——以成都为例

宋　峰

摘　要: "神圣坐标"指的是在文化研究中具有超越性精神属性的存在,能够成为神圣坐标系内其他事物所具备神圣性的参照依据。一座区域性中心城市得以建立,首先需要营造出属于自己的神圣坐标。圣河岷江、圣地都广之野与天梯神树建木,作为古蜀文化曾经的历史印记发挥着持续影响。在它们的多重影响下,成都平原成为了巴蜀文化的神圣坐标。在此基础之上,成都逐步成为西南地区的中心城市,并且获得了"天府之国"的美誉。

关键词: 岷江　都广之野　建木　成都　神圣坐标　中心城市

"从总体上看,复杂性构成了中国社会固有的属性,与西方现代社会相对而言,中国社会的复杂性具有不可忽视的特征。讨论中国社会治理与社会建设必须要立足于这一复杂的社会现实。"[①]在中国社会众多的复杂性表现当中,区域性中心城市的形成是其中一个重要表现。从神话时期开始,文化的不均衡便已经开始彰显。面对当前中国社会中的众多区域中心城市,对其进行思想源头方面的发掘是颇具学理价值的问题。"揭示差异、批判差异,是以现象学为基础的空间社会学研究的主要追求,面对中国社会的不平衡发展,重视差异性考察与分析的空间社会学研究获得了更大的施展空间。"[②]空间社会学

[①]　景天魁、高和荣:《时空维度与复杂社会治理之道——中国社会治理的情境、逻辑和策略》,载景天魁、冯波主编:《时空社会学:记忆和认同》,中国传媒大学出版社 2017 年版,第 12 页。

[②]　刘少杰主编:《西方空间社会学理论评析》,中国人民大学出版社 2020 年版,《导论》第 26 页。

理论侧重于关注空间的多样性与个别性,通过对空间自身的特殊性进行发掘来更加深刻地理解空间与社会的关系。我们可以通过运用空间社会学理论,并结合古蜀文化的梳理,将成都作为典型案例进行考察。

为了便于叙述,本文将引入"神圣坐标"这一概念。该概念指的是在文化研究中具有超越性精神属性的存在,是在神圣坐标系中能够起到参照作用的参考点,能够成为神圣坐标系内其他事物所具备神圣性的参照依据。成都之所以自古以来便是西南地区的中心城市,是因为它在古蜀时期便通过相关神话营造出了属于自己的神圣坐标。本文将从圣河岷江、圣地都广之野、天梯神树建木、天府之国成都等四个方面,对巴蜀文化神圣坐标的营造以及成都的区域性核心城市身份形成的原因进行分析。

一、圣河岷江

唐代《元和郡县志》对于岷山是这样记载的:"南去青山石山百里,天色晴朗,望见成都。山岭停雪,常深百丈。夏月融泮,江川为之洪溢。即陇山之南首也。"[1]《(雍正)四川通志》卷二十五"岷山"条载,岷山在茂州南部,《益州记》云"岷山去成都五百里"。岷山山势恢弘巍峨,直上六十里,"山有九峰,四时积雪不消。一名雪山,俗呼'九顶山'"。[2]清代李元亦认为九顶山即为《禹贡》所言之岷山[3]。由此可见,古籍中所记载的狭义岷山,主要是指位于岷江源头地区、以茂县九顶山作为主峰的岷山山脉中部,是先民认定的长江源头。长江江源段因岷山、蜀山、汶山、渎山等名而被称之为岷江、蜀江、汶江、渎江。其中,岷江的称呼至今仍在沿用。

《九章·悲回风》有"隐岷山以清江"之语,闻一多认为这句话的意思是说,从昆仑向下俯视,岷山与清江皆隐没于云雾之中。[4]按《水经注》卷三十的说法,源出巴郡鱼复县(今重庆奉节)的夷水,亦名清江,即所谓"岷山清

---

① (唐)李吉甫:《元和郡县志》,影印文渊阁四库全书,第468册,台湾商务印书馆1986年版,第535页。

② (清)黄廷桂纂修,张晋生编纂:《(雍正)四川通志》,影印文渊阁四库全书,第560册,台湾商务印书馆1986年版,第431页。

③ 《蜀水经·江水》:"江水又南经九顶山,禹贡岷山也,在州东南二十五里。……《汉书》注曰:岷山一名鸿蒙,一名沃焦,在陇山南首,故称陇蜀,直上六十里。……晁以道曰:蜀山近江源者,通为岷山,连峰界岫,重叠险阻,不详远近。青城、天彭诸山所环绕,皆古之岷山,青城乃其第一峰也。……其高六十里,山有九峰,故名九顶。"(清)李元:《蜀水经》,巴蜀书社1985年版,第62—63页。

④ (宋)洪兴祖撰,白化文、许德楠、李如鸾、方进点校:《楚辞补注》,中华书局1983年版,第160页。

江"是也。①清江的上游源头之一，便是大江（即岷江）。又据《（雍正）四川通志》卷二十五"大江"条载，大江位于茂州西部，"源出于岷山分水岭东南流者，即岷江也。由徼外甘松岭经八百里，至漳腊其水渐大，入镰刀湾达于松潘，从下水关入红花屯，经平番叠溪合长宁堡之黑水，经州城西南合汶保之水，达于灌口，为江渎之源"。②从岷江出岷山直至成都的郫江河道皆称"成都江"，简称"都江"。《读史方舆纪要》卷六十七"四川二"载："今大江自松潘叠溪而入茂州界，西南历威州转而东，经汶川县南，又东南经灌县西北，又东南流出灌口，过崇庆州新津县而入眉州境者，此汶江之正流也。成都人名之曰南江。"③自西汉至魏晋时期，岷江出岷山段一直由汶山郡管辖。而魏晋时期在汶山郡下设置的都安县，其得名也应当与"都江"的得名理由相同。岷山在上古神话中是"成都山"，并且直至宋代青城山仍有"成都山"之名，因此岷江出岷山后的"成都江"便是源于"成都山"的江水，岷江便是源出于圣山昆仑（即岷山）的圣河。

《尚书·禹贡》中对于大禹治水有"岷山导江，东别为沱"、"岷、嶓既艺，沱、潜既道"等记载。禹生于岷山地区，从岷山、岷江开始治水，并顺江而下继续治水于三峡，然后于江州（今重庆）涂山娶妻。秦朝将江渎视为四渎之首，并在成都设立"江渎祠"及举行相应的祭祀仪式。因此等到李冰治水之时，为了获得江神庇佑而祭祀于岷江之源，之后又大力兴修农田水利及疏通河道，并于南安（今乐山市）凿离堆疏通岷江，在僰道（今宜宾市）火烧蜀王兵阑（江中大石滩）。汉代继续将祭祀江渎神纳入国家祭祀体系当中，并且按时开展相关活动。这一传统绵延不断，一直传承至清代。

古人长期以来把岷江视为长江之源，这种看法一直延续至今。虽然实地勘测的结果指出长江之源应为青海省境内沱沱河，但这一结论无法否认以岷江作为长江源头的观念在中国文化中所拥有的重要地位及产生的重要影响。"空间表象是人们面对空间存在、空间关系或空间变化而产生的形象的感性认识，生活在不同空间条件或空间环境中的人们形成了差异万千的空间表象，在观念沟通特别是网络信息交流中，汇合成了形象生动、取向各异、灵活交流而

---

① 《水经注》卷三十云："夷水出巴郡鱼复县江。夷水即佷山清江也，水色清照，十丈分沙石，蜀人见其澄清，因名清江也。"（清）王先谦：《合校水经注》，巴蜀书社1985年版，第567页。

② 《（雍正）四川通志》，第432页。

③ （清）顾祖禹撰，贺次君、施和金点校：《读史方舆纪要》，中华书局2005年版，第3133页。

又矛盾互动的表象空间。"①对于岷江的各种理解都可以视为一种特定的空间表象,而这些空间表象在观念沟通的过程中逐步汇聚成为"圣河岷江"这一表象空间,承载了古蜀神话传说的文化遗存。正是由于高度发达的古蜀文明的真实存在,使得古蜀神话传说拥有了得以长期流传的文化土壤,并且以圣山岷山与圣河岷江等观念持续对巴蜀地区文化发挥着影响。②古蜀神话传说及其衍生出的这些观念,不仅对于日后巴蜀文化的形成起到了重要的铺垫作用,同时也被巴蜀文化吸纳成为重要的组成部分。

二、圣地都广之野

刘向《九叹·思古》有"绝都广以直指兮"之语,王逸在注解时认为"都广之野"地处西南,乃是天地之中。③据《山海经·海内经》记载,"都广之野"位于西南黑水之间,乃是埋葬后稷之处,物宝天华、群灵毕至④。同时,这里还有河水环绕着的"九丘",分别是陶唐之丘、有叔得之丘、孟盈之丘、昆吾之丘、黑白之丘、赤望之丘、参卫之丘、武夫之丘、神即之丘。郭璞对这段文字注释道:"其城方三百里,盖天下之中,素女所出也。"郝懿行在援引王逸《楚辞章句》时,认为"其城方三百里,盖天下之中"一句当为《山海经》原文,而"天下之中"则应改为"天地之中"。⑤清代吴任臣总结历代相关文献,对"都广之野"作出了颇为详尽的解释,并援引《事物绀珠》云:"都广在西南方,乃天地之中。"⑥蒙文通根据考证《山经》、《海内经》与《大荒经》等所说的"天下之中"方位,提出了自己的推测:《海内经》以岷山为中心,且提到"开明",应当出自古蜀国;只有在《大荒经》中记录了"巴国""巴人",且四次提到巫山,应当为古巴国作品;《山经》与《海外经》等九篇的"天下之中"包括了荆楚地区,应当是吸纳了巴蜀文化之后的楚国作品。⑦

文献中又常见"都广之野"记作"广都之野"。如《史记·周本纪》集解引

① 刘少杰主编:《西方空间社会学理论评析》,中国人民大学出版社2020年版,《总序》第4页。
② 徐学书:《青城山、都江为昆仑圣山"成都山"、圣河"成都江"考》,《西华大学学报(哲学社会科学版)》2010年第5期。
③ 《楚辞补注》,第310页。
④ 袁珂:《山海经校注》,上海古籍出版社1980年版,第445页。
⑤ 《山海经校注》,第445—446页。
⑥ 吴任臣:《山海经广注》,影印文渊阁四库全书,第1042册,台湾商务印书馆1986年版,第237页。
⑦ 蒙文通:《巴蜀古史论述》,四川人民出版社1981年版,第161—162页。

《山海经》云："黑水、青水之间有广都之野，后稷葬焉。"①明代杨慎在《山海经补注》中认为："黑水广都，今之成都。"据清代王念孙统计，《后汉书·张衡传》注作"广都"，《太平御览》卷837《百穀一》中记为"都广"，《太平御览》卷959《木部八》记作"广都"，《艺文类聚》卷6《地部》记作"都广"，《艺文类聚》卷85《百穀部》记为"广都"，《艺文类聚》卷90《鸟部上》中同样也是记作"广都"。袁珂对此的解释是，《山海经》经文中记作"都广之野"，郭璞注则作"广都之野"。其他古籍在援引之时并未加以区分，因此或作都广、或作广都。袁珂认为"广都之野"即《华阳国志·蜀志》中所记载的广都县，并且根据《蜀中名胜记》认为"广都之野"位于今成都市附近的双流县境内。②

广都是四川省双流县的旧称，建置已有两千多年的历史。据《华阳国志》载："广都县，郡西三十里，元朔二年置，有盐井、渔田之饶。"③在《元和郡县志》中有成都、新都、广都并称蜀地"三都"的说法。④《读史方舆纪要》中指出，唐朝设置的广都城位于成都南四十五里处，其东北十五里处有汉朝元朔二年设置的广都城，并援引《蜀本纪》称："蜀王本治广都之樊乡。"⑤罗泌《路史·前纪》卷四云："蚕丛纵目，王瞿上。"罗苹在注解时指出，瞿上城位于双流县南十八里处，县北有瞿上乡。⑥由此推算，瞿上城大致位于今天的双流县牧马山九倒拐一带。蒙文通先生在结合《山海经》中"其城方三百里，爰有膏菽、膏稻、膏黍、膏稷，百谷自生，草木所聚"的记载，认为方圆三百里的都广之野的农业相当发达，与成都平原的情况颇为相符。⑦

北魏颜之推针对《山海经》等典籍中所存在的阙文与错乱问题，认为这些都是由于战乱焚毁与后人传抄时的妄自增改所造成的。⑧据此有学者指出，西

① （汉）司马迁撰，[日]泷川资言考证，[日]水泽利忠校补：《史记会注考证附校补》，上海古籍出版社1985年版，第75页。

② 《山海经校注》，第445页。

③ 刘琳：《华阳国志校注》，成都时代出版社2007年版，第127页。

④ 《元和郡县志》卷三十二曰："蜀号三都者，成都、新都、广都也。先主以蒋琬为广都长，诸葛亮曰'琬托志忠雅，当赞王业，非百里之才'，即此也。隋仁寿二年避炀帝讳，改为双流县。今广都县，龙朔三年长史乔师望重奏置。"《元和郡县志》，第514页。

⑤ 《读史方舆纪要》，第3138页。

⑥ （宋）罗泌：《路史》，影印文渊阁四库全书，第383册，台湾商务印书馆1986年版，第22页。

⑦ 蒙文通：《古地甄微》，《蒙文通文集第四卷》，巴蜀书社1998年版，第171页。

⑧ 《颜氏家训·书证》："或问：'《山海经》，夏禹及益所记，而有长沙、零陵、桂阳、诸暨，如此郡县不少，以为何也？'答曰：'史之阙文，为日久矣。加复秦人灭学、董卓焚书，典籍错乱，非止此此……皆由后人所羼，非本文也。'"王利器：《颜氏家训集解》，中华书局1993年版，第483—484页。

周时双流被称为"都广之野",其含义应与徐中舒对《国语·晋语一》中"狄之广莫,于晋为都"的解释相似,"都广之都"应该是在广漠原野上慢慢形成的自由贸易市场。秦汉以后人愈聚愈多,这才成为三都之一的广都。汉代的广都县在都广之野,如同后来的双流县与成都平原的关系一样,是大小有别的包含关系。①综上所述,"广都之野"当为"都广之野"在传抄过程中出现的讹错。"都广之野"指的是成都平原地区,其中包括了历史上的广都县。

"通过限定这种空间的社会性建构来构造处于空间中的对象及其性质和社会关系以及能够以社会化形式显示的人类关系的空间相关性,这种空间的社会建构发生作用。"②都广之野作为古蜀文明的历史印记,在文献记载与民间传说的口耳相传中,持续发挥着它的文化影响。对于巴蜀文化研究而言,都广之野是一种具有古蜀族的民族属性及古蜀国的宗教与民俗属性的存在对象,是具有神圣性的文化遗存,能够作为古蜀文化的其他组成部分与衍生产物的参照物。

三、天梯神树建木

中国的神木崇拜可谓源远流长,其中最著名的当属若木、扶木与建木。根据《海内经》中的记载,若木生长在南海之外、黑水与青水之间③,《淮南子·地形训》则认为若木位于建木的西方,上面垂挂着十个太阳,光华照耀着大地。④此外,文献中还有一些关于"扶木"的记载。⑤然而在所有的神树传说当中,最为著名的莫过于"建木"。《山海经·海内经》中关于建木的记载颇为详尽:"有木,青叶紫茎,玄华黄实,名曰建木。百仞无枝,上有九欘,下有九枸,其实如麻,其叶如芒。大皞爰过,黄帝所为。"郭璞注解道:"建木,青叶、紫茎、黑华、黄实,其下声无响、立无影也。"⑥《吕氏春秋·有始》则认为建木之下日中无影,因此是天地之中。⑦相

---

① 江玉祥:《蚕丛、瞿上、广都与双流之关系——兼论双流早期历史上的农耕文化》,《中华文化论坛》2009 年 S2 期。

② [英]安杰伊·齐埃利涅茨:《空间和社会理论》,邢冬梅译,苏州大学出版社 2018 年版,第 44 页。

③ 《山海经校注》,第 447 页。

④ 何宁:《淮南子集释》,中华书局 1998 年版,第 329 页。

⑤ 《山海经校注》,第 354 页。《淮南子集释》,第 328 页。

⑥ 《山海经校注》,第 448 页。

⑦ 《吕氏春秋·有始》云:"白民之南、建木之下,日中无影,呼而无响,盖天地之中也。"《二十二子》,上海古籍出版社 1986 年版,第 666 页。

类似的记载同样见于《淮南子·地形训》。①

　　因为是"黄帝所为",所以说建木乃是被赋予了神圣性的神树。而所谓的"太暤爰过",则说明了建木的性质——太暤象征着日神,是太阳崇拜的产物。建木与太暤有关,这与典籍中建木"日中时日直,人上无景暑"的记载是相吻合的。至于建木"百仞无枝"的记载,则是它能够交通天地的必要条件。再加上"日中无影"的特殊地理位置,令建木传说能够因建木具有"天地之中"的身份而得以广泛流传。蒙文通先生在《再论昆仑为天下之中》一文指出,蜀人在书写《山海经》时保留了将地处西南的都广之野视为天下之中的古老传说。②因此在中国古代神话中,"都广之野"同昆仑山一样都是连接天地之处,建木则被视为是天地间的支柱。在这里,"都广之野"象征着神圣与世俗的边界,而建木则象征着对于神圣空间的一种锚定。③也就是说,建木是古蜀文化中具有超越性精神属性的存在,是古蜀文化所对应的神圣坐标系中的坐标,能够在该坐标系中起到参照作用。

　　如果说在昆仑神话中突出的是高山崇拜的话,那么在建木神话中所凸显的则是神树崇拜。由于高山崇拜与神树崇拜存在着必然联系,它们往往并生共存,因此说与建木神话相对应的出土文物也一定带有高山崇拜的印记。如三星堆编号 K2②:194Ⅱ的大型铜神树,其底座是对高山的模拟,其树枝上的花托为璧形物,隐喻神山与神树皆位在"天下之中"。又如编号 K2③:17 的山形座铜神树,树座在三个方向呈拱形,其所象征的便是古蜀人心目中的昆仑——圣山岷山。该神树底座三方各有一跪坐人像,表现的正当是巫师祭祀神山与神树、作法登天的场景。他们的双手皆作握物状,所握之物当是仪式所需的礼器。《海外西经》云"巫咸国在女巫北……有登葆山,群巫所从上下"④,《海内经》有"有山名曰肇山,有人名曰柏高,柏高上下于此至于天"⑤之言,能够与这件出土实物相互参证。古蜀人将岷山视为"帝之下都",是神巫往返天

---

①　《淮南子·地形训》:"建木在都广,众帝所自上下,日中无景,呼而无响,盖天地之中也。"《淮南子集释》,第 328—329 页。

②　《再论昆仑为天下之中》:"《山海经》为蜀人之书。原始民族不知天地之广、世界之大,多妄谓己族所居即天下之中央。《山海经》既谓都广在西南,又谓其为天下之中,是蜀人写书之时已知都广地在西南,而又保留其为天下之中之古老传说。"《古地甄微》,第 171 页。

③　[英]安杰伊·齐埃利涅茨:《空间和社会理论》,邢冬梅译,苏州大学出版社 2018 年版,第 45 页。

④　《山海经校注》,第 219 页。

⑤　同上,第 444 页。

地的通道,因此借助这种山树结合的构图方式来凸显神树能够"通天"的神异性。①

神树能够"通天"的前提是需要获取天庭的认可,因此便必须通过祭山仪式来获得这种认可。在三星堆的出土文物中,对于上古巴蜀地区的祭山仪式有着较为生动的展示。在三星堆二号器物坑中出土的编号为 K2③:201-4 玉璋,玉璋上部的图案中刻有两座高山,山之上刻着三位祭司并排站立在一条平行线上面。玉璋下部图案中同样刻画着两座山,山间有一钩状物,两山外侧各插立有一根牙璋。山上刻有一条平行线,线上刻有并排跪立的三名祭司,他们的手势与上部图案中站立的祭司手势相同。玉璋上的图案被命名为"祭山图",反映出了古蜀人祭山仪式的场景。图中两山外侧插立着的牙璋,反映出古蜀人用璋作为仪式用品来祭祀高山,这与《周礼·春官》中记载的"璋邸射以祀山川"相吻合。二号坑一共出土有 17 件玉璋,加上一号坑出土的玉璋合计 40 件,反映出古蜀王国十分重视对于高山的祭祀。这是为能够获得天庭认可、可以通过神树交通天人而做的铺垫。

从形式上来看,建木作为古蜀文明的历史印记之一,同样具有古蜀族的民族属性以及古蜀国的民俗属性。从内容上来看,建木具有天梯神树的宗教属性,因此也是一种具有神圣性的文化遗存。这一文化遗存在文献与民间传说中世代相传,不仅是古蜀文化其他历史印记的基础之一,同时也是巴蜀文化得以衍生和持续发展的重要依据。②由此可见,建木不仅是对"都广之野"所描绘的神圣边界的进一步具象化,同时也是对神圣边界的空间性浓缩。换言之,如果我们将"都广之野"视为巴蜀文化的神圣坐标系中的坐标轴的话,那么建木便是这一坐标系中的坐标。从圣河岷江到圣地都广之野,再到圣树建木,在逐步营造神圣坐标的背后,是对成都平原的不断凸显与强调。在这一营造的过程中,成都作为"天府之国"的身份也随之获取了神话学和民俗学方面的充分依据。

四、成都的出现与"天府传说"

巴蜀地区自古以来便拥有得天独厚的自然环境,如《汉书·地理志》曰:

---

① 张光直:《中国青铜时代》,生活·读书·新知三联书店 1999 年版,第 266 页。
② [英]安杰伊·齐埃利涅茨:《空间和社会理论》,邢冬梅译,苏州大学出版社 2018 年版,第 44 页。

"巴、蜀、广汉本南夷,秦并以为郡。土地肥美,有江水沃野、山林竹木疏食果实之饶。"①肥沃的土地与充足的水源,使得巴蜀地区植被茂密、物产丰富,民众容易解决生计问题,故而史书称赞此地"亡凶年忧,俗不愁苦"②。类似记载又见《后汉书·公孙述传》:"蜀地沃野千里,土壤膏腴,果实所生,无谷而饱。"③衣食无忧的巴蜀民众积极开发各种物产资源,并借此带动了当地手工业的发展:"女工之业,覆衣天下。名材竹干,器械之饶,不可胜用。又有鱼盐铜银之利,浮水转漕之便。"④手工业的蓬勃发展,则进一步带动了金属冶炼与制造的发展。加之巴蜀地区纵横交错的水利系统,以上种种因素使得巴蜀地区的经济发展迅速,当地居民很早便过上了舒适富足的生活。在一些出土的汉代画像砖上,对于当时巴蜀地区的农林生产情况有着生动而又形象的刻画。而出土的各种陶俑和陶塑,则是对巴蜀地区本土饮食、生产、畜牧、娱乐等社会生活的真实写照。这些考古发现,可以与《华阳国志》中的描述相互印证。⑤可见,丰富的自然资源与发达的经济基础,为巴蜀地区孕育出先进的巴蜀文明提供了坚实的物质保障。而充足的资源与发达的经济,也为引发社会空间的不均衡提供了土壤。这不仅会影响资源与财富占有的流动,同时也会从社会阶层与社会群体等方面加剧社会空间的变迁。⑥

作为巴蜀地区的核心地带,成都平原历来就有"沃野千里,号为陆海"的说法。成都平原河流纵横、泉水充盈,山林茂盛、土壤肥沃,园圃瓜果四季代熟。"地称天府,原曰华阳。……《河图括地象》曰:'岷山之地,上为井络,帝以会昌,神以建福。'"⑦由此可见,成都平原被视为天帝居住的"天府",是受到诸神祝福与庇护的地方。晋代常璩在《华阳国志》中指出,独特的地理环境与生活方式,造就了当地居民精明敏捷、聪明多智的特点:"其卦值坤,故多斑采文章;其辰值未,故尚滋味;德在少昊,故好辛香;星应舆鬼,故君子精敏、小人鬼黠。"⑧因此,这里的文化氛围浓厚,民众机敏勤劳。成都平原丰富的物产与矿藏资源、

① (汉)班固撰,(唐)颜师古注:《汉书》,中华书局 1962 年版,第 1645 页。
② 同上,第 1645 页。
③ (南宋)范晔撰,(唐)李贤注:《后汉书》,中华书局 1982 年版,第 535 页。
④ 同上,第 535 页。
⑤ (晋)常璩撰,任乃强校注:《华阳国志校补图注》,上海古籍出版社 1987 年版,第 113 页。
⑥ 刘少杰主编:《西方空间社会学理论评析》,中国人民大学出版社 2020 年版,《总序》第 3 页。
⑦ 《华阳国志校补图注》,第 133 页。
⑧ 同上,第 113 页。

浓厚的文化氛围,被视为是受到上天眷顾的证据,因而自古以来便享有"天府之国"的美誉。

西晋左思《蜀都赋》云:"夫蜀都者,盖兆基于上世,开国于中古。廓灵关以为门,包玉垒而为宇。带二江之双流,抗峨眉之重阻。水陆所凑,兼六合而交会焉。丰蔚所盛,茂八区而菴蔼焉。"①在悠久的古蜀历史的浸润下,加之便利的水陆交通以及丰富的物产,使得成都很早便成为成都平原的中心,并且在先秦时期便已经营造得颇具规模,成为了西南地区的中心城市。王羲之《成都帖》曰:"往在都,见诸葛颙,曾具问蜀中事,云:'成都城池门屋楼观,皆是秦时司马错所修,令人远想慨然。'"诸葛颙所言可以由同时期左思的《蜀都赋》印证:"于是乎金城石郭,兼匝中区。既丽且崇,实号成都。辟二九之通门,画方轨之广涂,营新宫于爽垲,拟承明而起庐。结阳城之延阁,飞观榭乎云中。……亚以少城,接乎其西。市廛所会,万商之渊。列隧百重,罗肆巨千。"②

成都平原独特的地理环境,使得生活在这片土壤上的民众们都对它敬爱有加。自古蜀时期以来,成都平原就流传着这样一则神话传说:成都的地下乃是一片汪洋,成都则由一巨大鳌鱼用背托起,"鳌鱼眨眼,大地翻身"。正因此,成都的大街小巷留下了许多与水有关的地名:在《读史方舆纪要》卷六十七"成都城"条目的注解中,也记载着这则传说。"府城旧有太城,有少城,有子城,又有罗城。太城,府南城也,秦张仪、司马错所筑,一名龟城。俗传仪筑城未立,有大龟出于江,周行旋走,随而筑之,城因以立也。"③这则世代相传的有关成都平原的"创世神话",可以借助对神话定义的概括性描述来进行解释,即:这是关于受到上天眷顾的"天府"的宗教性叙述,它涉及了成都平原的起源与创世,是生活在此的民众们用来维护当地固有的生活习俗与文化秩序的保障。④由这种关于成都平原的"创世"神话所引申出的具有地方特色的生活习俗,又进一步增强了民众对于成都平原受到上天眷顾的神圣地位的认可。例如,成

① 陈宏天、赵福海、陈复兴主编:《昭明文选译注》(第一册),吉林文史出版社 1988 年版,第 231—232 页。
② 《昭明文选译注》(第一册),第 233 页。又,《读史方舆纪要》曰:"少城,府西城也,惟西南北三壁,东即太城之西塘。昔张仪既筑太城,后一年又筑少城,《蜀都赋》'亚以少城,接于其西',谓此也。晋时两城犹存,益州刺史治太城,成都内史治少城。"《读史方舆纪要》,第 3136 页。
③ 《读史方舆纪要》,第 3136 页。
④ [美]阿兰·邓迪斯编:《西方神话学读本》,朝戈金等译,广西师范大学出版社 2006 年版,第 61 页。

都平原的更夫们在新中国成立以前只打二更不打三更,害怕因为报天明而导致平原下沉。这种风俗不仅盛行于成都平原地区,而且还进一步扩展影响到了成都平原周边的乐山、眉山等地区。这种文化现象表明,虽然由于历史上数次人口大屠杀,生活在成都平原的民众绝大多数都是从外地迁徙而来的非本地人口,然而出于对成都平原的"天府之国"身份的认可,他们不约而同地遵循着当地的原住民所传承下来的神话传说与生活习俗,自觉地参与到对于当地神圣性的维护与文化秩序的重建行动当中。①

在这则关于成都平原的奇特的宇宙起源过程描述中,我们可以发现:它的主要目的便是凸显成都的特殊性,进而凸显成都的唯一性。"神话极其严肃地讲述了某些最为重要的事情。此外,它还是这个世界的一种生活方式,一种摆正自己与外物的关系,是在寻求自我的过程中探索答案的方式。"②古蜀人将自己对成都的认识与理解,通过与"天府"相关的一系列神话传说,表达了自己的生活方式和与外界的关系,形成了独具特色的"天府传说",并在日常生活当中延续了下来。③由此可见,"天府传说"不仅是古蜀人对成都平原的表象认识,同时也是他们根据自身的综合感受及经验,对成都平原给出的道德评价和理想预期。

结论:神圣坐标的营造与成都的确立

古蜀先民将岷江视为源出于圣山昆仑(即岷山)的圣河,并保留了将地处西南的"都广之野"(即成都平原)视为天下之中的古老传说。建木神话中凸显的神树崇拜,则是古蜀先民交通天地观念的延存。圣河岷江、圣地都广之野与天梯神树建木,分别代表了古蜀文明的圣河观念、圣地观念与神树观念。这些神话具有典型的时空交叠特征,是中国社会有别于西方国家的显著特征之一。"所谓时间交叠,是指不同时代、不同时期、不同时点形成的社会产物,以复杂多样的形式不同程度地交叉重叠在当下的中国。"④身处不同时空关系下的不

---

① [美]阿兰·邓迪斯编:《西方神话学读本》,朝金戈等译,广西师范大学出版社 2006 年版,第 61 页。

② 同上,第 275 页。

③ "知觉具有形象性、整体性和身体性,而以知觉为基础对空间的认知和占有,就是一种生动的、具体的、整体的认知和占有,其表现就不仅是对周围世界空间的表象认识,而且还要根据身体的综合感受、生活经历对世界给出道德评价和理想预期。"《西方空间社会学理论评析》,《导论》第 15 页。

④ 景天魁、冯波主编:《时空社会学:记忆和认同》,中国传媒大学出版社 2017 年版,第 12 页。

同文化背景的人们,围绕着圣河观念、圣地观念与神树观念汇聚在一起,纷纷用自己的理解来为古蜀文化注入新的活力。相关人群在自身需求的推动下,竭力去获取这些观念带给他们的信息反馈,并且在经过自身的理解与选择性过滤后,将其作为动力重新注入这些观念的演变当中。而这些观念则在间断与延续中非匀速地向前演变发展,在带给人们新鲜与好奇等感受的同时,不断地衍生出其他的相关观念。这些衍生出来的观念也会有其感兴趣的特定人群,它们也像圣河观念、圣地观念与神树观念一样不断进行演变与衍生,并且在此过程中保持着互动交流与信息反馈,为彼此的演变与衍生持续提供动力。

圣河岷江、圣地都广之野与天梯神树建木作为古蜀文明曾经的历史印记,在巴蜀地区的文献记载与民间传说的口耳相传中得到了延续,对巴蜀文化的不断发展发挥着持续影响。它们都是一种具有古蜀族的民族属性及古蜀国的宗教与民俗属性的存在对象,是具有神圣性的文化遗存,能够作为巴蜀文化的其他组成部分与衍生产物的参照物。因此说,岷江、都广之野与建木共同打造出了巴蜀文化的神圣坐标。神圣坐标不仅是开展空间重组过程的原点,同时也是政治重构的切入点。因此,我们可以将神圣坐标视为是空间生产的基点。"随着空间生产的推进,空间资本化与政治化的融合,空间生产不仅塑造了新空间关系,而且产生了新的政治关系,对于政治影响深远。"[1]作为一种具有超越性精神属性的存在,神圣坐标是神圣坐标系内其他事物所具备神圣性的参照依据。就巴蜀地区而言,对于岷江、都广之野与建木的持续刻画与反复书写,便是对于巴蜀文化神圣坐标的营造。它们不仅是巴蜀文化中其他历史印记的基础,同时也是巴蜀文化得以不断衍生与持续发展的重要依据。

成都被冠名的"天府之国",实际上是一种实践性的关系状态。它不仅囊括了不同的个体之间、个体与事物之间的关系,同时也涉及了群体之间的各种社会性关系。[2]由于这些关系都是古蜀历史与巴蜀文化的衍生物,因此具有典型的区域性特征。这一系列神圣坐标的确立,不仅营造出了巴蜀文化的神圣坐标系统,同时也是古蜀文明神话传说的延续。古蜀神话传说及其衍生出的

---

① "就此我们将社会空间理解为一种实践性的关系状态,它是不同个体之间、个体和事物之间、群体和群体之间的一切社会性关系的总体,它也正是因为这些关系的社会历史的多样化,从而分化为多样化的社会空间。"任政:《空间正义论》,上海社会科学院出版社 2018 年版,第 10 页。

② 景天魁、冯波主编:《时空社会学:记忆和认同》,中国传媒大学出版社 2017 年版,第 83—84 页。

这些观念,不仅对巴蜀文化的发展持续提供着养料,同时还对成都这座城市的出现产生了重要的推动作用,并且为成都发展成为西南地区的中心城市奠定了坚实的文化基础。

The Construction Of Sacred Coordinates
And The Formation Of Central City
—A Case Study Of Chengdu

Abstract：Divine coordinates refers to the existence of transcendent spiritual attributes in cultural studies，which can become the reference basis for the holiness of other things in the sacred coordinate system. To establish a regional central city，it is necessary to create its own sacred coordinates. The sacred Minjiang River, the sacred Duguang Field and the heavenly Ladder sacred Jian Tree are exerting a lasting influence as the historical mark of the ancient Shu culture. Under their multiple influences，Chengdu Plain became the sacred coordinate of Bashu culture. On this basis，Chengdu gradually became the central city of southwest China and gained the reputation of "Land of abundance".

Key words：Minjiang River；Duguang Field；Jian Tree；Chengdu；Divine coordinates

作者简介:宋峰,四川大学道教与宗教文化研究所博士研究生,四川省文艺评论家协会办公室副主任,研究方向为区域道教史、道教图像学、艺术批评。

我国城市"文化特色危机"的多元成因①

张经武

　　摘　要："文化特色危机"即文化区别性特征趋弱乃至消逝的危机。它是我国快速城镇化进程中许多城市不可回避的严峻问题。要解决这一问题，我们必须从世界到中国探寻导致危机的多元成因。全球化文化趋同、现代风险社会和工业复制主义等三条原因是导致我国城市"文化特色危机"的世界性外部原因。快速城镇化进程中的文化破坏、城市民主治理的缺失、城市传播的低效、城市民族文化工作的滞后等四条原因是中国式内部原因。

　　关键词：城市治理　文化特色危机　全球化　快速城镇化　城市病

　　罗马不是一天建成的，城市是历史形成的，每座城市都有其发生、发展和繁荣的历史，每座城市都有重要的历史文化事件值得铭记，都有重要的历史遗存物值得去传承和保护，都有历史形成的文化特色值得去珍视和利用。不同的城市文化特色决定了每座城市的个性化面孔。然而，基于国际国内的多重原因，我国许多城市的文化外观都不同程度陷入了"千城一面"的尴尬境地。到过一座城市，就好似到过许多城市；到过许多城市，就好似只去过一座城市。因为它们的文化外观都是一个样，都是一副现代的模样。到处是似曾相识的摩天大楼、玻璃幕墙、林荫大道、大型购物中心、连锁店铺，一样的人行道，一样的美食，一样的居民小区。同样的嘈杂，一样的拥挤，雷同的堵车，明明走在远方却偏偏找到了回家的感觉。正如冯骥才所言，"我们新造出来的城市却像计

---

①　本文系国家社科基金项目"我国城市'文化特色危机'研究"（15XSH014）的后续成果。

划经济时代的暖瓶——全国一个样!"①

"城市文化特色"指城市文化的区别性特征,是城市的身份标签和形象证明。"文化特色危机"即这种区别性特征趋弱乃至消逝的危机,它是我国城镇化进程中许多城市不可回避的严峻问题。我国城市正在经历的"文化特色危机",其主要表征为文化外观趋同、文化破坏严重、历史文化湮没和民族文化淡化等方面。克服"文化特色危机",说到底就是要做好城市文化特色保护工作。

要做好我国城市的文化特色保护工作,我们必须寻找和分析"文化特色危机"的形成原因,只有找到原因,我们才能有的放矢地进行城市治理。我国城市"文化特色危机"的形成原因是一个复杂多元的系统,涉及经济、政治、文化等多个层面,涵盖政府、单位、个人等多层级主体,包括全球、国家、地域等空间维度,关联历史、现实和未来等时间维度。在这样一个复杂多元的系统中,可以爬梳出相对重要的形成原因,如全球化文化趋同、现代风险社会、工业复制主义、快速城镇化进程中的文化破坏、城市民主治理的缺失、城市传播的低效、城市民族文化工作的滞后等。这七点原因里面,全球化文化趋同、现代风险社会和工业复制主义等三条原因是导致城市"文化特色危机"的世界性原因,快速城镇化进程中的文化破坏、城市民主治理的缺失、城市传播的低效、城市民族文化工作的滞后等四条原因是从中国实际情况总结出的本土原因。

一、世界性原因:全球化、风险社会与复制主义

(一) 全球化文化趋同

全球化(Globalization)是一种人类社会发展的现象,在古代,受制于交通和通讯技术水平,全球化现象虽然在一定程度上存在但水平较低。在历次工业革命的推动下,人类的快速交通和远程通讯技术达到惊人的发展水平。以致麦克卢汉(Marshall McLuhan)所说的"地球村(Global Village)"出现,庞蒂(Nicholas Negroponte)预言的"数字化生存(Being Digital)"到来。先进技术将时空压缩,将世界拉近,天涯若比邻。由此,世界各地各国经济、政治、文化之间的联系变得空前紧密,互动性大大增强。这就是全球化时代,它涉及经济全球化、政治全球化和文化全球化等内涵。正如吉登斯(Anthony Giddens)所认

① 冯骥才:《我忧城市雷同》,《建筑装饰材料世界》2004年第1期,第33页。

为的,全球化是现代性高度发展的显著后果,"在工业化社会中,某种程度上在整个世界中,我们正进入一个高度现代性的时期……,现代性内在就是全球化的……"。①"高度现代性"对应的就是现代技术理性和技术水平高度发达的时代,也就是今天的全球化时代。

全球化的文化后果就是文化的全球化,即世界各地各国的文化交流、互动、影响和融合在全球范围内频繁而且持久地发生。文化全球化的具体趋向是有争议的,主要有三种观点。一是文化趋同论,第二是文化趋异论,第三是趋同、趋异并存论。文化趋同论认为,因为全球化,世界各国各地的文化变成一种相同或相似的文化。关于这种相同或相似的文化也有两种观点,一种认为是带有文化霸权主义(Cultural Hegemony)色彩的欧美文化,这一观点占据绝对优势,认为文化的全球化其本质就是西方文化(欧美文化)尤其是美国文化的全球化。正如马克思、恩格斯早就指出的,资本主义的全球化,"正像它使乡村从属于城市一样,它使未开化的国家从属于文明的国家,使农民的民族从属于资产阶级的民族,使东方从属于西方"。②另一种认为是你中有我、我中有你的混杂性世界文化。"随着世界性交往日益扩大,各个民族、国家的文化相互影响、相互渗透形成了'你中有我,我中有你'的格局。"③世界文化彼此不断互鉴和调和,走向整合和融合。"世界文化将成为全球的唯一的同质文化,"④文化趋异论认为,"全球化催生了本土化,普遍主义激发了特殊主义。"⑤"全球化导致的'趋同'是浅薄的,全球化导致的'逐异'却是深刻的。追逐不同是全球化时代最深刻的特征。"⑥趋同、趋异并存论认为,文化的全球化和本土化是并存的,趋同和趋异两种趋势并存。世界文化呈现出"全球本土化(Glocalization)"的趋势,无论是西方文化还是东方文化,其全球化传播中都包含本土化(在地化)的过程。正如鲍曼(Zygmunt Bauman)所言,"整合与瓜分、全球化与地方化,是两大相辅相成的过程。更确切地说,它们是同一过程——世界性的

① [英]安东尼·吉登斯:《现代性的后果》,田禾译,译林出版社 2000 年版,第 154 页。
② 马克思、恩格斯:《资本论》,韦建桦主编:《马克思恩格斯文集》第 2 卷,人民出版社 2009 年版,第 36 页。
③ 余晓慧:《世界历史语境中的文化认同研究》,云南人民出版社 2014 年版,第 134 页。
④ 涂成林、李江涛:《当代文化发展新趋势研究》,中央编译出版社 2011 年版,第 247 页。
⑤ 周宪:《文化间的理论旅行:比较文学与跨文化研究论集》,译林出版社 2017 年版,第 81 页。
⑥ 潘维:《全球化带给我们什么》,载宋念申编辑:《大国心路:中国走向世界的思考》,世界知识出版社 2005 年版,第 96 页。

主权、权力和活动自由的重新分配的两个方面"。①

　　无论文化全球化的趋向有多少争议性的观点，不容否认的文化趋同事实，正在全世界许多城市如火如荼地上演。这种趋同主要指朝向西方霸权尤其是美国霸权的趋同。二战结束以来，随着美国的崛起，全球许多城市都存在以好莱坞（Hollywood）电影、美职篮（NBA）、美国街头文化、苹果（Apple）手机、脸书（Facebook）和推特（Twitter）软件、麦当劳（McDonald's）和肯德基（KFC）快餐、可口可乐（Coca-Cola）饮料、阿迪达斯（Adidas）和耐克（Nike）体育品牌、沃尔玛（WMT）超市等美国文化符号为主导的城市文化。吃、穿、住、行、游、购、娱每个方面都在美国化，视觉、听觉、嗅觉、味觉、触觉每种感官都充斥美国文化。这样一种带有强烈美国霸权主义色彩的城市文化趋同正是当下的世界城市现实，在中国城市也非常明显。

　　像世界上许多国家的城市一样，在文化全球化的进程中，美国文化正以润物无声的方式潜移默化地改变着中国城市文化，让中国城市文化的整体面貌趋同。好莱坞电影充当着美国文化输出的强有力工具，电影中充斥的美国城市建筑、城市生活、城市娱乐、城市商品和奇观化的美国故事一起，不知不觉地建构了中国电影观众对美国城市文化的认同。这种认同从电影银幕方框溢出，潜移默化地影响到中国的城市现实。许多人以拥有苹果、阿迪达斯、耐克等美国品牌的商品为荣耀，而对即使质量上乘、价廉物美的国产商品不予理会。不少人以会跳街舞、会玩说唱、会唱英文歌曲等美国式的才艺为追逐的时尚，而对中国戏剧戏曲、中国民族音乐、中国民族舞蹈等中国文化传统项目连了解的兴趣都没有，更不要说主动去传承。许多电视台的综艺节目长期热捧精通美国式才艺的明星，直接造成一种倾向性的舆论引导就是，这样的表演才代表文艺时尚和潮流，才代表文化发展方向。于是，电视观众在如此舆论引导下，对中国文化传统进一步疏远。"甚至在一向以清高、自主、独立自诩的文化界、思想界、学术界，这些年同样也受到外来文化的强烈影响和干扰。一拨又一拨的外国文化思潮、学术思潮不断地在我国思想、文化、学术界造成冲击，在年轻一代的学者和各种文化人当中已经很难找到纯粹的'国学家'了。'洋人'的思维方式、表达方式都很受学术界的青睐。"②城里人的生活方式和精神面

---

① ［英］齐格蒙特·鲍曼：《全球化：人类的后果》，郭国良、徐建华译，商务印书馆 2001 年版，第 66 页。
② 仪名海：《信息全球化与国际关系》，中国传媒大学出版社 2006 年版，第 300 页。

貌就是城市文化的真实写照,只要中国城市里充斥美国文化元素,只要许多市民缺乏文化自觉和文化自信,盲目追逐西方文化尤其是美国文化,中国城市的文化特色就难以获得彰显。

城市文化特色尤其通过城市建筑体现出来,由于中国城市建筑的欧陆化或美国化,中国城市的外在物质景观变得雷同,城市文化特色由此大幅削弱。好莱坞电影中到处摩天大楼、立体交通式的欧陆城市和美国城市造成一种乌托邦理想城市的错觉,深深地影响了世界各地的建筑设计师和城市规划师。"乌托邦乃是人类历史创造的基本动力,从来就不曾泯灭过。"①于是,城市规划和设计经常没有尊重当地地域文化传统和历史文脉,而是直接以未来乌托邦理想之城的形式去建造,城市都向天空伸展,追求大密度、大体量和大规模。立体交通、建筑综合体、摩天大楼、异形建筑等形式主宰城市外观,钢筋、水泥、玻璃成为统治全世界的三种建筑主材。另外,全球化时代的另一种现实是,由于全球贸易和通商,中国的城市规划和建筑设计工作通过全球招标,大量交给了欧美公司去完成。"境外建筑师正在我国的建筑舞台上扮演着越来越重要的角色,几乎大多数重要的建筑项目都由境外建筑师担任主角,而国内建筑师则负责配合设计,画施工图,为境外建筑师打工。"②当中国建筑师沦为打工者,外国建筑师承包了中国主要城市建筑设计这一情况成为普遍现实时,中国城市建筑面貌的文化特色就会处于更大的危机之中。一来绝大多数外国规划师和建筑师对中国缺乏起码了解,对中国地域文化传统更缺乏了解,指望他们的设计能够传承中国优秀文化传统那是不现实的。二来相关政府部门对于外国规划师和建筑师的规划和设计在传承地域文化传统上的要求偏松甚至没有任何要求,这直接导致他们可以直接复制或稍加改动在其他国家其他城市的相关设计。由此,主要由外国人设计和规划的中国城市标志性建筑、摩天大楼、大体量建筑往往是无个性、无文脉、无传统的"广普建筑",这些雷同化的建筑放在全球任何城市都可以,没有人会认为它们就是中国建筑。大量由外国人设计的雷同化的建筑充斥于中国城市,城市文化特色也就黯淡了。

(二) 现代风险社会

我们既处于现代性不断发展的"现代社会",同时又处于现代性风险不断

---

① 胡大平:《20世纪城市之"否思"及其启示》,《华东师范大学学报(哲学社会科学版)》2019年第5期,第166页。

② 尹岩、孙超、蒋赛百:《全球化进程中建筑的趋同》,《山西建筑》2007年第33期,第54页。

增强的"风险社会",两种时代特点的融合就是"现代风险社会"。任何时代的社会都存在风险,"现代风险社会"是相对于"前现代风险社会"而言。在"风险社会"理论提出者贝克(Ulrich Beck)那里,"现代风险社会"包括古典工业社会和后工业社会两个时期,"前现代风险社会"对应前工业社会时期。"现代风险社会"与"前现代风险社会"的区别在于"人为风险"和"自然风险"之别。"现代风险社会"的"人为风险"已经由古典工业社会的区域性风险演变为后工业社会的全球性风险。"在古典工业社会中,财富生产的'逻辑'统治着风险生产的'逻辑',而在风险社会中,这种关系就颠倒了过来。"①在现代风险社会,由于技术的巨大进步和经济全球化,人类面临的风险不仅变得更加不确定、不可控,风险还走向前台,反过来控制人类的财富生产。这种风险主要包括贝克所强调的"技术性风险"和吉登斯(Anthony Giddens)所言的因治理风险而产生的"制度性风险"。它们都是一荣俱荣、一损俱损式的普遍化风险,对任何地区、国家、种族和个人都是平等的。

就城市文化而言,现代风险社会理论的主要贡献者贝克和吉登斯虽没有专门论及,但我们可以循着他们的理路进一步探讨。其实,无论是技术性风险还是制度性风险,现代风险社会的风险都是现代性高度发展的一种后果。这种后果应该还包括文化风险,城市文化特色危机本身就是一种文化风险,它脱胎于现代性的负面后果。现代性喜新厌旧,这会带来文化传统的湮没甚至消亡。现代性迷恋速度,这会带来精神文化生活方式的危机。这两种负面后果的叠加,让城市文化特色危机发生的可能性就更大。

"现代性"在时间层面就是与过去相决裂的,它喜新厌旧的本性与生俱来。在现代性的征程中,所谓的"旧文化"不断被"新文化"取代和淘汰。被视作现代性发轫的18世纪启蒙运动就是要以新的理性秩序代替旧的蒙昧的封建秩序和神学秩序,扫荡旧秩序的同时,旧文化往往也会受到批判或清理,这种批判或清理经常是革命性甚至毁灭性的。"没有启蒙现代性对新的崇拜,现存的一切就不会以旧的名义被摧毁。"②法国哲学家安托瓦纳·贡巴尼翁(Antoine Compagnon)在《现代性的五种悖论》中也将"新与旧"视作五种悖论首当其冲

---

① 〔德〕乌尔里希·贝克:《风险社会》,何博闻译,译林出版社2004年版,第6页。
② 杨磊:《速度、遗忘与记忆——现代性视域中工人文化宫的悖论》,《文化研究》2014年第2期,第218页。

的第一种,认为"现代传统是以作为价值标准的新之诞生而开启的"①。城市文化特色正是从旧的积淀中得来,它与现代性有些水火不容。处于现代性征程中的城市不断追求现代化的城市外观,不符合现代化外观的破、残、旧历史景观不断被剔除。美国学者马歇尔·伯曼(Marshall Berman)说:"大街,我们的大街,正是现代主义的所在地。"②在喜新厌旧的建设征程中,在一条又一条的城市大街上,城市现代性不断崛起和奋进,古典性和历史性不断退缩和消逝。钢筋、水泥、玻璃幕墙织就的摩天建筑、异形建筑遍布于城市街区,在冰冷的水泥墙面和反光的玻璃幕墙上,在蜂巢般的住宅小区,在宽阔的柏油马路上,在一座座跨江跨海大桥上,在立交桥形成的城市眩晕中,在迷宫一般的现代街区,城市现代性景观一次又一次宣告"新"对"旧"的胜利。新的崛起,旧的倒下;旧的不去,新的不来;革故鼎新,辞旧迎新;推陈出新,除旧布新;旧城改造,拆旧建新。在喜新厌旧、与时俱进的城市现代性逻辑中,退后、湮没和消逝的就是城市的历史建筑、文化遗产和人文传统,还有由它们建构的城市文化特色。

"现代性"迷恋速度,追求工具理性和技术理性,追求"更高、更快、更强"地向前发展。这对相对较慢的人类精神文化生活形成压迫和围剿,对城市文化特色形成一股强大的瓦解力量。法国当代学者保罗·维利里奥(Paul Virilio)认为,"速度"是理解"现代性"的重要关键词,"速度不只是让我们更舒适快捷地移动,更重要的是改变我们观看与构思世界的方式"。③在当下时代,"不再有'工业革命',而只有'速度革命';不再有民主,而只有速度政权;不再有战略,而只有速度学"。④速度成为现代性的核心修辞,技术发展的标准以速度来衡量,城市进步的标准以速度来体现,市民生活方式的变化也以速度为标尺。核武器、洲际导弹、无人机都在追求更快;飞机、高铁的高速运输人们还不满足,恨不得能坐上火箭;工厂生产线的产品生产速度与城市摩天大楼的崛起速度一样被推崇;互联网、移动通信技术以速度飞跃相标榜;相隔万里,瞬息又见,世界被速度压缩,距离被速度删除。"速度被改造为速度政治。在其催化之下,现代社会的建构方式由记忆主导变为遗忘主导,一直被视为负面、消极

---

① [法]安托瓦纳·贡巴尼翁:《现代性的五个悖论》,商务印书馆2013年版,第3页。
② [美]伯曼:《一切坚固的东西都烟消云散了》,徐大建等译,商务印书馆2003年版,第11页。
③ [法]保罗·维利里奥:《消失的美学》,河南大学出版社2018年版,第9页。
④ Paul Virilio: *Speed and Politics*, Semiotext(e), 2006, p.69.

的遗忘被赋魅,记忆则被视为包袱和累赘。"①记忆的载体、沉淀物和附着物被视为阻碍速度的绊脚石,需要被快速果断地清除。于是,城市文化传统的记忆证明被城市建设的速度无情扫荡,速度不断刷新摩天建筑的高度,不停擦拭熠熠闪光的建筑幕墙,让城市总如新建,让城市的现代性始终张扬。

"喜新厌旧"与"迷恋速度"的双重属性让现代风险社会多了一种文化风险,那就是城市文化特色的湮没与消逝。现代城市每天都在快速更新,每年都会大变样,几年就可能完全不一样。钢筋、水泥快速混合所构筑的崭新街区和建筑每天都在升高和扩大体量,向空中蔓延,向郊区蔓延。山峰被削平,河流被改观,湖泊被填埋,旧物被清理,新的钢筋水泥综合体塞满城市各个角落。"空间被物占满了,但它却是空洞的"②,因为新与旧失去了关联,现代和传统在空间中断裂,快节奏将慢生活淘汰。"当我们以自己的现代性能力通过大规模而迅速的空间重组来改变世界的面貌、彻底推翻先贤们的历史沉积时,我们占满了空间,但同时造就了时间(历史)和空间(社会)的双重废墟化。"③诚如斯言,一方面,承载了文化积淀和历史记忆的旧物在城市越来越少,可以寄兴怀古、徜徉流连的文化对象越来越稀缺。另一方面,沉浸、漫游、徜徉于文化景观之中的"慢生活"方式也被现代性"快节奏"所扫荡,人们的时间和空间都被速度所掠夺,满足人们精神文化需要的"慢生活"成为昂贵的奢侈品。于是,现代城市越来越缺乏可供"慢生活"来遣兴骋怀的文化对象和目的地,人们在速度的逼迫下也慢慢丧失"慢生活"的热情,城市文化特色危机由此也就降临或加剧。

(三) 工业复制主义

"复制"是把握当下时代的重要关键词。在本雅明(Walter Benjamin)看来,自从世界进入了机械复制时代,艺术和文化由此丧失其"原真性""仪式感"和"膜拜价值"。在鲍德里亚(Jean Baudrillard)那里,世界经由模仿复制和生产复制的阶段,已经进入了拟像(Simulacra)复制的时代,原本和母本消失。斯潘洛斯(William V. Spanos)将"复制"作为理解后现代社会文化的关键词。詹姆逊(Fredric Jameson)同样将"复制"作为后现代社会的标签,他认为充斥复制、

---

① 杨磊:《速度、遗忘与记忆——现代性视域中工人文化宫的悖论》,《文化研究》2014 年第 2 期,第 213 页。
② 胡大平:《空间的废墟化与历史之蚀——现代性矛盾与速度》,《文化研究》2010 年,第 360 页。
③ 同上,第 351 页。

拼贴和仿造艺术的后现代社会变成了"无语境性(Contextlessness)"①的社会，文化深度被削平，世界表面化。"在所有关于后现代的介绍中，我们都能看到这样一个特别刺眼的词——'复制'(或'模拟')。'复制'几乎成了后现代的一种象征。"②在许多学者眼中，后现代社会可视作现代社会的进一步发展，后现代性也可视作晚期现代性。如果将后现代社会对应于后工业社会，那么现代社会与工业社会相对应。"复制"其实就是工业社会诞生以来的基本生产逻辑和文化逻辑，工业产品是通过大规模、快速的精准复制实现其效率和利润追求，文化艺术作品也从由件件不同的手工制作发展成件件相同的机械复制主导的文化产业。到了后工业社会，机械复制渐渐让位于电子复制、数字化复制，复制的效率和频率呈几何级倍增，复制的范围从现实到虚拟，从硬件到软件，边界不断扩大。总之，工业革命以来，"复制"就是物质生产和精神生产的一种核心方式，它已经上升为一种与工业文明相伴随的主义，这样一种"复制主义"既促使了海量物质财富的诞生，满足了人类不断增长的物质欲望，也深刻影响和改变了人类的物质家园和精神家园。因为"复制"的基本定义就是原样制作，随着复制品在全球的广泛使用和传播，人类家园的物质面貌日趋雷同，文化面貌也变得单一，整个社会文化呈现出"无深度感"和"消退的历史感"③。"工业复制主义"的主要舞台就是城市，在复制逻辑的控制下，城市如同儿童摆弄的拼贴积木，不断堆积面貌相同的建筑，不断摆放形态类似的街区，不断粘贴几乎一模一样的房地产小区、店铺、公园、马路、汽车……。复制物拼贴出来的城市就是现实中真实城市的模样，它们现代时尚，却又失魂落魄。

　　导致城市千城一面、失魂落魄的"工业复制主义"主要体现为城市建筑的"横向复制"。许多中国城市为了增加洋味儿，将欧陆化建筑、美式建筑复制到中国。罗马式圆顶与哥特式尖顶并排而立，巴洛克式风格和文艺复兴式风格一起辉映，更多的是无历史、无底蕴、无地域文化元素的美式广普建筑在城市疯狂生长。连建筑、街区名称都是复制过来的，"维也纳酒店""罗马假日小区"

① ［英］克莉斯汀·埃瑟林顿-莱特、露丝·道提：《电影理论自修课》，余德成译，世界图书出版公司北京公司 2016 年版，第 177 页。
② 金丹元：《影视美学导论》，上海大学出版社 2001 年版，第 324 页。
③ ［美］詹姆逊(又译作詹明信)：《晚期资本主义的文化逻辑：詹明信批评理论文选》，张旭东编，陈清侨等译，生活·读书·新知三联书店 1997 年版，第 433 页。

"普罗旺斯小镇""纽约不夜城""东方巴黎大厦""瑞士花园""威尼斯港湾"等大量洋名充斥于中国城市。另外,由于欧美的建筑设计公司在技术、人才上具备相对优势,中国许多城市重要建筑的设计在全球招标中往往都交给了欧美的少数几家大公司。这一情况导致的结果是,"中国已经成为许多外国建筑师折腾奇奇怪怪作品的试验场"[1],同一家公司的相同风格建筑设计在中国城市到处被应用,直至在他乡城市不断产生回到故乡城市的感觉。这种情况不仅在中国城市比较突出,在全球许多国家的城市都存在类似问题。"为什么所有的现代城镇看起来都是一样的,因为它们被同一个建筑、跨国公司甚至是任意强加的城市设计规则所支配。"[2]西方学者所感叹的,正是少数几家欧美建筑设计公司在全世界大量复制类似现代建筑的现象。

城市建筑的横向复制还体现为连锁式复制,一些公司企业为了在全球推广其市场和业务,将厂房设计和建造按照现代企业视觉识别系统的统一要求复制到全球城市。这看似是一种好的现代企业文化,但放在城市文化特色的角度来考量,这种现代企业文化也会产生负面影响。那就是,随着那些品牌企业、店铺的标准建筑在各地城市普遍建造,每座城市街道的建筑分布变得基本相同,除了这些标准化企业大楼、厂房和店铺,就是大致相似的遍及全球城市的广普式现代建筑。

在中国城市,建筑的横向复制还体现为"山寨式复制",即并不一定追求一模一样,只要大致相同就行,可以偷工减料,可以缩小比例。以山寨版的形式将某某著名建筑由外国复制到中国,由此地复制到彼地,一般是出于旅游开发或者影视拍摄基地建设需要,还有不少案例就是一种崇洋媚外心理作祟下的盲目模仿。比如不少中国城市的影视拍摄基地或旅游城都建有天安门、午门、太和殿这样的山寨建筑。还有像"世界之窗""民俗大观园"这样的主题公园以缩微山寨版的形式进行复制,将各国各地著名建筑搬进公园,吸引游客"一日环游全球""一日走遍中国"。另外,由于管理监督缺位,还有崇洋媚外、炫耀政绩的心理作祟,不少城市的政府大楼或某单位的办公大楼一不小心建成了"白宫""人民大会堂"等著名建筑的样子,还有不少城市的广场、大道和街区直接山寨了欧美城市。中国城市建筑的山寨式复制现象,实际上涉嫌对相关原版

① 胡大平:《20世纪城市之"否思"及其启示》,《华东师范大学学报(哲学社会科学版)》2019年第5期,第164页。
② Brian Evans, Frank McDonald, David Rudlin, *Urban Identity*. Taylor and Francis, 2014, P2.

建筑知识产权的侵犯,它造成了伪劣建筑的流行,也在一定程度上加剧了城市面貌雷同。

城市建筑的复制还涉及纵向复制,也可称之为"仿古复制",即今人复制古人的建筑。由于原有古建筑或老街损毁严重甚至完全消失,为了重现它的英姿,也为了传承文化遗产,对该建筑或老街进行仿古重建。世界各国许多城市都是这样复制和重建某些已经损毁或消失的建筑文化遗产的,这本来是无可厚非甚至值得拍手称快的好事。但好事一旦没有做好就会成为坏事,造成一系列恶果。好事办成坏事的情况主要是指,一是动机不纯,许多城市是打着传承历史文脉的幌子去搞仿古重建,追求的却是商业利益,干的是披着古装的商业房地产开发。二是行为不科学,不进行文脉研究,不搞专家论证,不听原住民意见,盲目上马,快速建设。结果正如冯骥才所言,"所谓的规划就是把老街改做一条纯粹的商业街、购物街:与商业无关的一律抹去。沿街两边全是新建的商铺,模样大同小异,很少顾及当地的历史特色。清一色木雕花窗、青砖粉墙、油漆彩画、牌匾高悬、红灯高挂,阔绰一些的店铺门口再摆上一对石狮,既无地域特点,也看不出哪朝哪代,像古装电视剧里的演员花花绿绿站在街道两边。"①于是,仿古重建出来的老建筑都成了商业地产,仿古老街都成了披着古装的现代商业街,仿古重建的风格都是缺乏地域文化和历史文化的千篇一律风格。古色古香的仿古老街初看上去好像充满文化气息和地域特色,看多了却发现全国各地的仿古老街其实都长一个模样。比如南宁的邕州老街、三街两巷等仿古老街与呼和浩特的大盛魁仿古街区相比,虽然一个远在祖国正北方,一个远在祖国正南方,民族历史文化相差十万八千里,但实际样貌却"不约而同"。

"工业复制主义"其实是一种标准件主义,是现代性的速度修辞,是后现代性的碎片拼贴和戏仿。"复制技术把所复制的东西从传统领域中解脱了出来。由于它制作了许许多多的复制品,因而它就用复制品取代了独一无二的存在。"②复制带来的是原创的灵光消逝,是历史真实的掩埋和遮蔽,是独一无二的城市文化特色的戕害和谋杀。无论是横向复制还是纵向复制,"工业复制主义"逻辑主宰下的城市建设最终都形成和加剧了城市文化特色危机,让千城一

---

① 冯骥才:《仿古街,请三思而后行》,《民主》2015 年第 12 期,第 60 页。

② 瓦尔特·本雅明:《机械复制时代的艺术作品》,王才勇译,江苏人民出版社 2006 年版,第 115 页。

面、千街一面、千楼一面越来越成为市民和游客的真实感觉。

二、中国式原因：文化破坏、治理缺失、低效传播与文化工作滞后

（一）快速城镇化进程中的文化破坏

改革开放以来，我国城镇化快速推进，城镇化率年均递增超过 1 个百分点。1978 年年底，我国城镇常住人口仅有 1.7 亿人，常住人口城镇化率仅为 17.92％。①到了 2020 年末，大陆城镇常住人口 9.02 亿人，常住人口城镇化率达到 63.89％。②改革开放 40 年以来，我国城镇常住人口净增 7.32 亿人，城镇化率净增 45.97％。从总体上看，改革开放以来，我国大陆地区范围绝大部分城市城镇化率都快速增长。快速城镇化带来的"人地矛盾"在许多城市集中爆发，政府往往首选拆旧建新作为缓解方式。中国人地矛盾本来就很突出，"中国人口总量居世界之首，人均占有土地面积仅 0.07 公顷，相当于俄罗斯人均土地 11 公顷的 1/14 左右，加拿大的人均土地 33 公顷的 1/41 左右，以及世界平均水平 2.4 公顷的 1/3"。③解决这样一种突出人地矛盾的途径之一就是提高城镇化率，让土地得到集约化利用。"城市化的发展可增强城市对人口和经济的聚集效应，有利于提高土地利用的集约化程度，是解决我国现代化发展过程中'人多地少'矛盾的有效途径。"④但是，随着大量农民进城定居，城镇化率提高，农村的"人地矛盾"的确得到了很大缓解，城市的"人地矛盾"却随着城市人口的剧增集中爆发出来。人多房子少，人多马路窄，人多学校少，人多医院不足，人多公园绿地不足，人多健身设施不足，人多车多停车位严重不够……，如此多的"城市病"问题其实都源于我国快速城镇化带来的激烈"人地矛盾"。要解决这些问题，无非就是要找到更多的土地能够兴建相关基础设施和建筑场所，满足不断增加的刚需。具体解决方式主要有两种，一种是让城市郊区自然的耕地、良田、湖泊、山川改变用途，成为城镇化的一部分。第二种是拆旧建新，让低矮、残破的老建筑让位于高层建筑和摩天建筑，让同样大小的土地产生更大的经济效益和实用价值。第一种方式会对耕地良田形成毁灭性破坏，

① 国家统计局：《城镇化水平显著提高　城市面貌焕然一新——改革开放 40 年经济社会发展成就系列报告之十一》，国家统计局官网 http://www.stats.gov.cn/ztjc/ztfx/ggkf40n/201809/t20180910_1621837.html，2020 年 7 月 16 日查询。

② 国家统计局：统计数据查询，http://www.stats.gov.cn/，2021 年 12 月 21 日查询。

③ 张宗书：《中国人地矛盾严重及解决对策》，《国土经济》2002 年第 7 期，第 35 页。

④ 欧阳婷萍：《城市化——解决人地矛盾的重要途径》，《城市问题》2003 年第 5 期，第 10 页。

国家政策控制较严。第二种操作起来更加便利,因为国家鼓励危房改造和城中村、棚户区改造。所以解决城市"人地矛盾"问题的途径往往首选第二种方式,这也正是我国许多城市在几年时间就能焕然一新的原因。第二种方式表面上看没有造成什么破坏,把旧破烂、脏乱差的建筑改造成了新齐亮、高富美的建筑,许多市民都鼓掌欢呼,这样做似乎顺应了部分民意甚至大部分民意。对于住在狭小、破旧建筑中的原住民来说,如果可以获得一套更大更新的房子甚至外加一笔不菲的补偿款,他们通常会毫不犹豫地支持拆旧建新,根本不会考虑城市文化特色景观的保护问题。于是,在大量受到市民欢迎的拆旧建新工程中,旧楼倒下,新楼崛起,城市文化特色景观也就越来越少。

美国人本主义心理学家马斯洛(A. H. Maslow)的需要层次理论认为,人的需要有五个层级,分别是生理需要(维持生存所需的衣食住行等)、安全需要(工作、医疗、福利等)、归属和爱的需要、尊重的需要、自我实现的需要。这五个层级的需要是逐层递增和满足的,当较低层次的生理、安全需要没有得到较好满足时,较高层次的需要一般不会激发出来。虽然马斯洛没有专门提及人的精神文化需要,比如对历史传统、文化特色的传承需要,但我们可以顺其理路推断,对历史传统、文化特色的传承需要显然属于较高层次的精神需要,这样一种需要的充分激发建基于较低层次需要的满足。由此,在我国快速城镇化的进程中,大量农民进城,由于首先需要在激烈的人地矛盾中寻求基本生存和生活,其较高层次的精神文化需要被抑制。在此背景下,新市民的基本心态呈现出求生存、求实用和求实惠的特点,他们对于城市历史文化缺乏起码认知,不仅表现出漠不关心,甚至完全无视。当城市历史文化物质载体与他们求生存实惠的目的发生冲突时,他们甚至会毫不犹豫地选择破坏城市历史文化物质载体。这实际上是一种由于较低需要没有得到充分满足时而产生的一种"厌文化"或者"文化无用论"心态,许多市民的这一心态其实正是政府拆旧建新造成文化破坏的帮凶。

快速城镇化进程中,大量涌入城市的人口属于新市民,也是外来的陌生人,由于没有文化根脉认同,他们对于所在城市的旧传统缺乏认知兴趣更缺乏保护意识。快速城镇化意味着外来人口的大量增加,其绝对数量甚至超过了该城市世居市民。这些大量涌入的新市民、外来客虽然为城市带来了移民文化,但他们毕竟还不是原住民,他们并不把所在城市在历史积淀中形成的文化传统和特色当作努力保护的对象。由此,城市里经常发生的历史文化古迹被破坏的现象要么因新市民的参与而变得更多，要么因为缺乏新市民的监督而变得更严重。

（二）城市民主治理的缺失

城市是市民的城市，是大家的城市，涉及城市建设和发展的重要决策一定要反映广大市民的共性需要和关切，一定要让老百姓能够民主参与城市管理和决策。正像标语"人民城市人民建，建好城市为人民"所宣传的，"城市民主治理"应该是城市建设和发展的一条基本准则。"城市民主治理"的重要意义在于，它能够汇聚集体智慧，回应大家关切，充分发挥市民的建设主体性，让城市决策充分代表大多数人的利益和诉求。20世纪90年代以来，学界政界兴起使用"治理"一词，"全球治理""国家治理""政府治理""城市治理""乡村治理"等短语都成为热词。由"管理"到"治理"，一字之别，境界却完全不同。汉字"治"语义内涵丰富，文化渊源绵长。"治"既是动词，又是形容词。作为动词，它包含了统治、管理、治疗、整顿、经营、惩治等丰富意涵，作为形容词，它是"安定太平"之意，如"禹以治，桀以乱，治乱非天也（《荀子·天论》）"，"君子安而不忘危，……，治而不忘乱（《周易·系辞下》）"，这里的"治"都是形容词，意为"安定太平"。《礼记·大学》中提出了"修身、齐家、治国、平天下"之君子"内圣外王"之道，其中"治国"之"治"就有"积极入世参与""使邦国安定太平"之意。通过语义和文化渊源我们就可以分析出，"治"意味着对公共事务的民主管理，意味着对问题的治疗和整治，意味着"奖励"与"惩治"的正反模式。"治"既是手段，又是目的；"治"的目的就是安定太平之"治"；"治"就是"政治"一词的核心语义，是政府的核心职能。"城市民主治理"就是有广泛公众参与的治理，是追求城市安定太平、美好和谐的治理。"城市民主治理"是城市建设和发展应该贯彻的基本原则，在我国许多城市，这条原则并没有得到很好贯彻。"城市民主治理"既有"缺"，也有"失"。缺乏透明度，缺乏科学性，失之于简单化、粗暴化和形式主义。由于城市民主治理的缺失，城市文化特色往往因为不科学的城市决策和建设行动而遭受毁灭或损害。

有的城市，民主治理完全流于形式主义，一些重要决策虽然也征集市民意见，甚至还召开多方参与的听证会，但这些往往是走过场、做样子，最后决策反映的依然是官僚意志或商人意图。如此"城市民主治理"实际上是官僚治理和房产商治理的混合形态，它已经走向民主治理的反面。这一官商结合的城市治理形态，极容易让城市受制于官员个人化的政绩观和房产商唯利是图的本性,将城市治理成"拆逻辑"下的"野蛮城市"和空洞的"摩天城市"。

　　在中国城市老旧建筑或街区经常可见的"拆"字,其实就是不良城市治理形态之重要表征。除掉那些真正让大多数市民和各方人士赞同的部分,"拆"字经常成为刺眼的风景,成为中国城市的另类特色。"拆"是写在墙上的命令,是老旧建筑和街区的生命倒计时牌。因为墙上的"拆"字太常见,拆旧建新的城市行为太寻常,有人戏称"CHINA"为"拆那""拆啦",这无疑就是关于"拆逻辑"的黑色幽默。为什么要"拆"? 因为官员要政绩,商人要利润。但是"拆逻辑"不这样宣传,城管和特警威严开道、推土机轰鸣前进的野蛮拆迁通常是打着美化城市、改善人居环境的幌子。官员要政绩,正如著名城市社会学者大卫·哈维(David Harvey)在南京大学兼职任教期间所观察到的,"在市长的三到四年任期内,每个人面前都有一张'考绩表',上面罗列了很多关键业绩指标。首先是你将当地的 GDP 提升了多少,然后是在任期内间完成了哪些项目……,表的末尾是你是否成功维持了当地社会稳定……。所以每一任市长上任都会苦苦思考:我有雄心壮志,我想大展宏图,那我作为市长到底应该做点什么? 答案是:疯狂建设!"[①]官员为了政绩,不得不走向大卫·哈维所说的"疯狂建设",因为只有如此,才能拉动 GDP 增长,才能有"形象工程"作为政绩的有力证明。商人要利润,商人尤其是房地产商对利润的追逐让他们将文化传承和社会担当放在非常次要的位置,他们最看重的是怎么在有限的土地上寻找到最高的利润。于是,官商结合的不良城市治理形态滋生出"基建狂魔"。拆旧建新,拆小建大,拆矮建高,最终崛起的建筑真的越来越新,越来越大,越来越高。城市由此呈现出千城一面的现代化"摩天城市"样貌,但已经丢失了文化特色和历史传统。城市变成钢筋水泥的丛林,也同时成为文化的"沙漠"。

　　有的城市,民主治理也有体现,但缺乏"关键公众"的参与。"关键公众"一是具有文史哲素养的城市规划师,二是专门研究所在城市历史文化的学者,三是所在城市的世居长者。这三种"关键公众"对于城市文化特色的传承与弘扬至关重要,但偏偏在一些城市的所谓民主治理中缺乏这三类公众的有效参与。之所以强调"具有文史哲素养的城市规划师",是因为"城市规划与建造的智力核心——城市规划师大多是理科出身,社会学、人类学、美学、历史学、文化学

---

① 大卫·哈维:《中国拯救了资本主义世界》,http://www.wyzxwk.com/Article/guoji/2019/07/405457.html,2020 年 3 月 20 日查询。

等人文学科知识的匮乏使他们在城市规划过程中,往往忽视甚至无视人文因素和人性目的。他们规划设计时注重的是面积、造价、结构、材料等冷冰冰的物的因素,暖融融的人性的因素往往无力顾及"。①文理兼通尤其是深谙地域历史文化的城市规划师尤其需要,但在现实中往往稀缺。只是擅长建筑设计和土木工程等技术层面素质的城市规划师,极容易犯短视错误,只顾眼前,不管过去和将来;只注重实用和便利,不管审美和特色;只体现规划师自己的个性,把城市的个性抛在脑后。"专门研究所在城市历史文化的学者"最了解和熟悉该城市的文化特色和传统,最能够站在专业角度深刻阐释该城市的文化特色内涵,由此最需要这类专家重点参与,让他们的权威意见得到充分尊重并反映在城市规划和设计之中。天津市正是非常重视冯骥才这样深谙天津历史文化的权威专家意见,才让更多的历史文化老建筑和街区得以传承和保存。"所在城市的世居长者"是该城市近百年发展的亲历者,他具备有关该城市的丰富生活体验和历史知识,包括他自己亲身获取的知识以及他从祖辈那里获取和传承的关于该城市的历史文化知识。可以说这类世居长者就是所在城市历史文化的"活化石",应该让他们参与到城市规划和建设中,让他们的丰富知识和深刻体验能够转化为城市建设的实践智慧。如果在城市民主治理过程中,只是抽样邀请一般市民来参与其中,"关键公众"处于缺席状态,那么这样的城市民主治理注定是低效甚至有偏差的。"关键公众"其实就是最具备相关知识和智慧的高能公众,是最有发言权的权威公众,是最能够代表所在城市来决断的精英公众。对于涉及城市历史文化的相关决策,四处流动追求政绩的官员没有发言权,唯利是图的商人没有发言权,最有发言权的就是"关键公众"。

城市民主治理不能缺失"问责机制",不能没有"惩治"维度的治理。对于那些不邀请"关键公众"参与决策的政府官员,对于那些只搞形象工程的政府官员,对于那些强拆历史建筑、毁坏城市文化传统的房产商,对于那些贪污腐败、狼狈为奸的利益团体,对于那些故意破坏城市历史文化的行为,应该有法治层面的"问责机制"和"惩罚机制"。在我国城镇化的进程中,不少破坏城市历史文化的个案和行为并没有真正做到法治层面的问责和惩罚,甚至连行政层面的问责都没有。这也正是相关城市文化历史破坏现象一直持续甚至越来越严重的重要原因,也正是城市文化特色危机的一大诱因。

---

① 张经武:《城市异化与城市美的思索》,《现代城市研究》2004 年第 10 期,第 18 页。

(三) 城市传播的低效

"城市传播"是城市经营管理者和市民必然关注的话题,因为它涉及城市形象和竞争力等问题。虽然"城市传播"不能等同于"传播城市",但"传播城市"正是"城市传播"的核心任务。"城市传播"也是近年来社会科学"空间转向(Spatial Turn)"研究热潮兴起后的传播学研究新方向,它"聚合纷繁复杂的城市研究中各个面向的'传播'议题,在城市与社区、乡村、国家、世界的互动关系中,建构以'传播'为核心视角的城市研究范式,以回应当下风起云涌的传播革命与城市发展现实"。①传播学角度的"城市文化特色危机"研究属于"城市文化传播"议题,它在实践操作层面可视作一种"城市文化品牌传播"研究。"城市文化特色"就是历史形成的"城市文化品牌",是"老字号",既需要保护传承,又需要创新发展,也需要彰显和传播。积极有效的彰显和传播是城市文化特色传承发展的基本手段。大量城市特色文化景观的湮没无闻,正是由缺乏有效彰显和传播造成的。

对"城市文化特色"的渊源和历史缺乏研究与归纳,是低效城市传播的首要体现。"城市文化特色"不是领导和专家杜撰出来的,是历史积淀而成的。"城市文化特色"在历史的积淀中早已形成,但在公众的视野中可能仍处于未被充分认知的"未明"状态,所以需要通过研究让"未明"变"已明"。专家对城市历史文化的充分研究,就是城市传播的一大前提,也可视作城市传播的首要任务。通过系统、深入、充分的城市历史文化研究,一座城市的文化特色会呈现出清晰的线索、脉络或节点。其中较为厚重、独特、显著或知名的部分都可以被定位和命名为某种城市文化特色。只有通过扎实的研究,才能将一座城市的文化特色从历史的碎片和尘埃中挖掘出来,然后赋予其客观性和概括性的命名与定位。只有完成了此项工作,"城市文化传播"才知道要传播什么,维护"城市文化品牌"才有了对象和内容。现实情况是,一些中国城市的特色定位并没有建基于充分的研究和论证之上,是随意性的领导意志或铜臭味的商人意图,有时还仅仅是广告设计者个人化的心血来潮,既不严谨又不客观,虚伪功利甚至荒诞可笑。像"连云港,孙悟空的老家""宜春,一座叫春的城市""洛阳,诗与远方的地方""成都,都成""浪漫之都,时尚大连"等大量耳熟能详的城市特色定位广告语都不是来自严谨充分的城市历史文化研究和论证,而

---

① 孙玮:《城市传播:重建传播与人的关系》,《新闻与传播研究》2015年第7期,第5页。

是随意化的概括。看似构思巧妙而且还朗朗上口,实际上和所在城市的历史积淀完全不符。有的广告语不仅没有彰显真正的城市特色,反而弄巧成拙,让城市形象受损。

在现代城市建筑中,没有积极运用城市文化特色符号进行设计和建造,这是低效城市传播的又一体现。建筑是城市的脸面,城市文化特色的直观感受、第一印象均来自城市建筑所形成的城市整体面貌。建筑不仅是城市物质空间的基本单位,它还是城市传播的媒介,是传播城市文化特色的载体。让建筑适度体现城市文化特色,积极运用城市文化特色符号进行设计和建造,这应该是城市规划和建设的一大原则。唯有如此,才能在建筑层面就形成地域文化特色,让城市的脸面就是个性化的生动面孔,而不是复制主义的千城一面。现实情况是,在中国绝大多数城市并没有贯彻这样的原则,也没有积极利用建筑和街区去传播城市文化特色符号。更多的建筑仍然是延续多年的工业复制主义传统,直接在全世界范围复制类似设计。这些建筑是无历史、无地域、无特色的"三无建筑",是放在世界上任何一个城市都可以的广普建筑,它们直接导致城市面貌雷同化的恶果。

无形的文化资源没能积极转化为有形的城市文化景观,这也是低效城市传播的体现。通过研究和梳理,我们会发现许多城市历史文化资源其实相当丰富,之所以该城市让人感觉缺乏文化特色,说到底就是那些无形的历史文化资源没有转化为有形的城市文化景观,让市民和游客充分认知和体悟。"城市文化是由一连串象征性符号组成的表意系统,需要通过体现城市文化特征的景观、建筑、雕塑、展览、美食、方言、曲艺、演出、吉祥物、宣传片、图片、文字作品等进行表达和展示。"①无形资源变为有形景观,方法和手段有千万种,这些方法和手段应该贯彻的基本传播原则是可视化和"可意象性"。可视化尤其强调为无形文化资源修建纪念设施,让纪念性的建筑设施这一可视化的物质空间成为传播该无形文化资源的有形媒介。比如城市历史名人的雕塑、城市相关古诗文的碑亭、城市历史大事发生地的提示牌等纪念设施都可以充当无声的传播者,致力传播该城市的文化特色和传统。"可意象性"即是强调方便进入和记住,让其能够成为显著的城市意象。为了做到"可意象性",文化纪念设施不应该淹没在钢筋水泥的森林中,也不应该躲在某个偏僻的角落,更不应该

---

① 吴惠凡:《表意与叙事:城市文化传播的符号学解读》,《当代传播》2018 年第 3 期,第 31 页。

被荒芜的杂草所覆盖。应该将其建筑于城市街区或风景区的显赫位置和易见位置,其体量和规模不宜过小,应以能马上看见为原则,应以能形成难以忘记的鲜明印象为目标。尤其要注重在一座城市最重要的公共空间如车站、机场、港口、广场、步行街等地方通过纪念设施去传播这座城市的历史文化特色。现实情况是,我国许多城市这方面的工作严重不足,更多城市都只让丰富的历史文化资源停留于书籍文献记载中。在我国民族地区中心城市,这种低效的城市传播也屡见不鲜。比如在南宁,古代南宁人都知道去建三公祠、四公祠、五公祠、六公祠这样的纪念设施去纪念先贤,现代南宁人却不知道。再比如在银川,那么多的古代边塞诗找不到任何纪念设施。再比如呼和浩特,就是在昭君墓景区,许多吟诵和评论昭君出塞的著名诗文也缺乏纪念设施的彰显,只能看到有限的几首刻在石碑上。在昭君墓青冢的顶端,对于昭君历史事迹的介绍设施虽然有,但简陋至极,难以达到"可意象性"的要求。

被湮没、遮蔽或毁坏的城市文化特色景观,没能通过积极传播让其留存于人们的记忆中,这也是低效城市传播的体现。在城市历史上存续很长的著名城市文化特色景观,它们其实就代表该座城市的文化传统。因为战乱、地震、洪水、盗掘、"文革"等原因,它们遭到了毁灭性破坏或者集体性遗忘。虽然从理论上讲不可能恢复如初,但我们不应该任其湮灭,应该通过重建或者修建纪念性设施予以纪念,让文化传统景观得以继续传承。虽然这是打了折扣的传承,但它要比无所作为的"不传承"好得多。比如记载于南宁历史的六公祠、崇善寺、乌龙院、弘仁寺、马退山茅亭、最高台等著名建筑都遭遇毁灭性破坏,其实可以考虑适度重建以延续文脉。再比如呼和浩特市北郊的赵北长城,因为年代久远和人为破坏,只剩下一些遗迹,今人难以产生印象。可以考虑在不破坏原有遗迹的前提下重建一小段,恢复当时规模和形制,让后人在古今对比中以更加深刻的方式传承长城文化。现实情况是,因为做这些工作似乎看不到立竿见影的商业效益,政府和商人做这些事情的动力明显不足。只有一些民间组织、团体和个人在奔走呼吁,但由于缺乏资金和管理权限,相关好事一般也做不成。于是被湮没、遮蔽或毁坏的城市历史文化景观继续默默无闻,不为人知。

城市传播"过度博物馆化"也是低效城市传播的体现。"人类对一些物品产生特殊情感,源于在其中发现了价值与意义,即'博物馆性'。确定了博物馆性,通过博物馆化的行为将其与现实时空分离,'物'转化为'博物馆物',这就是人类的收藏。"①对文物和文化遗产实行博物馆化保护,在有效保护的前提下传承文化,这本来就是国际通行的做法,事实证明这也是极有成效的做法,本无可厚非。但我们应该警惕的是一种城市文化遗产"过度博物馆化"的倾向。它表现在,首先,在形式上过度集中,即将城市里的一切有传承价值的历史物件、非遗项目全部集中于一座大的博物馆进行集体保护。其次,在行为上过于保守,即将放在博物馆里的重要文物或项目设置种种围墙、玻璃隔柜,有意拉开藏品与观众的距离。甚至还设置种种限制条件才能让观众能观看到该文物,比如高昂的票价、极为有限的参观时间等。再次,在展示方式上过于单调,即千篇一律地将藏品置于透明玻璃柜中进行标本式展示。城市传播的"过度博物馆化",实际上导致城市文化特色被封闭于博物馆的固定地理位置和室内空间,市民和游客如果不去博物馆,根本就体会不到这座城市的历史文化传统。即使去了博物馆,人们看到的又是城市历史文物和非遗项目死寂的面孔和碎片化的陈列,感受到的不是鲜活的城市文化传统,反而是遥远的距离,还有祭奠与朝圣般的感觉。

(四) 城市民族文化工作的滞后

随着我国城镇化的快速推进,大量少数民族群众从乡村来到城市定居,从农民变成新市民。新市民在新的城市环境中,需要逐渐完成"文化适应",以更和谐的姿态融入到民族团结的大环境中。在此背景下,我国城市的民族工作越来越重要,民族文化工作尤其重要。国务院于 1993 年 9 月 15 日颁布实施的《城市民族工作条例》是我国城市民族工作的基本遵循,在该条例 30 项条款中,与城市民族文化有关的条款多达 11 条。显然,做好城市民族文化工作,关系到城市民族工作的大局,关系到城市的长远发展。对于我国城市的文化特色传承,民族文化工作是关键一环。城市民族文化特色的传承与弘扬依赖于城市民族文化工作的有效开展和创新开拓。城市是多民族文化的大熔炉,民族自然同化和融合是"不可避免"②的趋势。一旦城市民族文化工作滞后,城市民族文化特色就有可能陷入同质化的危机之中。

城市民族文化工作不是要扼制民族同化和融合的大趋势,而是要在这样一种大趋势中,尽量去保护、传承和弘扬各民族的特色文化。让这些民族特色

---

① 严建强、毛若寒:《博物馆化的拓展:原因、进程与后果》,《东南文化》2020 年第 2 期,第 135 页。

② 黄兆群:《熔炉理论与美国的民族同化》,《山东师大学报(社会科学版)》1990 年第 2 期,第 28 页。

文化,成为所在城市特色文化的突出亮点、资源和财富,造福于城市发展。正如学者张鸿雁所言,"对于少数民族地区的经济发展来说,特色文化城市建设恰恰可以作为城市可持续发展的主要动力"。①春风风人,夏雨雨人,文化具有润物无声的力量。从城市民族文化工作入手做好整个城市民族工作,应该成为一种工作原则。这既有利于传承民族文化,又有利于民族团结。

总的来说,新中国成立以来,我国城市民族工作虽然做出了许多惊人的成就,取得了可喜的成绩,但是对城市民族文化工作还是重视不够,这主要受两种思想观念影响。第一是"经济至上"思想。由于我国人口多,底子薄,急需经济发展的现实成就,也急需通过经济发展带动就业和民生改善。长期以来,为了城市 GDP 的增长,为了城市经济发展,"民族文化"这种不能马上看见经济效益的东西往往靠边站,被忽视甚至无视。第二是有些城市主要管理者思想上片面理解"民族团结"。以为为了"民族团结"大局,民族文化越趋同越好。第一种思想观念没能看到文化和经济之间的互动性,不能看到经济发展到一定程度要靠文化来带动,显然是一种短视观念。第二种思想观念是一种偏视观念,将"民族团结"等同于"民族文化趋同"。其实真正的"民族团结"应该是在铸牢中华民族共同体意识的前提下,各民族文化求同存异、美美与共、和谐互鉴,各民族平等,共同走向发展繁荣。一旦民族文化趋同,那不是象征着"民族团结",而是象征着"城市文化特色危机"。

城市民族文化工作认识上的滞后,除了"不重视",还表现为不清楚城市民族文化工作的内容。《城市民族工作条例》中的"文化 11 条"其实已经清晰地呈现了城市民族文化工作的具体内容,涉及少数民族饮食文化、丧葬文化、节日文化、医药文化、民俗文化、艺术文化、语言文化等各种文化类型,也涉及文化事业、文化设施、文化机构等多层级工作维度。城市民族文化工作的核心内容其实就是在城市里传承优秀民族文化,让多样化的民族文化与中华民族共同体文化同时共存,交相辉映。既以文化凝聚民族促进民族团结,又以特色扮靓城市促进城市发展。

城市民族文化工作滞后不仅体现为认识上的滞后,还体现为工作方式上的滞后。首先是工作主体不明,其次是工作方式简单粗暴。《城市民族工作条

---

① 张鸿雁、房冠辛:《新型城镇化视野下的少数民族特色文化城市建设》,《民族研究》2014 年第 1 期,第 27 页。

例》其实已经明确提到"城市人民政府"就是城市民族工作的主体,明确强调"尊重"就是城市民族文化工作的关键方针。"民族文化工作涉及文学、艺术、新闻出版、广播影视、卫生、体育、科技、教育、风俗习惯和宗教等,仅靠民委一个部门,很难做好杂散居民族文化工作。各相关部门必须加强协调,形成合力,共同推进民族文化发展。"①城市民族文化工作是整个城市政府所有部门都应该着手去做的工作,应该在民委牵头下各政府部门协调合作,合力推进。现实情况是,不少城市将民族文化工作狭隘化,以为民委才是唯一的管理主体。工作方式简单粗暴主要表现为形式主义、一刀切、缺乏创新等方面。"形式主义"就是将城市民族文化工作简单等同于定期举行民族文艺汇演、召开民族体育运动会,而且有限的定期活动往往为举办而举办,至于这些活动到底产生了什么影响,达到了什么效果,没有多少人关心。"一刀切"就是以强制行政命令推行民族群众并不欢迎的某些做法,违背了"尊重"的基本原则。这些一刀切的行为都没有做到尊重有益于城市发展的民族文化特色,最终伤害了民族感情,破坏了民族团结。"缺乏创新"表现为城市民族文化工作没能紧密结合各民族群众心理关切和时代脉搏,没有注意积极运用先进科学技术和新媒体促进民族文化传播,没能策划出充满独特创意的活动载体,没有真正将城市民族文化工作放在城市和民族互动双赢发展的大视野中去实施。

受制于城市民族文化工作滞后的不利影响,城市民族文化特色的传承就会出现一系列问题。不客观甚至狭隘的滞后认识会导致民族文化传承缺乏精神动力和实质效果,传承不能做到深入细致和全面周到。简单粗暴的滞后工作方式会导致城市民族文化资源的直接破坏。

结　语

"城市文化特色"不是在较短时间内能打造出来的,它是历史形成的。它有清晰的"文脉",反映了城市文化的纵向深度和时间广度,是城市文化过去和当下的融合,也是照耀城市未来的灯塔。它是城市形象定位的核心依据,是城市"可感性""可意象性""可读性""可徜徉性"的基本依凭,是城市历史长河中淘出的文化黄金,是城市特色风貌的根与魂。它形塑城市的个性和脸面,是吸

---

① 张勇、孙启:《认清情况,高度重视,措施得力切实做好杂散居地区民族文化工作》,载金星华主编:《民族文化理论与实践:首届中国民族文化论坛文集(上)》,民族出版社 2005 年版,第 506 页。

引市民和游客留驻的核心理由。

"城市文化特色危机"却是在较短时间可以从无到有、从轻到重的。全球化文化趋同、现代风险社会、工业复制主义等世界性原因往往和快速城镇化进程中的文化破坏、城市民主治理的缺失、城市传播的低效、城市民族文化工作滞后等本土化原因互相作用,加剧"城市文化特色危机"的演进速度和发展强度。而且,内因会助力和强化外因的影响,外因和内因的相加会形成化学效应。只有从可以进行有效治理的内因上入手去寻求"城市文化特色危机"的解决之道,才会将外因的不利影响降至最低。

《中共中央关于制定国民经济和社会发展第十四个五年规划和二○三五年远景目标的建议》明确强调,要推进以人为核心的新型城镇化,要强化历史文化保护,塑造城市特色风貌。这是非常有现实针对性的重要建议,它针对的现实问题就涉及"城市文化特色危机"。毫无疑问,我们应实事求是,正视问题,积极作为,大力强化城市文化特色保护和弘扬工作。当务之急是,我们应该彻底改变我国城镇化过程中那些"以物为本""以政绩为本""以 GDP 为本"的错误倾向,改变大拆大建的不理性现象,改变喜新厌旧的建设恶习,改变某些政府官员独断专行的官僚主义习气,杜绝文化破坏,加强城市民主治理,提升城市传播的效率,促进城市民族文化工作的科学积极实施。唯有如此,我们才能努力克服"千城一面"的"城市文化特色危机"问题,向着"美丽中国""文化强国"的远景目标踏实前进。

The Multiple Causes of the "Crisis of Cultural Characteristics" of Chinese Cities

Abstract: "Crisis of cultural characteristics" is the crisis of weakening and even disappearing of cultural distinctive characteristics. It is a serious unavoidable problem of many cities in the process of rapid urbanization in China. To solve this problem, we must explore the multiple causes of the crisis from the world to China. Through in-depth study, we find that three reasons, namely, global cultural convergence, modern risk society and industrial duplicationism, are the external causes of the "cultural characteristics crisis" of Chinese cities. In the process of rapid urbanization, the cultural destruction, the lack of urban democratic governance, the low efficiency of urban communication, and the lag of urban ethnic cultural work are the internal reasons of Chinese style.

Key words：urban governance；crisis of cultural characteristics；globalization；rapid urbanization；urban problem

作者简介：张经武，福建省"闽江学者"奖励计划特聘教授，福建师范大学传播学院教授、博士生导师。

李白《春夜宴从弟桃花园序》
在明代书画中的演绎与传播

续　鹏

摘　要:《春夜宴桃李园图》是画家根据李白的《春夜宴从弟桃花园序》,以想象的形式来重现李白当时宴饮的情况。通过对明人绘事文献的考察发现,《春夜宴桃李园图》在明代盛行,不仅和绘画风格、艺术形式的演进有关,同时与明代崇唐的复古文学思潮、社会世俗的审美形态等诸多因素也密切相关。明画家在创作过程中,有选择性地借鉴和挪移了宋人李公麟《西园雅集图》中的元素,结合时代风尚,融入日常生活情景,以"雅集"来替代李白原作中的"夜宴"场景。画作的主题从传统的文人雅集向富有情节和趣味的日常生活情景衍化,这样的创作有助于迎合当时大众世俗审美的标准,扩大并提升作品的受众和传播力度。与此同时,人们对李白及其作品的接受和解读形式也变得更加丰富多元。

关键词:文图重构　书画艺术　李白接受史

李白的《春夜宴从弟桃花园序》①描述的是他和从弟在春意盎然的园内秉烛宴饮,共叙天伦之事。文章言辞简短,主题欢快明朗,句式骈散相间,读之朗

---

① 该序文的标题在《文苑英华》《唐文粹》中均作《春夜宴诸从弟桃园序》,但在明代《重校正唐文粹》的目录及子目录中又作《春日宴诸从弟桃花园序》;《全唐文》及今人整理本均作《春夜宴从弟桃花园序》;唯《古文观止》作《春夜宴桃李园序》。本文所引《春夜宴桃李园图》中,仇英(台北故宫博物院藏品)和尤求(台北帝图艺术、上海鸿海商品拍卖有限公司拍卖品),这3幅作品的画面上分别有明人陆师道、许初、文元善抄录的序文,其标题均写作《春夜宴桃李园序》。

朗上口。这篇序文在宋代即已被选入《文苑英华》《唐文粹》等总集当中。随着总集的流传影响逐渐扩大,以至画家们将其演绎成图画,以想象的形式来重构李白当时宴饮的情况。文章通过图像的形式,在社会上进一步传播,其中以明代尤为突出。从画面中可以发现,画家在对作品主题的构建、画面场景的设置、人物形象的塑造与当时文学思潮、社会发展和时代的审美旨趣极为密切。

一、从《春夜宴从弟桃花园序》到《春夜宴桃李园图》的转换

画家从读李白的《春夜宴从弟桃花园序》,到根据文意进行创作,就现存资料来看,可以确定至少在宋代就已经开始,如战德淳[①]和刘松年[②]曾经都画过这一主题,可惜这些作品均未传世。尽管目前他二人所作的《春夜宴桃李园图》已不再传,但是从画史对他二人绘画风格的记载,结合他们现存的其他作品,以及明代画家仇英对刘松年《春夜宴桃李园图》的摹本来看,他二人笔下的《春夜宴桃李园图》应该是融合了山水、楼台、人物等诸多意境,并且画作的形式也从花鸟小品一类的院体画向山水自然巨幅作品过渡。他们为后世画家创作《春夜宴桃李园图》提供了范本,如仇英仿刘松年的摹本便是在他们作品的基础上进行临摹和二度创作。

现存关于元人绘制《春夜宴桃李园图》的信息相对少见。据梁章钜所述,他藏有赵孟頫"一幅至大戊申(1308)三月所作春夜宴桃李园图,幅下左角有宋荦鉴定印。……皆真迹皆绢本"。[③]此图未见流传,目前不知所踪。刘九庵《宋元明清书画家传世作品年表》有记,清代顾见龙《仿元人作夜宴桃李园图》,[④]但年表中没有描述画面信息,目前不能判断此图具体是摹自元代何人的作品。

值得注意的是,在元代不仅有根据序文演绎的画作,同时还出现了和序文相关的书法作品。据詹景凤记载,"承旨行书春夜宴桃李园序一册,字径寸余,

---

① (清)卞永誉纂辑:《式古堂书画汇考》,载中国书画全书编纂委员会编:《中国书画全书》第六册,上海书画出版社 1992 年版,第 800 页。

② 此据北京画院藏仇英《春夜宴桃李园图》中题跋信息。

③ (清)梁章钜撰:《退庵所藏金石书画跋尾》,载中国书画全书编纂委员会编:《中国书画全书》第九册,上海书画出版社 1992 年版,第 1075 页。

④ 此据顾见龙绘《仿元人作夜宴桃李园图》,载刘九庵编著:《宋元明清书画家传世作品年表》,上海书画出版社 1997 年版,第 471 页。

笔法圆洁秀莹,盖得之逸少快雨时晴真迹帖。不知者以为法李北海,非也。于
会稽赵参军公雅斋头见"。①赵孟𫖯既有画作,又有书法作品,这一现象也说明
了文学与书画艺术在发展中相互融通,他的书画作品对后世文人画家就李白
这篇序文的艺术创作也带来了启示和思考。

从当前传世明人所作的《春夜宴桃李园图》来看,其形式多样,技法多变。
既有轴卷作品,也有供文人日常赏鉴的扇页。具体如下表所示。

现存明人传世《春夜宴桃李园图》

序号	作者	作品名称	形式	质地	墨色	创作年代	尺寸(厘米)	出　处
1	唐寅	《春夜宴桃李园图》	轴	绢	设色	癸丑(弘治六年,1493)	134.7×51.4	日本关西美术竞卖株式会社
2	仇英	《春夜宴桃李园图》	轴	绢	设色	不详	202×99	北京画院
3	仇英	《桃李园图》	轴	绢	设色	不详	206.4×120.1	日本知恩院
4	仇英	《春宴桃李园图》	轴	绢	设色	不详	309×100	中国嘉德国际拍卖有限公司
5	仇英	《春夜宴桃李园图》	轴	绢	设色	不详	156×79	中国嘉德国际拍卖有限公司
6	仇英	《春夜宴桃李园图》	轴	纸	设色	不详	97×42	重庆华夏文物拍卖有限公司
7	仇英	《仇十洲春夜宴桃李园图》	轴	纸	设色	不详	114×69	浙江六通拍卖有限公司
8	仇英	《春夜宴桃李园图》	卷	绢	设色	不详	29.8×124	台北故宫博物院
9	仇英	《春夜宴桃李园图》	卷	绢	设色	不详	29.5×92.5	北京泰和嘉成拍卖有限公司
10	尤求	《春夜宴桃李园图》	轴	纸	设色	不详	128×60	上海鸿海商品拍卖有限公司
11	尤求	《宴桃李园图》	轴	绢	设色	不详	127×47	上海鸿海商品拍卖有限公司
12	姚允在	《春夜宴桃李园图》	卷	绢	墨笔	壬午(万历十年,1582)	31.5×257	天津文苑艺术品拍卖有限公司
13	崔子忠	《春夜宴桃李园图》	轴	绢	设色	不详	120×46	山东博物馆

---

① (明)詹景凤著:《詹东图玄览编》,载中国书画全书编纂委员会编:《中国书画全书》第四册,上海书
画出版社1992年版,第42页。

续　表

序号	作者	作品名称	形式	质地	墨色	创作年代	尺寸(厘米)	出　处
14	盛茂烨	《春夜宴桃李园图》	扇页	纸	设色	庚午(崇祯三年,1630)	17.5×55	日本桥本末吉私藏
15	盛茂烨	《春夜宴桃李园图》	扇页	纸	设色	不详	17.5×55	日本村上与四郎私藏
16	魏居敬	《夜宴桃李园图》	不详	绢	设色	不详	尺寸不详	北京故宫博物院

　　唐寅(1470—1524)的《春夜晏桃李园图》为立轴,绢本设色,左上方有唐寅自题的款识:"春夜晏桃李园。癸丑(1493)春三月,画于桃花庵,晋昌唐寅。"①据文献记载,他还有另一幅与此同名的作品,其形式为"手卷,着色,无题跋"。②另外,在1933年《北平故宫博物院文献馆南迁档案文物清册》中也登记了"唐寅《春夜宴桃李园图》一轴"。③虽然目前缺乏相关的实证材料,但从以上文献来看,这可能是三幅不同形式的作品。后来,在民国十四年(1925),胡应祥"仿唐子畏画法"绘《春夜宴桃李园图》,④此图和唐寅绘于"癸丑(1493)春三月"的原作,无论是在场景布局,还是画中人物的形象摹绘等方面,都有相似之处。由此推测,胡应祥有可能是以这幅作品为蓝本进行仿制的。

　　尤求,字子求,号凤丘(一作凤山),他的作品以工笔人物著称。《无声诗史》中说"吴郡自仇十洲以人物名世,而子求继之。凡画道释侍女,种种臻妙。兼长白描,乃院体之能品"。⑤目前尤求创作的《春夜宴桃李园图》共有两幅,均为立轴形式,图中分别有许初(?—1537)和文元善(1554—1589)抄录的《春夜宴从弟桃花园序》。

　　尤求的这两幅作品和仇英的《春夜宴桃李园图》(日本知恩院藏品)在画面背景和侍女姿态的描绘上有相似的地方。画史中传尤求是仇英的外甥(一说

①　(明)唐寅:《春夜宴桃李园图》,绢本设色,纵134.7厘米,宽51.4厘米,日本关西美术竞卖株式会社2017年秋季拍卖会古渡遗珠——中国古代书画(二)专场拍卖品。

②　(明)唐寅撰:《唐伯虎先生外编》卷三,载《历代画家诗文集》第七十一册,中国台湾学生书局1979年版,第257页。

③　北平故宫博物院编:《北平故宫博物院文献馆南迁档案文物清册》,北平故宫博物院1933年刊行,第157页。

④　胡应祥:《春夜宴桃李园图》,绢本设色,纵166厘米,宽84厘米,中国嘉德国际拍卖有限公司2014年嘉德四季第三十九期拍卖会——中国古代书画专场拍卖品。

⑤　(明)姜绍书:《无声诗史》,载中国书画全书编纂委员会编:《中国书画全书》第四册,上海书画出版社1992年版,第848页。

是女婿),目前没有确凿的实证,从他二人的作品来看,其画风的确很相近。尤求可能取法于仇英的作品,或者说他们在创作时互有借鉴。

姚允在的《春夜宴桃李园图》是一幅长卷式的墨笔绢画。李白神态安然祥和,手持如意、须髯垂腹。图右上方自署:"春夜宴桃李园。万历壬午(1582)仲春之月同人属绘此图,以颂芝严明经老社长周甲之寿。会稽姚简叔并记。"结合画中李白的形象和画家的题跋可知,这幅作品是特意为"芝严明经老社长"庆寿而画的。"须髯垂腹"在中国古代多是长寿或方外人士的象征,"如意"既是文人雅士赏玩的物件,也是祥瑞吉庆的标志。画家将李白塑造成仙风道骨的模样,同时又借春夜宴雅集来点明创作的主题,"以颂芝严明经老社长周甲之寿",整幅作品古趣盎然,逸气横生。杨仁恺评价此图"绢色如新,人物较逊。少见!"①

在明人传世的作品中,除了工笔画以外,还有以写意的形式来进行创作的,如崔子忠笔下的《春夜宴桃李园图》。后来清代的刘嘉颖曾临摹过这幅作品,②崔子忠的原作和刘嘉颖的摹本,现今都藏于山东博物馆。③

明末盛茂烨的《春夜宴桃李园图》是以扇页的形式来呈现,目前可见有两幅,均为纸本,设色。一幅作于崇祯庚午(1630),④画中皓月当空,繁花满枝。文士戴襆头,着团领长袍,穿乌皮六合靴;四人围桌而坐,一抚须凝望,一低头书写,两人握笔沉思,抚须凝望者为李白,后有一人缓步前行。一幅无年款,⑤画家以竞发的虬枝和耸立的巨石作为背景,文士十人聚于园内,李白举杯欲饮。其余九人,或展卷、或对语、或站立、或斜倚,形态各异,生动传神。这两幅扇页都展现了文人雅集欢娱的场面,构图布势极见精巧,树石人物安排得当。可见这样的文意画或诗意画在明人的笔下,已经到了艺术造诣及技巧登峰造极的地步,画幅也可大可小,成为文人雅士以及普通百姓都可以把玩的艺术品。同时,人们阅读李白的文章,以想象和重构的形式,将自己对文章的理

---

① 杨仁恺:《中国古代书画鉴定笔记》第四册,辽宁人民出版社 2015 年版,第 1741 页。
② 车吉心等主编:《齐鲁文化大辞典》,山东教育出版社 1989 年版,第 733 页。
③ 朱正昌主编,尚大竺、李慧芹编著:《山东文物丛书》之《书画》,山东友谊出版社 2002 年版,第138—140 页。
④ (明)盛茂烨:《春夜宴桃李园图》,扇面,纸质设色,纵 17.5 厘米,横 55 厘米,日本桥本末吉藏,载胡光华主编:《海外藏中国历代名画》第六卷,湖南美术出版社 1998 年版,第 184 页。
⑤ (明)盛茂烨:《春夜宴桃李园图》,扇面,纸质设色,尺寸不详,日本村上与四郎藏,载胡光华主编《海外藏中国历代名画》第六卷,湖南美术出版社 1998 年版,第 185 页。

解，通过绘画艺术把李白和从弟宴饮的场景转换成图像，同时又以不同风格的字体来抒发心中的情感，融诗书画于一体，完美地体现了中国传统诗画一律、书画同源的艺术思想。这些图像除了展现画家自我的情感意识外，也为后人梳理和研究《春夜宴从弟桃花园序》与图像之间的内在联系提供佐证和依据。

二、仇英对《春夜宴桃李园图》的演绎及创新

从宋、元、明三个不同时期的文献记载来看，《春夜宴桃李园图》的创作以明代中后期居多，由此可以说明，与宋、元两个时期相比，李白这篇序文的主题深受明人的喜爱。通过对现存明人传世的《春夜宴桃李园图》梳理来看，在流传的 16 幅作品当中，以吴门地区，尤其是"吴门画派"中的仇英为主，单是他名下的作品就有 8 幅之多，也足见其用功之勤。

(一) 仇英对《春夜宴桃李园图》的演绎

仇英，字实父，号十洲，"初为漆工，兼为人彩绘栋宇，后徙而业画"，[①]"于唐宋名人画无所不摹写，皆有稿本，其临笔能夺真"。[②]北京画院的这幅藏品其形式为立轴，绢本设色。右上方有明人芋田朴于"万历冬岁乙卯(1615)"为"送鲜辩弟北上公车"的题诗。图下方有于非闇题写的跋文：

> 宋刘松年《春夜宴桃李园图》，曾见于沪上，比见此帧与前图吻合，是仇实父临古有得之作。惟装背命纸全被烂去，亟为重装。惜无名手全补，致人物呆滞失神。图上有万历时人题句，芋田朴及鲜辩均不知为何许人，论书法的系隆万间风格。按实父署款有二例：全出临橅者书某某制临，橅而兼创意者书某某画。此帧署款在右下方，"画"字尚隐约可见。盖刘本系高头卷，此则拓为立轴也。一九五四年春节，将此帧赠北京中国画研究会存之。非闇并记。[③]

从于非闇的跋文可知，仇英的这幅《春夜宴桃李园图》是在刘松年作品的基础上进行再创作的，而且刘本原为手卷，仇英将其改易成立轴式样。有学者

① (清)张潮辑，王根林校点：《虞初新志》卷八，上海古籍出版社 2012 年版，第 101 页。
② (明)茅一相编：《绘妙》，中华书局 1985 年版，第 60—61 页。
③ 引自北京画院藏仇英《春夜宴桃李园图》题跋。

认为，"（此图）款后加，万历时的题款系真，风格学仇英"。①对于这幅作品的真伪，目前还没有明确的定论。于非闇说，刘松年的原作是横卷。在现存仇英的作品中也有一幅横卷，见于北京泰和嘉成拍卖会。画中未见款识，这两幅作品中人物的形象和姿态相似，不知此作是否为于非闇当时所见刘松年原作的摹本，姑存疑以待考。

日本知恩院收藏的《桃李园图》其形式为立轴，绢本设色，画面精美秀丽。据著录者称，画中"款'仇英实父制'。钤'十洲''仇英之印'。鉴藏印二方"。②但是，徐邦达在著录这幅作品时，指称"春夜宴桃李园图，一幅，日本知恩院藏。……本图。大设色画：花树湖石间，四人冠服饮宴，女侍童仆趋走后立。无款印"。③因未见实物，对于图中是否有款识印鉴这个问题，还有待进一步的确认。今四川江油李白纪念馆藏赵蕴玉的《春夜宴桃李园图》摹本，从画面来看，应该就是根据日本知恩院的这幅藏本来进行临摹的。

另外，像中国嘉德国际拍卖会和重庆华夏文物拍卖会所见的这 3 幅作品，其画面和北京画院、日本知恩院的藏品以及北京泰和嘉成拍卖会上的作品也都非常相似，均以李白和从弟这四人为主体，而且各幅作品中人物的姿态也大多相同，只是在侍女或童仆的数量上有所增减。据此推测，这 6 幅作品有可能是源自同一蓝本，只是画家创作时在细节上（如画面背景，侍女或童仆的数量等方面）略有变化。因此，本文将这 6 幅作品视为同一类型的图式来进行考察。

在仇英立轴类的作品中，还有一幅见于拍卖行。该图为纸本设色，左下方钤有一印，漶漫不可辨识。据拍卖方介绍，图中款"实父仇英制"，钤"十洲"朱文方印。另，签条上书："仇十洲春夜宴桃李园图，蜕庵珍藏。"④将此图与仇英的其他作品对比来看，其人物造型和绘画风格多有不同，但目前还没有足够的材料佐证此图的来源和流传过程。

台北故宫博物院馆藏仇英的《春夜宴桃李园图》，⑤其形式为长卷式构图，绢本设色。图右下方楷书自署："仇英实父制"，后钤"十洲""实甫图书"二枚朱

① 劳继雄：《中国古代书画鉴定实录》第一册，东方出版中心 2011 年版，第 305 页。
② 胡光华：《海外藏中国历代名画》第六卷《明》下册，湖南美术出版社 1998 年版，第 68 页。
③ 徐邦达：《古书画过眼要录·元明清绘画》，故宫出版社 2015 年版，第 360 页。
④ （明）仇英：《春夜宴桃李园图》，纸本设色，纵 114 厘米，宽 69 厘米，浙江六通拍卖有限公司 2013 年古代、近现代名家书画作品专场拍卖品。
⑤ （明）仇英：《春夜宴桃李园图》，绢本设色，纵 29.8 厘米，横 124 厘米，台北故宫博物院藏，《故宫书画图录》第十八册，台北故宫博物院 1999 年版，第 413—416 页。

文印。拖尾处有彭年(1505—1566)题写的跋文和陆师道(1511—1574)抄录的《春夜宴从弟桃花园序》。学者王季迁认为,此图非仇英所为,并且笔法劣质。①目前也没有充分的证据说明此图非仇英所为。

(二) 仇英对《春夜宴桃李园图》的创新

仇英的 8 幅《春夜宴桃李园图》,主要有立轴(6 幅)和手卷(2 幅)两种形式。在立轴类作品中,除"浙江六通拍卖有限公司"这幅作品的画面是采用近景("庭园")作为背景以外,其余 5 幅都是以远景("山林"或"旷野")来进行构图,而且这 5 幅作品的画面背景、人物造型以及对故事情节的演绎也都非常相似,因此我们将其作为同种类型的图式来进行考察。而在该类型画作中,又以"日本知恩院"所藏最为精美,此画可分上中下三个部分。画面上方,以突兀峻峭的岩石和连绵起伏的山体作为背景,在山体一侧绘有凉亭,四周弥漫着雾气,其顶端若隐若现,画家利用山体和建筑间的尺寸反差来突显山体的高峻与峭立,此法深得宋人之旨趣。宋人韩拙在郭熙所倡导的"山之三远"(高远、深远和平远)的基础上又延伸出新的"三远绘法":"有近岸广水旷阔遥山者谓之阔远。有烟雾溟漠野水隔而仿佛不见者谓之迷远。景物至绝而微茫缥缈者谓之幽远。"②这样的构图法则适合立轴的形式,可以使画面的空间看上去更加远阔深邃,同时带来了时间的隐喻。③

仇英巧妙地借用围墙作为画面上部和中部之间的隔断,同时也将庭园内部与外界分隔开来,如此园内景象处于画面中心位置,并且也随之凸显出来。庭园内花木繁盛,春意盎然,四周有流水环绕,李白和从弟四人围坐在桃李树下饮酒赋诗,桌上放着笔墨书卷和珍馐美味。桌子一侧另置烛台,灯火通明。李白身着白衫,双脚交叠,举杯倚坐,直视前方。其他几位从弟,或低头沉思,或眉头紧锁,与闲然自适的李白形成鲜明的对比。仇英似在展现李白"天生我材必有用""我辈岂是蓬蒿人"的这种自信与豪迈。

在李白的身后又置有一桌,上面放着各类金石字画和钟鼎彝器。画中除了李白和从弟以外,还绘有侍女和童仆。其神态各异,精致工巧,或执壶斟酒,或侧目倾听,惟妙惟肖。侍女的形象为画面增添了美感和雅趣,也反映出仇英

---

① [美]杨凯琳编著:《王季迁读画笔记》,中华书局 2010 年版,第 216 页。

② (宋)韩拙撰:《山水纯全集》,载卢辅圣主编:《中国书画全书》第二册,上海书画出版社 1992 年版,第 355 页。

③ 邓珏:《宋代诗文与绘画中听松母题的文图互补关系》,《文艺争鸣》2018 年第 2 期,第 190 页。

对李白序文中雅集内容的理解。

　　在画面右下方有三位童仆正从瓮中取酒,注入壶内。旁边又有一童,左手提着灯笼,右手拎着酒瓮,从小桥上走来,似准备为主人添酒。童仆之间动作连贯、画面并然有序,形象生动地展现了文人日常雅集的场面。

　　将仇英所作的这5幅立轴形式的《春夜宴桃李园图》进行对比,可以发现,它们之间的差别并不大,只是在人物数量或形象装扮,以及自然景观等方面做了调整。同时,画家也会通过选取鲜艳明亮的色彩(如"北京画院藏品""重庆华夏文物拍卖品")或与众不同的姿态(如"日本知恩院藏品"、两幅"嘉德公司拍卖品")等形式来凸显李白在图中的身份和地位。同时也可以发现,这5幅立轴画作,已经出现了程式化或标准化的特点。

　　此外,仇英除了在画中添置侍女的形象以外,还绘入年迈的长者和稚幼的孩童。比如"浙江六通拍卖有限公司"流出的这幅作品,画面中就出现了父亲给孩子喂饭的场景,这些日常生活情景充满了幸福和睦以及序文中所说的"序天伦之乐事",这样的情景也正是人们所期盼的。他以此入画,温馨和谐的场面很容易拉近观赏者与画作之间的距离。

　　在仇英创作的《春夜宴桃李园图》中,还有像见于"北京泰和嘉成拍卖有限公司"的拍卖品和"台北故宫博物院藏品"这样的横卷。"北京泰和嘉成"的这幅拍卖品对李白及其从弟醉饮场面的塑造,与"日本知恩院藏品"这类立轴形式的作品相似,但由于受纸张尺寸的限制,画家只选取了庭园的局部作为背景,而不能像"日本知恩院藏品"这类大幅立轴的画作,通过山体、旷野或凉亭等大型的物象来取势,因此手卷式的作品看上去其背景也就不如立轴式那样远阔深邃。

　　"台北故宫博物院"所藏和仇英其他作品最大的不同地方在于画面的背景和人物的装扮。他以近景的形式来进行构图,绘李白和从弟四人围坐在林中饮酒,他们或戴角巾、或渊明巾、或唐巾,可见他有意将其塑造成高士的形象。此外,在这幅作品中只有童仆没有侍女。董其昌认为,画中没有侍女和银鬟翠饰的点缀,这样的作品看上去殊为庄雅。①在他们身后的另一张桌上也放有各类古物彝器,以此喻示他们雅致的生活情调。画面的左端,有两位童仆正准备

---

① 　参见仇英《仿赵千里作西园雅集图》中董其昌跋文,《故宫书画图录》第十八册,台北故宫博物院1999年版,第335—338页。

过桥,朝李白他们的宴席方向走去,一人手执灯笼并转身回视,为后面提着酒瓮的童子照路,这样的画面在仇英立轴式的《春夜宴桃李园图》中也有反映,从中也间接说明他在创作这个主题时已形成了一种模式。

同时我们可以发现,仇英在演绎"台北故宫博物院藏品"《春夜宴桃李园图》时,其构思有取法于前人的作品。如李白和从弟围桌而坐的场面与李公麟《西园雅集图》中苏轼、王巩、王诜、蔡肇四人聚集的场景相似,甚至两幅作品中人物的神态也有共通之处。

据米芾所述,《西园雅集图》是李公麟效唐李昭道笔法,绘苏轼、黄庭坚等16人在王诜府中雅集之事。李公麟本人也参加了此次聚会,并且还将自己绘入画中,可以说,《西园雅集图》是一幅纪实之作。

元代黄溍在《述古堂记》中对李公麟的《西园雅集图》有详细的描述,"用著色写云泉花木及一时之人",画中除参与聚会的16位文士以外,还绘有"一童执灵寿杖,一童捧古研。两女奴云鬟翠饰,则王晋卿家姬也。石床锦褥,玉匜瑶琴,以此陈列。大谿峭壁,怪石淙流。曲径危桥,映带左右。松竹兰蕙,红蕉紫茂,蔽翳联络"。①今台北故宫博物院藏李公麟《西园雅集图》白描卷中只有16位主体人物,没有童子和王晋卿家姬,但画中景致和黄溍所说大致相同。

目前可以见到仇英摹绘的《西园雅集图》共有5幅,这些作品的画面中都分别通过赋诗作画、品茗博古等活动来反映文人日常生活的雅趣,仇英也将这样的场景有选择性地挪移到《春夜宴桃李园图》中。

此外,仇英在《春夜宴桃李园图》中,对于童仆形象、草木描摹以及山石纹理等细节的处理,和唐寅临摹李公麟的《西园雅集图》②创作手法也有相似之处。

在唐寅的摹本中钤有"句曲外史""子京之印""墨林秘玩"和"昌毂"4枚收藏印记。其中,"子京"和"墨林"分别是项元汴的字和号。而第四枚印章"昌毂",是徐祯卿(1479—1511)的私印。结合他去世的年份以及画中的鉴藏信息可知,唐寅创作这幅作品的年份不会晚于1511年(是年仇英17岁)。从时间上来看,有可能是后来仇英到项元汴家中做"驻府画家"时看到此图,从中受到启发,因此在创作《春夜宴桃李园图》时就借鉴了唐寅摹本中的技法,所以这两

① (元)黄溍撰:《述古堂记》,载《黄文献公集》卷七,商务印书馆1936年版,第272页。
② (明)唐寅:《西园雅集图》,绢本设色,纵35.8厘米,横329.5厘米,台北故宫博物院藏,《故宫书画图录》第十八册,台北故宫博物院1999年版,第335—338页。

幅图画在人物和景象的处理上才如此相似。这从中也说明,画家在创作时互有因袭和摹仿,并具有一定的传承性。

三、从《西园雅集图》到《春夜宴桃李园图》的变化及其意义

上述的资料可以说明,仇英以及明人的画作,深受绘画艺术前代传统的影响。如果说,仇英通过模仿刘松年的《春夜宴桃李园图》而进行创作,那么《西园雅集图》则又是刘松年模仿李公麟作品的再创作,并且延展了画幅的尺寸:"秘职方藏刘松年《西园雅集图》,景物悉仿龙眠居士。居士图高不满八寸,长不满六尺,松年则高一尺五寸,长丈余,盖迹居士而大之。其笔法高秀雅劲,人物衣折如伯时。……人物服色、形容、坐立,一如伯时。"①虽然仇英也摹仿过《西园雅集图》,但却大量创作《春夜宴桃李园图》,这其中的原因不仅仅是绘画技术和艺术形式的演进而造成的,也与文学思潮和社会世俗的审美形态等诸多的原因有关。

(一) 李白的"雅集"替代了苏轼等人的"西园雅集"

明代画家热衷于对李白作品的演绎,一定程度上是与明代复古的文学思潮有关。有明一代,诗宗盛唐。弘、正、嘉、隆年间,前后七子称霸文坛,"诗必盛唐"之势日渐炽烈。文人学士的诗歌创作也多以李杜为宗。唐寅、仇英等人主要活动在明代的弘治、正德至嘉靖年间,而这一时期恰恰是明代前后七子主导文坛,新旧交替的时期。在明人的眼中,李白较多地体现了唐诗从形成到成熟这一发展阶段的主导风格。高棅的《唐诗品汇》在各体诗歌编选中,把李白列为"正宗",他引朱熹的话说:"太白诗如无法度,乃从容于法度之中,盖圣于诗者。"②高棅称李白的七言古诗是"天仙之词","虽少陵犹有让焉"。③至于七绝,评价更高:"盛唐绝句,太白高于诸人。"④李白的诗,几乎浑然天成,无迹可寻,所谓"大小短长,错综无定,然自是正中之奇"。⑤这些评价已经深入人心,运用李白的作品来丰富和开拓绘画题材,便是一件顺理成章的事情。

---

① (明)詹景凤著,刘九庵标点,刘凯整理:《东图玄览》卷一,上海书画出版社 2020 年版,第 26 页。
② (明)高棅编选:《唐诗品汇·五言古诗叙目》,上海古籍出版社 1988 年版,第 47 页。
③ (明)高棅编选:《唐诗品汇·七言古诗叙目》,上海古籍出版社 1988 年版,第 267 页。
④ (明)高棅编选:《唐诗品汇·七言绝句叙目》,上海古籍出版社 1988 年版,第 427 页。
⑤ (明)许学夷著,杜维沫校点:《诗源辩体》卷十八,人民文学出版社 1987 年版,第 201 页。

但是,仇英在演绎《春夜宴桃李园图》(台北故宫博物院藏品)时,对于画中人物的姿态、场景的设置很大程度上是参照了李公麟《西园雅集图》和唐寅的摹本。从艺术创作的角度来说,这种翻新立意,置换画中人物形象,是绘画创作常见的摹仿手段。不过,画家并没有重新按照李白原作的主题来重新立意创作,而是借鉴并挪移宋人《西园雅集图》中的元素来创作《春夜宴从弟桃花园序》,或者说,是将《西园雅集图》中的宋人剔除,换上了唐人李白,以"雅集"来替代李白原作中的"夜宴",这样的创作不能不让人觉得,画家的创作时代对唐代诗人和作品的极为重视和尊重,而从《西园雅集图》到《春夜宴从弟桃花园序》,同样表现出明人似乎有意削弱对宋代文人的认同感。这说明,绘画史的发展,同样可以折射出文学思潮的影响和时代风尚的变迁。

(二)《春夜宴桃李园图》主题的迁移

林云铭在《古文析义》中指出,李白的这篇《春夜宴从弟桃花园序》"大意谓人生短景,行乐犹恐不及,况值佳辰,岂容错过。寄情诗酒,所以为行乐之具也"。①效仿古人秉烛夜游,寄情于诗酒,及时行乐,这正是李白想要表达的思想,画家对此在作品中也有体现。

首先,画家以鲜艳的桃花、空中的圆月、树上的灯笼这些物象来点明宴饮的时间和地点,然后通过醉饮赋诗等活动来展示李白和从弟宴饮的场面,这是画家读了李白文章之后,根据自己对文章的理解而进行的创作。同时在画面中我们可以看到,画家还对宴饮的场面做了进一步的扩充,比如在画面中添置钟鼎彝器、古籍画卷等元素来展现文人闲雅好古的生活情趣,以此来提升画作的品位。这样的灵感既有来自对前人"博古"题材的借鉴,也是当时文人士大夫日常生活的写照。如沈德符在《万历野获编》中就曾记载:"嘉靖末年,海内宴安,士大夫富厚者,以治园亭、教歌舞之隙,间及古玩。"②沈氏文中所说的"士大夫富厚者",其中就包括像雇佣仇英作画的项元汴家族。据王世贞所称:"今吴兴董尚书家过百万,嘉兴项氏将百万,项氏金银古玩寖胜董。"③仇英作为"驻府画家",对项氏家族以及当时社会上流阶层博雅好古、玩物养志的行为应该是司空见惯的,"项氏金银古玩"成为他在创作《春夜宴桃李园图》时,对文

---

① (清)林云铭辑注:《古文析义》卷十,清康熙丙申年(1716)经元堂刻本。
② (明)沈德符撰:《万历野获编》卷二十六,中华书局 1959 年版,第 654 页。
③ (明)王世贞:《弇州史料后集》卷三十六,载《四库禁毁书丛刊》史部第五十册,北京出版社 2000 年版,第 2 页。

人博古场面的创意来源。

　　从画面所显示的内容来看,明代画家能够紧扣序文的主题和文章的意象,对文章进行"图像还原",将李白和从弟宴饮的场面展现出来。如彭年评价仇英的《春夜宴桃李园图》(台北故宫博物院藏本):"大抵依文作图最宜相称,稍不工则有媿于文矣,曷足贵乎!故王右丞为百代画家之冠,正以诗中画,画中诗耳。实甫此图精妍秀美,种种入妙,足与太白叙吻合。夫太白雄文俊句,而欲求画家相匹者甚鲜,而何实甫独能之?岂非胸中笔底大有造化具在,苟非其人而求窥其门户不可得也,乌足语此。"①彭年认为,仇英很好地理解了李白文章的主题,并且他的作品也完美地诠释了文章的思想,对他的创作给予很高的评价。

　　但"作者用一致之思,读者各以其情而自得",②对于绘画艺术的理解也和文学鉴赏一样,欣赏者的主观能动在引导他们对艺术作品的评判。郑绩对仇英的创作提出了不一样的观点,他认为:"于树林中灯笼高挂,大失题主。作者意为'秉烛夜游'句发挥,反轻写'飞羽觞而醉月',不思太白之意重在醉月,而秉烛不过引古人以起兴耳,非此时之事也。既有月色,何用灯光,所谓画蛇添足矣!然于笔砚杯盘之处,近点桌灯一二,未尝不可。高悬桃李树上,与月争光,则断乎不宜!故曰学画贵书卷,作画要达理。"③

　　彭年和郑绩观画的角度及见解各有侧重。彭年只是单纯地从艺术鉴赏的角度来作评价,而郑绩则着眼于文图之间的转换得失来阐述自己的观点,他认为仇英演绎的重点应该放在"飞羽觞而醉月",而不是"秉烛夜游"。于树上悬挂灯笼,只会夺噬月光,破坏月夜意境的美。

　　绘画创作不同于文本叙事,文本对于故事情节的描述可以具备一定的连续性或延展性。而对于绘画艺术而言,尤其是从文本到图像的转换,因限于纸张篇幅或画家精力等因素的影响,创作者不可能对文本中的每一个片段和细节都完美如实地展现出来,况且这也是不切实际的。对于叙事式的图像演绎,彼得·伯克曾提出,"艺术家必须把连续的行动定格在一张画面上,一般来说

---

①　此据仇英《春夜宴桃李园图》中题跋,《故宫书画图录》第十八册,台北故宫博物院 1999 年版,第413—416 页。

②　(清)王夫之著,戴鸿森笺注:《姜斋诗话笺注》卷一,上海古籍出版社 2012 年版,第 5 页。

③　(清)郑绩:《梦幻居画学简明》,浙江人民美术出版社 2017 年版,第 17—18 页。

是定格在最高潮的那一刻"。①如何解读和选取《春夜宴从弟桃花园序》中的经典片段,这就需要画家本人的学识储备和艺术修养,即如郑绩所说的"学画贵书卷,作画要达理"的创作思想。

从明代画家的作品中可以发现,他们对《春夜宴桃李园图》的演绎,选材的角度主要是李白和从弟"幽赏未已,高谈转清"以及"开琼筵以坐花,飞羽觞而醉月"的时刻。同时还借鉴了前人的"雅集"题材,如仇英在作品中就有选择性地沿袭了《西园雅集图》文人鉴赏书画、品茗博古这样的场景,同时又紧扣文章的内容,增加了美酒佳肴、赋诗斗酒这些和序文内容相关的元素,对画面进行挪移和改良,使《春夜宴桃李园图》成为一种新的"雅集"题材在文人画家和社会群体中广泛传播,进而也促进了人们对李白这篇序文的接受。

(三)《春夜宴桃李园图》的主题从文人雅集向生活场景扩大,审美标准朝世俗化变迁

从明代画家创作的《春夜宴桃李园图》我们可以发现,画面中不仅有醉饮赋诗、博古赏画、品茗烹茶这样反映文人士大夫高雅生活情趣的场景,甚至还融入了父亲给孩子喂饭的场面(如仇英的作品)。通过画家这一细微的举止可以看出,这是他对李白文中"序天伦之乐事"主题的艺术表达。由此可以看出,明代画家已经不再单纯地将《春夜宴桃李园图》视为展现文人之间吟诗作对的雅集活动的画作,他们在创作时也会融入普通百姓的日常生活情景。这样的创作思想与作品受众的审美主体相关,可以说作品的审美对象不仅只是文人士大夫,还有普通的市民阶层。

比如从姚允在画中的题跋我们可以知晓,他是应"同人属绘此图,以颂芝严明经老社长周甲之寿",因此特意将李白塑造成"须髯及腹",仙风道骨的模样。同时又以李白手中的"如意"来凸显长寿祥瑞之气氛,使作品完美地展现了贺寿的意图。但是作品的主题已经脱离了李白文章中寄情诗酒,及时行乐的思想,甚至画风趋于普通的民俗画。而且画作的主人、审美的对象也不再是高雅的文士。由此来看,随着作品受众不断扩大,审美标准也逐渐朝世俗方向变迁。

中国画讲究"水墨为上"。张彦远认为:"草木敷荣不待丹碌之采,云雪飘扬不待铅粉而白。山不待空青而翠,凤不待五色而粹。是故运墨而五色具,谓

---

① ［英］彼得·伯克:《图像证史》,杨豫译,北京大学出版社 2018 年版,第 217—218 页。

之得意。"①明代画家笔下的《春夜宴桃李园图》，多以重彩的形式呈现，这与传统所说"墨分五色"的审美理论相悖。而且画家在创作时喜用精工浓丽的"大青绿"和风雅清秀的"小青绿"进行渲染，借助鲜艳的色彩来点染画中景色，凸显"春日"的气息。这从视觉感官的接受来看，五彩斑斓的画面自然要比"非黑即白"的"文人画"更容易引起观者的好感。

另外，画家为了能更好地卖出自己的作品，故意放低姿态，去主动迎合世俗的审美，不再追求传统文人画中的"逸气萧散"。如董其昌就曾对仇英的作品流于画工匠气，少有兴寄逸趣提出看法，他说"仇与赵（笔者注：赵孟頫）虽格不同，皆习者之流，非以画为寄、以画为乐者也"。②

同时我们可以看到，画家在《春夜宴桃李园图》中还添置了侍女的形象，她们在画中或提壶斟酒、或剪灯挑烛，这些随处可见的生活情景，拉近了观画者和画作之间的距离，提升了画面的美感。前人对画作中的侍女形象并不是很看重，如郭若虚就认为，"（妇人）贵其娇丽之容，是取悦于众目，不达画之理趣也"，③侍女形象不能实现正人伦、明教化的政治功用。从绘画发展史的角度来看，女性题材的画作多是以闺情宫怨的主题出现，比如唐寅的《孟蜀宫妓图》《李端端图》，就是借助女性的形象来抒发自身怀才不遇的心境。而唐寅、仇英、尤求他们在创作《春夜宴桃李园图》时，将侍女绘入画中，借助女性的柔美和温婉的气质增强画面的观赏性，这成为通俗视觉文化中的重要组成部分。④

有学者认为，像唐寅、仇英所属的吴门画派"更注意文人生活的现实性和具体性，同时在意境上，也摆脱了一味以淡逸空寂为高的程式，而赋以平和明朗的气氛。在一定程度上，是明代中期社会趋于安定繁荣、文人生活宁静安适的社会现实的折射，是当时文人理想精神的物化形态"。⑤尤其是仇英的作品，他以独特的设色风格，于富丽中显高雅，相当于代表了当时市民文艺的绘画水

---

① （唐）张彦远撰：《历代名画记》卷二，载中国书画全书编纂委员会编：《中国书画全书》第一册，上海书画出版社 1993 年版，第 126—127 页。
② （明）董其昌：《容台集》卷四，西泠印社出版社 2012 年版，第 676 页。
③ （宋）郭若虚著，俞剑华注释：《图画见闻志》卷一，上海人民美术出版社 1964 年版，第 22 页。
④ 巫鸿：《中国绘画中的"女性空间"》，生活·读书·新知三联书店 2019 年版，第 480 页。
⑤ 单国霖：《吴门画派综述》，载中国美术全集编辑委员会编著：《中国美术全集·绘画编》第八册《明代绘画·中》，上海人民美术出版社 1988 年版，第 15—16 页。

平,直接反映出社会时代新因素带来的变化。①此外,我们还应该注意到,画家选取像李白这样知名度很高的作家及其作品进行图像转换,结合时代风尚,融入日常生活情景,画作的主题从传统的文人雅集向富有情节和趣味的日常生活情景衍化,这样的行为有助于迎合当时大众世俗审美的标准,扩大并提升作品的受众和传播力度。

四、结 语

从明代画家对李白《春夜宴从弟桃花园序》的演绎来看,《春夜宴桃李园图》在明代盛行,与当时文坛上的崇唐风气、社会世俗的审美形态等原因有直接关联。明代文人画家对唐人及其诗歌艺术的崇拜,增加了他们对李白及其《春夜宴从弟桃花园序》这篇文章的喜好。画家将文章的主题从文人雅集向市民日常生活场景扩大,主动迎合市场的需求和大众的审美标准,加入主观的想象,借助视觉艺术的形式对文章进行重构,以此来展现他们对李白及其序文的理解。并且通过"举杯醉饮""展卷赋诗"等一系列形式来演绎文中"幽赏未已,高谈转清。开琼筵以坐花,飞羽觞而醉月"的场景。由于"春夜宴桃李园"的主题和前人创作的"西园雅集"题材类似,因此画家在创作时,有选择性地参照了这一题材中的情景。虽然《春夜宴桃李园图》的主题和李白相关,但画家更多的是融入了生活的场景,将文章演绎成一种和谐的日常雅集画面。与此同时,也弱化了李白在文中所要表达的那种光阴似箭、及时行乐、时不我待,以及自身才华得不到施展,欲借杯酒浇心中之块垒的情感抒发。

宋元时期的"雅集"题材多以精工细腻的宫廷画为主,着重突出文人情趣或雅集氛围,同时还兼有装饰的功用。明代画家对《春夜宴从弟桃花园序》的演绎,实际上也延续了以上功能,同时又迎合了大众的审美需求。可以说,明画家通过融入庭园雅集的画面,演绎李白的作品,已逐渐脱离了李白创作的本意,成为凸显文人雅集的当代解读。

另外,我们还发现,《春夜宴桃李园图》的创作,不仅受画家本人学识储备、解读角度、艺术修养等主观因素的影响,同时也和明代复古的文学思潮、社会的审美标准及时代风尚有密切关联。当然,其中最主要的还有李白个人的名气以及序文本身的经典性和艺术的可塑性。画家将李白的作品演绎成图画,

---

① 李泽厚:《美的历程》,生活·读书·新知三联书店 2009 年版,第 211—212 页。

借用李白的形象和名气来提升作品的内涵，这也是作品得以永久流传生命力之所在。以上因素相互交织在一起，促进了《春夜宴从弟桃花园序》从文本到艺术作品的转换、发展以及传播。

从"文学书像论"①的观点来看，李白的原文、据原文演绎的图画和抄录在图画上的书法作品，三者成为异质同构的关系。绘画艺术对李白的这篇文章是直观形象的传播，而文人在图画中的书法创作（如抄录原文）具有艺术和审美的特性，它的价值及影响力要高于普通文本（如李白的诗文集）传播。当绘画艺术和书法作品结合在一起之后，就会形成聚合效应，共同来参与构建文本的主题思想，其传播力度也远比单一的传播形式要大，②由此，人们对李白及其作品的接受和解读形式也就变得更加丰富多元。同时，像观画者通过鉴赏图画，比照李白原文来评判画家的作品，这对于我们研究李白接受史又提供了一条途径，也尤其值得关注。③

Creating and Spreading of Li Bai's *Preface of Banquet in the Peach and Plums Garden in Spring* in the calligraphy and paintings in Ming Dynasty

Abstract：According to the *Preface of Banquet in the Peach and Plums Garden in Spring*, the Painting of the Banquet in the Peaches and Plums Garden in Spring is drawn with imagination by painters to reappear Li Bai's banquet at that time. Based on the study on documents of paintings in the Ming Dynasty, the reasons why the painting is so popular in the Ming Dynasty are related to the painting style and art form as well as the trend of respecting literature of the Tang Dynasty and aesthetic form in society. During the painting, painter in the Ming Dynasty selectively took example by Li Gonglin's *The Picture of Xiyuan Gathering* in the Song Dynasty and replaced the scene of banquet with literati get-together by combining

---

① 赵宪章认为："文学是语言的艺术，也可以延异为书写的艺术，'语象''字像'和'书像'串联起两种艺术的图像关系，基于这种关系的理论批评即可名之为'文学书像论'。"见赵宪章：《文学书像论——语言艺术与书写艺术的图像关系》，《清华大学学报（哲学社会科学版）》2021 年第 2 期，第73—88、209 页。
② 参见张克锋：《中国古代文学作品在绘画中的接受研究》，厦门大学出版社 2016 年版，第80 页。
③ 参见朱易安：《笔落惊风雨——视觉艺术中的李白》，《西北师大学报（社会科学版）》2017 年第 4期，第 61—66 页。

contemporary style and daily life. The theme of painting became the daily life with plot and interest from traditional theme of literati get-together. The change of painting can meet the standard of the common aesthetic idea of people at that time, attract more people and improve the dissemination. Meanwhile, people had abundant and multiple forms of accepting and understanding Li Bai and his poems.

Key words: recreating of poems and painting; the art of painting and calligraphy; reception history of Li Bai

作者简介：续鹏，上海师范大学人文学院 2017 级中国古典文献学专业博士研究生，研究方向为文学传播。

宋诗词视域下的江南都市商业记忆①

彭 健

摘 要:江南都市分别于先秦、六朝及唐三个时期获得较快的发展。至宋,江南都市商业经济高度繁荣。宋诗词作为当时生存者对社会现象感知的艺术表达,承载着时人对江南都市商业盛况的见证和文化记忆。江南丰富的自然资源是都市商业发展的物质基础;快速增长的人口是都市生产与消费市场开拓的内驱力;便捷的水运加速了都市物资的互换,都市商业活动因此频繁开展。受商业卑贱等主流文化观念和商人自身伦理价值缺失的影响,商人正面形象长期被弱化,宋诗词以艺术的形式给予商人理解和同情,商人艰苦奋斗与追逐巧利的双面形象得以呈现。

关键词:宋诗词 江南 都市文化 商业基础 商业观念 商人形象

美国城市文化学家刘易斯·芒福德指出,欲了解古代都市,仅仅依靠考古学家对古代城市遗址的局部发掘的考察,并试图将之拼接、活化为城市图像模式远远不够,还须求助于包含着当时生存者的感知和见证的古代艺术②。诗、词、赋、小说等作为中国最具代表性的文学体裁,承载着时人的都市记忆和文化观念。随着我国城市化进程的加快,学者日益重视借助诗、词、小说等文学样式来探讨中国都市文化。从相关研究成果来看,学界对都市文学文化的探

---

① 国家社科基金青年项目"宋元书目文献文学批评史料辑录与研究"(21CZW022);国家社科基金重点项目"中古书籍制度文献整理及其与文学之关系研究"(21AZW006)。
② [美]刘易斯·芒福德:《城市发展史——起源、演变和前景》,倪文彦、宋俊岭译,中国建筑工业出版社2005年版,第82页。

讨多集中于近现代中国都市①,而有着数千年发展史的中国古代都市,虽也逐渐进入学者的研究视野,但关注程度远远不够②。鉴于此,笔者拟借助宋诗词的文化记忆功能,尽可能地对宋江南都市商业盛况、商业发展之基础以及由此呈现的商业观念等进行解读,加深对江南都市商业文化的认识,以进一步推动对都市文学与文化的研究。

一、江南都市商业繁荣与城市商业化

马克思说过:"商品依赖城市的发展,而城市的发展也要以商业为条件。"③城市的繁华离不开都市商业的发展,二者相辅相成,互为发展前提。位于我国古代中古期的宋王朝,其实商业已趋向繁荣,而江南作为宋代重要的经济区域,已有"国家根本,仰给东南"④的重要地位。为更好地解读宋代诗词对江南都市商业文化的书写,需要明晰两点:

一是宋江南区域范围。"江南",作为地域指代词频繁见于先秦两汉各类典籍,其地理范围由春秋楚国郢都(今江陵)对岸的极小范围渐次扩展到秦汉时期的长江以南、南岭以北的广大区域⑤。然而,"江南"作为行政区域名称,最早始于西汉王莽新朝,改夷道县(今湖北宜都)为江南县。唐太宗贞观元年(627),"始于山河形便,分为十道"⑥,将长江以南、南岭以北、西起巴蜀、东至海

① 有关近现代中国都市与文学文化的代表性研究有:吴福辉:《都市漩流中的海派小说》,科学出版社 2008 年版;苏智良:《时代、城市、家庭:宋氏家族与上海》,《都市文化研究》2014 年第 1 期(第 10 辑);[美]李欧梵:《上海摩登》(修订版),毛尖译,人民文学出版社 2010 年版;叶祝弟:《上海欣快症:新感觉派的都市体验及其文化隐喻》,《东南学术》2020 年第 4 期;陈啸:《都市伦理的现代想象——苏青文学书写的文化表征意义》,《中南民族大学学报》(人文社会科学版)2021 年第 8 期,等。

② 有关古代中国都市与文学文化的代表性研究有:葛永海:《古代小说与城市文化研究》,复旦大学出版社 2005 年版;孙逊、刘方:《中国古代小说中的城市书写及现代阐释》,《中国社会科学》2007 年第 5 期;查清华:《唐诗记忆:江南都市的商业场域》,《都市文化研究》2014 年第 2 期(第 11 辑);刘方:《宋代两京都市文化与文学生产》,中国社会科学出版社 2016 年版;张旭、孙逊:《试论〈儒林外史〉中南京的三重空间》,《明清小说研究》2018 年第 4 期等。

③ [德]马克思、[德]恩格斯:《马克思恩格斯全集》第 25 卷,中共中央编译局编译,人民出版社 2016 年版,第 371 页。

④ (元)脱脱等撰:《宋史》卷三三七《祖禹传》,中华书局 1977 年版,第 10796 页。

⑤ 因自然地理、行政地理、经济地理和文化地理等标准不一,历来对江南地域范围的划定不尽相同(参见徐茂明:《江南的历史内涵与区域变迁》,《史林》2002 年第 3 期,第 52—56 页)。本文对宋代江南区域的划定,主要以行政地理划分为基础,并辅以当时文人的地域观念。

⑥ (后晋)刘昫等:《旧唐书》卷三八《地理志一》,中华书局 1975 年版,第 1384 页。

滨的广阔区域设为江南道。宋改道为路,唐江南道一分为江南路、两浙路、荆湖路、福建路等,"江南"行政地域缩小并以江南、两浙路为主体①。江南路分江南东、西二路:江南东路首府江宁,辖宣、徽、江、池、饶、信、太平七州,南康、广德二军,包含现今苏南、皖南及赣东北部地区;江南西路设洪州府,辖洪、虔、吉、袁、抚、筠六州,兴国、南安、临江、建昌四军,约为今江西全境。现今被视为"江南"代表的上海、杭州等地设两浙路,以平江、镇江为府,辖杭、越、湖、婺、明、常、温、台、处、衢、严、秀十二州。②故本文之"江南"地域,其主体范围是江南、两浙路,还包含淮南路长江以南及荆湖路东北部地区,聚焦于苏州、杭州、上海、扬州、温州、台州、明州、金陵、宣州、常州等江南都市。

二是江南都市的发展历程。宋前江南都市历经漫长的发展过程,其节点主要有三:其一,春秋时期吴、越等国的开拓与建设。史载,吴太伯先于江苏太湖附近筑"周三里二百步,外郭三百余里"③的吴城;后吴王阖闾使伍子胥于苏州"造筑大城,周回四十七里"④。越王勾践继续开拓,于绍兴建"山阴大城"等,是江南都市的早期建设。其二,魏晋六朝的进一步发展。魏晋六朝时期,孙吴立都建业(今南京),数代君臣经营江东五十余载;其后晋室南迁,北方人口、文化、财力、生产技术等大量涌入;宋、齐、梁、陈诸朝接踵而起,不仅加速江南商业的发展,也为经济重心逐渐南移奠定基础。南京、扬州、宣城、苏州等南方都市亦隐约比肩长安、洛阳。其三,安史之乱后北人南移。安史之乱是唐王朝由盛入衰的转折点,其后至晚唐五代,大量中原人口的南移,生产技术的流失等,导致北方经济的萎靡,以北方城市为中心的经济重心逐渐南移。长安、洛阳等古都亦不复昔日的繁华,杭州、润州、苏州、常州、扬州等渐次崛起并成为江南乃至全国重要的商业都市。

正是前代上千年对江南地区的开拓与积累,为宋代江南都市的富庶繁荣及商品经济的发展打下坚实的基础,频繁的商业活动得以开展。这可从宋人诗词中得到印证。柳永《望海潮》云:"东南形胜,三吴都会,钱塘自古繁华。烟柳画桥,风帘翠幕,参差十万人家。云树绕堤沙,怒涛卷霜雪,天堑无涯。市列

---

① 徐茂明:《江南的历史内涵与区域变迁》,《史林》2002年第3期,第53页。

② (元)脱脱等撰:《宋史》卷八八《地理志四》,第2173—2202页。

③ (汉)赵晔撰,周生春辑校汇考:《吴越春秋辑校汇考》,上海古籍出版社1997年版,第15页。

④ 同上,第39页。

珠玑,户盈罗绮,竞豪奢。"①柳词展现了北宋时期杭州钱塘的繁华,十万人家,
旌旗帘幕飘动,市集珠玉珍宝琳琅满目,绫罗绸缎尽显奢豪。又孙觌《华亭朱
师实中大燕超堂》:"海禺纳万艘,市区沸百贾。黄尘翳白日,千骑腾一鼓。"②
描绘了嘉兴华亭货船塞港、商贾云集、人声鼎沸的热闹景象。王安石《送程公
辟守洪州》对洪州作细致的书写:"下视城堙真金汤,雄楼杰屋郁相望。中户尚
有千金藏,漂田种粳出穰穰。沉檀珠犀杂万商,大舟如山起牙樯。"③高楼耸
立,户有千金,巨舟帆动,商人熙来攘往,沉香、檀木、珍珠、犀角等汇集于市。
宋末方回《送杜景齐归平阳二首》(其一)有对温州的回忆:"每忆东瓯郡,柑花
入梦香。市人无素服,田妇亦红妆。鱼蟹丰渔户,犀珠聚缫商。年登犹足乐,
何必殚钱塘。"④杜纮《送程给事知越州》称:"越国强大今尚富,海陆百货填井
里。"⑤王安石《予求守江阴未得酬昌叔忆江阴见及之作》言江阴:"海外珠犀常
入市,人间鱼蟹不论钱。"⑥董嗣杲《送刘汉老过芜湖》载芜湖:"浙客量盐少,淮
商贩药多。"⑦诸如此类诗词作品,皆描绘了江南都市的富庶及商业活动的
频繁。

值得注意的是,宋代打破唐人坊市制的限制,将住宅区之"坊"与商业区之
"市"相连,大街小巷不再隔绝,更加利于市集活动的开展。宋江南都市市集活
动主要分日市和夜市两种,日市的开端又称为早市。宋人每天的市集活动始
于早市,以"万井千闾富庶,雄压十三州"⑧的吴地而言,四更便开始准备早市。
吴自牧《梦粱录》"天晓诸人出市"条载杭州早市:"每日交四更,诸山寺观已鸣
钟,庵舍行者头陀,打铁板儿或木鱼儿沿街报晓,各分地方。"⑨御街店铺,皆闻
钟而起,准备烧饼、蒸饼、糍糕、雪糕、粥、血脏羹、羊血、粉羹、面汤等点心,迎接
早市的到来。不唯如此,强至《依韵和酬杨公济澄江见寄长句》载江阴早市:
"日出鱼虾来早市,潮空凫雁落晴沙。"⑩李处权《观渔》言"老渔取鱼倍知津,设

---

① (宋)柳永著,薛瑞生校注:《乐章集校注》(增订本),中华书局 2012 年版,第 322 页。
② 北京大学古文献研究所编:《全宋诗》第 26 册,北京大学出版社 1995 年版,第 16951—16952 页。
③ (宋)王安石著,王水照编:《王安石全集》第 5 册,复旦大学出版社 2016 年版,第 221—222 页。
④ 北京大学古文献研究所编:《全宋诗》第 66 册,第 41639 页。
⑤ 北京大学古文献研究所编:《全宋诗》第 13 册,第 9081 页。
⑥ (宋)王安石著,王水照编:《王安石全集》第 5 册,第 481 页。
⑦ 北京大学古文献研究所编:《全宋诗》第 68 册,第 42735 页。
⑧ (宋)柳永著,薛瑞生校注:《乐章集校注》(增订本),第 313 页。
⑨ (宋)吴自牧著,符均、张社国校注:《梦粱录》卷一三,三秦出版社 2004 年版,第 195 页。
⑩ 北京大学古文献研究所编:《全宋诗》第 10 册,第 6971 页。

网提纲疑有神"①,亦是为了"涎沫盈筥趋早市"②。早市之后,即进入日市,日市商业活动的繁盛,前文已有论述,不再赘述。需要提及的是,江南都市每逢节日,日市活动更盛,在宋人诗词中亦有直接体现。如高斯得《西湖竞渡游人有蹂践之厄》:

> 杭州城西二月八,湖上处处笙歌发。行都士女出如云,骅骝塞路车联辖。龙舟竞渡数千艘,红旗绿棹纷相戛。有似昆明水战时,石鲸秋风动鳞甲。抽钗脱钏解佩环,匝岸游人争赏设。平章家住葛山下,丽服明妆四罗列。唤船催入里湖来,金钱百万标竿揭。倾湖坌至人相登,万众崩腾遭踏杀。……③

高诗描绘了杭州西湖清明时节日市活动的盛况。对于西湖节日商业经济,《西湖老人繁胜录》亦载:"自二月初八日下水,至四月初八方罢。沓浑木拨湖盆,它郡皆无。节日大船,多是王侯节相府第,及朝士赁了,余船方赁市户。岸上游人店舍盈满,路旁搭盖浮棚卖酒食,也无坐处,又于赏茶处借坐饮酒。"④节日出游已成习俗,作为游览胜地的杭州西湖,自二月初八日便接纳游人,直至四月初八方止。其间王侯朝士、游人租赁船只,岸上店舍盈满,游人争买酒食,丽服明妆罗列、满目繁华。富者费钱千金,贫穷无钱者,"亦解质借兑,带妻挟子,竟日嬉游,不醉不归"⑤。欧阳修《采桑子》之六对此感叹:"清明上巳西湖好,满目繁华。争道谁家。绿柳朱轮走钿车。游人日暮相将去,醒醉喧哗。路转堤斜。直到城头总是花。"⑥江南日市繁盛如斯。

与早市相对应,日市之后,便迎来热闹的夜市。宋代不仅突破唐代坊市制,还取缔了唐代宵禁制度。《唐六典》云:"凡市以日午,击鼓三百声而众以会;日入前七刻,击钲三百声而众以散。"⑦《新唐书》亦载:"日暮,鼓八百声而门闭……五更二点,鼓自内发,诸街鼓承振,坊市门皆启,鼓三千挝,辨

---

① ② 北京大学古文献研究所编:《全宋诗》第 32 册,第 20399 页。

③ 北京大学古文献研究所编:《全宋诗》第 61 册,第 38569—38570 页。

④ (宋)西湖老人著,周峰点校:《西湖老人繁胜录》,见《东京梦华录 外四种》,文化艺术出版社 1998 年版,第 101 页。

⑤ (宋)吴自牧著,符均、张社国校注:《梦粱录》卷一,第 14 页。

⑥ (宋)欧阳修著,李逸安点校:《欧阳修全集》,中华书局 2001 年版,第 1992 页。

⑦ (唐)李林甫撰,陈仲夫点校:《唐六典》卷二〇,中华书局 1992 年版,第 543—544 页。

色而止。"①唐代宵禁制度尤为严苛,仅正月十五夜才允许取禁前后各一日,是为"放夜"。宵禁期间有骑卒循行、武官暗探,若城门关闭、禁止夜行后有外出者,会受到笞刑处罚。宋立国后,即"令京城夜市至三鼓已来,不得禁止"②,宵禁时段逐渐缩短。其后王朝统治者逐渐放松管理,宵禁制度日渐松弛乃至最后被废除,夜市日益发展并成为江南都市商业活动的重要部分。杨万里《宿兰溪水驿前三首》之一记兰溪:"人争趋夜市,月自浴秋江。灯火疏还密,帆樯只更双。"③范成大《王仲行尚书录示近诗闻今日劝农灵岩次韵纪事》云苏州"想见归骖穿夜市,月边灯火满西楼"④。吕本中《追记昔年正月十日宣城出城至广教》谓宣城"江城气候犹含雪,草市人家已挂灯"⑤。张镃《南湖书斋》载嘉兴"秋云总是诗家物,夜市今连里陌桥"⑥。董嗣杲《送刘汉老过芜湖》言芜湖"随灯游晚市,沽酒隔昏河"⑦。江南夜市的繁华,实以杭州城为最。北宋都城开封,夜市一般延续至三更,五更后又复开张,而杭州夜市日市交替,不曾中断。《西湖游览志余》载临安夜市:"无论通衢委巷,星布珠悬,皎如白日,喧阗达旦。"⑧《梦粱录》卷十三"夜市"条亦载:"杭城大街,买卖昼夜不绝,夜交三四鼓,游人始稀;五鼓钟鸣,卖早市者又开店矣。"⑨商市通宵达旦,昼夜不停,即便是冬月寒冷的雨雪天,亦有夜市盘卖,至三更后,又有提瓶卖茶者。张先《破阵乐·钱塘》对杭州夜市的记录可供参考:"近黄昏,渐更宜良夜,簇簇繁星灯烛,长衢如昼,暝色韶光,几许粉面,飞甍朱户。"⑩杭州夜市的繁盛,还可通过与北方城市对比呈现出来。如苏轼《蝶恋花·密州上元》:

　　灯火钱塘三五夜。明月如霜,照见人如画。帐底吹笙香吐麝。此般

① (宋)欧阳修、宋祁:《新唐书》卷四九《百官四上》,中华书局1975年版,第1286页。
② (清)徐松辑,刘琳、刁忠民、舒大刚、尹波等校点:《宋会要辑稿·食货六七·置市》,上海古籍出版社2014年版,第7941页。
③ (宋)杨万里撰,辛更儒笺校:《杨万里集笺校》第3册,中华书局2007年版,第1358页。
④ (宋)范成大撰:《范石湖集》,上海古籍出版社1981年版,第384页。
⑤ (宋)吕本中撰,韩西山校注:《吕本中诗集校注》第4册,中华书局2017年版,第1246页。
⑥ 北京大学古文献研究所编:《全宋诗》第50册,第31596页。
⑦ 北京大学古文献研究所编:《全宋诗》第68册,第42735页。
⑧ (明)田汝成著,陈志明编校:《西湖游览志余》卷二〇《熙朝乐事》,东方出版社2012年版,第366页。
⑨ (宋)吴自牧著,符均、张社国校注:《梦粱录》,第197页。
⑩ (宋)张先著,吴熊和、沈松勤校注:《张先集编年校注》,上海古籍出版社2012年版,第39—40页。

风味应无价。　　寂寞山城人老也。击鼓吹箫,却入农桑社。火冷灯稀
霜露下。昏昏雪意云垂野。①

北宋神宗熙宁七年(1074),杭州通判苏轼改任密州知州,词作即是作者目睹
杭、密上元夜市后有感而作。杭州夜市热闹非凡、灯火通明,持续三五夜,一片
繁华景象;反观密州夜市,则寂寥冷清、灯火稀疏。

　　江南都市商业的繁荣,还吸引高丽、新罗、波斯、交趾、狮子国、日本、大食
等国商人往来贸易。杭州、明州、江阴、华亭、温州、台州等不仅是宋江南重要
的商业都市,还是重要的港口城市。北宋朝廷曾规定:"非明州市舶司而发过
日本、高丽者,以违制论";②南宋沿袭旧制:"凡中国之贾高丽,与日本诸蕃之
至中国者,惟庆元(明州之改称)得受而遣焉。"③故而"余杭、四明,通蕃互市,
珠贝外国之物,颇充于中藏云"④。宋廷对明州等港口城市的重视,为江南都
市与外商的贸易往来提供便利条件,更加有助于都市商业的发展。宋诗中大
量关于江南都市与外商贸易往来的作品留存可为佐证。如释守卓《偈十九首》
(其十九)曰:"昨朝炒炒闹,今朝闹炒炒。波斯失白氈,拾得铁钱钞。"⑤王之道
《华亭风月堂避暑》诗有云:"年来幽障灭烽燧,梯航万里来夷戎。华亭濒海古
岩邑,商民填委百货通。雕题交趾在何许,但见巨舰浮苍龙。"⑥梅尧臣《钱君
倚学士日本刀》言及日商:"东胡腰鞘过沧海,舶帆落越栖湾汀。卖珠入市尽明
月,解绦换酒琉璃瓶。"⑦等等。皆是江南都市对外商业繁盛的表现。

　　综上,宋江南都市在为商业发展提供条件的同时,自身也受到繁荣商业的
推动并日益商业化。尤其是南渡以后集政治、经济、军事一体的杭州都市,商
贾买卖远胜从前,日市夜市交替,富裕繁华远非它郡可比。当然,城市商业化
的同时,消费水平也随之提高。欧阳修《送慧勤归余杭》有此慨叹:"一馔费千

---

① (宋)苏轼著,邹同庆、王宗堂编年校注:《苏轼词编年校注》,中华书局 2002 年版,第 140 页。
② (宋)苏轼著,孔凡礼点校:《苏轼文集》卷三一《乞禁商旅过外国状》,中华书局 1986 年版,第 888—
　891 页。
③ (宋)胡矩修,(宋)方万里、(宋)罗濬纂:《(宝庆)四明志》卷六《市舶》,见《宋元方志丛刊》第 5 册,中
　华书局 1990 年版,第 5054 页。
④ (元)脱脱等撰:《宋史》卷八八《地理志四》,第 2177 页。
⑤ 北京大学古文献研究所编:《全宋诗》第 22 册,第 14535 页。
⑥ 北京大学古文献研究所编:《全宋诗》第 32 册,第 20170—20171 页。
⑦ (宋)梅尧臣著,朱东润编年校注:《梅尧臣集编年校注》,上海古籍出版社 2006 年版,第 994 页。

金,百品罗成行。晨兴未饭僧,日昃不敢尝。"①由此可见一斑。

二、江南都市商业繁荣的基础

前文已述,宋代江南都市因商业的繁荣而取得了巨大的发展。然而,借助宋诗词予以审视,江南都市商业的繁荣离不开城市人口的增长、丰富的自然资源以及便利的水运交通等基础保障。

人是一切社会活动的主体,是城市商业发展的主要制约因素之一。刘易斯·芒福德说:"是什么条件使市场在城市中获得了永久性的地位呢? 首先是城市人口需达到一定规模,能为拥有远地联系和贵重商品的商人提供优裕生活;其次是当地的生产能力也要达到一定水平,有足够的剩余商品参加市场交换。但是,这些条件都是人口增长的结果,而不是它的原因。"②人口增长维持城市各项功能得以正常运转,城市人口自身也是商业经济的组成部分,即扮演生产者和消费者的双重角色。就此而言,人口的增长不仅扩大商品生产市场,都市消费需求也随之增加,都市商业因此而繁荣。

江南人口数量如何? 宋诗词作品有过提及。舒亶《寄台州使君五首》之三称"赤城山下万人家,隐隐烟霄隔海霞"③;卢梅坡《闵雨》言江南"百万人家井水黄"④,柳永《望海潮》云钱塘"参差十万人家"⑤;岳珂《宫词一百首》(其七十一)谓临安"京都百万人欢喜,争筑新堤十里沙"⑥;姜特立《访约斋三绝》之一言嘉兴"满城车马隘如云,百万人家暗市尘"⑦;等等。尽管"万人家""十万人家""百万人""百万人家"等为诗家语,其中不排除夸张、虚指等惯用表达,但数量的庞大无不体现江南都市人口众多这一事实。如《宋史·地理志》载,绍兴三十二年(1162),两浙路有户二百二十四万三千五百四十八,口四百三十二万七千三百二十二;江南东路有户九十六万六千四百二十八,口一百七十二万四千一百三十七;江南西路户一百八十九万一千三百九十二,口三百二十二万一

---

① (宋)欧阳修著,李逸安点校:《欧阳修全集》,第 23—24 页。
② [美]刘易斯·芒福德:《城市发展史——起源、演变和前景》,倪文彦、宋俊岭译,第 77 页。
③ 北京大学古文献研究所编:《全宋诗》第 15 册,第 10400 页。
④ 北京大学古文献研究所编:《全宋诗》第 72 册,第 45203 页。
⑤ (宋)柳永著,薛瑞生校注:《乐章集校注》(增订本),第 322 页。
⑥ 北京大学古文献研究所编:《全宋诗》第 56 册,第 35405 页。
⑦ 北京大学古文献研究所编:《全宋诗》第 38 册,第 14079—14080 页。

知识、权力与城市

千五百三十八[1]。江南地域的主体两浙路、江南东西路人口远超"百万",故而卢梅坡诗言江南"百万人家"并非夸耀之语。为直观地审视江南人口增长状况,兹借助吴松弟对两浙路、江南东西路主客户户数的统计[2],作简表如下:

户数　　路府 时间	浙西路	浙东路	江南东路	江南西路
太平兴国	276 353	230 344	329 757	571 442
	共计:506 697			
元丰元年	928 952	1 056 815	1 056 815	1 357 642
	共计:1 985 766			
崇宁元年	952 657	1 026 122	1 026 122	1 650 791
	共计:1 978 779			
绍兴三十二年	2 243 538		966 428	1 891 391
乾道三年	2 295 863		968 078	1 922 305
乾道七年	2 297 485		976 356	1 918 013

由表格不难见出,宋立国初期,无论两浙路还是江南东、西路,人口户数均较少,其后不断发展,人口户数成倍增长。如宋初两浙路户数仅 506 697;元丰元年(1078)增为 1 985 766,增长率约 291.90%;乾道七年(1171)户数为 2 297 485,较宋初增长约 353.42%。又江南西路,宋初户数 571 442 户;元丰元年(1078)为 1 357 642,约增长 137.58%;乾道三年(1167)为 1 922 305,涨幅约为 236.40%。人口增长速度可见一斑。

江南人口数量的增长,其贡献主要来源于都市人口的激增。以杭州城为例,太平兴国时期户数为 70 457;元丰元年(1078)为 202 816,增幅约 187.86%;绍兴三十二年(1162)有户数 203 574,较宋初约增 188.93%。[3]正是诸如军事人员、行政人员、工商业从业人员以及农民等人口数量的激增,进一步刺激市场和城市规模的扩展,拉动城市生产和消费的增长,进而促进了江南都市商业的繁荣。

---

① （元）脱脱等撰:《宋史》卷八八《地理志四》,第 2173—2189 页。
② 吴松弟著、葛剑雄主编:《中国人口史》第 3 卷《辽宋金元时期》,复旦大学出版社 2005 年版,第 127—142 页。
③ 同上,第 127 页。

　　除却人口增长刺激需求外,江南丰富的物产资源与发达的手工业亦是都市发展的重要基础。江南水域发达、土地肥沃、气候温润、光照充足,加之降水丰沛等,使得物产资源富饶,取用不竭。《隋书·地理下》有言:"江南之俗,火耕水耨,食鱼与稻,以渔猎为业,虽无蓄积之资,然而亦无饥馁。"①《宋史》亦谓两浙路"有鱼盐、布帛、粳稻之产"②;江南东、西路"川泽沃衍,有水物之饶。……而茗荈、冶铸、金帛、粳稻之利,岁给县官用度,盖半天下之入焉"③;淮南则"土壤膏沃,有茶、盐、丝、帛之利"④。凡此种种,无不揭示江南之鱼、米、盐、茶、丝、帛、铜、铁、金、银等物产颇盛,"足以裕国"⑤。

　　如此丰饶的自然资源,不仅供养了急速增多的江南市民,还是都市商业场域交易的重要内容,宋代诗人对之有着深刻的记忆。如江南水乡的鱼米虾蟹,朱明之《寄王荆公忆江阴》记江阴"鱼虾接海随时足,稻米连湖逐岁丰"⑥;又梅尧臣《送江阴签判晁太祝》言"江田插秧鹁姑雨,丝网得鱼云母鳞"⑦。郑獬《四泽晓晋》载太平县"桃花吹浪鳜鱼肥,红蓼翻风蟹螯美"⑧。又刘敞《送雍元直使浙右》记浙东"鲈肥稻米白,胜事奈君偏"⑨。潘从大《谢人惠鱼米》亦言"江南缩项鲜堪鲙,浙右长腰色胜银"⑩。鱼肥米白,虾鲜蟹美,物产繁富。尤其是浙右的长腰米,身狭长、齐头白、圆净如珠,被视为吴地佳品,深受市民喜爱。范成大《劳畲耕》诗称赞:"吴田黑壤腴,吴米玉粒鲜。长腰匏犀瘦,齐头珠颗圆。"⑪除却长腰米外,吴中还有红莲、九里香、舜王稻,以及来自占城国(今属越南)的占城等米品。也正是江南鱼米等种类多样,美味可口,让人念念不忘。其中要数频繁游历于他乡的游子,最难舍弃对江南鱼米虾蟹等物产的回味。如汪梦斗《端午》:"江南尽自多鱼米,好趁凉风及早回。"⑫薛季宣《夜忆吴江》:

————————————

① (唐)魏征等:《隋书》卷三一《地理下》,中华书局1982年版,第886页。
② (元)脱脱等撰:《宋史》卷八八《地理志四》,第2177页。
③ 同上,第2192页。
④ 同上,第2185页。
⑤ (元)脱脱等撰:《宋史》卷一七三《食货上》,第4155页。
⑥ 北京大学古文献研究所编:《全宋诗》第9册,第6264页。
⑦ (宋)梅尧臣著,朱东润编年校注:《梅尧臣集编年校注》,第1000页。
⑧ 北京大学古文献研究所编:《全宋诗》第53册,第32843页。
⑨ 北京大学古文献研究所编:《全宋诗》第11册,第7191页。
⑩ 北京大学古文献研究所编:《全宋诗》第68册,第42797页。
⑪ (宋)范成大撰:《范石湖集》,第217—218页。
⑫ 北京大学古文献研究所编:《全宋诗》第67册,第42365页。

"味比莼羹下盐豉,贤为菰菜忆鲈鱼。"①舒岳祥《将为鄞江之游先寄正仲三首》(其一):"鄞水饶鱼米,何由得共餐。"②杨亿《景阳谏议赴余杭》之"子牟江海终非久,剩鲙鲈鱼把蟹螯"③等,是漂泊游子对江南物产最诚挚的记忆。

江南不仅鱼米虾蟹等富饶,茶叶、瓜果等物产也颇为丰盈。自古以来,中国民众就有饮茶的爱好,并日渐形成独特的饮茶习惯。这就使得茶叶需求日益增长,茶树种植、茶叶的加工制作及购买与销售等成为重要的产业。有宋一代,江南在茶叶供应中占据着重要的位置。这可借助《宋史》载宋初各路的茶叶岁课量管窥一二。宋立国之初,即规定江南岁课一千二十七万余斤;两浙岁课一百二十七万九千余斤;荆湖二百四十七万余斤;福建三十九万三千余斤。江南、两浙岁课占比约达总课岁的80.15%,荆湖、福建占比不足20%。可见江南茶叶的丰饶。值得注意的是,江南不仅盛产茶,茶的种类也是多种多样,因而,对茶的品评也因人而异。如梅尧臣便较为欣赏宣城的"鸦山"茶,其《答宣城张主簿遗鸦山茶次其韵》曰:"江南虽盛产,处处无此茶。纤嫩如雀舌,煎烹比露芽。……饮啜气觉清,赏重叹复嗟。"④欧阳修、苏轼等对洪州的"双井"茶尤为青睐,评介颇高。欧阳修《归田录》云:"腊茶出于剑建,草茶盛于两浙。两浙之品,日注(日铸)为第一。自景祐已后,洪州双井白芽渐盛,近岁制作尤精。"⑤苏轼《寄周安孺茶》一诗:"未数日注卑,定知双井辱。"⑥又《西江月·茶》词:"龙焙今年绝品,谷帘自古珍泉。雪芽双井散神仙。苗裔来从北苑。"⑦而叶适、陆游、楼钥等酷爱绍兴名茶"日铸"。叶适《寄黄文叔谢送真日铸》称赞"日铸":"建溪疑雪白,日铸胜兰芳。"⑧楼钥《次韵黄文叔正言送日铸茶》亦谓:"越山日铸名最高,种在阳坡性非冷。"⑨陆游《三游洞前岩下小潭水甚奇取以煎茶》认为:"囊中日铸传天下,不是名泉不合尝。"⑩江南茶类远不止于此。

① 北京大学古文献研究所编:《全宋诗》第46册,第28653页。
② 北京大学古文献研究所编:《全宋诗》第65册,第40943页。
③ 北京大学古文献研究所编:《全宋诗》第3册,第1368页。
④ (宋)梅尧臣著,朱东润编年校注:《梅尧臣集编年校注》,第797—798页。
⑤ (宋)欧阳修著,李逸安点校:《欧阳修全集》,第1915页。
⑥ (宋)苏轼著,(清)冯应榴辑注,黄任轲、朱怀春校点:《苏轼诗集合注》,上海古籍出版社2001年版,第2400—2404页。
⑦ (宋)苏轼著,邹同庆、王宗堂编年校注:《苏轼词编年校注》,第445页。
⑧ 北京大学古文献研究所编:《全宋诗》第50册,第31209页。
⑨ 北京大学古文献研究所编:《全宋诗》第47册,第29390—29391页。
⑩ (宋)陆游著,钱仲联校注:《剑南诗稿校注》第1册,上海古籍出版社2005年版,第162页。

　　江南的瓜果在时人诗词中亦颇受好评。如具有"药食同源"的木瓜,多产于福建、台湾、广西、广东、宣城等地,而宣城的木瓜让人难以忘怀,梅尧臣、陆游、韩元吉、杨万里、洪适、方回等诗人颇为喜爱,多有吟咏。读陆游《或遗木瓜有双实者香甚戏作》:"宣城绣瓜有奇香,偶得并蒂置枕傍。"① 韩元吉《送许侍郎知宣州》:"宣城景物今更妍,木瓜如瓠栗如拳。"② 杨万里《野店多卖花木瓜》:"天下宣城花木瓜,日华露液绣成花。何须埭子强呈界,自有琼琚先报衙。"③ 宣城木瓜确为瓜中极品,明人李时珍《本草纲目》称赞"木瓜处处有之,而宣城者最佳"④,明廷更是将之列为朝廷贡品。

　　不唯如此,江南还有大量的盐、铜、金等矿产资源。地处江南的吴、越、扬等地域临海,每每鬻海为盐。翻阅《宋史·食货志》可知,两浙之杭州盐场,岁鬻七万七千余石;明州昌国,岁鬻二十万一千余石;秀州场,岁鬻二十万八千余石;温州天富、密鹦及永嘉,岁鬻七万四千余石;台州黄岩监,岁鬻一万五千余石。另鬻湖、鬻井者不计其数。对此,时人诗词多有记述。梅尧臣《送秀州海盐知县李寺丞》称秀州"邑屋富鱼盐"⑤;王随《送馀姚知县张太博》言馀姚"市井鱼盐聚"⑥;张扩《舟行江阴道中》记江阴"处处鱼盐成市井"⑦;张伯玉《蓬莱阁闲望写怀》云绍兴"市井鱼盐合"⑧;等等。无愧于"东南盐利,视天下为最厚"⑨之评介。盐业之外,金、银、铜、铁等亦是江南的重要矿产资源。如饶州、歙州、抚州以及南安军盛产的金;饶州、信州、虔州、越州、处州、衢州及南安军的银;处州、信州、饶州等地的铜;又越州的铅、徐州的铁等,皆为冶金、铸钱等手工业提供丰富的原料。王禹偁《送朱九龄》提及"鄱阳古名郡,赤金流山谷。每岁鼓钱刀,从来设官局"⑩;梅尧臣《送施屯田提点铜场兼相度岭外盐入虔吉》载"江西采铜山未竭""铜私铸器盐夺商"⑪等,即是对江南丰富的矿产及冶

① (宋)陆游著;钱仲联校注:《剑南诗稿校注》第5册,第2724页。
② 北京大学古文献研究所编:《全宋诗》第53册,第32843页。
③ (宋)杨万里撰,辛更儒笺校:《杨万里集笺校》第4册,第1668页。
④ (明)李时珍编著,张守康等主校:《本草纲目》,中国中医药出版社1998年版,第749页。
⑤ (宋)梅尧臣著,朱东润编年校注:《梅尧臣集编年校注》,第124页。
⑥ 北京大学古文献研究所编:《全宋诗》第2册,第1310页。
⑦ 北京大学古文献研究所编:《全宋诗》第24册,第16095页。
⑧ 北京大学古文献研究所编:《全宋诗》第7册,第4737页。
⑨ (元)脱脱等撰:《宋史》卷一八二《食货下》,第4434页。
⑩ 北京大学古文献研究所编:《全宋诗》第2册,第670页。
⑪ (宋)梅尧臣著,朱东润编年校注:《梅尧臣集编年校注》,第680—681页。

金等手工业的真实记录。

　　然而,江南特有的地理环境孕育出的物产资源,远非前文列举之鱼米虾蟹、茶叶瓜果、金银铜铁等所能概括。诸如宣城特有的宣纸、宣笔,金陵、绍兴、苏杭等地的美酒,湖州、苏州、杭州的丝绸,等等。均是取材自江南丰富物产之上的手工业产品,即便是追求简单的山民,也可"一身生计资山木""负薪入市得百钱"①。可以这么说,丰富的自然资源为江南都市商业的发展提供物质基础。

　　除了丰盈的人口、富饶的自然资源外,便利的交通运输对都市商业交易场域中的资源互换和商品供应的贡献也应受到重视。对此,刘易斯·芒福德有过概括,他认为交通运输使城市能应用遥远地区的人力资源,实现互通有无,平均并交流不同地区特有的物资,而大规模的有效交通运输方式首选水路,这也是许多城市均发端于大河河谷地区的原因。②刘易斯·芒福德强调水运在城市发展过程中的重要作用,同样适用于探索宋代江南都市商业的发展。

　　江南地理得天独厚,江湖遍地,河流系统纵横交错,漕运四通八达。大概而言,宋代漕运运输主要以纵、横几大水系为主,辅以地方江湖河川等天然或人工水道及对外海运。横向主要有海河、黄河、淮水、长江、钱塘江五大水系;纵向以南起余杭,北到北京且贯穿五大横向水系的京杭大运河为主。水系纵横相连,东西南北诸域相通,四方货物、旅客、商贾贸易皆可往来。正是在水系恒通,漕运发达的背景下,江南都市借助水运之利逐渐崛起,并日渐繁荣。如位于长江水系上的江陵、鄂州、安庆、九江、宣城、金陵、扬州、江阴等城市,环绕东海海域的宁波、温州、台州、明州等,以及东海、长江、京杭运河及钱塘江交汇处的扬州、苏州、杭州、常州、上海、绍兴等江南都市群,其发达的商业经济无不受益于便利迅捷的水利交通。故而,水运的繁忙和千帆竞发的盛景便成为河海航道上的一道亮丽风景线,宋人诗词对此多有记录。如杨时《过兰溪》记兰溪水运景象:"纷纷朝市竞秋毫,江上霜风正怒号。不问扬澜与彭浪,翩然东下日千艘。"③即便江风怒吼、水势不平,依然阻挡不了往来的千艘商船。又许尚《华亭百咏·苏州洋》:"已出天池外,狂澜尚尔高。蛮商识吴路,岁入几千

---

① (宋)张耒著,李逸安、孙通海、傅信点校:《张耒集》,中华书局1990年版,第229—230页。
② [美]刘易斯·芒福德:《城市发展史——起源、演变和前景》,倪文彦、宋俊岭译,第77页。
③ 北京大学古文献研究所编:《全宋诗》第19册,第12950页。

艘。”[①]惊涛骇浪下，苏州河船形穿梭、帆影晃动。梅尧臣《汴之水三章送淮南提刑李舍人》之一记汴河水运：“昨日初观水东下，千人走喜兮万人歌。歌谓何，大船来兮小船过。百货将集玉都那，君则扬舲兮以纠刑科。”[②]汴河地处非江南，但却是连接黄、淮，通向江南的重要渠道，舟来船往、四时不歇。《宋史》载其“岁漕江、淮、湖、浙米数百万，及至东南之产，百物众宝，不可胜计”[③]。《文献通考·国用考三》亦载：“江南、淮南、浙东西、荆湖南北六路之粟，自淮入汴至京师。”[④]江南与北方商业物资因之得以往来。同样的还有周弼《南楼怀古五首》之五记巴蜀与吴中盐货的贸易往来：“雪消蜀货千樯下，风顺吴盐万斛增。”[⑤]王安石《和仲求即席分题得庶字》谓荆、扬之商业交易：“千艘来交荆，万舸去扬豫。”[⑥]等等，皆反映便捷的水运交通下，江南都市得以与其他地域保持商贸联系。

不仅如此，水运的便利与强大的运载能力，还促使宋廷重视对河道的治理和维护，对于水运不畅之地，甚至不惜财力物力开凿新渠。宋神宗元丰年间的导洛通汴工程即是为了保持汴河航运的畅通，文彦博《次韵留守相公以罗门新渠并成喜而成咏》称赞“远引驶风通越货，肇营胜迹在唐时”[⑦]。杭州知州苏轼曾因钱塘江浮山水恶滩浅，时有覆舟，遂向朝廷上状开辟新的运河，其诗《与叶淳老侯敦夫张秉道同相视新河秉道有诗次韵二首》之一言：“我凿西湖还旧观，一眼已尽西南碧。又将回夺浮山险，千艘夜下无南北。”[⑧]亦是重视运河对粮盐碱等商业物质运输功能的表现。

当然，水路运输在发挥平衡物资、互通有无运载功能的同时，其自身亦能带动商业经济的发展。如米芾《吴江舟中作》诗：“昨风起西北，万艘皆乘便。今风转而东，我舟十五纤。力乏更雇夫，百金尚嫌贱。船工怒斗语，夫坐视而怨。……添金工不怒，意满怨亦散。一曳如风车，叫啖如临战。”[⑨]在舟船行运过程中，少不了力乏雇夫，丰厚的酬劳使得船工弃怒语，进而意满怨消。诸如

---

① 北京大学古文献研究所编：《全宋诗》第50册，第31459页。

② （宋）梅尧臣著，朱东润编年校注：《梅尧臣集编年校注》，第278页。

③ （元）脱脱等撰：《宋史》卷九三《河渠三》，第2316页。

④ （元）马端临：《文献通考》卷二五，中华书局1986年版，第245页。

⑤ 北京大学古文献研究所编：《全宋诗》第60册，第37757—37758页。

⑥ （宋）王安石著，王水照编：《王安石全集》第5册，第229—230页。

⑦⑨ 北京大学古文献研究所编：《全宋诗》第50册，第31459页。

⑧ （宋）苏轼著，（清）冯应榴辑注，黄任轲、朱怀春校点：《苏轼诗集合注》，第1662—1665页。

此类伴随水路运输而来的劳务活动,亦是都市商贸经济的组成部分,共同促进了江南都市商业的繁荣。

三、商业观念与商人形象呈现

宋代诗词不仅记录了江南都市商业的繁荣及其繁荣基础,商业观念和商人形象在诗词中也有反映。在中国古代社会,虽有"士农工商四民者,国之石民也"①的职业划分,但在发展中奉行的却是重农抑商政策,从事商贸行业的商人长期处于较低地位。最典型的莫过于隋唐时期,朝廷实行"草泽望之起家,簪绂望之继世"②的科举选拔制度,却有"工商不得入仕"③的规定。至宋立国,对有奇才异行、卓然不群的工商杂类人,允其参与科举入仕。商人地位得到提高,市民对商贾贸易的认识亦有改变。然而,受商业卑贱等传统观念及商人自身伦理价值缺失的影响,都市商人形象在宋代诗词中呈现出两面性:一是勇于开拓、艰苦奋斗的正面形象;二是追逐巧利、骄奢淫逸的负面形象。

宋商人正面形象和正面意义的确立,得益于部分诗人不受重农抑商、商业卑贱主流文化观念的禁锢,以客观的态度看待商贸行业。如许景衡《送商霖兼简共叔》云:"末学纷纷只是夸,孔颜门户本无遮。农工商贾皆同气,草木虫鱼是一家。"④在作者看来,农工商贾与草木虫鱼同气连枝,并无贵贱之别。又刘克庄《杂兴》之四亦言:"田赋不可增,商贾不可笼。虽有百孔桑,安能救国空。"⑤意在强调农商皆国之本,二者缺一不可,同等重要。范仲淹《四民诗·商》亦谓商者"上以利吾国,下以藩吾身"⑥;对于传统观念轻视商业的现象,更是高呼"吾商则何罪,君子耻为邻"⑦,以示不满。不唯如此,部分诗词不仅能客观地看待商业活动,在对之描述时亦流露出对商人富庶且不受世俗羁绊生活的羡慕。如无名氏《望远行·寿商人五月廿一》一词客观地叙述商人事迹,商人善于经营,获利颇丰、富足有余。这种荣华富贵不仅自身受用,还能延益子孙,故而词人不禁感叹:"何如子孙,荣贵须臾。长是赖你,作个陆地仙客,行

---

① 黎翔凤撰,梁运华整理:《管子校注》,中华书局 2004 年版,第 400 页。
② (五代)王定保著,阳羡生校点:《唐摭言》卷九《好及第恶登科》,上海古籍出版社 2017 年版,第 64 页。
③ (唐)杜佑撰,王文锦等点校:《通典》,中华书局 1984 年版,第 343 页。
④ 北京大学古文献研究所编:《全宋诗》第 23 册,第 15572 页。
⑤ (宋)刘克庄著,辛更儒校:《刘克庄集笺校》第 5 册,中华书局 2011 年版,第 1927 页。
⑥ (宋)范仲淹著,李勇先、王蓉贵点校:《范仲淹全集》,四川大学出版社 2017 年版,第 25 页。
⑦ 同上,第 25 页。

乐蓬壶。"①词中不乏艳羡之意。反观传统的江南田间农业种植,或"伤哉作劳无早夜,岁终赢微凡几桶"②,或"尽力泥水间,肤甲皆疥疮"③。辛苦劳作的同时,却"未知秋成期"④。对收成的期待,则是"阴阳水旱由天工,忧雨忧风愁杀侬"⑤。纵使"今年麦熟胜去年,贱价还人如粪土"⑥,最终不得不悲鸣:"赋田无利从来远……富者不耕耕者饥。"⑦"不如逐商贾,游闲事车航。"⑧田家苦楚如此。农业之外,为学为吏亦有相似的困境。宋末方回《估客乐》有言:"为吏受赇婴木索,汉相忽遭东市斩。不如估客取邪赢,居货罔人人不觉。布素寒儒守乡学,夜夜孤灯同寂寞。不如估客醉名倡,百万呼卢投六博。估客乐哉真复乐,大舶飞山走城郭。珊瑚未数绿珠楼,家僮多似临邛卓。十牛之车三百车,雪象红牙水犀角。养犬喂肉睡毡毯,马厩驴槽亦丹膜。生不羡凤凰池,死不爱麒麟阁,估客乐哉真复乐。……"⑨诗歌将为官为学的不易尽数吐露:为吏受贿遭刑;为官易受屠戮;寒儒则困守乡学,孤灯夜伴同寂寞,为官为儒不如估客乐。估客飞山走城、醉宿名倡,家仆随从,各类珠宝用之不尽,生活无拘无束,俨然一副"陆地仙客"的生活状态。故而部分女子"宁嫁与商人,夫妇各天涯"⑩,也不愿入"聘金虽如山"⑪的王侯世家。宋诗词对商业贸易及时人商业观念的客观书写,揭示了商业活动积极的一面。

除此之外,宋诗词中商人的正面意义还通过对商人奋斗精神的肯定以及对商人艰辛的同情体现出来。商人外出行商,远离家乡亲人,四处漂泊,其苦楚难以言说。尤其是江南地区,发达的水运给商人行商带来便利的同时,狂风海浪、贼寇等也威胁着商人的生命安全。如方回《估客乐》载钱塘飓风海浪:"迩来六月钱塘潮,一估传呼千估愕。大风来自度朔山,吹倒岷峨舞衡岳。一江一日殒千艘,四海五湖可陋度。诸宝下输龙王宫,虾蟹龟鼋恣吞嚼。……百年计较千年心,不禁一日风涛恶。"⑫在大自然恐怖如斯的绝对力量面前,舟船货物尽毁,商人葬身鱼腹,无数心血一朝殆尽。然而,勇于开拓、敢于冒险的商人并未因狂涛怒浪而止步。商人在行船前祭祀祈祷,或"割牲酾酒祷灵贶"⑬;

---

① 唐圭璋编:《宋诗词》第 5 册,中华书局 1988 年版,第 3796 页。
②⑦ 北京大学古文献研究所编:《全宋诗》第 7 册,第 4777 页。
③④⑧ 北京大学古文献研究所编:《全宋诗》第 11 册,第 7126 页。
⑤⑥ 北京大学古文献研究所编:《全宋诗》第 47 册,第 29053 页。
⑨⑫ 北京大学古文献研究所编:《全宋诗》第 66 册,第 41555 页。
⑩⑪ (宋)陆游著,钱仲联校注:《剑南诗稿校注》第 5 册,第 2666 页。
⑬ 北京大学古文献研究所编:《全宋诗》第 50 册,第 31549—31550 页。

或"楚词跪奠设浆椒"①以求"顺风挂席轻狂涛"②,其后便以无畏的斗争精神去面对凶险的风浪。这在周紫芝《观潮示元龙》诗中展现得淋漓尽致:"越山莽苍吴山高,海门屹立通江涛。江头久客归未得,来趁吴儿看晚潮。潮头初来一线白,雪浪翻空忽千尺。……惊涛倒射须央空,千艘已落空濛中。锦帆半臂浪花里,越商巴贾争长雄。江湖险绝长如此,风静潮平亦何事。人间万法有乘除,却遣风波在平地。"③又释永颐《苧溪夜泊》载吴城之吴商:"吴侬射利如射虏,高帆大艑横江涛。黄昏不顾风水恶,篙儿怒击何轻豪。苧溪人家惯迎接,憧憧来往无停艘。"④商人尽显雄姿,商船往来不绝。

狂风海浪等自然灾害外,盗寇杀人劫货亦是商人面对的又一难题。宋人朱彧《萍洲可谈》载:"商人言,船大人众则敢往,海外多盗贼,且掠非诣其国者,如诣占城,或失路误入真腊,则尽没其舶货,缚北人卖之。"⑤不仅海外多盗贼,海内贼寇亦时有出没。如王安石《收盐》云:"尔来贼盗往往有,劫杀贾客沈其艘。"⑥苏舜钦《滞舟》亦言:"夕忧寇盗至,蹶弩映岸丛。"⑦尽管山高水恶,路途艰险,但勇于奋斗的创业精神支撑着商人披荆斩浪,昂扬向前。

商人的艰辛还来自与亲人尤其是妻子离别带来的精神折磨,这可借助"商妇词"中商妇的凄楚加以审视。如陈与义《长干行》:

> 妾家长干里,春慵晏未起。花香袭梦回,略略事梳洗。妆台罢窥镜,盛色照江水。郎帆十幅轻,浑不闻橹声。曲岸转掀篷,一见兮目成。羞闻媒致辞,心许郎深情。一床两年少,相看悔不早。酒欢娱藏阄,园嬉索斗草。含笑盟春风,同心以偕老。郎行有程期,郎知妾未知。鹔首生羽翼,蛾眉无光辉。寄来纸上字,不尽心中事。问遍相逢人,不如自见真。心苦泪更苦,滴烂闺中土。寄语里中儿,莫作商人妇。⑧

---

① ② 北京大学古文献研究所编:《全宋诗》第 50 册,第 31549—31550 页。

③ 北京大学古文献研究所编:《全宋诗》第 26 册,第 17288 页。

④ 北京大学古文献研究所编:《全宋诗》第 57 册,第 35995 页。

⑤ (宋)朱彧撰:《萍洲可谈》,载朱易安、傅璇琮等主编:《全宋笔记》(第二编),大象出版社 2006 年版,第 149 页。

⑥ (宋)王安石著,王水照编:《王安石全集》第 5 册,第 307 页。

⑦ (宋)苏舜钦著,沈文倬校点:《苏舜钦集》,上海古籍出版社 1981 年版,第 29 页。

⑧ (宋)陈与义撰,白敦仁校笺:《陈与义集校笺》,上海古籍出版社 1990 年版,第 970 页。

诗中主人翁为南京长干一商妇,因独守空房,故而春慵起床迟,略事梳洗。商妇与商人原本两情相悦,结为连理。丈夫外出行商,商妇思念日重,问遍相逢人,仍然无法缓解离别之痛与内心的孤苦。妇人终日以泪洗面,最后以自身经历劝诫里中人,莫作商人妇。离别的思念与痛苦似已成为商妇的普遍体会,而长期漂泊、游历、四处迁转的诗人有着与商人相似的经历,最能体会离别带来的精神折磨,故而商人夫妇的艰辛每每引起诗人的同情与共鸣。宋末谢翱《商人妇》云:"抱儿来拜月,去日尔初生。已自满三岁,无人问五行。孤灯寒杵石,残梦远钟声。夜夜邻家女,吹箫到二更。"①商人离开时儿初生,归来时儿已三岁,其间经历的孤灯寒夜、无人问津又何止是商妇,商人的苦楚亦不下于此。也正是对商人艰辛与商妇凄苦的同情,诗歌中借商妇诉说离别愁思的同时,也表达了对婚姻的固守。如杨冠卿《商妇吟》:"妾本良家子,嫁作商人妇。荡子去不归,幽闺长独守。……邮签访水程,去问夫健否。白面谁家郎,下马清溪口。却立不肯前,邀妾相先后。宁知天壤间,贵贱从其偶。妾身虽同涂,妾心终不负。"②无论贵贱,虽分处天涯,但衷心不负,这也是对商人艰辛行商、勤于奋斗的创业精神以及商妇独守空房的同情和慰藉。

当然,宋江南都市商人亦承袭了商贾追逐巧利的负面形象。有学者在讨论都市商业文化时指出,"与传统农村文化相比较,在城市生活方式中,人的生存含义发生了变化,从群体转变为个体,从追求公益转变为追逐私利,从淳朴、重情转变为智巧、理性,这在活动于都市空间的商人身上表现尤为突出"③。商人背井离乡,奔赴万里从事商业活动,其目的是为了获利,这与重义轻利、重农抑商等主流文化观念相悖,本就不利于都市商人正面形象的树立。又商人在追逐利益的过程中,过多注重对利的追求而忽略自身商业伦理的建设,这无疑更加固化了商人形象的负面意义。宋诗词中不乏类似例子。如郑瀷《四泽晓罾》载黄山太平县廛市:"渔郎业渔相忌猜,欲晓未晓江上来。"④李觏《上姑丈间丘通牧少卿》云:"鱼盐机巧利,凉德多矜争。"⑤方回《留杭近三年得去赋不可不出城》:"巧伪以为生,语无一可信。妇女狐媚繁,商贾狙诈竞。天下不

① 北京大学古文献研究所编:《全宋诗》第 70 册,第 44321 页。
② 北京大学古文献研究所编:《全宋诗》第 47 册,第 29622 页。
③ 查清华:《唐诗记忆:江南都市的商业场域》,《都市文化研究》2014 年第 2 期(第 11 辑),第 148 页。
④ 北京大学古文献研究所编:《全宋诗》第 53 册,第 32843 页。
⑤ 北京大学古文献研究所编:《全宋诗》第 20 册,第 13581—13582 页。

皆然,杭城为特甚。"①商人在牟利过程中难免会摒弃公平竞争原则,狡诈取巧,为谋求利益最大化而采用不正当手段。不仅如此,狙诈的不正当竞争手段已无法满足逐利之心,"市人起相战,争利初殴击"②,相互之间不惜拳脚相向、大打出手。更有甚者,罔顾国家制度法纲,求利而不惜以身试法。欧阳修《送朱职方提举运盐》言及:"物艰利愈厚,令出奸随起。良民陷盗贼,峻法难禁止。"③相较而言,茶、盐、碱、铜、铁、汞、金等物产获利丰厚,故而朝廷对此监管严格,颁布严酷法令禁止违法买卖。但巨利的诱惑下,良民沦为盗贼,严峻刑法亦难以阻止。梅尧臣《送施屯田提点铜场兼相度岭外盐入虔吉》一诗所述较为详尽:"江西采铜山未竭,南越熬波海将结。主人贪利不畏刑,白日持兵逾盗窃。铜私铸器盐夺商,死共吏争蛇斗穴。奸豪乘势倚蛮陬,劫掠聚徒成蚁垤。今虽驱剪岭下平,尚恐根存更生蘖。因择健才通便民,付职与权将有设。秋香亭上共为宾,却作主人殊少悦。"④商人私采私卖,持兵盗窃,贪利而不惜违法乱纪,丝毫不珍惜自己的生命。这也是长期以来商贾备受轻视的影响因素之一。诚然,商人敢于拼搏、艰苦奋斗的贸易精神值得鼓励,但只求一己私利,冒利轻生的行径是为不智。遗憾的是,此类冒利轻生的行径在江南都市商业场域中尤为普遍,屡禁不止。故而苏轼《八月十五日看潮五绝》之四不禁感叹:"吴儿生长狎涛渊,冒利轻生不自怜。东海若知明主意,应教斥卤变桑田。"⑤是对都市商人扰乱法纲、轻生冒进、苦求私利行为的惋惜。

此外,商人负面形象的形成还与商人骄奢淫逸的生活方式以及负心薄幸的行为相关。商人艰辛的奋斗经历往往引人同情,但部分商人获利致富后,生活日渐奢华,昔日的艰苦与初心早已忘却。周紫芝《倡楼词》云:"桃李艳春风,荣华照京洛。九陌飞香尘,朱楼响弦索。美人倚修栏,青娥卷珠箔。白面谁家郎,巴商载金橐。大舸何岢峨,系舟楼下泊。哀弹杂清歌,日日楼中乐。谓言如江流,偕老有盟约。一朝买婵娟,蝉鬓轻梳掠。情从新人欢,恩与旧人薄。去年与青棠,今年赠芍药。人生有荣谢,曾不待衰落。倡女不嫁人,深心失期

---

① 北京大学古文献研究所编:《全宋诗》第 66 册,第 41643—41644 页。
② 北京大学古文献研究所编:《全宋诗》第 54 册,第 33877—33878 页。
③ (宋)欧阳修著,李逸安点校:《欧阳修全集》,第 113—114 页。
④ (宋)梅尧臣著,朱东润编年校注:《梅尧臣集编年校注》,第 680—681 页。
⑤ (宋)苏轼著,(清)冯应榴辑注;黄任轲、朱怀春校点:《苏轼诗集合注》,第 455—457 页。

约。"①诗中商人频繁出入青楼,寻花问柳,莺歌燕舞不歇。一张巧口如簧,去年青棠,今年芍药,海誓山盟尚在耳畔,转身便"情从新人欢,恩与旧人薄"②。生活奢靡,耽于享乐,负心薄幸、始乱终弃如此决绝。也正是商人的薄恩寡义行径所致,"深心失期约"的商女成为世人关注和同情的对象,长期见存于中国古代文学作品集。相应地,商人薄情寡义、狡黠好利的一面不断被放大,负面形象也进一步固化。

结　语

宋诗词视域下的杭州、润州、苏州、绍兴、常州、扬州等江南都市群极为繁华,商业活动频繁,日市夜市交替,国内外商贸不断。江南都市的繁华,离不开江南地域丰富的物产资源、快速增长的人口以及便捷的水利交通等基础。同时,宋代市坊制度的瓦解和宵禁制度的取缔等进一步促进了都市商业的发展。宋诗词中对商贾行业及商人的态度,既有对传统重农抑商观念下穷商贱贾等的承袭,也有对商人正面形象和正面意义的树立。商业贸易能带来丰厚的收益,这是劳而少利且辛苦无比的传统农业无法比拟的。商人告别亲人,远赴他乡进行商贸活动极为不易:行商路途中诸如船毁人没、盗寇杀人劫货等人身伤害,商人与亲人的离别之思等精神折磨,皆得到诗人的理解和同情。当然,由于商人职业伦理精神的缺失,其在追逐利益过程中也表现出唯利是图、为达目的不惜违法乱纪的一面;商人发迹后的奢丽生活以及喜新厌旧等负面形象也见存于宋诗词。

The commercial memory of Jiangnan city from the perspective of Song poetry

Abstract：Jiangnan cities developed rapidly in the pre-Qin, Six Dynasties and Tang Dynasties. By the Song Dynasty, the commercial economy in Jiangnan was highly prosperous. Song poetry, as the artistic expression of the survivors' perception of social phenomena at that time, carries the witness and cultural memory of the people at that time to the commercial grand occasion of Jiangnan City. The abundant natural resources in Jiangnan are the material basis of

---

① ② 　北京大学古文献研究所编:《全宋诗》第 26 册,第 17095—17096 页。

urban commercial development; The rapidly growing population is the internal driving force for the development of urban production and consumption market; Convenient water transportation accelerates the exchange of urban materials, so urban commercial activities are carried out frequently. Influenced by the mainstream cultural concepts such as business meanness and the lack of ethical values of businessmen, the positive image of businessmen has been weakened for a long time. Song poetry gives businessmen understanding and sympathy in the form of art, and the two-sided image of business men struggling hard and chasing clever profits can be presented.

Key words：Song poetry; Jiangnan; urban culture; business foundation; business concept; merchant image

作者简介：彭健，上海大学文学院博士研究生。

日本近代汉诗的上海都市书写①

史可欣 严 明

摘　要: 上海城市文化兴起,既是中国近代都市文化滥觞,也让日本汉诗在"西风东渐"历史变革的背景下,找到了新兴的书写场域。日本汉诗的上海都市书写,集中反映了上海航运交通枢纽、多元文化融合窗口,以及中日交往的新型媒介等重要内容。源于东亚古典的汉诗,在近代中日交往中仍然保持着强大的通用语功能,并在描绘新兴都市景观中发挥出多维度的实录作用。本文借鉴西方城市史理论,总结近代日本汉诗的上海叙事系列,勾勒其对上海都市成长的生动剪影,这为深入探究近代东亚交流提供了新的视角,也映衬出近代日本汉诗和东亚文化的新发展。

关键词: 都市文化　上海　城市史　东亚　日本汉诗

城市史研究兴起于 20 世纪 60 年代的欧美,以结合社会学、地理学等交叉学科的研究方法,勾勒出人类文明中自古代、中世、现代直至当代著名城市的发展脉络。该领域以英国莱斯特大学城市史中心(University of Leicester)为著名,在城市史研究已有数百年传统的英国,《剑桥英国城市史》(*The Cambridge Urban History of Britain*)堪称这一领域的奠基之作。②美国有著名社会哲学家刘易斯·芒福德(Lewis Mumford),其代表作为 1961 年出版的《城市发展史:起源、演变和前景》(*The City in History：its Origins，its Transformation，*

---

① 本文为国家社科基金重大项目"东亚汉诗史(多卷本)"(19ZDA295)中期成果之一。
② 陆伟芳、里查德·罗杰:《英国城市史研究的发展走向——兼评〈剑桥英国城市史〉》,《都市文化研究》2005 年,第 48 页。

and its Prospects)。改革开放以来,我国城市研究不断取得新成果,文学研究领域的都市文化学兴起,可以看作是与城市史研究发展相伴相成的投影。

作为中国近代都市的代表,有关上海的历史文化研究,很早就受到了学者们的关注,如熊月之《上海文化发展与变迁:实践与经验》(上海社会科学院出版社 2008 年版)、苏智良《上海城区史》(学林出版社 2011 年版)、徐静波《近代日本文化人与上海 1923—1946》(上海人民出版社 2013 年版),文学方面有陈伯海、袁进主编《上海近代文学史》,都市文化学领域则有朱易安《略论都市化进程中的海上竹枝词》(2012)、全亚兰《近代竹枝词转型与都市文化研究》(博士论文)、沈灵超《都市体验与文化嬗变:城市题材诗歌的近代转型》(硕士论文)等,专门探讨城市文化发展与文学之间的内在关系。近年来,随着域外汉学研究的兴起,来自日本、朝鲜、越南等传统东亚文化圈国家的文献材料,为我们了解近代中国的发展,打开了一扇新的窗口。作为传统中国以外汉诗水平最高的国家之一,日本近代留存有许多间接或直接描写上海城市的汉诗作品。

要之,中日千百年往来频繁,交流不断,特别是以吴地、苏杭为代表的江南地区,一直是两国之间来往的重要对接点,至今吴音仍然是日语语音的重要源头之一。自近代以来,上海一跃成为江南地区交通枢纽、经济中心以及文化窗口,也为日本汉诗书写提供了新的场域。

一、上海航运交通枢纽地位的勾勒

日本学者实藤惠秀指出:"踏入明治时代(1868—1912),日本急剧地吸取西洋文化,对中国文化的关心渐趋淡薄……"伴随清政府对内对外的一系列失败,甚至"在政治上、经济上或文化上都轻视中国"。以往日本学习中国的模式,也转为中国越来越多地向日本输出留学生,"从 1896 年到 1937 年四十二年间,中国留日学生络绎不绝,人数最多的时候,竟达八千之谱,其盛况在世界各国留学史上可说是空前的"。①

1862 年奉命赴上海考察的长州藩士高杉晋作有《高杉晋作の上海报告》,他在日记中写道:"我奉君王之命随从幕府官吏到达上海港,又调查了当地的形势以及北京的传闻。我认为,我们日本国若不迅速实行攘夷之策,最终将重

---

① ［日］实藤惠秀:《中国人留学日本史》,谭汝谦、林启彦译,生活·读书·新知三联书店 1983 年版,自序第 11—12 页。

蹈中国之覆辙。"又说："中国自古英雄辈出,君臣以及佛教教义非常开明,节义之道也通达贤明,本非外敌所及,然而为何如此……只想着天下太平,没有改变方针政策去制作军舰大炮来防敌于敌国。"①并有诗《晓起闻炮声名仓予何人韵》云:

> 微身岂与西夷死,一片胆心净似霜。
> 忽听炮声起回首,天皇所在是东方。②

历史上,上海地位的上升起于 1842 年中英《南京条约》"五口通商",以及此后公共租界形成,交通区位因素起到了至关重要的作用,自此外向型海洋发展模式打破了传统农业文明下内陆型经济。十九世纪四五十年代东亚海域进入汽船替代帆船的航运变革期,英国 P&O(Peninsular & Oriental)公司率先开通区域内定期航线,此后的 1862 年波士顿拉塞尔公司(Russel Co.)使用外海轮船定期航行于上海、汉口之间。彼时拥有更大纵深、稠密人口和发达产业的上海,优势地位逐渐超过帆船时代的外港宁波,迈向长三角地区最大都市。斯波义信认为,这一时期长三角地区的都市网从以苏杭二市为顶端的旧体系快速转变为以上海为顶端的新体系。③相关研究论著,有戴鞍钢《海河联运与近代上海及长江三角洲城乡经济》、李玉铭《远洋航运与上海城市变迁(1850—1941)》、肖照青《上海在近代中国中心城市地位的确立及其历史因素》。上海在经济资本主义化时代的中心和交通枢纽的地位,不言自明。

时代的变革,改变不了文化层面,中日同属东亚汉字文化圈的事实。李鸿章为竹添光鸿《栈云峡雨日记并诗草》作序说:"方今两国文轨相同,往来相通,畛域之分,非复曩时比。"④可知近代以来,两国交通便捷之发展速度,大大超过以往任何一个历史时代,也为汉诗的流通创造了条件。《大东吟社诗第一辑》安井朝康(小太郎)序说:"予尝读绝海和尚《蕉坚稿》,其人入明之作,音节铿锵,词意俱优,非曩所谓邦人之诗。求诸彼土,不过屈数指。然则非邦人不

① [日]日比野辉宽、高杉晋作等:《1862 年上海日记》,陶振孝、阎瑜、陈捷译,中华书局 2012 年版,第155 页。
② 同上,第 156 页。
③ [日]斯波义信:《中国都市史》,北京大学出版社 2013 年版,第 137 页。
④ [日]竹添进一郎:《栈云峡雨日记并诗草》1,周勇、黄晓东、惠科整理,重庆出版社 2018 年版,第4 页。

能作汉诗,盖教养不得其道也。今海波如熨,舟车往来不容十日行。有人留学十年,审研精求,则驾绝海而上之必不难也。"①古代日本知识分子对于中华传统文化的渴慕,汉诗是包含其中十分重要的部分,作为文化输入国,日本诗人的汉诗修养,也随着两国交通的发展不断进步成熟。中井樱洲(1838—1890)有《发长崎赴上海》诗:

> 遥指扶桑以外天,三山五岳在何边。
> 火船蓦忽如飞鸟,截破惊涛万叠烟。②

　　樱洲是日本近代重要的政治、外交人物。出身萨摩藩士家庭(今鹿儿岛县),早年因在江户(今东京都)参加"尊王攘夷"活动遭幕府逮捕,解送回老家鹿儿岛。后遇赦,得后藤象二郎赏识,在后藤与坂本龙马共同资助短暂赴英国留学。出版过《西洋纪行》,因通晓中、英文,在明治政府中从事接应各国公使相关工作。这首《发长崎赴上海》作于明治三年(1870)十月十八日,樱洲与土佐人结城幸安,会同英国商人牛顿(ウトン),乘坐来往香港的火轮船新加坡号,自长崎出发赴上海。诗中"扶桑"指代日本,"三山五岳"指称中国,诗后有大沼枕山评语:"鲁连踏海,宗悫乘风。壮则壮矣,然未离海之内也。斯人远谋长策,出于海之外,则今之博望乎?"③就中国语境来说,鲁连蹈海④、宗悫乘风⑤在古代均视为壮举,进入工业时代,蒸汽船的普及让航海远行变得更为快捷,特别是对于中日之间的交往,相对于帆船时代要便利很多。末句化用杜诗:"溟涨鲸波动,衡阳雁影徂。"(《舟出江陵南浦奉寄郑少尹审》)⑥从其生平来看,作该诗的后一年,即明治四年(1871),樱洲随岩仓具视使节团考察欧美各国,见闻著成《漫游记程》三卷。大沼氏以"今之博望"(即汉武帝时出使西域的博望侯张骞)喻之,肯定了其以外交官身份放眼全球的视野。

---

① ［日］土屋久泰、山本悌二郎等编:《大东吟社诗第一辑》,昭和十一年(1936)和本排印本,第1—2页。

②③ 中井弘(樱洲):《樱洲山人遗稿》,横山咏太郎出版,明治二十九年(1882)十月发行本,国立国会图书馆有藏,上卷第2页。

④ 故事出自《战国策》,明代许潮《武陵春》有:"弃礼义而尚有功,鲁连蹈海;堕名城以杀豪杰,李耳出关。"

⑤ 南朝沈约《宋书·宗悫传》有:"愿乘长风破万里浪。"

⑥ ［唐］杜甫著,(清)仇兆鳌注:《杜诗详注下》,中华书局2015年版,第1583—1584页。

日本近代著名佛教学者南条文雄(1849—1927)《印度纪行》中有诗,题记曰:"二十六日上午晴,入黄泥海。下午四时停船不进。"

> 未到沪城百里前,黄泥和水渺连天。
> 脯时海浅舟虽进,一夜无端波上眠。①

南条属日本真宗大谷派僧侣,明治初年赴英国牛津大学攻读博士学位,研究梵文佛典。1887 年入印度巡礼佛教圣迹,归途中特至上海,是为探访中国天台山佛教遗迹。他在《怀旧录》中说:"三月五日自孟买出发南行,停靠锡兰的哥伦布港。经过彼南、新加坡、中国香港,抵达上海时已至下旬。"②又有:"二十七日晴暖,下午六时到达上海,宿留位于美租界的虹口乍浦路本愿寺别院。"诗云:

> 朝来舟脚候归潮,不似云洋万里超。
> 黄浦江头春日晚,才收行李泊僧寮。③

本愿寺上海别院位于虹口区乍浦路,建筑由冈野重久设计,岛津工作所承建,沿街东山墙上设计有巨大的扇状拱形莲瓣浮雕,现址为上海市虹口区体育发展中心,基本保留了建筑原貌。最早由日僧小栗栖香顶于光绪二年(1875)建立,也是日本佛教在上海开办的第一所分院,坊间俗称"东洋庙"。别院内设立"江苏教校"负责日本来华留学生的教育督导,还开办过《上海新报》《佛门日报》。《怀旧录》载:"上海有小栗栖师等创设的东本愿寺别院,此时驻在的有松林孝纯君、松江贤哲君等,皆能通晓中国语。"另"卅日登天台山意已决,四月一日得护照"。有一诗:

> 古书千岁藏名山,万里梦魂几度攀。

① 南条文雄:《印度纪行》,佐野正道出版,明治二十年(1887)八月发行本,国立国会图书馆有藏,第45 页。
② 南条文雄:《怀旧录》,大雄阁出版,昭和二年(1926),国立国会图书馆有藏,第 283 页。原文为日语,系笔者自译,余同。
③ 南条文雄:《印度纪行》,佐野正道出版,明治二十年(1887)八月发行本,国立国会图书馆有藏,第45—46 页。

护照放行今在手,不妨吟脚入云关。①

此时上海已成为办理中国入境许可的重要口岸。按照计划,南条一行自上海沿大运河,经石门、嘉兴到达杭州,再于绍兴换船至天台山。归途路过杭州,西湖探胜。此行由前所提及的上海别院僧人松林行本为向导,过杭州后有南条同乡,美浓南画家村濑蓝水陪同,抵达上海后乘船归日本国内。

全球化时代的上海,不仅是国际航线的重要枢纽,在当时中国国内航运中地位的重要性也是显著上升。考之航运史,由宋至明的很长一段时间,宁波都是江南地区中日贸易的专门港口,羁留中国二十余年的日本入元诗僧雪村友梅(1290—1346)即是搭乘商船在宁波登陆。日本五山时期(相当于中国南宋、元至明朝后期)渡日僧人多为明州(宁波古称)或周边人士。在当时日本,“明州货”也有不一样的意义,以至于明朝嘉靖二年(1523)出现了为争夺勘合贸易权而爆发的“争贡之役”②。日本宋代经济史、商业史专家斯波义信认为中国分为邑制都市时期和县制都市时期,考察城市发展应在结合都市行政史的基础上充分考虑了聚落发展的历史叙述。③北宋以后吴淞江河道淤积使得海岸线逐步外延,南岸近海的支流“上海浦”,取代逐渐变为内港华亭海口的青龙镇,成为往来船舶的寄锚之处。随着商业发展与人口聚集,南宋末年置“上海镇”,元朝至元二十九年(1292)正式设立上海县。历代上海的政治地位随着交通、经济地位的上升,不断获得行政级别认可,直至 1927 年正式定名“上海市”。

由于地理位置的靠近,加之港口功能的集中化,上海成为近代日本人往来中国的重要站点,如草场谨明治三十七年(1904)发上海赴天津时作《发上海》诗:

水路今朝又远征,顺风相送一帆轻。

从兹转识殊风土,也似昨来离国情。④

---

① 南条文雄:《怀旧录》,大雄阁出版,昭和二年(1926),国立国会图书馆有藏,第 284 页。

② 矛盾双方为室町幕府时期的日本大名细川氏和大内氏争夺勘合贸易权,《宁波府志》载其时“两夷仇杀,毒流廛市”。事件导致明朝“裁闽、浙两市舶司,惟存广东一处”,中断了江南地区与日本的贸易往来,也为后来的倭寇之乱埋下伏笔。

③ [日]斯波义信:《中国都市史》,北京大学出版社 2013 年版,第 2—36 页。

④ 川口久雄编:《幕末・明治海外体験诗集:海舟・敬字より鸥外・漱石にいたる》,大東文化大学東洋研究所 1984 年版,第 225—226 页。

草场谨是江户时期著名学者草场珮川之孙,草场船山之子。毕业于东京外国语大学清国语科,后赴北京留学,归国后任职日本陆军省,担当军人的中国语教授。草场精通北京官话和南京官话,也是日本近代中国语学界元老。草场此行途中停留山东烟台考察,作《芝罘夜泊》:

> 远汀月淡暗渔灯,枯荻风寒水气凝。
> 一夜山东寸来雪,判知北海结成冰。①

是年恰逢日俄战争爆发之际,草场以陆军翻译身份从军北渡,可知自上海经烟台赴天津,在当时是重要航线。此前,负责《日清修好条规》修约的日方公卿代表柳原前光(1850—1894),有《山东洋》诗:

> 秋风解缆春申浦,船指三齐迅似奔。
> 一翮鹏飞云剑影,千头鼍跃浪留痕。
> 鲁生豪气今安在,田氏悲歌不复存。
> 往事茫茫何用问,月轮依旧照乾坤。②

其来华诗作,也提及上海经烟台北上的线路。与此相似,内藤湖南早年作《游清杂诗次野口宁斋见送诗韵》(五首其一)亦提到芝罘:

> 风尘满目近中秋,一剑将观禹九州。
> 故旧当年空鬼籍,江山异域九神游。
> 斗低朴昔开藩地,天接羲和宾日头。
> 要访秦皇勒铭处,片帆先指古之罘。③

交通路线的停泊是一方面,值得宕开一笔的是,日本汉诗人在航程中不约而同地反复吟咏"芝罘"。《史记·秦始皇本纪》载:"于是乃并渤海以东,过黄、

---

① 川口久雄编:《幕末·明治海外体验詩集:海舟·敬宇より鷗外·漱石にいたる》,大東文化大学東洋研究所 1984 年版,第 226 页。
② 同上,第 439 页。
③ [日]内藤湖南:《内藤湖南汉诗文集》,广西师范大学出版社 2009 年版,第 4 页。

睡,穷成山,登芝罘,立石颂秦德焉而去。"①秦始皇东巡,三登芝罘,派徐福东渡求取长生不老药的故事,在日本文化中流传已久。《日本书纪》和《古事记》颇多秦汉移民渡日的内容,京都还一直留有祭祀秦始皇为"大酒大明神"之神社(位于今京都府右京区)。可知徐福在当时日本知识分子心目中的地位,某种意义上,日本汉诗人来华的内心动机,某种意义上也带有文化溯源寻根心态。

成为近代交通枢纽和中心城市的上海,在汉诗话语当中,也酝酿着文人墨客的诗情画意。迎来送往,赠别诗是传统汉诗书写当中十分常见的题材。竹添光鸿(1841—1917)作于上海的,《送人归日本》:

> 懒云如梦雨如尘,陌路花飞欲暮春。
> 折尽春申江上柳,他乡又送故乡人。②

诗后有评语:"香岩(神田香岩,系著名汉学家神田喜一郎祖父)曰:晚唐风味。彦清曰:情味无尽。"日本近代南画家衣笠济(1850—1897),来游中国时作《达上海》诗:

> 吴淞江水浸平陂,夹岸绿荫看已奇。
> 不恨红桃花谢尽,此行犹及鳜鱼时。③

诗风轻妙,融情入画,把诗人作为画家的理解融入诗中,写出了夏末秋初时节吴淞江两岸水漫平坡,林深花谢的景色。此景勾起了诗人的"莼鲈之思",既沉醉于眼前的景色,又借中国的典故表达了对故乡的眷恋之情。

二、上海商业都市文明的演进与多元融合

在以苏杭为中心的历史格局中,农耕文明为根基的传统中国社会,后来崛起为重要商业城市的上海不得不长期居于边缘地位。早在战国时期,上海一

---

① [汉]司马迁:《史记》,中华书局 1959 年版,第 244 页。
② [日]竹添进一郎:《栈云峡雨日记并诗草》2,周勇、黄晓东、惠科整理,重庆出版社 2018 年版,第 266 页。
③ 川口久雄编:《幕末・明治海外体験詩集:海舟・敬宇より鴎外・漱石にいたる》,大東文化大学東洋研究所,1984 年版,第 261 页。

带属楚国春申君封地,春申君名黄歇,今黄浦、申城等得名均与他有关。上海简称"沪",南朝梁简文帝《开元寺浮海石像铭》载:"晋建兴元年癸酉之岁,吴郡娄县界,淞江之下,号曰'沪渎'。"①宋代朱长文《吴郡图经续记》亦云"松江东泻海曰'沪渎',亦曰海"。②考之,"沪"本是一种用绳编结而成的捕鱼工具,唐代徐坚《初学记》卷八,州郡部,江南道第十,称:"江南道者,禹贡扬州之域,又得荆州之南界。北距江东际海,南至岭,尽其地也。苏州为吴太伯之墟……"在"事对"(扈渎　盐田)条写道:"《吴都记》曰:松江东泻海口,名曰扈渎。《舆地志》曰:扈业者,滨海渔捕之名。插竹列于海中,以绳编之,向岸张两翼。潮上即没,潮落即出。鱼随潮碍竹不得去,名之云扈。又曰:海滨广斥,盐田相望。吴煮海为盐,即盐官县境也。"③

按照刘易斯·芒福德的理论,城市的产生是村庄发展的高级形态,"这种新实体中,人类组织形式也变得更复杂……包括矿工、樵夫、渔人……这些原始类型中后来又产生其他一些职业团体,如士兵、钱庄经济人、商人、僧侣等。城市正是凭借这种复杂多样性,创造出更高级的复合统一体"。④吴淞江下游自古水产丰富,以"沪"这一捕鱼工具得名,也体现出形成聚落早期,渔村经济的历史痕迹。

随着近代港口和贸易中心向上海的转移,其自身边缘文化的基础,反而少了其他城市长期积累下来的凝固性、稳定性和排他性。能够很自然地接纳蜂拥而来的中外各种边缘文化,并具有足够的文化基础和开放心态来消化和融合这些边缘文化,使上海迅速成为中外多种边缘文化的积聚地。⑤宫本小一(号鸭北散人),明治时代贵族院议员,出仕外务省。曾作《上海杂诗》(四首),描绘当时景象:

> 层城蛮馆碧参差,互市繁华冠海陲。
> 无数商船何所载,米囊花落液甘时。

①　柴志光、潘明权:《上海佛教碑刻文献集》,上海古籍出版社 2004 年版,第 1 页。
②　(清)顾沅:《吴郡文编》1,上海古籍出版社 2011 年版,第 15 页。
③　(唐)徐坚:《初学记上》,中华书局 1962 年版,第 186—187 页。
④　[美]刘易斯·芒福德:《城市发展史:起源、演变和前景》,倪文彦、宋俊岭译,中国建筑工业出版社 1989 年版,第 28 页。
⑤　苏智良:《上海:近代新文明的形态》,上海辞书出版社 2004 年版,第 4 页。

> 旭帜红高领事衔,过门行客走朝霞。
> 看嗤绝域我风及,豚尾人牵人力车。

> 正是初莺未燕辰,诗家清景望中新。
> 江南竹树无多子,只种垂杨馆领春。

> 脚尖弯曲小于拳,还是娇颜转丽妍。
> 一路轿窗春日暖,草青不踏蹋人肩。①

　　高耸的城墙和洋馆建筑错落参差,上海作为古老中国的新兴市场和国际贸易港口,各国商船填满了拥挤的码头。诗中"米囊"指的是罂粟花,写出了当时罪恶的鸦片贸易之猖獗。"豚尾人"指的是依然留着辫子的清朝人。脚尖"小于拳"指裹脚妇女,要依赖扶着人的肩膀才能行走。在当时上海那样一个新旧交替,新事物和旧事物互相交织共存的环境下,新潮与传统,进步与落后,出现在同一个镜头的画面中。

　　草场谨《游清绝句》一首描绘当时上海铺店,题记曰:"上海铺店,皆用红笺,上书吉语,贴于门楹,谓之对联,店东多系关东福建人。"

> 户户门帘锦字新,货铺肉店几成邻。
> 东家不识甚么省,多是关东福建人。②

　　考之上海城市史,1685 年清廷解除海禁,1686 年设置江、浙、闽、粤四海关,其中江海关设于上海。活跃在上海县城的大多为客籍商帮,本地商贾不过占十之二三。客籍商帮中,有历时久远的徽商和秦晋商人,有浙江宁波帮、绍兴帮,有湖南洞庭商帮、关东帮、山东帮、江北帮、广东潮州帮、福建泉漳帮,以及江西商帮等等。他们中不少人在上海落籍定居,致使上海居民多客籍,上海

---

① 川口久雄编:《幕末·明治海外体験詩集:海舟·敬宇より鴎外·漱石にいたる》,大東文化大学東洋研究所 1984 年 3 月版,第 594—596 页。
② 同上,第 223 页。

由此成为一座商业城市,一座买卖的城市。①近代上海的快速崛起,同样也离不开来自不同阶层、地域、风俗习惯、文化背景的人们付出的共同努力。诗中"关东"二字当为"广东"误写,所见店铺户户张贴颇具中国传统特色的对联,旧上海市井文化中的生活气息扑面而来。详细询问店家,发现开店的东家多为远道而来的广东、福建人。来自异乡的外国游客,繁华摩登的上海城市印象,一排排传统店铺中操着广东福建口音的老板,组成了某种奇妙的交织。现代化大都市的多元与融合,瞬间体现得淋漓尽致。

在描绘市井文化的汉诗体裁当中,竹枝词在明清至近代以来具有重要的地位。受中国文化影响,日本近代汉诗人对竹枝词也颇为喜爱,清初诗人尤侗(1618—1704)就编有《外国竹枝词》一书,多收日本、朝鲜诗人相关作品。伊藤信(竹东散史)编《日本竹枝词集》序中说:"我邦人赋竹枝体者,祇园南海《江南词》为鼻祖……凡海内名邑大都,繁华风流之地,无不有竹枝词曲之可传者,其词概述山水风土之明媚佳丽,叙才子佳人之温雅丽婉,能得风人之旨矣。"②日本竹枝词虽未有书写上海的专辑,但日本汉诗人的笔触,亦曾以竹枝词的方式及之。衣笠济《申江五竹枝词》之一:

> 大英街接法兰街,昼锦里中多粤娃。
>
> 何事萧郎空背约,一灯深照绣花鞋。③

竹枝词本为乐府一体,多言男女风流或地方风物。申江是上海的别称,大英街、法兰街代指当时的英租界与法租界,浮华锦绣中的风尘女子多为广东女子。灯红酒绿的热闹,衬托出"萧郎"逢场作戏离去后的失落,书写了一位陷入情思的歌女,落寞又惹人怜惜的姿态,让人不由得想起白先勇笔下《永远的尹雪艳》。描写当时十里洋场浮华景象的作品,还如草场谨《洋泾浜》一诗:

> 可怜少女解风流,卖俏华妆倚画楼。

———————————

① 苏智良:《上海:近代新文明的形态》,上海辞书出版社 2004 年版,第 4 页。

② 伊藤信:《日本竹枝词集》上卷,华阳堂书店 1939 年版,国立国会图书馆有藏,第 1—2 页。

③ 川口久雄编:《幕末・明治海外体験詩集:海舟・敬宇より鸥外・漱石にいたる》,大東文化大学東洋研究所 1984 年版,第 261—262 页。

寄语金鞭游荡子,烟花何事说扬州。①

扬州是中国诗歌当中,烟花风月的代名词。南北朝时期殷芸《殷芸小
说·吴蜀人》中即有"腰缠十万贯,骑鹤下扬州"之说。后世文人更是歌咏不
绝,如,李白名句:"故人西辞黄鹤楼,烟花三月下扬州。"(《黄鹤楼送孟浩然
之广陵》)杜牧:"十年一觉扬州梦,赢得青楼薄幸名。"(《遣怀》)近代上海的
舞女,恰与传统诗词当中的秦楼楚馆、烟花柳巷处于同一语境,在汉诗中顺
畅地完成了这样一组概念的兑换。值得注意的是,日本近代青楼、香艳文化
也是汉诗坛重要的组成部分,尤以诗坛盟主森春涛(1819—1889)香奁体为
代表。再如近代著名报人成岛柳北(1837—1884)主编的《花月新志》《柳桥
新志》等,在当时的日本文坛有很大的影响力。草场谨另有一首《娼妓(俗叫
窑子)》诗:

浴罢花颜粉黛催,凌波袅袅上妆台。
迎张送李寻常外,关意萧郎来不来。②

用宫体诗的笔法,写出了表面繁华的景象之下,旧上海不为人所关注的颓
废面。也表达了诗人对歌舞升平背后,那些身处社会下层妓女的同情。

从城市区位来看,曾经的上海日租界位于虹口吴淞路一带,外及北区越
界筑路的北四川路(北段)、狄思威路等地段。这一带离最为繁华的北外滩
一带很近,也成为当时日本人来华住留上海的最主要活动地带。日下部鸣
鹤《禹域游草》中有组诗《招饮沪上诸文士于北徐园,是日阴历三月三》
(三首)。

万里萍游入禹封,越云吴树一重重。
名园诗酒拟修禊,也似山阴寻旧踪。

---

① 川口久雄编:《幕末·明治海外体験詩集:海舟·敬宇より鴎外·漱石にいたる》,大東文化大学
東洋研究所 1984 年版,第 224 页。
② 同上,第 224—225 页。

清泉茂树绕闲亭,脆竹幽弦侧耳听。
好会群贤足觞咏,此亭须署小兰亭。

柳浦桃村处处同,玉兰花落荡春风。
北园今日群贤集,唯少蓬莱卖药翁。①

　　徐园位于今天潼路 814 弄,创建于 1883 年,又名双清别墅,是上海最早的私家园林,亭台池榭俱全,当时被誉为沪北十景之一。三首诗作于北徐园,与诸多中国文士宴游,想起了在故国红叶馆中如兰亭雅集一般的"处士风流"。石桥犀水评之:"(诗句)存大小疏密变化,空间处理章法精妙。"②

　　日本政府当时在上海举办的官方活动,如儿玉少介(1842—1925)作《上海品川领事招饮席上赋似》诗:

海乡秋近暮天遥,竹翠荷香暑耐消。
满引不辞此良夕,舣波影醮五州标。③

　　品川忠道(1840—1891),明治初年担任外交官,曾任日本驻上海初代领事,后升总领事。作者儿玉少介,名利国,明治四年(1871)被派遣赴中国留学,回国后任职海军省。诗中"醮"日语意为"浸泡","五州"代表世界各国,"标"意为"旗帜"。需要指出的是,儿玉也是日本侵占台湾的积极策划者之一,1874年中日因台湾"琉球漂流民事件"发生争端时,跟随大久保利通(1830—1878)全程参与北京谈判。近代上海万国云集的景象,背后也包含着列强企图瓜分中国,清政府疲弱无能导致主权丧失的历史伤痕。

三、近代化背景下的上海中日文化交流

　　有西方学者将前工业化城市分为西方型城市和东方型城市。又在带有农业文明特质的分类中提出华夏型(Sinic),其下一级又可分为中国的、越南的、

---

① ［日］日下部鸣鹤:《鸣鹤禹域游草・笔谈》,日本书道教育学会 1969 年版,第 8—14 页。
② 同上,第 36 页。
③ 川口久雄编:《幕末・明治海外体験诗集:海舟・敬宇より鸥外・漱石にいたる》,大东文化大学东洋研究所 1984 年版,第 748—749 页。

朝鲜的、日本的，以及一些别的变种。①这种分类方法虽然带有一定的笼统性，但在工业文明到来之前，中国、日本的城市共同依托于相近的农业文明类型，是容易理解的。加之地理上的相近，日本和江南地区文化长期交融，这一点从吴文化对日本的影响方面即可见一斑。

近代上海的文化底色，直接来源于对江南文化的继承。虽然近代化格局的发展，苏州的经济、政治中心，宁波的港口贸易中心地位，某种意义上都吸收并融合进上海这座新兴城市当中，但就文化底蕴，特别是传统文化方面，还是应当把江南文化作为整体来看待。诚如美国学者施坚雅说："长江下游的实例，其引人注目之处在于地区城市体系反复重组，但该区的几个大城市却没有一个趋于衰落。与国内其他城市圈相比，长三角城市圈在腹地经济基础、城市群层级的成熟度、内部区域文化的繁荣度等方面有着明显的优势。这种优势与江南城市群在历史上形成的分工合作、共存共荣密不可分。"②

城市发展必然带来文化的繁荣，日本汉诗记录下有关上海的近代中日文化交往，主要包含书籍流通，以及文人交谊所带来的互动。中国历史最长久的出版机构商务印书馆，自1897年于上海创办伊始，就与日本文化圈有着各种联系。近代出版业的发展，也促进了知识分子的互动往来，小说家永井荷风（1879—1959）1897年随父（永井禾原，知名汉诗人）游上海，即写有汉诗小集《游沪杂吟》。曾任《周南》《长州日报》主笔的山根立庵（1861—1911），明治三十一年（1898）来上海创办《亚东日报》，与章炳麟、文庭式、张元济、李伯元、丁祖荫等名流有交情。鲁迅先生的挚友，内山完造（1885—1959）在上海开创的内山书店③，当时颇受知识分子、青年学生喜爱，是宣传进步思想的重要据点。鲁迅1927年左右迁居上海，内山书店从1932年起甚至一度成为鲁迅著作代理发行专门店。

不仅如此，上海成为日本知识分子进入中国，特别是游访江南名流、文化地标的重要切入点，前文所述南条文雄自印度返程，由上海登陆访问天台山就

---

① ［美］施坚雅主编：《中华帝国晚期的城市》，叶光庭等译，中华书局2000年版，第5页。

② 夏斌、陈俊珺：《上海，归根结底是江南的上海》，《解放日报》2021年12月3日第14版。

③ 内山先生在1913年以药店职员的身份派驻上海，1917年以妻子美喜子名义在虹口北四川路余庆坊弄口旁的魏盛里（现四川北路1881弄）开设内山书店，1929年迁至北四川路的施高塔路（今山阴路）11号。

是一例。内藤湖南《游清杂信：宁波、杭州访书（1903 年）》说："我从天津到上海，滞留了四天，见了我的中国老朋友罗振玉……（产生了）往浙东一带游历考察的兴趣。"所以"于 16 日晚，乘上上海'江天'号汽船，向宁波出发，第二天清晨就到了"①。作为近代江南地区新兴的区域中心，基于经济的发展与文化的兴起，上海也是中国近代出版发行、书籍环流的重要枢纽。沟通古典意义上的江南，上海成为具有现代性的新切入点。书籍是这当中最好的媒介之一。俞樾《沪上盛行学诗捷径、虚字注释、误字辨正诸书，不知谁作，而皆托名于余，赋此一笑》云：

> 虚名我已愧难居，假托微名更觉虚。
> 邵武士为孙奭疏，齐梁儿造李陵书。
> 虎贲入坐非无辨，赝鼎欺人或有余。
> 不解庆虬之作赋，如何总说是相如。②

葛洪《西京杂记》卷三"赋假相如"曰："长安有庆虬之，亦善为赋。尝为《清思赋》，时人不之贵也，乃托以相如所作，遂大见重于世。"③俞樾借此典自嘲，意思是书的质量原本不错，何必托名自己以求见重于世。也侧面证明，当时上海出版业之发达，以及学诗风气的流行。

吉川幸次郎早岁即常求书于上海，翻阅其诗作，于《知非甲集》存《购书怀旧绝句》四首，自注"皆忆弱冠前购书"，实际作于 1958 年 12 月，当中三首与上海有关。其一：

> 隔海书来字每斜，我寄铅石自中华。
> 春申江上停舟问，十字街西第二家。④

自注："函购铅石印书，皆由亚东图书馆，其尺牍字甚不易读，癸亥春游上海乃往访之。"⑤据他本人回忆，"我（指吉川氏本人）通过订购、邮寄的方式，从

① ［日］内藤湖南等：《中国访书记》，钱婉约编译，九州出版社 2018 年版，第 60 页。
② （清）俞樾：《春在堂诗编》上，浙江古籍出版社 2017 年版，第 316 页。
③ （晋）葛洪著，周天游校注：《西京杂记》，三秦出版社 2005 年版，第 154 页。
④⑤ 吉川幸次郎：《笺杜室集》，研文社 1981 年版，第 14 页。

上海的书店买中国书,最早开始于大正末年,在京都第三高等学校读书的时期,这方法是青木正儿先生教给我的。打交道的书店叫亚东图书馆,它就是出版、发行当时最先进的杂志《新青年》的机构,另外,它还出版《水浒》《儒林外史》《三国演义》《红楼梦》等旧小说,对这些旧小说进行整理,加上胡适的解说,并标上了逗号、顿号、句号、感叹号、问号等新式标点符号。所以,它是与北京大学相关的最先进的出版社。"①在中国现代史和文学史上,亚东图书馆发挥了无可取代的重要作用,大革命期间(1922—1927),1922 年 9 月,中共中央机关报《向导》于此创刊,并作为中共中央出版局办公地,与胡适、陈独秀、毛泽东、陈乔年等重要人物皆有重要联系。吉川幸次郎曾在亲族那里读到过一本杂志《创造季刊》,对上面刊载的郁达夫短篇小说代表作《沉沦》②印象深刻,就托亚东图书馆买到了这本杂志。《购书怀旧绝句》其二:

> 达夫浪漫说沉沦,禹域文风由此新。
> 创造季刊曾购得,恨同长物付埃尘。

作为最早阅读这部中国文学史上具有划时代意义小说作品的日本读者,若干年后,实藤惠秀向吉川氏借阅那本杂志,因数次搬家而不知所踪,似觉有点可惜。通过吉川幸次郎诗作的记叙,可知位于上海的亚东图书馆,影响范围不止及于近代中国,书籍的流通也同步影响到了当时的日本学人。又,其四:

> 夷士东隅隐士庐,家风淳朴及钞胥。
> 层层小室艺笺叠,此乃书淫成癖初。

诗后吉川氏自注:"上海英租界蟫隐庐罗氏。"罗振常(1915—1943)是著名甲骨文研究者罗振玉从弟,近代著名藏书家,1915 年开设书肆"蟫隐庐"于上海,以古籍收藏及刊印发售为业,凡三十年。③作为当时的文化重镇,上海的地

---

① ［日］内藤湖南等:《中国访书记》,钱婉约编译,九州出版社 2018 年版,第 386 页。
② 郁达夫短篇小说代表作,对当时的文坛起到了震撼作用。故事以郁达夫自身留学经历为蓝本,讲述了一个日本留学生的苦闷和对国家弱小的悲哀。
③ 郎菁:《罗振常与蟫隐庐》,《天一阁文丛》第九辑,2011 年版,第 165—172 页。

理位置有利于文化交流,获取更多丰富的藏书,"蟫"有书虫之意,同为爱书成癖之人,吉川幸次郎与罗氏可谓域外知音。

文化互动方面,《东瀛诗选》的编辑是中日汉诗交往史,乃至在中日文化交流史上都具有重要意义的大事。其编撰动机在于,明治维新以后,日本社会急剧欧化,汉诗的地位迅速衰落。一部分日本诗人产生了将日本汉诗由中国著名学者、评论家评论,以获得国际声誉支援,有了想请一位中国经学和汉诗大师来编《东瀛诗选》的想法。①作为当时颇具威望的名流,俞樾成为担任这一历史责任的合适人选,加之俞樾家居苏杭,由海路来华的日人,多在上海登陆;然后去苏州或杭州造访俞樾,同时成了心旷神怡的旅行。经竹添光鸿介绍,日本僧人北方心泉(1850—1905)于1881年5月于杭州(不遇),1882年于苏州两度造访俞樾,并结文字之交。又经心泉介绍,俞樾结识了曾担任《东京日日新闻主笔》,在上海兼营日用百货、书本印刷的岸田吟香(1833—1905)。俞樾曾作《日本国人岸田园(国)华,字吟香,蒐辑其国人诗集一百七十家,寄吴中,求余选定,余适卧病,未遑披览,先赋一诗》曰:

> 平生浪窃是虚名,老去声华久不争。
> 隐几坐方学南郭,寓书来又自东瀛。
> 吴中病榻鸡皮叟,海外骚坛牛耳盟。
> 百七十家诗集在,摩挲倦眼看难明。②

所说的正是诗选编撰的肇始。日本诗坛和文化界对这一事件也十分重视,日本诗人山本木斋(1822—1896)得知自己早年诗作收入《东瀛诗选》,欣然提笔写下《余少时所作〈落花〉诗一首、载在俞曲园樾学士所选〈东瀛诗选〉中,亦可谓海外知音矣,偶有所感,赋一律》:

> 无复飞红到枕边,闲怀往事独萧然。
> 谁图少日宴间作,忽值知音海外传。
> 鞭影晓坊湿花露,鬓丝禅榻起茶烟。

---

① (清)俞樾著,曹昇之、归青点校:《东瀛诗选》上,中华书局2016年版,第6页。
② (清)俞樾:《春在堂诗编》上,浙江古籍出版社2017年版,第275页。

前时诗客衰残甚，绿树窗中听雨眠。①

可知日本汉诗人得知自己作品收录时的兴奋。应该肯定的是，心泉在《东瀛诗选》编撰的过程中，起到了十分重要的中介作用，时常经过上海往来苏杭及江南一带，不仅和俞樾结下了深厚的友谊，也为中日汉诗的交流互通做出了重要贡献，翻阅书信往来即可得知。心泉曾写《和曲园太史见寄韵以作》诗：

六朝烟柳忆重逢，递到佳章墨淡浓。
老僧真儒方契合，闲云野鹤得相通。
子承孙继殊诸派，何肉周妻有别宗。
我佛慈悲施宝筏，不教山海阻相从。②

是为对俞樾赠诗的酬唱，也是对这段中日交谊佳话的记录。值得一提的是，当时慕名前来俞樾门下求字、问学的日本人亦络绎不绝。俞樾有《日本人井上陈政，字子德，航海远来，愿留而受业门下，辞之不可。遂居之于俞楼。赋诗赠之》曰：

不信天涯若比邻，乘桴远至太无因。
怜君雅意殊非浅，愧我虚名本不真。
喜有湖楼堪下榻，敢云学海略知津。
自惭未及萧夫子，竟受东倭请业人。③

诗后注："唐刘太真送萧颖士序云：东倭之人，逾海来宾。举其国俗，愿师于夫子。夫子辞以疾，而不之从也。"反用历史典故，记录这段别样的中日师生情缘。井上陈政（1862—1900）学成归国后，精深的汉学造诣为其从事中日外交工作打下了坚实的学术基础。

自明清以来，以苏、杭为中心的江南地区，始终居于中国传统文化的高

---

① 马歌东：《俞樾〈东瀛诗选〉的编选宗旨及其日本汉诗观》，《兰州大学学报》2002 年第 1 期，第 35 页。
② 陈福康：《日本汉文学史》下，上海外语教育出版社 2011 年版，第 306 页。
③ （清）俞樾：《春在堂诗编》上，浙江古籍出版社 2017 年版，第 293 页。

峰地位,在"欧风美雨"为主导的近代上海,来源于江南文化的传统基因,是不应当被忽略的重要底色。作为东亚传统文化的话语,汉诗在近代中日文人交谊上起到了"通用语"的作用,虽然语言不通,文化背景存在差异,但中日文人可以在诗文笔谈中传递信息,且更容易获得精神上的交流共鸣。需要被理解的是,近代上海作为中日文化交流的汇聚点,起到了接口和中转的功能,日本文人由此进入的江南游历,则需要放在更大的语境背景下进行叙事。

纪行是中国传统文学中的重要内容,《栈云峡雨日记并诗草》俞樾序说:"文章家排日纪行,始于东汉马第伯《封禅仪记》,然止记登俗事耳。至唐李之《南行记》、宋欧阳永叔《于役志》,则山程水,次第而书,遂成文家一体。"①日本近代汉诗人的上海游历书写,很多也继承自这样一种传统,尤其强调写景与寄托相结合。钟文烝(1818—1877)序说:"古来九能之士,有所谓'山川能说'者,非徒纪游历之盛,侈见闻之多,模山范水已也,盖必有关系寄托之语焉。"②"九能"典出《诗经·国风·鄘风·定之方中》"卜云其吉,终然允臧"句,传曰:"建国必卜之,故建邦能命龟,田能施命,作器能铭,使能造命,升高能赋,师旅能誓,山川能说,丧纪能诔,祭祀能语,君子能此九者,可谓有德音,可以为大夫。"其中"山川能说",一为"说其形势",一为"述其故事"。③近代日本人来华,留下了不少游记性质的宝贵材料,著名的有日比野辉宽、高杉晋作《1862年上海日记》、芥川龙之介《中国游记》、德富苏峰《中国漫游记》等,都得到了相关学者的重视并整理翻译。结合时代背景来看,日本近代纪行汉诗得之中国传统诗学观念,在描写地标面貌的同时,也承载着抒发诗人的情感寄托的抒情功能。特别是日本文化本就敏感于四季变迁,善于体悟周遭自然,诗作中也时常散发出"花鸟风月"般的审美情趣。足立忠八郎《清国漫游杂吟》有明治十七年(1884)《甲申除夕上海客舍杂感》诗:

> 臈(腊)雪未消寒弊衣,沪城今夜故人稀。
>
> 通宵爆竹送残岁,远寺钟声隔水微。

---

① [日]竹添进一郎:《栈云峡雨日记并诗草》2,周勇、黄晓东、惠科整理,重庆出版社2018年版,第5页。

② 同上,第7页。

③ (战国)毛亨、(汉)毛苌:《毛诗正义》标点本,北京大学出版社1999年版,第199页。

万里孤身游沪城,江边风雪恼乡情。

一年行脚无踪迹,底事明年新岁迎。①

独自异乡辞岁,描写中结合动静对比,衬托心中的孤寂之情。又有作于明治十八年(1885)《乙酉晚秋游静安寺》诗:

晴天驰马过斜桥,霜染枫林叶未凋。

满目秋光真似画,暮烟浓处几耕樵。②

静安寺在当时英租界西部,位于旧上海县西门外郊外。其时秋叶凄清,暮霭中时见农人路过,营造出"枯藤老树昏鸦,小桥流水人家"般唯美的东方意境。再如南画家衣笠济笔下《沪渎秋思》诗:

秋来多所思,况作天涯客。

纸笔徒抛掷,羽书犹戍役。

孤城残月明,万瓦新雪白。

昨夜得鳞鸿,编吾金马籍。③

此时的诗人于深秋独自宦游上海,得到了故国寄来的任职书信。考之生平,诗人衣笠氏自明治六年(1873)起漫游九州、横渡清国,前后纵横长达九年。其间在劝农局任职,直到明治二十五年(1892)退职。另外,日语"沪渎(ことく)",与"孤独(こどく)"发音相近,某种意义上也构成了日本汉诗超出汉字字面之外,另一维度特有的隐喻功能。

四、结　语

城市文明记录着人类物质和精神财富发展的脉络,城市史与城市文化研究,也是深入理解文学的重要途径。日本汉诗得源于中国,历来与中国文化的

---

① 川口久雄编:《幕末·明治海外体验诗集:海舟·敬宇より鸥外·漱石にいたる》,大东文化大学东洋研究所1984年版,第360页。

② 同上,第361页。

③ 同上,第253页。

母体牵连不绝。日本自"佩里来航"到明治维新,中国自鸦片战争"五口通商",加之西方势力的不断进入,以中国为核心的传统东亚结构面临更大的不稳定性。具体到中日之间,从甲午战争以及发生在中国国土上的日俄战争等冲突,都可以看出两国关系深刻而复杂的变化。文学是历史的触角,在东亚发展的近代历史变革期,上海特殊的地理、地缘位置,一方面成为中国社会近代化的先头之浪,另一方面,也是沟通域外的重要连接点。

日本近代汉诗的上海书写,其独特性主要体现在三个维度。首先,汽船普及带来航运的进步,东亚各国之间的往来愈发便捷频繁,崛起的上海为日本汉诗提供了能够进入中国境内,超出以往任何历史时期的机会,这种"入境"不仅体现在上海城市本身,也包括江南文化,以及中国境内的游历。其次,成为中西交融,多元汇聚之新兴商业城市的上海,为汉诗提供了新的素材、语料,甚至包括新事物带来的思考。最后,汉诗是传统东亚文学的重要部分,在历史上起到过沟通东亚各国的纽带作用,近代中日交往中,汉诗对于中日知识分子而言依然起到了共同话语的作用,也是东亚各国历史上"文本同轨"的体现。

文学,特别是汉诗的语言,对信息的记录是点状的,具有片段性。汉诗不足以完整地记录历史,却是见证历史的重要留痕。从理论的角度来说,东方话语和西方理论对文化的理解存在思维方式上的差异。秋山元秀认为,日本(东亚式)的许多研究,是所谓中国学,或者更一般地说,是人文学性的历史记述。欧美学者的最大特色之一是研究具有很强的社会科学性,运用社会学、经济学特别是地理学等现代学科所发展出的理论,对我们所疏忽且不知所措的问题作出了明确的结论。①把握东方理解下的感悟式记述,辅以西方理论的逻辑论证,可以形成拓宽研究思路的有机互动。在这种双向互动中,日本近代汉诗的上海都市书写为我们提供了一系列管窥上海城市史和东亚近代史的域外镜头,反过来,城市史理论建构下的上海城市发展史,也注释了近代日本汉诗和东亚文化的新发展。

---

① [日]秋山元秀、胡德芬:《施坚雅编〈中国王朝时代晚期的城市〉》,杭州大学学报(哲学社会科学版)1980 年第 4 期,第 40 页。

The Urban writing of Shanghai
in the Japanese Traditional Han Poem

Abstracts: The rise of Urban culture in Shanghai is not only the beginning of modern Urban culture in China, but also enables Japanese Han poetry to find a new writing field under the background of the historical change of "West wind gradually spreading to the east". The writing of Japanese Han poetry in Shanghai reflects Shanghai as a transportation hub, a window of multicultural integration, and a new medium of sino-Japanese communication. Han poetry, which originated from east Asian classical literature, still served as the lingua franca of intellectual communication between China and Japan in modern times. Under the influence of western urban history theory, the narration of Shanghai in Japanese Han poems constitutes a glimpse of modern China, and also provides a new outside perspective for in-depth exploration of East Asian history and culture.

Key words: Urban culture; Shanghai; urban history; East Asia; the Japanese Traditional Han Poem

作者简介: 史可欣，上海师范大学人文学院博士研究生；严明，上海师范大学教授，博士生导师。

作为情欲空间的上海公园：公共空间、
性别及亲密关系的转型

朱梦梦

摘　要：公园在近代上海的产生与发展伴随着传统性别空间秩序与亲密关系的变革。自晚清至民国，上海公园作为一个新型都市空间，其意义的生成及实践，与种族、性别、爱情等观念的发展密切相关。晚清名妓在上海的都市公园中炫耀身体，演绎男女公开交往，打破了传统的性别空间秩序，将公园塑造为一个公开的情欲空间。民国之后，公园逐渐在文本和实践层面上成为浪漫爱的理想场所，促进了男女交往模式的转变和新的爱情观念的形成。

关键词：上海公园　情欲　性别　亲密关系

在后花园中，才子与佳人私订终身，此可谓中国古代小说与戏剧的一个典型模式。虽然"公园"一词在古文中已经出现①，但它与现代意义上的公园内涵，即作为城市公共休闲娱乐空间不同②。学者已广泛关注的是自晚清至民国，上海公园所象征的现代性，以及其中种族歧视的问题，即公园禁止华人入内所引发的知识分子的愤慨。然而公园还有另一个重要的面向，那就是它作为一个新型情欲空间进入了上海的都市生活之中。那么，公园的出现与发展如何改变了上海市民的生活？这个新的都市空间的出现是否挑战了原有的男

---

① 陈植：《都市与公园论》，商务印书馆 1930 年版，第 1 页。
② 《从禁苑到公园——民初北京公共空间的开辟》，《文化研究》2013 年第 15 辑，第 120 页。

女性别秩序？从晚清到民国，公园的出现以及其景观、功能的改变，如何为新的爱情范式提供了发展的机会？公园恋爱的实践又如何影响时人对现代爱情的理解与实践？现有的研究还没有很好地回答这些问题。

因此，本文从历时的角度出发，探讨公园作为一个与情欲有关的浪漫空间，它的出现和发展与现代亲密关系的联结。晚清民国的上海公园作为一个新型都市空间，是列斐伏尔所谓的"表征空间"（representational space），其意义的生成及实践，与性别、种族、政治等观念的发展密切相关。①也就是说，它本身是动态且开放的，不同的空间实践赋予了它复杂和多元的内涵。由此，本文首先考察上海都市公园兴起的历史语境，再以晚清小说中再现的公园场景为例，分析当时新兴的公园与性别空间秩序的相互影响；接下来以二三十年代上海都市小说中的公园恋爱场景为例，分析公园在其中扮演的角色，探讨公园作为一个情欲空间对现代亲密关系的生成所起到的作用。

一、上海公园：新的都市公共空间的兴起

1867 年 7 月，《字林西报》刊登了一则评论："本报一直热切关注着这项将领事馆前的泥滩改造成期待已久的公共花园的工程的进展情况，它将为上海居民增添一项为数不多的可享受的生活设施。"②次年八月，上海工部局便建成了目前所知的上海第一个西式公共花园，又名"公家花园""外滩花园""黄浦江花园"等。之后，租界当局又新建了几座西式公园，给上海的外国居民提供了一个都市中的休闲放松的空间。列斐伏尔强调"生产空间"（to produce space）的重要性，因为创造一个合适的空间是改变生活的必要条件。③而上海租界建立的公园模拟了伦敦、纽约等大城市的公园，在半殖民地的中国城市移植了一个异质性的空间，为在上海的外国人提供了一个西式的公共休闲场所，让他们能够在其中散步、游玩、恋爱等。

西人在公园中的活动，特别是两性之间的交往，在华人眼中成为一种风景、一种展演，由此也渐渐影响到了华人传统的园林观念。虽然豫园早在明代

---

① Henri Lefebvre, *The Production of Space*, trans. Donald Nicholson-Smith, Blackwell Press, 1991, pp.38—39.

② 《字林西报》1867 年 7 月 8 日。

③ 亨利·列斐伏尔：《空间：社会产物与使用价值》，载包亚明编：《现代性与空间的生产》，上海教育出版社 2003 年版，第 47 页。

就已经出现,此后几百年的历史变迁中,它也从私人园林变成商会公所,尽管具有一定的公园性质,但是它更接近于城隍庙商圈的一部分,在理念与实践上都并非是作为一个独立的、固定的公共休闲场所,更非允许男女交往的公共空间。①西式公园的出现以及其对华人的排斥,反而使逛新式公园成为一种时尚和渴望。不过,虽然租界当局禁止华人进入公园之中,善于经商的上海人很快便模仿西式公园,把私人园林改造成中西合璧的公用私园,并以向游客收取门票或贩卖食品以及租赁舞台等形式牟利,比如张园、愚园、徐园等等。②

这些华商所建之公园,以张园最为知名。张园全名张氏味莼园,于1885对外开放。《申报》曾发文称赞"惟此味莼之园,能深合西人治园之旨"。③熊月之指出,张园是晚清上海各界最大的公关活动场所,市民去张园赏花、看戏、评妓、照相、宴客等等。与租界当局建造的外滩花园不同,张园等私人开办的公园,是以营利为目的,因此想尽办法吸引游客。张园中有花草树木、亭台楼阁,又集戏院、餐馆、茶楼、照相馆、游戏场、展览会等于一身,像是一个综合性休闲娱乐场所。④因此,它也成了当时上海最时尚的地方之一。随着张园的成功,类似的公用私园不断出现。

如果说上海商人是出于有利可图,那么当时许多的中国知识分子提倡公园建设,则是旨在通过公园这一公共空间,提高国人的文明与健康程度。1903年,梁启超游历北美并对北美各公园印象深刻,他说"论市政者,皆言太繁盛之市,若无相当之公园,则于卫生上于道德上皆有大害,吾致纽约而信"。⑤可见,任公视公园为文明与健康的象征。1906年,上海的《竞业旬报》刊登了《兴办公园》一文,称"公家花园为一般社会休息游览之所。明各国愈繁盛之区,愈注重公园,京中巡警部,日前特通咨各省,从速兴办"。⑥由此可知,清政府也鼓励公园的建设,并要求在各省市兴办公园。

从西人建立公共花园到华商兴建公园,知识分子提倡公园建设,各种力量作用在公园这一新的公共空间上。这些力量都促进了上海公园的兴盛,为上海居民提供了新的休闲方式以及公共空间。不过,民国之后,上海的公用私园

---

① 张学森编:《园林记趣》,上海画报出版社第1991年版,第1—13页。
② 熊月之:《近代上海公园与社会生活》,《社会科学》2013年第5期,第129—139页。
③ 《味莼园续记》,《申报》1889年7月16日。
④ 熊月之:《近代上海公园与社会生活》,第129—139页。
⑤ 饮冰室主人:《新大陆游记》,《新民丛报》1904年增刊,第54页。
⑥ 《兴办公园》,《竞业旬报》1906年第7期,第37页。

便逐渐衰弱。1916 年,愚园关闭,随后张园于 1918 年不复存在,公用私园渐渐退出上海市民的休闲娱乐生活。虽然公用私园的热潮衰退,但租界公园却逐渐向华人开放。1928 年 6 月,公共租界公园最先向华人开放。同年 7 月,法租界当局也开放了公园,允许华人游览。①时人描述了开放后的外滩花园景象:"游园的有西人,有木屐儿,有赭帛裹首的身毒奴,而尤以华人占多数,往往一对一对地坐在绿荫深处,喁喁情话,旖旎风光,难以笔述。"②

二、公园作为情欲空间:性别空间秩序的重建

中国古代的女性被认为应安分地待在闺阁中,特别对中上阶层的妇女而言。《礼记·内则》指出"男子居外,女子居内"。③清代的《女学》中强调"男女大防,人兽之关,最宜慎重,不可亵也"。④尽管女性会借助各种各样的方式拓展自己的活动空间,但总的来说,女性的活动空间被局限在家庭的私密空间里,而男女间的交往是大忌。如杜丽娘般的闺阁小姐们,大多也只能在梦中与情郎相会。甚至晚清小说《九尾龟》中的妓女林黛玉,假意嫁给嫖客邱八之后,也被禁止出门,因为"既已嫁人,便是良家妇女,理应守着规矩,轻易不可出门"。⑤最后,她还是逃离邱家重当妓女才打破这个规矩。

相比于普通女性,礼教对于妓女的管束相对不那么严格。尽管清政府也不允许妓女出现在公共场合,但上海租界由外国人管理,实行外国法律,更无礼教对性别空间的约束,时人云:"西夷男女不知羞,携手同行街上游。亵语淫声浑不顾,旁人但听之啾唧。"⑥尽管租界的公园并不对华人开放,但如前文所述,上海华商所办的公用私园很快便兴起,热情欢迎华人游玩。而上海名妓追赶时尚,自然不会错过公园这个时尚场所,她们迈出妓院的私密空间,走向马路与公园。晚清上海名妓在公园中的活动,也使得公园这个公共空间成为了一种情欲的表征空间。"海上快乐图:彩皮叶双轮游花园"(下图1)中描绘了妓女与恩客乘着双轮马车出游的情景,虽看似相似,实际上画中的风景已经与传统的中国画相异,其中插入了现代性的风景。因为该花园并非是传统的私人园林,而是

---

① 花,《福尔摩斯》,1928 年 6 月 20 日。
② 郑逸梅:《述外滩公园》,《紫罗兰》1928 年第 6 期。
③ 郑玄注,孔颖达疏:《礼记正义》卷 28《内则》,北京大学出版社 2000 年版,第 1000 页。
④ 蓝鼎元:《女学》卷二《妇德篇中》《四库全书存目丛书》子部 28,齐鲁书社 1995 年版,第 510 页。
⑤ 张春帆:《九尾龟》,昆仑出版社 2001 年版,第 158—163 页。
⑥ 顾柄权编:《上海洋场竹枝词》,上海书店 1996 年版,第 50 页。

公共空间,图中的马车也不是古代的木制马车,而是西洋式样的钢丝马车。①

更重要的是,在这中西合璧的公共空间中,还嵌入了一道耀眼的风景——名妓与嫖客的交往。如叶凯蒂所言,"风头最劲的上海名妓,在空间、仪式、功能和社会意义上冲破了传统妓女所框定的圈子,重新界定了她们与客人之间的关系"。②名妓与她们的恩客乘坐马车游公园,在公共场合交往,至少在形式上模拟了西人男女的交往方式,改变了传统的青楼妓女与客人的相处模式。从妓院到公园,名妓的活动把公园这一公共空间变成了情感交往空间,她们"无意中变成了现代性的榜样",预演了之后自由恋爱的交往方式。③

图 1　海上快乐图:
彩皮叶双轮游花园

图 2　《张园》石版画

名妓突破了传统的性别空间秩序对女性的活动空间与身体的限制。她们自信地出现在公共空间,并炫耀性地展示自己美丽的女性身体,吸引男性的注意。历史上,清末四大名妓陆兰芬、林黛玉、金小宝和张书玉都常去张园活动。当时的石版画《张园》就描绘名妓去张园的场景。④晚清狭邪小说中也多有提及,她们常在张园的安垲地(第)亮相。安垲地真实存在于张园,它是一栋由英

①　海上游戏主:《海上游戏图说》,出版社不详1898年版,第2页。
②　叶凯蒂:《上海·爱:名妓、知识分子和娱乐文化1850—1910》,杨可译,生活·读书·新知三联书店2012年版,第8页。
③　同上,第18页。
④　《张园》石版画,《民呼日报》1909年。

国工程师设计的西式洋房,于 1893 年落成,是当时上海的最高建筑。在小说《九尾龟》中,四大名妓纷纷在张园粉墨登场。在第五回中,方幼恽从常州来到上海,他与同乡刘厚卿一起坐橡皮马车去张园并在安垲第泡茶。他们坐下一会儿之后,只见"粉白黛绿一群群联队而来,一个个都是飞燕新妆,惊鸿态度,身上的衣服不是绣花,就是外国缎,更有浑身镶嵌水钻,晶光晃耀的"。①一群花枝招展的妓女出现在安垲第,其中便有名妓陆兰芬。她回眸一笑,把方幼恽给迷住了。第十三回、十七回中也是类似的娼妓与嫖客在园中互相"吊膀子"的故事。②第二十一回中又写道张书玉和金小宝在张园中争风吃醋,差点大打出手。四大名妓中的林黛玉更是常逛公园,即便从邱八家逃出回到上海后暂不营业的一段日子里,也时常身着华服美饰,坐马车去张园游玩。③

相比于传统的妓院空间,娼妓与嫖客在公园中的活动更像是一场恋爱展演,尽管本质上仍是"吊膀子",一场交易。王德威指出,在《海上花列传》中,"上海的妓女与嫖客们平庸得令人吃惊:他们见面、恋爱、争吵、分手或重聚的方式一如普通的情侣"。④王莲生与沈小红这对相好便是如此。一日,王莲生带着新欢张蕙贞,他的朋友也带着自己相好的妓女,一行人来到静安寺附近的明园游玩。两对男女先是坐在园中喝茶清谈,随后就自由走动。且看他们在公园中的活动:

> 于是大家或坐或立,随意赏玩。园中芳草如秀,碧桃初开,听那黄鹂儿一声声好像叫出江南春意。又遇着这天朗气清、惠风和畅的礼拜日,有踏青的,有拾翠的,修禊的,有寻芳的,车辚辚,马萧萧,接连来了三四十把,各占着亭台轩馆的座儿。但见钗冠招展,履舄纵横;酒雾初消,茶烟乍起;比极乐世界"无遮会"还觉得热闹些。⑤

这一番描写,乍一看古色古香,仿佛是在文人墨客雅集的山野郊外,实际上却是在都市之中。来到园中游玩的人也不只是男性,还有"钗冠招展"的妓

---

① 张春帆:《九尾龟》,第 30—37 页。
② 同上,分别是第 86—93 页,第 113—119 页。"吊膀子"在沪方言中意为男女相互挑逗、勾引。
③ 同上,第 137—144 页。
④ 王德威:《被压抑的现代性——晚清小说新论》,宋伟杰译,北京大学出版社 2005 年版,第 103 页。
⑤ 韩邦庆:《海上花列传》,百花洲文艺出版社 2011 年版,第 48—49 页。

女。几十个男女共同出现在公园这个公共空间中,突破了传统的男女性别空间限制。且礼拜日是西人的休息时间,王莲生与张蕙贞来到公园与朋友一起喝茶聊天,仿佛就是西人情侣在公园中谈恋爱。

《海上繁华梦》中也多次提到张园安垲第。小说第八回中,杜少牡与妓女巫楚云约在张园安垲第相见,与此同时众多娼妓包括名妓林黛玉、金小宝都在此处泡茶,嫖客们也趋之若鹜。这一回的结尾,游冶之与杜少牡坐马车离开公园,游冶之执意要拉马缰绳,结果撞到另一匹马,摔下车来。《点石斋画报》中描绘了类似的一个场景:

> 日者,有某少年挟其妇,乘四轮轿式马车至该园游玩。行至荷花池畔,马忽惊跃,以致跌入池中。园主人见之,高呼诸马夫至,帮同援救。⋯⋯有识者乃归咎于妇女不宜轻出闺门,是也,然吾独谓该园荷花池畔亦围以栏杆,免致偶不经意倾跌堪虞。①

令人震惊的是画中直言"少年挟其妇",与他同坐一辆车的很可能是他的妻妾而非娼妓。少年带其妻妾游公园,其实已经冲击了传统的性别空间秩序。正是如此,文中写道有识者不但没有同情他,反而把他的不幸事件归咎于带妻子出闺门。虽然写该报道的人也同意妇女不应该轻易出家门,但他却指出解决方法是要把荷花池围起来,以免发生这样的事故,这其实已经默许了家庭妇女在公共场合露面。②从这个例子中可知,随着名妓与嫖客在公园中活动,一些男性也开始模仿他们,甚至突破常规带着自己的妻妾去公园玩耍,颠覆了传统的性别空间与男女交往模式。

虽然只有去逛公园的人才能亲眼看到公园中的娼妓与嫖客的交往,不过,她们的活动被文人纪录在了上海各色小报之中,让更多读者能在茶余饭后窥探这个新式的情欲空间和新式的男女交往活动。其中比较典型的报刊就是李伯元所创办的《游戏报》,它迎合市民趣味,介绍"花界"动态,名妓在张园的活动就时常出现在这份报纸。报纸等媒介对名妓游公园的大肆报道,扩大了能了解娼妓的公园活动的受众群体。

---

① 陈平原、夏晓虹:《图像晚清:〈点石斋画报〉》,百花文艺出版社 2001 年版,第 259 页。
② 梁允翔:《海上空间——晚清寓居城市的现代性》,上海辞书出版社 2018 年版,第 187 页。

名妓大肆活动在公园之中,而大部分良家妇女仍被束缚在家庭之内,时人早已注意到这个问题,并试想了解决方案:

> 凡外国花园等处无论男女均可游玩,独妓女则止在门外观望,不得擅入,诚以妓女为西人所贱。倘有偕妓女以行者,则人皆窃窃然笑之,鄙不与齿数。华人则不然,止经内眷终身闭室中不令出外一步,而其外间游戏之地、娱乐之境,所以偕行无非妓女。……莫若仿西国之法使女子自幼读书,教以内外诸事。凡有宴会游赏之事,悉与其妇。具如此,则男女之爱既得遂,其所欲不至别有外好,而贱若妓女又何敢与人家内眷同游并坐。①

该文作者认为应该让中国女子读书,以便熟悉内外之事,可以随男性出门,那么男性不必再带妓女去公共场合,只需要和妻子同行即可。看来该文作者确实颇有预测性,他的设想将在三十年后实现,届时"五四"新一代女性将走出家庭空间,去学堂读书,去逛公园,并在公园谈起了自由恋爱。名妓在公园中的活动无疑冲击了传统的性别空间秩序,同时一种全新的性别、空间与亲密关系正在萌芽。公园甚至也成为婚礼的场合,1909 年 5 月 2 日,福建人林昶与浙江人徐小淑结婚,在张园中举行了婚礼。②不过,公园恋爱成为自由恋爱和新式婚恋的象征,仍要等到租界的外国公园对华人开放之后。

三、公园与亲密关系:自由恋爱与公园恋爱展演

在妓女以外,公园何以成为上海居民恋爱的场所?公园恋爱如何在当时成为可能?实际上,青年男女在公园恋爱这道风景的出现,背后是爱情观念的转变与男女社交的公开化,一种关注个人的新的爱情观念兴起。同时,西人男女的公园恋爱模式通过报纸杂志等媒介的宣传进入彼时青年男女的视野,这种文本层面的恋爱展演(performance),影响了当时青年男女的爱情观念与恋爱实践。

"恋爱"对于晚清民国的人来说,是一个新词。在它进入中国之前,中国文

---

① 《论华人好色之原》,《申报》1886 年 2 月 24 日。
② 熊月之:《万川集》,上海辞书出版社 2004 年版,第 156 页。

学中对于男女恋爱的称呼是"情"或"男女私情"。①"恋爱"一词进入汉语,也带来了对于男女关系的新的理解。它指向个人的价值与自由,被视为是自由、自主和平等的象征。②新式的爱情模式也因此被称为"恋爱自由"或是"自由恋爱"。③

　　恋爱的内在含义的变化与恋爱场合的选择有密切关系。杨联芬指出,中国传统的才子佳人小说大多描绘了一见钟情式的爱情,佳人"以身相许",最后迎来大团圆的结局,其中的"衽席之爱"是爱情的重要形式。④比如广为流传的《西厢记》与《牡丹亭》,其故事中的浪漫爱情与肉欲也是不可分割的。当时的男女并无社交的自由,他们的爱情自然需要在一个私密的空间进行,男女主人公往往在后花园或是闺阁相见并发生性关系。不过,《红楼梦》中的宝黛之恋已经超越肉体的欲望,民初的言情小说也不再延续传统的才子佳人套路,而是更侧重于精神层面。⑤当时最流行的小说《玉梨魂》和《恨海》,也体现出一种与肉欲无关的强烈的浪漫爱情。与此同时,借助于清末民初大量的翻译小说,西方文学中"柏拉图式的爱情"也进入中国读者的视野。

　　随浪漫爱情与自由恋爱等观念而来的是关于爱情中的"灵"与"肉"的争论。无论是坚持"灵肉合一",还是支持精神契合,恋爱中"灵"的一面被学人着重突出,人格的结合成为恋爱关系中非常重要的部分,成为区分恋爱与"吊膀子""轧姘头"的主要标准。⑥概括来说,当时流行的自由恋爱的观念可以分为两部分理解,一方面它强调了个人的主体性,另一方面则表达了精神契合的重要性。这样的观念大大影响了男女之间的交往模式,以及对交往空间的选择。个人具有主体性,意味着摆脱家庭的束缚;精神的契合与肉体的欲望又形成一种张力,不同的人在实践自由恋爱中作出不同的选择。

------

① 杨联芬:《浪漫的中国:性别视角下激进主义思潮与文学 1890—1940》,人民文学出版社 2016 年版,第 1 页。
② 章锡琛:《通信·恋爱问题的讨论》,《妇女杂志》1922 年 9 月第 8 卷第 9 号,第 122 页。
③ 清末民初,自由恋爱与恋爱自由是混用的,自由皆指向个人权利与意志的自由。五四时期,围绕恋爱问题,报刊上出现了自由恋爱(free love)与恋爱自由(freedom of love)的论争。1920 年,本间久雄《性的道德底新倾向》一文系统地分析了这两个概念。本文并不旨在具体区分两者,而是指出一种与过去不一样的爱情模式的兴起,因此统一以名词的形式称之为"自由恋爱"。
④ 杨联芬:《浪漫的中国:性别视角下激进主义思潮与文学 1890—1940》,人民文学出版社 2016 年版,第 17 页。
⑤ 同上,第 18 页。
⑥ 西冷:《我底恋爱观》,《觉悟》1921 年 7 月 17 日。

　　家庭空间显然不是自由恋爱的理想场所，那么恋人就需要一个家庭之外的空间去相处，然而"男女之大防"的思想一天不破，青年男女就不可能在公共场合正常交往。女子教育的出现为男女社交公开提供了契机，而男女同校的实行则进一步推动了男女社交公开的发展。1898 年，上海就出现了私人自办的女学堂；1907 年，清政府颁布了《学部奏定女子学堂章程》和《学部奏定女子师范学堂章程》，将女子教育合法化，大大促进了女学的发展。①女学的兴办催生了一个新的社会群体——女学生。女学生的出现进一步突破了传统空间限制，她们从闺阁走向学堂，又很快地在争议中走向更广阔的公共空间，比如公园。1918 年，岭南大学招收女学生，率先开展了男女同校教育。②五四运动之后，以北京大学为首的许多大学开始招收女学生，男女同校的实行使男女学生之间的公开社交成为可能，也为自由恋爱的实践提供了机会。胡适、蔡元培等启蒙知识分子指出男女公开社交是欧美国家的常态，提倡男女之间的公开交往，不过他们所提倡的是普通的交往而不是恋爱。然而青年们从传统的束缚中解脱出来，并没有按照启蒙领袖所言的"止于友谊"，而是大大方方谈起了恋爱。③接受了新思想的青年男女学生，自然是不会在家庭的空间中交往，而是前往上海的咖啡馆、电影院、游戏场、舞厅、公园等地方交往。其中，咖啡厅、舞厅、电影院等场所由于大量出现在上海都市小说，特别是新感觉派小说之中，受到学者的广泛关注，而公园与现代男女交往之间的关系却较少有学者提及。

　　自由恋爱的观念受到西方影响，那么男女如何自由恋爱？怎样交往？公园与恋爱的关联，主要来自"观看"和模仿。接受了新式教育的青年男女通过"观看"，学习西人男女的交往方式，来实践自由恋爱。"观看"之所以加引号，是因为这里包含了两层含义，既是现实中的观看，更是通过看文学艺术作品了解和学习西方男女的恋爱方式。自 1903 年始，《新民丛报》连载了香叶阁风仙女史翻译的小说《美人手》。其原著是法国作家鲍福（Fortuné du Boisgobey，1821—1891）的小说 *La Main Froide*（1889）。④在该小说的第十七回"太尉出头甘言巧试　公园失约只影自悲"中，作者讲述了男主人公美治阿士因被困无法按时与女主人公

---

① 杨联芬：《浪漫的中国：性别视角下激进主义思潮与文学 1890—1940》，人民文学出版社 2016 年版，第 61 页。

② 谢德新，谢长法：《中国大学男女同校之始考论》，《教育学报》2013 年第 5 期，第 113—121 页。

③ 杨联芬：《浪漫的中国：性别视角下激进主义思潮与文学 1890—1940》，人民文学出版社 2016 年版，第 69 页。

④ 魏艳：《晚清时期侦探小说的翻译》，《人文中国学报》2014 年第 20 期，第 432 页。

霞那在布伦公园约会的懊恼。①1908 年，通鉴学校上演了《伽茵小传》，第二幕的名字就是"公园婚约"。②1912 年第 16 期的《小说时报》在目录之前添加了一些女性的照片，其中最后一张名为"英国公园中摄影：公园月下伞底情话图"。图中一对恋爱的情侣坐在公园的长椅上，以伞遮住了头，照片旁还配了作者的解读，"一眴刚相见，百般娇颤彷徨……此英国公园中月下摄影之真景也"。③

当时上海的报刊业已经非常发达，青年男女容易通过报纸杂志书籍等各种方式接触到这些新的男女交际方式，他们不仅可以"观看"，还可以学习到新的交际方式。报纸杂志上慷慨激昂地介绍与教授了西式的男女交际，力求打破"男女授受不亲"的"恶"制度，比如《妇女时报》就翻译并连载了《西洋男女交际法》一文。其中有一节讲述普通未婚男女的交往，先是男女友人们在休息日一起参与集体活动，有合心意者便托朋友介绍并拜访其父母，经同意后若是"情好既笃，则于星期日午后偕往公园散布（步）之时，亦得同往戏园、饭店、寺院等地，每次赠以花草不等"。④可见，无论是当时的租界公园实景，还是小说、戏剧、照片等作品中，都出现了西人男女在公园中交往与恋爱的场景。

图 3 《伽茵小传》剧照，"公园婚约"

图 4 英国公园中摄影：公园月下伞底情话图

① 香叶阁凤仙女史译述：《美人手》，《新民丛报》1904 年第 3 卷第 5 期，第 100—107 页。
② 《图画报》，1908 年第 1 期，第 1 页。
③ 《小说时报》1912 年第 16 期，目录之前。
④ 宫本桂仙：《西洋男女交际法》，慧译，《妇女时报》1915 年 11 月第 17 期，第 29 页。

四、爱情与欲望的空间:二三十年代上海都市小说中的公园

公园在文本和实践层面上都与自由恋爱紧密相关。二三十年代的上海,男女社交初步公开,自由恋爱流行起来,彼时可谓新与旧的婚恋观念碰撞最激烈的时代。适逢租界公园对华人开放,它为青年男女的自由恋爱提供了合适的公共空间。尽管在这个空间中,仍混杂着娼妓与嫖客的交往活动。

文学亦与这种生活的转变形成互动,二三十年代的上海恋爱小说描绘了形形色色的公园恋爱场景,公园在其中扮演了重要的角色。茅盾在《风景谈》中说道,"我们都曾见过西装革履烫发旗袍高跟鞋的一对,在公园的角落,绿荫下长椅上,悄悄说话,如果在公园时你瞥见,首先第一会是'这里有一对恋人'"。①公园风景与恋爱紧紧地结合在一起,成为了都市男女的恋爱课堂。②公园交往与恋爱形成了固定的联系,以至于评论者在《妇女杂志》公开批评所谓的"恋爱"时就提到公园游玩:"第一,男女初交际的时候,或者多谈几句话,或者多通几封信,有时同到公园去玩玩,有时同在一处看看书,旁人就说某某已经恋爱了,其实他们并不恋爱,只是个平常的朋友……"③

国民大革命后,上海聚集了从各地而来的中小知识青年,他们置身于这个摩登都市之中,创作了一大批都市恋爱小说。本文这一部分围绕张资平、叶灵凤、章克标、蒋光慈等作家的创作展开,选取了他们在二三十年代创作的以上海为背景的都市小说,从公园恋爱中的"灵"与"肉"问题和公园空间蕴含的"公开"与"私密"的双重性这两个方面展开,分析小说中的公园恋爱故事以及公园在这些故事中所扮演的角色。

公园作为一个恋爱空间,青年男女在其中的爱情实践涉及当时报纸杂志上大量讨论的"灵"与"肉"的问题。在二三十年代的海派作家笔下,爱情与性往往相伴相生,其中涉及公园恋爱的主要有张资平、叶灵凤、蒋光慈等人的作品,这些恋爱小说的内容比较通俗,在当时大受欢迎。尤其是张资平,他在这个时期创作了二十多部都市恋爱小说,在上海名声大噪。虽然他的这些小说在艺术手法与思想层面上或多或少都有欠缺,也被鲁迅批判为"△"(即

---

① 茅盾:《风景谈》,《茅盾全集》第 12 卷,人民文学出版社 1986 年版,第 13—18 页。
② 茅盾:《秋的公园》,《茅盾全集》第 11 卷,人民文学出版社 1986 年版,第 134 页。
③ 杨之华:《社交和恋爱》,《妇女杂志》第 51 期,1922 年 7 月 26 日。

三角恋爱小说)。①但作为三十年代红极一时的作品，又大多涉及男女主人公"灵"与"肉"的交往，这些文本对于我们了解二三十年代的亲密关系仍有一定的价值。

公园为略显青涩的男女青年提供了一个了解彼此的浪漫场所。在张资平的恋爱小说中，男女主人公初识之时，大抵是去公园谈天的。在短篇小说《爱之漩涡》中，文俊英与陈梅仙互有好感，他们在同学的婚礼上相遇，相谈甚欢，于是俊英便约梅仙周日在公园相会。②这个场景与《西洋男女交际法》中所展示的西式恋爱几乎一样。叶灵凤描绘的公园恋爱似乎更胜一筹，在《红百合》中，文艺青年"我"捧着昂贵的书，与绿姑娘并肩坐在公园的椅子上，享受着蔚蓝的天空与温暖的阳光。"我"看着绿姑娘美丽的脸萌生画意，恰好书中有空白页，便为她画了一幅肖像画，不惜撕下手上这本珍爱的《红百合》的书页，将画赠与她。③这画面也使人想起那幅《公园月下伞底情话图》的浪漫来。

不仅是浪漫的情感交流，这几位海派作家笔下的公园还成了青年男女身体接触的绝佳场所，公园里虽有陌生人的目光，却也有一处处幽静的小角落可作为二人世界。《群星乱飞》讲述了歌剧女优金美玲与音乐家霍国雄之间的恋爱故事。美玲是个接受了新式教育并热爱西洋歌剧的女性，由于父亲与母亲的管教严格，美玲不敢轻易同男性交往。但是某日，她与暗恋她的音乐家霍国雄偶遇在马路上，于是霍便约美玲一起去公园走走。美玲同意了，但她一开始是害怕的：

> 美玲的心里，恐怖与欢乐正在开始交战。在这时候，她知道国雄实在是爱她，同时自己也在想爱他。但是，当这两个考察结合在一起的时候，又觉得她的纯洁的心灵和肉体要受一个男性的蹂躏，是一种无上的恐怖。她想，国雄是想纵欲地行这种蹂躏，才拉着自己到这里来的吧。④

在她的认识中，公园是一个精神交流与身体接触共存的恋爱空间。事实

---

① 鲁迅：《张资平的"小说学"》，《鲁迅全集》第 4 卷，人民文学出版社 2005 年版，第 236 页。

② 张资平：《爱之漩涡》，徐俊西主编，陈子善编：《海上文学百家文库 34　张资平、陶晶孙、郑伯奇卷》，上海文艺出版社 2010 年版，第 119 页。

③ 叶灵凤：《红百合》，《忘忧草》，文汇出版社 1998 年版，第 285—286 页。

④ 张资平：《群星乱飞》，光华书局 1934 年版，第 81 页。

也的确如此,他们在公园中的长椅上坐下,美玲觉得国雄的手腕正放在她的脖子后面,并闻到了异性的荷尔蒙气息。随后,他们一起散步时,国雄伸出右手轻轻地搁在美玲的肩背上,"美玲身体颤动了,因为她是自有生以来,第一次看见血潮热烈的异性对她作出这样的表示"。①国雄犹豫再三,终于在公园中向她告白。他们在公园的暗处手拉着手,然后到有光的地方就分开走。美玲与国雄都是羞涩的青年人,但是在公园这个公共休闲空间中,他们不但可以展开精神的交流,还享受着肢体的触碰带来的快感。

第二次独处,两人又去了公园,在外滩公园一个幽静处的铁椅上一同坐着聊天,不舍得分离。离开时,美玲感到害怕,便把左手伸到了国雄的肩膀下,攀着他的右腕,国雄便用手腕夹住了美玲的手。之后,在假山后的铁椅上,国雄更是把右手放在美玲的肩背上,几乎是抱着她,两个人的身体不时接触。②美玲磕着小石子,国雄在搀扶的时候把她搂到了怀里,美玲便枕在他的手腕上了。美玲问国雄是不是真的爱她,国雄说已经想了又想,同时把手伸到她的胸前将她抱了起来,之后又吻了美玲。与第一次去公园相比,第二次,他们在公园中找到了更隐蔽的地方,而且身体的触碰要更进一步,更富有性意味。不过,国雄本着对美玲负责的态度,没有越雷池一步。

与之相比,《红海棠》中的少爷小英对于女性的态度则迥然不同。他恋上家中年轻美丽的女佣吉弟,想要占有她的身体,于是约她去公园相见。他们在铁椅上坐着,接吻拥抱,说着甜言蜜语。随后,小英就提出要在公园中与吉弟发生肉体的关系,并表示他不是舍不得钱去栈房,而是舍不得公园里抬头可见的星光。在小英看来,在公园中发生性关系更是一种"艺术",不过他并没有把去公园交往当作是一种恋爱,只是想从吉弟健康的身体中获得肉体的快感。③

在蒋光慈的小说《丽莎的哀怨》中,公园更是成为了一个性交易的场所。丽莎曾是白俄贵族,她拉不下脸在无遮蔽的外白渡桥上卖淫,便去外滩公园的隐蔽处等待客人。来这里寻乐的客人很多,以各种各样的方式搭讪她,妓女与嫖客互相寻找着机会,公园也就从恋爱空间成为"肉"的交易所。④如同晚清娼

---

① 张资平:《群星乱飞》,光华书局1934年版,第82页。
② 同上,第101页。
③ 张资平:《红海棠》,载徐俊西、陈子善编:《海上文学百家文库34 张资平、陶晶孙、郑伯奇卷》,上海文艺出版社2010年版,第227页。
④ 蒋光慈:《丽莎的哀怨》,《蒋光慈文集》第3卷,上海文艺出版社1982年版,第53—54页。

妓模仿女学生的打扮那样,二三十年代的上海公园中也有打扮成女学生的调情者。在《冲出云围的月亮》中,曼英在大革命失败后心灰意冷,决定用自己的身体玩弄统治阶级,就常常穿上学生模样的衣服,去公园"吊膀子"。[①]

公园不仅是一个含混的恋爱空间,还是一个公开与私密相统一的空间。公园为恋爱提供了自由的空间,而家庭的私密空间或因为家长的守旧思想或因为家长对双方的身份地位差距的不满,反而成了自由恋爱的禁地。尽管是一个公共空间,公园中却有着一些隐蔽处如树丛边或昏暗的灯光下,恋人可以享受私密的空间。不仅如此,公园也为恋人提供一个较少有伦理道德束缚的场所。可也正是如此,公共空间在促进自由恋爱的同时也带来麻烦。

《银蛇》是章克标于 1928 年创作的长篇小说,讲述了上海小知识分子的恋爱故事。小说中有一段公园约会的恶作剧颇为精彩,岂杰、君侠、培根等人发现邵逸人作为有妇之夫还追求伍女士,于是便以伍女士的名义写信捉弄他,约他在法国公园见面倾诉爱意。之后,岂杰去公园旁观,由于既穿着长衫又没有派司(Pass)而被巡捕赶走,没能亲眼看到被捉弄的逸人,于是他开始想象邵逸人在公园中等待伍女士的焦急情状:

> 在公园里像风一般地跑去,旁人一定当他是发疯了吧。他终于跑得脚酸了,坐倒在一张方才是女人坐过的椅子上休憩,一方面在想伍女士,一方面却追究先刻坐过这椅子的女人。却又是走来的一个什么女人,心里动悸不止了,原来姿态是和伍女士像极的。[②]

这一番想象,生动地描绘了那些在公园中等待恋人到来的痴情男子,而来来往往的华人女子也暗示当时女性已经可以随意地独自进出公园、约会恋人。即便是有妇之夫如邵逸人,也可以大大方方地在公园中与女子交往,这里既是公共的,又是私密的。

有识者不免认出这个故事是以郁达夫、王映霞的恋爱为原型的,小说中的邵逸人、伍女士,分别指郁达夫与王映霞。当时,郁达夫是有妇之夫,却不顾婚姻与道德的约束,与年轻的王映霞谈起了恋爱。章克标在回忆录中就谈及了

---

① 蒋光慈:《冲出云围的月亮》,《蒋光慈文集》第 2 卷,上海文艺出版社 1983 年版,第 53—54 页。
② 同上,第 47 页。

郁与王的交往,并提到了小说中的这个恶作剧,"有人提出捉弄他一番,借用王映霞名字,约他到法国公园叙谈。大家说好,不知由谁人执笔写了封信,寄到创造社出版部去"。①虽然公园见面的具体场景只是小说中张岂杰的想象,但郁达夫与王映霞确实曾在公园约会。郁达夫在日记中写道:"七日至十五日,天气炎热,天天晴。住在旅馆内,无聊之至。八日映霞自嘉兴来,和她玩了三五天,曾到半淞园法国公园等处看月亮。"②日记写于 1928 年,郁与王这对恋人跨越年龄的差距与婚姻的限制,竟然大半夜在公园赏月,将自由恋爱的浪漫展演得淋漓尽致,他们的交往大概是二十年前的男女无法想象的。

回到文本中,有鉴于逸人的痴情,岂杰便继续想着若是他在公园中没有等到伍女士会怎么样,他想:"于是逸人或者要悲叹不过,去跳进那小池中自杀了吧。他以为伍女士不来了,他失恋了,他已经没有生存的意义了,他只有自杀一条路可走了。"③恋爱既然是自由的,那么就需要男女双方都有意,若是一方无情,恋爱就不成了,而动心的一方有时不免要做出点过激的事。虽然小说中的邵逸人没有自杀,现实中的郁达夫也没有,不过因失恋而自杀的情景却真实地发生在二十年代末的上海,比如轰动一时的马振华之死。马与汪世昌各自未婚,又恰好在上海狭长的弄堂里做了邻居,相互有意,便开始书信交往。日子久了,两人就不满足于文字来往,为了躲避长辈的目光,便去上海的公共空间见面。④他们"大率均往观影戏、间或至法国公园游览"。⑤这些地方是公共的,又是私密的,因为这里没有父母亲友的叨扰,正是如此,他们有机会进行带有性意味的身体接触并最终因为贞节的问题走向怀疑与决裂。虽然最后的结果令人心碎,但他们毕竟曾经在影院、公园等地方共度时光,享受恋爱的快乐。或许可以说,公园是自由恋爱的一个演练场:它是公开的,又是私密的;既是自由的,也是危险的;既上演着恋爱的美好,也不乏失恋的悲伤。

此外,从以上的考察也可以发现,张资平、叶灵凤、蒋光慈等作家的作品中的公园恋爱,往往带着几分小资产阶级的味道。而革命与恋爱的组合,很少出现在公园场景中;然而那些钟情于摩登的新感觉派小说中,却也很少提到公园

---

① 章克标:《世纪挥手 百岁老人章克标自传》,海天出版社 1999 年版,第 112 页。

② 郁达夫:《郁达夫文集》第 9 卷,花城出版社;三联书店香港分店,1984 年版,第 175 页。

③ 章克标:《银蛇》,海天出版社 1999 年版,第 48 页。

④ 顾德曼:《向公众呼吁:1920 年代中国报纸对情感的展示和批评》,沈锐译,载姜进主编:《都市文化中的现代中国》,华东师范大学出版社 2007 年版,第 195—224 页。

⑤ 张有德:《马振华女士自杀记》,上海会新闻社 1928 年版,第 5 页。

恋爱,此中原因或许值得继续深究。

五、结　语

　　摩登上海的公园既是殖民霸权影响下的产物,也是西方文明与中国传统相交融的地方。作为一个情欲空间,公园见证了也促进了性别秩序的重建与亲密关系的转变。西人男女在公园中的交往和晚清名妓在公园中的活动,率先将公园与亲密关系相关联,动摇了传统的男女性别空间秩序。到了二三十年代,公园逐渐成为浪漫爱情的理想空间,既展演也促进了自由恋爱的实践与现代爱情观念的转变。由于处于爱情的范式转型期,当时的公园恋爱也有含混之处,在其中"灵"与"肉"、爱情与交易不免混杂。无论如何,上海公园的独特之处还在于其为当时的恋人提供了一个公共与私密并存的空间,以其公共性和开放性,在一定程度上逃离了熟人的监督和伦理道德的束缚。

Shanghai Parks as an Erotic Space: Public Space, Gender and the Paradigm Shift of Intimacy

Abstract: The emergence and development of public parks in China have been accompanied by changes in the order of gender space and concepts of intimacy. As a new type of urban space, the significance and practice of Shanghai parks are closely related to the development of concepts such as race, gender, and love. Prostitutes in the late-Qing dynasty showed off their bodies in modern parks, performed public social contact between men and women, and broke the traditional order of gender space. Their activities made the park a public space for erotic desire. In the Republic of China, the park has become an ideal place and a symbol for romantic love both in texts and practice, which promoted the formation of new concepts of love and the transformation of the love pattern.

Key words: Shanghai parks; eroticism; gender; intimacy

作者简介:朱梦梦,香港中文大学文化及宗教研究系博士候选人,研究兴趣包括都市文学、性别研究和科幻小说。

道德·疾病·新世界

——抗战胜利后上海书写中的国家想象与历史观念①

张晓晴

　　摘　要:抗战胜利后的上海书写寄寓了经过战争洗礼的中国现代作家在那个重要历史时段的民族国家想象。出于各自的生命体验和文学观念,现代作家对都市上海展开了道德、政治和文明批判,上海的历史变迁也得以呈现。而在纷繁的创作表象下,起到实质性作用的是自"五四"形成的进步主义历史观,这既规约了上海书写的整体风貌,也在很大程度上影响了作家群体乃至现代中国文学在 1940 年代后期的转向。

　　关键词:上海书写　想象　历史观　1940 年代

　　上海史学者熊月之曾说过这样一段颇具鲁迅风格的话:"乡下人看上海,看到的是繁华。道德家看上海,看到的是罪恶。文化人看上海,却每每看到的是文明。"②在现代中国文学的都市题材创作中,对上海的想象和书写向来为人所瞩目,纷繁复杂的作品往往隐含了写作者不同的审美心理和文化观念,映照着某一时代的社会历史问题,因此具有重要的文学史意义。抗战胜利,万众狂欢,在内地苦熬多年的作家文人也抱着一种"青春作伴好还乡"的喜悦计划"复员"。东归作家多选择上海为落脚点,其中有战前即在上海创作、生活的本

---

①　本文为国家社科基金重大项目"中国文艺副刊文献的整理、研究及数据库建设(1898—1949)"(20&ZD285)阶段性成果;天津市研究生科研创新项目"曹禺在 1940 年代后期的创作及经历再考察(2020YJSB184)。

②　熊月之:《历史上的上海形象散论》,《史林》1996 年第 3 期。

土作家,也不乏抱着来"闯将一番"之类不甚明确的想法的新生力量,自然还有众多身负政治任务、试图在此展开革命文化实践的左翼文人,带着各自的目的和眼光,共同汇聚在这个战前远东第一大都会,上海再度成为其中不少人的书写对象,形成当时的一种创作潮流。那么,对于这些带着战争创伤和内陆生活经验复员的作家来说,上海又将呈现为怎样的形象呢? 本文主要通过对相关作品的细读,分析作家经由个人观感生出的道德评判和创作机制,以及通过"重构"上海空间形成的疾病隐喻所传达的民族国家想象;其后,辨析"九叶"诗人于现代生存体验书写和文明批判下隐含的历史诉求,梳理为不同阵营作家共同分享的进步主义历史观,以此揭示出四十年代后期作家群体普遍"向左转"的深层心理动因和历史逻辑。

一、归来之初的道德评判

如同当初仓促西迁的艰难,还乡之路也并不顺遂。抗战胜利后,眼见着身边有门路的朋友熟人纷纷乘飞机火车离去,臧克家却一直滞留在歌乐山脚下的一个小山村。直到第二年夏天,他才以做小学教师的爱人的"眷属"身份复员回上海,所乘的交通工具是古老的"拖轮"(大木船),一路顺大江东去,"好似一叶孤舟漂在茫茫的大海中"。到上海后很长一段时间也无处落脚,后经朋友介绍主持《侨声报》的副刊工作,方才谋得斗室一间,算是安身有处,怀着"光荣而又惶恐"的心情成为大上海的一员。①上海之"大"激起了臧克家对内地的怀念:"只要我一合上眼,便会看见笼罩在山光里的那个大院子,三面全是瓦房,西方的青山远远地补住了缺口,这个缺口呼吸着苍茫的夜色,把一轮大红太阳送下山,然后,把月亮接了上来。"②孤独的内心状态下,内地的"风景"重又被作家"发现"并提纯为寂静安适的怀抱,全然没有意识到其中的颠倒关系和诗意化想象。③

臧克家的不适源于其初到上海的清贫处境,而徐迟对上海的不满则恰恰相反:

晓星下,我离开了山城,那些兽厩一样的草屋。夜晚,我已经在东南

---

① 臧克家:《长夜漫漫终有明》,《臧克家全集》第6卷,时代文艺出版社2002年版,第482页。
② 臧克家:《民主老头》,《文艺春秋》1947年第4卷第2期。
③ 〔日〕柄谷行人:《日本现代文学的起源》,赵京华译,中央编译出版社,第10—13页。

部海边的一座现代大城市。在日光管照耀下，阔亲戚的家。仕女如云，宾客盈门。威士忌如泉涌。满眼珠光宝气。碰和，碰杯，谈话中都是黄金。①

两种空间的变换带来的心理刺激使徐迟产生了一种"清教徒倾向"，他只觉忧郁、激愤，对上海的浮华生活和自己正在翻译的司汤达的《帕尔马修道院》都感到无比空虚，终于在六个月的摸索后决定离开上海，回家乡从事更为切实的教育工作。在他看来，上海绝非实现人生价值的理想之地，此地的人们连生活的主动能力都不具备，何谈理解生命的创造意义：

> 这岂仅一个惊风骇浪的海洋！这海吞没一切，大海中间的一个大漩涡，它底下有一个无底的深渊，在旋转，旋转！智愚，贤不肖，都在这里旋转！人们旋转，而它的向心的引力伸展到老远的昆明和兰州，把那边的人都吸引过来，使他们旋转，把他们吞没，变他们为渣滓。②

无独有偶，1946 年初自渝返沪的胡风也把上海比喻为一片黄色刊物泛滥的"污秽的海"："回到了上海以后，宛如掉进了一个海里。茫茫滔滔，一望无际。有深不可测的无数的洞窟，有各自长着特别爪牙的无数的水兽，有此起彼落的无数的风涛变幻。"③胡风、徐迟都是在大战后方接受了《讲话》教育的左派文人，尽管他们对《讲话》的理解并不相同，但以心中的左翼文艺标尺对上海文化氛围进行针砭的思维逻辑如出一辙。出于各自的脾气秉性和文坛位置，徐迟选择逃离上海"明哲保身"，胡风则摩拳擦掌准备在此展开"整肃"大业。

对上海的负面观感也来自战前即久居上海的民主主义知识分子。1946年9月，靳以携妻带子返沪，随后写作的散文《大城颂》中，作家历数上海的今昔罪恶，诸如人情淡漠、投机盛行、遍地谎言，一方面绑架案层出不穷，另一方面是巡捕对居民肆意的搜查，正好证明了这是一座"以大矛盾出名的"的"大城"；文章最后感叹："这就是上海，我的孩子，这就是使许多人做梦的上海，这就是那些飞来转去的大官富贾时常夸说的上海！"④重回这样鱼龙混杂的大城

---

① ② 　徐迟：《田园将芜胡不归——再教育之一章》，《人世间》1947 年第 8、9 期合刊。
③ 　胡风：《上海是一个海》，《希望》1946 年第 2 卷第 1 期。
④ 　靳以：《大城颂》，《过去的脚印》，人民文学出版社 1955 年版，第 138 页。

中,很自然地生出"此身如寄"之感,无怪乎他也将此番返沪称之为"下海"。有意思的是,在七年前的另一篇文章中,作家传达的却是全然不同的情感。其时抗战烽火乍起,靳以被迫离沪来到内地某小镇,晚间对着跳动的菜油灯芯遥念"那个和世界上任何大都市比全不显得逊色的上海",怀想自己当初在上海由厌烦到安心、"个人已经和大城的脉搏相调谐"的居住体验,如今却"穿的是土布衫,行路是用自己的两条腿或是把自己一身的分量都加在两个人肩上的'滑竿',我们看不见火车,连汽车也不大看见……没有平坦的路,却有无数的老鼠横行(这些老鼠都能咬婴孩的鼻子!)没有百货店,只有逢三六九的场,卖的也无非是鸡,鸭,老布,陶器,炒米,麦芽糖……"①作家完全是以现代文明的眼光来比照内地"落后"的物质和精神生活的,而在炮火之下仍"屹然地巍立着"的上海则升华为民族精神的象征:"真正坚定地保持不变的原质的该是大多数人那一颗火热的心""一颗伟大的心"②;前后对比令人深思。自然,上海还是那个上海,改变的是作家们的价值标尺;更值得注意的是,对上海金钱"罪恶"的道德评判,并不因政治倾向的殊异而有所减弱。

　　这种由个人观感生出的道德评判潜在地影响了彼时的创作风貌。臧克家四十年代后期最著名的诗歌《生命的零度》就痛斥了今日上海造成的"一夜风雪,八百童尸"的罪案:

你们是从哪里来的?
是从那响着内战炮火的战场上?
是从那不生产的乡村的土地里?
你们是随着父母一道来的吗?
抱着死里求生的一个希望,
投进了这个"东亚第一大都市"。
你们迷失在洋楼的迷魂阵里,
你们在真空的香气里流下口水,
嘈杂的印象淹没了你们的哀号,
这里的良心都是生了锈的。③

---

① ②　靳以:《忆上海》,《良友》1940 年第 150 期。
③　臧克家:《生命的零度》,上海新群出版社 1947 年版,第 47 页。

诗歌细致描写了难童们所遭到的上海的大人贵妇们的白眼和叱骂、在黑暗的角落里"空着肚皮，响着牙齿"的惨状，直至生命降到零度的全过程。生活清贫、病患缠身的臧克家以激愤的道德意识对上海市民，尤其是富人阶层作了强力批判，期望这些尸首流血溃烂，"把臭气掺和到/大上海的呼吸里去"，以推进这个腐烂世界的毁灭。需要指出的是，臧克家其实并未亲眼目睹这八百儿童冻死的惨状，激起创作欲望的其实是他在报纸"本埠新闻"上看到的一则简短消息："经过一整天的大风雪，昨夜慈善机构在各处验收了八百具童尸"①，连冻死的样子和地点皆没有一句描写和说明，而诗人已经感到"周身的血液好似黄浦江的怒潮"，决意为这群没有姓名，没有年龄，也没有籍贯的孩子们讨个公道；换句话说，这首震撼人心的诗作在某种程度上其实是诗人想象的产物，恰好证明了批判上海之"罪恶"已经内化为作家心头的一种习焉不察的认知和写作模式。

二、空间重构中的疾病隐喻

从谱系学的角度来看，构成上海文坛的作家大多都是来自五湖四海的移民，鲁迅所说的"侨寓者"。侨寓者们往往带着对故乡乡土小城的批判或眷恋来到这个"冒险家的乐园"，以大学教授、革命作家或亭子间文学青年等身份和目光观照这个与过去生命经验全然不同的十里洋场，他们时时有一种矛盾的态度，一面享受着都市现代化的便利，一面又始终不曾放下其批判的笔；哪怕是留洋回来的林语堂也在《上海之歌》中，用两相对照的笔法，活画出这座大城"伟大而神秘"的表象下的"浮华，愚陋，凡俗与平庸"。②而四十年代后期作家对上海的态度，批判的成分更占上风。他们在创作中常常对上海的空间进行划分与重构，来传达现实批判和家国想象。如列斐伏尔所言，存在一种"空间的意识形态"："空间，看起来好似均质的，看起来其纯粹形式好似完全客观的，然而一旦我们探知它，它其实是一个社会产物"，"有一种空间政治学存在，因为空间是政治的"；③科林·麦克阿瑟也提醒我们，"城市（亦即所有都市空间，甚至是'自然'景观）总是关乎社会心态与意识形态，它深受叙事的影响，在不

① 臧克家：《关于〈生命的零度〉》，《臧克家全集》第12卷，时代文艺出版社2002年版，第240页。
② 林语堂：《上海之歌》，《论语》1933年第19期。
③ ［法］列斐伏尔：《空间政治学的反思》，载包亚明主编：《现代性与空间生产》，上海教育出版社2003年版，第62、67页。

断定义与重新定义乌托邦或反乌托邦的游戏中,调整自己的定位。因此,城市在不同的言说中摆荡,它不具有绝对、固定的意义,而只是暂时的定位之一而已。"①四十年代后期作家对上海都市空间的书写同样被赋予了深重的社会历史内涵,其意识形态生产的特质尤为突出。

　　1946 年,萧乾在《大公报》开辟"红毛长谈"专栏,以"塔塔木林"为笔名,撰写了多篇介乎小说、散文与杂文之间的文章,1948 年 6 月结集为《红毛长谈》,由观察社出版。在这部被储安平盛赞为"大战以后世界上最出色的讽刺政治文学"②中,萧乾以不文不白、亦庄亦谐的笔调描画出二十年后乌托邦中国的种种景象。其中写到西班牙人塔塔夫妇游览上海,但见以中山路为界,上海呈现为泾渭分明的两个空间,"新上海"万里晴蓝,高楼林立,行人文明有序,一派富裕祥和之气;"旧上海"则污秽不堪,流氓横行,充斥着暴力和迷信,镀金的"城隍爷蒙着尘埃坦然坐在那里",俨然一片"中外垃圾之聚合地";夫妇二人诧异不解,向导解释道,唯"新上海"方乃实有,"旧上海"是为警醒世人所造之博物馆耳,夫妇二人大为赞叹。正当此时,窗外有一魑魅黑影穿梭而过(暗讽当局的特务统治),将塔塔先生拉回现实。原来一切不过是塔塔先生的一场"玫瑰好梦",梦醒之后,面对的还是 1946 年霉雨不断的旧上海。同批"观察丛书"的其他三本,分别是张东荪的《民主社会主义》、费孝通的《乡土重建》、何永佶的《中国在戥盘上》,皆为当时知识界精英围绕着战后中国的政治、经济和社会建设进行的探索,《红毛长谈》文风殊异,但写作目的是一样的;也是在同一时期,萧乾加入了《新路》群体,尝试以更为专业的目光,为理想中国勾画"蓝图"。

　　正因为空间具有阶级属性和象征功能,进步作家对上海都市空间的处理方式,与三十年代刘呐鸥、穆时英们所倾心描绘的"都市风景线"截然不同。《疯子的世界》将目光聚焦于现代都市的一个特殊空间,上海的四家精神病疗养院(疯人院):"一进铁栅门,就像进入了另一个不同的世界,有的仰头捧腹,怪声大笑;有的顿足踏地,号啕痛哭;也有的目瞪口呆,默默无言。"这些被监禁在密密层层的铁栅之内的所谓"疯子",有的为了失恋,有的为了事业失败,但更多的是由于时局不靖的过度刺激,其中不乏受过高等教育的知识分子。医生亦将病因归为"国家政治未上正轨,国民经济未趋安定"。"疯子"的言语并

①　[英]科林·麦克阿瑟:《中国盒子与俄罗斯玩偶——寻找无形的电影城市》,载[英]大卫·克拉克编《电影城市》,林心如、简伯如、廖永超译,台北桂冠图书股份有限公司 2004 年版,第 24—25 页。
②　《第二批"观察丛书"开始预约》,《观察》1948 年第 4 卷第 15 期。

非总是莫名其妙,相反常给人一种真情流露、诚挚坦白之感。文章写到一个一心去国的十八岁高中生,每日怀着哀求与愤懑逢人便说:"中国实在太黑暗了,全是贪官污吏,全是杀人的特务分子!"如同"狂人"那句对旧世界振聋发聩的质疑:"从来如此,便对么?"文章最后提到一个宁死也不肯离院的病人,他的理由是:"外面是疯子的世界!"①作者以"疯话"对战后的现实作了强烈的讽刺。

李一的《外滩夜景》并没有展现我们习见的上海外滩灯火辉煌的繁华景象,而是以类似鲁迅《上海的少女》《上海的儿童》中的笔法,描写了一群被生活"训练得非常老练"、有着"鉴貌辨色的机诈的心"的中国儿童和少女们,每晚捧着廉价货色向美国水兵兜售的情形。这些"精神已是成人,肢体却还是孩子"的"小外交家们"寄生于此,"像一群苍蝇……利用每个时间和空间的空隙,向白盔白甲的水兵们进攻";不禁令人想起鲁迅的感叹:"要而言之,中国是连少女也进了险境了。"(《上海的少女》)在这布景远处,"黄浦滩里的英美兵舰和岸上通着灯号,一闪一熄地窃视这中国心脏都市的秘密,英美兵舰上点点红灯点缀在滔滔的江水上,小小的舢板船在登陆艇的横冲直撞中载浮载沉,越显得渺小可怜,身不由主";这段文字很显然是对茅盾《春蚕》中"威严"的柴油轮船对"乡下赤膊船"狠狠冲击的著名描写的致敬和回应。茅盾通过这一隐喻勾勒出在帝国主义托拉斯的垄断和压榨下,农民丰收成灾,被一步步逼上绝望和反抗的道路,同时更形象地表现了现代化转型过程中,传统农村社会受到西方工业文明所感受到的痛苦;而这里作者试图进一步证明,经过了二十年的发展,中国仍无法摆脱外国资本的渗透独立生存,甚至沦为帝国势力的寄生者,上海成了西方新闻里的"疫港":"在这则新闻里,可能描写着,上海是成堆的垃圾,成群的苍蝇。成了垃圾和苍蝇的城,一座污秽可怕的传染着疫病的城。"②"疫港"的隐喻不仅指向上海,更指向整个"患病"的国家。

联系到1946年下半年内战全面爆发的政治形势,就知道李一何以选择"外滩"这个空间来寄言家国忧患。国民党发动内战的"底气"自然包括美国的军事援助,对此,中共中央先后发表《毛泽东主席关于反对美国军事援蒋法案的声明》《关于动员各群众团体要求美国改变对华反动政策的指示》等,在舆论宣传上进行反美反帝的策动。紧接着发表的纪念"七七事变"九周年的宣言,

---

① 夏其言:《疯子的世界》,《文汇报》1946年8月3日。
② 李一:《外滩夜景》,《清明》1946年第3号。

进一步指出美国援蒋的严重性："善于出卖国家民族的中国反动派，允许美国侵略势力实际上操纵我国的军事、经济、财政、内政和外交，毁灭我国的民族生产，自由侵入、占据和使用我国的领土、领空、领海和内河。由于美国帝国主义比日本帝国主义更强大，它的侵略方法表面上似乎更'文明'而'合法'"，但实际上是在"企图代替日本的地位，变中国为美帝国主义的殖民地"①；加之当时个别美国驻华军士引发的负面性社会新闻，进步文化界对美国的认知同胜利初期的亲密友好态度已经发生了很大改变。李一所师法的茅盾也继《春蚕》《子夜》后再度写道："过去日本帝国主义抱着称霸世界的迷梦故要先来征服中国，现在称霸世界的迷梦却用'友好'的面具，'援助'的方式来达到它把中国变成'菲律宾第二'的目的……从前日本货倾销不足又继之以武装走私。而现在中国民族工业正也被外货的倾销和走私打击得气息奄奄"②；上海—中国之"病"原来肇因于外患。

这种"病的隐喻"，辛笛的《风景》运用得要更为精炼：

> 列车轧在中国的肋骨上
> 一节接着一节社会问题
> 比邻而居的是茅屋和田野间的坟
> 生活距离终点这样近
> 夏天的土地绿得丰饶自然
> 兵士的新装黄得旧褪凄惨
> 惯爱想一路来行过的地方
> 说不出生疏却是一般的黯淡
> 瘦的耕牛和更瘦的人
> 都是病，不是风景！③

这是诗人"一九四八年夏在沪杭道上"所见的"风景"。对着无垠的田野，诗人已无法像十年前一样悠然地眺望欣赏，"风景"不再外在于主体，也不是作为反思或抒情的诗学对象，他只看到"茅屋"与"坟"之间的生命真相，感到所乘的列

---

① 《中国共产党中央委员会为纪念"七七"九周年宣言》，《解放日报》1946 年 7 月 7 日。
② 茅盾：《鲁迅是怎样教导我们的》，《文艺春秋》1946 年第 3 卷第 4 期。
③ 辛笛：《风景》，《中国新诗》1948 年第 4 期。

车是从中国这具病患重重的身体上碾过；从国民到国家，无不面临着死亡的威胁，令人想起"东亚病夫"的创痛历史，中国再度成为需要被"医治"的"病体"。

让我们的笔墨稍稍宕开。到了 1949 年 7 月 30 日上海解放两个月后，夏衍发表时评，将上海比作"一个臃肿而瘫痪了的胖子"：

> 现在让我们看看上海吧，在这块面积不算太大的地方集聚了近六百万的人口，这六百万人中有大部分只会消费而不会生产，解放之前每次经过南京路北京路，看到了拥挤不堪的交通，总是我联想起血行不畅的脉管。这个城市表面看来的确很"繁荣"，很"壮大"，可是，当你用一个医生的眼光去看一看，你就可以发现他的心脏早已衰弱了，他的肢体已经不能活动，他的呼吸已经不正常，他的新陈代谢的机能已经退化，这样一个活死人怎么能活下去呢？他每天只靠美国货的葡萄糖注射来苟延残喘而已。①

都市上海被描述为一个病态虚弱、亟待疗救的有机体，夏衍的这种观感显然也是 20 世纪中国由来已久的"病的隐喻"和知识分子服膺的现代卫生学观念的延续。文章接着引用几日前《解放日报》的社论，宣布要经过一个"后退"和"紧缩"的过程，"把这样一个病态臃肿的旧上海，改造成为一个健全繁荣的新上海"。作为解放后上海文化工作领导人的夏衍的此番言论正代表了刚刚执掌政权的共产党政府对这个充斥着资本主义"病菌"和"毒瘤"的空间的不满，预示了即将在上海全面展开的社会主义改造。至此，为四十年代后期作家们所频频指摘的"疫港"，终于要在国家强力的整合下展开"治疗"，进入"人民的新上海"的时代。

实际上，自晚清起，关于上海的特性就形成了两种互为分殊的认知。一种是基于现代性的追求，将上海视作西方文明的窗口："上海者，新文明之出张所"，"一有举动，辄影响全国……一切新视野亦莫不起于上海，推行与内地。斯时之上海，为全国之企望，负有新中国模型之资格"。②与此同时，关于上海的道德批评始终也未断绝，及至三十年代，对上海形象罪恶黑暗的认知又与殖

---

① 徐韦（夏衍）：《上海像一个胖子》，《新民报晚刊·夜店》1949 年 7 月 30 日。
② 田光：《上海之今昔谈》，《民立报》1911 年 2 月 12 日。

民化加剧、主权丧失、阶级压迫等政治问题紧密联系，成为左翼文化界对上海的认知逻辑。直到 1986 年出版的《简明不列颠百科全书》中，上海的历史仍被描述为一长串"罪恶"的道路：

> 外国资本和中国买办资本在"租界"开工厂、设银行。缫丝、纺织、日用轻工、印刷等近代工业兴起，导致原有的手工纺织棉业等的衰落。船舶修造和打包业已开始建立，以适应外国资本从这里大量输出原料和初级产品的需要。上海从此逐步沦为半殖民地性质的城市。为了掌握自己的命运，上海人民在 20 世纪初期曾奋起抗争，血染南京路，并举行了三次武装起义。1949 年收回"租界"，但仍处于外国资本和官僚资本的双重控制下，民族工商业发展艰难。①（着重号为引者所加）

这部《百科全书》里属于中国的条目皆由中方负责撰写，可以视作中国官方在 1949 年后对上海的认知和形象建构，其目的或也包括向步入"新时期"的国人再度重申：消费的、畸形的、处于全球资本主义体系边缘的半殖民地旧上海，只有经过人民的不断革命，才能消除阶级间的巨大鸿沟，摆脱对外国势力的附庸，重回民族的中心。

三、现代生存体验与文明批判

既然整座城市都在患病，那么生活在都市空间中的人自然也难以周全。这方面，诗人总是表现出特别的敏感。后来被称为"九叶"的诸位青年诗人在四十年代也纷纷借书写上海来表达现代人的存在体验。

1946 年夏，在成都、兰州、重庆等地流徙多年、居无定所的陈敬容来到上海，她首先感到自己成了一个"陌生的我"："当我在街头兀立/一片风猛然袭来/我看见一个陌生的我/对着陌生的世界。"②繁华的上海给诗人带来的是比寄居重庆磐溪茅舍时更甚的孤独："我在这城市中行走/背负着我的孤独/无论是汽笛鸣鸣/华灯的醉眼/对我都只是暂时的招呼。"③下一刻，诗人又描摹了站在冬日黄昏桥上所见的"暗沉沉"的风景："桥下是污黑的河水/桥两头是栉

---

① 《简明不列颠百科全书》第 7 卷，中国大百科全书出版社 1986 年版，第 97 页。
② 陈敬容：《陌生的我》，《陈敬容诗文集》，复旦大学出版社 2008 年版，第 209 页。
③ 陈敬容：《我在这城市中行走》，《陈敬容诗文集》，复旦大学出版社 2008 年版，第 202 页。

比的房屋/桥上是人/摩肩接踵的人/和车辆、喇叭与铃声"①；诗末自注，"污黑的河水"乃是苏州河。众所周知，苏州河沿岸是近代上海最初形成和发展的中心，但在浸淫于现代主义诗学滋养的诗人看来，肮脏的苏州河不仅暗示了工业文明的恶果，更是人性与道德沦亡的象征；唐祈的《时间与旗》第四部分也描写了为颓靡的物欲和不堪的政治所裹挟的人们，"眼见一条污秽的苏州河流过心里"。随后，眼前的都市风景也变得充满病态、荒诞不经，在一个"阳光已开始绵软/杨柳垂了丝/大地生了绿头发/连风也喝醉了酒"的春天早上，诗人却感到整个城市化为一座病院，其中充满了患"逻辑病"的人。人人满是倦怠和疲惫，除了工作、吃、喝外，宽恕着又痛恨着自己，只能抱着可怜的"希望"，甚至"渴死在绝望里"，尽管如此，人却不能停住，不然就只有死亡。②陈敬容以诉说自我在物化的都市空间中的被淹没，触着了现代人为物欲驱使奴役，乃至异化的生存真相，而这种现代主义认知，只能身处上海，这个当时中国最具"现代"气质（可能也是唯一）的都市才能有所真切地感知。

进步文学界所使用的上海之"海"的譬喻在九叶诗人笔下获得了全新的内涵。陈敬容把都市中人比作"渺小的沙丁鱼"，"无论衣食住行/全是个挤！不挤容不下你"，"海"与其开阔博大的本相完全无涉。辛笛也以之来表达人与周遭环境的对立与断裂、城市空间的肮脏和丑陋："两堵矗立的大墙拦成去处/人似在涧中行走/方生未死之间上覆一线青天/果有自由给微风吹动真理的论争/空气随时都可以像电子样予以回响/如今你落难的地方却是垃圾的五色海/触目惊心的只有城市的腐臭和死亡。"③同时居住在上海的、九叶派的另一成员杭约赫在其长篇组诗《复活的土地》中则将上海命名为"饕餮的海"，生活其中的人是"洄流里的鱼"："我们来吮吸这个海/也被这饕餮的/海——吞噬。"④几位诗人不约而同地意识到了现代都市可怕的异己性力量，尝试在诗歌中将现代性对人之存在的压迫和异化问题加以表现。作为四十年代新诗最具代表性的长诗之一，《复活的土地》第二章《饕餮的海》尤其值得我们认真分析。杭约赫将目光聚焦于抗战胜利到解放前夕间上海的都市空间，以浓墨重彩的笔触对这位"纽约、伦敦、巴黎的姊妹"进行了全方位的摹画，唐湜亦曾从

---

① 陈敬容：《冬日黄昏桥上》，《陈敬容诗文集》，复旦大学出版社2008年版，第207页。
② 陈敬容：《逻辑病者的春天》，《陈敬容诗文集》，复旦大学出版社2008年版，第179—183页。
③ 辛笛：《寂寞所自来》，《手掌集》，上海森林出版社1948年版，第103页。
④ 杭约赫：《饕餮的海》，《复活的土地》，上海森林出版社1949年版，第43页。

这个角度盛赞该诗的独特价值:"我以为就以勾描上海的一个个片段来说,也不亚于卡尔·桑德堡的资本主义都市史诗,芝加哥的篇章"①:

> 到街上去,这回旋着热流
> 却看不见阳光的沟渠,人们
> 像发酵的污水,从每一扇门里
> 每一个家宅的港口,冒着蒸汽
> 淌出,泛滥在宽阔而狭窄的
> 马路上。
> 　　高大的建筑物——化石了的
> 巨人,从所有的屋脊上升起,
> 它令你掉落帽子,燃烧起欲望,
> 也使人发觉自己不过是一只
> 可怜的蚂蚁。生命的渺小
> 也如同蚂蚁:每天,车轮滚过去
> 都有被卷走的生命,潮湿的
> 廊檐下,都有冻僵的生命;
> 喧闹的人行道上,都有
> 昏厥的生命,森严的监房里
> 都有失踪的生命……但是,这是
> 上海——都市的花朵,人们
> 带着各式各样的梦想来到
> 这里,积聚起智慧和劳力,
> 一座垃圾堆,现在是一座
> 天堂。②

在杭约赫眼中,上海既是"都市的花朵",也是死亡的地狱,是"垃圾堆"和"天堂"的畸形结合,这种对都市的矛盾态度显然是对波德莱尔"恶之花"譬喻的回

---

① 唐湜:《曹辛之〈杭约赫〉论》,《诗探索》1996 年第 1 期。
② 杭约赫:《饕餮的海》,《复活的土地》,第 30—32 页。

应,也令人想起三十年代穆时英《上海的狐步舞》中回旋的喟叹:"上海,造在地狱上面的天堂。""化石了的巨人"(摩天大楼)这一现代都会的典型产物,激起的不仅是欲望,更使人发觉生命的渺小和无助。来自乡土社会、抗战期间辗转于内陆的诗人面对都会很自然地产生本雅明所言的"震惊体验":"在这来往的车辆行人中穿行,把个体卷进了一系列惊恐与碰撞。在危险的穿行里,神经紧张的刺激迅速地、接二连三地通过体内,就像电池里的能量。"①诗人接着描写上海特有的"音乐"——汽车的噪声——对人的生存空间全方位的侵占和冲击:

> 我们到街上去,
> 我们游泳在天堂的银河里
> 呵你听,这是天堂的音乐,这是
> 音乐吗? 使我们的耳膜膨胀的,
> 使我们的呼吸压缩的——这些
> 拥挤得不留一丝空隙的人潮的
> 澎湃,马达——那疟疾症患者的震颤,
> 喇叭和尖利的铜笛的和鸣……
> 救护车,红色的消防车——接踵地
> 从你刚止住脚步如冒号的边上擦过
> 划过,飞过,咆哮着
> 狂暴得使每一粒灰砂都战栗的
> 怪声……这不是音乐
> (也许这正是音乐),音乐却
> 充塞在我们所有的空间里,开足
> 马力,以最强音来竞赛
> 诱惑或者掠夺。我们是浴在
> 音乐的洄流里的鱼。②

---

① ［德］瓦尔特·本雅明:《发达资本主义时代的抒情诗人:论波德莱尔》,张旭东、魏文生译,生活·读书·新知三联书店 2014 年版,第 146 页。

② 杭约赫:《饕餮的海》,《复活的土地》,上海森林出版社 1949 年版,第 32—34 页。

这些诗行将面对都市风华的千头万绪以蒙太奇手法加以剪接拼贴，显示了新奇活泼的想象力，视觉、听觉上的动感奔盈其间，呈现为一种特殊的"堆砌"的"集纳"风格，可以视为当时从内地归来的年轻诗人们共同的一种"非常内在的感觉结构的体现"[①]，他们以种种缤纷的"感觉"传达对上海现代都市文明的批判。

四、共同的思维方式与历史观念

朱自清曾在《新诗杂话》中论及战争给新诗（也包括"五四"以来的整个新文学）带来的新面向，即"大众的发现"与"内地的发现"："他们发现大众的力量的强大，是我们抗战建国的基础。他们发现内地的广博和美丽，增强我们的爱国心和自信心。"[②]朱自清是从"抗战建国"的高度来看待并期待新诗创作转向的。脱离了小知识分子生活的诗人们在迁徙的长途中，在战火硝烟和内地的山水人文间获得了新的视角、新的经验，的确使他们建构起个人与时代的紧密关联，诗歌中的个体体验被压缩，民族国家意识高涨；而上文我们讨论的这些在战争结束后带着内地生活经验回迁至上海的九叶诗人，其诗作表现的却几乎都是身处都会空间的个人生命体验，看起来似与国家、民族等时代宏大叙事无甚关联，在以往的研究中也通常着重强调西方诗学对他们的影响，将之定义为"中国（式）的现代主义"诗派，[③]并与注重政治批判、建设人民话语的主流左翼文学阵营区别开来。然而深入辨析却会发现，四十年代的作家们毕竟面对着同样的历史和文化语境，积极于现代主义诗艺探索的九叶诗人们在对现实的想象方式、批判指向、写作诉求等大的方面同后者并没有本质上的差异，有时甚至呈现为一种奇异的呼应和认同，这也典型地体现在对上海的书写中。

比如，对于都市上海的罪恶，袁可嘉直接将上海想象为一个贪婪的恶魔：

---

① 所谓"集纳"，本是"journalism"（新闻业、新闻工作）的日译，在 1930 年代的报刊即已流行，但这一概念并不限于新闻业，而有着相当广泛的内涵和外延，比如就一种文学创作特征来说，可以概括为"打破固定栏目的限制，将不同类型的材料根据动态的关系，进行生动有趣的整合"；参见姜涛：《"集纳"空间与"马凡陀山歌"的生成》，《华中师范大学学报（人文社会科学版）》2018 年第 4 期。

② 朱自清：《抗战与诗》，《新诗杂话》，生活·读书·新知三联书店 1984 年版，第 40 页。

③ 相关研究如游友基：《九叶诗派研究》，福建教育出版社 1997 年版；蒋登科：《九叶诗派的合璧艺术》，西南师范大学出版社 2002 年版；马永波：《九叶诗派与西方现代主义》，东方出版中心 2010 年版等。

不问多少人预言它的陆沉，

说它每年都要下陷几寸，

新的建筑仍如魔掌般上伸，

攫取属于地面的阳光、水分

而撒落魔影。贪婪在高空进行；

一场绝望的战争扯响了电话铃，

陈列窗的数字如一串错乱的神经，

散布地面的是饥馑群真空的眼睛。①

生活在这"到处都是不平"的空间中的人们，每日流连于办公室与酒吧之间，"花十小时赚钱，花十小时荒淫"，刻画出都市中人性的异化和道德的沦丧，对上海的罪恶指控比左翼作家更具力度。同样，唐祈的《时间与旗》开篇即写道："一九四八年的上海，这个庞大的都市的魔怪。"一面是层层铁丝网后面的工厂，阴暗铁窗边上的提篮桥监狱、度盖着严霜的贫民窟、押送农民当壮丁的乌篷船、贩卖少女的荞头店，与之相对的则是由"月亮和霓虹灯混合着的虚华"、"墨晶玉似的大理石"和"磨光的岩石的建筑物"所组成的富人区，对照出后者浮华表象下的罪恶。对于这样一个罪恶的渊薮，诗人给出的解决办法是什么呢？仔细阅读可以看到，作为诗歌主题的"时间"始终以钟声的形式盘桓在这个空间的内外前后，"把白日带走，黑夜带走"，并对所谓"卑鄙的政权"进行审判，而伴随着一面光辉的"人民的旗"缓缓升起，"新世界"终于降临："人们日渐看见新的/土地；花朵的美丽，鸟的欢叫：/一个人类的黎明。"②"时间"，其实是历史进步主义观念的一个抽象表达。

　　如前所述，杭约赫和陈敬容基于个人生命体验而发出的对上海的指控并不像袁可嘉、唐祈等几位九叶诗友这般直露。《饕餮的海》敏锐地意识到了现代化都市对人的压迫性、摧毁性的力量，但这种文明省思并没有被诗人贯彻下去，第三章《醒来的时候》转向了"阶级批判"和"殖民议题"，他也将上海这座半殖民地城市的罪恶的终结寄望于"人民"的力量："现在，他们以执锄头的手，/在捏紧从敌人那里夺取的武器，/来解放这最后一片被束缚的/土地，复活新的伊甸园"③，

①　袁可嘉：《上海》，《中国新诗》1948 年第 2 期。

②　唐祈：《时间与旗》，《中国新诗》1948 年第 1 期。

③　杭约赫：《醒来的时候》，《复活的土地》，上海森林出版社 1949 年版，第 62 页。

诗人最终转向了对人类未来图景的热情想象:"让我们欢呼吧! 一个/新世界就要在人民的觉醒里到来"①;某种和左翼诗人同调的政治乌托邦的迷情呼之欲出。②而常常将自我情绪投射到诗歌中的陈敬容,其实同时也怀着对更"光明"的"群体"的向往。《黄昏,我在你的边上》和《冬日黄昏桥上》中,诗人化身为一个在窗边和桥上凭栏而望的孤独主体,感受着黄昏时分"朦朦胧胧"、"半明半暗"的特质,又对"黑夜"怀着无端的凄伤和恐惧,但诗人并未将自我封闭到底,她相信,"黑夜将要揭露/这世界的真实面目"③、"直到我力竭而跌落在/黑夜的边上/哪儿就有黎明/有红艳艳的朝阳"④;写于 1948 年夏的《出发》则是诗人摆脱黄昏的胶着状态,走向集体的喻示:"从一个点引申出无数条线/一个点,一个小小的圆点/它通向无数个更大的圆",并表达了当时诗歌常见的政治批判基调:"不能让狡猾的谎话/把我们欺骗! /让我们出发/在,每一个抛弃了黑夜的早晨!"⑤《力的前奏》则描写了在"大风暴"来临之前天地海洋"可怕的寂静"中,"全人类的热情汇合交融/在痛苦地挣扎里守候/一个共同的黎明"。⑥至此,个人感伤终于汇入集体的愤怒和企望中。彼时正致力于波德莱尔译介的陈敬容,其对都市异化的敏锐触觉终究没有深入到现代性本体论的反思层面,同杭约赫、袁可嘉等同人以及更多的左翼诗人一样,她也将批判矛头指向"黑暗社会"和"罪恶政权",其所感到的所有不安最后都试图寻求一个终极的解决方案,即呼唤一个新世界的来临。因此,当年为唐湜所惊叹的"男性的气息是怎样无间地融合在女性的风格里"⑦,就不仅是就性别层面而言的,更指向其将个人感伤通向感时忧国精神的时代共鸣。这也似乎再一次印证了杰姆逊有关民族寓言的经典论断:第三世界的文本"总是以民族寓言的形式投射一种政治:关于个人命运的故事包含着第三世界的大众,他们的文化和社会受到冲击的寓言"。⑧学者张松建则将陈敬容定位为一个我们分析"'中国

---

① 杭约赫:《醒来的时候》,《复活的土地》,上海森林出版社 1949 年版,第 59 页。

② 有学者从这一点出发,深入分析了杭约赫与其所师法的艾略特的本质不同,参见李章斌:《地狱之城与乌托之邦:杭约赫与艾略特诗歌比较》,《中国比较文学》2015 年第 1 期。

③ 陈敬容:《冬日黄昏桥上》,《陈敬容诗文集》,复旦大学出版社 2008 年版,第 208 页。

④ 陈敬容:《黄昏,我在你的边上》,《陈敬容诗文集》,复旦大学出版社 2008 年版,第 165 页。

⑤ 陈敬容:《出发》,《陈敬容诗文集》,复旦大学出版社 2008 年版,第 345 页。

⑥ 陈敬容:《力的前奏》,《陈敬容诗文集》,复旦大学出版社 2008 年版,第 187 页。

⑦ 唐湜:《陈敬容的〈星雨集〉》,《新意度集》,生活·读书·新知三联书店 1990 年版,第 79 页。

⑧ 〔美〕杰姆逊:《处于跨国资本主义时代中的第三世界文学》,载张京媛主编:《新历史主义与文学批评》,北京大学出版社 1993 年版,第 234—235 页。

版现代主义诗歌'得以生长变化的历史条件的生动案例",展现了"政治、文化、性别、意识形态因素的互动与纠缠"①。

余论:历史进步主义观念的前世今生

抗战胜利后,在沦陷阴霾岁月"枕笔待旦"的平襟亚并没有感受到盼望多年的海晏河清,不由感叹"天亮了后,却又濛淞下起雨来。使待旦者耽在低气压下,呼吸发生了障碍;逐渐把希望光明照彻大地的一团欢喜,转变而为失望,沉郁,怨恨,诅咒",这位通俗文学大家选择以杂文"聊遣闷怀"。②《黑漆漆的上海》以颜色时尚起笔,针砭被一股"黑气"弥漫着的整个上海社会:"市场上不论买柴米油盐,一切食品,都有黑市。前几时连拨款单调换钞票也有黑市。商人贸易,心不黑不能赚钱。囤货居奇的人,大家抹黑了良心在黑吃黑,晚上每一家的电灯,都要把黑布裹起来。走在马路上,十点钟后到处都是漆黑。"③"黑夜"遂成了来自不同阵营、不同地区的作家对上海生存感受的通用譬喻,由此关联着黑暗与光明、寒夜与黎明等种种指向。

我们不能忽视这种想象的历史情境,简单地从审美现代性的角度来指责作家们以"寒夜—黎明"的想象来涵盖"上海—中国"书写模式的单纯和苍白。这个并不新鲜的譬喻隐含着萦绕在几代中国知识分子心头的现代性追求。二十世纪初,蔡元培曾将上海视为引领中国走出"黑暗"的"新世界":"黑暗世界中,有光彩夺目之新世界焉。……此地何? 曰上海",④上海的地位虽前后翻转,但其思维模式并无不同。德国汉学家顾彬注意到,自五四开始,"'黑暗'这个流行语成为描写中国过去的最常用的词,'光明'这个符号日益被拔高为一种比喻,拔高为当代的象征,于是只可以有一种当下状态的生活、写作和思想存在"。⑤李欧梵也指出,西方启蒙思想对中国最大的冲击是对于时间观念的改变:"从古代的循环变成近代西方式的时间直接前进——从过去经由现在而走向未来——的观念,所以着眼点不在过去而在未来,从而对未来产生乌托邦式的憧憬"⑥;直线

---

① 张松建:《现代诗的再出发——中国四十年代现代主义诗潮新探》,北京大学出版社 2009 年版,第 222 页。

② 平襟亚:《秋斋笔谭·自序》,上海万象图书馆 1948 年版,第 1—2 页。

③ 平襟亚:《黑漆漆的上海》,《秋斋笔谭》,上海万象图书馆 1948 年版,第 43 页。

④ 蔡元培:《新上海》,《警钟日报》1904 年 6 月 26 日。

⑤ [德]顾彬:《二十世纪中国文学史》,范劲等译,华东师范大学出版社 2008 年版,第 26 页。

⑥ 李欧梵:《漫谈中国现代文学中国的"颓废"》,《现代性的追求》,生活·读书·新知三联书店 2000 年版,第 145—146 页。

进步的时间观念很快导致一种新的历史观和意识形态,五四时期对于它的描述方式是一套全新的词汇:譬如"历史的巨轮""洪流""主潮""时代的浪尖""从黑暗走向黎明"等等,直到四十年代后期,仍是作家下笔和思维的习见模式。同五四前辈一样,再度面临历史巨变的作家们也纷纷把"进步"的观念视为不可阻挡的潮流,将历史道德化,个人与集体逐渐合二为一,而最后终于把"人民"笼统地想象为"革命的动力和图腾"①。审美认知的归一隐含着书写者内在政治认同的位移,四十年代末期作家知识分子群体普遍出现了向左转的趋势,其实早已反映在对上海的书写和想象中。

因此,由"黑夜"走向"黎明"的乌托邦想象也一直延续到共和国成立以后,其标志性节点和集大成者当属胡风的政治抒情长诗《时间开始了》。如绿原所说,"当时歌颂中华人民共和国的诗篇实在不少,但从眼界的高度、内涵的深度、感情的浓度、表现的力度等几方面进行综合衡量,能同《时间开始了》相当的作品未必是很多的"②。在这首几万字的巨作中,"黎明"同样作为一个鲜明的意象,被用来比喻革命胜利的到来:

> 黎明
> 像一个花苞
> 她吐着清丽的香味来了
> 黎明
> 像一个爱情
> 她亮着温馨的微笑来了
> 祖国,祖国啊
> 黎明的处女的光波
> 　　照到了你的身上
> 你抬起愁苦的头
> 你心灵里面的最敏感的神经
> 　　着火似的欢悦了起来③

---

① 李欧梵:《漫谈中国现代文学中国的"颓废"》,《现代性的追求》,生活·读书·新知三联书店 2000 年版,第 146 页。
② 《绿原、牛汉对话录》,《文艺运动史料选》第 5 册,上海教育出版社 1997 年版,第 617 页。
③ 胡风:《胡风全集》第 1 卷,湖北人民出版社 1999 年版,第 104—105 页。

诗人满心欢喜地想象到，中国终于摆脱了多少个世纪的积贫积弱，革命者驱逐黑暗，用生命换来了新中国，人民生活在解冻回春、发芽开花的人间乐土、大同世界，胡风在其中尽情表达了他有关现代民族国家和新社会形态的建构。正如有学者概括的，《时间开始了》的特殊之处在于为人们展现了一种同过去截然不同的集体时间观念，一种认同现在的社会意识："一边是作为主体的'我们'关于当下和未来开阔、流长的生命体验，一边是'人人'关于过去的封闭的、循环的历史经验"①；所以我们看到，共和国成立初期的作品处处洋溢着辞旧迎新的欢快动感，"××日子过去了"的告别和"时间开始了"的新声呐喊在报刊上交相辉映；抗战胜利后作家们以上海起笔的对现代民族国家的诸般想象，也汇入到了这种全新的历史叙事和时代共鸣中。

Morality · Illness · New World

—National Imagination and Historical Concept in Shanghai Writing After the Victory of Anti-Japanese War

Abstract：The writing of Shanghai after the victory of Anti-Japanese War embodies the national imagination of modern Chinese writers in that important historical period. Out of their own life experience and literary ideas，modern Chinese writers have launched moral，political and civilized criticism on Shanghai，and the historical changes of Shanghai have also been presented. However，the progressive historical view formed since the May 4th Movement plays a substantial role under the complicated creative representation，which not only regulated the overall style of Shanghai writing，but also affected the transformation of writers and even modern Chinese literature in the late 1940s.

Key words：Shanghai writing；imagination；historical concept；the 1940s

作者简介：张晓晴，南开大学文学院中国现当代文学专业博士研究生。

---

① 杜英：《重构文艺机制与文艺范式：上海，1949—1956》，上海三联书店 2011 年版，第 107 页。

中国现代美育思想中的
江南情怀与都市想象
——以蔡元培、丰子恺、鲁迅为例

田　瑞　陈　伟

摘　要:在现代中国,以上海为中心的江南地区不仅是"后江南美学"的文化重镇,其作为中国近现代城市化建设的起步地区,更是中国现代美育肇发兴盛的思想阵地之一。蔡元培、丰子恺、鲁迅作为土生土长的江南学人,其美育思想也不可避免地呈现出他们身上所具有的江南文化气质,为中国现代美育(学)的现代性形态赋予了些许江南美学的诗性色彩。同时,三者的美育思想随着江南地区现代城市化进程的推进,愈发强调社会美育所占的比重,洇透了他们对于都市建设的理解与想象,成为中国早期现代都市审美文化创构的重要力量。在蔡元培、丰子恺、鲁迅美育思想中的江南情怀与都市想象里,我们能窥得江南审美文化在现代中国的血脉赓续与时代创构,能找到中国社会从古典美学形态向现代美学形态转型中的转变路径,也能发现早期中国都市审美文化逐步酝酿生发的历史进程。

关键词:美育　中国现代美学　江南美学　都市文化　社会美育

江南地区在风貌上俨然拥有两副截然不同甚至极端对立的"面孔":它可以是"小桥流水人家"般闲适静谧,也可以如摩天大楼林立般现代摩登。我们能从江南地区看到古典水乡风情与现代城市风貌的合而为一,也能看到马克思口中那种"乡村城市化"的"现代的历史"①。美学视角下的"江南"一方面是一个地理空间性概念,强调长江中下游之南地区的主流地域美学形态;另一方面它又富含丰厚的审美文化意义,呈现出中国古典美学中的浪漫诗性特质,是中华美学精神与中国传统文化的重要底色,就像有学者所说:"江南文化的'诗眼',使它与其他区域文化真正拉开距离的……是在于,在江南文化中,还有一种最大限度地超越了儒家实用理性、代表着生命最高理想的审美自由精神。"②宋朝以后,经济重心南移的完成让江南地区逐步成为全国范围内的经济中心,这里一跃为现代中国都市化进程的桥头堡,率先出现了现代意义上的城市区划与都市文明。从时间逻辑上看,有学者将"江南美学"从整体上划分为"前江南美学""江南美学"与"后江南美学"三个时间段。"后江南美学"被学者认为是"中国进入现代以来,以上海为中心的江南美学"③,它在继承古代江南美学文化传统的同时,又广纳西方现代美学思想与都市文明,"呈现出丰富的二元对立、互渗、重组"④。在现代中国,以上海为中心的江南地区不仅是"后江南美学"的文化重镇,其作为中国近现代城市化建设的起步地区,更是中国现代美育肇发兴盛的重要思想阵地之一。

正如江南城市风貌的两副"面孔"和"后江南美学"的二元对立一样,以蔡元培、丰子恺、鲁迅等为代表的现代江南美学学人,一边汲取都市文化的美学营养,构建现代美学美育体系,一边也在其美育思想中体现了古典美学的某种诗性美学情致。有学者表示:"在中国现代文学史上,不少作家都出生于或曾生活在以文化繁荣著称的江南城市与乡镇,后者不仅作为一种重要的文化或审美经验直接影响到作家的精神与人格建构,同时也是他们在远迁他乡或异邦之后深情缅怀江南旧事直至诉诸笔端的重要原因。"⑤蔡元培、丰子恺、鲁迅作为土生土长的江南学人,其美育思想也不可避免地呈现出他们身上所具有的江南文化气质,为中国现代美(育)学的现代性形态赋予了些许江南美学的诗性色彩。同时,三人的美育思想在具体实践上已然不同于古代时期的礼乐教化观,而是随着江南地区现代城市化进程的推进,愈发强调社会美育所占的

① 马克思、恩格斯:《马克思恩格斯文集》第 8 卷,中共中央编译局编译,人民出版社 2009 年版,第 131 页。
② 刘士林:《西洲在何处——江南文化的诗性叙事》,东方出版社 2005 年版,第 209 页。
③④ 张法:《当前江南美学研究的几个问题》,《中国人民大学学报》2010 年第 6 期,第 121 页。
⑤ 刘士林:《中国都市化及文化审美问题研究》,上海交通大学出版社 2018 年版,第 241 页。

比重,泅透了他们对于都市建设的理解与想象,成为中国早期现代都市审美文化创构的重要力量。

一、蔡元培:都市美育实践论中的江南余韵

作为中国近现代著名的革命家和民主进步人士,蔡元培竭力宣传"思想自由,兼容并包",淋漓尽致地彰显出了"江南风骨";作为民国首任教育总长,蔡元培秉持"科学救国"和"美育救国"的大旗,在改革中国封建教育模式、探索中国现代教育体制等方面做出了杰出贡献。蔡元培美育思想广纳康德先验美学思想与中国礼乐教化论,以"美育代宗教"说为理论核心,强调美育思想引导美趣、融合感情、创造精神的重要作用。蔡元培美育思想的一大特征是关注现代美育实施制度与推行措施方面的问题,提出了较为系统翔实的都市美育实践观。蔡元培美育思想中的都市想象与其都市美育实践观密不可分,在具体美育实践上借鉴西方现代都市文化规划,适当参考江南地区人文风貌,形成了个人特色鲜明的美育实践论。

蔡元培的都市美育实践论以"美育代宗教"观为学理基础。为何美育可以代宗教呢? 这首先来自美育与宗教的相似性。蔡元培在论述美学价值论时,提出了这样的观点:"美学观念,以具体者济之,使吾人意识中,有所谓宁静之人生观,而不至疲于奔命,是谓美学观念唯一之价值,而所由与道德宗教,同为价值论中重要之问题也。"[1]所以在蔡元培看来,美育与宗教在哲学价值旨趣上是殊途同归的。其次,蔡元培还认为美育精神同宗教信仰一样,都对于人类精神世界有着重要的影响。但是,蔡元培美育思想的基本立场是五四新文化时期所倡导的启蒙与科学,因而他认为宗教信仰所具有的封建迷信属性与现代社会中的民主科学完全相悖,若想获得人类精神的绝对自由,就必须用别的信仰来将其替代。美育用审美精神来寄托人生最高理想,旨在引领人的精神达到艺术审美境界,因此被蔡元培认为是一种可以替代宗教信仰的全新人类精神信仰。此外,美育与宗教也有着显著的不同,呈露出某种开放性。蔡元培认为,美育是自由、进步、普及的,与之相对,宗教则是强制、保守、有界的。其中二者最重要的区别在于,宗教的精神解放强调在教义、派系、信众等上的严格界限,而美育的精神引领则在现实践履上并无边界,异彩纷呈的艺术美、风

---

[1] 金雅主编:《中国现代美学名家文丛·蔡元培卷》,浙江大学出版社 2009 年版,第 13 页。

光旖旎的自然美、摩登现代的城市美都能成为美育的对象,学校、家庭、社会也都是实行美育的场所。由此出发,蔡元培进一步阐述了他的美育实践观。

蔡元培主张美育的施行需从学校、家庭、社会三方面同时着手。作为人们普遍关注的家庭美育和学校美育的延续与补充,社会美育常常受到忽视。蔡元培意识到了社会美育的特殊作用,认为社会美育实为美育实践的关键。首先,社会美育凸显美育潜移默化的属性。有学者这样表示:"艺术作品对人的教育,常常是在毫无强制的情况下,使欣赏者自由自愿、不知不觉地受到感染,心灵得到净化。"[1]在蔡元培看来,社会美育因重视公共艺术场所的兴建与社会环境的艺术美化,更容易让普罗大众在日常生活中潜移默化地实现艺术审美的熏陶,所以社会美育的效果往往具有长期的延续性和高度的稳定性。其次,社会美育公共属性强,参与门槛低,更符"有教无类"的教育方针。美育"应该面向大众,融入人们的日常生活之中"[2]作为当代美育实践的重要原则,早已被蔡元培在美育理论与实践中所强调。突出美育的"面向大众"与"根植生活",正是蔡元培美育观的重要特色之一。最后,人类作为社会性动物,共同栖居在社会这样一个大环境、大家园中,如果"平常接触耳目的,还是些卑丑的形状,美育就不完全"[3],最后难免会造成"虽学校、家庭尽力推行,而其所受环境之恶影响,终为阻力"[4]的恶果,让美育实践难以为继。

蔡元培美育实践观的核心在于都市环境的美化。蔡元培以为,"美育的推行,归宿于都市的美化"[5],社会美育"不可不谋地方的美化"[6],"不可不以美化市乡为最重要之工作也"[7]。他广泛吸收巴黎、柏林等西方现代城市建设的经验,从道路设计、建筑制式、公园布置、名胜古迹保存、公共坟墓建设等六个方面提出了都市环境美化的方针。蔡元培认为城市应具备宽平匀称的道路和供人休憩的公园,城市建筑风格要仿照西式的花园小别墅,同时也要妥善保护城市的历史古迹,注重城市名胜的建设。蔡元培还特别指出,中国传统的坟墓存在诸多弊端,号召建设公共墓地和实行火葬。通过建设社会艺术机关和推行地方美化措施,蔡元培希望把城市打造为社会美、艺术美、自然美三位一体的

---

① 彭吉象:《艺术学概论》,北京大学出版社 2006 年版,第 43 页。
② 范亚丽:《蔡元培社会美育理论的当代意义》,《文化学刊》2015 年第 1 期,第 71 页。
③⑥ 金雅主编:《中国现代美学名家文丛·蔡元培卷》,浙江大学出版社 2009 年版,第 102 页。
④⑦ 同上,第 107 页。
⑤ 同上,第 119 页。

伊甸园,人们终日在这样美丽的城市中生活,自然会时时与美趣为伴,涵养自身的审美修养与审美情趣。此外,蔡元培的都市美育实践论还延续了其美学思想对艺术问题的大力关注。他积极倡导在城市中兴建公共艺术场馆,认为这是承担社会艺术美育的重要场所。蔡元培列举了包括美术馆、美术展览会、音乐会、剧院、影戏馆、历史博物馆、古物学陈列所、人类学博物馆、博物学陈列所与植物园、动物园在内的九项城市社会艺术美育机构,特别强调了它们不以营利为目的的公益属性,如各类美术馆博物馆应免票供群众参观,剧院在政府资助下低价运营等。蔡元培认为要严格规定展出物的选择标准,如美术展览会的陈列物需经过审查委员会选定,影戏馆上演的影片必须经过审查,从而避免低俗、庸俗、媚俗的文化糟粕影响美育效果。

　　蔡元培的都市美育观虽在具体实施细则上大量借鉴了西方现代都市的建设方案,但事实上还是或多或少存留着"江南余韵"。这主要体现在其社会美育实践中对自然美的追求上。蔡元培一向反对过于偏重艺术美或自然美的观点,认为艺术美与自然美相互依存、相互补充:"艺术上自有一种在自然美以外的独立价值","自然上诚有一种超过艺术的美"①。而在美育的对象上,他又强调"凡有美化的程度者,均在所包,而自然之美,尤供利用"。②美化后的都市作为"广义的美术品",当然会充满不少美趣,不过大张旗鼓地进行城市装饰与美化建设却不可避免地削弱了人们对自然美的鉴赏机会。因而蔡元培在呼吁都市建设的同时,也没有忽视都市自然美缺失的问题。他说:"人造美随处可作,不限地方,如绘画、音乐在城市也是可赏鉴的。至于自然,却限于一定的地方才可以领略。人在稠密的城市中,难得有自然美,所以住在城市的人家,家家都喜欢挂山水画,他们四面找不出好风景,所以只好在画中看看罢了。"③所以在都市的具体美化措施中,蔡元培也关注市民对自然美的鉴赏。蔡元培出生在浙江绍兴,在这里度过了青少年时代。江南水乡温润敦厚的独特气质孕生了蔡元培的美学和美育思想,家乡的江南景致也一直让他魂牵梦萦。"水""山""花""鸟"常被认为是江南地区最具特色的自然审美符号,④蔡元培在城市美化方面,便特别强调这种江南自然审美符号的别样美育价值。如城市中

---

①② 　金雅主编:《中国现代美学名家文丛·蔡元培卷》,浙江大学出版社 2009 年版,第 153 页。
③ 　同上,第 82 页。
④ 　张骏:《当代江南城市审美意象研究》,2013 年扬州大学博士论文,第 61 页。

的公园首先必须是"以自然美为主"①，要似江南水乡般与水为伴，"有一道河流，或汇成小湖，可以行小舟"②；公园也要如江南小镇般恬静怡人，"有池沼亭榭、花木鱼鸟"③。此外，他还认为国家应该加强对自然风景区的保护，竭力保持其原有的自然生态风光。城市和风景区之间要有便捷的交通相连，以便于城市居民在闲暇时刻能前往游览观光，领略自然美的独特景致。蔡元培都市美育实践观中的自然美情韵，不仅为现代都市美化建设增添了些许江南灵秀之气，也从一个侧面映射出了其浓烈深厚的江南情怀。

但是，蔡元培的都市美育观还是存在些许美中不足之处。五四新文化时期的一大批知识分子心怀改造中国社会面貌的宏愿，对西方现代都市文化充满了浪漫的想象，因此为中国社会城市化建设勾勒出了"全盘西化"的蓝图，错误地将现代都市化一味地与西方城市制式画上等号。就如同列维-施特劳斯对全球文化发展所忧虑的一样："整个世界在逐渐借用西方的技术、西方的生活方式、西方的消遣方式直至其服装。"④我们在蔡元培的都市美育观中也或多或少地看到了这种影子。中国现代美育思想是中西方文化交流的产物，甚至可以这样说，没有西方哲学美学的引入就没有中国现代美学（育）思想的形成。但彼时的中国社会状况自然同当时的西方社会不同，蔡元培的都市美育观在一些具体措施上直接移植西方社会美育方案，显然缺乏更坚实的社会现实基础，在如何于现代社会中张扬中华美学精神的问题上也稍显踌躇，因而带有一定的温和改良派空想主义色彩。不过必须要指出，蔡元培略带空想色彩的都市美育实践观的出发点始终是挽救社会与改造国民性，所以呈现出"现实主义与空想主义的结合"⑤的特殊理论样态，我们需要置身于当时的社会历史条件下，方能给予恰如其分的历史评价。

二、丰子恺：以江南乡情反叛"都会之音"

江南乡野与都市风光都是丰子恺漫画创作的重要题材。摩登景致与都市人物，乡野风光与农村生活，都在丰子恺的画笔下变得活灵活现又引人深思。

①②　金雅主编：《中国现代美学名家文丛·蔡元培卷》，浙江大学出版社 2009 年版，第 102 页。

③　同上，第 106 页。

④　[法]克洛德·列维-施特劳斯：《种族与历史·种族与文化》，于秀英译，中国人民大学出版社 2006 年版，第 37—38 页。

⑤　姚全兴：《中国现代美育思想述评》，湖北教育出版社 1989 年版，第 8 页。

1945 年,丰子恺出版了漫画集《都市相》,用极具个人风格的漫画笔触勾勒了都市生活中的所见所闻所感,使"都市漫画"成为"子恺漫画"的重要子类别。这些描绘都市市井百态的漫画作品不仅拥有极高的艺术价值与美学造诣,更因浓厚的风俗史与文化史特质"成了都市文化的一个重要标志"①。值得注意的是,丰子恺的"都市相"漫画更多地基于一种审美批判的艺术视角,这与丰子恺艺术一贯坚持的"故乡"审美母题息息相关。丰子恺的江南情怀和思乡情切在他身上是统一的。对于他来说,江南就是故乡,故乡就是江南。如果说故乡水土育成了丰子恺的现实生命的话,那么江南文化则陶养了他的审美生命。温润淡雅与宁静悠远的江南美学韵味在他的漫画作品中数见不鲜,成为其艺术心灵的现实呈现,也是其美学美育思想的精神内核。受这种强烈的故乡江南情愫影响,丰子恺对于都市社会及都市审美形态产生了本能性的抗拒,一方面认为这种重人工而轻自然的"异质文化",为本就美妙的江南乡野裹上了一层层的世俗市侩之"网",另一方面也认为市民社会中的人际疏离与人情冷漠抑制了人们的情感交流,让江南乡村的邻里亲热荡然无存。由此,丰子恺漫画作品折射出的都市想象,更多地表现出对都市文明染指乡村文化的警惕与江南审美文化日渐凋敝的"失乡"之忧。

丰子恺的美育思想延续了其漫画中所呈现的都市想象与"失乡"的审美焦虑。"童心""同情""绝缘"是丰子恺美育思想的三个核心范畴。"童心"强调美育的价值旨趣。丰子恺认为成人和儿童虽处同一世界,但都市中的利欲阴霾已经遮住了成人的眼睛,让他们难以窥得世界的本真,丧失了自由审美的能力。而儿童因为拥有一颗未被尘世污染的赤诚"童心",能够处于一种精神的"自然状态",所以身居都市闹市依旧能发现生活中的美趣。所以"童心"就是"不是经过这世间的造作后的心""纯洁无瑕,天真烂漫的真心"。②为了让成人保有儿童般纯粹的求真欲和向美的人生观,就必须通过美育来唤醒沉睡的"童心"。"童心"的美育目标并非是希望人们通过美育模仿儿童的生活习性,而是想让人们重新寻得那颗未受物欲沾染和利欲熏浸的真心,体悟一种趣味的艺术生活态度与真率的人生审美性情。"同情"彰示了美育的情感广度。"同情"来自利普斯的"情感移入说"。他认为审美主体在进行审美鉴赏时,会

---

① 陈伟、刘飞飞:《都市表情的真实写照——从都市文化的角度看丰子恺漫画》,《文艺理论研究》2009 年第 6 期,第 53 页。
② 丰子恺:《丰子恺全集》(艺术理论艺术杂著卷 9),海豚出版社 2016 年版,第 131 页。

把自己的审美情感全部移植与浸入到审美对象中去,使审美主体对审美客体产生共鸣共感,进而形成一种独特的审美体验。丰子恺所说的"同情"则是一种放大了的普遍的"情感移入",认为一切事物都能够通过审美主体的情感移入而具备审美对象的性质。美育作为一种情感教育,正聚焦于改善因久居钢筋水泥的都市社会而造成的人的情感疏离与精神异化,希望人们在张扬自身审美情感、领悟"同情"审美真谛的同时,唤醒与呵护自己的"童心",从而陶冶他人心灵,最终美化人类生活。"绝缘"凸显了美育的审美底蕴。"绝缘"是丰子恺美学的基础概念,强调人们在开展审美活动时要"解除事物在实践的一切关系、因果,而孤零地观看"①。换句话说,就是完全摒弃利害判断与功利关系,将审美情感直接对应于审美客体本质的一种审美状态。审美教育与科学教育相比是"绝缘"的。美育培养并不追求科学化的指标和功利化的成果,而是更强调审美心灵的陶冶与审美人格的培育,体现出更强的人文特质与自然教育属性。此外,"绝缘"还是"童心"与"同情"的重要理论基底。"童心"来自儿童以孤立、纯粹的视角"绝缘"地看待人生与世间万物的态度,而"同情"的普遍情感移入也正基于抛却世俗偏见与现实功利的平等眼光,这显然也是"绝缘"的。

在丰子恺所处的时代,现代化的都市建设让新式教育取代了传统的私塾教授,但标准化与科学化的教育考核方式也让教育的功利性与实用性认知甚嚣尘上。丰子恺对此深有感触。他在体操专科学校担任图画科教师期间,学校主任认为图画教学要让学生多描绘体操用具样貌或体操动作姿势,表示这对提高学生体操水平来说很实用。还有一个学校的主任觉得丰子恺教学生绘制的木炭画作品是一文不值的"龌龊的东西",心疼购买纸张花去的大洋。丰子恺认为都市社会给人们太多的物质诱惑与功利羁绊,污染了人们曾经赤诚真率的"童心",甚至连自然淳朴的江南乡村都未能幸免,因此必须要通过"心为主,技为从"的审美教育扭转这一状况。事实上,新式教育与都市文明发达的西方国家已经认识到了审美教育的必要性,丰子恺就表示:"美国是偏重实际的国家,专门在原因结果的系统中教育青年,结果使人民变了机械的枯燥生活,影响到社会很大。近来觉悟了这弊害,提倡艺术教育的呼声甚高。"②

---

① 金雅主编:《中国现代美学名家文丛·丰子恺卷》,浙江大学出版社 2009 年版,第 27 页。

② 同上,第 17 页。

丰子恺在分析中国画的审美特色时曾指出,中国人对自然的特殊钟爱使得中国画常以自然为主要表现题材,江南自然风景画在其中就占据重要地位。这种对江南自然美的钟情正来自中国古典美学"万物一体"的普遍同情论与"涤除玄鉴"的审美静观说。丰子恺"心为主,技为从"的美育实践论贯彻了中国美学这种同情、静观的审美特质。何为"心为主,技为从"的美育呢?简单来说,就是令人回归自然本心即"童心"的"护心"教育。丰子恺以美术和音乐为例进行了论述:"图画科之主旨,原是要使学生赏识自然与艺术之美,应用其美以改善生活方式,感化其美而陶冶高尚的精神(主目的);并不是但求学生都能描画(副目的)而已……音乐科之主旨,原是要使学生赏识声音之美,应用其美以增加生活的趣味,感化其美而长养和爱的精神(主目的);并不是但求学生都能唱歌(副目的)而已。"①也就是说,美育的核心不是求得会唱会画等的技巧,而是更多地聚焦于对于精神的润泽、人格的培养,最重要的是唤醒人们未被都市利欲铜臭浸染的"童心"。丰子恺的这种美育思想与卢梭"回归自然"的自然主义教育观存在着些许内在相似性,体现出了一定的自然主义倾向,也间接彰显了丰子恺对江南乡村审美风尚的万般留恋与向往之情。

基于强烈的江南故乡情愫与自然主义式的审美教育观,丰子恺美育思想中的都市想象拥有强烈的批判性意味。在《商业艺术》一文中,丰子恺曾对商业资本横行的西方现代都市文化大加批判。丰子恺认为西方现代都市建筑样式的革新确实体现了物质生产的快速发展,但却没有带领精神文明同样高歌猛进,未能提供良好的社会美育资源。西方现代都市中横行的"艺术商业化"现象更让丰子恺颇为不满。都市中的霓虹灯追求"煽动"与"触目",为了宣传商品无所不用其极地求新求怪。现代建筑又往往因过度追求外观而牺牲了建筑本身的实用目的,沦为"商业上的伽蓝"②。这些城市建设中的种种怪状都被丰子恺认为是"资本主义蹂躏艺术的现象"③,与其追求的"曲好和众""同情""绝缘"等艺术审美精神相悖。总之,在丰子恺看来,现代都市中横行的商业艺术"只求触目,不顾美丑"④,不仅污损了现代都市的摩登景致,还蚕食了江南水乡的地域审美特色,使得人们对于美感的追求被炫目的快感刺激所取代。长期在此种环境中生活,不利于创美审美的美育活动的开展,更不用说从

---

① 金雅主编:《中国现代美学名家文丛·丰子恺卷》,浙江大学出版社 2009 年版,第 51 页。
② 同上,第 306 页。
③④ 同上,第 310 页。

这样的非美环境中获取精神的陶冶与情感的慰安了。正是出于对都市审美文化的批判视角,丰子恺虽在上海久居,度过了人生最后二十余年的时光,但上海这样的大都市在他眼中却是"红尘扑面的"——快美之物眩人目,尘世之网扰人心。其实丰子恺自始至终心系江南水乡式的家乡生活,他曾这样说道:"我们是浙江石门湾人,住在上海时也只管说石门湾的土白,吃石门湾式的饭菜,度石门湾式的生活;却与石门湾相去千里。"①强烈的故乡情愫和江南情怀不仅深深影响了他的生活态度,更在他的美育思想上印下了深厚的自然主义烙印。

　　丰子恺美育思想对未染世俗尘埃的儿童之"童心"的向往,确实为久居水泥丛林的世人提供了别样的审美生活态度与人生审美旨向,但是丰子恺在其美育思想中对于都市文化的批评未免太过于偏激。就像有学者所评价的:"丰子恺这种传统的生活观念,有修身养性之宜,可是,这种生活基础本身就是利用现代社会的种种便利而获得的。他这种向往比较原始生活方式的思想脱离了现代生活节奏。"②实际上丰子恺本人也已意识到了现代社会走向城镇化的必然性,不止一次表示"农业时代的生活不可复现"③,只是强烈的故乡情愫与江南情结总是让他的感性占了上风。不管怎样,丰子恺强烈的"失乡"之忧在城镇化快速推进的当代社会也不无道理,蕴含着丰富的美育理论价值与美育实践意义,而这也成为丰子恺推崇唤醒"童心"、倡导"绝缘"、劝进"同情"的人生论美育思想的当代价值之所在。

三、鲁迅:"不爱江南"与美育的破旧立新

　　在如何看待作为文化空间的江南与都市的问题上,鲁迅的态度似是矛盾的。鲁迅在 1934 年致萧军、萧红的书信中曾写道:"我最讨厌江南才子,扭扭捏捏,没有人气,不像人样,现在虽然大抵改穿洋服了,内容也并不两样。"④次年,鲁迅又在书信中表示:"我不爱江南。秀气是秀气的,但小气。"⑤鲁迅的这种表述看似对江南及江南文化充满厌恶与偏见,不过事实可能并非如此。鲁

① 　金雅主编:《中国现代美学名家文丛·丰子恺卷》,浙江大学出版社 2009 年版,第 323—324 页。
② 　陈伟、倪君:《丰子恺艺术思想的基础及其得失》,《上海师范大学学报(哲学社会科学版)》2012 年第 6 期,第 48 页。
③ 　丰子恺:《丰子恺文集·第五卷》,浙江文艺出版社、浙江教育出版社 1990 年版,第 334 页。
④ 　鲁迅:《鲁迅全集》(13),人民文学出版社 2005 年版,第 315—316 页。
⑤ 　同上,第 532 页。

迅笔下不仅常常出现对江南水乡景色的细致描写与赞叹,江南故乡的风土人情也让他流连忘返。出生于江南的鲁迅实际上对江南文化有着强烈的认同感。当然,鲁迅对自己长时间居住的上海这类大都市也并不是一味地褒扬,上海的权势派、小商人、伪知识分子与"上海的烦忧险恶"①同样让他不堪忍受。鲁迅缘何会对作为文化空间的江南与都市有着这样的矛盾态度呢?或许可以从他的文化观上寻找答案。在鲁迅看来,旧时江南大量存在落后封建的传统风俗,麻木愚昧与落后无知的国民劣根性在这里一览无余,他"不爱江南"的论断一方面是"哀其不幸,怒其不争"的冲动愤懑之言,另一方面也折射出他对于中国社会被动卷入现代化浪潮时,中国传统文化亟需全面革新和转型的文化忧虑。鲁迅的这种文化观根植于他的美学美育思想中,深刻地影响了其美育思想中的江南情怀与都市想象。

鲁迅的美育思想正如他的文艺美学思想一样,存在着前期后期两个阶段的区分。鲁迅前期美育思想的关键词是"启蒙"。从一方面来说,鲁迅首先对传统文化进行了猛烈批判。作为土生土长的江南人,鲁迅的炮火先对准了旧江南文化的传统陋习,认为这些落后意识一代代地积淀成为"国民性",必须通过系统全面的审美教育与思想启蒙重新唤醒个体意识。正像冯雪峰所评价的:"鲁迅自己,在艺术上是一个冷酷的感伤主义者,在文化批评上是一个理性主义者,因此,在艺术上鲁迅抓着了攻击国民性与人间的普遍的'黑暗方面',在文明批评方面,鲁迅不遗余力地攻击传统的思想。"②因此,同蔡元培与丰子恺一样,早期鲁迅的美育思想在康德审美非功利性的影响下,也更强调美育"顺情适性"的精神润泽性。如他在《摩罗诗力说》中说道:"由纯文学上言之,则以一切美术之本质,皆在使观听之人,为之兴感怡悦。文章为美术之一,质当亦然,与个人暨邦国之存,无所系属,实利离尽,究理弗存。"③他在《拟播布美术意见书》中又说:"顾实则美术诚谛,固在发扬真美,以娱人情,比其见利致用,乃不期之成果。"④可见,早期鲁迅美育思想的关注重心在于美学精神涵育人心、广开民智的启蒙作用方面。所以说,这一时期鲁迅的"不爱江南"论是与

① 鲁迅:《鲁迅全集》(11),人民文学出版社 2005 年版,第 300 页。
② 陈寿立编:《中国现代文学运动史料摘编》(上),北京出版社 1985 年版,第 204 页。
③ 鲁迅:《鲁迅全集》(1),人民文学出版社 2005 年版,第 73 页。
④ 俞玉滋、张援编:《中国近现代美育论文选 1840—1949》(新版),上海教育出版社 2011 年版,第 30 页。

其美育思想中的文化批评观密切相关的。另一方面,鲁迅在民国政府教育部工作时提出了一系列美育实施的具体方案,呈现出早期鲁迅美育思想的都市想象。鲁迅的《拟播布美术意见书》明确提出开展美育工作的三项事业——"建设事业""保存事业"和"研究事业"。"建设事业"关注于现代都市建设的美育功能,要求在城市中兴建演剧场、奏乐堂等公共文化美育场所。此外,鲁迅也强调在建设美术馆的同时发起各类文艺会、展览会,收集展陈古今中外的美术珍品,希望以高雅艺术与美术珍品激起国人之美感。鲁迅特别强调,"建设事业"中所"播布"的美术作品以新剧、新乐、新文艺为主,要效仿西方都市文化实践来推行社会美育措施。这不仅彰显出鲁迅作为五四新文化旗手,对改造落后旧文化、启蒙民众新思想的自觉意识,也在一定程度上也体现出中国现代美育思想的现代性与现代中国知识分子的都市想象。甚至可以这样说,中国现代美育家的社会美育实践观就是他们对现代中国都市化建设的美学式构想。我们不难发现,早期鲁迅美育思想的都市想象呈现出蔡元培都市美育实践观与丰子恺护心美育论的某种杂糅,这主要由其前期以"立人"与觉醒为核心的启蒙美育思想所决定。而后期的鲁迅美育思想在美学美育的合规律性和合目的性之间坚定地选择了后者,看到了美学美育改造社会的革命功利性与政治功利性功用,成为中国现代马克思主义美学美育思想的一支重要力量。

　　1927年大革命失败后,对社会彻底失望的鲁迅逐步成为坚定的共产主义者,其美学美育思想从前期"批判的武器"转向"武器的批判"阶段。如果说鲁迅早期美育思想的关键词在"破",核心目的是批判旧江南文化中的传统陋习与封建礼教的话,那么鲁迅后期美育思想的关键词则在"立",呈露出他对新社会的向往与渴望,着力于建构自己的都市审美想象。鲁迅后期美育思想的主要特征表现在这几个方面:其一,对美本质属性的认知从突出美的无功利性或超功利性转向强调审美的社会政治功利性。鲁迅在《〈艺术论〉译本序》中这样说道:"享乐着美的时候,虽然几乎并不想到功用,但可由科学底分析而被发见。所以美底享乐的特殊性,即在那直接性,然而美底愉乐的根柢里,倘不伏着功用,那事物也就不见得美了。并非人为美而存在,乃是美为人而存在的。——这结论,便是蒲力汗诺夫将唯心史观者所深恶痛绝的社会,种族,阶级的功利主义底见解,引入艺术里去。"[①]从这番言论中可以发现,鲁迅后期美

---

① 鲁迅:《鲁迅全集》(4),人民文学出版社2005年版,第269页。

学思想坚定地贯彻了马克思主义的唯物史观,清楚地意识到美学思想应始终立于时代制高点上的历史站位,也清醒地认识到 20 世纪中国现代都市化进程中更需要符合自身社会发展情况的美育。其二,其推行美育的目的从"救救孩子"转向了培养"革命人"。鲁迅在《狂人日记》的结尾发出了"救救孩子"的呼号,希望通过审美教育改良落后文化、改造国民性,实现救亡图存的伟业。但残酷黑暗的社会现实让鲁迅放弃了这种改良论的美育观,认为"现在倘再发那些四平八稳的'救救孩子'似的议论,连我自己听去,也觉得空空洞洞了"①。在广州居住时,城市旺盛的革命形势和市民激昂的革命热情被带动起来,鲁迅内里江南乡土的文人意识被都市市民的革命意识占了上风,更希望以艺术与美作为"长枪"和"匕首",倒逼安于现实的民众奋起反抗,彻底打碎"旧世界",建立"新世界"。其三,其美育施行的审美对象以现代对立崇高美取代传统古典和谐美。现代社会的对立崇高型美学形态诞生于西方资本主义发展与都市化建设快速推进的历史时期,现代中国社会反帝反封建的双重任务决定了长久以来在中国文化占主流的古典和谐型美学形态必然让位于现代对立崇高型美学形态,从而以革命抵御侵略、以现代性反抗封建性。鲁迅后期更深入的美学思考与都市体验让他愈发感受到这种美学形态转型的急迫性,这使得他更钟情于具有现代美学形态性质的大气美、力量美,也更强调这种大气美与力量美振奋革命精神、唤起斗争意识的特殊美育力量。鲁迅美育思想所尊崇的这种现代美学形态显然与以诗意、静穆为主要特征的江南美学存在显著差异的。

后期鲁迅美育思想的这种变化体现出他对现代中国以蔡元培为代表的"现代都市派"美育思想与以丰子恺为代表的"乡村自然派"美育思想的扬弃与超越。鲁迅肯定蔡元培都市美育实践观高扬都市社会美育价值的论断,但资本主义都市文明在现代中国的土地上能否真正生根发芽是让鲁迅备感怀疑的。因此,他反对蔡元培都市美育实践观的"西化"式文化建设蓝图,而寄希望于无产阶级革命在中国大地掀起一场革故鼎新的马克思主义旋风,认为这才是建设中国本土化的都市文明与审美文化的正确美育道路。相似地,鲁迅的"不爱江南"并不是完全否定江南审美文化的一切,他本人也同丰子恺的美育思想一样有着深厚的江南情怀,他"不爱"的只是在落后文化上的盲目故步自封与因循守旧而已。这样看来,后期鲁迅美育思想的江南情怀与都市想象更

---

① 鲁迅:《鲁迅全集》(3),人民文学出版社 2005 年版,第 476—477 页。

立足于当时中国社会的现实情况,多了几分辩证唯物主义的理论色彩。

四、小　结

事实上,无论是蔡元培在都市建设中再造江南景致,丰子恺用江南自然生活反叛都市摩登生活,还是鲁迅批判继承江南文化、构建新都市文化,他们三人的美育思想虽各有侧重,但也在某些问题上表达出了相似的观点,如都认为都市文化设施有其特殊的美育功能、都或隐或显地呈现出江南美学精神的诗性超越论、都特别强调了儿童美育的重要价值等。在蔡元培、丰子恺、鲁迅美育思想中的江南情怀与都市想象里,我们能窥得江南审美文化在现代中国的血脉赓续与时代创构,能找到中国社会从古典美学形态向现代美学形态转型中的转变路径,也能发现早期中国都市审美文化逐步酝酿生发的历史进程。正是在以蔡元培、丰子恺、鲁迅为代表的中国现代美育学人思想中的江南情怀与都市想象的内在张力同中西方美学传统与审美文化的微妙结合中,中国现代美学与美育思想才会绽放出灿烂闪耀的理论光彩。

Jiangnan Feelings and Urban Imagination in the Aesthetic Education of Chinese Modern Aesthetics

—Take Cai Yuanpei, Feng Zikai and Lu Xun as examples

Abstract：Jiangnan aesthetics, with its romantic and poetic aesthetic qualities, has become an important base for the spirit of Chinese aesthetics and traditional Chinese culture. In modern China, the Jiangnan region, centered on Shanghai, is not only the cultural center of "post-Jiangnan aesthetics", but also one of the important ideological sites where modern Chinese aesthetics (education) flourished as the starting area of modern Chinese urbanization. The modern Jiangnan aesthetics scholars represented by Cai Yuanpei, Feng Zikai, Lu Xun, etc., while drawing on the nourishment of modern Western aesthetics to build a modern aesthetics and aesthetic education system, also consciously or unconsciously promoted the poetic sentiment of Jiangnan aesthetics in their modern aesthetic education ideas. Through the Jiangnan sentiment and urban imagination in Cai Yuanpei's, Feng Zikai's, and Lu Xun's aesthetic thinking, we can glimpse the lineage and contemporary creation of Jiangnan aesthetic culture in modern China, find the transformation path of Chinese society from classical aesthetic form to modern aesthetic form, and discover the historical process of the gradual gestation and emergence of urban aesthetic culture in early China.

Key words: Aesthetic Education; Modern Chinese Aesthetics; Jiangnan Aesthetics; Urban Culture; Social Aesthetic Education

作者简介：田瑞，上海师范大学哲学与法政学院博士生，研究方向为中国现当代美学；陈伟，上海师范大学人文学院教授，博士生导师，博士，主要研究方向为美学、文艺学、艺术学理论。

圣约翰大学纪念坊语句的释义考辨
及其中西意蕴融合的阐释

周伟良

摘　要：圣约翰大学纪念坊是一座精巧美观的牌坊，堪称深入表达教育宗旨的罕见宝物与彰显近现代上海都市文化的精品力作。其上镌刻的诸多中文语句及从西文翻译过来的语句意义非凡，但长期以来一直缺乏准确精到的释文。本文在甄别、纠正古代文献中相关传注的基础上，对其上语句释义作了详尽的考辨，鉴于中西融合是近现代上海都市文化及校园文化的主基调，进而对其上语句中西意蕴的相融与辉映作了细致的阐释。

关键词：圣约翰大学　纪念坊　中西融合　上海都市文化

上海苏州河第十二湾内侧沿河地带与华东政法学院长宁校区的十大景点组成了"一带十点"景观，自 2021 年 9 月 23 日起开始正式向公众开放。上海市民及旅居上海的四方来宾多了一个休闲观光的好地方，也多了一个领略旧上海都市文化遗存并提升相关认识的新机会。

华东政法学院所在区域 1952 年之前属于圣约翰大学（下文简称"约大"）。约大创办于 1879 年，其后声名渐隆，被誉为"外交人才的养成所""东方的哈佛"，培养了包括顾维钧、荣毅仁、邹韬奋、周有光、贝聿铭、陈从周、张爱玲、林语堂等在内的大批杰出人才。1929 年曹家渡绅民为庆祝约大成立 50 周年，特意建造了纪念坊，立于这所教会大学校园内显眼的位置上，即怀施堂（现为韬奋楼）的正前方。

　　原来的纪念坊显得明朗、秀气、挺拔、高昂,参见以下两图①。1955 年被拆除,其后四根石柱、缺损的屋檐及题写着"真理"两字的半截横额尚在,其余构件不翼而飞。1992 年得以重建,重建后的四柱上方文字字眼未变,题写者有变化;四柱文字依旧,但有些模糊。总体神韵大减,令人惋惜。

纪念坊正面(1935 年摄)

纪念坊背面(1935 年摄)

　　此纪念坊呈纯中式传统牌坊造型,坊下步道左右两侧有西式草坪。从其

---

① 　照片来源:《圣约翰大学建筑考遗之三——纪念坊》,基路伯的博客,http://blog.sina.com.cn/s/blog_7382eb480100r866.html,2011 年 5 月 13 日。

上语句可以看出,该纪念坊是近现代上海都市文化环境下中西文化融合的产物,达到了较高的思想境界,值得在校园文化的语境下,廓清迷雾,考辨其上语句的释义,并进而对其中中西意蕴的融合进行阐释。

一、中西融合是近现代上海都市文化及校园文化的主基调

近代以来,中西方文化包括旧中国正统文化、江南文化、西洋文化、红色文化在上海都市文化的形成中有最多的交汇与融合。由于时势所趋、风气所及,中西方文化也相融于约大,约大也就成了近现代中西文化交流的产物。约大校园中原有礼拜堂,堂中前方有时挂着中国的对联。约大自建的砖木结构的房屋建筑,其发展可分为两个阶段,第一阶段墙体以青砖为主,配以局部红砖线条与拱券,且有西式外廊叠加传统中式飞檐大屋顶,代表这种风格的建筑有1895年建成的怀施堂、1899年建成的科学馆、1904年建成的思颜堂、1909年建成的思孟堂等;第二阶段是简洁的红砖立面叠加中式飞檐大屋顶,代表这种折中主义风格的建筑有1915年建成的罗氏图书馆、1919年建成的体育室、1935年建成的树人堂等。第二阶段建筑中式意味渐浓,1929年建成的交谊室的外立面主要以中国建筑风格为主。这两个阶段建筑的内外部质朴而文雅,堪称中西融合建筑式样的活化石。其他诸多方面也体现了中西融合是近现代上海都市文化及校园文化的主基调。

二、上海都市校园文化语境下纪念坊语句释义考辨

纪念坊在校园所有建筑中别有特色,它是通过语句的表述自然达成中西文化的融合。其正面、背面横额分别是"缉熙光明"四字与"光与真理"四字,正面横额上方琢有"纪念坊"三字,背面横额上方琢有校名"圣约翰大学",下方四根石柱的正背面均琢有两副对联。

(一)四柱联语释义考辨

正面石柱上的外联语是:"环境平分三面水,树人已半百年功。"其意为:校园东、北、西三面濒临苏州河,培养造就人材已有半个世纪。有人将下联释为"培育学生半个世纪事半功倍",在语意上有些过[①]。中联语是:"淞水钟灵英

[①] 可参见"基路伯的博客"http://blog.sina.com.cn/s/blog_7382eb480100r866.html。这是笔者所见唯一对纪念坊联语作详尽解释的所在,难能可贵。博主对约大建筑有较多翔实的研究,惜其对纪念坊四副联语的释义不够准确。

才乐育,尼山知命声教覃敷。"其意为:吴淞江畔灵秀之气汇聚的环境中才智杰出的学生们乐于受到培育,约大办学五十春秋中教师们的言传身教得到了深广的传布。按,吴淞江上海段俗称苏州河。尼山是孔子的出生地,这儿借指约大。覃,深、长、广。敷,传布。

背面石柱上的外联语为:"明体达用是为国华天挺之才资造就,新命旧邦广开学舍海通而浚此权舆。"国华指国家的杰出人才。天挺指天生卓越超拔。权舆指起始。语意应为:"令学生明了道德准则社会规范并将所学经世致用"的教育思想,可为国家天赋卓越的杰出人才以资造就打好基础;践行新的使命,于古老中国广泛开办学校并促使中外教育得以顺畅交流从约大这儿开始。而不应全像"基路伯的博客"那样,释为:"申明礼节通达事理是为中国造就天资卓越的人才,古老中国兴办新型学校广度深度起初开始于约大。"按,"明体达用"作为中国古代重大的教育思想,是宋初思想家、教育家胡瑗提出的。其弟子认为"体"是指君臣父子、仁义礼乐这一套历世不可变易的根本的东西①。到了现代,封建社会的这一套已被破除,再使用"明体达用"时,其中的"体"适合理解成道德准则社会规范,道德准则社会规范正是现代社会运行的根本。但不论古今理解差异如何,"明体达用"总是表达了晓根本识大体同时经世务实的教学理念,总是与西人将信仰与科学并重相通的。中联语为:"合中西于一炉五十载缔造经营蔚成学府,在东南为巨擘千万人濯磨淬厉用扬国光。"其意为:融中西文化于一炉,五十年缔造经营的成果荟萃成就了规模较大声誉较著的高校;在中国东南洗涤磨炼激励大量杰出人才,使其弘扬国家文化的光辉与荣耀。而不应全像"基路伯的博客"那样,释为:"使中西文化融于一所创立办学五十年负有盛名的大学,在中国东南经洗涤磨炼的千万杰出人物弘扬国家光明。"按,巨擘,大拇指,喻指杰出人物。淬厉,即淬砺,淬火磨砺,引申指激励磨炼。用:实行、施行。

因为纪念坊石柱联语的文字有点模糊,徐以骅主编的《上海圣约翰大学(1879—1952)》,熊月之、周武主编的《圣约翰大学史》,徐以骅、韩信昌撰写的《海上梵王渡——圣约翰大学》三书在辨识、排印方面都有失误:"尼"中下方的部件原来琢得像"工",从书法角度讲没有问题,古代书法家欧阳通、欧阳询、赵

---

① 沈江龙、陈友益:《胡瑗"明体达用"教育思想的形成及其当代价值》,《湖州师范学院学报》2020 年第 1 期,第 32—36 页。

孟频都有这样的写法，但三书中有排印成"工"的，这就不对了，也有排印成"二"的，更是完全错了，必须排印成"匕"；还有将"合中西于一炉"的"合"排印成"命"，将"权舆（舆）"排印成"权與（与）"，将"濯磨"排印成"灌磨"的；或者将"千万人"排印成"千百人"，将"淬厉"排印成"淬砺"，甚至统统将"明体达用"排印成了"明礼达用"。这就对"基路伯的博客"的用字、释义准确性造成了不利的影响。按，"权与"，盟国。濯，古水名。

（二）正面横额语句释义考辨

纪念坊正面横额琢有"缉熙光明"四字。出自《诗经》"学有缉熙于光明"。此处去掉"缉熙于光明"中的"于"字，成为四字组合，显得平衡端庄。虽说缺"于"字就文法而言不够理想，但其意不该有变。

历代在文中作"缉熙光明"者亦有一些，检索爱如生《中国基本古籍库》，输入"缉熙光明"，得到 150 条结果，其中"缉熙""光明"连用不可断开的有 131 条；"缉熙光明"作定语的有 54 条，其中"缉熙光明之学"六字连用的竟多达 21 条，由此看来，"缉熙光明"确实特别适合题于学校，特别契合校园文化语境。

古文修养好的观者看到纪念坊上的"缉熙光明"四字，自然会想到这四字就是缉熙于光明的意思，修养不济的可能觉得费解，因为一查词典，"缉熙"就是光明，甚至在四川辞书出版社出版的《汉语大字典》等辞书当中可以查到"缉"的一个义项就是光明，"熙"的一个义项也是光明。这四字就变成"光明光明"甚至"光明光明光明"，语义完全重复了。其实不可能这样重复，这是千古遗留的比较重大的语句释义问题，如今在都市校园文化的语境下，通过考辨，当见分晓。

表 1　当代权威辞书对"缉熙"的释义

辞书名	释　　义	分　　析
第六版《辞海》	光明貌。《诗·周颂·敬之》："学有缉熙于光明。"郑玄笺："且欲学于有光明之光明者，谓贤中之贤也。"	《辞海》与《汉语大词典》基本上直接将缉熙释成光明。《辞源》则先强调，至光明有个渐积的过程。但"熙"在此肯定是光明，而由光明渐积至于光明讲不通，所以"于"作为介词，在此释为"到、至"不合理，应该解释成"从……中""在……中"，所以"缉熙于光明"的原意至少是：从或在光明中得光明。
第三版《辞源》	《诗·大雅·文王》："穆穆文王，于缉熙敬止。"又《周颂·敬之》："日就月将，学有缉熙于光明。"犹言渐积至于光明。后因以缉熙指光明。	
第一版《汉语大词典》	《诗·大雅·文王》："穆穆文王，于缉熙敬止。"毛传："缉熙，光明也。"又《周颂·敬之》："日就月将，学有缉熙于光明。"郑玄笺："缉熙，光明也。"后因以"缉熙"指光明，又引申为光辉。	

接下来考察汉代的《说文解字》,作进一步探究。《说文解字》:"熙,燥也。"段玉裁注:"燥者,熙之本义。又训兴、训光者,引申之义也。"《说文解字》:"缉,绩也。"段玉裁注:"微纤为功,析其皮如丝,而撚之⋯⋯而续之,而后为缕⋯⋯又引申之为积厚流光之偁。《大雅》传曰'缉熙,光明也'是也。"按,"其",它(植物麻)的;撚,集合、揉搓、接续;缕,麻线。段注前面强调了"缉"由纺织事项中析麻搓捻成线之事而来的接续之意及其后引申的积厚之意,后面却引用了《大雅》毛传,直接将"缉熙"释为光明,在无意间掩盖了前面强调的"缉"的意思。清代马瑞辰《毛诗传笺通释》:"《说文》:'缉,绩也。'绩之言积。缉熙,当谓渐积广大以至于光明。"马瑞辰的解释走偏了,后来的《辞源》也跟着走偏了,其实就应该抓住《说文》原先强调的"缉"的意思及"缉熙于光明"中"于"的介词作用"从或在⋯⋯中"不放。"缉"除了"接续或继续"的意思,还有"聚集或收集"的意思,这两层意思在权威辞书《辞源》《汉语大字典》《汉语大词典》所收单字"缉"的释义中都可以看到。

"缉熙光明"就是"从光明中集取、接续、传承光明"的意思。这样的释义十分符合高校校园文化语境。郑玄的解释走偏了。走偏的原因除了对"于"理解有误,还在于没有分别咬住一个个字来解释。毛亨首先误释,郑玄跟进情有可原,因为将"学有缉熙于光明"中"缉熙"理解成光明,有"于"字在,句子自然也很讲得通。大多数后代学者于前贤不敢稍有指摘,往往总是承袭,甚至延续他们走偏的解释或稍加改造,圆其所说,于是后来就有了许多符合走偏之义的用例。

笔者所见的爱如生《中国基本古籍库》等相关材料中,大多将"缉熙"作为诗经之典或文王之典来使用、化用或解释,语意或释义基本不脱毛传、郑笺之窠臼,仅有朱熹《诗集传》(可参见下表《汉语大词典》释义)、范处义《诗补传》卷二十六、蔡清《四书蒙引》卷二、黄训《名臣经济录》卷十一等少数古籍文注强调了"缉熙"中接续的意思。明代张居正在给万历皇帝讲解"于缉熙敬止""日就月将,学有缉熙于光明"时也分明强调了这层意思[1];王安石《临川先生文集》卷四十一:"臣伏以陛下,缉熙光明,如日之方升。"内在"接续光明于光明(暗指继承皇位)"的意思比较明显,这些都比较难得。

在"缉熙光明"的释义考辨上,这样正本清源还不够,还可助以"日就月将"释义的考辨。

---

[1] 《张居正讲评〈诗经〉皇家读本》,陈玺生等译解,学林出版社 2009 年版,第 399、541 页。

表 2　当代权威辞书对"日就月将"的释义

辞书名	释　　义	分　　析
第六版《辞海》	犹言日积月累。《诗·周颂·敬之》:"日就月将,学有缉熙于光明。"孔颖达疏:"日就,谓学之使每日有成就;月将,谓至于一月则有可行。言当习之以积渐也。"	诸权威辞书皆从中性或积极角度来看待"日就月将",皆释为"日积月累,积少成多",进而言及或直言"不断进步"之义。
第三版《辞源》	日有所得,月有所进。形容日积月累,学业不断进步。《诗·周颂·敬之》:"日就月将,学有缉熙于光明。"孔颖达疏:"日就,谓学之使每日有成就;月将,谓至于一月则有可行。言当习之以积渐也。"	
第一版《汉语大词典》	每天有成就,每月有进步。形容积少成多,不断进步。《诗·周颂·敬之》:"日就月将,学有缉熙于光明。"孔颖达疏:"日就,谓学之使每日有成就;月将,谓至于一月则有可行。言当习之以积渐也。"朱熹集传:"将,进也……日有所就,月有所进,续而明之,以至于光明。"	
第6版《现代汉语词典》	每天有成就,每月有进步。形容积少成多,不断长进(就:成就;将:前进)。	

　　事实上,"日就月将"并非都用于好的方面,也有用于不好的事情上的。查爱如生《中国基本古籍库》,可以看到这样的用例:《永乐大典》卷之二千六百十一:"又恐日就月将,大启倖门,为弊滋甚。"倖门指奸邪小人或倖幸者进身的门户。所以"日就月将"的本义是中性的,就是日月交替相随、接续相从的意思,"就"在此是凑近、依随,并非成就的意思;"将"在此是顺从、随从,本无进步的意思。充其量来说,只是将"日就月将"用在积极向上的语境中,才可能有"每天有成就,每月有进步"的语境义,而且随着这种用法的大量增加,可以将此语境义作为引申义。"日积月累"中性,适用于褒贬两方面,更可作为引申义。所以相比较而言,《辞海》对"日就月将"的解释相对稳妥,但在有本义、该出本义的情况下仍未先道出本义,也有不妥。这些问题的产生源自孔颖达客观上带有一定误导作用的阐释及朱熹的跟进,不过很明显,孔颖达阐释的是句子的语境含义,他并没有直接讲"就"是成就、"将"是前进,但朱熹直接讲了一半。

　　李材《见罗先生书》卷四十"月征日迈,缉熙光明"中"月征日迈"的语义与"日就月将"相近。"月征日迈"出自《诗经·小雅·小宛》:"我日斯征,而月斯迈。"喻指时间不断推移,在沈榜《宛署杂记·宣喻》"日征月迈,寒暑衣褐"中也只是这个意思。尽管"月征日迈""日征月迈"在语义上与"前进、进步"更近,但并没有生发出上述"日就月将"的语境义或走偏的单字释义。

对"日就月将"语义的正确理解及对其本义的考辨,十分有助于对"缉熙光明"作深入的理解。"日月光华,旦复旦兮",日月在清晨交替、光华相续,为"学有缉熙于光明"营造了很好的语境,既如同诗经之起兴,又如同比喻,顺文而进,就是要表达光明出自于光明、光明接续光明之意,而这正是"缉熙于光明"的真意,且在上海都市校园文化语境中贴切地道出了学习的终极目的、教育的无上宗旨。

"穆穆文王,於缉熙敬止"的语义也可随之明朗,其意并非如上海辞书出版社出版的《唐诗鉴赏辞典》所言:"文王的风度庄重而恭敬,行事光明正大又谨慎。"在古文中,"缉熙帝载"的说法并不少见,联想到"日月光华,旦复旦兮"是古代著名的帝王禅让(舜传位于禹)之诗《卿云歌》中的句子,可以推断,周文王所敬之"缉熙"多半就是指前代帝王明明相接之事。联系"穆穆文王,於缉熙敬止"下文可知意在说明文王(姬昌)本是非常敬重禅让之事的,后来姬昌称王、周动用武力灭商亦非周所愿,只是天命所系,以安抚商之子孙。李梅亭在《贺陈金书除参政兼同知》中写道:"唐虞缉熙光明之日月。"也正可印证笔者以上的观点。按,止,虚词;帝载:帝王的事业;唐虞,唐尧虞舜。

三、上海都市校园文化语境下纪念坊语句中西意蕴融合的阐释

西方思想文化、西式教育要融入中国,只有在"相对中国化"的条件下才有可能实现,近现代上海都市之中,约大校园文化的中西融合自是一种必然。

(一)联语语义中中西融合的双解与直接表达

背面石柱外联语"新命旧邦广开学舍海通而浚此权与"中的"新命"可以从基督教的角度解释为"新的使命",也可以按照国人的认识,释为"新的天命"。两者皆可,意味着"新命"可以涵盖两者,这也是在语义上中西的一种融合。其中的"海通而浚"更是中西融合的直接表达,因为上海大都市本是江海通津之地,"海通"就是与海外通航,"浚"就是内河的疏浚。约大创办当年及 1888—1889 年,校园所在苏州河十二湾的下游不远处的闸北段实施了两次疏浚工程[①],"海通而浚"就是表示海路内河皆得以畅通无阻,喻指中西文化、教育的

---

① 中国人民政治协商会议上海市闸北区委员会、闸北区苏河湾建设推进办公室编著:《百年苏河湾》,东方出版中心 2011 年版,第 5 页。

交流融合得以畅行无阻。

背面石柱中联语"合中西於一炉五十载缔造经营蔚成学府,在东南为巨擘千万人濯磨淬厉用扬国光"则直接表达了约大在中西教育理念、方式上的长期融合,而且表达了接受中西融合教育的约大千万杰出人才正在效力于祖国、弘扬祖国光华的事实。校长卜舫济曾明确指出:"学校就是一个小的宇宙。学生居于其中,务使发达其天性,高尚其人格。圣约翰大学的教育宗旨,在于造就学生为完全国民,使之以国利民服为前提,以克己自治为本领。其意志必高,其识见必高⋯⋯"①约大名为"LIGHT AND TRUTH"的校歌也鼓励学生勤学以报效祖国。

(二) 横额中西话语表达的对应与融合

背面横额之上琢有校名"圣约翰大学",这是耶稣一门徒人名的音译词语与一般中文词语相结合的校名。之所以用"圣约翰"来作校名,与西方传说中他的事迹有关。

背面横额琢有源自《圣经》的"光与真理"(校训英文部分 LIGHT & TRUTH 的中译),左右两侧琢有孔子所言的"学而不思则罔,思而不学则殆",先单以前者为校训,其后两者相配合,成为约大结合中西古老文化与教育思想、倡导中西融合、阐释教育理念、提醒社会责任的新校训。

校训,承载着一所大学创立之时的初衷与诉求,乃大学精神之所在。最具智慧的校训,也必向学生传布真理的光。"光""真理"有高尚的特质与普惠的作用等,成为可贵的校训用词,在世界范围内得到比较广泛的应用。五卅惨案发生后,约大及附中 553 人、教师 17 人因不满学校阻挠抗议活动,愤然离校创办了光华大学,校名寓意中华民族如日月光华,校训仍为"光与真理";1952 年院系大调整,约大与光华大学皆有数个学科并入华东师范大学,故华东师范大学有一段时间的校训也是"光与真理"。美国耶鲁大学等的校训是"真理与光明",欧美其他多所大学也有类似表述。

纪念坊背面横额"光与真理"中的"光"原本并非指日月之光,真理亦非理性的真理,而都是从信仰角度言之的②,但察其言,更要观其行。随着社会的昌明与科技的兴盛,从一开始,神学就只是约大教育的一部分内容,约大还逐

---

① 卜舫济:《本大学现行之教育宗旨》,《约翰声》,约大学生刊物之一,期数不详,第 1—3 页。

② 徐怀启:《古代基督教史》,上海人民出版社 2012 年版,第 202 页。

渐安排了更多其他学科的教育，如数学、物理学、化学、生物学、土木工程学、建筑工程学、经济学、医学等，并不排斥知识的光明与理性的真理；约大从未有过大规模的宗教兴奋，教内学生的比例一直在下降，具有专门知识但无宣教热情的中西教员随着教学的专业化取代了早年任教的传教士，世俗化与非宗教化的趋势明显，且其教学与宣教一般是分开的，本就意图在知识与宗教之间保持某种平衡①；来自美国的传教士、在中国成为教育家的卜舫济，自 1888 年起至 1941 年一直担任约大的校长，其后还转任约大的名誉校长。他会讲一口浦东腔上海话，著有《上海方言教程》，长期穿长袍马褂，爱妻是华人黄素娥。他对中国文化始终怀着理解与敬意，主张沟通中西，新旧结合，并在约大课程设置上一直采取比较公允的态度审慎处理中西学的关系和文理科的关系②；约大从其大学学制设立起，即同时容纳了中学、西学，最初施行中西学分斋模式，后过渡到摒弃畛域之见的院系制，始终不排斥中文知识的光明，也不排斥中国文化理性的真理。所以对"光与真理"，尽可从信仰或理性方面去理解，也可作中国化甚至世俗化的理解，虽然彼此层次不同，但都可呈现出"光与真理"高尚的意味。如此，正背面横额语句在辉映的同时，便有了相融的基础。

正面横额的"缉熙光明"，在校园文化的语境中，则是进而言之，以中国古老的智慧深入掘进，指点出传承、传播光明的方式与途径：从光明中集取、接续、传承光明。尽管《圣经》中有"就光""光中见光""光照亮一切生在世上的人"的说法；《尼西亚信经》中有"来自光的光"的说法，从学于约大、后成为基督教神学权威及讲授理性的欧洲古典哲学、逻辑学的徐怀启教授在阐释此《信经》时也有"从光而光"的说法，但毕竟都没有"缉熙光明"说得那样直接、明白与深入。佛教《杂阿含经》卷四十二也有"从明入明""从明而入明"的说法，只是它们的意思是：生在富乐家且终生在身、口、意三方面行善。强调的虽是个人的修为，但客观上也可为社会增添人类品性层次上的光明。

在校园文化的语境中，"光与真理""缉熙光明"在纪念坊上得以交融对应，要求学校、教师将光明带给学生，希望学生在光明中集取、接续、传承好光明，然后将光明带给社会，用所传承的真理来促进社会的发展。我国古籍中有较多"缉熙圣学"的说法，强调了传承孔子之学的重要性，与"缉熙光明"境界不

---

①　徐以骅、韩信昌：《海上梵王渡——圣约翰大学》，河北教育出版社 2003 年版，第 89—91 页。

②　熊月之、周武主编：《圣约翰大学史》，上海人民出版社 2007 年版，第 21—22 页。

同,内核却是相通的。

教会学校强调"光与真理",从此出发,才有了"缉熙光明"四字的选用。前四字出自于西方,后四字取自于我国深厚的古代文化,彼此相对成趣,达成了纪念坊正背面巧妙的配合,实现了语义上与思想上中西文化的融合。

结　语

纪念坊是中西文化互相辉映、彼此更增光华的杰作,是中西古典思想互相阐发、深入表达教育宗旨的宝物,也是近现代上海都市文化的精品力作。

难得的是中西古典思想文化于一坊合璧;难能可贵的是正面横额语句"取光明于光明之中、续光明于光明之中"的意蕴,在恰如其分、细腻简要地表达教育之真义与宗旨、教育过程与目的上已臻于极致。明代朱吾弼、李云鹄等辑《皇明留台奏议》卷五所载施懋《急储教刷财蠹疏》讲得特别好:"缉熙光明之学,亘千古而有光也。"

1913年2月1日,中华民国第一任大总统孙中山先生在约大思颜堂的演讲中讲:"今且言责任,《圣经》中云:'已见光明,应为人导',既有知识,必当授人。民主国家,教育为本。人民爱学,无不乐承。先觉觉后,责无旁贷。以若所得,教若国人,幸勿自秘其光。"显见孙中山先生也是参透了教育的无上宗旨及光或光明作为一种比喻的重大价值,其演讲与纪念坊交相辉映,恰好是纪念坊正面、背面横额语句极好的注脚。

以前常说"薪火相传",意谓从火中集取、接续、传承火,这是教学要义的另一种表述。不过相对而言,说"缉熙光明"时,典雅庄严,眼睛是往上的;说"薪火相传"时,浅俗平常,眼睛是往下的。

约大纪念坊的语句激励师生追求"缉熙光明""光与真理",践行将光与真理传递开来的社会责任,在旧时的动荡年代,发挥了积极的作用。1911年辛亥革命期间,约大学生发动了第一次大规模学潮,一些学生参加了革命党组织的"敢死队";1919年五四运动中,约大学生奋起响应,表现突出;1925年五卅惨案发生后,约大学生罢课、游行、退学,教师辞职,轰动全国;抗日期间,约大师生自发组织了无数次爱国募捐活动……①

在约大的所有建筑中,纪念坊规模虽小,但意义非凡,当居首位,而不应长

① 　熊月之、周武主编:《圣约翰大学史》,上海人民出版社2007年版,第284页。

期在研究中受到较大的忽视。它是约大精神的象征,是中西文化相融的结晶,在精神层面对该校学子的影响力与感召力,远非校园内现存 26 座房屋建筑可比。难怪 1992 年 10 月约大的校友集体回到母校,最感欣慰的莫过于看到原址上重建的纪念坊①;难怪当时一校友情不自禁,扑通一声跪在纪念坊下,激动地大呼:"我回来了,我回来了!!!"②。

Examination of the interpretation on the sentences of the Memorial Arch at St. John's University and analysis on the Chinese and Western integrated connotations of these sentences

Abstract: The Memorial Arch of St. John's University is an exquisite arch, which can be called a rare treasure that deeply expresses the purpose of education and a masterpiece of Shanghai urban modern culture. Many Chinese sentences and the ones translated from Western languages engraved on it are of great significance, but there has been a lack of accurate explanations for a long time. On the basis of identifying and correcting the relevant annotations in ancient literatures, this article makes a detailed examination of the interpretation of these sentences. In view of the fact that the integration of China and the West is the main tone of Shanghai urban modern culture and campus culture, the Chinese and Western integrated connotations of these sentences are further analyzed.

Key words: St. John's University; The Memorial Arch; The integration of China and the West; Shanghai urban culture

作者简介:周伟良,上海师范大学影视传媒学院副教授。

---

① 熊月之、周武主编:《圣约翰大学史》,上海人民出版社 2007 年版,第 397 页。
② 《圣约翰大学建筑考遗之三——纪念坊》,"基路伯的博客",http://blog.sina.com.cn/s/blog_7382eb480100r866.html,2011 年 5 月 13 日。

社会支持对缓刑人员
孤独感的影响机制
——基于上海的实证研究①

杨彩云　黄雅茹

摘　要:由于身份的特殊性,缓刑人员在回归社会的过程中会遭遇诸多排斥与挑战,这极易导致他们产生自卑、无助和孤独等负向心理。关注和纾解缓刑人员的心理问题不仅关乎其个体健康,更关乎社会的和谐稳定。本文基于2019年上海市缓刑人员的调查数据,考察社会支持对缓刑人员孤独感的影响机制,以期为精准有效的干预提供依据。研究发现,社会支持有助于降低缓刑人员的孤独感;应对方式在社会支持与孤独感间起到部分中介作用;自尊能够调节社会支持与孤独感之间的关系,即高水平的自尊可以强化社会支持对孤独感的积极影响。因此,可以从建构社会支持、提升自尊水平、掌握应对技能三方面帮助城市缓刑人员降低孤独感,促进其顺利回归社会。

关键词:缓刑人员　社会支持　应对方式　自尊　孤独感

一、引　言

进入经济社会转型以来,我国的犯罪率持续攀升,给公众安全和社会稳定带来巨大的挑战。传统的监禁刑已经无法满足现实的多重需求,出现了罪犯再社会化程度低、重犯率高的弊端。为了缓解监狱的压力,提升刑罚的改造效果,我国于2003年开启了社区矫正试点,并于2009年向全国推广。社区矫正

① 本文为教育部人文社科青年项目"社会工作中个人治疗与社会变革的争议及整合研究"(19YJC840018)的阶段性成果。

(Community Corrections)是指针对被判处管制、宣告缓刑、裁定假释、暂予监外执行这四类犯罪行为较轻的对象所实施的非监禁性矫正刑罚,它可以使罪犯在不脱离社会生活的情况下,借助政府和社会力量的帮助更好地适应社会、回归社会,实现再社会化。截至 2019 年底,我国累计接收社区矫正对象达 478 万,累计解除矫正 411 万人[1]。其中,缓刑人员是我国社区矫正对象的主体,占社区矫正对象的 90% 以上。社会大众对罪犯群体的排斥导致其心理、精神多处于消极状态,表现出自卑、无助和孤独等心理问题,这对其重新回归社会极为不利[2]。因此,在司法矫正实践中重视并纾解缓刑人员的心理问题不仅关乎其个体健康,更关乎社会的和谐稳定,是推进平安中国建设的应有之义。

孤独感属于个体的心理状态范畴,是一种认为自己被世人所遗忘,心理上与世人隔绝的主观心理感受。在当今社会,孤独感之所以被视为严重的社会问题是由于它往往与抑郁、吸毒、酗酒等不良行为相关。在罪犯群体中,孤独感与自杀、攻击行为有关,是诱发再犯的重要因素[3]。目前学术界对缓刑人员的研究主要集中于就业与社会适应方面,对其心理健康关注不足,因此亟需对缓刑人员的孤独感及其消解路径进行研究。社会支持作为一种保护性因素,能够缓解个体的孤独感。但由于身份的特殊性,缓刑人员在回归社会的过程中会遭遇诸多社会排斥,导致其社会支持较为薄弱,自尊受到严重威胁,在人际中处于被动地位,交往中更多选择消极回避的应对方式,这不利于其心理健康和重新融入社会[4]。

本研究首先通过回顾相关文献,梳理社会支持、应对方式、自尊与孤独感之间作用关系的研究进展,提出相应研究假设;其次,在理论与现实充分考量的基础上,探究缓刑人员的社会支持对孤独感的作用机理。即基于 Bootstrap 方法的回归分析,考察在社会支持影响缓刑人员孤独感的过程中,应对方式的中介作用和自尊的调节作用,为提供更精准有效的帮扶服务奠定坚实的理论基础,帮助其顺利回归社会。

---

① 吴学安:《社区矫正法施行正当其时》,《人民法院报》2020 年 7 月 6 日,第 002 版。
② 张丹丹、路茗涵、王卫红:《社区矫正人员的心理需求理论——基于扎根理论》,《心理科学》2019 年第 1 期,第 237 页。
③ Ilse Deyanira Carrizales. *Loneliness, violence, aggression, and suicidality in incarcerated youth.* Oklahoma State University, 2013, p.7.
④ 杨彩云:《歧视知觉对社区矫正对象社会疏离的影响机制研究——基于身份认同整合和社会支持的中介效应》,《浙江工商大学学报》2022 年第 3 期,第 127 页。

二、文献回顾与研究假设

(一) 孤独感与社会支持

孤独感是个体实际的社会关系与期望的社会关系存在差距时导致的不愉快[1]。作为一种负面情绪，孤独对个体身心健康具有消极影响，不仅容易导致焦虑、抑郁等心理健康问题，而且极易引发吸毒、酗酒等不良行为[2][3]。在罪犯群体中，孤独感更是容易引发多种越轨行为，给社会稳定带来冲击[4]。注重对缓刑人员的孤独感进行干预，不仅是为了帮助他们重构社会网络，解决社交问题，更是为了帮助他们重新融入社会，降低再犯风险。目前针对缓刑人员的研究主要集中于探讨其再社会化进程[5][6][7]，较少关注他们的心理健康，且心理因素多作为自变量讨论其带来的不良后果，对影响缓刑人员孤独感的因素关注较少，无法为孤独感的消解提供思路。

社会支持是解释孤独成因的重要变量。个体从社会关系与社会交往中获得的物质与精神支持构成了社会支持的来源[8]。主效应模型认为社会支持可以直接影响个体心理健康水平，即社会支持对心理健康有普遍的增益作用，一定数量的社会支持能够抑制抑郁、孤独等不良情绪的产生[9]。孤独感来源于个体与外界的隔离，因此加强或重构个体的社会联结可直接缓解个体的孤独感受[10]。

① Daniel Perlman, Anne Peplau, "Toward a social psychology of loneliness", *Personal relationships*, No.3, 1981, p.31.

② John Cacioppo, Louise Hawkley, Ronald Thisted, "Perceived social isolation makes me sad: 5-year cross-lagged analyses of loneliness and depressive symptomatology in the Chicago health, aging, and social relations study", *Psychology and aging*, Vol.25, No.2, 2010, 25(2), p.453.

③ Sara Gutkind, Lauren Gorfinkel, Deborah Hasin, "Prospective effects of loneliness on frequency of al-cohol and marijuana use", *Addictive Behaviors*, 2022, p.124.

④ Howard Meltzer, Rachel Jenkins, Nicola Singleton, et al., "Non-fatal suicidal behaviour among pris-oners", *International Review of Psychiatry*, Vol.15, No.1, 2003, p.148.

⑤ 高梅书:《青少年社区服刑人员社会适应问题探析》,《青年探索》2014 年第 5 期,第 80 页。

⑥ 李光勇:《青年社区服刑人员就业歧视现状、原因与对策——基于 D 市三个区的调查》,《中国青年研究》2013 年第 5 期,第 15 页。

⑦ 李光勇:《青年社区服刑人员社会融合测量与影响因素检验——基于上海市六个区的问卷调查》,《中国青年研究》2015 年第 9 期,第 62 页。

⑧ 刘晓、黄希庭:《社会支持及其对心理健康的作用机制》,《心理研究》2010 年第 1 期,第 3 页。

⑨ 吴捷:《老年人社会支持、孤独感与主观幸福感的关系》,《心理科学》2008 年第 4 期,第 984 页。

⑩ Robert Weiss, "Loneliness: the experience of emotional and social isolation", the MIT press, 1973, p.120.

已有研究表明,社会支持与孤独感呈显著负相关①②。而在刑人员由于犯罪导致社会关系疏离,其社会支持水平更低,更容易产生孤独感③。由此,本研究提出以下研究假设:

假设1:社会支持水平越高,缓刑人员的孤独感水平越低。

(二) 应对方式与自尊的作用

虽然社会支持与孤独感之间的关系已被相关研究所证实,但在缓刑人员这一特殊群体中社会支持对孤独感的作用机制并未得到深刻的研究与讨论。社会支持对孤独感产生作用的路径可能会受到其他中介或调节变量的影响。

1. 应对方式

应对方式对孤独感有着重要的影响④。应对方式是指个体为了保持心理上的平衡,在面对压力时所采取调节认知与行为的策略与方法,根据作用效果不同,可分为积极应对方式和消极应对方式两种⑤。积极应对方式以问题解决为导向,表现为个体以解决实际问题为行动标准,对个体具有积极作用;消极应对则以情绪为中心,表现为个体通过回避、否认等应对方式缓解自身不良情绪⑥。应对方式与个体身心健康密切相关,不恰当的应对方式会加剧心理健康问题,恰当的应对方式则会有效减轻不良心理反应⑦。谷传华等人的研究表明,积极应对方式能够降低孤独感的产生,消极应对方式则会

① 邹志礼、蒙华庆、胡华等:《青少年罪犯孤独感与社会支持及童年受虐关系》,《中国公共卫生》2012年第2期,第238页。

② 刘昕芸、靳宇倡、安俊秀:《社会支持与成年早期孤独感:有调节的中介模型》,《心理科学》2020年第3期,第586页。

③ Xiaojun Zhao, Changxiu Shi, "Loneliness of adult and juvenile prisoner influences on psychological affect: Mediation role of control source", *Journal of Investigative Psychology and Offender Profiling*, Vol.17, No.2, 2020, p.93.

④ Laura Deckx, Marjan van den Akker, Frank Buntinx, et al., "A systematic literature review on the association between loneliness and coping strategies", *Psychology, health & medicine*, Vol.23, No.8, 2018, p.899.

⑤ Susan Folkman, Richard Lazarus, Rand Gruen, et al., "Appraisal, coping, health status, and psychological symptoms", *Journal of personality and social psychology*, Vol.50, No.3, 1986, p.571.

⑥ 李彩娜、孙翠翠、徐恩镇等:《初中生应对方式、压力对社会适应的影响:纵向中介模型》,《心理发展与教育》2017年第2期,第172页。

⑦ Yuen Shan Christine Lee, Sonia Suchday, Judith Wylie-Rosett, "Perceived social support, coping styles, and Chinese immigrants' cardiovascular responses to stress", *International journal of behavioral medicine*, Vol.19, No.2, 2012, p.174.

加剧孤独体验①②③。

社会支持的缓冲器模型指出,社会支持会通过影响人格、认知及应对方式等因素对个体心理健康起间接的缓冲作用。应对方式作为个体人格的外在表现,是社会支持与心理应激的重要中介因素之一④。社会支持作为一种应对资源,能够预测应对方式的选择⑤。以往的研究表明,社会支持与积极应对方式呈显著正相关,与消极应对方式呈负相关⑥。因此,应对方式可能在缓刑人员社会支持与孤独感之间起到中介作用。因此,本文提出以下假设:

假设 2:社会支持通过影响缓刑人员的应对方式,进而影响其孤独感,即社会支持水平越高,缓刑人员越倾向采取积极应对方式,其孤独感水平越低;社会支持水平越低,缓刑人员越倾向采取消极应对方式,其孤独感水平越高。

2. 自尊

人际关系与心理健康的研究还应当充分考虑个体差异因素。自尊作为个体对自我的情感性判断,是影响个体人际关系的重要因素。根据社会计量器理论,自尊可以调节个体对他人与外界的认知与评价过程,进而影响个体人际交往⑦。高自尊个体对人际交往倾向采取更积极的态度;而低自尊的个体对人际交往的态度则较为排斥。自尊能够影响社会支持对个体发展的作用⑧。高自尊个体相较于低自尊个体更愿意从人际交往中寻求支持与认同⑨。同

---

① 谷传华:《农村留守中学生心理韧性与孤独感的关系:人际信任和应对方式的中介作用》,《首都师范大学学报(社会科学版)》2015 年第 2 期,第 143 页。

② 杨青松、石梦希、朱海等:《中西部地区留守农民生活满意度与贫困状况、社会支持的关系研究》,《中国健康教育》2017 年第 8 期,第 690 页。

③ 余苗梓、李董平、王才康等:《大学生孤独感与自我隐瞒、自我表露、应对方式和社会支持的关系》,《中国心理卫生杂志》2007 年第 11 期,第 747 页。

④ 庞智辉、游志麒、周宗奎等:《大学生社会支持与学习倦怠的关系:应对方式的中介作用》,《中国临床心理学杂志》2010 年第 5 期,第 654 页。

⑤ 叶一舵、申艳娥:《应对及应对方式研究综述》,《心理科学》2002 年第 6 期,第 55 页。

⑥ 马慧:《社会支持对法官职业倦怠的影响:应对方式的中介效应》,《中国临床心理学杂志》2015 年第 3 期,第 552 页。

⑦ Mark Leary, Ellen Tambor, Sonja Terdal, et al., "Self-esteem as an interpersonal monitor: the sociometer hypothesis", *Journal of personality and social psychology*, Vol.68, No.3, 1995, p.518.

⑧ Fei Teng, Zhansheng Chen, "Does social support reduce distress caused by ostracism? It depends on the level of one's self-esteem", *Journal of Experimental Social Psychology*, Vol.48, No.5, 2012, p.1192.

⑨ Lora Park, Jon Maner, "Does self-threat promote social connection? The role of self-esteem and contingencies of self-worth", *Journal of Personality and Social Psychology*, Vol.96, No.1, 2009, p.203.

时,自尊能够缓冲外部压力对个体的不良影响,调节不良情绪的产生①。由此可见,自尊具有个体差异性,并且在个体的社会交往中起重要的调节作用。在现实中,缓刑人员的自尊水平呈现出差异化的特点。部分缓刑人员由于服刑人员身份意识过强、心理压力过重,自尊水平较低;另一部分缓刑人员则由于在刑意识较差,受服刑人员身份影响较小,自尊水平较高。因此,本文提出自尊在缓刑人员社会支持与孤独感之间起调节作用的假设:

假设3:缓刑人员的自尊水平越高,其社会支持对孤独感的积极作用越强。

综上所述,虽然已有研究指出了社会支持、应对方式与孤独感之间的相关性,但并未进一步探明三者之间的作用机制,也鲜少有研究关注到不同缓刑人员自尊水平的差异且将自尊引入作为调节变量。因此,在理论与现实充分考量的基础上,研究缓刑人员的社会支持与孤独感的关系,同时检验应对方式的中介作用和自尊的调节作用,具有显著的理论意义和现实意义。

三、数据、变量与方法

(一) 数据来源

研究采用普查的方式,对上海市13个区②的4 034名社区矫正对象进行普查。调查内容包括社区矫正对象的基本信息、接受社区矫正情况、社会交往与社会支持、心理感受等多个方面。在清理无效数据后,共获得缓刑人员有效问卷为3 787份,问卷有效回收率为93.9%。该数据覆盖范围广、样本量大,具有较强的代表性。

(二) 变量选取

1. 被解释变量:孤独感

孤独感是一种主观自觉与社会隔离而只身孤立的心理状态③,体现个体对现有人际关系的不满,对个体身心健康与行为都起到消极作用。此次研究采用由罗塞尔(Russell)等人编制的孤独感量表(UCLA)④。该量表包含"我常

---

① 左培颖、陈丽华、林丹华:《MSMHIV感染者的歧视知觉与心理健康问题——自尊的调节作用》,《中国临床心理学杂志》2016年第4期,第627页。
② 上海市共有16个区,但其中13个区社区矫正对象的日常管理服务由同一家社会组织承接,本研究的数据是通过该机构进行普查收集的。
③ 朱智贤:《心理学大词典》,北京师范大学出版社1989年版,第243页。
④ 汪向东、王希林、马弘:《心理卫生评定量表手册(增订版)》,中国心理卫生杂志社1993年版,第284页。

感到缺少伙伴"等 20 个条目,该量表采用 1—5 级评分,1 代表"很不符合"到 5 代表"非常符合",题目得分越高表明其孤独感越强。本研究中该量表的克隆巴赫 α 系数为 0.966。

2. 核心解释变量:社会支持

领悟社会支持是指个体从社会关系及社会交往中感受到的帮助与支持,与身心健康密切相关①。此次研究中采用齐梅特(Zimet)等编制,姜乾金等人修订的领悟社会支持量表(PSSS)②。该量表共含 12 个条目,题项包括"在需要时,我能够从家庭获得感情上的帮助和支持"等。每一题根据自身的感受采用 1—7 级评分,从 1 代表"极不同意"到 7 代表"极同意"。得分越高表明社会支持水平越高。本研究中该量表克隆巴赫 α 系数为 0.936。

3. 中介变量:应对方式

应对方式是个体在面对压力时所采用的认知调节和行为努力的策略与方法③。本次研究对此变量的测量采用解亚宁编制的简易应对方式量表(SCSQ)④。该量表共有 20 个条目,分为积极应对方式(12 题)和消极应对方式(8 题)两个分量表。其中积极应对方式分量表题项包括"努力争取自己想得到的东西"等;消极应对方式分量表题项包括"试图忘记整个事情"等。两个分量表均采用 0—3 级评分,从 0 代表"不采用"到 3 代表"经常采用"。积极应对分量表的得分越高表明积极应对水平越高,消极应对分量表的得分越高表明消极应对水平越高。本研究中该量表的克隆巴赫 α 系数为 0.812。

4. 调节变量:自尊

自尊是指个人对自己的重要性和价值的想法和感受,由个人对自我评价及重要他人的看法所决定⑤。此次研究采用罗森伯格(Rosenberg)编制的自尊

---

① 范志光、袁群明:《知觉压力对老年人抑郁的影响:有调节的中介模型》,《中国临床心理学杂志》2020 年第 1 期,第 168 页。

② 汪向东、王希林、马弘:《心理卫生评定量表手册(增订版)》,中国心理卫生杂志社 1993 年版,第 131 页。

③ 梁宝勇:《已婚成人社会支持、应对方式与婚姻满意度的关系》,《中国健康心理学杂志》2009 年第 5 期,第 565 页。

④ 解亚宁:《简易应对方式量表信度和效度的初步研究》,《中国临床心理学杂志》1998 年第 2 期,第 114 页。

⑤ Xiaojun Zhao, Changxiu Shi, "Loneliness of adult and juvenile prisoner influences on psychological affect: Mediation role of control source", *Journal of Investigative Psychology and Offender Profiling*, Vol.17, No.2, 2020, p.93.

量表(SES)对自尊进行测量[①]。具体题目包括"我感到我是一个有价值的人，至少与其他人在同一水平上"等，采用5级计分方式，1代表"很不符合"到5代表"非常符合"。得分越高表明自尊水平越高。本次研究中该量表的克隆巴赫α系数为0.801。

5. 控制变量

依据已有文献的研究成果，本文将性别、年龄、文化程度、身体健康状况、婚姻状况、有无宗教信仰选作控制变量。其中，性别为虚拟变量，"女＝0、男＝1"；有无宗教信仰为虚拟变量，"无＝0、有＝1"；婚姻状况为虚拟变量，"非在婚＝0、在婚＝1"。年龄、文化程度、身体健康状况均为数值型变量。

（三）数据分析

此次研究采用SPSS 24.0对数据进行录入处理及相关分析。为避免共同方法偏差，采用单因子检验对共同方法偏差进行检验。对所有不同变量涵盖的题项进行未旋转主成分因素分析后，结果表明特征值大于1的主成分有9个，抽取的第一个因子解释了总变异的28.96％，低于40％的临界值，说明不存在共同方法偏差。除部分控制变量外，本研究中的解释变量与被解释变量均为数值型变量，因此在对解释变量和被解释变量进行标准化处理后采用Process插件构建结构方程模型。在此基础上，运用Bootstrap检验法，将性别、年龄、文化程度、身体健康状况、婚姻状况等作为控制变量，检验在社会支持影响孤独感的过程中，应对方式的中介作用以及自尊的调节作用，以探究影响缓刑人员孤独感形成的具体路径。

四、实证分析

（一）描述性统计

表1为控制变量的描述性统计结果。总体来看，受访缓刑人员男性人数要远多于女性，接近女性的3倍；缓刑人员的年龄主要集中于36—59岁，平均年龄40岁；大多数受访者身体健康状况良好；从受教育水平来看，48.3％的受访者接受过大专及以上的教育；受访者主要婚姻状况为在婚；89.7％的人没有宗教信仰。可见，该群体具有明显的特征：男性较多、有一定的文化水平、在婚

---

① 汪向东、王希林、马弘：《心理卫生评定量表手册（增订版）》，中国心理卫生杂志社1993年版，第318页。

居多、身体健康情况良好。

　　缓刑人员的孤独感平均得分为 45.96,其孤独感水平在不同性别、年龄、身体健康状况以及婚姻状况上均有显著性差异。总体来看,女性孤独感要高于男性;在婚的缓刑人员孤独感要比非在婚的缓刑人员低;身体健康情况越差,年龄越大,孤独感越强。

表 1　不同人口学特征的缓刑人员孤独感得分比较($\bar{x}\pm s$, $n=3\,787$)

项　目	均值/百分比	孤独感	F 值	P 值
性别			3.461	<0.001
男	74.81%	45.2±17.2		
女	25.19%	48.0±16.6		
身体状况			39.573	<0.001
非常健康	27.52%	41.4±18.2		
比较健康	33.48%	45.6±16.4		
一般	27.09%	48.6±15.8		
不太健康	9.40%	50.4±16.4		
非常不健康	2.51%	55.0±16.6		
文化程度			1.357	0.246
小学及以下	6.28%	47.4±16.0		
初中	20.57%	46.8±16.8		
高中或中专	24.85%	46.0±17.4		
大专	25.38%	45.4±17.4		
本科及以上	22.92%	45.4±17.0		
宗教信仰			4.971	0.288
有	10.30%	46.8±18.6		
无	89.70%	45.8±17.0		
婚姻状况			21.794	<0.001
非在婚	33.6%	47.8±17.8		
在婚	66.4%	45.0±16.6		
年龄①			5.930	<0.001
<18	0.17%	45.0±25.0		
18~35	38.10%	44.7±18.2		
36~60	55.94%	45.9±16.4		
>60	5.78%	45.7±16.3		

① 年龄阶段划分为未成年(～17)、青年(18～35)、中年(36～60)、老年(61～)。

（二）社会支持、应对方式、自尊与孤独感的相关性检验

相关性分析结果表明（表2），社会支持、自尊、积极应对方式间两两显著正相关，三者与孤独感均显著负相关（$P<0.01$）。社会支持与消极应对方式、孤独感显著负相关，消极应对方式与孤独感呈显著正相关（$P<0.01$）。

表2　社会支持、应对方式、自尊与孤独感的相关

	M±SD	社会支持	孤独感	积极应对	消极应对	自尊
社会支持	62.97±12.86	1				
孤独感	45.96±17.10	−0.47**	1			
积极应对	23.62±6.98	0.36**	−0.45**	1		
消极应对	9.74±4.63	−0.06**	0.11**	0.29**	1	
自尊	35.74±6.61	0.48**	−0.52**	0.39**	−0.10**	1

注：* $P<0.05$，** $P<0.01$，*** $P<0.001$，下同。

（三）应对方式的中介作用检验

选用海耶斯（Hayes）[①]开发的 PROCESS Model 4 对应对方式在社会支持与孤独感中的中介作用进行检验（表3）。结果显示，在控制性别、年龄等变量的基础上，社会支持显著负向预测孤独感（$\beta=-0.368$，$P<0.001$）。加入积极应对方式和消极应对方式后，社会支持仍显著负向预测孤独感，但回归系数明显降低（回归系数绝对值由 0.368 降为 0.250）。此外，社会支持对于积极应对方式（$\beta=0.182$，$P<0.001$）与消极应对方式（$\beta=-0.040$，$P<0.001$）具有显著预测作用的同时，积极应对方式与消极方式对于孤独感预测作用也显著（积极应对方式：$\beta=-0.578$，$P<0.001$；消极应对方式：$\beta=0.318$，$P<0.001$）。说明两种应对方式在社会支持与孤独感之间起到了部分中介作用。

表3　应对方式在社会支持与孤独感之间的中介作用

步骤	预测变量	结果变量	R^2	F	β	SE	t
1	社会支持	孤独感	0.242	159.198	−0.368	−0.012	−30.563***
2	社会支持	积极应对	0.137	79.319	0.182	0.009	20.926***
	社会支持	消极应对	0.012	6.288	−0.040	0.009	−4.296***
3	社会支持	孤独感	0.368	226.273	−0.250	0.012	−21.086***
	积极应对				−0.578	0.023	−25.514***
	消极应对				0.318	0.021	14.906***

① Andrew Hayes, "Introduction to mediation, moderation, and conditional process analysis: A regression-based approach", *Journal of Educational Measurement*, Vol.51, No.3, 2013, p.335.

　　表4显示社会支持对孤独感影响的直接效应及应对方式的中介效应 bootstrap 95%置信区间的上、下限均不包含0,表明社会支持不仅能够直接预测孤独感,而且能够通过应对方式的中介作用预测孤独感。直接效应(0.250)和中介效应(0.118)分别占总效应(0.368)的 68%、32%。其中积极应对方式的中介作用(0.105)占总效应的 28.5%,消极应对方式(0.013)占总效应的 3.5%。

表4　总效应、直接效应及中介效应分解

	效应值	Boot 标准误	Boot CI 下限	Boot CI 上限	相对效应值
总效应	−0.368	0.012	−0.392	−0.344	
直接效应	−0.250	0.012	−0.274	−0.227	68%
应对方式的中介效应	−0.118	0.008	−0.133	−0.102	32%
积极应对方式	−0.105	0.008	−0.121	−0.090	28.5%
消极应对方式	−0.013	0.003	−0.019	−0.006	3.5%

(四) 自尊在社会支持与孤独感之间的调节作用检验

　　研究对各变量进行中心化处理后,选用海耶斯(Hayes)[①]开发的 PROCESS Model 5 对自尊在社会支持与孤独感之间的调节作用进行检验(表5)。结果显示,社会支持与自尊的交互项对孤独感具有显著的预测作用($\beta = -0.089$,$P < 0.001$),且 95%的置信区间为[−0.114,−0.059]不包含0,说明自尊在社会支持与孤独感之间起调节作用。引入交互项后,新增解释量显著($\Delta R^2 = 0.059$,$P < 0.001$)。进一步简单斜率检验的结果显示,社会支持对高自尊水平(M+SD)缓刑人员孤独感的负向预测作用($\beta = -0.241$,$P < 0.001$)强于低自尊水平(M-SD)的缓刑人员($\beta = -0.126$,$P < 0.001$)。这表明,随着缓刑人员自尊水平的提高,社会支持对缓刑人员孤独感的消解作用逐渐增强。

表5　自尊在社会支持与孤独感之间的调节效应

预测变量	结果变量	β	SE	t	95% CI
社会支持	孤独感	−0.184	0.01	−15.166 ***	[−0.207,−0.160]
自尊		−0.345	0.02	−16.650 ***	[−0.385,−0.304]
积极应对方式		−0.455	0.02	−20.013 ***	[−0.499,−0.410]
消极应对方式		0.249	0.02	12.011 ***	[0.209,0.290]
社会支持×自尊		−0.086	0.01	−6.121 ***	[−0.114,−0.059]
$R^2 / \Delta R^2$				0.427/0.059	
F				236.157 ***	

---

① Andrew Hayes, "Introduction to mediation, moderation, and conditional process analysis: A regression-based approach", *Journal of Educational Measurement*, Vol.51, No.3, 2013, p.335.

五、结论与讨论

本文使用 2019 年上海市缓刑人员的调查数据,基于社会支持的主效应模型、缓冲器模型以及社会计量器理论,采用 Process 构建结构方程模型和 Bootstrap 检验方法分析了社会支持对缓刑人员孤独感的影响机制,检验了应对方式的中介作用与自尊的调节作用。研究发现:

第一,根据缓刑人员的年龄与身体健康能够显著预测其孤独水平。即年龄越大、身体健康状况越差,其孤独感水平越高,这一点与以往研究结果一致①。身体健康状况与年龄直接影响着缓刑人员的社会参与程度,是他们实现社会融入的重要先决条件。社会参与的减少将引发更多的孤独感受。同时研究表明,处于在婚状态的缓刑人员比没有配偶的缓刑人员孤独感水平低,这是因为有配偶的缓刑人员,能够在亲密关系中获得更多支持与陪伴,这对消解其孤独感有着重要意义。此外,女性缓刑人员孤独感水平高于男性,这与以往研究结果相符②。在犯罪群体中,社会文化与道德舆论对女性罪犯的包容度和接纳度更低,女性更容易受到外界的指责。受耻感文化影响,女性缓刑人员更加在意外界的看法。因此在社区矫正过程中,她们常表现出更为敏感、孤独的心理特征③。

第二,社会支持能够负向预测缓刑人员的孤独感,社会支持水平越高的个体更不容易产生孤独感。这与以往研究结果一致,验证了社会支持的主效应模型④⑤⑥。主效应模型认为社会支持具有普遍的增益作用,良好的社会支持可以缓解个体心理压力,抑制孤独感、抑郁等负性情绪体验,增进个体心

① 杨青松、王文红:《农村空巢老人的孤独感与社会支持和应对方式的关系》,《中国健康教育》2018 年第 10 期,第 899 页。

② 杨彩云:《社区服刑人员的社会融入与精神健康:基于上海的实证研究》,《华东理工大学学报(社会科学版)》2014 年第 4 期,第 10 页。

③ 张丹丹、路茗涵、王卫红:《社区矫正人员的心理需求理论——基于扎根理论》,《心理科学》2019 年第 1 期,第 242 页。

④ 邹志礼、蒙华庆、胡华等:《青少年罪犯孤独感与社会支持及童年受虐关系》,《中国公共卫生》2012 年第 2 期,第 238 页。

⑤ 刘昕芸、靳宇倡、安俊秀:《社会支持与成年早期孤独感:有调节的中介模型》,《心理科学》2020 年第 3 期,第 586 页。

⑥ Xiaojun Zhao, Changxiu Shi, "Loneliness of adult and juvenile prisoner influences on psychological affect:Mediation role of control source", *Journal of Investigative Psychology and Offender Profiling*, Vol.17, No.2, 2020, p.93.

理健康①。社会支持是个体从社区和社会网络中获得的物质或精神帮助②,低社会支持极易导致服刑人员走向吸毒等偏差道路,严重影响其重归社会的进程③。因此,对缓刑人员来说,社会支持不仅是影响其适应社会或重新犯罪的重要因素,也承担了人际交往和心理保护的功能,具有特殊的意义。

第三,研究进一步发现,社会支持还会通过应对方式间接影响缓刑人员的孤独感。社会支持水平越高的缓刑人员,越倾向于采取积极的应对方式,进而降低孤独感水平;反之,社会支持水平越低,越倾向于选择消极的应对方式,从而导致孤独感水平越高。由此可知,缓刑人员面对压力时,社会支持水平高低影响其应对方式的选择,进而影响其孤独感水平。现实生活中,缓刑人员往往更倾向于接受来自家庭中亲密关系的社会支持,对一般人际关系的支持较为排斥,社会支持的来源较为单一④。外界的关心容易使缓刑人员感到被特别关注和"区别对待",造成其心理上的巨大压力,对此他们往往采取逃避的态度,所获得的社会支持的数量较少。这导致他们面对问题时不愿主动与他人倾诉以寻求帮助,不希望自身过往的经历被更多人知晓⑤。因此,缓刑人员选择何种应对方式主要取决于其自身对外部社会支持的认知和评价。帮助缓刑人员悦纳外部社会支持能够增加社会支持的来源和数量,这有助于缓刑人员以积极的应对方式消解孤独。

第四,本研究还发现社会支持对孤独感的预测作用受到自尊的调节影响。高自尊缓刑人员的社会支持对孤独感的负向预测作用更强。自尊水平能够显著调节个体的社会交往与心理健康⑥。这一结果也验证了自尊的社会计量器理论,个体的自尊水平体现其感知到的被社会与他人接纳的程度。低自尊的

① 何安明、惠秋平、刘华山:《大学生社会支持与孤独感的关系:感恩的中介作用》,《中国临床心理学杂志》2015 年第 1 期,第 150 页。

② Francis Cullen, "Social support as an organizing concept for criminology: Presidential address to the Academy of Criminal Justice Sciences", *Justice Quarterly*, Vol.11, No.4, 1994, p.527.

③ Howard Meltzer, Rachel Jenkins, Nicola Singleton, et al., "Non-fatal suicidal behaviour among prisoners", *International Review of Psychiatry*, Vol.15, No.1, 2003, p.148.

④ 杨彩云:《规训与调适:社区服刑人员的社会融入研究》,华东理工大学出版社 2018 年版,第 194 页。

⑤ 杨彩云:《社区服刑人员的社会融入与精神健康:基于上海的实证研究》,《华东理工大学学报(社会科学版)》2014 年第 4 期,第 10 页。

⑥ Fei Teng, Zhansheng Chen, "Does social support reduce distress caused by ostracism? It depends on the level of one's self-esteem", *Journal of Experimental Social Psychology*, Vol.48, No.5, 2012, p.1192.

个体对周围人际环境更容易采取消极、敌对态度①。缓刑人员由于自尊受挫，为避免消极评价，往往回避与他人交往，导致孤独感进一步加剧，影响其心理健康水平②。因此，在缓刑人员接受社区矫正期间，社工在帮助缓刑人员重构社会支持的同时，应特别注意要在平等尊重的互动关系中，帮助其觉察自身价值，提升自尊水平，以使社会支持发挥更大的作用。

第五，本研究对实践的启示是：在对缓刑人员进行干预时，社会工作者不仅要协助他们解决生活上的实际困难，更要关注他们的心理健康。可以从建构社会支持、提升自尊水平、掌握应对技能三方面帮助缓刑人员降低孤独感。首先，领悟社会支持可有效缓解负向情绪③。缓刑人员由于其服刑人员的特殊身份，不愿意对周围人敞开心扉，其外部社会支持很难发挥应有的作用。因此，社会工作者要从两方面入手，增强缓刑人员社会支持的积极作用。一方面，通过对缓刑人员进行心理调适，帮助他们觉察和感知周围人的善意，使他们从心理上接受他人的关心与帮助④。另一方面，通过教授其重要他人以恰当方式给予缓刑人员支持与帮助，让缓刑人员感受到被支持的同时，减少其压力感和负罪感⑤。其次，社会工作者应当运用专业的沟通技巧，在互动交流中给予缓刑人员尊重与善意，提升他们的自尊水平。只有这样才有助于社会工作者与缓刑人员建立良好的信任关系。最后，还可以通过讲座、个别咨询等多种心理教育方式，帮助缓刑人员掌握必要的积极应对技能，从而减少他们内心的孤独感，促进其顺利融入社会。

最后需要指出的是，本文是基于截面数据的量化研究，具有一定的局限性。后续研究可进一步加强追踪研究，以剖析缓刑人员在入矫初期、中期、解矫前后整个动态过程中孤独感的持续变化。除此之外，本研究只关注了应对方式对社会支持影响孤独感的中介作用和自尊在社会支持和孤独感间的调节

① Mark Leary, Ellen Tambor, Sonja K Terdal, et al., "Self-esteem as an interpersonal monitor: the sociometer hypothesis", *Journal of personality and social psychology*, Vol.68, No.3, 1995, p.518.

② 张金武:《价值观的重建与社会关系的恢复——浅谈社区矫正工作中对未成年社区矫正对象的再社会化》,《法治论坛》2008 年第 1 期,第 204 页。

③ Ichiro Kawachi, Lisa Berkman, "Social ties and mental health", *Journal of Urban health*, Vol.78, No.3, 2001, p.458.

④ 庞荣:《青年社区服刑人员社会支持水平测量与构建——基于上海市的问卷调查》,《中国青年研究》2016 年第 7 期,第 109 页。

⑤ 张金武:《价值观的重建与社会关系的恢复——浅谈社区矫正工作中对未成年社区矫正对象的再社会化》,《法治论坛》2008 年第 1 期,第 204 页。

作用，未能检验其他可能的作用机制，这些问题有待进一步探讨。

Mechanisms of Social Support on Probationers' Loneliness
—An Empirical Study Based on Shanghai

Abstract：Due to their special status, probationers encounter many social rejection and challenges in the process of returning to society, which easily leads to negative psychology such as low self-esteem, helplessness and loneliness. Paying attention to and alleviating the psychological problems of probationers is not only about their individual health, but also about the harmony and stability of society. Based on the survey data of probationers in Shanghai in 2019, the influence mechanism of social support on loneliness of probationers was investigated in order to provide a basis for accurate and effective interventions. It was found that social support helps reduce probationers' loneliness; coping styles play a partially mediating role between social support and loneliness; and self-esteem can moderate the relationship between social support and loneliness, which means that high level of self-esteem can strengthen the positive effect of social support on loneliness. Therefore, constructing social support, improving self-esteem and mastering coping skills can help probationers reduce their loneliness and facilitate their smooth return to society.

Key words：Probationers; Social support; Coping style; Self-esteem; Loneliness

作者简介：杨彩云，上海师范大学哲学与法政学院社会学系副教授；黄雅茹，上海师范大学哲学与法政学院社会学硕士研究生。

中国法医学的近代转型与上海
——论司法行政部法医研究所的创设①

王　洁　郑显文

摘　要:我国始自清末以来推行传统司法检验制度改革,至南京国民政府成立之际均未取得实质性的成果。为实现收回治外法权的夙愿,法医学近代化成为一种时势的必然。为此,南京国民政府在改良司法设施上实现突破,创立了我国第一个也是民国唯一一个法医学专门机构,也将上海和法医学近代化紧密联系在了一起。无论如何,这一改革的创举对于推动中国法医学走向现代化和现代法律制度的实施均具有里程碑式的意义。

关键词:法医学　近代转型　法医研究所　上海

中国传统法医学奉行以《洗冤集录》为圭臬的司法检验制度与规则,在清末法律近代化的时代图景下,传统司法检验的弊端日渐显现,而以科学为基础的近代法医学则顺应时代潮流呼之欲出。中国法医学近代转型的道路并非坦途,此中,笔者认为最具有标志性的成果是 1932 年 8 月 1 日正式成立的司法行政部法医研究所,它是中国历史上第一个法医学专门机构,是现代司法鉴定行业的源流,具有独树一帜的开创性。

一、收回治外法权是法医学近代转型的直接动因

法医学近代转型源于司法改良,而司法改良的直接动因是南京国民政府

---

① 本文为中央级公益性科研院所项目"中国近代司法鉴定发展史研究(清末民初)"(GY2021Z-1)研究阶段性成果。

收回治外法权的迫切愿望。

收回治外法权，是中国几代法学家、政治家的心愿。"溯自西历一九零二年以来，我国对于撤销法权之主张，已甚嚣尘上。故于英、美、日各国改订商约，皆有中国司法制度改良，即行撤销领事裁判之语。"①1918 年巴黎和会上，中国代表要求列强放弃在华治外法权未能如愿。1921 年 7 月在华盛顿会议上，中国代表提出关税自主、交还山东、取消"二十一条"、废除在华领事裁判权等八项要求，列强原则上表示赞同，却借口对我国司法状态还有不明了的地方，决定闭会后三个月，各派委员来中国调查后再作决定。1925 年，国联组团到中国巡回考察，提出中国司法上仍存在四点弊端。由此可见，司法改良是当时我国收回治外法权的唯一途径。而在司法改良的一揽子计划中，司法检政改良是为题中应有之义，也成为当时政界及法学界人士的共识。中国近代法医学之父林几在《司法改良与法医学之关系》一文中就领事裁判权、司法改良、法医学改良之间的关系及必要性阐述得非常清楚："人生最紧要的是生命，法律是生命的保障，而法医学就其最小应用范围而说，已经是这层保障的柱石，如法医学不完备，那就是这层保障有点靠不住。"②法医学如此重要，但我国当时还在沿用"旧式仵作式的鉴定"，"当着这科学万能时代，怎么能够得到外人的信任呢？就连本国稍具有医学及化学知识的人们，对他亦是不放心呀！对这种事实，在司法界上如不彻底的改良，无论哪一方面尽管粉饰十分文明的模样，而其法律的施行，既无真确鉴定为根据，难道能算得尽善了吗？那要命的箍子——领事裁判权，又何日能收得回来呢？"③林几认为，在通过司法改良收回领事裁判权的过程中，以医学及自然科学为基础的法医学取代旧式仵作式的传统司法检验，是近代中国司法改良的最紧要的内容，否则我国司法依然会被耻笑为"十八世纪的司法"。

1928 年，第二次北伐战争结束，全国统一。南京国民政府一面积极推进对外交涉收回治外法权，一面加快司法改良的步伐，1929 年司法院院长王宠惠在国民党三届三中全会上作《关于司法改良计划事项十八年三中全会大会之司法院工作报告》中提出了十三项改良方针，这也是国民政府成立以来第一次系统提出司法改良方针，其中第十二项即为"检验吏及法医宜注重

---

① 王宠惠：《王宠惠法学文集》之《二十五年中国之司法》，张仁善编，法律出版社 2008 年版，第 304 页。
②③ 林几：《司法改良与法医学之关系》，《晨报六周年增刊》1924 年第 12 期，第 52 页。

也",说明传统司法检验的弊端已受到当时政府高层的关注,改革传统司法检验制度,推行法医学近代转型成为当时整体司法改良的一部分,体现为一种国家意志。

> 检验吏及法医宜注重也。刑事案件,以杀伤罪为最繁难,临场勘验,必十分详慎乃能得其真实情形。稍有疏忽,便致乖舛,往往失之毫厘,差之千里,法官据以定谳,其影响于罪刑之轻重出入者殊非浅鲜。我国检验事项,向来墨守旧法,但凭经验,不明学理,一遇疑难案件,瞠目不知所措,又以地位卑贱,侪以皂隶,舞弊枉法,恬不为怪。民国以后,改为检验吏,稍稍优遇之,而其弊未能尽除。今宜于各省高等法院附设检验吏讲习所,抽调各法院及各县之检验吏分班入所训练,授以法院之普遍知识,毕业之后,各回原职,酌增薪给,以养其廉,严守条教,以惩其贪。一面筹设法医学校,培植法医专门人才,并酌量于各省医科专校内添设法医学一门,以广造就,而利任使。数年以后,人才足用,可不必假定于旧日之仵作矣,此应注意者十二也。①

该段表述传递出的信息量极大,大致应有这样几层意思。一是强调司法检验的准确性事关刑事案件定罪量刑的轻重,不能有丝毫疏漏。二是指出我国传统检验的弊端在于科学性不强和操作者的地位卑贱,因此一遇到疑难复杂案件便束手无策。三是提出司法检验专业人员的培养途径分两条,通过各省高等法院附设讲习所对在职检验吏进行培训,通过筹设专门学校以及在医科专校内设法医学科目造就法医学专门人才。该计划认为改良传统检政的重心在于人才队伍的建设,虽有其科学合理性,但不免有失偏颇。

加之各地出现不少因仵作验尸不合理,在审判中发现问题或者诉讼拖延或者判决后民心不服等情况,改良传统司法检验制度已迫在眉睫。以 1923 年发生的"无锡刘案"为例,女子刘廉彬到底是病死、自缢还是被强奸后勒毙,该案未经尸体解剖,仅用传统尸表检验,最终草草结案,舆论一片哗然,"况人民

---

① 王宠惠:《王宠惠法学文集》之《今后司法改良之方针(二)》,张仁善编,法律出版社 2008 年版,第 289 页。

智识增高,对旧日非科学之鉴定,已失信用",①说明社会心态对改良传统司法检验制度已非常迫切。

二、司法行政部法医研究所创建始末

缘起:法医研究所第一任所长林几在《司法行政部法医研究所筹备经过情形暨现在处理事务及将来计划概略》(以下简称《筹备经过情形》)中对该研究所的筹建有过表述:"为谋改进司法设施,即应实用适合科学之鉴定,杜绝外人口实,亦宜创立专门之法医,司法行政部有鉴于斯,遂有筹设法医研究机构之计划,在第三二四次中央政治会议亦认为筹设专所招生研究,洵奉行中央政治会议议决,各省医校附设法医专修班一案更进一步之办法,当经国府洛字第二六八号命令在案。"根据上文可知,筹设法医专门机构是经中央政治局会议讨论决定的国家行为,其目的是要通过设立专门机构培养专才并开展相关研究,此举是在 1929 年王宠惠所提的司法改良计划中关于在各省医校附设法医专修班一案的更有效举措。又参照法医研究所筹备处主任孙逵方所述"组织法医研究所最先之草案,余由欧洲归国时,即拟呈前司法行政部部长魏道明氏,当蒙采纳"。②经查,孙逵方留学法国十余年,获法国巴黎大学医学院医学博士学位和法国巴黎大学法医学研究所法医师资格,1929 年春回国。连贯前后,笔者揣测,王宠惠的司法改良计划本无法医专门机构建设的设想,林几则一直秉持在医学院附设法医学教室的观点,因此孙逵方根据西方国家做法提出创建法医学专门机构的想法,并在举国上下致力于收回治外法权的政治形势下,被政府高层采纳是可信的。

曲折筹建:综合各方史料记载,法医研究所于民国十八年(1929 年)11 月开始筹备,其间经历了战争、人事变动等突发事件,于民国二十一年(1932 年)八月一日正式成立,筹建期近三年。"对于筹设法医研究所应办各项事宜,极为注意,已于十八年间,列入训政时期工作分配年表。"③

民国十九年(1930 年)设筹备处,筹备处先行附设于司法行政部内,任命

---

① 林几:《拟议创立中央大学医学院法医学科教室意见书》,《中华医学杂志》1928 年第 14 卷第 6 期,第 206 页。
② 孙逵方:《司法行政部法医研究所概况》,《医药评论》1935 年第 129 期,第 31 页。
③ 司法行政部:《培植检验人才,及改良检验方法之经过》,载《司法行政部十九年十月份工作报告》"(三)关于主管事务之进行"之"(甲)司法行政事项(2)",1931 年,第 5 页。

孙逵方为筹备处主任,在上海真如购地建房。同年司法行政部派孙逵方前往欧洲考察并采购图书、仪器。"令本部法医研究所筹备主任孙逵方,为令遵事兹派该员前往英法意比瑞士西班牙等国考察法医事宜,兼采办仪器书籍合行,令仰遵照,此令十九年十一月三日。"①法医研究所的筹建在当时是一个热门话题,很多报刊媒体都进行了公开报道,民国十九年十一月二十七日(星期四)《时报》第五版刊发了题为"司法行政部近在真如车站西首建造法医检验所,尚未完工"的图片。《上海画报》第 657 期刊发题为"司法部检验所筹备主任孙逵方博士赴欧采办器械……与送行者合影"的照片等,说明社会各界对全新的法医学改良充满好奇与期待。

研究所基本建设颇费周折。建设开工为民国十九年(1930 年),本预计在 1931 年 6 月竣工,但因用地交涉关系,实际至 1931 年底方才竣工。关于建设用经费,《法医研究所成立在即》一文中提及为十万元,林几在《筹备经过情形》列有明细:"购地及过户费:10 196.48 元;建筑费:76 280.59 元",总计八万余元。研究所的正式开办日期也是一拖再拖,笔者分析一是因为"一·二八"淞沪抗战爆发。据资料载,1932 年 1 月 28 日午夜,日军突袭上海,"一·二八"淞沪抗战爆发。当时十九路军的军部设在距真如镇不到三里的范庄,真如镇是淞沪抗战中日对战的主要阵地,3 月 1 日晚 11 时十九路军和第五军退出真如防区,3 月 2 日,日寇铁蹄践踏真如,至 5 月 5 日《淞沪停战协定》签订后,日军撤离真如。这些时间点和林几关于研究所筹备的描述是吻合的。二是因司法行政部易长原因。兹分述于下:"所屋建筑及内部装置,已于民国二十年底工竣,本期于二十一年初正式开办,及中日淞沪之纠纷骤起,研究所之成立,因之延期,迨日兵退出后,研究所虽仅蒙极轻微之损失,然余已于日兵退出前去职矣。"②"至今年突以日兵压境,所址被占,暂告停顿。本年四月十三日,几奉部令继续筹备,五月后日兵始退,收回所址,交涉结果绝少损失。"③对照上述两份文献可大致还原当时情形,即研究所主体建设已于 1931 年底竣工,本计划于 1932 年初开办,时值"一·二八"淞沪抗战,所址被日兵占领,直至 1932 年 5 月日兵撤离,所址收回,因此开办日期有所延

① 司法行政部训令(训字第一八九七号),载《司法公报》第 97 号部令,1930 年,第 7 页。
② 孙逵方:《司法行政部法医研究所概况》,《医药评论》1935 年第 129 期,第 31 页。
③ 林几:《司法行政部法医研究所筹备经过情形暨现在处理事务及将来计划概略》,中华民国法医研究所编,1932 年,第 2 页。

误。在此期间,1932 年 4 月孙逵方离职,司法行政部派林几接任筹备工作,人事变动原因具体不明,但有一点可以确认的是,1928 年 11 月 13 日至 1930 年 4 月 14 日是魏道明担任司法行政部部长,1930 年 4 月 14 日至 1931 年 12 月 20 日由政务次长朱履和代部长职务,1931 年 12 月 30 日起由罗文干任司法行政部部长。笔者揣测,政府高层的人事变动与法医研究所主要负责人调整有一定关联。

投资与落成:法医研究所是南京国民政府全额拨款建设的全新现代法医学设施,从投入资金、建设规模、设备配置及扶持力度,均可体现司法行政部寄希望于该研究所的建成开办实现真正的检政改良,以现代法医学焕然一新的形象展示政府坚决收回司法自主权的决心。首先是司法行政部为建设研究所的先期投入,主要由两部分构成,一部分是筹备处的开办经费。原本计划筹备期是自 1930 年 7 月 1 日至 1931 年 6 月 30 日,"筹备期自十九年七月一日起至本年六月底止"①,为期一年,但实际筹备期至 1932 年 7 月。筹备处开办费及日常经费共计支出 23 599.685 元,其中包括开办费 2 919.685 元;经常费 16 920元;追加经常费 3 760 元。还有一部分是建设经费,包括购地造房的基本建设投入及必须的设施设备投入,共计 209 134.9 元,两部分合计约为 23.27 万大洋,是为创设研究所的先期投入,这在当时积贫积弱的中国也是一笔不小的费用。其中房屋设施建设占了资金投入的绝大部分,根据《法医研究所成立在即》一文提及"计需洋十万元之谱"②。根据《筹备经过情形》详载计算约为12.65 万大洋,其中包含购地及过户费、建筑费、附属建筑及相关设施经费等。至于数据有差异的原因,笔者推测前者可能为预算数,后者为决算数。复次是研究所的设施设备配置非常先进。根据《司法行政部法医研究所一周年工作报告》,研究所主要的仪器设备均为进口,"机器皆订购自德美法三国。显微镜及各种扩大镜等皆用德国蔡司工厂出品,试药色素化学用品皆用德美精品,玻璃器一部分用叶那世界名厂,一部分采用国货。家具等皆经专家绘图设计,饬匠配制"③,林几评价其中很多设备"均为国内各专门医学研究机构罕有之珍贵仪器""皆为国内所鲜有之设备"。比如专门配置了拉运尸体用的卡车;设立了冷藏柜,内有三十个尸台,用以收容尸体不使腐败。新建六台制腐冷藏柜,

---

①② 《法医研究所成立在即》,《中华法学杂志》1931 年第 2 卷第 8 期,第 101 页。
③　林几:《司法行政部法医研究所成立一周年工作报告》,《法医月刊》1934 年第 1 期,第 2 页。

专为已腐败尸体所用,属于国内鲜有之设备。再次研究所的建设得到上级主管部门的极力支持。以下几方面可以印证:一是研究所的日常运行经费是政府财政保障的。研究所 1932 的经常费预算为 69 760 元,每月计 4 980 元,奉令减发九成为 4 482 元,主要由经常费、俸禄、办公费、购置费、特别费构成。在一周年报告中,所长林几对 1933 年的支出也进行了预算并说明。从预算编制表可见,研究所至少在成立初期的保障经费还是相对比较充足的,日常经费(含招收培训生的部分补助)均纳入政府财政支出。二是《法医月刊》的创办经费充足。《法医月刊》是经司法行政部备案,我国创办的第一本法医学专业期刊,是传播现代法医学理念和科学知识的平台,也是我国法医学近代转型的标志之一。这本期刊无论从发行的频次、装帧及排版的质量都很高,广告版面并不多,稿费"暂定每千字五元",①每期还有一些免费赠送的期刊,②还出版了两份厚厚的《鉴定实例专号》和《毕业论文专号》,且始终未发现有关于期刊缺乏经费的任何文字记载,笔者认为《法医月刊》的出版发行应是"衣食无忧"的。三是司法行政部不仅给研究所资金支持,还给予了很大的政治支持。两任法医研究所所长均举办了盛大的就职典礼。如林几就任所长时,司法行政部为其补行了就职典礼,并派时任上海特别市高等法院院长沈家彝为监誓员,"中外来宾百余人,除上海各法院院长及警备司令部军法官外,京杭苏各地法院均有代表及记者参加,开会和仪式毕参观全所,仪器设备完善,诚为我国唯一之法医研究所"。③《法医月刊》出版期间,时任司法行政部的高级官员均为其题过词。其中两任司法行政部部长为其题写刊名,1934年 1 月罗文干为创刊号题写刊名并沿用至年底。1935 年 2 月,王用宾题写刊名并沿用至终刊。司法院院长居正,司法行政部次长郑天赐、石志泉、谢健、谢冠生、潘恩培,司法院副院长覃振,上海特别市高等法院院长沈家彝均为《法医月刊》题过词。当时由研究所承办的很多大案要案还被登载在《司法行政公报》上,向全国各法院、检察厅推广运用现代法医学技术于疑难复杂案件的鉴定。

---

① 《编者的话》,《法医月刊》1934 年第 4 期,第 47 页。
② 根据《法医月刊》第四期"编者的话"中有阐述:"不幸在上月△△地方法院,还有新生活运动的策源地的地方法院,竟自把我们赠送的月刊原件寄回。"从这句话可知,《法医月刊》为宣扬法医学,应每月有一定数量的赠阅期刊,各地法院应是赠阅的范围。
③ 《司法行政部设法医研究所》,《法律评论》1932 年第 9 卷第 47 期,第 30 页。

表 1　研究所开办用费略表①

项　目	应付款项	已领数目
购地及过户费	10 196.48	10 196.48
建筑费	76 280.59	76 280.59
设备费	24 869.08	24 869.08
出洋考察采购费	39 442.78	39 442.78
购汽车	3 496.50	3 496.50
正房保证金	1 000.00	1 000.00
围墙马路第五期	323.97	未领
平房第三期	4 763.00	4 763.00
平房第四期	3 175.00	31 750.00
工程师监工费	962.18	962.18
冷藏柜第三期	合洋 6 217.71	6 217.71
冷藏柜第四期	合洋 2 080.12	未领
自流井第三期	合洋 3 165.00	1 500.00
自流井第四期	合洋 2 112.00	未领
加工事项	1 055.00	1 055.00
水电装置	合洋 1 400.00	1 400.00
解剖台	合洋 340.00	340.00
水亭马达间	550.00	未领
厕盆浴盆装置	合洋 1 341.20	1 341.20
采购各项仪器及什件	26 364.29	25 103.88
总计	209 134.90	201 143.40

　　根据表格所列各项计算,建设总投资 20.91 万,已到账 20.11 万,缺额 0.8 万。其中 4 个项目款项未支付,2 个项目未支付全款。剔除出洋考察采购、汽车、冷藏柜、解剖台、各项仪器及附件等设备费用,用于基本建设的资金约为 126 543.03 元。

---

① 林几:《司法行政部法医研究所筹备经过情形暨现在处理事务及将来计划概略》,中华民国法医研究所编,1932 年,第 2—5 页。

表 2　法医研究所 1932 年和 1933 年经费预算及支配表①

第一款经常费	二十一年度按月各项支配	二十二年度按月各项支配	二十一年度二十二年度各项支配增减比较	附　记
第一项俸给费	2 797	8 332	增 1 035	本项二十一年度各职员俸给以折扣支领,预算二十二年度则以十足支领预算
第二项办公费	1 045	588	减 457	
第三项购置费	530	200	减 330	
第四项特别费	110	880	增 770	二十二年度招研究员内十名,每名按月应补助三十元,聘请教授不支薪,只酌送车马费,统归入本项之内。
总计	4 482	5 500	增 1 018	

三、上海成为法医学近代化重镇是时代必然

　　法医研究所的命运与两次淞沪抗战均有紧密的联系。前文所述,研究所本于 1931 年底正式成立,皆因"一·二八"淞沪抗战爆发,上海真如被占,因此延期。1937 年"八·一三"淞沪会战爆发,由于真如地区为上海、嘉定、宝山三地要冲,又是上海市区西北门户,苏南屏障,因此遭到了日军的狂轰乱炸,研究所也被战火所毁,被迫西迁。关于研究所的地址,在相关文献中没有找到确切的记载,只能进行考证。研究所首先位于真如镇,诸多媒体的报道将研究所惯称为"真如法医所",《法医月刊》上标识的地址也仅"上海真如"四个字。研究所的具体方位应是位于真如火车站及暨南大学旧址附近。孙逵方在《司法行政部法医研究所概况》中描述"法医研究所设在真如车站邻近,距上海繁盛区约七公里,有宽广之马路与城市交通""真如暨南大学旁之法医研究所,为司法行政部直接办理之法医机关"。②1936 年 1 月 20 日司法行

---

①　林几:《司法行政部法医研究所成立一周年工作报告》,《法医月刊》1934 年第 1 期,第 5 页。

②　兴之:《真如法医研究所参观记》,《新闻报》1933 年 12 月 17 日,第 17 版。

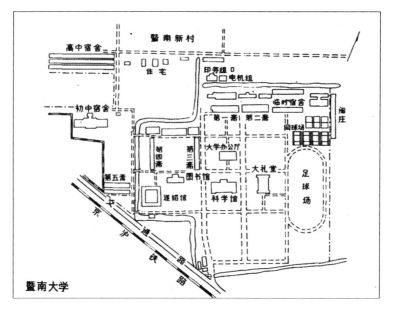

图 1　暨南大学旧址平面图①

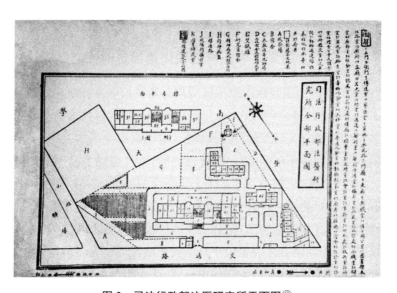

图 2　司法行政部法医研究所平面图②

---

① https://www.shtong.gov.cn/difangzhi-front/book/detailNew? oned＝1&bookd＝241017&parent-Noded＝241039&noded＝396362&type＝－1,最后访问日期：2022年2月18日。

② 《司法行政部法医研究所成立一周年工作报告》,《法医月刊》1934年第1期,第21页。

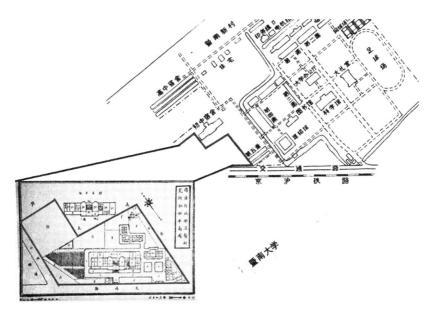

图 3　根据暨南大学旧址平面图与司法行政部法医研究所平面图,二者在地缘交界处吻合

政部部长王用宾视察法医研究所也是在真如车站下车。据王德乾《真如志》载"法医研究所位于本区西北部,原真如区杨家桥东南,沪宁铁路真如站西北,暨南大学西南侧,今为交通路 4101 号—4161 号,占地约 6 670 平方米"。[①]根据《长征乡志》的记载,"法医研究所位于今长征乡横港村杨家桥东南,占地约 10 亩"。[②]对照林几所绘研究所平面图与暨南大学旧址平面图,均能与上述说法吻合。有资料记载,法医研究所选址在真如车站附近的原因,是便于接收江浙两省送检的案件。

　　上海拥有法医学近代转型良好的社会基础。南京国民政府甫一建立,第一要务就是要收回治外法权,而落后的司法检验技术明显不能满足现代法律制度的要求。1928 年江苏省政府向民国中央政府会议提交了《速养成法医人才》的提案,当时国民政府施政纲领草案司法部项内,亦有"养成法医人才"一项。于是当局将决议转交大学院[③]办理,大学院又委托国立中央大

①　上海地方志办公室,历史地名,http://www. shtong. gov. cn/dfz_web/dfz/zhanginfo? idnode＝123051&tablename＝userobject1a&id＝－1,最后访问日期:2022 年 2 月 18 日。
②　长征镇人民政府编:《长征乡志》,上海社会科学院出版社 1995 年版,第 271 页。
③　相当于现在的教育部。

学办理①。国立中央大学是 1928 年 5 月 16 日由"江苏大学"更名而来,其商、医两学院校址设于上海,由于行政、教学多有不便,故于 1932 年正式独立,改称国立上海商学院、国立上海医学院。②国立上海医学院是由公共卫生学家颜福庆 1927 年创办,是中国历史上唯一的国立医学院,上海医科大学的前身,现名复旦大学上海医学院。③中央大学医学院想设立法医学科教室,因此委托留德回国的林几博士起草了《拟议创立中央大学医学院法医学科教室意见书》,其中阐述了选址上海的理由:"考中央大学医学院,设在沪滨。而上海离新都仅隔带尺之水,地居全国海线中央,交通极便。为亚陆商埠之中心,有万邦居民之杂处。"④抛开中央大学医学院地处上海,而林几又受其所托,当然要为其积极争取的因素以外,林几也实事求是地指出了如创立国家级的现代法医学机构应选址上海的客观原因,比如距离首都南京较近,水路交通便利、经济发达、文化开放等。后来的事实也证明,上海确实是当时法医研究所选址的最佳区域。近代中国的通商口岸有 80 多个,其中尤以上海最发达。19世纪后半期,英国人干德利在《中国的今昔》中写道:"每年成千上万的英国人由帝国他处去过上海,他们可以看到美丽的建筑,整洁的街道,燃着电灯或瓦斯灯;他们可以看到机器、自来水、电报、电话、火轮船、公园。他们在这里所得到的印象,必然多少传到内地去。上海如此,香港也如此。"⑤资料记载:1879 年 4 月,外商在上海发电成功。1882 年,英商在上海乍浦路创办上海电光公司,开始架设路灯照明,1893 年由公共租界工部局收回自办,三年后得到大规模推广。时人赋诗曰:"申江今作不夜城,管弦达旦喧歌声。华堂琼筵照夜乐,不须烧烛红汝明。"⑥自来水是近代城市文明的重要标志,1881 年,上海自来水公司创立,在租界及附近地段建造自来水设施。上海的传媒和出版业为西学的引进传播发挥了功不可没的作用。19 世纪 70 年代前后,外国传

① 何颂跃:《民国时期我国的法医学》,《中华医史杂志》1990 年第 20 卷第 3 期,第 129—134 页。
② 储志东主编:《百年南师　百年体育:中国高等体育师范教育创立暨南师高等体育师范教育百年华诞》,南京师范大学出版社 2016 年版,第 30 页。
③ 李景文、马小泉主编:《民国教育史料丛刊 906 高等教育·高等教育史》,大象出版社 2015 年版,第 253 页。
④ 林几:《拟议创立中央大学医学院法医学科教室意见书》,《中华医学杂志》1928 年第 14 卷第 6 期,第 207 页。
⑤ 《中国近代史资料丛刊·洋务运动》第 8 册,上海人民出版社 1961 年版,第 437 页。
⑥ 同上,第 346 页。

教士和商人在上海、天津、北京等地创办了几十种报纸和杂志,其中包括 1862 年英商创办的《上海新报》,1872 年英商创办的《申报》,1883 年英商创办的《沪报》。据英国传教士傅兰雅撰写的《江南制造总局翻译西书事略》统计,仅江南制造总局自 1868 年至 1879 年就共销售书籍 31 111 部,多为科技书籍,也有国史、公法等书。这些报刊和书籍启蒙了人民的思想,成为改良主义思想的重要来源。①

上海是收回治外法权的主阵地。上海的会审公廨是中国丧失法权的代表。同治七年(1868 年),上海道台和英、法、美三国签订了《洋泾浜设官会审章程》,在上海英美租界设立会审公廨。会审公廨是上海历史上在特殊时期、特殊区域成立的一个特殊司法机关,由江苏督抚及领事团所各委派审官组成,"所有华洋诉讼,均由中外会审官会同审理"。"更因清廷官吏之颟顸无能,对于会审职责,不予重视,上海租界以内之司法大权,遂完全操于外人之掌握,所谓会审公廨竟沦为领事团所控制之机关,租界以内之人民,虽备受鱼肉,亦无法过问,辱国丧权,莫此为甚矣。"②1928 年南京国民政府成立后,即将收回治外法权作为第一要务,并以强硬之姿态于 1929 年 12 月 9 日,司法院饬令司法行政部饬令上海临时法院,自 1930 年元旦起,上海临时法院由江苏省高等法院所属改归司法院直辖,实行改组,成为完全的中国法院。改组的核心成果就是取消会审、观审旧制;中外民刑案件均由中国法官独立审判;中国设立一个高等法院分院为上海法院的上诉机关,一切符合中国审判制度;民刑诉讼审判完全适用中国的民刑诉讼法。此举被认为是"完全收回法权之先声",③具有标志意义。回观法医研究所的筹建是在 1929 年 11 月,此时正值上海收回治外法权的关键时期,将法医研究所选址上海创设无异于是对该举措的积极回应,也是对即将成立的改组后的上海法院施行现代化的审判提供科学的法医学鉴定的支持。法医研究所所长林几在《一周年工作报告》中指出,研究所自 1932 年 9 月至 1933 年 7 月,共受理普通案件 2 200 多件,疑难案件 95 件,其中检务的主要增长点是上海地方法院,"至本年三月(1933 年 3 月)接收上海地方

---

① 倪玉平:《晚清史》,人民出版社 2019 年版,第 296—342 页。
② 王宠惠:《王宠惠法学文集》之《二十五年中国之司法》,张仁善编,法律出版社 2008 年版,第 291 页。
③ 王宠惠:《王宠惠法学文集》之《改组上海法院之感想》,张仁善编,法律出版社 2008 年版,第 292 页。

法院法医处检务,派员驻沪办理。受理该地方法院一切普通案件,于是检务激增,计平均每月普通检案总在百四五十起"。①从疑难案件的结构来看,1932 年 8 月至 1933 年 7 月共受理疑难案件 95 件,其中江苏省 70 件,而上海的案件有 30 件,占了整体比重的近 32%。②这些数据应可作为民国政府以建设现代化的法医学设施支持收回治外法权的重要佐证。

四、结　语

自清末开始的司法检验制度改革始终将着力点放在对传统检验人员的能力提升上,希望通过提升司法检验人员队伍素养实现改良司法检政的目的,显然是不可能取得实质性效果的。西方化、近代化的法医学与传统司法检验最本质的区别在于科学的属性,科学技术的实施需要与之配套的实验场地和仪器设备,因此司法检政的改良必须在司法设施上有所突破。在积极收回治外法权的时代形势下,南京国民政府不惜投入,参照西方模式创立全新的现代法医学专门机构,并将其落户上海,除了考虑到上海特殊的区位优势和发展环境外,更是为率先在上海收回治外法权给予了强有力的支持。法医研究所生命周期贯穿上海两次淞沪抗战,它以特殊的经历见证了上海这座城市的苦难与发展,也因上海这座城市的特殊性成就了自己的价值,中国法医学近代转型发源地这一身份为上海这座城市增添了新的历史内涵。

The Modern Transformation of
Chinese Forensic Medicine and Shanghai
—On the Establishment of the Forensic Medical Institute
of the Ministry of Judicial Administration

Abstract: Since the end of the Qing Dynasty, the reform of the traditional judicial inspection system had not achieved substantial results until the establishment of the Nanking Nationalist Government. In order to realize the long-cherished wish of recovering the extra-territorial

---

① 林几:《司法行政部法医研究所成立一周年工作报告》,《法医月刊》1934 年第 1 期,第 6 页。
② 林几:《司法行政部法医研究所成立一周年工作报告》之"检验疑难案件省别表",《法医月刊》1934 年第 1 期,第 6 页。

power, the modernization of forensic medicine became an inevitable at that time. Therefore, Nanking Nationalist Government made a breakthrough in the improvement of judicial facilities, establishing the first and only forensic medical institution in the Republic of China period, which also linked Shanghai closely with the modernization of forensic medicine. In any case, this innovation of reform is a milestone for promoting the modernization of Chinese forensic medicine and the implementation of modern legal system.

Key words: Forensic Medicine; Modern Transformation; Forensic Medical Institute; Shanghai

作者简介：王洁，上海师范大学专门史博士研究生、司法部司法鉴定科学研究院助理研究员，《中国司法鉴定》编辑部主任；郑显文，上海师范大学哲学与法学学院教授，博士生导师。

工业遗产与记忆表征：
广州紫泥堂项目的美育潜能①

丁文俊

摘　要：以广东省国营紫坭糖厂的艺术改造作为案例，探讨工业遗产作为美育空间的可能性。紫泥堂项目目前处于停滞阶段，形成区别于成熟艺术园区的景观——生活空间和生产空间相毗邻的地形结构。这是双重意义的废墟空间，生产空间的原生废弃状态得以长期保留，艺术家的创作没有改变厂区的整体结构，这是景观意义的废墟；同时，相邻的生活空间和生产空间所承载的跨代际的记忆处于交互渗透的状态，这是本雅明哲学意义上的废墟。项目的美育功能表现为两个方面，其一，在振兴民族国家的历史视野承认祖辈和父辈做出的奉献；其二，反思数字文化对在场的公共性交流的阻碍。这是发展工业遗产的另一种模式，通过将景观置入社群的发展脉络，激活记忆之于当下的意义，展现了从生产维度建构广州城市文化的路径。

关键词：工业遗产　紫泥堂　废墟　国企　跨代际

通常意义上，工业遗产指由于工厂的外迁或者关闭，由遗留在原址的机器设备、生产车间、办公建筑和储存仓库等景观构成的空间场所。对于保护工业遗产的必要性，埃斯·卡亚指出，"因此，工业遗产反映了曾经为国家的经济发展做出贡献的往昔工业的痕迹，为了提供对过去的回忆以及和过去建立联系，

---

①　本文为广东省社科规划项目"新'德法之争'的审美阐释研究"（GD21CZW01）的阶段性成果。

工业遗产理应被纳入保护的范围"。①随着城市的功能转型和中心区的扩容，如何在原工厂地块的用途转变和再利用的过程中平衡经济效益和文化保育，成为当前中国城市规划的新问题。2020年6月，国家发改委和多个部门联合颁布《推动老工业城市工业遗产保护利用实施方案》，正式将工业遗产的开发确立为国家层面的文化战略，不仅突出工业遗产对于延续城市历史记忆的正面作用，而且主张在创意和休闲两个方面对工业遗产进行创新性开发，尝试推动"工业锈带变生活秀带"②。

北京和上海对工业遗产的成熟开发走在国内前列，北京的代表性工业遗产包括798艺术区、首钢工业遗址公园，上海在黄浦江沿岸开发经由工业遗产改造而成的艺术博物馆群，由油罐艺术中心、西岸美术馆、龙美术馆（西岸馆）、上海当代艺术博物馆等机构组成。广州作为南中国的重要城市，同样拥有丰富的工业遗产资源，例如柯拜船坞、协同和机器厂、太古仓码头等入选中国工业遗产保护名录。从目前情况看，广州对工业遗产资源的开发尚处于起步阶段，城市文化形象缺失生产维度的建构，一度成为城市地标的红专厂创意园在运营10年之后，由于城市布局调整和自身运营不善，在2019年年底正式关闭。因此，广州对城市的原工业地块的开发暂时处于有待完善的状态，工业遗产作为承载历史记忆的场所，这种未完成的状况恰恰为通过空间的视角重新思考其意义保留了更多可能性。

一、紫泥堂的空间改造和地形特征

紫泥堂艺术创意园是广州近年开发的工业遗产项目，项目开始于2013年，对园区废旧厂房的改造工作持续进行，已经成为吸引一定人流的场所。创意园坐落于广州市番禺区沙湾镇，毗邻顺德水道，以广东省国营紫坭糖厂的生产区（包括生产车间、储糖仓库和货运码头）和厂前区（包括行政和保卫部门使用的苏式连续拱券外廊结构的办公楼和宿舍，以及图书馆楼）作为主体，占地达25万平方米。创意园的前身紫坭糖厂于1953年12月投入生产，建厂总投资额906万元，投产日榨量1 600吨，这是共和国首座自主设计和安装的大型

---

① Ece Kaya, *Transformation of Sydney's Industrial Historic Waterfront: the Production of Tourism for Consumption*, Palgrave Macmillan, 2020, pp.2—3.

② 韩鑫：《五部门印发方案推动工业锈带变生活秀带》，《人民日报》2020年6月22日，第12版。

甘蔗糖厂,曾经先后由国家轻工部和广东省轻工厅管辖,在鼎盛时期缴纳税收占全省蔗糖产业的三分之一,员工规模达 4 000 人,以制糖作为运营主项目,同时发展造纸、水泥、发电、饮料和烧碱等多项业务。[1]20 世纪末在国企改制的大背景和制糖产业的布局调整下,企业的主体业务陷入破产困境,其后无论是分拆发展热电厂,又或是利用水运码头和工业基础发展粮食储运、船舶配件加工、开展物流等新业务,由于受到顺德水道的环保高要求的限制和企业运行机制改革不理想等各种因素的影响,发展未达预期,陷入严重的债务危机。紫坭糖厂于 2012 年结合番禺区政府将片区发展定位为生态和旅游的布局规划,以出租生产区和厂房设备的方式,和顺德企业合作开发艺术园区,紫泥堂艺术创意园由此诞生,并于 2022 年确立为 3A 级旅游景区。

在总体规划上,紫泥堂定位为"文化创意及艺术品集聚园区",首先利用紫坭糖厂的生产区域建立艺术家工作室、知名品牌形象店、艺术客栈和会展中心,并且长远规划在周边建设包含直升机、游艇项目的高端会所园区,这是一种将生产空间予以艺术化改造,从而将其转换为消费空间的改造战略,这是国内盛行的工业遗产改造项目的路径。和广州本地的艺术园区案例比较,紫泥堂的规划是红专厂和珠江琶醍啤酒文化创意艺术区的综合,红专厂的运营策略和紫泥堂的艺术区域定位类似,借助烟囱、机器、厂房和集体宿舍,营造吸引艺术家进驻和举办艺术展览的文化氛围,而琶醍则利用珠江啤酒的生产车间和货运码头的旧建筑进行艺术改造,开设中高端的酒吧和西餐馆,将坐落于珠江河岸的旧厂房和设备作为吸引高端消费的环境条件。概言之,这是一种建构工业遗产的原真性并转用于谋取商业利润的模式。参考当代左翼城市批判理论对原真性叙事模式的批判,大卫·哈维指出,"宣称唯一性、真实性、特殊性和专门性构成了获得垄断地租的基础"。[2]莎伦·佐金则指出,"媒体轮流地哀悼、赞美,并且戏剧化了城市粗犷的过去,它们将这种形象贬损为被社会所淘汰的景象,而后又推动其再生为新都市生活的审美符码"。[3]哈维和佐金的

---

[1]　参考广东省番禺县糖业志编写组编印:《番禺县糖业志》,无出版社,1990 年版,第 70—76 页;番禺市地方志编纂委员会办公室编:《番禺百年大事记(1900—1999)》,广东人民出版社 2000 年版,第 74 页。

[2]　戴维·哈维:《叛逆的城市:从城市权利到城市革命》,叶齐茂、倪晓辉译,商务印书馆 2014 年版,第 104 页。

[3]　莎伦·佐金:《裸城:原真性城市场所的生与死》,丘兆达、刘蔚译,上海人民出版社 2015 年版,第 269 页。

批判适用于紫泥堂,紫坭糖厂的烟囱、码头、厂房等生产性场所,以及图书馆、值班住所等标志性的黄色墙体建筑,共同营造了一种和今天大众日常的生活经验和视觉体验相区别的苏式工业风。资本通过建构空间的原真性,为开展艺术和娱乐产业的消费创造场所条件,将中产和高收入人群作为目标人群,原真性工业景观所包含的历史在资本的规划中处于缺位状态。

然而,尽管资本意图通过原真性的塑造从而主导空间的意义生成和类型转换,进而垄断地形改造所产生的利润,大卫·哈维同样指出,"个体的时间和空间并不自动地与占统治地位的公共意义保持一致"。[1]对于追寻原真性工业风而来到紫泥堂参观和游玩的大众而言,他们对于紫坭糖厂旧建筑的理解和感受同样是一个植根自身经验和情感结构的再生产过程。这里可以参考本雅明关于"闲逛者"的论述:"他们保持清醒,尽管这种清醒是那种醉眼朦胧的,还'仍然'保持对现实的意识。"[2]德·塞都则从空间理论的视野做出进一步阐述,"被城市多样化聚集起来的漫步行为是一次宏大的剥夺地点的社会经历——确实是一次经历,被分裂为数不胜数以及极其细小的流放物(移动以及行走),得到这些互相交叉的成批逃亡之间的关系和交错的补偿,创造了一块城市布料,并且被放置于本该成为地点的事物的符号之下,然而该事物却只是一个名称——城市"。[3]运营方着力打造以怀旧风貌为特色的原真性的工业场所,这正是大众被吸引前往参观的首要原因,他们更热衷于选择作为拍照背景的地方是几栋黄色墙体的苏式办公建筑,以及去功能化的烟囱、厂房、仓库等工业景观。紫泥堂后期所进行的艺术性改造,例如具有后现代艺术色彩的人像墙体涂鸦和彩色雕塑,以及粉刷为彩色门户的艺术家工作室,甚少得到游客群体的关注。游客所操演的正是"闲逛者"的角色,他们被资本复原和维护的原真性工业景观所吸引,但是他们并没有进一步遵循资本意图引诱的行动模式,不仅无意于赞赏资本着力打造的艺术氛围,而且没有体验房车营地等高端享受的消费意向,他们正是通过在空间中的自主行走,重新体验相遇的物,促使空间生成资本规划之外的缺失性元素和异质性意义。

---

① 戴维·哈维:《正义、自然和差异地理学》,胡大平译,上海人民出版社 2010 年版,第 255 页。

② 本雅明:《发达资本主义时代的抒情诗人》,张旭东、魏文生译,生活·读书·新知三联书店 2014 年版,第 82 页。

③ 米歇尔·德·塞都:《日常生活实践:1.实践的艺术》,方琳琳、黄春柳译,南京大学出版社 2009 年版,第 180 页。

与此同时,紫坭糖厂历史上形成的独特的周边地形结构,进一步促成了异质性和多元性意义的生产。紫坭糖厂的职工生活区和生产厂区相邻,生活区域以 40 多栋兴建年份不一的住宅楼为主体,包含饭店、医院、运动场、商店、学校等综合性生活场所,尽管学校、饭店的用途已经发生了改变,紫坭糖厂的部分职工已经搬走,然而众多退休职工依然继续生活在该区域。这正是紫泥堂项目区别于大部分工业遗产园区的地形特征,相比于改造为以博物馆用途为主体的上海徐汇滨江工业遗产建筑群,或者改造为街区公园的位于巴黎 15 区的雪铁龙公园(Parc André-Citroen),紫坭糖厂的生活区不仅继续得到保留,而且作为生活场所持续运转。蒂姆·艾登索在分析中指出,"这些具身的记忆是通过习惯于工作规训的节奏和工作生活的时空要求而锻造形成,不仅仅是权力强加于身体的限制,因为这些日常行程也被感性所栖居"。[1]紫坭糖厂的职工及其后代共享了工作和生活的特定情感记忆,他们由于聚会、怀旧等不同原因不定期重返当年的生活、工作和学习场所。作为游览紫泥堂的主要群体,他们围绕创意园保留的生产或生活景观,用自己亲历或长辈的故事向同行者重述工作经历或生活感悟,以具身性的情感体验介入空间意义的再生产,有助于引导由于崇尚原真性工业风而慕名前来的参观者将工业景观置入生产和生活一体化的历史情境中予以再理解。

简言之,紫泥堂区别于其他代表性工业遗产的特质,正是生活空间和生产空间相毗邻的地形结构,起始于 1953 年的国营工厂的生产和生活的记忆并没有在艺术园区的改造中被彻底遮蔽。毗邻的生活区域凭借建筑景观和所凝聚的特定社群,呈现和原真性工业景观相呼应的另类生活图景,开发商因此始终没法将紫泥堂完全改造为一个以奢侈享受和高端品位为标签的场所,空间始终处于多种记忆并置、多种社群共同介入的状态。

二、双重的废墟:时间空间化的结构

由于紫泥堂不仅在生产区域原样保留了大量破旧的厂房和废弃的设备,而且拥有持续运作至今的生活空间和生产空间,紫泥堂成为一个同时展现往昔的生产劳作历程和日常生活模式的空间场所,区别于国内外的工业遗址改造形成的常见景观形态。

---

[1] Tim Edensor, *Industrial Ruins: Spaces, Aesthetics and Materiality*, Berg, 2005, p.149.

　　首先,紫泥堂是景观意义上的废墟。这和经营方的投资策略有关,项目负责人刘思琪讲道:"紫泥堂作为在整个大湾区的板块当中,很难得在这么一片以 GDP 为数据的土地上,还能够保留这样有传统工业风格的工业遗产的地方给大家。"①紫泥堂的定位是打造以"怀旧工业风"为特色的文化创意园区,因此生产区域的改造方案以建设敞开性的原真性工业景观为主旨,而非通过大规模拆除和重新装饰的方式建造闭合型的博物馆。因此,紫坭糖厂生产区域的烟囱、厂房、仓库、办公楼、码头等均得到保留,原真性的工业景观基本还原了当年紫坭糖厂经营制糖、发电、存贮、运输等业务的生产园区的景象。同时,不同年代的代表性口号通过翻新继续保留在旧建筑的墙体,例如可以看到"抓生产不忘计划生育,庆丰收必有人均观念"等富有特定年代色彩的文字,为原真性景观虚构时间坐标。

　　另外,由于紫泥堂位于广州南郊,离广州市区和番禺区中心地段均需要接近 1 小时的车程,游客的规模始终增长缓慢,园区景观的改造和周边配套娱乐设施的开发均处于滞后阶段,整体区域维持了铁锈风格的状况。作为艺术园区标志的三根烟囱坐落于一片废旧车间之间,三层制炼厂房的外墙已经部分剥落,生产车间内墙只剩下裸露的钢支架和毁坏的窗户,危险区域则由铁丝网环绕,园区随处可见涂漆已经大面积剥落的砖墙,以及生锈的仪表设备和各式机器。黄色墙体的图书馆尽管已经被改造为单间的艺术画廊或工作室,然而大部分工作室均未启用。由此可见,经营方的投资策略和现实的经营状况,共同导致了紫泥堂成为一个景观意义的废墟,这是一个以败落和荒废为特色的工业空间。根据携程网游记的关键词数据显示,"厂房遗址"和"前苏联式建筑"排名前两位,涂鸦彩绘和新改造的艺术室并没有深刻改变空间的格局。

　　以上海当代艺术博物馆和巴黎雪铁龙公园作为对比案例。上海当代艺术博物馆是将工厂旧址改造为艺术博物馆的典范,脱胎于运营至 2007 年的南市发电厂,上海当代艺术博物馆将生产车间改造为多楼层多展厅的艺术展览空间,并围绕烟囱的外景在顶层打造临江的户外观景场地。尽管保留了烟囱和移动吊钩作为博物馆的标志,然而这种遗留的工业风格已经被成功整合为博物馆所崇尚的当代艺术品位的构成部分。博物馆始于 2012 年以来的成功运

---

① 《原来在粤港澳大湾区腹地,竟有这样一个怀旧工业风的艺术小镇》,微信公众号"紫泥堂艺术小镇"2019 年 6 月 22 日。

营,通过上海双年展和一系列当代艺术特展,成功完成空间功能和审美品位的更替。在大众的普遍观念中,这是一个纯粹的当代艺术空间,审美品位的区隔进一步明确了在空间进行活动的群体构成,南市发电厂相关联的工业记忆在空间场所的景观和人群中均被移除。再看域外的案例,位于巴黎 15 区塞纳河河岸的雪铁龙公园则是工业遗址改建为城市公园的典型。今天的雪铁龙公园由大草坪、玻璃温室、喷泉、植物庭园等部分错落有致的布局构成,并且以乘坐热气球的娱乐项目闻名。雪铁龙工厂的生产厂房和设备均完全撤离,而且用地经过大规模改建,例如引进流动水源、设置斜坡通道和布置绿植,在地形上也看不到任何工业用地的元素。当年用于运载生产原料的码头和河岸,也已经改造为多艘用作酒吧用途的游轮共同组成的娱乐空间。街区公园仅仅通过名字和过去保持联系,不再包含任何激活怀旧情绪和吸引怀旧群体的痕迹。可以引用克斯汀·巴恩特关于德国鲁尔区工业遗产案例的评论作为总结,"鲁尔景观的转变并非必然造成家园或地方的失落,而是实际上加强了本地和地区的认同感。然而,在这种转变中,失去的是工人阶级作为集体身份来源的意识"。[1]上述案例对地形条件的根本性改造和成功运作,实际上对空间的总体意义发生了"去历史化"的置换,景观所关联的工业生产和工人活动的历史记忆被新的群体和空间规划所遮蔽。

紫泥堂则由于经营规划和开发进度的原因,空间呈现为景观性废墟,同时由于紫泥堂的独特地形结构,毗邻生产空间的生活空间持续运作,这是一个和国企主导的时代直接相延续的另类空间,利用地理位置深刻渗透至艺术园区的意义生成,因此紫泥堂同样是本雅明的历史哲学意义上的"废墟"。《德国悲悼剧的起源》写道:"埋藏于废墟之物是具有高度重要性的碎片,这些残存之物事实上正是巴洛克创作的最好材料。因为持续地堆积碎片正是巴洛克文学的共同实践,其间没有任何关于目标的严密理念,同时不懈地期待奇迹的发生,堆积碎片模式的不断重复将加速奇迹降临的进程。"[2]本雅明的"废墟"意指一个不同年代的记忆以片段化、碎片化的形式予以聚合的场域,表现为时间空间化的结构形态,为当代重建历史视域和重构社会生活保留了丰富的资源。参

① Kerstin Barndt, "'Memory Traces of an Abandoned Set of Futures': Industrial Ruins in the Postin-dustrial Landscapes of Germany," in *Ruins and Modernity*, eds. Julia Hell and Andreas Schönle, Duke University Press, 2010, p.277.

② Walter Benjamin, *The Origin of German Tragic Drama*, John Osborne, trans. Verso, 1998, p.178.

考《拱廊街计划》的辑录："最大限度混杂的时间元素因此在城市中并存。如果我们从一间 18 世纪的房子进入 16 世纪的房子，我们让时光发生倒流。……踏入一座城市的任何人将感受到自身被梦的网络所捕捉，最古老的过去在梦的网络中和今天的事件相联系。"①紫泥堂正是一个多重时间相并置的空间，自 1953 年至今国企职工从事生产、开展生活的历史记忆，通过寄寓于废弃的生产厂房、去功能化的生产机器、持续更新的生活设施和跨世代的游览人群等载体予以表征，和运营商将空间确立为标榜艺术品位和崇尚奢侈享受的逐利目标相竞争，延搁资本试图通过重塑原真性进而占有空间主导权并攫取经济利益的进程。

　　空间所包含的历史记忆对于当下的作用机制，参考斯蒂夫·派尔的阐述，"通过在时空中旅行，有可能把城市重建为它或许曾经所是的样子。这不只是意味着去展露城市的形象或是曾经的形象。它还意味着把城市的碎片放入曾经的历史之争，重建它们与其他时代、其他可能的当下、其他未来的联系"。②原真性景观包含的一系列历史记忆，通过紫泥堂的独特地形结构——生产空间和生活空间相毗邻，得以表征并渗透到当下的空间结构，引导大众重新思考当下和过去的关系，即张艳的主张——"如何赋予工业遗存以全新的用途，将其从一个代表衰败的纪念性的记忆场所转变成日常生活空间的一部分"③。

　　其一，生产空间的原生态工业风构成了一种时间停滞的梦境。参见本雅明的相关阐述："每个时代不仅梦想着下一个时代，而且还在梦想时推动了它的觉醒。"④梦境表现为历史记忆对当下的空间景观的渗透和混合，大众置身梦境中得以摆脱观念对历史的预设结论，从而在感知景观的过程中发掘被主流叙事所忽略的材料和细节，为重构过去和当下的关系创造契机。在紫泥堂的空间结构中，记忆对生产空间的介入主要有两个来源，分别是废弃的工业景观以及和紫坭糖厂有渊源的游览人群。首先，紫泥堂的工业景观大部分处于原真性的状态，大面积的区域保存了接近完整的工厂形态，游客漫步于由发电

① Walter Benjamin, *The Arcades Project*, Howard Eiland and Kevin Mclaughlin, trans. the Belknap of Harvard University Press，1999，p.435.

② 斯蒂夫·派尔：《真实城市：现代性、空间与城市生活的魅像》，孙民乐译，江苏凤凰教育出版社 2014 年版，第 16 页。

③ 张艳：《技术美学视域下的工业遗存保护》，《上海文化》2021 年第 12 期，第 106 页。

④ 本雅明：《发达资本主义时代的抒情诗人》，生活·读书·新知三联书店 2014 年版，第 210 页。

机组、车间厂房、装卸码头、大型仓库、烟囱和行政办公楼等共同组成的生产区域,紫坭糖厂往昔的生产场景得以在行走和想象中被重新图绘。其次,曾经在紫坭糖厂工作和生活的职工和家属时常重返紫泥堂参观,紫泥堂常见的参观团队包括涵盖各个年龄段的工友聚会和家庭出游。这些对紫坭糖厂抱有特殊情感的游客在游览中重述自身亲历或回忆父辈的故事,尤其通过和当年的工作场所合照的方式重新回忆过去,其他游客则在旁观过程中将工业景观和人群讲述的故事相结合,展开对紫坭糖厂往昔岁月的想象性重构。尽管运营方对部分墙体进行了艺术彩绘,开发了民宿、攀岩、房车营地、艺术家工作室等项目,试图将紫坭糖厂的生产历史挪用为园区艺术品位的构成部分。但是,正是由于工业景观的原真性状态和大量职工家庭重临旧地,景观和人群共同激活的记忆有力瓦解了运营方对于艺术品位和奢侈趣味的空间建构,寄寓于工业机器和亲历讲述的记忆在当下的空间中重新呈现紫坭糖厂的运营历史,这是一段横跨 50 多年的国企生产历史,涵盖两代长辈在流水线工作所亲历的艰辛以及日夜颠倒长期值班所付出的牺牲。上述介入当下景观的历史记忆有待得到慕名而来的小资群体的承认和尊重。

其二,再将毗邻生产空间的生活空间纳入考察。往昔作为紫坭糖厂职工的生活区域,随着紫坭糖厂的发展而不断扩建,包含家庭住宅楼、单身宿舍、学校、图书馆、餐厅、医院、公园、运动场等一应俱全的社区配置,这是一个几乎完全自给自足的社区空间。在 20 世纪末国企大改革之前,这种由国企投资建设和管理的社区空间形式在中国普遍存在。援引国企研究的论述,"然而,毛泽东时代的中国工会,在改善职工日常工作环境和生活条件方面,却发挥了至关重要的功能,使职代会通过的相关提案得以落实。工会还负责为困难职工提供各种救助,关心普通职工的个人生活和家庭问题,并组织各种各样的文体娱乐活动,以满足职工多样化的业余生活需求"。[1]这是一个普遍的现象,国企通过职工代表大会、工会等架构开展职工社区的建设和管理,将保障职工家庭的衣食住行和子女教育均作为企业的使命。根据《番禺县糖业志》所刊载的紫坭糖厂的相关数据,"每年用于职工福利的费用不断增加,1955 年为 5.9 万元,1956 年为 6.89 万元,1978 年为 21.2 万元,1986 年达到 156.3 万元"。[2]紫坭糖

---

① 李怀印:《超越"当家作主"与"扩大民主"——改革前三十年国营企业"实体治理"模式探析》,《开放时代》2020 年第 5 期,第 71—72 页。

② 广东省番禺县糖业志编写组印:《番禺县糖业志》,第 79 页。

厂的职工福利涵盖住宿、医疗、教育、食堂等多个方面,生活空间至今仍然运作,通过参观保留至今的建筑群,以及旁观继续居住在宿舍楼的职工群体的生活,生活区域依然保留了职工日常生活的记忆影像。继续参考李怀印的研究并进行拓展,"工人的自豪和优越感,加上生活来源上对本单位的全盘依赖,使得他们对所在单位产生一种强烈的归属感"。①然而,单位通过为工人的生活提供便利从而确立其归属感和自豪感,并不仅仅为了将情感认同转换为工作效率的优化,而且包含激发作为社会主义主人翁的工人群体主动进行全面的德育提升。受访者回忆谈及,图书馆提供图书借阅和报刊阅览的服务,阅览室在晚间时段经常坐满;面积广大的体育场所配备了灯光设施,职工可以广泛参与各种球类运动,满足强身健体和群体社交的需要。上述生活空间重新激活了一种和当下日常经验相区别的生活记忆,今天住所和工作场所普遍存在通勤距离,个体社交和运动均日渐原子化,知识和信息的获取和吸纳则逐步碎片化,国企社区所展示的另类生活经验则蕴含重构另一种生活方式的可能性。

　　中国台湾学者王志弘指出:"总之,历史保存,或者更好的说是具有文化历史内涵之生活的存续,应该定位为参与式的文化基础设施化,而非执守被赋予本真性的物质断片或原址。这并不是说原址议题不重要,而是不能将原址孤立看待,反而要安置在生活支持网络中来检视。"②作为双重意义的废墟,如何重新发掘和理解紫泥堂日渐被遗忘的关于国企时代的历史记忆,并且植根于当代社会文化语境重新评估其价值,正是紫泥堂区别于诸多工业遗产创意园的美育价值所在。

三、国企时代的精神遗产和美育潜能

　　紫泥堂的空间结构对历史记忆的激活和重现,不同于将工业景观转换为艺术品位的常见思路,而是将景观和人群作为表征历史记忆的载体。赵静蓉指出:"把城市更多地赋予'变迁'的内涵,而非将其'镶嵌'在某种固定的'结构'或'框架'之中,通过找回城市的时间属性,来弥补对其进行空间研究中的

---

① 李怀印、黄英伟、狄金华:《回首"主人翁"时代——改革前三十年国营企业内部的身份认同、制度约束与劳动效率》,《开放时代》2015 年第 3 期。
② 王志弘:《原址本真性或袭产基础设施化? 台北市道路建设与历史保存争议辨析》,《地理研究》(台北)2020 年第 1 期。

不足之处。"①置于空间中的景观包含了流动的意义,对被遮蔽的记忆的救赎一方面指向对过去历程的重构,同时也隐含通过反思历史进而创构未来的愿景。受此启发,紫泥堂项目对历史记忆的重新呈现,一方面包含对国企时代精神遗产的重估,同时更需要通过将历史记忆接续于当下的社会生活,进而激活记忆所隐含的指向未来的潜能。

对国企时代历史记忆的收集和表征,并非不切实际地主张将个体的人生规划重新置于单位主导的单维度模式。参见经济学家林毅夫在 20 世纪 90 年代初发表的研究:"政府作为国有资产所有者的代表,直接目标是利税和资产增殖最大化;而企业经理人员追求的是利润分成最大化和企业职工福利最大化。"②国企的管理机制日益和市场经济的运作存在结构性矛盾,这正是国家在 20 世纪末大规模推动中小型国企改革的根本原因。再参考华尔德将"上下间施恩回报关系的体制"作为国企的运作机制,"工厂制度文化的第三点特征是实用性私人关系网络,工人——主要是非积极分子——作为个人通过这种网络设法影响领导上的决定,以获得他们自身的利益"③。上述负面要素同样适用于紫坭糖厂,在度过黄金发展期之后,管理层无力建立现代企业的运作机制,经营状况每况愈下。因此,对传统国企时代的追忆并不是主张重回改革前的经济模式,而是通过原真性景观和人群激活日益被遗忘的历史记忆,为普遍秉持小资趣味的游客创构感受过去的新奇经验。

首先,回应迈克·罗宾逊关于当代工业遗产价值需要面临的挑战——"它质问工业遗产如何与一个表面上已经进入后工业时代的世界相关联?"④引入代际—伦理的视角,紫泥堂空间所呈现的国企时代的精神遗产通过代际的情感纽带予以当代阐发。陶东风指出:"父子两代之间出现审美与文化鸿沟的深层次原因在于:一方面,50 后父辈继续沉浸在自己 60 年代的青春岁月——无论他们如何评价这段岁月——因为这是他们世界观、价值观、审美观形成的关键时期,是他们不可能抹去的记忆;另一方面,他们的这段记忆基本上已经在

---

① 赵静蓉:《作为时间概念的城市:记忆与乌托邦的两个维度》,《探索与争鸣》2018 年第 10 期。

② 林毅夫、蔡昉、李周:《中国的奇迹:发展战略与经济改革》,上海三联书店和上海人民出版社 1995 年版,第 199 页。

③ 华尔德:《共产党社会的新传统主义:中国工业中的工作环境和权力结构》,龚小夏译,牛津大学出版社 1996 年版,第 186 页。

④ 迈克·罗宾逊:《欧洲工业遗产的保护和利用:挑战与机遇》,傅翼译,《东南文化》2020 年第 1 期。

公共空间和各种媒介场域中消失,子辈们对之或印象模糊,或了无兴趣,即使想了解也无从了解。"①这段论述所指涉的时间范围可以进一步扩展至推行国企大规模改制的 20 世纪末,青年群体往往无法对国企时代的生活和工作进行切身体验,而紫泥堂的废墟结构则使延续近 50 年的国企单位的工作和生活情景得以具象化。正如巴里·诺顿指出,"单位是一个城市社会的缩影,个人从出生、生活、工作和死亡均被置入其中"。②国企作为一个微型城镇的空间构型,不仅发挥管理职能,统筹安排职工家庭的工作分配;同时也履行提供福利服务的社会职能,为职工家庭提供几乎涵盖衣食住行所有方面的生活服务。这是社会主义国家所独有的企业运作模式,一方面凸显工人阶级在国家政治蓝图中的重要地位,另一方面也将工人的劳动和国家建设紧密结合起来,为工人的劳动赋予了神圣的使命。1950 年《人民日报》的社论写道:"中国工人不仅获得了'二七'时代牺牲流血所争取的一切自由权利,而且根本推翻了长期压迫我们的帝国主义和封建买办势力的反动统治,建立了以我们工人阶级为领导的中华人民共和国。"③国企职工作为工人阶级的重要组成,在社会地位和思想意识形态上被确立为国家主人,他们需要通过不断提升技术能力和文化素养,以积极参加工业生产的方式为国家的财富积累和人民生活质量的不断提高做贡献。

由此,作为拥有我国第一条自动化榨糖生产线的紫坭糖厂,其空间构型所呈现的历史记忆涵盖祖辈和父辈在艰苦的工作环境中从事生产、自主学习和日常生活的方方面面,都将在振兴民族国家的历史视野下获得更深刻的意义。然而,相比于农民和新工人群体的际遇,当前国企职工群体在工龄买断之后的生活总体处于相对平稳的状态,日渐成为舆论场域的无名者,但是他们的历史片段理应在共和国发展的历史中得到救赎。对于作为游客主体的青年群体,紫泥堂的废墟结构重现了祖辈和父辈两代人的工作和生活的记忆,这是在城镇地区具有普遍代表性的个人史,有助于促进跨代际之间的情感认同和价值承认。

---

① 陶东风:《论当代中国的审美代沟及其形成原因》,《文学评论》2020 年第 2 期。

② Barry Naughton, "Danwei: The Economic Foundations of a Unique Institution," in *Danwei: The Changing Chinese Workplace in Historical and Comparative Perspective*, ed. Xiaobo Lv et al., M.E. Sharpe, Inc, 1997, p.170.

③ 《学会管理企业》(一九五零年二月六日《人民日报》社论),中共中央文献研究室编:《建国以来重要文献选编》(第一册),中央文献出版社 1992 年版,第 108—109 页。

其二,紫坭糖厂的生活区域重现了国企时代群众在公共空间生活和交流的场景。区别于今天中国常见的工作场所和居住地相分离的模式,紫泥堂则再现了国企时代生产和生活一体化的空间图景,这是社会主义国家以工厂为核心重构城市空间结构的尝试。乔舒亚·弗里曼针对苏联建设社会主义城市的策略写道:"苏联的巨型工厂不仅被看作一种工业化和保护国家的手段,而且也被视为一种文化教化的工具,它将创造出能够经营这些庞然大物和建设社会主义的男男女女。"①中国在 1949 年之后同样遵循苏联的城市改造和建设战略,以国企作为核心打造工作和生活一体化的工人社区,例如在上海建设工人新村,罗岗写道:"'生产'和'生活'的原则在工人新村上已经一体化了,'生活'成为'生产'的一个组成部分。"②当前的研究更倾向关注国有企业内部以职工代表会议为代表的管理决策机制和劳动激励机制的得失经验,然而苏联和中国同样将职工的日常生活作为建设社会主义城市的规划的重要部分,在职工生活区修建体育和娱乐场所,组织种类丰富的文体活动。尤其在 20 世纪 90 年代之后的中国,国企建设文化、体育和娱乐场所之于社区的积极作用,日益独立于促进生产的经济目标。紫坭糖厂为职工生活区提供多元频道的电视信号,完善藏书量丰富和报刊来源广泛的阅览室,修筑各类运动的体育场地并参与广东省糖业系统的对外比赛,这些运作策略有力促进了在社区形成以相互对话和共同参与为特征的公共空间,有助于在同事之间围绕共同关注的问题展开交流和讨论。

这种社区生活模式和当代社会最大差异在于,作为沟通和对话的他者是一个在场的鲜活存在,而非网络上的匿名者。正如德国韩裔哲学家韩炳哲对数字时代大众精神状况的批判:"数字化的交际则推动着一种膨胀的、非个人化的交际,一种即便没有'个人'作为对象、没有目光和声音也能成立的交际。"③这种针对当代欧美社会的批判同样部分适用于今天的中国,大众的精神状态陷入矛盾和分裂的状况,一方面在社交媒体表达对国内和国际的宏大政治和社会议题的强烈兴趣,另一个方面又展露了以"躺平"作为回应日常具体事务的姿态——"数字文化正在生成新的电子犬儒主体,'肥宅''丧'和'佛

---

① 乔舒亚·B. 弗里曼:《巨兽:工厂与现代世界的形成》,李珂译,社会科学文献出版社 2020 年版,第 265 页。

② 罗岗:《英雄与丑角:重探当代中国文学》,东方出版中心 2020 年版,第 143 页。

③ 韩炳哲:《他者的消失》,吴琼译,中信出版集团 2019 年版,第 112 页。

系'均可视为这一新主体的符号表征。"①正如汪晖所指出,"老工人生活和工作的是单位,一个微型的小社会,而打工者的生存空间却是单纯的为资本增值而保持再生产的生产机构"。②大众由于对现实生存空间的不满转而退却至网络世界,或者以匿名的方式参与论战,或者以退缩的姿态对日益加速的社会表达消极情绪,进而陷于持同质立场的圈层中失去自我反思的意识和回应现实问题的思辨力,陷入政治狂热和生活冷淡相并存的诡异状态。往日国企社区的社交和生活模式建基于人们在日常情境的真实相遇、对话和交流,隐含了构建有机社群的另类可能性,当代的大众有必要走出网络世界回到现实情境的交往和协作关系中,开拓以讨论交流和共同参与为特质的公共空间,将以匿名身份在饭圈群体释放的狂欢满足,转换为和真实他者之间的多元性对话和协作。

简言之,紫泥堂通过景观和人群重现有待反思和再认识的国企时代的精神遗产,落实在情感认同和复归现实情境这两个方面。前者在振兴共和国的历史视野下尊重长辈从事工业生产所付出的劳作和牺牲;后者则通过探索有待重新激活的有机社群的构建模式,寻求重建以理性对话和共同参与为特质的公共空间。

结　论

紫泥堂将空间呈现为历史记忆和当下持续发生相互作用的场所。参考艾弗里·戈登将历史记忆的呈现比喻为幽灵作祟的论述,"幽灵作祟促使我们在有时候违背我们意愿以及通常稍微魔幻的状况下,从情感上进入我们将要体验现实的感觉结构,这并非作为冰冷的知识,而是作为一种变革性的认知"。③紫泥堂原真性景观对历史记忆的表征建基于社群和社区的发展脉络,游览群体对记忆的读解被置入跨代际交流的情感结构中,由此景观并非一个和当代断裂的符号,而是指向当下现实并具备在地性和切身性特征的记忆载体,有利于促进跨代际的情感认同,并进而开启建构逾越数字文化主

---

① 刘昕亭:《积极废人的痛快享乐与亚文化的抵抗式和解》,《探索与争鸣》2020 年第 8 期。

② 汪晖:《"我有自己的名字"——〈中国新工人:迷失与崛起〉序言》,吕途:《中国新工人:迷失与崛起》,法律出版社 2013 年版,第 7 页。

③ Avery F. Gordon, *Ghostly Matters: Haunting and the Sociological Imagination*, University of Minnesota Press, 2008, p.8.

宰的另一种生活模式的潜能。同时，这种对过去的回溯并非一种倒退的历史视野或者不切实际的乡愁，而是在后单位时代的个体状况下——"一种由私人化和市场化构成的更加独立的公民，并且意识到自主性经济状态下的权利和责任"[1]，重新思考个人和共同体的关系，探索走出原子化状态进而介入公共场域的潜在路径。

　　总言之，区别于广州市其他区域所呈现的文化特质，例如越秀区东山展现了"城市的公共性建设与个体现代素养培育之间的互动"[2]，天河区猎德村展现了"后传统社会中乡土村落与现代城市的生态共建问题"[3]，地处番禺区南郊的紫泥堂则展现了在生产维度介入广州城市文化建构的路径，通过重构从1953年至今职工社群的发展和延续脉络，为塑造当代人的情感结构和生活习性创造新的可能性。

Industrial Heritage and the Memory Representation: the Potential Possibility of Aesthetic Education from the Program of Zini Tang in Guangzhou

Abstract: In order to discuss the possibility of industrial heritage as a space for the aesthetic education, the article takes the artistic transformation of the State-owned Zini Sugar Factory in Guangdong Province as the case study. The Zini Tang project is in a stagnant stage, forming the spectacle that is different from the mature artistic space, which is the topographic structure of living space and production space adjacent to each other. This is a ruin space with dual meanings. Firstly, it is the ruin of the spectacle that the original abandoned state of the production space can be preserved for a long time that the artist's creation does not change the overall structure of the factory area; At the same time, the cross-generational memory that represented by the adjacent living space and production space is in a state of mutual penetration, which is the ruins in the philosophical sense of Walter Benjamin. The aesthetic education

---

① Siân Victoria Liu, "'Social Positions': Neighborhood Transitions after Danwei," in *Working in China: Ethnographies of Labor and Workplace Transformation*, ed. Ching Kwan Lee, Routledge, 2017, p.55.

② 丁子俊：《政治公共性与城市空间的再分配——广州东山口历史记忆的阐发潜能》，《都市文化研究》2018年第1期。

③ 罗成：《作为方法的广州——中国城市化的现代性问题》，《文化研究》2013年第2期。

function of the project is manifested in two aspects. One is to recognize the dedication made by the generation of grandparent and father in the historical perspective of revitalizing the nation-state; the second is to reflect on the obstacles of digital culture to public communication present. This is another model for the development of industrial heritage that it activates the value of the memory for the current by placing the spectacles in the development course of the communities, which shows the path to construct Guangzhou's urban culture from the perspective of production.

Key words: industrial heritage; Zini Tang; ruin; state-owned enterprise; cross-generation

作者简介: 丁文俊,中山大学中文系副研究员。

基于视觉符号视角的国际社交
平台上海消费城市形象研究

陈雅赛　　林程程

摘　要:国际社交媒体平台中的上海消费城市形象的呈现是建成具有全球影响力、竞争力、美誉度的国际消费中心城市的舆论基础。本研究以国际社交平台 YouTube 的国际游客发布的上海影像为例,从城市景观、交通系统、娱乐设施和公共服务四个维度分析其所呈现的上海消费城市形象,通过国际游客在影像中的"消费表演"发现:国际社交平台勾勒出摩登但缺失高认知度消费品牌的上海城市形象;影像中呈现的城市符号具有高度一致性和单一性,主要通过建筑类视觉符号感知和传播上海消费城市形象;高度现代化的上海城市形象与想象之中东方古典的中国形象之间出现割裂。

关键词:消费城市　上海形象　城市影像　国际消费中心城市

一、研究缘起

《上海市建设国际消费中心城市实施方案》(后称《实施方案》)提出上海力争到"十四五"末率先基本建成具有全球影响力、竞争力、美誉度的国际消费中心城市。[①]"国际消费中心城市是现代国际化大都市的核心功能之一,是消费资源的集聚地,更是一国乃至全球消费市场的制高点,具有很强的消费引领和带动作用。"[②]消费全球化使得消费者的选择空间延伸至国界之外,跨国消费

---

① 上海市人民政府:《上海市人民政府办公厅关于印发〈上海市建设国际消费中心城市实施方案〉的通知》,2021 年 9 月。

② 罗珊珊:《培育建设国际消费中心城市》,《人民日报》2021 年 8 月 25 日,第 19 版。

愈加便利与频繁,一个具备国际性的消费城市形象能够吸引潜在消费者,促进城市和国家的经济平稳健康发展。

旅游消费是重要的消费模式之一,是一座城市发展的动力。城市作为旅游目的地,城市形象对旅游者的旅游意愿具有显著正向影响。①打造国际消费中心城市的前提是海外民众对上海有旅游出行意愿,这种意愿源自游客对上海形象的整体感知,这就需要加大城市对外传播的力度,城市的国际传播需要顺应时代潮流,利用新技术实现城市"出圈"。社交媒体方兴未艾、强势发展,短视频这一新传播形式的出现促成了用户偏好的视觉化转向,媒介生态被重构,从"文字时代"跨入了"读图时代""视频时代","视觉系统是形成人的沉浸感的最重要因素,人的感知有 80%—90%来自视觉"。②影像作为视觉符号不受语言的约束,具有通用性,比起文字描述和静态的图片呈现,声画结合的呈现方式能够刺激人们的多重感官,彰显出城市的独特魅力,激发人们对城市的想象和向往。

消费城市崛起将会促成城市旅游业的发展,③旅游者对所获取的城市信息进行组合、拼接以及评价形成心理认知"图像",④影像的拍摄、剪辑与最终呈现是游客将心理认知"图像"符号化的过程,潜在消费者则通过影像中对城市的再现和自身经验、认知、想象的过程建构起对城市的想象,⑤由此,游客影像和城市形象之间形成双向循环,因此从国际旅游消费者的视角去探索城市形象如何呈现有其必要性。本研究聚焦于国际视野之下,以 YouTube 平台上国际游客发布的城市影像为例,拟探讨两个问题,其一,国际社交媒体平台上国际游客分享的影像呈现出什么样的上海消费城市形象? 其二,国际游客的影像是通过什么视觉符号建构上海消费形象的? 并对上海打造国际消费中心城市的对外传播提出相应的优化策略。

---

①⑤ 刘卫梅、林德荣:《旅游城市形象和情感联结对旅游意愿的影响》,《城市问题》2018 年第 8 期,第 95—103 页。

② 杭云、苏宝华:《虚拟现实与沉浸式传播的形成》,《现代传播(中国传媒大学学报)》2007 年第 6 期,第 21—24 页。

③ 黄璜等:《"消费城市"兴起对城市旅游发展的影响》,《经济问题探索》2010 年第 1 期,第 151—154 页。

④ 吴宝清等:《旅游目的地形象清晰度及测评方法——以西安为例》,《浙江大学学报(理学版)》2018 年第 3 期,第 379—390 页。

二、研究综述

(一) 消费城市和城市形象研究

德国经济学家 Weber(1920)最早提出了"消费型城市",但这一概念指的是前工业化时期的传统城市,建立在世袭和政治收入基础之上,着重于城市的购买力来源,即直接依赖于当地官员、封建领主和其他政治当权派这类大消费者的购买力。①美国经济学家 Glaeser(2001)基于对后工业化时期的城市发展考察再提出了"消费城市"(Consumer City)理论,研究认为城市的未来越来越取决于城市是否对消费者有吸引力,打造一座消费城市应具备四种极其重要的城市设施,即提供丰富多样的服务和消费品(the presence of a rich variety of services and consumer goods)、富有美感的物理环境(aesthetics and physical setting)、良好的公共服务(good public services)和交通速度(speed),消费城市组成要素所发挥的功效将能缓冲城市在经济波动时产生的压力。②芝加哥大学社会学教授 Clark(2003)在城市社会学的视角下将城市比作为一台"娱乐机器"(Entertainment Machine),他提出城市正在从"生产导向型"向"消费导向型"转型,便利设施将成为吸引新居民或游客到一个城市的重要诱因,未来城市将成为容纳休闲娱乐产业的消费娱乐机器,带来舒适性和便利性,一座城市的消费量和拥有的娱乐设施将能够推动城市的发展,而非城市促进消费和娱乐。③学者们均有提及,消费城市的成功转型将能吸引高素质人才前往居住、生活和工作。国内对消费城市的研究和讨论主要集中在经济学领域,包括消费城市的内涵、机制、建构路径等方面,以及打造消费城市的经验研究和实证研究等。

"国际消费中心城市"属于消费城市发展的高级形态,这一概念的提出是基于对全球新形势和中国经济转型的考量,聚焦"国际",紧扣"消费",突出"中心",④以激发消费潜力,扩大消费规模。"国际消费中心城市"作为新兴概念,少量的相关研究仍集中在经济学领域,主要是以世界上成功的国际消费中心

---

① 马克思·韦伯:《经济与社会(下)》,林荣远译,商务印书馆 1997 年版,第 567—570 页。

② Glaeser E.L., Kolko J., Saiz A., "Consumer City," *Journal of Economic Geography*, 2001, 1(1), pp.27—50.

③ T.N. Clark, *The City as an Entertainment Machine*, Lexington Books, 2003.

④ 上海市人民政府:《上海市人民政府办公厅关于印发〈上海市建设国际消费中心城市实施方案〉的通知》,2021 年 9 月。

城市为例来探索国际消费中心城市的特征和建设路径,其中,国际知名度高、经济发展水平高、消费供给多元、消费制度健全、消费群体聚集等是现有研究提及到的国际消费中心城市共性特征。

城市形象是一个包罗万象的概念,现有研究中大多从政治形象、经济形象、文化形象、旅游形象等维度对城市形象进行分类和讨论,消费城市形象也属于城市形象的维度之一。"城市形象"这一概念最早是由美国学者 Lynch 在其 1960 年出版的专著《城市意象》(*The Image of the City*)中提出,是由多数人对城市的综合感受而形成的公众意象。他认为城市是具有"可读性"的,由可认知的符号组成的,即道路、边界、区域、节点和标志物,①这类符号则构成了 Glaeser 的城市设施四分法之一——富有美感的物理环境。Lynch 认为城市形象的形成主要是靠对城市硬件设施的感知,范红(2013)则提出城市形象还应包括有精神层面的部分,"城市形象体现城市的综合实力,包括城市的经济发展能力、地理环境、交通条件、基础硬件设施等,也包括城市千百年所传承的历史文化、人文环境等精神层面的内容"。②因此一座城市的历史和人文底蕴也是构成城市形象的重要维度,也是与其他城市形成差别的重要特质。

消费城市不仅是靠政府之力便可打造而成,作为城市形象之一,更是依靠于公众对城市的整体认知,本文从传播学的视角分析社交媒体中的城市形象呈现来探讨上海消费城市的建设现状,为后续培育国际消费中心城市提供相应的优化策略。

(二) 国际视野下的上海形象建构研究

国际视野下的上海城市形象相关研究中,大多是运用框架理论对国际媒体上的涉沪报道进行内容分析,探究上海形象在媒介上如何呈现。例如薛可和栾萌飞(2017)对比了十年间中美新闻框架下的上海形象,研究发现《中国日报》冷落了上海旅游的主题,但该主题却是《纽约时报》关注的热点,并在媒介中勾勒出充满吸引力且迸发蓬勃活力的上海旅游形象,且多为正面报道。③付翔和徐剑(2020)探究了八年间《纽约时报》和《泰晤士报》中的上海媒介形象,

① 凯文·林奇:《城市意象》,方益萍等译,华夏出版社 2001 年版,第 2、37—65 页。
② 范红:《国家形象的多维塑造与传播策略》,《清华大学学报(哲学社会科学版)》2013 年第 2 期,第 146 页。
③ 薛可、栾萌飞:《中美新闻框架下的上海形象建构——基于〈纽约时报〉与〈中国日报〉的对比研究 (2007—2016)》,《新闻记者》2017 年第 3 期,第 63—70 页。

发现两家国际媒体对上海报道有政治化倾向的归因定势,且在讨论上海文化现代性的同时忽视了对城市历史文脉、人文情怀的观察。①西方媒体对"他者"的报道大多具有政治化倾向,上海大多以城市媒介事件的形式在西方媒体中出现,但在社交媒体平台上,游客展示出来的影像是深入城市脉络的市井生活,更加关注城市的人文情怀,不仅能够补充西方媒体报道中的视角缺失,而且整体构建出的正面上海城市形象能够潜移默化地化解西方媒体语境中的负面形象。费雯俪和童兵(2021)聚焦于上海的"海派时尚文化",通过对海外三大时尚媒体涉沪报道的实证研究,发现"海外品牌入驻上海"是首位议题,认为上海是海外市场拓展的重要城市,并赞赏了上海时装周发挥了传播中国本土时尚和生活美学的作用。②时尚消费是构成上海消费城市的重要维度之一,不论是海外时尚品牌还是本土时尚品牌都是建构上海时尚形象的文化符号,也是吸引国内外消费者前往上海购物的方向标,但游客前往一座城市不仅限于购物消费,还包括享受城市风貌和体验城市文化,因此时尚消费还能带动城市的其他消费。

目前关于上海形象的研究大多是以报媒的新闻活动作为研究对象,但新媒体的迅猛发展重构了媒介生态,在人人传播的环境下,每一个人都能够成为对外传播的主体,甚至有一定的概率在传播场中发挥相当的影响力;此外,游客的城市实践本身就包含了各种消费维度,因此本文选择从国际游客的影像中去探索上海消费形象的呈现是一种研究视角的转向。

(三) 城市影像与消费城市的逻辑关系

消费主义开启了"全球性空间"的生产,最终将转化成为日常生活的社会基础,消费主义的逻辑成为主导人们日常生活的文化逻辑。③也就是说,消费不仅限于满足人们的物质欲求,对城市空间的使用和体验也是一种消费,包括散步、娱乐、用餐、购物等行为,而这一切行为都是在城市这个"容器"中实现的。

在数字时代之下的视觉化转向,公众的城市实践以影像的形式活跃在社

---

① 付翔、徐剑:《〈纽约时报〉和〈泰晤士报〉中的上海形象研究(2010—2017)》,《新闻界》2020 年第 2 期,第 80—87 页。

② 费雯俪、童兵:《"海派时尚文化"的媒介镜像:上海城市形象对外传播的优化策略》,《现代传播(中国传媒大学学报)》2021 年第 9 期,第 28—33 页。

③ 包亚明:《消费文化与城市空间的生产》,《学术月刊》2006 年第 5 期,第 11—13、16 页。

交媒体平台中,打造出了诸多"网红城市"。公众的集体参与使得城市影像拥有了日常向度,给予了人们与城市平视、对话的可能,能够让人们把身体打开,充分地感受城市,并将这些真实的感受转化为影像实践。[①]创作者在影像实践中呈现出具象的城市符号和具身化的城市实践,给公众一种具有视觉冲击力的"消费表演",社交媒体上的影像给城市带来的流量效应将有可能转化为实际的旅游活动和消费,实现线上传播和线下消费的双向循环,因此"网红城市"的诞生实质上也是一种网红消费城市形象的构建。由此,城市影像和消费城市也就勾连起来。

在城市的影视传播方面,大多数研究以电影、纪录片或城市宣传片作为研究样本以探索城市形象的生成机制,这些类型大多以官方体系为主导。近年来,短视频的兴起打破了城市形象传播在"宣传"体系下的单向性,社交媒体平台成为了旅游文化的传播阵地和城市形象传播的新空间,关于短视频中的城市形象研究呈井喷式增长,主要集中于抖音平台中的城市影像对城市形象的建构和对策研究,以个案研究为主,鲜有将国际社交媒体平台与普通公众视角相结合、关注城市消费形象的影像建构研究。综上考虑,本文选择 YouTube 上的国际游客影像作为本文的研究样本,探究国际视野下上海消费城市形象是如何呈现的。

三、研究设计

(一) 研究对象与样本选择

本文聚焦于国际视野下的城市影像研究,因此本研究选择具有国际影响力的社交媒体兼视频平台 YouTube 上的相关视频作为研究对象,主要是因为 YouTube 是全球最大的视频共享平台,被列为第二大最受欢迎的网站,活跃用户数量仅次于最受欢迎的 Facebook 平台,平台上的内容丰富,每分钟有超过 500 小时的内容上传到 YouTube,用户数量多且遍布世界各地。据最新统计数据显示,YouTube 在全球拥有 23 亿用户,已经在超过 100 个国家/地区推出了本地版本,可以用 80 种语言进行访问。[②]YouTube 凭借其国际化特点聚集

---

① 李文甫:《离身、具身:城市影像的时空架构与身体演绎》,《编辑之友》2021 年第 4 期,第 75—80 页。

② 来源于国外社交媒体管理平台 Hootsuite 公布的 YouTube 数据报告:*25 YouTube Statistics that May Surprise You*,2021 Edition, Feb. 2021。

了越来越多来自不同国家的用户,甚至大多数国家的新闻媒体也陆续在 You-Tube 上开设了官方频道,使其成为重要的传播平台,具有不可忽视的国际传播影响力,因此本文以 YouTube 平台上的视频为例,研究国际游客视野下的上海消费城市形象。

笔者以"Shanghai tourism""Shanghai travel"等相关词汇作为关键词,在 YouTube 平台上进行搜索,使用后羿采集器进行网络爬虫,包含视频标题、发布时间、发布者、观看量等信息,考虑到视频的传播广度和影响力等因素,按视频观看量进行排序,选择观看量最高的前 100 条视频(以"展现上海面貌"的视频内容作为筛选标准,剔除非游客发布的视频,排除因语言使用差异问题无法进行编码的视频)作为本文的研究样本。在这 100 个样本中,最高观看量是 510 万次,最低是 1.6 万次,平均数为 23.6 万次。对视频发布者的地区进行统计,其中有 15 个发布者的位置不详,其余分别来自美国、英国、加拿大、新加坡、澳大利亚等 18 个国家和地区。

(二) 研究方法与类目建构

本文综合运用内容分析法和文本分析法,尝试从视频样本提取出游客感知并呈现出来的上海消费形象和用以构建上海消费形象的视觉符号,为上海建设国际消费中心城市形象提供依据和建议。

根据本文的研究内容和实际需求,基于对游客影像的预先观察,建构出本文的类目"消费维度"(如表 1 所示),具体包括观光消费、交通消费、饮食消费、购物消费、公共服务和其他消费,分别对应 Glaeser 的城市设施四分法,通过"消费维度"来探究国际游客在上海的消费特点以及呈现出什么样消费城市形象。游客的旅游消费行为往往是多样的,因此对"消费维度"进行多选式编码。其中,由于公共服务是源于对具体服务的感知而不能简单符号化,因此不对此项进行编码;"城市视觉符号"是直接呈现在影像中的表征符号,也是构成"消费维度"的基本内容,通过对"城市视觉符号"详细记录和频次计数来探讨国际游客通过什么样的城市符号来建构和传播上海消费形象。

影像是一个符号系统,除了画面内容,语言文本也是影像的重要构成,因此本文将对样本中国际游客在视频简介和影像中作出的相关评价作详细记录,以获知国际游客对城市的评价。

表 1　上海消费城市形象的"消费维度"类目表

主要维度	次级维度	城市视觉符号	Glaeser 四分法
观光消费	文化历史类	外滩、豫园、田子坊、静安寺、古镇（朱家角、新场古镇）等	富有美感的物理环境
	现代景观类	陆家嘴、现代高楼、迪士尼等	
交通消费	/	地铁、的士、高铁、磁悬浮列车等	交通速度
饮食消费	本地饮食	小笼包、生煎包、汤面、街头小吃等	提供丰富多样的服务和消费品
	国际饮食	韩餐、日料、西餐、米其林餐厅、酒吧等	
购物消费	本地品牌	华为、飞跃等	
	国际品牌	Apple、M&M 旗舰店等	
公共服务	/	/	良好的公共服务
其他消费	/	/	/

笔者根据类目表对全部样本进行编码，随机抽取 15% 的样本，另请两位编码员对样本数据进行独立编码，对编码结果进行信度分析，编码结果的相关系数为 0.881，表示研究具备可信度。

四、影像呈现的上海消费城市形象分析

(一) 城市景观：新旧交融的洋气都市

从游客的视频影像中可以发现，观光是游客最主要的旅游行为，"观光消费"在消费类型中占比最高（如表 2 所示），这就意味着城市的物理环境是游客自我感知和对外建构上海形象的主要维度。随着时代的发展和生活品质提高，人们对旅游的需求也从"物质"转向"精神"，"文化需求和精神消费成为旅游者追求高质量旅游体验的关键"[1]。上海在高速发展下的现代城市建设和历史遗留下来的殖民风格建筑和街道，这一批珍贵且美观的建筑产物构成了城市消费价值的一部分，[2]让上海呈现出新旧交融的海派气质，不仅有别于中国其他城市的整体风貌，也赋予了游客独特的城市消费体验。

---

[1]　黄先开：《新时代文化和旅游融合发展的动力、策略与路径》，《北京工商大学学报（社会科学版）》2021 年第 4 期，第 1—8 页。

[2]　Glaeser E.L., Kolko J., Saiz A., "Consumer City," *Journal of Economic Geography*, 2001, 1(1), p.32.

表 2 "消费维度"频次表

消费维度	观光消费	交通消费	饮食消费	购物消费	其他消费	样本总计
频次	93	43	50	33	14	100
占比	93%	43%	50%	33%	14%	100%

其中,黄浦江两岸是游客对上海形象的重点感知区域,陆家嘴 CBD 和外滩殖民建筑群的都市景观是在"观光消费"中出现频率最高的视觉符号(如表3 所示),古典主义和现代主义并存的建筑群景观是游客认知上海都市文化的标志性地标,也是人们用以想象未来城市的重要感知符号,"是时候步入未来了,外滩的壮观景色和彩虹般的灯光让人眼前一亮,给人一种前瞻性的感觉"。美轮美奂的外滩风光是专属于上海的视觉符号,给上海的视觉传播带来了记忆点优势,令人愉悦的都市景观是城市传播最主要的视觉元素,能够增强民众对城市的满足感和认同感。

表 3 "观光消费"中的视觉符号统计表

观光消费	文化历史类					现代景观类		样本总计
视觉符号	外滩	豫园	田子坊	静安寺	古镇	陆家嘴	迪士尼	
频次	50	31	14	10	8	81	4	93
占比	53.8%	33.3%	15.0%	10.7%	8.6%	87.1%	4.3%	100.0%

上海的建筑体现了一座城市文化的时代演绎,例如豫园传达出了充满古典气息的江南文化,外滩则是上海租界历史的实体证明,浦东天际线则展示出了现代上海的超高速发展,通过对这些视觉符号的组合和解读,淋漓尽致地呈现了上海的海派文化气质。在游客影像中,除了陆家嘴这样的著名地标之外,高楼林立的城市画面也高频地出现,现代景观类的视觉符号得到了游客的重点关注,相比之下,文化历史类的视觉符号出现频次较低。以陆家嘴和外滩为例,尽管二者仅有一江之隔,但它们并非总是一起出现在游客的影像中,陆家嘴出现的频次会更高一些,从影像角度和构图来看,可以推测出游客是站在外滩处拍摄陆家嘴景观的,但外滩在影像中却处于"不在场"的状态,"所有人都在看陆家嘴那个方向,只对那边感兴趣,却没有人在看这一侧外滩的繁荣"。由此可见,陆家嘴天际线景观呈现出来的现代性和未来感更能吸引国际游客的视线,在影像中的反复再现大大提升了这一地标的知名度和美誉度,上海体

现出的"摩登"城市氛围是吸引游客的重要因素。

然而有游客提及,正是由于上海太过于现代化反而使这座城市失去了"中国味"。一些来自西方的游客,由于文化差异,他们往往对中国充满了"东方的想象",他们会渴望看到一些与西方都市有所差异的景象,而上海充满现代色彩的城市景观有时候不能满足一些游客的期待。其中有一位游客直指他"不喜欢"上海的其中一点原因是上海很少有"旧中国"(very little "Old China")的感觉,"你期待看到河边小镇,或者像你在功夫熊猫中看到的场景,但这些在上海是没有的,因为它是一个非常现代化的城市"。国际游客在上海亲身感受到的现代感和他们想象中的中国历史感出现了冲突,"当人们想到上海时,他们可能会想到浮华和魅力,有些人甚至直指上海不是真正的中国"。

另外,旅游中的"消费"包括有形的物质消费和无形的精神消费,研究发现国际游客进行"有形的"观光消费频次较少。以黄浦江两岸观光为例,尽管绝大多数游客来到上海都会去一睹浦东天际线,但消费登上观景台或是游船观光的游客仅占少数部分,主要是隔江眺望,欣赏整体风光。但也有一些游客为了更好的观赏视野而就近选择住处或就餐,例如有游客提及:"我们最喜欢的景色来自丽思卡尔顿露台酒吧,这里有最好的景色之一。在这里喝一杯酒大约要 20 美元,但在我看来是值得的。"游客在露台酒吧能够一边享受美酒美食,一边近距离观赏着东方明珠,尽管消费不菲,但能够给游客带来愉悦感和满足感。因此,可以通过放大都市景观带来的"溢出效应",将无偿的都市风光变为"商品",吸引潜在消费者进行实际的消费行为。

(二) 交通系统:通达完善的城轨网络

长期以来,轨道交通系统一直与城市生活问题和现代体验联系在一起,[①]交通作为一种技术手段提升人们的出行效率,将人与城市连接起来,全球一致把完善的综合交通物流体系视为大都市的标准配置,是营造具有全球吸引力消费环境的基本条件。在旅途中,交通是必不可少的一部分,尽管在视频样本中游客呈现出来的交通部分不多,但实际上,每一位游客必然都进行了交通消费。在"交通消费"维度,主要的视觉符号是地铁、高铁、磁悬浮列车等(如表 4

---

① Mark Pendleton and Jamie Coates, "Thinking from the Yamanote: space, place and mobility in Tokyo's past and present," *Japan Forum*, 2018, 30(2), pp.149—162.

所示),以快速、便捷等特点辅以"观光消费"维度的城市视觉符号深化了上海的现代感。

表4 "交通消费"中的视觉符号统计表

交通工具	地铁	的士	公共汽车	高铁	磁悬浮列车	样本总计
频次	27	11	3	12	14	43
占比	62.8%	25.6%	7.0%	27.9%	32.5%	100.0%

如果游客在影像中呈现出非必需的但却能带来新奇感或满足感的交通体验,也能够吸引其他游客去尝试。例如,在视频样本中有一位游客分享了搭乘上海磁悬浮列车的指南以及分享乘坐感受,观看量高达42万次,该游客在视频简介中向人们强烈"安利":"这是你来上海时一定要体验的东西!"还对比了他在日本乘坐子弹头列车时的体验,夸赞了中国铁路技术:"磁悬浮列车比我在日本坐的子弹头列车安静多了,我只听到轻轻的嘶嘶声!"磁悬浮列车在世界上只有四条,而上海磁悬浮列车正是世界上第一条商业化运营的磁悬浮列车,可以被看作是上海经济实力和科技实力的重要符号之一,但维护和经营成本较高,常年处于亏损状态,而游客视频中展示出了简便的购票方式、快速的运行速度、简洁干练的列车环境、独特新奇的搭乘体验,其稀罕性将能吸引潜在消费者,带动交通消费。从统计结果中得知,磁悬浮列车在影像中的出现频次仅次于地铁,磁悬浮列车带来的独特体验令其成为上海旅游的"打卡点",这也恰是说明了交通设施并不仅是功能性的,它还反映或象征着现代化和城市化。[1]

在视频样本中,大部分游客都选择了地铁作为出游方式,一些游客展示了搭乘地铁的详细指南,给其他海外潜在消费者予以帮助。方便的(convenient)和便宜的(inexpensive)是他们形容上海交通的高频词:"上海是交通大城,拥有世界上最长的地铁线。""乘坐地铁是游玩上海最快、最简单的方式。"还有游客提到:"当地的出租车既便宜又充足,是一种便利的出行方式。"基础交通设施将能带来的巨大而稳定的人流量,极大地促进城市商圈的形成和发展,这是城轨商圈快速崛起的最大特点和最坚实基础。[2]便捷的交通体系能够提高城市交通的

---

[1] Tony Judt, "The glory of the rails," *New York Review of Books*, 2010.

[2] 莫梅锋:《城轨传媒文化卷》,湖南大学出版社2019年版,第140页。

可达性,缩短了顾客和商家之间的距离,为城市的经济发展带来有利条件。[①]此外,有研究表明低交通成本能够使工作之外的生活更加愉快。[②]因此舒适便捷的出行环境、健全完善的基础设施是培育国际消费中心城市的必要前提,只有有效地满足了游客的交通需求,为外来者提供便利,才能让消费者和潜在消费者放心前往。从游客对上海出行方式的评价来看,上海具备了成为国际消费中心城市的重要条件之一,已经成熟的交通系统以低廉的费用给游客带来出行便利,能够提升游客体验的满意度和舒适感。

(三) 娱乐设施:多元丰富的消费选择

消费文化渗透入城市空间之中,人们日常活动的场所也带有消费性质,城市作为"消费娱乐机器",拥有的休闲娱乐设施越多,越能够吸引消费者来实现与其兴趣相匹配的消费体验,这些设施包括餐馆、电影院、酒吧、商场、当地活动等,巨大的消费市场能够丰富游客的娱乐生活。

在"美食消费"层面,游客在影像中呈现出在上海拥有多样的美食选择,不仅有当地特色饮食,还有许多来自世界各地的国际性饮食,包括韩餐、日料、西餐等,还有顶级的米其林餐厅可供选择。"上海的一大优点是有丰富的选择。上海有适合任意生活方式的选项,选择权在于你。"食物属于不同文化的代表,在游客影像中呈现出多样的美食选择也映射出上海的多元、现代、包容的城市形象。其中,在样本中最突出的食物文化符号是小笼包和生煎包,二者作为地方性饮食,带有地域属性,是上海饮食文化的载体。游客在品尝的过程中重复提及了"热腾腾的"(hot)和"多汁的"(juicy),通过游客的具身品尝实践以及对味觉的生动形容,能够调动屏幕前观看者的感官,激发观看者想象和向往上海的可能,也加固了观看者对上海饮食文化的记忆。此外,上海酒吧也经常出现在影像之中,拍摄者绝大部分是年轻人,既有在安静的酒吧里欣赏夜景,也有在热闹的酒吧里彻夜狂欢,霓虹灯下的魔都也被游客评价为"现代活力的缩影"。

在"购物消费"层面,从影像中可以发现上海的商业氛围浓厚,在观光景点的周边均建设起可供闲逛的消费场所,且会根据景点的特色打造出相似氛围

---

① 周耀东、张佳仪:《城市轨道交通经济效应实证研究——以北京市为例》,《城市问题》2013 年第 10 期,第 58—62 页。

② Glaeser E.L., Kolko J., Saiz A., "Consumer City," *Journal of Economic Geography*, 2001, 1 (1), p.32.

的商圈,给予游客独特的消费环境氛围,让游客惊叹:"上海太酷了,历史建筑和现代商店结合在了一起,看起来非常漂亮。"样本中游客的购物行为主要发生在围绕景区建设的商业区,如南京路步行街、豫园商业区、田子坊商业街,但商铺往往是作为背景板在影片中出现的,而且大多时候是一闪而过的,游客很少在镜头中介绍一些品牌或是展示出购买环节,只能让观众感知到上海商圈富集了众多商品可供闲逛,"从历史悠久的专卖店到巨大的多层次购物中心,各式各样的商店随处可见。"《实施方案》中提出的主要任务之一就是要"构建融合全球消费资源聚集地",尽管上海本身也拥有了许多云集国际品牌和娱乐设施的综合性百货公司,但在影像中可以得知国际游客在上海的购物意愿并不突出,在上述提及的商圈里主要是关于食品或小物件的小额消费,不论是国内品牌还是国际品牌都极少出现,不足以构成游客对"上海购物"的感知符号,这也意味着在国际社会上仍未发挥出"上海购物"的效能,品牌吸引力不足,因此还未能激发升级国际游客的购买力。

(四) 公共服务:安全便利的出游环境

Glaeser 提到消费城市应具备的"良好的公共服务"是指优秀的学校和较少的犯罪率,他认为这是吸引高素质人才前往城市定居和工作的重要因素,关于前者,在游客影像中是缺失的,不属于旅游者对消费城市形象的感知范围;而关于后者,绝大多数游客都没有在影像中特地去说明上海是否是一个安全的城市。但在西方国家,不少游客都会被提醒或是提醒他人,避免前往某些高犯罪率的区域、女性在晚上结伴出门或是尽量不出门等等。恐怖主义风险感知对城市形象和行为意图有显著的负向影响,[①]这些旅游警示会给城市的安全形象大打折扣,更有可能会劝退心存不安的潜在旅游者。而在上海,游客不论是白天或是黑夜都能无所顾忌地在街上闲逛,也没有在影像中传达旅游警示,这便是在潜移默化地传达出上海是一座具备安全感的城市,上海的良好治安环境是游客出行的保障,也会成为吸引游客的重要因素之一。

此外,国际游客在上海消费体验的便利性也是用以评判"良好的公共服务"的重要标准。在影像中可以发现,不论是在景区还是交通站内均有清晰的英文指示牌,能够帮助外籍人士在上海顺畅出行。除此之外,部分游客也在影

---

① Rita R. Carballo, Carmelo J. León, María M. Carballo, "The impact of terrorist attacks in cities on the relationship between tourists' risk perception, destination image and behavioural intentions," *Cities*, 2021.

像中展示出了在景点的购票环节或是点餐环节，售票员或是服务人员均能流利地使用英语，帮助外籍游客所需，体现出了消费的便利性以及国际性的上海消费城市形象，"（在上海）英语也是很方便的语言，因为很多人都说英语"。

五、结论与讨论

本文通过对 YouTube 平台上国际游客发布的上海城市影像进行内容分析和文本分析，从城市景观、交通设施、娱乐设施、公共服务四个维度探讨了上海消费城市形象在游客影像中的呈现，对本文提出的两个研究问题及新发现进行回答和探讨：

一、通过国际游客在影像中的"消费表演"，使得上海消费城市形象的"可见性"更加清晰，能够让国际民众"看见"现代洋气的上海面貌和繁忙快节奏的上海个性，整体勾勒出矛盾的上海消费城市形象：上海作为一座超高速发展的摩登之城，拥有美观时尚的物理环境，相当完善的城市设施。消费资源聚集推动了上海消费的繁荣与扩张，能够满足游客的服务和娱乐需求，具备国际性、便利性和安全性，令上海成为中国领先的消费中心，但国际游客对"上海购物"品牌缺乏认知。国际游客的消费水平也是衡量国际消费城市的重要指标之一，上海的境外消费仅为纽约、伦敦、东京等国际消费大都市的三分之二左右，[①]说明上海的购物消费维度仍不具国际吸引力和影响力，这与本土知名品牌不足、国际高端消费品供给不足和价格高等有一定程度的关系。此外，尽管上海商圈在国内颇有名气，但在国际上仍难敌巴黎香榭丽舍大街、纽约第五大道等国际知名商圈。[②]上海已具备消费群体多元的消费优势，在今后仍需以成功的国际消费城市案例为鉴，打造和完善上海商圈的建设，提升"上海购物"品牌在国际上的核心竞争力，利用品牌、商圈等购物维度的符号完善多维度、立体化的上海消费城市形象，吸引潜在国际消费者前往，释放"上海购物"活力，提升城市的消费繁荣度和商业活跃度，推动"国际消费中心城市"的建设。

二、在影像视觉符号表达方面，国际游客主要是通过"观光消费"维度感

---

① 刘社建：《"双循环"背景下上海构建国际消费城市路径探析》，《企业经济》2021 年第 1 期，第 5—13、2 页。

② 朱春临：《上海国际消费城市建设及打响"上海购物"品牌难点研究》，《科学发展》2019 年第 4 期，第 45—55 页。

知和传播上海消费城市形象,因此在影像中大量使用建筑类符号如陆家嘴、外滩、豫园等呈现上海面貌,其中更多地使用现代景观类符号;在交通维度,最常使用地铁符号来传达上海的便利性和磁悬浮列车符号来展示独特的乘车体验;小笼包和生煎包是最突出当地文化的食物符号。通过对影像的分析可以发现国际游客对上海的感知符号大体一致,在影像中呈现的城市符号具有高度一致性,导致上海消费城市形象呈现显得单薄单调。但从实际出发考虑,这也是一种必然性,线下消费与线上传播之间的双向循环影响让"现代、繁荣、洋气、快节奏、国际化"的上海都市形象成为一种"共识"留存于社交媒体空间之中,国际游客追随上一批旅游者在社交媒体空间中留下的"上海足迹"进行新一轮线下线上的"打卡",如此反复循环的呈现造成了固定几样的城市符号高频率出现,这种情况有利于强化观众对都市的认知和记忆点,但也带来了城市空间符号的同质化问题,容易束缚一座城市的多维度建构。

除了城市符号同质化传播的问题之外,研究发现国际游客更注重传达城市符号的能指而缺失所指,这是一种碎片化的、表面化的城市认知,这也说明了不论是游客还是社交平台上的用户都是对城市符号的表征浅尝辄止,没有意愿去深入体会城市符号所指的文化或精神层面,只有能指而缺失所指的城市符号只是一个"视觉空壳",这也是导致上海消费城市形象单薄的深层原因。游客影像中的上海尽显海派文化的洋气风貌,但同样刻在上海"基因"中的红色文化和江南文化却没有被国际民众认知。上海这座城市的文化气质和风貌是由海派文化、江南文化、红色文化共同形成的,在对外传播中,需发挥被国际社会熟知的海派文化影响力,其次是增加江南文化和红色文化作为城市文化底色的厚度,让上海形象更具独特性和生命力,将三者合一打造专属上海的城市文化品牌,与其他国际大都市形成差异性,向国际社会展现出一张独树一帜的"消费上海名片",正向加深国际民众对上海的整体感知和认知,推动上海消费城市的建设。

此外,在一些国际游客的眼中,上海城市形象与中国形象之间似乎出现了割裂,国际性的摩登都市氛围是上海吸引国际游客的重要因素,却也成为了国际游客对城市体验感到不满足的来源。事实上,城市形象是源自人们对城市的整体感知,而非对单一景点的感知,尽管上海并不乏具备"中国味"的城市景观,但被上海厚重的现代性所掩盖了,因此没能在上海形象的塑造和传达中发挥出相当的作用,导致会有国际游客提出在上海没有感受到"中国风味"而感到失望。笔者认为,每座城市都有其专属的特色,例如重庆以雾都、火锅、8D魔幻城市等符号构建成明显区分于其他城市的重庆名片,对上海而言,充满未来感的都市景观和殖民风格建筑也是上海区分于其他城市的特殊城市符号,现代设施是上海高速发展过程中留下的视觉证明,没有必要让城市的每一个角度都充斥着国际游客所期待的"中国味"。相反,相关部门恰恰可以利用国际游客的期待,针对目标人群宣传上海本地的历史景观以带动其他景点的消费,甚至还可以宣传上海的周边城市,推动多个城市的文旅发展,正如本研究在"其他消费"维度发现周边游消费较为突出,其中苏州和杭州被国际游客提及次数较多,二者均是拥有浓厚江南气息的城市,能够填补了游客在上海没能感受到的"中国味",也能让国际游客在短暂的旅程中在不同城市之间感受到高速发展的现代大国形象和千古文明的历史大国形象的融合。

本研究仍存在不足之处。第一,本文围绕国际游客影像中的城市"呈现"对上海城市形象展开研究,缺乏了对影像的传播效果即社交媒体用户的"感知"的研究。第二,本文仅针对上海影像这单一案例的呈现展开了讨论,那么其他国际大都市在社交媒体中的影像呈现是否也存在相似的问题呢?上述不足有待未来研究进一步完善。

A study on the image of Shanghai consumer city on international social platform based on visual symbol perspective

Abstract: The presentation of Shanghai's consumer city image in the international social media platform is the public opinion foundation for building Shanghai into an international consumer center city with global influence, competitiveness and reputation. Taking the images of Shanghai posted by international tourists on YouTube as an example, this study analyzed the image of Shanghai as a consumer city from four dimensions of urban landscape, transportation system, entertainment facilities and public services. Through the "consumption performance" of international tourists in the images, it found that: on the international social networking platform, the image of Shanghai as a modern city without highly recognized consumer brands is outlined. The city symbols presented in the image have a high degree of consistency and uniformity, mainly through architectural visual symbols to perceive and disseminate the image of

Shanghai as a consumer city. The image of highly modernized Shanghai is separated from the image of eastern classical China in imagination.

Key words：consumer city；the image of Shanghai；city visual；international consumer center city

作者简介：陈雅赛，上海师范大学都市文化研究中心副教授；林程程，上海师范大学影视传媒学院研究生。

旅游因素与美国国家公园的兴起①

高　科

　　摘　要: 在美国国家公园兴起的历史进程中,旅游因素具有十分重要的作用。自然旅游活动的开展塑造了美国人的荒野审美意愿和审美能力,促使了国家公园思想在美国的起源和初步实践。倡导保护壮美的荒野景观作为"公园或游乐场"供国民旅游娱乐是 19 世纪末 20 世纪初最具共识性的国家公园观念,这种观念不仅推动了一系列国家公园建立,而且塑造了美国早期国家公园以旅游开发为中心的管理政策与实践。尽管美国国家公园的兴起受到多种因素的影响,但旅游因素是其中颇为重要的推动力量,其在美国早期国家公园建构中的历史作用值得深入探讨。

　　关键词: 美国环境史　国家公园　旅游因素　荒野景观

　　19 世纪末 20 世纪初,随着美国西部探险与开发的不断深入,壮美的西部荒野景观逐渐受到美国社会的关注。为了保护这些壮美的自然景观,在民间保护力量和联邦政府的联合推动下,美国兴起了一场"为了人民的利益与愉悦"而建立荒野保护区的国家公园运动。②

---

① 本文是国家社会科学基金西部项目"美国构建国家公园体系的历史进程研究(1872—1933)"(20XSS008)的阶段性成果。

② 一般认为,从 1872 年到 1916 年美国国家公园局建立前,美国先后设立了黄石、红杉、约塞米蒂、格兰特将军、雷尼尔山、火山口湖、风洞、萨里斯山、普拉特、梅萨维德、冰川、落基山、拉森火山、夏威夷等 14 座国家公园。这些国家公园全部归属于美国内政部管辖,多数公园属于地处偏远,拥有壮美自然景观并且面积广大的荒野保护区。参见 U.S. Department of the Interior, *Report of the National Park Service for the Secretary of the Interior for the fiscal year ended June 30, 1919*, Government Printing Office, 1919, pp.136—137。

关于美国国家公园的兴起,环境史学界已有许多学者作过深入的讨论,相关研究主要有以下四种代表性路径。第一类从文化史、思想史的角度考察美国人的荒野经历与国家公园兴起之间的关系。例如,美国著名环境史学家罗德里克·纳什(Roderick Nash)关注美国人"与荒野之间的独特经历"如何塑造了国家公园思想,尤为强调"对荒野的认知作为美国国家认同的核心组成部分"在国家公园兴起中起到的关键作用。①艾尔弗雷德·朗特(Alfred Runte)认为,国家公园根源于美国与欧洲文化相比较而产生的"文化焦虑",设立国家公园是为了"从风景中寻求国家认同"。②这类研究成果将国家公园的兴起置于美国人荒野观念变迁的历史视野当中,意图强调国家公园在美国产生的必然性及其独特的荒野文化渊源,将国家公园视为美国荒野文化的独特创造。第二类是从环境政治史的角度,以单一国家公园为研究对象,考察美国社会精英推动国家公园立法的历史过程。例如,约翰·艾斯(John Ise)利用国会档案等一手材料,较为详细地考察了美国早期系列国家公园立法从议案提出到最终通过的历史过程,认为国家公园的产生"并非是出于大众的需要,而是那些具有远见卓识、无私的理想主义者为了国家长远利益与那些自私狭隘的商业利益斗争的结果"。③此类研究成果注重发掘与各个国家公园相关的核心原始材料,揭示国家公园倡导者与反对派之间的观念、利益之争和政治角力,体现了建立国家公园的复杂性和不确定性。第三类是结合当时的历史背景,考察社会经济利益集团的现实需求对国家公园兴起的影响。例如,理查德·塞拉斯(Richard W. Sellars)通过考察"国家公园行政管理部门与公园中的动物、植物以及其他自然因素"的互动历程,认为美国早期的国家公园管理奉行的是"度假地发展模式",认为发展消遣性旅游的现实利益才是触发美国早期国家公园运动的真正动因。④第四类从跨国史的视角,考察跨大西洋的自然与环境思想和知识的生产与交流对美国国家公园兴起的影响。例如伊恩·蒂勒尔(Ian Tyrrell)通过对美国风景与历史保护协会推动国家公园建设的个案考察,认为

①   Roderick Nash, "The American Invention of National Parks," *American Quarterly*, Vol. 22, No. 3 (August 1970), pp. 726—735.

②   Alfred Runte, "The National Park Idea: Origins and Paradox of the American Experience," *Journal of Forest History*, Vol. 21, No. 2(April 1977), pp. 64—75.

③   John Ise, *Our National Park Policy: A Critical History*, RFF Press, 4th edition, 2011, p. 2.

④   Richard West Sellars, *Preserving nature in the national parks: a history*, Yale University Press, 1997.

美国进步主义时期的国家公园体系建设是跨国思想共同建构的结果。①这些著述大都是环境史领域关于美国国家公园研究的颇具影响力的代表性成果，对于丰富和深化我们对美国国家公园兴起的认识和理解具有重要价值，也对后来的研究具有极强的启发和参考作用。

然而，尽管这些著述都在不同程度上论及影响美国国家公园兴起的诸多因素，但并未就其中的旅游因素给予全面深入的考察。②事实上，旅游因素与美国国家公园的兴起具有密切的历史关联，美国早期国家公园以保存荒野景观为主要特征，其设立目的是作为人民大众旅游娱乐的"公园或游乐场"，公园管理也主要围绕旅游开发展开。因此，旅游因素在美国国家公园兴起中的历史作用是不容忽视的。本文借助相关档案文献资料，在借鉴和吸收前人研究成果的基础上，尝试分析美国国家公园兴起过程中旅游因素的历史作用，进而揭示旅游因素对于美国早期国家公园建构的重要意义。

一、自然旅游活动的开展是美国国家公园兴起的前提和基础

美国国家公园运动是一场基于荒野景观审美的自然资源保护运动，是美国人荒野观念发生历史性转变的表现与结果，这是目前学界普遍认可的观点。由此而言，国家公园运动兴起的前提条件便是美国人荒野景观审美意愿与能力的形成，而这与美国自然旅游（旅行）活动的开展密不可分。

荒野景观成为美国人的审美对象经历了长时间的发展。众所周知，北美最早的外来移民都来自欧洲。由于受基督教信仰、古希腊—罗马文化的等诸多因素的影响，欧洲主流文化中长期存在一种强烈的抵制荒野的偏见，荒野被视为恶的象征，是令人厌恶、应该被征服的对象。因此，当欧洲移民扬帆大西洋，进而成为北美大陆的殖民者之时，他们很自然地延续了欧洲传统文化中对

---

① Ian Tyrrell，"America's National Parks: The Transnational Creation of National Space in the Progressive Era," *Journal of American Studies*，Vol.46，No.1(Feb.，2012)，pp.1—21.

② 除了理查德·塞拉斯外，还有部分美国学者注意到了旅游因素在美国国家公园兴起中的重要意义。如罗伯特·基特尔认为，在美国早期国家公园建设中，"旅游因素一直扮演着中心的角色"。参见 Robert B. Keiter. *To Conserve Unimpaired: The Evolution of The National Park Idea*，Island Press，2013，p.41。约翰·瑞格尔认为，"户外运动爱好者在建立和保护国家公园的运动中发挥了主导性作用"。参见 John F. Reiger，*American Sportsmen and the Origins of Conservation*，Third edition，Oregon State University Press，2001，p.126。但这些成果并未就旅游因素在国家公园兴起中的作用进行专门讨论。

荒野采取敌视与征服的态度,并且受北美现实环境的影响,更进一步地强化和发展了这种观念。①于是,在殖民地时期以及建国后的很长一段时间里,美利坚人一直在致力于荒野文明化,"无论在哪里遭遇荒野,他们总是通过功利主义的眼光来审视它:树木会变成木材,草原要成为农场,峡谷则将修筑水坝"。②美利坚人长期缺乏欣赏原始自然和荒野风景的意愿和能力,他们对自然的审美诉求几乎总是表现为欣赏恬静、安逸的英国式乡村花园。18世纪50年代,北美殖民地的政治家托马斯·博纳尔(Thomas Pownall)在一次旅行中写道:"当人们看到岸边涌现出来的农场、新的田野、鲜花盛开的果园开始装点着自然的面貌时,内心真是要被一种情不自禁的喜悦所融化了。不可能有什么东西比这更令人赏心悦目了,也不会有什么感觉更能沁人心脾了。"③这是殖民地时代美利坚人对待自然和荒野最普遍、最典型的态度。从18世纪中后期开始,伴随着浪漫主义、民族主义思想的发展,美国人荒野审美观念逐渐形成。浪漫主义赋予自然以美学和精神价值,对于解构欧洲传统的荒野观念作为"恶的象征"的形象具有重要作用。浪漫主义被美国知识精英吸收,创造出了更加重视自然体验的超验主义思想,并且在19世纪上半期美国追求文化独立和国家认同的过程中,激发了爱国知识分子的"风景民族主义"热情。④正如美国环境史学家霍尔·罗斯曼(Hal K. Rothman)指出的,"当美国人意识到自身的文化艺术形式相比于欧洲处于劣势时,他们的关注点从人工建筑物转向了美国的自然"。⑤受浪漫主义和民族主义思想的影响,拉尔夫·艾默生、亨利·梭罗、托马斯·莫兰、阿尔伯特·比尔施塔特、詹姆斯·库珀、华盛顿·欧文、托马斯·科尔等一大批知识文化精英纷纷以其经历及作品,以欣赏、赞美的态度来看待美国的荒野景观,并宣扬其相比于欧洲的独特性和优越性,使得荒野景观在美学、精神、文化上的重要价值越来越受到美国社会的认同。

然而,"风景民族主义"的起源和发展是建立在美国文化精英不断地与

---

① 付成双:《美国生态中心主义观念的形成及其影响》,《世界历史》2013年第1期,第28—40页。

② Roderick Nash, *Wilderness and American Mind*, Yale University Press, 4th edition, 2001, p.31.

③ Roderick Nash, *Wilderness and American Mind*, p.32.

④ Alfred Runte, *National Parks: The American Experience*, Taylor Trade Publishing, 4th edition, 2010, pp.12—14.

⑤ Hal K. Rothman, *Devil's Bargains: Tourism in the Twentieth-Century American West*, University Press of Kansas, 1998, p.32.

"原始荒野"进行密切接触的基础之上的。只有他们走出家园,到远离城市的荒野地区进行旅游和旅行活动,在与荒野景观的互动中,才能最大激发他们对本国荒野景观的热爱之情。这也正是美国自然旅游活动与浪漫主义、民族主义思想在19世纪上半期同步兴起与发展的重要原因。霍尔·罗斯曼将美国19世纪末20世纪初之前的旅游活动定义为"遗产旅游"或者"文化旅游",认为这种旅游形式是对历史、风景和神秘过去的追寻,其背后的动力来源于"对文化价值和国家形象的需求"。①美国旅游史学者理查德·加桑(Richard H. Gassan)的研究也证实,早在19世纪30年代,基于自然风景审美的旅游娱乐活动已经在美国东北部流行起来,"旅游业已经成为美国(东北部地区)蓬勃发展的产业"。②壮美的尼亚加拉大瀑布,仍处于"原始状态"的阿迪朗达克山(Adirondack)、芒特迪瑟特岛(Mount Desert Island)、开普梅(Cape May)、朗布兰奇(Long Branch)等自然风景地都成为了广受游客欢迎的旅游地。尤其是位于新罕布什尔北部的白山(White Mountain)成为了大量艺术家和文学爱好者的爱好之地。这些早期的精英旅游者也成为这些风景的宣传者和倡导者,对于建构人们的风景意识和旅游动机具有重要意义。这一时期,鼓励美国人参加户外旅游活动的思想也不断涌现,比如一位笔名为"森林人弗兰克"(Frank Forester)的作家呼吁道:"如果我们美国人民能够走出他们的办公室……前往森林和荒野,他们的身体、精神和道德都将从中受益,他们将从这样的活动中获得更多的享受。"③此外,出于身心健康的享乐型旅游也已经兴起,最具代表性的便是温泉旅游。在整个19世纪,温泉旅游受到越来越多美国精英阶层的青睐,以萨拉托加(Saratoga)、纽波特(Newport)、弗伦奇利克(French Lick)等为代表的温泉旅游地成为美国上层人士甘之若饴的旅游场所。1857年,萨拉托加一家温泉酒店每月会迎来2 000位游客的光顾。④

内战结束以后,随着美国交通条件的不断改善与社会经济的整体进步,前往风景地进行旅游娱乐活动,成为美国有闲精英阶层闲暇生活的重要内容,以

① Hal K. Rothman, *Devil's Bargains*: *Tourism in the Twentieth-Century American West*, p.23.
② Richard H. Gassan, *The Birth of American Tourism*: *New York*, *the Hudson Valley*, *and American Culture*, *1790—1830*, University of Massachusetts Press, 2008, pp.1—2.
③ Hans Huth, *Nature and the American*: *Three Centuries of Changing Attitudes*, University of California Press, 1957, p.56.
④ Hans Huth, *Nature and the American*: *Three Centuries of Changing Attitudes*, p.106.

登山、远足、狩猎、垂钓、野营为代表的户外旅游活动进入蓬勃发展的状态。①户外运动爱好者正是美国中社会中享有闲暇时间并负担得起旅行费用的精英阶层，他们对于生活和精神享受的追求，促使其回归荒野，投入保护荒野景观的运动中来。到了 19 世纪末期，据"国家公园之父"约翰·缪尔(John Muir)的观察，美国人"有一种到大自然中去旅行的趋势"，"成千上万精疲力竭、心力交瘁和过度文明化的人们开始发现，到大山中去就是回归家园，荒野是一种必需品"。②美国人的荒野观念发生了急剧变化，"原来将自然看作是可怕的、严酷的、丑陋的、邪恶的观念，逐渐被将自然看作是美丽的、温和的、有助于人健康的思想所取代"。③自然旅游活动的开展不断地塑造美国知识和文化精英的荒野审美能力和意愿，同时也赋予荒野景观以旅游吸引物的价值和功能，这是基于荒野景观审美的国家公园思想和实践得以产生的重要历史前提和基础。

二、旅游因素推动美国国家公园思想的萌发及初步实践

历史事实表明，正是在 19 世纪美国人荒野审美观念和旅游活动不断发展的历史进程中，基于荒野景观的美学价值或者观赏价值而建立某种形式的"公园或游乐场"的国家公园思想得以孕育，相关实践也在美国发展起来。

学界一般认为，国家公园思想在美国的起源最早可追溯到 19 世纪早期。1832 年，美国边疆风景画家乔治·卡特琳(George Catlin)在西部荒野的旅行中发现，"大自然的杰作中仍然保留着许多粗蛮和荒野的状态，但在致命的斧头和文明人的破坏之手面前，这一切必将陨落"。然而，美国人将来"与原始的荒野与美丽隔绝得越远"，"回到这样的场景中获得的愉悦便会更多"。因此，为了"人们的眼睛和心灵的沉思"，应该"通过政府制定的伟大保护政策"设立一个"国家公园"，将这些荒野保存下来，"供未来世世代代的文明美国公民和世人观赏"。④这是目前可考的美国历史上最早提出设立"国家公园"的表述。

---

①　关于内战后美国户外旅游活动的兴起与发展状况，可参见赵万武：《内战后美国户外生活的流行与资源保护运动的兴起》，《历史教学》(下半月刊)2019 年第 10 期，第 34—43 页。

②　John Muir, "The Wild Parks and Forest Reservations of the West", *The Atlantic Monthly*, Vol.81, No.483 (January 1898)，p.15.

③　Aubrey Haines, *Yellowstone National Park: Its Exploration and Establishment*, Government Printing Office, 1974, p.xx.

④　George Catlin, *Illustration of the Manners, Customs, and Conditions of the North American Indians*, H.G. Bohn, 1851, pp.260—262.

从卡特琳留下的文字中我们不难看出,他提出设立国家公园的主要目的,是为了保护文明侵蚀下残存的荒野景观,以此让国人在将来能够欣赏和体验荒野自然之美。这是一种典型的游客凝视,表达的是旅游审美动机。事实上,卡特琳在旅途中频繁地从审美的角度来思考他发现的自然景观。他感叹旅途中欣赏到了"超级美丽的风景","种类繁多的野花",当他发现了一种"漂亮的"灌木时,便想到将这种树木作为"绅士的花园或者游乐场之中的装饰品"。①实际上,作为艺术家的卡特琳"曾宣称自己是一位户外运动爱好者"②,非常热衷于运动狩猎、荒野旅行,他是美国早期精英旅游者的典型代表。因此,卡特琳在荒野旅途中萌发设立国家公园的设想,反映了当时美国精英旅游者尝试保护风景旅游资源的愿望。进而言之,卡特琳的国家公园思想是在美国荒野审美观念形成与旅游活动的发展中酝酿出来的,是时代的产物。此后,类似的保护思想不断地在美国涌现。例如,19世纪中期美国著名的自然主义者亨利·梭罗(Henry D. Thoreau)提出建议,"每一个城镇都应该建立一个公园……永远作为一块用于教育和娱乐的公地"。③1857年,阿尔巴尼一位名叫塞缪尔·哈蒙德(Samuel H. Hammond)的律师在访问阿迪朗达克山后宣称,有必要"划定一个直径为一百英里的保护区,并为其提供法律的保护",并认为这些保留地"应该保存在上帝创造它们时的那样"。④1864年,美国"资源保护主义的先驱"乔治·马什(George P. Marsh)提出,将一大块公共自然区域保护起来"是一件至关重要的事情",这些地方"应尽可能地保存在原始状态",成为大自然生命的"庇护所",以及"学者学习的博物馆和自然爱好者进行游憩娱乐的花园"。⑤从这些表述中不难看出,在黄石公园正式诞生之前,美国社会已经萌发了各式国家公园思想,而这些思想中大都具有保护风景用于旅游娱乐的表达。

与此同时,美国联邦政府也开始尝试通过建立国家保护区来保存具有

---

① George Catlin, *Illustration of the Manners, Customs, and Conditions of the North American Indians*, pp.73—74.

② John F. Reiger, *American Sportsmen and the Origins of Conservation*, p.126.

③ Lawrence Buell, *The Environmental Imagination: Thoreau, Nature Writing, and the Formation of American Culture*, The Belknap Press of Harvard University Press, 1995, p.213.

④ Roderick Nash, "The American Invention of National Parks," p.730.

⑤ George Perkins Marsh, *Man and Nature*, edited by David Lowenthal, The Belknap Press of Harvard University Press, 1965, pp.203—204.

特殊功能的自然资源,而在此过程中,旅游因素发挥了不可替代的历史作用。1832 年,阿肯色准州(Arkansas territory)建立的热泉保护区(Hot Spring Reservation)是美国历史上第一个由联邦政府设立的公共保护区。1803 年路易斯安那购买后,由威廉·邓巴(William Dunbar)和乔治·亨特(George Hunter)率领的考察队在该地区发现了丰富的热泉资源,在此后 20 余年里,众多美国人慕名前来旅游疗养。一些商人在该地修建疗养屋、旅馆、洗浴屋等设施供游客使用,促使该地成为了一个热门的温泉旅游地。于是,在当地社会精英的推动下,1832 年 4 月 20 日,国会通过一项决议,宣布将"热泉及其周边四个地段的土地……保留下来","不能因为其他任何目的使用、定居或者挪作他用"。①热泉保护区得以建立的直接原因是热泉富含具有疗养价值的矿物质泉水,但该地作为温泉旅游地的因素发挥了主导性的作用。自此以后,热泉保护区一直是美国游客钟爱的旅游胜地,在 1921 年被转设为国家公园。1864 年,美国国会将约塞米蒂山谷(Yosemite Valley)和玛丽泼撒大树林(Mariposa Big Tree Grove)保护为公园的举措,更具有重要的历史意义。1855 年,一批新闻记者追随驱逐印第安人的军队进入到了约塞米蒂山谷,他们被山谷的风景所吸引,随后的宣传使得该地的风景获得了很高的知名度,游客开始源源不断地进入山谷参观游览。1864 年 2 月 20 日,曾经饱览约塞米蒂风景的中美洲轮船公司(Central American Steamship Company)驻加州代表伊斯雷尔·雷蒙德(Israel Raymond)致信该州参议员约翰·康内斯(John Conness),敦促其推动国会立法来保护约塞米蒂山谷,声称"所有这一切都应该为了公共利益、度假和旅游娱乐而保护起来",并且"永远不能变更"其利用方式。最终,在康内斯的推动下,国会在 1864 年 6 月通过《约塞米蒂授权法》将"拥有这个世界上最为壮观的风景"的"约塞米蒂山谷"和堪称"世界奇观"的"玛丽波撒大树林"授予加州政府保留为"公众使用、度假和旅游娱乐"的州公园。②虽然这个法令"并没有设立一个'国家公园'……但其新奇之处在

---

① "An Act Authorizing the governor of the Territory of Arkansas to lease the salt springs, in said territory, and for other purpose," in Hillory A. Tolson, eds, *Laws Relating to the National Park Service, the National Parks and Monuments*, Government Printing Office, 1933, p.221.

② "An Act Authorizing a Grant to the State of California of the 'Yo-semite Valley', and of the land Embracing the 'Mariposa Big Tree Grove'," in Lary M. Dilsaver, eds., *America's National Park System: the Critical Documents*, Rowman & Littlefield Publishers, 1997, p.11.

于创造了基于非功利目的而保存土地的事实，为后来黄石地区的保护创造了先例"。①

由此观之，在 1872 年黄石国家公园正式诞生之前，伴随着美国人荒野审美观念和旅游活动的不断发展，美国社会已经萌发了基于荒野景观的审美价值和旅游娱乐价值而建立国家公园的思想和实践，其中旅游因素起到了显而易见的推动作用。

三、旅游功能是美国早期国家公园设立的重要价值取向

19 世纪末 20 世纪初，美国设立的具有代表性的国家公园，如黄石、约塞米蒂、巨杉、冰川、雷尼尔山、火山口湖等，无一例外地表现出了保护"伟大风景"的特征。比如，黄石公园保护瀑布、热泉等自然景观，红杉公园保护"红杉"，冰川公园保护"冰川景观"等，但其目的在于"为了人民的利益与愉悦"。在当时的国家公园倡导者看来，这些景观不能被破坏，不能被私人占有，而应该成为供世代美国人旅游娱乐的"公园或游乐场"。当然，国家公园倡导者对于设立公园的目的有着不尽相同的表述，比如科学界的人更看重科学研究目的，户外运动爱好者出于保护"猎物"（game）目的，甚至还有纯粹看重旅游经济利益而支持国家公园的。可以说，当时美国社会的国家公园观念是多元的。美国学者西奥多·卡顿（Theodore Catton）对雷尼尔山国家公园创建过程的研究也表明，科学家、政治家、户外运动组织、科学组织以及地方利益集团在公园创建中的诉求和对国家公园功能的表述并不完全一致。②但这些观念所达成的最大共识便是将其保留为"国家游乐场"，以此长远地满足国民回归荒野自然的旅游娱乐需求。当我们用历史的眼光去考察这些国家公园的创建过程，很容易就会发现，除了极个别因特殊原因设立的国家公园（如普拉特、梅萨维德）外，旅游因素都起到了至关重要的作用。

无论是国家公园的倡导者，还是在国会中极力为相关议案辩护的议员，无不认同国家公园的旅游价值，都在强调应该通过国会立法将这些无与伦比的风景保护起来供人们旅游娱乐。1872 年黄石国家公园得以建立的主要原因

---

① H. Duane Hanmpton, *How the U.S. Cavalry Saved Our National Parks*, University of Indiana Press, 1971, p.19.

② Theodore Catton, "The Campaign to Establish Mount Rainier National Park, 1893—1899," *The Pacific Northwest Quarterly*, Vol.88, No.2(Spring, 1997), pp.70—81.

是美国社会精英看中了荒野景观的旅游价值,他们希冀将这些壮美荒野景观保存起来"免于定居、占据或出售",作为服务于美国人民的"国家游乐场"。例如,《纽约时报》发表评论文章称,"世界上没有其他的风景能够超过黄石峡谷……黄石公园将会成为一个价值连城的度假地,可以为各个阶层的人享用"。①1872 年 2 月,美国科学家费迪南德·海登(Ferdinand V. Hayden)在《斯克里布纳月刊》发表文章呼吁,将拥有超越约塞米蒂山谷风景的黄石"设立为一个人们随时都能去访问的伟大公园"②。参议员莱曼·特兰伯尔(Lyman Trumbull)认为,"这片土地……分布着地球表面最为壮观的间歇泉",因此"为了大众愉悦的目的,应该将这片伟大的地方保护起来,因为它在将来可能会成为国家度假地"。③可以说,当时黄石公园倡导者普遍认可的观念,就是将荒野景观保护起来使其成为供国人旅游娱乐的"国家游乐场"。这种观念也被落实到了法律之中,《黄石公园法》明确指出"为了人民的利益与愉悦"将黄石地区保留为一个"公园或游乐场"(park or pleasuring ground),并要求管理者发放特许经营许可,建设基础设施"为游客提供接待服务"。④

黄石公园保护荒野景观使其成为"公园或游乐场"的观念受到了较为普遍的支持和认同。1872 年,一本杂志在介绍黄石公园时说道:"对于那些对自然奇观感兴趣的人来说,它可能会越来越像尼亚加拉瀑布和约塞米蒂山谷一样,成为一个旅游胜地。"⑤1878 年,黄石公园园长菲利特斯·诺里斯(Philetus Norris)在给内政部长卡尔·舒尔茨(Carl Schurz)的信中写道:"保存这些珍奇的动物和无与伦比的风景,以及在公园中建造道路、桥梁和马道,乃是履行法律所规定的为人们提供享受和愉悦的绝对必要的举措。"⑥西奥多·罗斯福总统认为,黄石国家公园"将风景、森林、荒野、野生动物保护起来的目的是为了

① "The Yellowstone Park Bill," *The New York Times*, Feb. 29, 1872.

② Ferdinand V. Hayden, "The Wonders of the West," *Scribner's Monthly*, Vol. 2, No. 2(1872), p. 396.

③ U. S. Congress, Senate, *The Congressional Globe*, 42ⁿᵈ Cong., 2ⁿᵈ sess., January 23, 1872. p. 520.

④ "An Act to Set Apart A Certain Tract of Land Lying near the Headwaters of the Yellowstone River as A Public Park," in *America's National Park System: The Critical Documents*, ed. Lary M. Dilsaver, p. 28.

⑤ No author, "The Yellowstone National Park: Where It Is and What It Is," *The Connecticut School Journal*, Vol. 2, No. 5(May, 1872), pp. 140-141.

⑥ U. S. Committee on Public Lands, *Yellowstone National Park. Letter from the Secretary of the Interior, in Regard to the Better Protection of the National Park from Injury*, House of Representatives Executive Documents, 45ᵗʰ Cong., 2ⁿᵈ Sess., April 11, 1878, p. 2.

所有人享受愉悦。"①事实上,从建立之日起,黄石公园便成为了游客们的旅游目的地。对于这些早期游客来说,黄石公园最具特色的吸引物便是其热泉,游客们被吸引到这里来进行身心健康之旅。根据费迪南德·海登的观察,"围绕在热泉的周边聚集了不少身体抱恙的来访者,他们居住在帐篷中,热情地传诵着泉水的疗养效果。他们中的一些人直接饮用泉水,而另外一些人则在泉水中泡澡"。②随着黄石公园知名度的提升和交通状况的改善,慕名而来的旅游者人数也迅速增长。1877 年,黄石公园游客达到了 1 000 人,1883 年 5 000 人,1897 年 10 825 人,1905 年 26 188 人,到 1915 年达到历史性的 51 895 人。③

正如美国环境史学者艾尔弗雷德·伦特指出的,"黄石作为一种保护区类型,将永远形塑国家公园理念"。④黄石公园作为"国家游乐场"的形象和价值对此后美国诸多国家公园的建立起到了示范和推动作用。自此以后,自然保护主义者不断尝试将那些存在壮观、美丽的自然风景,适宜于成为旅游目的地的荒野地区创建为"公园或游乐场"。例如,1873 年,密歇根州参议员托马斯·费里(Thomas Ferry)向国会申请,为了公众的"健康、舒适和愉悦",将麦基诺岛保护为一个"国家公园"。⑤麦基诺岛位于休伦湖中,随着该岛作为军事要塞价值的消逝,其迤逦的自然风光吸引着越来越多的游客光顾,该岛也因此被誉为"地峡的珍宝""仙境般的岛屿""美丽的岛屿""岛屿中的王子""旅游者的麦加"⑥,成为美国游客竞相前往的旅游胜地。最终,麦基诺岛因其巨大的旅游价值在 1875 年被设立为国家公园。⑦1890 年,红杉国家公园的建立是因

---

① Ann and Myron Sutton, *Yellowstone*: *A Century of the Wilderness Idea*, The Macmillan Company, 1972, p.154.

② Ferdinand V. Hayden, "The Wonders of the West-II," *Scribner's Monthly*, Vol.3, No.4(1872), p.389.

③ Aubrey L. Haines, *The Yellowstone Story*: *A History of Our First National Park*(*Vol.One*), Yellowstone Library and Museum Association, 1977, pp.478—479.

④ Alfred Runte, *National Parks*: *the American Experience*, p.43

⑤ U.S. Congress, Senate, The Congressional Record, 43rd Cong. March 11, 1873, p.38.

⑥ Kathy S. Mason, *Before the Park Service*: *Standards and Management in the U.S. National Parks*, *1872—1916*, Miami University, 1999. p.65

⑦ 麦基诺岛面积狭小,建立后归美国陆军部管辖,其作为国家公园的身份只持续到了 1895 年,此后被转设为一个州公园。因此,许多历史研究者在描述美国国家公园发展历程之时,会忽视麦基诺岛作为美国第二个国家公园的历史事实。有关麦基诺国家公园的历史可参见 Keith R. Widder, *Mackinac National Park*, *1875—1895*, Mackinac Island State Park Commission, 1975。

为"木材和具有观赏性价值的树木遭到迅速破坏",而其中部分树木乃是"世界奇观",因此"为了人民的利益与愉悦"而将其保留为"公园或游乐场"。①国会议员们在评估红杉公园的价值时,保护森林景观资源和为人们提供旅游娱乐机会乃是他们最主要的评价标准。几乎与此同时,约塞米蒂和格兰特将军国家公园的建立也主要是为了保护森林景观资源并为人们提供旅游娱乐。该议案的支持者、伊利诺伊州众议员佩森(Payson)说道:"政府应该承担起保护我们国家的自然奇观和美丽风景免遭损毁的责任,这些自然景观将为国民提供愉悦和启迪。"②此外,19 世纪末 20 世纪初美国建立的雷尼尔山、火山口湖、冰川、落基山等国家公园都延续了黄石公园保护风景资源为人们提供旅游娱乐这一模式。更有甚者,随着国家公园作为"国家游乐场"对旅游者吸引力的增加,一些旅游开发商甚至通过各种手段将那些风景质量一般的地方也设立为国家公园,其目的是为了获取旅游经济利益。例如,商人杰西·麦克唐纳德(Jesse McDonald)发现了风洞(Wind Cave)的旅游资源价值,试图将这里打造成为一个旅游景区。于是,他联合其他一些旅游经营者发起了将风洞设立为国家公园的运动,并取得了成功。③事实也证明了麦克唐纳德的商业眼光,在风洞被设立为国家公园之后,游客人数呈现快速增长,在 1903 到 1916 年间,风洞每年的旅游人数大约在 2 500 到 4 000 人之间,到 1928 年时已经高达 10万人。④

　　在 19 世纪末 20 世纪初美国大众旅游逐渐兴起的背景下,荒野景观作为旅游吸引物的功能,对于商业人士来说便具有了强大的旅游经济价值,这使得他们发起或支持设立国家公园的运动。于是,保存荒野景观的旅游资源价值成为自然保护主义者、旅游开发商、户外运动爱好者等诸多现实利益集团所共享的价值观,这为国家公园聚了核心的支持力量,从而推动了美国国家公园建设事业的发展。可以说,在倡导对自然资源进行开发的进步主义时代,面对传统功利主义开发势力关于国家公园"锁起来"闲置无用的论调,荒野景观的旅游价值对此进行了有力的回击,这对于塑造国家公园的"正当性"具有不可替

---

① "An Act to Setting Apart a Certain Tract of Land in California as A Public Park," in Hillory A. Tol-son, *Laws Relating to the National Park Service*, *The National Parks and Monuments*, p.48.

② *Congressional Record*, 51 Cong. 1 Sess. Sept.30, 1890, pp.10751—10752.

③ John Ise, *Our National Park Policy*: *A Critical History*, p.137.

④ U.S. Department of Interior, *Public Use of the National Parks*: *A Statistical Report*, 1904—1940, Government Printing Office, reprint 1963, pp.2—3.

代的重要作用。

四、美国早期国家公园管理的主要内容是旅游开发

正如前文所言,设立国家公园的主要目的是为了保护荒野景观使其成为供国人旅游娱乐的"国家游乐场",这样的思想从根本上塑造了美国早期的国家公园管理政策。19 世纪末 20 世纪初陆续建立的约塞米蒂、红杉、格兰特将军、雷尼尔山、火山口湖、冰川等国家公园的立法都以《黄石公园法》为蓝本,其立法目的皆是"为了人民的利益与愉悦"而设立国家公园,在管理政策上都表述为授权内政部长向旅游经营者颁发许可证,由其建造和提供各类服务游客的旅游设施和设备。《雷尼尔山公园法》甚至授予"铁路公司和有轨电车公司"在该公园中的通行权,准许他们"修建和运营铁路或有轨电车"以满足游客的需求(该项授权直到 1931 年才被取缔)。[①]可以说,各个国家公园在建立伊始,就已经从法律上确立了旅游开发的目标。这些立法奠定了美国国家公园管理政策的基础,美国早期的国家公园管理实践也主要围绕旅游开发展开。

作为美国第一个国家公园,黄石公园创造了旅游开发的先例,"从成立开始,黄石公园发展与运营的动力便是为访客提供旅游娱乐的机会"[②]。在 19 世纪后期至 20 世纪初的岁月里,黄石公园管理的政策与实践基本上围绕旅游开发展开。首先,修建公路、马道、游径等旅游基础设施是公园管理者颇为重要的工作内容。黄石公园从 1878 年开始收到联邦政府拨款,这些经费基本上都用于修筑道路。因此,在黄石公园建设的初期,公园内的道路系统建设发展速度较快。到 1881 年时,黄石公园中已经有 153 英里的公路,213英里的专用马道和 8 英里游径。[③]1886 年军队接管黄石公园后,政府拨付的经费不断增多,但其主要用途依然是道路系统建设。对此,美国学者约翰·

① "An Act To set aside a portion of certain lands in the State of Washington, now known as the 'Pacific Forest Reserve,' as a public park to be known as 'Mount Rainier National Park,' approved March 2, 1899," in Hillory A. Tolson, *Laws Relating to the National Park Service*, *The National Parks and Monuments*, pp.101—104.

② Annlies Corbin, Mathew A. Russell, eds. *Historical Archeology of Tourism in Yellowstone National Park*. New York: Springer, 2010, preface, p.xii.

③ U.S. Department of the Interior, *Report of the Superintendent of the Yellowstone National Park to the Secretary of Interior*, 1881, Government Printing Office, 1881, pp.67—68.

迈尔斯(John C. Miles)指出,"军队在黄石公园中的……主要工作便是修筑道路"①。例如,1886 年黄石公园获得 20 万美元的拨款,其中 15 万美元用于修筑道路和桥梁,比例高达 75%。②其次,国家公园管理政策的调整也深受旅游开发的影响。比如,在旅游开发商的推动下,国会通过《海耶斯法》将《黄石公园法》规定特许经营商租赁土地的总面积从"不超过 10 英亩"增加到了"不超过 20 英亩",并且被租赁的土地与间歇泉、瀑布等核心景观的距离从"至少四分之一英里"减少到了"八分之一英里"。③20 世纪初,随着美国人汽车保有量的大幅度增加,是否允许汽车进入国家公园引起了广泛的讨论。但在内政部长沃尔特·费舍尔(Walter L. Fisher)看来,尽管汽车进入国家公园"会制造大量的噪音……喷发出令人厌恶的气体……将汽油漏撒在地面上……",但为了满足游客的需求,"在保障安全的情况下,应该允许汽车进入国家公园"。④于是,从 1908 年到 1915 年,雷尼尔山、格兰特将军、火山口湖、冰川、约塞米蒂、红杉公园、梅萨维德、黄石等国家公园先后允许汽车进入。最后,大多数园长也希望将国家公园打造成一个广受欢迎的旅游目的地,其诸多举措皆是服务于游客。例如,为了增加游客欣赏"漂亮动物"的机会,园长弗雷泽·保特利(Frazier Boutelle)在公园中建造了麋鹿围场和野牛围场,其目的是为了让"所有游客至少可以看见一个样本"。⑤为了"那些追求享乐"的游客"可以尽情地在公园中享受钓鱼的乐趣",公园管理者发起了通过人工投放鱼苗使得"公园所有的水域都有丰富的鱼类"的项目。⑥此外,公园管理者通过猎杀狼、郊狼、山狮等"害兽"来保护"受游客欢迎"

① John C. Miles, *Guardians of the Parks*: *History of the National Parks and Conservation Association*, Taylor and Francis, 1995, p.5.

② U.S. Department of the Interior, *Report of the Superintendent of the Yellowstone National Park to the Secretary of Interior*, 1886, Government Printing Office, 1886, p.13.

③ "An Act Concerning Leases in the Yellowstone National Park, Approved August 3, 1894," in Hillory A. Tolson, *Laws Relating to the National Park Service*, *The National Parks and Monuments*, pp. 34—35.

④ U.S. Department of the Interior, *Proceedings of the National Park Conference Held at the Yosemite National Park*, *October*, 14, 15 and 16, 1912, Government Printing Office, 1913.

⑤ U.S. Department of the Interior, *Report of the Superintendent of the Yellowstone National Park to the Secretary of the Interior*, 1890, Government Printing Office, 1890, p.7.

⑥ U.S. Department of the Interior, *Report of the Superintendent of the Yellowstone National Park to the Secretary of the Interior*, 1889, Government Printing Office, 1899, pp.7—8, 22—23.

的"好动物"。①其他国家公园管理的政策与实践大都参照黄石公园模式,总体而言大同小异。②总之,正如美国学者罗伯特·基特尔(Robert B. Keiter)指出的,"在整个美国国家公园的早期历史中,公园管理部门所做的便是试图控制自然,其主要目的是为了改善游客的体验"。③

1916 年,国会通过《国家公园局组织法》建立起统一的国家公园管理机构——美国国家公园局(U.S. National Park Service)。1918 年,时任国家公园局副局长的霍勒斯·奥尔布赖特(Horace M. Albright)制定了全国性的国家公园管理政策,并以内政部长莱恩的名义发布,史称"莱恩来信"(Lane's Letter)。"莱恩来信"是国家公园局建成后首次官方政策声明,被奥尔布赖特称之为"国家公园早期史上的里程碑"和国家公园管理所遵循的"基本信条"④。《国家公园局组织法》明确了国家公园局的使命在于"保护公园中的风景、自然与历史遗产以及野生动植物……为人们提供愉悦并保证其完好无损"⑤。"莱恩来信"明确指出,国家公园属于"国家游乐场体系",建立国家公园的目的是为了"让人们利用、观察,保持健康和愉悦"。于是,吸引民众前往国家公园旅游成为国家公园管理政策最为直接和核心的目标。该政策规定,公园局应该尽最大可能,通过与铁路管理部门的合作,告知公众如何才能便捷地抵达国家公园。同时应该广泛地与"商会、旅游局、高速路汽车协会"合作,传播国家公园的信息,为公众利用和享受公园提供便利。公园局应该为公众提供一切可能的机会去享受国家公园,允许汽车和机动车进入所有国家公园。游客所喜欢的户外运动,诸如登山、骑马、步行、驾车、游泳、划船、钓鱼等旅游机会,应该尽可能地提供给公众。公园局应"尽一切可行的办法在国家公园中开展教育和休闲娱乐活动",包括建立博物馆,保存产自国家公园的野花、灌木、树木、野生动物、鸟类、鱼类的标本以及其他有特色的展览物,发挥国家公

① U.S. Department of the Interior, *Report of the Acting Superintendent of the Yellowstone National Park to the Secretary of the Interior*, *1896*, Government Printing Office, 1896, p.9.
② Louis C. Cramton, *Early History of Yellowstone Park and Its Relation to National Park Policies*, U.S. Government Printing Office, 1932.
③ Robert B. Keiter. *To Conserve Unimpaired*：*The Evolution of The National Park Idea*, p.3.
④ Horace M. Albright, Robert Cahn, *The Birth of the National Park Service*：*The Founding Years*, *1913—1933*, Howe Brothers, 1985, p.69.
⑤ "An Act to Establish a National Park Service, and for other Purposes," in *America's National Park System*：*the Critical Documents*, ed. Lary M. Dilsaver, p.46.

园的旅游教育功能。国家公园中的机动车收费应该逐渐减少。特许经营商既要开发"低价营地",也要开发"舒适和豪华的宾馆",以迎合不同游客的需求。新设立的国家公园须具有"最高级别和具有独特品质的风景,或者那些具有全国性意义和重要性的非凡、独特的国家特色景观"。①由此不难看出,作为全国性的国家公园管理政策,"莱恩来信"的重点在于如何进行旅游开发。正如美国学者理查德·塞拉斯(Richard W. Sellars)认为的那样,"莱恩来信"所确立的政策"反映了管理者们对国家公园的认知:国家公园是一个风景游乐场"②。"莱恩来信"作为全国性的国家公园管理政策,标志着美国国家公园以旅游开发为中心的管理政策正式形成。在倡导对自然资源进行利用和开发的时代,只有通过旅游开发吸引国人前来参观游览,才能证明国家公园的价值,从而促使国会乃至全体国民对国家公园的支持。对此,第二任国家公园局局长奥尔布赖特曾回忆说:"国会在没有看到人们正在利用国家公园的证据之前是不会向其拨款的。如果没有公路、游径和其他旅游设施,就不能利用国家公园。唯一的办法便是让国会看到人们正在利用公园。"③所以,无论是国家公园的立法目的还是其发展所面临的现实情况,都决定了旅游开发会顺理成章地成为国家公园管理最为重要的政策。事实上,1916年美国国家公园局建立后,首任局长史蒂芬·马瑟(Steven Mather)及其领导的国家公园局正是沿着《国家公园局组织法》、"莱恩来信"等法律法规所确立的以旅游开发为中心的管理政策,走上了一条对国家公园进行旅游开发的道路。④

结　语

　　在当今世界的自然资源保护模式中,发端于美国继而饮誉全球的"国家公园"被广泛地认为是世界各国保护自然、维护人类生存和发展环境的最为重要的途径之一。或许是因为国家公园在现代环境保护中的重要地位和作用,美国国家公园的兴起很容易被误认为是由于自然资源破坏而滋生的生态保护意

---

① "An act to establish a National Park Service, and for other purposes," in *America's National Park System: the Critical Documents*, ed. Lary M. Dilsaver, pp.48—52.

② Richard West Sellars, *Preserving Nature in the National Parks: A History*, p.57.

③ Horace M. Albright, Marian Albright Schenck, *Creating the National Park Service: the Missing Years*, University of Oklahoma Press, 1999, p.59.

④ 关于史蒂芬·马瑟主政时期美国国家公园的旅游开发问题,可参见高科:《美国国家公园的旅游开发及其环境影响(1915—1929)》,《世界历史》2018年第4期,第29—42页。

识发展的结果。然而,从美国国家公园兴起中的思想和实践来看,美国早期国家公园的初衷并不主要是为了今天意义上的"生态保护",而是为了保护壮美的荒野景观并将其作为人民大众的"国家游乐场",反映的是美国社会对荒野景观所具有的美学、文化、旅游等多元价值的认可与推崇,以及为了"人民"而保护景观资源的民主平等思想。尽管各个国家公园在创建和管理过程中,地理区位、党派、资源开发势力、环保人物和团体等诸多因素都在不同程度地发挥作用,但凸显国家公园的旅游价值是各方支持力量的最大共识。诸多历史事实表明,旅游因素构成了美国早期国家公园思想的核心内容,不仅推动了一系列国家公园的建立,塑造了以旅游开发为中心的美国早期国家公园管理政策和实践,对 20 世纪美国国家公园的发展也产生了深远的影响。

自 19 世纪后期在美国诞生以来,国家公园一直扮演着旅游吸引物(tourist attraction)的角色,成为美国人乃至全球旅游爱好者心向往之的旅游地。据美国国家公园局的统计,到 2019 年,整个国家公园体系每年接待的游客人数高达 3.27 亿人。①然而随着历史的变迁,国家公园由于受到各种思想观念和现实利益的影响,最终呈现出"荒野区""旅游目的地""自然实验室""野生动物保护区"等多重面相。②此外,国家公园还被塑造为一张彰显美国特性"文化名片",发挥着培育美国国家认同和宣扬"民族优越感"的功能。美国国家公园建设始终致力于在"完好无损地"保护自然资源与满足国民回归自然的旅游娱乐需求之间实现动态平衡,发挥其多方面的社会经济文化功能。就此而言,无论是从历史的角度还是现实的角度,旅游因素与美国国家公园的互动关系都值得深入探讨。

Tourism and the Rise of the U.S. National Park

Abstract:Tourism played a very important role in the historical process of the rise of national parks in the United States. The development of nature tourism has shaped the American people's willingness and ability to appreciate the beauty of wilderness landscapes, and promoted the origin and preliminary practice of the national park idea in the United States. It

---

① National Park Service, *Statistical Abstract* (2019). https://irma.nps.gov/DataStore/DownloadFile/637876,2020-7-28.

② Robert B. Keiter. *To Conserve Unimpaired:The Evolution of The National Park Idea*, pp. xiii—xv.

was the most common national park idea in the late 19th and early 20th century that advocated the protection of magnificent wilderness landscape as "park or pleasuring ground" for tourism and entertainment. This idea not only led to the creation of a series of national parks, but also shaped its management policy that centered on tourism development. Although the rise of the U.S. national parks was influenced by many factors, tourism was an important leading one among them, and its historical role in the construction of early national parks in the United States deserves further discussion.

Key words: U.S. environmental history; national parks; tourism; wilderness landscapes

作者简介:高科,西南大学历史文化学院、美国研究中心副教授。

艺术中的都市文化

复古与再现:多尔梅茨对英国早期音乐复兴运动的影响

王若屹

摘　要:我们今天所认知的早期音乐复兴可以追溯到 18 世纪 20 年代,但直到 20 世纪初学者们才开始进行更深入的研究,在这一阶段的英国早期音乐复兴运动中,音乐家、学者阿诺德·多尔梅茨对音乐历史表演的实践与学术研究、时代性乐器的重建都产生了独特的作用。文章通过多尔梅茨对早期音乐探索、复古乐器的重建以及与英国社会精英阶层之间的交往(不论是工艺美术运动先驱威廉·莫里斯,还是伊丽莎白舞台协会的创始人威廉·普尔之间的合作是如何打破学科之间的界限相互产生影响),这都有益于我们对多尔梅茨在文化艺术领域中所起到的价值形成整体判断。

关键词:多尔梅茨　早期音乐复兴　工作坊　历史重现

出生于法国的英国音乐家阿诺德·多尔梅茨(Arnold Dolmetsch, 1858—1940),被学界广泛认为是 20 世纪初音乐复兴运动中的最具有影响力的人物之一,是早期音乐复兴的开创性人物和"真实性"(authentic)运动的创始人。其在 1915 年出版的著作《17 和 18 世纪音乐的诠释》(*The Interpretation of the Music of the Seventeenth and Eighteenth Centuries*)被学界视为早期音乐表演学术领域的奠基之作。文化评论家哈利·哈斯克尔(Harry Haskell)认为早期音乐"真实"的表演概念被正式引入,并且一开始就聚焦于音乐表演的"真实性"和历史的准确性进行探索,这在很大程度上要归功于多尔梅茨。另外"多尔梅茨为复兴运动制定了议程,并确定了所涉及的各方面问题。他预见并阐明了后世音乐家对早期音乐的关注点,特别是他们对于'真实性'的关注"。除此以外,哈斯克尔肯定了多尔梅茨在乐器制造方面的开创性工作。①笔者在阅读对早期音乐复兴运动的学术研究资料中,发现更多地聚焦于真实表演、演奏形态与音乐释义的音乐美学研究,虽对多尔梅茨在古乐复兴运动中的核心价值有所认同,但对其认识还不够深入和清晰。本文将聚焦多尔梅茨在早期音乐复兴中的工作实践、社交活动,以历史叙事的方式探讨他对 20 世纪的早期音乐复兴运动以及英国文化阶层所产生的影响。

一、多尔梅茨对早期音乐的探索

早期音乐通常被定义为从中世纪到文艺复兴时期的西方艺术音乐。从 19 世纪开始,随着欧洲社会新的思想日益萌发,音乐在艺术上开始反映出一种返璞归真的审美追求,当时的欧洲人普遍开始研究古代文化,早期音乐的历史重现(historical reenactment)也成为了一个重要主题,音乐家们开始发现和挖掘早期的音乐财富。例如,1808 年,塞缪尔·卫斯理(Samuel Wesley)开始在一系列的伦敦音乐会中表演巴赫的管风琴音乐,②1829 年 3 月 11 日,菲利克斯·门德尔松(Felix Mendelssohn)在柏林指挥演奏了巴赫著名的《马太受难曲》,这场音乐会被认为是早期音乐复兴主义的重要里程碑。③当时出席的观众包括普鲁士的皇室成员、诗人海涅、哲学家黑格尔等。由此可见,早期音乐复兴的一系列活动在欧洲已经逐渐产生影响并受到各界人士的关注。但我们需要注意,在这个阶段,音乐家和指挥家并没有兴趣按照音乐最初创作时的方式进行演奏。表演者仍然使用当代的乐器并根据自己的需求和审美编辑作品。

从战后开始,这股对音乐历史表演实践的兴趣激增,到 20 世纪 70 年代达到了高潮,在历史、哲学、美学等领域都有了新的思考,真实地演奏早期音乐的意识也得到了更为充分的发展。20 世纪初,新兴的音乐学领域中的音乐史家和表演者们开始更加仔细地研究中世纪和文艺复兴时期的音乐。例如英国男高音歌唱家阿尔弗雷德·戴勒(Alfred Deller)倡导早期声乐作品的表演;英格兰大教堂里的唱诗班复兴了一些早期声乐作品,同时对文艺复兴时期的合唱音乐表演建立了新的标准和传统,并开始出现独立的古乐器演奏团体。其中

---

① H. Haskell, *The Early Music Revival: A History*, Thames and Hudson, 1988, p.29.

② Ibid., p.14.

③ Ibid., p.15.

包括了"早期音乐团体"(Musica Reservata)①和大卫·芒罗(David Munrow)对早期音乐协奏曲的复兴。而在研究方面,最初是由加尔平协会②(The Galpin Society)的成员和一些独立学者开始进行的。不过,正式提出"真实性"表演概念的是在这场音乐复兴运动中被视为先驱的多尔梅茨。

多尔梅茨1858年出生于法国勒芒的乐器制造世家,他在父亲、祖父的生产钢琴、管风琴和口琴的家族制造工厂——麦森·多尔梅茨·吉尤阿(Maison Dolmetsch Guillouard)中接受过传统和全面的工匠化培训。1881至1883年,多尔梅茨在布鲁塞尔皇家音乐学院学习,其间接受了钢琴、小提琴和作曲的严格训练,并开始接触早期音乐演奏家们的作品。1883年他和家人前往英国伦敦,在当时新成立的皇家音乐学院学习,在这个过程中,多尔梅茨迅速转向了早期的音乐和乐器,进一步发展了他对早期音乐的兴趣。此时英国的社会环境对早期音乐复兴的兴趣还并不显著,而是正处于更广泛的音乐、文学和戏剧的民族主义复兴中,除了对伊丽莎白时代的复兴,还包括民俗化以及凯尔特人的复兴。多尔梅茨也不是英国唯一一个挖掘过去音乐历史表演的音乐家,例如,英国风琴手、唱诗班指挥和音乐学家,以开创都铎式礼拜音乐复兴而闻名的理查德·特里(Richard Terry),以收集古代乐器而闻名的音乐学家弗朗西斯·加尔平(Francis Galpin),以及音乐学家、古音乐文物收藏家希普金斯(A.J. Hipkins)等人也都参与到了类似的活动中。但多尔梅茨比其他人更加沉浸于将自己的生活当作是当前意义上的历史重演,他与家人完全沉浸在对过去的音乐体验当中。包括他的第三任妻子梅布尔,是一位精通早期和现代语言的女性,她所翻译的众多在十五世纪和十六世纪早期舞蹈的原创论文至今仍被世界各地的早期音乐舞蹈表演教师所使用和研究,还有多尔梅茨的子女们,美国著名诗人、文学家埃兹拉·庞德(Ezra Pound)在书中评价其整个家族成员对早期音乐的各个领域都做出了非凡的开拓和贡献,多尔梅茨家族是如此"迷恋古代音乐"。③

---

① "Musica Reservata"是由爱尔兰人麦克尔·莫罗(Michael Morrow)和音乐家、指挥、作曲家约翰·贝克特(John Beckett)于20世纪50年代末在伦敦成立的一个早期音乐团体。

② 加尔平协会(Galpin Society)成立于1946年10月,该协会旨在进一步研究被称为乐器学(organology)的音乐学分支,即乐器的历史、构造、发展和使用。它以英国著名的风琴学家和乐器收藏家弗朗西斯·威廉·加尔平(Galpin, Francis William, 1858—1945)的名字命名。

③ E. Pound, "Arnold Dolmetsch", in *Literary Essays of Ezra Pound*, ed. T.S. Eliot, Faber, 1954, p.434.

多尔梅茨认为早期音乐复兴的主要方式和途径在于对时代性乐器的重建，使用历史上正确的演奏方式，以及唱片工业发展下对早期音乐的录制，甚至包括考虑原始场地的空间尺寸以及对广泛的文本和符号来源的学术研究。因此，早期音乐复兴从起初诞生于一个业余性的表演传统，逐渐发展成为一种高度专业的音乐文化。正如音乐学家劳伦斯·德雷福斯（Laurence Dreyfus）所概括的那样，其中的从业人员包含了专业和非专业的表演者、教师和学者（主要来自音乐学，但也有来自舞蹈、戏剧、图像学和文化史领域）、乐器制造商、出版商、评论家、音乐会经理、经纪人、录音公司、音响工程师和观众。①

1889 年，在南肯辛顿国际乐器发明展示会上，多尔梅茨意外地购入了一把维奥尔中提琴（最开始他误以为是一把现代中提琴），对它进行修复。从这个时期，多尔梅茨开始收集其他的古董乐器。没过多久，多尔梅茨将最初的修复工作转变成了复制乐器，他开始翻阅大英博物馆和皇家音乐学院图书馆里的藏书，所发掘出的古代乐谱和文献汗牛充栋。他便开始收集并复制提琴和鲁特琴、古希腊时代的竖琴、16 和 17 世纪的小型有键乐器、大键琴和羽管键琴，后来又收集了古钢琴、竖琴、三弦琴、巴洛克小提琴和比尤埃拉琴，更不用说他在 20 世纪 20 年代制作出的最为大众所熟知的直笛。②不难看出，多尔梅茨对早期音乐的历史重现的观念即是严格按照作曲家的意图，用正确的技术和乐器在为其编写的作品上进行演奏。1890 年 6 月，多尔梅茨第一次举行了使用古代乐器演奏的公开音乐会，表演了许多鲜为人知的英国古代曲目。由于多尔梅茨首先想要从环境中复原早期的音乐表演活动的空间形式，并提倡一种非正式的音乐表演模式。于是，音乐会的形式逐渐从一开始的公共性质转变为更具有私密性的室内活动，即便他曾经于 19 世纪 90 年代在巴纳德旅馆、霍尔本的克利福德酒店和后来在"菲茨罗伊定居地"举办过一些公共音乐会，但其与 19 世纪的所谓的"公共音乐会"也完全不同。1893 年，他开始选择与家人和朋友聚集在伦敦东南部杜尔维奇（Dulwich）的家中举办表演，以凸显音乐会的社交性和亲密感。有趣的是，多尔梅茨以伊丽莎白时代的作曲家泰

---

① L. Dreyfus, "Early Music Defended against Its Devotees: A Theory of Historical Performance in the Twentieth Century," *Musical Quarterly*, 69:3, p.298.

② 随着 1914 年初战争临近，为逃避德国的袭炸，多尔梅茨全家人从法国搬到英国的哈斯勒米尔的杰西斯。这一年经历了在滑铁卢车站丢失布雷桑制造的古董高音竖笛的重大损失，刺激多尔梅茨成功制造出第一支现代直笛。

斗约翰·道兰(John Dowland)的名字将自己的房子命名为"道兰"。这种行为是否映射出以多尔梅茨为代表的英国文化阶层的一种心理特点?《威斯敏斯特公报》的评论家玛格丽特·坎贝尔(M. Campbell)将多尔梅茨在巴纳德旅馆的音乐会描述为"从19世纪到17世纪的突然坠落",而观众亲临"道兰"就如同进入一个准伊丽莎白时代的世界———一个平静的、远离现代生活的避难所,人们似乎回到了英国的"黄金时代"。另外,她还作了细节上的描述:

> 他把他心爱的16世纪小室内管风琴放在从前窗台延伸出来的高台中央,并把键盘乐器摆放在房间的两侧;墙上挂着小提琴和鲁特琴,而高背椅和铜制壁灯中的蜡烛则使这幅过去的画面变得生动起来。①

或许我们可以从当时社会的角度来看,"道兰"所呈现的音乐幻境之所以能够打动观众,与19世纪英国的重商主义和工业革命下的社会氛围和政治气候有关。而从音乐的角度,在他的音乐厅里,从大键琴到击弦琴,从钢琴到管风琴,从琉特琴到竖笛,从莱拉琴到雷贝琴,从肖姆管到巴洛克双簧管。这些不同时代的乐器在不同程度上都是在多尔梅茨的音乐会中被英国观众所熟悉的。

1925年,多尔梅茨在哈斯勒米尔发起了每年一度的早期复兴音乐节,这项活动至今仍在举办。1928年,多尔梅茨成立了自己的同名基金会,以鼓励对早期器乐的复兴工作及研究。这些早期音乐实践的过程使他找到了自己的毕生使命,并以他的方式为早期音乐运动奠定了重要基础。

二、多尔梅茨的音乐历史观念与家庭工作坊

所谓"音乐历史",其任务是从各种各样的作品、有记录的音乐生活和作曲家的传记中提取连贯的叙述。由于这些证据在西方音乐中比在其他任何音乐中都要丰富得多,音乐历史本质上是一种"以欧洲为基础的传统"(European-based Tradition),这是一个常见的术语,它在一定范围内具有连续性的含义。②

---

① M. Campell, *Dolmetsch*, pp.65—66, cited in Kate Bowan, *R.G. Collingwood*, *Historical Reenactment and the Early Music Revival*, Palgrave Macmillan, 2010, p.143.

② In *The New Penguin Dictionary of Music*, by Paul Griffiths. Penguin, 2006. http://search.credoreference.com/content/entry/penguinmusic/history/0?insititionld=4328.

它不仅指人类经历与创造出的音乐文化,也指人类对自己已经创造出的音乐文化的回忆与再认识。多尔梅茨作为 20 世纪早期音乐复兴历史进程中最具有影响力的人物之一,也是最早将学术关注应用于音乐历史表演的人。1915 年他通过手稿研究和论述所撰写的《17 和 18 世纪音乐的诠释》是关于早期音乐表演风格和记谱法的成果之作,这部开创性的学术研究论著到今天仍然是音乐学界的一座里程碑。

在书中,多尔梅茨致力于对早期音乐的正确诠释,以提高其表达意图和情感的冲击力,并广泛地引用了 17 和 18 世纪的论文,在每一段引文中加入了具有启发性的注解。所涉及的主题有速度、节奏、装饰、乐句的划分、低音线条、手腕和手指的定位,以及这一时期的乐器,以全面和学术的方式探究和解决早期音乐表演上的问题。这部经典之作不仅仅是一部关于演奏实践的文本,它还让我们得以一窥巴洛克音乐作为一门工艺和科学技术对那个时代的音乐家们的意义。

多尔梅茨从一开始就表明,如果不参考最初乐器演奏的声学特性和写作时期的演奏实践,就不能完全理解过去的音乐作品。例如,我们想原汁原味地演奏贝多芬的作品,但发现对于文本的解释不够精确,是因为我们这个时代的音乐领军人物的解读与过去并不一致。①一个希望对过去的音乐进行有历史依据的表演的音乐家,不仅要对过去的音乐情感理论有深刻的认识,而且要对它们与原始乐器的声音潜力的关系有深刻的理解。乐器的能力决定了音乐的表达,这两者是相互联系的,它们之间关系可以导致作为声音情感的产生。虽然对于历史表演的还原和构建具有极大的困难和挑战,但在汗牛充栋的资料库里,多尔梅茨仍旧以文献整理为先导并指出了方向:

> 为了对音乐作品做到全面的了解,我们必须分析和比较所有可用的文件,没有任何一个作者或作曲家对每一个点都给出充分的说明,即便是关于他本身的作品。而我们最想知道的可能往往是正被遗漏或轻易忽略掉的内容,甚至,作者当时认为它过于简单或广为人知,便不需要作任何解释。在这样的情况下,我们必须去别处寻找所需要的知识;如果没有找

---

① A. Dolmetsch, *The Interpretation of the Music of the Seventeenth and Eighteenth Centuries*, 3 ed., University of Washington Press, 1969, p.v.

到单独的文献,我们必须尝试从一些组合型资源中去推断它。在我们研究中并不缺乏材料,该怎么去利用是值得学习的事情,有太多东西需要去学习,并且也应当如此地去做。①

以及对于如何正确地演奏历史作品,他提出了具体的步骤:

首先,节奏(Tempo),它时常没有以任何的方式来进行指示;
其次,真正的韵律(Rhythm),在实践当中经常与文本不一致;
第三,装饰性音乐所必需的点缀(Ornaments)和装饰音(Graces);
第四,如何在音乐伴奏中填补通奏低音(Figured Basses)。

多尔梅茨在《17 和 18 世纪音乐的诠释》的导言中强调:

学生们首先应该尝试并准备好自己的头脑,彻底了解以前的大师们对自己的音乐有什么感受,他们希望传达什么印象,以及一般来说,他们的艺术精神是什么,因为在这些方面,现代音乐家的想法绝不是很清楚。②

这本论著的第一部分汇集了来自许多权威性的古书中的引文,多尔梅茨认为它们是最有帮助也是最有趣的,同时也传达了多尔梅茨有关复古音乐的核心思想。他建议我们在开始研究早期音乐之前,最好先清除现代人的偏见和先入为主的观念,将其搁置一旁。并表示以现代娱乐的方式去破坏和扭曲地表达早期音乐是最不恰当的方式。论著的后面部分内容则显示出多尔梅茨是一位极有天赋并经过专业训练而成的弦乐器演奏者,尤其是对巴洛克提琴和高音提琴之间的浪漫习语和技巧上有着革命性的理解力。

除此之外,多尔梅茨家庭工作坊也十分令人瞩目,多尔梅茨的策略是培养他的孩子长大后在多种早期乐器上成为多面手,以便组成一个有意义的家庭伴侣,但每个人都特别擅长一种或另一种乐器。大约在 1930 年,多尔梅茨将

① A. Dolmetsch, *The Interpretation of the Music of the Seventeenth and Eighteenth Centuries*, 3 ed., University of Washington Press, 1969, p.vi.
② Ibid., p.vii.

工作坊的三个主要部分分配给了他的孩子和女婿。女儿塞西尔和丈夫莱斯利·沃德负责羽管键琴,娜塔丽和丈夫乔治·卡利负责各种不同时期的提琴,儿子卡尔则独自负责直笛的所有工作。阿诺德·卡尔(Carl F. Dolmetsch)是一位成就卓著的直笛演奏家、独立设计师和制造师,他是哈斯勒米尔最著名和最受喜爱的公民之一,也是国际舞台上早期音乐复兴的最重要的先驱之一,其名声与这座小镇几乎是同义词。自 1917 年以来,他一直居住在哈斯勒米尔,作为一名出色的竖笛演奏家,吸引了来自世界各地的音乐家和音乐爱好者参加一年一度的哈斯勒米尔音乐节。1954 年卡尔被授予大英帝国勋章,1960 年获得埃克塞特大学授予他的荣誉博士学位,三一音乐学院和伦敦音乐学院的荣誉院士,同年出版了《现代英国音乐直笛导论》(*An Introduction to the record in Modern British Music*)并始终致力于将这种乐器推广给全世界的观众。其一生的工作主要是继承他父亲作为乐器制造者和音乐节组织者的事业。期间该工作坊致力于手工制作生产各种早期乐器(维奥尔琴、鲁特琴、古代小型竖琴、羽管键琴、大键琴、击弦琴、竖笛、风笛和大鼓、铃鼓、索尔特里琴等)。

卡尔在直笛制作推广和音乐教育方面产生了广泛的影响,他始终忠实于他父亲的美学观念,热情地捍卫他父亲为后代开创的基本教学。基于这种热情,早期音乐在真实乐器和时代风格上的推广才能够在今天蓬勃发展,以相较于多尔梅茨在一个世纪前从事开创性工作时几乎无法想象的方式被普遍接受。第二次世界大战期间,工作坊车间被用于制造飞机枪的零件,超过 250 万个高精度部件由硫化纤维和塑料材质制成。卡尔将同样的技术移植到直笛的生产中,于 1945 年绘制了第一幅塑料材质的直笛的图纸,它们与木质乐器具有相同的尺寸,因此音调和音质具有很高的标准,第二年便成功问世,且成本低,可替代性极强。到 20 世纪 50 年代和 60 年代,"直笛"已经成为一个家喻户晓的词。1939 年到 1989 年之间,卡尔在伦敦的威格莫尔音乐厅举办的 45 场音乐会,其中最精彩的部分是 20 世纪的主要作曲家特别委托创作的直笛作品,包括伦诺克斯·伯克利(Lennox Berkeley),埃德蒙·鲁布拉(Edmund Rubbra),约克·鲍恩(York Bowen),阿诺德·库克(Arnold Cooke),威廉·马提亚斯(William Matthias),戈登·雅各布(Gordon Jacob),汉斯·加尔(Hans Gal)和让·弗朗塞克斯(Jean Françaix)。对现代曲目与新技术以及新音色的表现力,使得卡尔在教育领域同样建立起了声誉,随后"多尔梅茨式直笛"很快被引入英国的学校,它们彻底改变了英国乃至欧洲几代儿童的音乐教育。后来该工作坊与其他制造商组成了制造与设计联盟,包括 Aafab b.v 旗下的荷兰 Coolsma,后者继续生产塑料和中等价位的"多尔梅茨直笛"。而工作坊的其他成员(珍妮·多尔梅茨、玛格丽特·多尔梅茨和布莱恩·布拉德)则继续教学、演奏,并创作编写直笛音乐作品直到退休。

塞西尔是英国演奏和推广古提琴家族中高音乐器的先驱,提琴家族中的高音乐器演奏在 17 世纪和 18 世纪的法国非常盛行,她后来将这股风潮带回了英国;娜塔丽出版过一本古大提琴的优秀著作,并曾担任英国古大提琴协会的主席;多尔梅茨第三任妻子梅布尔也是一位学者,她精通早期和当代语言并翻译大量 15 世纪和 16 世纪有关于早期音乐舞蹈的原创论文,出版了两本关于早期欧洲舞蹈的开创性书籍,至今仍在世界各地的早期舞蹈教学中使用;我们可以看到,这些家族成员充分地继承和发扬了多尔梅茨在复兴早期音乐中的思想。

三、多尔梅茨在更广泛背景下的早期音乐活动

如果说 19 世纪中后期,英国工业资本主义经济进入了一个蓬勃发展时期,那么进入 20 世纪,随着辉煌的维多利亚时代终结,英国复古运动思想愈演愈烈。多尔梅茨本人既是浪漫主义者,也是"前拉斐尔派"(Pre-Raphaelite Brotherhood),当时英国社会上同时流行维多利亚时代的秀美甜俗和空虚浅薄的匠气艺术的现状,引起许多有思想和见解的艺术家不满,作为艺术工作者协会的成员,多尔梅茨也认为文艺复兴时期的作品情感真挚、形象朴实生动正是他们向往的艺术风格。这是当时许多文化知识分子普遍达成的共识,在新的社会条件下,尝试打破时空界限、超越现实逻辑,将人物放置到历史中,揭露虚假理想主义危害的普遍性和严重性。多尔梅茨赞同他的朋友——工艺美术运动先驱威廉·莫里斯(William Morris)对过去怀旧之情的膜拜,也分享乔治·萧伯纳(George Bernard Show)的反偶像主义。同时代所交往的朋友还包括英国艺术家、作家赛尔文·伊梅奇(Selwyn Image),英国画家、评论家乔治·弗莱(Roger Fry),意大利诗人、戏剧家加布里埃尔·达努奇奥(Gabriele D'Annunzio),希腊—英国作家、登山家马克·帕利斯(Marco Pallis),美国著名诗人、文学家、意象主义诗歌代表人物埃兹拉·庞德(Ezra Pound),还有在小说《伊芙琳-因斯》(Evelyn Innes)中赞颂多尔梅茨的爱尔兰小说家乔治·摩尔(George Moore)、20 世纪文学界最具代表性诗人 W. B. 叶芝等等。哈斯克尔

曾提到,"拥有一件多尔梅茨的乐器"几乎是"成为精英社会的一种身份象征".①叶芝为他的朋友弗洛伦斯·法尔(Florence Farr)从多尔梅茨处购买了一套乐器,以便在朗诵时为他伴奏;庞德夫妇从多尔梅茨那里收到了一把克莱维琴作为结婚礼物和欧洲旅行时随身携带的珍贵物品;埃兹拉·庞德是多尔梅茨的崇拜者,他在 1918 年的一篇文章中对多尔梅茨精确的学术研究表示赞许,还干脆地指出:"很多人告诉我,凡是了解古老音乐的人都知道多尔梅茨,但真正了解他本人的却并不多."②

早年靠音乐和文学评论谋生的萧伯纳,很早就参与到多尔梅茨的音乐会中,他发现以小提琴为主题的历史表演和曲目的音乐会会更加受到欢迎。并从以下这段话中我们可以看出他认为这种早期英国音乐复兴的活动对重建英国民族音乐来说是至关重要的:

> 在这种复兴中,古老的音乐必须作为一个起点,就像 13 世纪的作品在其他艺术的现代复兴中所起到的作用,而且正在起到作用。这就是为什么我如此重视多尔梅茨先生的这些音乐会,此外,这些音乐会对音乐专家和传统的英国人来说都是非常让人感到愉悦的。

萧伯纳意识到"真实性"对多尔梅茨工作的重要性:"现在以及过去一段时间,阿诺德·多尔梅茨先生一直将古老的乐器在尽可能接近作曲家所考虑的条件下进行实际演奏。"他预言该运动将有能力产生影响性。针对多尔梅茨修复乐器的这项工作也同样发表了看法:"它可能会在家用乐器领域中掀起一场革命,就像威廉·莫里斯在家用家具和装饰方面的成就,或者菲利普·韦伯在家庭建筑方面的成就一样。"③

后来的情况也确实证明了萧伯纳的"推测",多尔梅茨对重建过去的乐器和音乐作品的狂热,与工艺术美术运动创始人,对中世纪和文艺复兴文化充满浓厚兴趣的莫里斯产生了强烈共鸣。莫里斯在 1893 年第一次被朋友带去参加多尔梅茨的音乐会,他一下子就理解了多尔梅茨的早期音乐,通过音乐他

---

① H. Haskell, *The Early Music Revival: A History*, Thames and Hudson, 1988, p.30.

② Scott et al, *Pound/The Little Review*, p.188, cited in Bowan, K., *R.G. Collingwood, Historical Reenactment and the Early Music Revival*, Palgrave Macmillan, 2010, p.141.

③ Laurence, *Shaw's Music*, vol.3, p.332.

"找回了失落的艺术"并被感动得热泪盈眶,从此便成为了"道兰"的常客。多
尔梅茨对重现古代音乐的追求俘获了大家的想象力,众人对他的印象是,尽管
这个人身高还不到五英尺,但他却有着强大的魅力和"敏捷而富有才智"的
个性。①

　　另一方面,萧伯纳描述了莫里斯对音乐兴趣的偏好和挑剔,例如莫里斯对
钢琴的排斥以及不愿意去听一般性的音乐会,并进一步地提到他非常想"试试
拉小提琴,在多尔梅茨的一场小提琴音乐会中,我们看到他非常地享受"。②频
繁地交往让他们之间不仅建立了友谊,还有一系列合作项目。在莫里斯的建
议下,多尔梅茨于 1896 年在新摄政街的新画廊为工艺美术展览协会制造了第
一台近代大型大键琴;莫里斯弥留之际,多尔梅茨也是众多陪伴安慰他的朋友
之一。英国传记作者菲奥娜·麦卡锡(Fiona McCarthy)描述了 1896 年 9 月 21
日的一次拜访,当时多尔梅茨带着自己的乐器前来,为他临终的朋友演奏了都
铎时期的维吉纳(可随身携带的小型羽管键琴)音乐,以及文艺复兴时期最杰
出的英国作曲家之一的威廉·拜尔德(William Byrd)的帕凡舞曲和加利奥德
舞曲。③

　　在多尔梅茨交往的知识分子群体中,最鲜为人知的是小说家、盖尔语复兴
主义者乔治·摩尔(George Moore),他对多尔梅茨的音乐复兴使命异常地着
迷,在他的小说《伊芙琳-因斯》(Evelyn Innes)中将多尔梅茨作为主人公父亲
的原型,进行了文学再现。这本小说的整个故事围绕着伊芙琳的父亲因斯先
生展开,他收集了大量早期的乐器,并在他的家——"道兰"进行修复和演奏。
摩尔在写作中追求现实主义,并沉溺于几乎显得琐碎多余的细节,同时他还请
一些专家为他撰写某些部分,其中就有多尔梅茨本人。在以下的摘录中我们
可以看到小说中十七世纪前的作曲家知识的广度:

　　　　因为因斯先生的野心是恢复早期几个世纪的礼仪唱诗。从路易十
　　一的弗莱芒作曲家约翰·奥克格姆(John Ockeghem)到托马斯·达·维
　　托利亚(Thomas da Vittoria),他使帕莱斯特里纳和那些围绕着这位伟大
　　的罗马作曲家的作品为人所知之后,他希望能发掘出奥兰多·迪·拉索

---

① 　H. Haskell, *The Early Music Revival : A History*, p.29.

② 　Laurence, *Shaw's Music*, vol.3, p.332.

③ 　F. MacCarthy, *William Morris : A Life for Our Time*, Faber, 1994, pp.668—669.

(Orlando di Lasso)的弥撒曲、古迪梅尔(Goudimel)和约斯金·德·普雷斯(Josquin des Pres)、纳尼尼(Nannini)、费利切·阿内里奥(Felice Anerio)、克莱蒙斯(Clemens)的赞美诗……他还想再往前走一步。

　　所描述的因斯先生,也就是他的原型多尔梅茨对抢救纯正音乐的渴望与实践在书中占有很大的比重,特别是在面对失落的传统、十九世纪的庸俗低俗化以及将古代符号翻译为现代符号的这一棘手问题上,小说中表现得很明显:

　　　　在这种音乐之前,早期教会所遗留给我们的格里高利圣咏或素歌,也许是从埃及文明所传下来的,本是所有的艺术和宗教之母,是无可比拟的财富,但败家的继承者已经残害了几个世纪。①

　　因斯先生认为,格里高利的柔美、自由的旋律在歌剧男高音和管风琴伴奏的演唱中已经消失了。传统已经丢失,文本本身也是如此,但通过长期研究古代的弥撒用书,因斯先生已经洞悉了古代记号的秘密,就像是盲人的眼球一样模糊不清,在没有唱诗班可以阅读这种奇怪的声音字母符号的情况下,他对一个计划抱有希望,那就是将这些古老的圣歌重新翻译转化为我们这个时代的普遍记谱法。
　　这种对历史重现的首要关注使多尔梅茨吸引了更多志同道合的人,而这些人在社会上都有一定的影响力。比如伊丽莎白舞台协会的创始人威廉·波尔(Willian Poel),通过对17世纪戏剧实践的广泛研究,威廉·波尔试图重现忠于作者意图的表演,尤其是莎士比亚的作品,他于1895年首次与多尔梅茨合作。两个人都摒弃了19世纪晚期的美学观念,共同致力于创作出最大程度地再现作者意图和历史性的作品。
　　这张莎士比亚悲剧《哈姆雷特》的演出海报的日期是1900年2月21日星期三,由伊丽莎白舞台协会呈现,威廉·波尔执导,音乐指导和乐器则由阿诺德·多尔梅茨提供(1900年2月21日,伦敦木匠厅)表演将场景还原到伊丽莎

---

① G. Moore, *Evelyn Innes*, Essex Library, 1929, p.5.

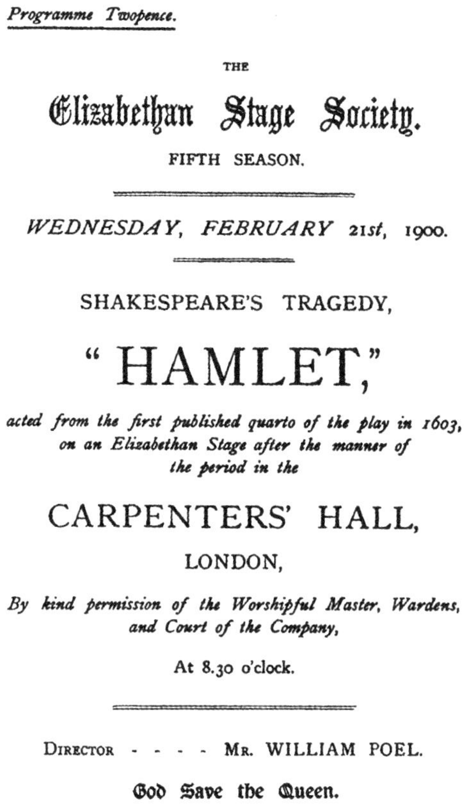

Programme Twopence.

THE

Elizabethan Stage Society.

FIFTH SEASON.

WEDNESDAY, FEBRUARY 21st, 1900.

SHAKESPEARE'S TRAGEDY,

"HAMLET,"

*acted from the first published quarto of the play in 1603,
on an Elizabethan Stage after the manner of
the period in the*

CARPENTERS' HALL,

LONDON,

*By kind permission of the Worshipful Master, Wardens,
and Court of the Company,*

At 8.30 o'clock.

DIRECTOR - - - - MR. WILLIAM POEL.

God Save the Queen.

图片 1

图片来自威廉莎士比亚《哈姆雷特》的扉页。由伊丽莎白舞台协会主办,第五季,威廉·波尔导演,音乐指导和乐器由阿诺德·多尔梅茨提供(木匠厅,伦敦,1900 年 2 月 21 日)

白时代的舞台,据报道是"按照当时的方式",《泰晤士报》对这场演出的评价是不大令人满意却又不乏亮点,"虽然人们已尽了一切努力使这出戏'真实'。除了音乐、对话、服装和击剑场景,都尽可能地根据当时的知识正确地再现了……不过,从一个更为积极的方面来看,多而梅茨先生哀伤的音乐为表演增添了魅力"。①这样的合作一直都在延续,其中包括在中殿大厅上演了莎士比亚在 1601 年创作的作品——《第十二夜》,当时在场的听众包括威尔士亲王、路易斯公主和泰克公爵。在这场演出中,多尔梅茨用古老的乐器增添了"气

---

① "Hamlet" by the Elizabethan Stage Society, *The Times*, 22 feb. 1900, p.7, cited in Alexandra Williams, *Bonnie Sweet Recorder*: *some issues arising from Arnold Dolmetch's early English recorder performances*, Early music, Oxford University Press, Feb., 2007, p.68.

氛",这被描述为"一种新发现",因为据说莎士比亚"喜欢简单",①以及之后上演的其他戏剧包括《错误的喜剧》《暴风雨》和《维罗纳的两位绅士》中的 97 个场景。他们合作的这些引人注目的作品直接影响到 20 世纪上半叶的人们思考该如何去上演莎士比亚,此番实践是一个巨大的变化,它转变了以考古的方式对写实—浪漫主义作出精确的判断并强调对布景的设置,这种创作方式及表演传统如今依然在环球剧院延续。

通过以上我们可以看到,多尔梅茨所交往的大批知识分子代表了英国的"业余主义"(amateurism),这个词从 18 世纪被引入,随着从贵族文化到资产阶级文化的转变,到了 19 世纪早期逐渐失去了赞助的意味,主要指那些出身温文尔雅的人,对艺术、学问或哲学的某一分支充满热情。一个音乐爱好者除了参加音乐会,也许还会主持音乐会,订阅音乐出版物,认识各种音乐家,还包括掌握一些表演技巧。②那个时代音乐已经成为英国中产阶级生活方式的组成部分,音乐素养和品味已经成为了中产阶级的标配。此外,多尔梅茨与掀起英国工艺美术运动的志同道合者们一样,大力提倡恢复手工艺和小作坊,以此抵制过度工业化对手工艺人的创作和作坊经济生产模式的破坏。而早期音乐其中一个最为核心的意义就是,帮助现代人巧妙赋予了音乐作为声音艺术的历史感,以此催生出一种更有诚意地重构历史声音的过程。

总而言之,从 19 世纪 80 年代开始,英国出现了这场协调一致的音乐复兴运动,最初主要是针对作曲,但最终也包括了对表演者、业余爱好者和观众的教育和实际鼓励方面的变化。这一推动被称为英国音乐复兴,从都铎时代到珀塞尔时代,其与早期复兴的概念不可分割地联系在一起。这场运动有许多有影响力的倡导者和支持者——即使他们个人不喜欢或不理解多尔梅茨的作品——都清晰地看到,在早期音乐复兴、民谣音乐复兴甚至在英国的艺术复兴运动中,多尔梅茨有助于人们在音乐表达中寻找一种特定的、可识别的和有价值的英语声音。对多尔梅茨本人而言最大的动力源自对过去时代音乐的迷

---

① E. Hill, "Shakespeare and contemporary music", *Music and letters*, Vol. 14, No. 1(Jan., 1933), pp.40—43.

② In *The New Penguin Dictionary of Music*, by Paul Griffiths. Penguin, 2006, http://search.credoreference. com/content/entry/penguinmusic/amateur/0?insititionld=4328.

恋,并认为这些音乐必须要在那个时代的乐器上面才能完美重现和表达,在工业革命方兴未艾、20 世纪更深度的工业化即将到来之际,多尔梅茨及后人把音乐与工业化新工艺结合了起来。不仅如此,他还具有那个时代音乐家所稀缺的,对早期音乐情感精准的觉察力,对细节、乐句、速度的表达的敏感性,并且有能够在乐器上发出最适合的音色以配合音乐要求的天赋。那些聆听过他所制作的 48 首巴赫前奏曲和赋格曲的古钢琴录音的人,会感激他提供了更多倾听和理解巴赫的历史信息;那些与他有过交往的知识分子,感激他给予了更多不同艺术门类间的灵感火花。更为重要的是,多尔梅茨在早期音乐复兴运动所奠定的基础在后来历史时期里得到传承,他与家族成员们为下一波音乐浪潮的出现作了铺垫。即使随着时代的变迁,历史表演音乐的思想观念也会产生质的变化,但多尔梅茨及家族围绕早期音乐复兴运动的一系列事业,对英国的社会、音乐、历史、教育等方面都产生了一定影响。

Retro and Representation: The influence of Dormetz on the Early Musical Revival in Britain

Abstract: The early musical revival could be dated back to the 1720s while the in-depth exploration started until the 20th century. In this stage of the British early music revival movement, musician and scholar Arnold Dolmetsch played a unique role in the practice and academic research of musical historical performance and the reconstruction of contemporary instruments. The article based on Dolmetsch's exploration of early music, attempted to the reconstruction of vintage instruments, and interaction with the elite of British society. William Morris, the pioneer of the arts and Crafts movement as well as William Poel, the founder of the Elizabethan Stage Society, cooperated to broke the boundaries among disciplines, which also will contributed to our understanding of the achievements by Dolmetsch in the field of culture and art.

Key words: Dolmetsch; Early music revival; Workshop; Historical reenactment

作者简介:王若屹,上海师范大学音乐学院青年教师,上海师范大学人文学院世界史系博士研究生。

中国首位甜歌歌手黎莉莉
演唱风格的文化考量①

王　韡

摘　要:《妹妹我爱你》是中国的第一首甜歌流行歌曲,其由黎锦晖在1927年创作、黎莉莉演唱。黎莉莉的声音甜美、纤细、明亮,属于曲线型声线。黎莉莉演唱中的咬字清晰、标准,与很多民国时期的流行歌手在演唱中都带有江浙一带的方言产生明显的差别。黎莉莉的演唱整体给人一种甜美、略显发嗲的听觉感受,有的地方好似女童发出的娃娃音。她把女性的那种娇媚、甜美、俊俏的气质通过歌声传达了出来。黎莉莉开创了甜歌演唱风格与中国流行声乐对唱形式,拓宽了流行音乐演唱的风格种类,对中国流行声乐发展有着深远意义。

关键词:黎莉莉　甜歌　演唱风格　《妹妹我爱你》

中国首位甜歌歌手为黎莉莉,原名钱蓁蓁,其1927年演唱的《妹妹我爱你》是中国流行声乐史上第一首真正意义的甜歌。为了文章阐述的明晰展开,笔者认为有必要对"甜歌""甜歌歌手"以及"甜歌演唱风格"这三个核心概念进行厘定。同时,也有必要对"为何认定黎莉莉是中国首位甜歌歌手""为何《妹妹我爱你》是中国第一首真正意义上的甜歌"这两个关键性的史实进行考证。

一、甜歌等概念的厘定、相关史实的考证、研究方法与路径的说明

(一) 对甜歌等概念的厘定

甜歌有广义与狭义之分。广义的甜歌泛指一切甜美的歌曲。狭义的甜歌

---

①　本文为2019年中国传媒大学亚洲传媒研究中心科研资助项目"韩国传媒音乐教育体系研究——以流行音乐教育体系为例"(AMRC2019-12)阶段性成果。

是指由女性歌手演唱的流行歌曲。这类流行歌曲多以爱情题材为主,演唱甜歌的女歌手往往声音甜美、婉转、抒情,形象俊俏,整体上给人一种歌甜人美的视听感受,凡属此类的流行歌曲都可以归入到甜歌中去。大陆著名音乐人、甜歌创作人吴颂今曾指出:"所谓甜歌,实际是指流行歌曲中比较甜美、民族风格较强的爱情小调。"①本文的研究与论述对象主要针对狭义的甜歌。基于此,以演唱甜歌而闻名,演唱的作品也基本上为甜歌风格,这样的女歌手即甜歌歌手。比较典型且被大家熟知的甜歌歌手有黎莉莉、邓丽君、韩宝仪、李玲玉、任静、杨钰莹、周蕙等。甜歌通过甜歌歌手的演唱、传播即形成了甜歌演唱风格。甜歌歌手的声音甜美、纤细、明亮,是甜歌演唱风格的重要本体特征。另外,从历史发展层面来看,甜歌演唱风格伴随着整个中国流行音乐的诞生、发展,其已经成为中国流行声乐中的一种重要风格类型。

(二) 对"黎莉莉是中国首位甜歌歌手"与《妹妹我爱你》是中国第一首真正意义上的甜歌"的考证

第一,中国第一首流行歌曲是 1927 年由黎锦晖创作、黎明晖演唱的《毛毛雨》,这已是一个不争的事实。歌曲《妹妹我爱你》也是由黎锦晖创作,是与歌曲《毛毛雨》同一年,一批创作出来的四首流行歌曲②其中之一。黎锦晖曾在自己的回忆录中指出:"1927 年我开始把大众音乐中的一部分民歌、曲艺和戏曲中过分猥亵的词藻除去,用外国爱情歌曲的词义和古代爱情诗词写出了比较含蓄的爱情歌曲。如用旧的音乐形式写成的《毛毛雨》,新的音乐形式写成的《妹妹我爱你》《落花流水》《人面桃花》这类适合小市民口味的东西。当时还没有'黄色歌曲'的称谓,归于流行歌曲之内。"③在这四首歌曲中,除了《妹妹我爱你》之外,都不是甜歌,所以,从一点上可以证实《妹妹我爱你》是中国第一首甜歌。第二,1934 年同声书局出版了一本《甜歌五打》的歌曲集,同时期大众书局也出版了一本名为《甜歌一打》的歌曲集。在这两本甜歌歌曲集中黎莉莉演唱的甜歌作品占据着相当的数量。从这一点可以证明黎莉莉是主要以演唱甜歌为主的歌手。第三,现当代的一些学者也有相关的印证性论述。学者赵士荟曾指出,"20 世纪 30 年代,在美国好莱坞有位被称为'甜姐儿'的影(歌)

---

① 吴颂今:《我给签约弟子杨钰莹写"真"》,广州出版社 2004 年版,第 134 页。
② 这四首歌曲为《毛毛雨》《妹妹我爱你》《落花流水》《人面桃花》。
③ 黎锦晖:《我和明月社》,政协湖南省湘潭市文史资料研究委员会、湖南省湘潭黎锦晖艺术馆,《黎锦晖〈湘潭文史〉第十一辑》,湘潭文准字[94]196 号 1994 年版,第 40 页。

星,名叫南锡卡洛(Nancy Carroll);无独有偶,在中国的'好莱坞'(上海),也有一位'甜姐儿',名叫黎莉莉。当时有一本电影杂志是这样介绍黎莉莉的:她对于所学的歌曲,总是甜蜜蜜含笑地表露出来;她的面貌是非常美丽,并且有甜味;她对于舞蹈尤是特长,以最活泼的情绪表演了生动的舞步;她的口齿也极伶俐,对白、歌唱均极清晰流利;并且她那艳而媚的眼波、迷人的微笑,不知激动了多少观众的心腔。她的一切举止,真有些像那位美国甜蜜的电影明星南锡卡洛……"①学者吴剑也曾指出,"黎莉莉和王人美一起,用甜美的歌声开一代新歌风,把时代曲②传播给在社会风气十分保守、闭塞的环境中,寻觅新的生活方式,新的感情生活的人们,她们勇敢地闯出了一条新路,都是中国流行音乐史上的开拓者、先行者"。③第四,这也是最重要的一点,即我们在听完黎莉莉演唱的《妹妹我爱你》《桃花江》(与王人美)、《特别快车》(与王人美)、《新凤阳歌》、《如此繁华》、《爱的神剑》、《鲜花新婚》、《一身都是爱》、《老凤阳歌》、《给歌郎》等一系列歌曲之后,从听觉感受上就可发觉,其属于典型的甜歌演唱风格。为此,从史料和视听感受两方面可综合认定黎莉莉是中国首位甜歌歌手,《妹妹我爱你》是中国第一首真正意义上的甜歌。

(三) 研究方法与路径的说明

本文主要从实例歌曲的音乐形态、歌手的演唱形态、歌手的声音声学频谱形态与歌手演唱风格的文化价值,这四个方面综合立体化地阐述歌手黎莉莉的甜歌演唱风格。第一,音乐形态分析。主要针对歌曲的音乐本体方面,例如:对歌曲的题材、体裁、节奏、节拍、调式、调性、曲式结构、作曲技法、和声、配器等方面进行剖析。"音乐形态是构成音乐风格的重要内容,音乐形态与音乐风格对演唱风格有直接的影响。从一定程度上来讲,音乐形态与风格决定演唱风格。"④第二,演唱形态分析。主要对歌手演唱时的音色、音量、音高等自身生理特点,使用的各种技能、技巧等歌唱方法特点,以及各种方式、类型的舞台表演特点来进行论述。这也是构成歌手演唱风格的核心部分。第三,对歌手的声音声学频谱形态分析。"声音特点是歌手形成演唱风格的重要物理因素。"⑤本文利用中国音乐学院音乐科技系主任韩宝强教授(笔者音乐声学指

① 赵士荟:《寻访老影星》,学林出版社 2008 年版,第 63 页。

② 时代曲即指民国时期的流行歌曲。

③ 吴剑:《何日君再来:流行歌曲沧桑史话(1927—1949)》,北方文艺出版社 2010 年版,第 240 页。

④ 王韡:《20 世纪 80 年代中国大陆囚歌演唱风格的音乐学分析》,《歌海》2018 年第 4 期,第 97 页。

⑤ 王韡:《论 20 世纪 90 年代的中国大陆摇滚乐演唱风格》,《艺苑》2018 年第 3 期,第 63 页。

导导师)开发的声学测试软件——"通用音乐分析系统(GMAS 2.0B)"(软件标识见图1,测试歌手声音频谱见图3、图4、图5和图6,测试歌手声音频谱分析数据见表1),将歌手的代表性声音片段进行声学频谱测试。这样使抽象的声音转换为直观可视的图像,有助于我们从客观的角度来观察且分析歌手的声音形态,使本文的研究更具科学性。第四,对黎莉莉开创的甜歌演唱风格文化价值进行阐述。

图1 软件"通用音乐分析系统(GMAS 2.0B)"标识

二、黎莉莉甜歌演唱风格的多维分析

(一) 甜歌《妹妹我爱你》的音乐形态分析

《妹妹我爱你》(见谱例1)是1927年由黎锦晖词曲创作、黎莉莉演唱的一首甜歌,这也是中国第一首真正意义上的甜歌。该歌曲为四三拍、F宫民族六声调式(加变宫)、中速、音域为九度(c^1—d^2)、并列单二部曲式(见图2)。歌曲在创作中,吸取了中国民族民间音乐的元素。因此,歌曲的民族风味十足。歌曲的创作结构上吸取了中国传统音乐中的说唱音乐结构。例如:歌曲中有很多小的间奏(过门),第14至15小节、第24至25小节、第34至35小节。这种写作方式与赵元任1926年创作的歌曲《教我如何不想她》有一定的相似性。《妹妹我爱你》和《教我如何不想她》虽然题材、音乐类型完全不同,但是创作时期非常接近,这也说明了此创作方式在当时比较流行,符合当时人们的音乐审美习惯。这种创作方式利于歌曲情绪循序渐进地展开,也利于歌手的演唱,尤其利于歌手演唱中进行换气。歌词采用了直白、倾诉式的写法,主要描写了主人公深爱自己恋人的心境。需要指出的是,此歌曲虽然由女歌手演唱,实际上

妹妹我爱你

黎锦晖词曲
黎莉莉唱

1. 妹 妹 我 爱 你，我 爱 你，我 爱 你。
2. 妹 妹 我 爱 你，我 爱 你，我 爱 你。

我 爱 你 的 头 发 儿 青 青，又 亮 又
我 爱 你 的 脸 蛋 儿 俏 俏，多 嫩 多

光，乌 云 儿 哪 能 比 得 上？ 嗬！哪 里 能 够
娇，梨 花 儿 哪 能 比 得 上？ 嗬！哪 里 能 够

比 得 上。 我 爱 你 的 眉
比 得 到。 我 爱 你 的 嘴

毛 儿 弯 弯，又 细 又 长。柳 叶 儿 哪 能
唇 儿 红 红，不 大 不 小。樱 桃 儿 哪 能

比 得 上？ 嗬！哪 里 能 够 比 得 上。
比 得 到？ 嗬！哪 里 能 够 比 得 到。

我 爱 你 的 眼 睛 明 明 亮，
我 你 你 的 眼 睛 明 明 亮，

谱例1 歌曲《妹妹我爱你》谱例

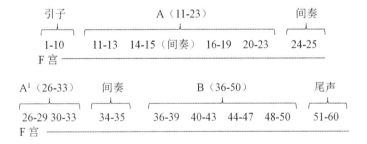

图2 歌曲《妹妹我爱你》曲式分析图

应该由男歌手来承载演唱。因为该歌曲是以恋爱中男性的口吻与视角来呈现。当然,以女歌手来演唱,与当时社会男性化为主的娱乐诉求等因素有很大关系。"当时中国社会的男女性别比例产生了很大的失衡。男性人口的数量远远大于女性。那么,此时社会方方面面为男性的伺服生产就会更丰富,这也是社会生产中的必然现象。因此,流行歌手的演唱者在民国时期大多都是青春靓丽的年轻女性,她们在演唱中追求柔情、甜美的唱腔也就成了必然。因为这种演唱润腔就是为了满足庞大的男性群体。"[1]

歌曲的引子部分由第 1 至 3 小节的旋律展开,第 4 至 6 小节是第 1 至 3 小节的下行纯四度严格模进,第 7 至 10 小节是第 1 至 3 小节的变体。引子部分采用中西乐队齐奏的方式,主要演奏乐器有钢琴、胡琴、单簧管等。第 10 小节采用钢琴琶音演奏的方式引入歌曲的 A 段(演唱部分),这在当时是比较前卫的编配方式,这是西方音乐中常用的编配技巧。从此点可透视出新文化运动后,西方文化对中国音乐界产生了影响。黎锦晖的旋律创作完全根据歌词的语调走向来进行。例如:第 11 小节的"妹妹"、第 12 小节的"我爱你"等处,曲与词的搭配非常贴切、契合。这样做利于歌手的演唱与百姓的传唱,这也是此歌曲在当时能够迅速传播且受到人们喜爱的重要因素之一。歌词创作上还运用了重复手法以及类似叠词的处理方式。例如:第 11 至 13 小节连续三次使用"我爱你"、第 20 至 23 小节两次使用了"哪能(够)比得上"、第 18 至 19 小节使用"又亮又光"、第 28 至 29 小节使用"又细又长"。这种创作方式不但使词曲连接得更加紧密,而且通过歌词的重复性表达加强了音乐主题。同时,衬词的使用也恰到好处。在音乐上,突显出连接与加强语气的效果。例如:第 22 小节的"嗬"。A 段的旋律以级进进行为主,(四度)跳进为辅。另外,第 11 小节第二拍的空拍以及第 22 小节处的空拍处理,都充分体现了黎锦晖在旋律创作上追求叙述性、口语化的创作方式。钢琴始终进行强弱性的柱式和弦演奏,使音乐具有一定的活力。A¹ 段是对 A 段的减缩变化再现,主要差异在于两段的最后两小节。A 段结束音落在徵音上,A¹ 段结束音落在宫音上,这属于徵宫对应的关系。B 段属于展开段,整体音域升高,充分表达出了主人公对恋人的深深爱恋之情。B 段的第四句(第 48 至 50 小节)与 A 段的第一句(第 11 至 13 小节)完全相同,这属于尾首呼应的创作方式。当然,此句也是该歌曲的主题核心句,旋律最后再次点题表达出"妹妹我爱你,我爱你,我爱你"。总体来讲,该歌曲的旋律吸取了中国民族民间音乐的元素,编配上采用了中西结合的方式。

(二) 黎莉莉的演唱形态分析

黎莉莉是民国时期中国歌坛与影坛的双栖明星。她与王人美、薛玲仙、胡笳并称为明月社[2]的"四大天王",与阮玲玉、陈燕燕、王人美并称为联华影业

---

[1] 王韡:《中国首位流行歌手黎明晖演唱风格的音乐学分析》,《文化艺术研究》2017 年第 2 期,第 50 页。

[2] 明月社,全名为明月歌剧社。1929 年由黎锦晖创办,1933 年春停办。其前身为 1927 年黎锦晖创办的中华歌舞专门学校。该社培养了许多流行歌手、作曲家、影星。

公司的"四大名旦"。黎莉莉的声音甜美、纤细、明亮,女高音声部。她的声线属于曲线型,但是在演唱高音时大多处于直线型,这一点与同时期的歌手黎明晖有一定的相似性。黎莉莉的发声位置靠前,声音直接打到硬腭上,但并不集中,未形成点状。其发出的音量比同时期的歌手(如王人美等)要大一些,这与其良好的嗓音条件有很大关系。黎莉莉的咬字清晰、标准,这一点非常难得。因为很多民国时期的流行歌手在演唱中都带有江浙一带的方言,例如黎明晖、周璇等。有记载指出,"黎明晖的演唱中充斥着大量的江浙一带方言。例如:在演唱歌曲《毛毛雨》时,'下个不停''吹个不停'的'个'唱成'guō','细雨柳青青'唱成'sì 雨柳 cīng cīng','小亲亲'唱成'小 cīn cīn','只要你的心'唱成'只要你的 sīn'等"①。另外,"周璇在演唱歌曲《夜上海》时,例如:'华灯起,乐声响,歌舞升平'唱成'华 dēn 起,乐 shēn 响,歌舞 shēn 平','衣食住行'唱成'衣 shēng 住行','如梦初醒'唱成'如梦 cūn 醒'。这与音乐制作人和歌手对语言的把握、要求以及自身的文化素养等都有一定关系"②。当然,这与黎莉莉小时候在北京成长,有良好的普通话基础有很大的关系。黎莉莉在明月社中还曾任学员的普通话老师。有记载指出,"黎锦晖只对黎莉莉从上到下打量了一番,简单的问了几句话,什么也没有考,知道她叫钱蓁蓁,北京话说得好,就把她留下来,算是录取了……黎莉莉说的是标准的北京话,因此,她就成为歌舞团教国语的小先生"。③"蓁蓁(黎莉莉)自幼在北平长大,说得一口标准的国语……她那清脆、甜美的声音,每次演出都博得热烈的掌声。"④另外,这也与音乐人黎锦晖对黎莉莉演唱歌曲时的语言表达有较高的要求有一定的关系。在黎莉莉撰写的《忆中华歌舞团和明月社》一文中,她曾指出,"他(黎锦晖)教我们唱歌,首先要求字正腔圆,求其天真,不务修饰,必须让大家听懂你是在唱什么"。⑤

黎莉莉在演唱时起音相对较轻,语气感较强。她的喉咙打开适度,软腭有一定幅度的抬起,但喉位稍高,在演唱高音时给人一种喊叫状的听觉感受。例如:第 12 小节"我爱你"的"爱"、第 44 小节"明明亮"的"亮"等处。黎莉莉采用

---

① 王韡:《中国首位流行歌手黎明晖演唱风格的音乐学分析》,《文化艺术研究》2017 年第 2 期,第 46 页。

② 王韡:《民国时期电影歌曲的演唱风格分析》,《中央音乐学院学报》2016 年第 2 期,第 102 页。

③ 石曼:《黎莉莉》,重庆出版社 2007 年版,第 13 页。

④ 吴剑:《何日君再来:流行歌曲沧桑史话(1927—1949)》,北方文艺出版社 2010 年版,第 242 页。

⑤ 黎莉莉:《忆中华歌舞团和明月社》,政协湖南省湘潭市文史资料研究委员会、湖南省湘潭黎锦晖艺术馆,《黎锦晖〈湘潭文史〉第十一辑》,湘潭文准字[94]196 号 1994 年版,第 137 页。

真声的演唱方式,即便是到了歌曲的高音区,也完全依靠自己本嗓的声带条件来演唱高音。她在演唱高音时没有刻意使用任何的演唱技巧,这也表明其具有良好的声带机能。这种演唱高音的方式在同时期的歌手黎明晖、薛玲仙等人的演唱中均有不同程度的体现。这与其之后出现的歌手周璇、姚莉、李香兰等人采用混声演唱高音的方式有很大的不同。黎莉莉演唱时声带闭合良好,未出现虚声。她的低、中、高音区基本保持统一,只是在中音区转入高音区时有一些换声痕迹。这是因为她采用喊声演唱方式而造成的。为此,黎莉莉的歌唱音域相对较窄,仅为九度左右,最高音在 d^2 左右。黎莉莉歌唱时的气息运用相对较好,比同时期的歌手黎明晖采用的胸式呼吸要强。但还没有完全达到最为科学、合理的胸腹式联合呼吸的方式,介于胸式呼吸与胸腹式联合呼吸两种呼吸方式之间的水准。黎莉莉演唱中运用了一定的共鸣腔体,尤其是口咽腔的共鸣,主要在演唱中音区时。高音区由于其声音不太集中,因此,共鸣略显不足,声音的色彩性也较弱。黎莉莉在演唱一字多音之处时,音准和语气感把握得较好。例如:第 21 至 22 小节的"上"、第 43 至 44 小节的"肠"等处。另外,第 20 小节的"哪"、第 22 小节的"嗬"等处,都为弱拍且时值相对较短之处,黎莉莉在演唱时也把握得非常准确。

黎莉莉的演唱整体给人一种甜美,略显发嗲的听觉感受,有的地方好似女童发出的娃娃音。她把女性的那种娇媚、甜美、俊俏的气质通过歌声传达了出来。例如:第 18 小节的"亮"、第 23 小节的"上"等处。有记载指出,"她(黎莉莉)的演唱无论是发声特点还是声音音色都与黎明晖非常相似,如果细找差别的话,就是黎莉莉的声音更甜、更嗲……声音很像小孩儿的娃娃音"。[1]黎莉莉在演唱时能够发出这样甜的声音,其一,与其自身的嗓音条件有一定关系,即甜歌嗓音;其二,她在演唱时有意捏着喉咙使声线更细,这样更能制造出娇媚、甜美、发嗲的声音效果。另外,由于此歌曲从旋律到编配都带有一定的中国民族音乐风格,再加上黎莉莉的演唱采用了民通[2]化的演唱方式。因此,黎莉莉的演唱属于具有民歌乡土气息的甜歌演唱风格,与 20 世纪 90 年代的甜歌歌

---

① 王韡:《中国流行音乐演唱风格研究(1927—1979)》,中国文联出版社 2016 年版,第 53 页。

② 民通是中国特有的一种流行音乐风格。民通歌曲大多是利用民族的音乐元素来进行创作的,在歌曲的编配与歌手的演唱方面,民族化、流行化特征兼具。民通演唱风格的歌手发出的声音比民族唱法歌手的声音要更靠前、更直白一些,气息也相对较浅,共鸣也相对较少。王韡:《论 20 世纪 90 年代中国大陆的民谣与民通演唱风格》,《当代音乐》2016 年第 21 期,第 3 页。

手杨钰莹的都市化甜歌演唱风格有所不同。如果对黎莉莉的声音进行更加细致性的分析，我们可以听出黎莉莉的演唱中有京剧的韵腔，这一点在黎莉莉自己著写的回忆录中可以找到答案，"有人说我(黎莉莉)长得像毕云霞(京剧花旦)，母亲想起宁协万(黎莉莉的大姐夫)以前教过琴雪芳(京剧花旦)文化课，于是请他想法把我送到琴家班子学京剧……宁协万趁他一次公差，把我带到了上海，拜琴雪芳为师……教青衣的师傅叫刘寒香，已是一个老头儿。有一次教我《彩楼配》……"①总体来讲，歌手黎莉莉的声音甜美、形象俏丽，开创了中国甜歌演唱风格的先河。

(三) 黎莉莉的声音声学频谱形态

从频谱图(见图 3)与数据表(见表 1)中的相关数据可知：黎莉莉的声音采样中，其基音的声压高于所有的泛音。整个谐音列的声压在－3 至 49 分贝之间，平均分贝值为 28.84，这表明黎莉莉演唱此音时的力度较大，声音的能量在短时间内迅速集中。同时，这也说明了黎莉莉与同时期的黎明晖(见图 4)乡村音乐演唱风格的声态有相似之处，而与后期出现的邓丽君(见图 5)、杨钰莹(见图 6)等甜歌歌手在演唱时，采用的婉转、轻柔的演唱方式有一定差异。整个谐音列频率之间基本符合 1、2、3、4、5、6、7、8、9、10、11、12、13、14 的整数倍关系，度数之间基本符合上行纯八度、纯五度、纯四度、大三度、小三度、小三度、大二度、大二度、大二度、大二度、小二度、小二度的关系，属于较为标准的谐音列排列结构。这说明此声音具有乐音效果，但其中也有一定的微差，这是由于声音的能量在短时间内迅速集中造成的。另外，第 3、4 泛音处于歌手共振峰的频率区间内，但是这两个泛音所形成的峰状较窄、较低，没有形成标准式歌手共振峰的规模，这也是甜歌歌手声音声学表现的一个重要特点。需要指出的是，歌手共振峰是评价声音质量的一个重要参数。所谓"歌手共振峰是指出现在 2 200 至 3 200 赫兹频率范围的一种共振波峰，它的存在可以增强歌唱者嗓音的明亮度和穿透力，不至于被乐队伴奏或其他音响所掩蔽"。②"频谱上的歌手共振峰表示在这个频率上有强的声音或可以引起强的共鸣。一个乐器或人歌唱的共振峰多、宽而强，一般显示其声音的质量好。"③未形成

---

① 黎莉莉：《行云流水篇：回忆、追念、影存》，中国电影出版社 2001 年版，第 6—7 页。
② 韩宝强：《音的历程：现代音乐声学导论》，中国文联出版社 2003 年版，第 260 页。
③ 龚镇雄：《音乐声学：音响·乐器·计算机音乐·MIDI·音乐声学原理及应用》，电子工业出版社 1995 年版，第 125 页。

歌手共振峰说明了黎莉莉的声音缺少共鸣，比较干涩、直白，穿透力较弱，因为在"共振峰附近的能量集中，对于这些频率，声音的穿透性强"[①]，反之即较弱。另外，未形成歌手共振峰还说明，黎莉莉的呼吸不够深，即未达到胸腹式联合呼吸的标准。因为"气息浅、喉结上提、位置不到位的发声情况下，共振峰普遍偏低或几乎不见"[②]。

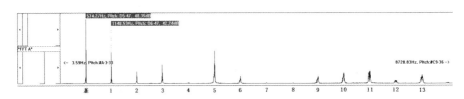

图 3　黎莉莉声音频谱图

表 1　黎莉莉声音频谱分析数据表

谐音列	频率(Hz)	音高	声压(dB)
基音	574.27	d^2-47	48.35
第 1 泛音	1 148.53	d^3-47	42.24
第 2 泛音	1 722.80	a^3-45	33.79
第 3 泛音	2 297.06	d^4-47	37.75
第 4 泛音	2 878.51	$\sharp f^4+43$	12.69
第 5 泛音	3 445.59	a^4-45	42.57
第 6 泛音	4 019.86	b^4+22	29.50
第 7 泛音	4 594.12	d^5-47	9.82
第 8 泛音	5 222.23	e^5-25	-2.32
第 9 泛音	5 749.83	f^5+41	29.29
第 10 泛音	6 313.33	g^5+3	32.62
第 11 泛音	6 898.36	a^5-44	34.26
第 12 泛音	7 476.22	$\sharp a^5-4$	21.97
第 13 泛音	8 043.31	b^5+22	31.18

①　龚镇雄：《音乐声学：音响·乐器·计算机音乐·MIDI·音乐声学原理及应用》，电子工业出版社 1995 年版，第 188 页。
②　韩宝强：《音乐理论：请注明你的有效性》，上海音乐学院出版社 2004 年版，第 225 页。

图 4　黎明晖声音频谱图

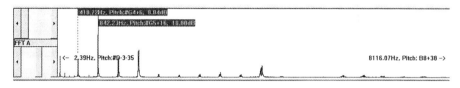

图 5　邓丽君声音频谱图

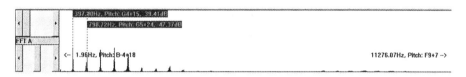

图 6　杨钰莹声音频谱图

三、黎莉莉及其甜歌演唱风格的文化价值

（一）开创了甜歌演唱风格，拓宽了流行音乐演唱的风格种类，对中国流行声乐发展有着深远意义

我们深知"真正意义上的流行音乐诞生于 19 世纪中后期的欧美地区，迄今虽然仅有一百多年的历史。但是其发展迅猛，已经形成了布鲁斯、爵士、乡村、摇滚、拉丁、说唱、嘻哈、索尔、雷鬼、迪斯科、新世纪、流行舞曲等音乐与演唱风格"[①]。黎莉莉的甜歌演唱风格与"具有中国特色的流行音乐风格与演唱风格，例如：鸡猫子腔、小妹妹腔、民通、哭腔、军旅民谣、西北风、囚歌、音乐评书、民族摇滚、民族流行等"[②]并置。甜歌演唱风格在中国流行声乐发展史乃至世界流行声乐发展史上均具有开创性，其拓宽了流行音乐演唱的风格种类。欧美出现甜歌演唱风格要比中国晚很多，真正形成典型性、风潮性的应该在 20 世纪 80 年代之后。例如歌手"小甜甜"布兰妮（Britney Spears）的演唱。

---

① 　王韡：《流行音乐学学科设置论》，《高教发展与评估》2017 年第 3 期，第 93 页。

② 　王韡：《20 世纪 80 年代中国大陆囚歌演唱风格的音乐学分析》，《歌海》2018 年第 4 期，第 95 页。

黎莉莉开创的甜歌演唱风格并不是在中国流行声乐发展史上昙花一现，而是一直贯穿于整个中国流行声乐的发展中，是中国流行音乐演唱风格中非常重要的一个类型。从整个中国流行歌坛来看，在不同历史时期均涌现出了众多被人们喜爱的甜歌歌手。例如：周璇、邓丽君、韩宝仪、千百惠、李玲玉、任静、陈淑桦、高胜美、孟庭苇、杨钰莹、刘晓钰、何影、陈妃平、何影、周亮、戴娆、周蕙等。以黎莉莉为代表的甜歌演唱风格，应该是中国甜歌演唱风格的第一个阶段，其演唱突出了民歌乡土气质。以邓丽君、韩宝仪为代表的甜歌演唱风格，应该是第二个阶段，其演唱突出了现代都市流行气质。以杨钰莹为代表的甜歌演唱风格，应该是第三个阶段，其演唱突出了都市时尚娇媚气质。

（二）开创了中国流行声乐对唱形式

黎莉莉不但独唱了很多流行歌曲，其还与不同的男女歌手对唱了很多流行歌曲，开创了中国流行声乐的对唱形式。1931 年，胜利唱片公司出版了由黎莉莉、王人美对唱的歌曲《桃花江》《特别快车》的唱片，这两首歌曲应该是中国第一、二首对唱流行歌曲。这两首歌曲是由黎锦晖在 1928 年创作，刊于1929 年 5 月，由心弦会出版，黎锦晖编写的《家庭爱情歌曲二十五种》歌曲集中。至于严华与周璇对唱的那版《桃花江》，周璇独唱的那版《特别快车》则都是在黎莉莉版本之后，于 1935 年出版。

在两人女声对唱方面：黎莉莉与胡笳演唱了歌曲《鲜花新婚》《月夜箫声》，与黎明健演唱了歌曲《精忠报国》，与张静演唱了歌曲《天上人间》《橘子炮》，与张素珍演唱了歌曲《花花曲》；在三人女声对唱方面：黎莉莉与张静、黎明健演唱了歌曲《公平交易》；在四人女声方面：黎莉莉与王人美、胡笳、赵镜晓演唱了歌曲《舞伴之歌》，与周璇、张静、黎明健演唱了歌曲《钟声》《谢谢你们》《你的花儿》；在男女两人对唱方面：黎莉莉与严华演唱了歌曲《心上裂痕》；在男女四人对唱方面：黎莉莉与严华、周璇、张静演唱了歌曲《小羊救母》。这么多样的演唱方式就是在当下歌坛也并不多见，可见其演唱表演方式的开创性意义很大。

总之，歌手黎莉莉开创了甜歌演唱风格，她的演唱契合了中国人的音乐审美情趣，也反映出当时中国社会男性化为主的娱乐诉求，对中国流行歌坛的影响很大，在中国流行声乐发展史上留下了浓墨重彩的一笔。

On the Singing Style of Li Lili,
The First Sweet Singer in China

Abstract: *Younger Sister*, *I Love You* is the first sweet popular song in China. It was written by Li Jinhui in 1927 and sung by Li Lili. Li Lili's voice is sweet, slender, bright and has a curved sound line. Li Lili's articulation is clear and standard, which is obviously different from that of many popular singers in the period of the Republic of China. Li Lili's singing overall gives people a kind of sweet, slightly sweet hearing feeling, some places like a girl's baby voice. She conveyed the charming, sweet and handsome temperament of women through singing. Li Lili created the singing style of sweet song and the form of duel singing of Chinese popular vocal music, broadened the types of singing style of popular music, which has far-reaching significance for the development of Chinese popular vocal music.

Key words: Li Lili; Sweet Song; Singing Style; *Younger Sister*, *I Love You*

作者简介:王韡,中国传媒大学音乐与录音艺术学院副教授,精英集团有限公司与河北大学联合招收在站博士后,河北传媒学院特聘教授。

从"族"到"号"，
前现代中国都市的品牌文化

金樊嘉

摘　要:品牌定义了人与商品,及其所属社会群体之间的关系。品牌的起源可以一直追溯到原始社会时期,人类对其所拥有的牲畜所留下的象征拥有权的记号。脱胎于商品的实用价值,品牌建构了一个意义创造体系。然而,因其在现代消费社会中所占有的重要性,品牌总被认为与资本主义的产生存在着密切的联系。实际上,品牌在前现代中国历史上早已出现,并且已表现出其被用于区别相似产品的竞争差异性和带有符号价值的商品拜物性。前现代历史考证也侧面印证了品牌的出现与资本主义并不存在必要联系。

关键词:品牌　商品拜物　市场经济　前现代中国

　　品牌在城市消费社会中占据了尤为重要的地位。它塑造了当代的消费文化以及构建了个体如何看到自身与商品之间的关系。品牌(brand)一词,起源于斯堪的纳维亚语言中的词汇(brandr),原意为"使某物燃烧(to burn)",意指农人用燃烧的木头来标记他们的牲畜或作物。眼下,品牌一词融入了市场概念,指代"一个名称、术语、标志、符号、设计,或它们的组合,旨在识别一个卖方或一组卖方的商品和服务,并将它们与竞争对手的商品和服务区分开来"。①

---

① Kevin Lane Keller, *Strategic Brand Management*: *Building*, *Measuring*, *and Managing Brand Equity*, Pearson, 2013, p.2.

卡尔·马克思在《商品拜物教》一文中解释道：品牌的出现是由于商品功能价值的消失导致商品拜物。①现代营销人员则将"拜物"用于把"品牌"一词提升到徽标或包装之外的关键术语——作为一种特定的迷恋品质，让消费者将品牌视为其生活方式和信仰的体现。②综上，全面的品牌定义是品牌建设者既创造了一种用于将自己与竞争对手区分开来的标识，也创造了一个吸引消费者的意义创造系统。

西方学界曾经认为使品牌这一与"市场"高度关联的词语出现的必要条件是资本主义的产生。学者们通常不会将古代社会的经济体系视为市场经济。基本假设是，市场经济出现在具有高度社会和政治开放性的城市中，而大多数前现代社会都没有③。在 1972 年发表讲座时，20 世纪最负盛名的古代经济学学者摩西·芬利爵士说道，"古代社会没有一个由独立市场组成的巨大集团的经济体系"。④他宣称，市场经济中的经济自由应该伴随着政治和法律自由，而这只有在资本主义制度的发展下才能实现。

随着现代的中西方的考古发现，品牌才得以被追溯到了更古老的历史中去。例如，大卫·温格罗发现，为了刺激需求，美索不达米亚的古代工匠使用印章作为质量和出处的标志。⑤他还在埃及的考古遗址发现了公元前 3 000 年左右用作商品标签的铭文来表示优质品质。但是，品牌仍总与西方挂钩。作为市场活动的一种手段，品牌推广最常被追溯到古罗马时代。店主们使用门头的画作来表明他们的特色，吸引潜在客户。⑥事实上，在公元前 2 700 年，中国氏族的陶器上便已标有工匠的身份，以表明质量。然而，纵使承认品牌活动发生在前工业社会，但由于中国帝国发展与欧洲形成的资本主义经济不同的污名化观念，学者们仍然普遍认为，直到西方社会的现代性产生后，品牌才成

---

① Karl Marx et al. *Capital: A Critique of Political Economy*, Penguin Books in Association with New Left Review, 1992, p.333.

② Douglas Holt and Douglas Cameron, *Cultural Strategy: Using Innovative Ideologies to Build Breakthrough Brands*, Oxford University Press, 2012.

③ Bas van Bavel, "Open Societies before Market Economies: Historical Analysis," *Socio-Economic Review*, Vol.18, Issue 3, (Jul., 2020), pp.795—815.

④ Moses I. Finley, *The Ancient Economy*, Chatto & Windus, 1875, p.22.

⑤ David Wengrow, "Prehistories of Commodity Branding," *Current Anthropology*, Vol.49, No.1, 2008, p.8.

⑥ Giana M. Eckhardt and Anders Bengtsson, "A Brief History of Branding in China," *Journal of Macromarketing*, Vol.30, No.3, 2009, p.210.

为消费社会的市场营销主要手段。①

因此,为了证明品牌在前现代中国繁华的消费文化中被用作重要的媒介,本文将首先提供"品牌"在中文中的各种定义,然后介绍中国古代营销人员使用复杂的品牌方式将其产品与竞争对手区分开来,并赋予顾客所向往的特定品质。最后,本文将借古代中国都市中的消费场景论证,除了西方的资本主义之外,中国构建的商品经济也催生了对品牌的需求。

一

根据凯文·凯勒的定义,品牌的概念带有识别特征,有助于企业主在竞争中脱颖而出。②这个定义的要点是,任何能传递商品独特品质的视觉或文字元素都是一个品牌。事实上,至少有三个中文名词能被用来证明中国早已有了品牌概念:族、标记、号。距今4 000年的商朝,家徽("族")被作为标识用于青铜器上,以表明质量和来源。③在公元前221—前206年的秦朝,工匠们还在其产品上以泥巴制成的家族印章涂抹个人标志。"族"这一标识传统穿过悠悠岁月来到17世纪左右的清朝,品牌被认定为"标记"。它携带着生产者的名字或销售者的生产地区等信息。④第三个名次便是号。最初,"号"是一个文化概念,用来命名一个地方、一个人或一个传说。在中国古代文化中,"号"大多被统治者、贵族和文人广泛使用,作为他们在出生时的名字之外的艺术称谓,表示他们的艺术或公共成就。⑤ 由于"号"的文化含义蕴含着诚实、公正和对公共生活的贡献,旧时有着巨大声誉的商贾会以"号"来命名自己的店铺。由此,商号便与这个字原本的文化和社会价值所挂钩,象征着他们诚

① Gary G. Hamilton and Chi-kong Lai, "Consumerism Without Capitalism: Consumption and Brand Names in Late Imperial China," *The Social Economy of Consumption: Monographs in Economic Anthropology*, No.6, University Press of America, 1989, p.253.

② Kevin Lane Keller, *Strategic Brand Management: Building, Measuring, and Managing Brand Equity*, Pearson, 2013, p.2.

③ Giana M. Eckhardt and Anders Bengtsson, "A Brief History of Branding in China," *Journal of Macromarketing*, Vol.30, No.3, 2009, p.214.

④ Gary G. Hamilton and Chi-kong Lai, "Consumerism Without Capitalism: Consumption and Brand Names in Late Imperial China," *The Social Economy of Consumption: Monographs in Economic Anthropology*, No.6, University Press of America, 1989, p.258.

⑤ Irene Kałużyńska, "Linguistic Composition and Characteristics of Chinese Given Names," *Onoma*, Vol.51, 2016, p.174.

实可信的商业道德。①另一个具有象征性品牌功能的术语是"贡品",如岭南荔枝、鄢陵蜡梅、化州橘红、南海珍珠等。这些特产比同类其他商品更为优越,因此被地方政府作为贡品献给皇帝。②贡品一开始并不是品牌,因为生产者最初并没有将"贡品"这一概念用于市场活动。但是,随着制造商和朝廷之间的经济往来越发密切,宫廷用品便成为了区分普通供应商和皇家供应商的标志。贡品与天子之间的关系额外为其增添了一层来自皇家的光环效应。这些不同的中文词汇及其象征意义的存在表明,西方对所谓的"品牌"在中国早已存在了数千年。

更重要的是,除了拥有这些不尽相同的品牌用语之外,前现代中国的商贾已经用成熟的营销方式来塑造他们的店铺品牌,以识别他们的产品并将其与竞争对手区分开来。由山东刘氏家族在北宋末年(据估计 1127 年)创立的"济南刘家功夫针铺",又被称为"白兔牌",是现今被认为最早的完整商业品牌。在针铺门口,刘氏竖立了一块印有"白兔捣药图"的铜板,以吸引公众的目光。铜版一掌大小,长 13.2 厘米,宽 12.4 厘米,栏内的第一层,刻有楷书"济南刘家功夫针铺"八字;第二层中段为白兔持杵捣药图案,两侧分别刻有四个楷书阳文,连起来为"认门前白兔儿为记";第三层则是七列楷书铭文,每行四字,全文称,"收买上等钢条,造功夫细针,不误宅院使用,转卖兴贩,别有加饶,请记白"。③这块铜板不仅说明了店铺位置,还注明了经营范围,更展示了刘氏的品牌意识,选择了一只白色的兔子作为他们的吉祥物,将商号与竞争对手区分开来,并使用广告来概述他们产品的质量和经营活动。

此外,尽管学者们认为用来区分古代品牌和现代品牌的关键因素是当代品牌建设者使用科学和心理学原理来吸引目标受众,但"济南刘家功夫针铺"已经学会了利用文化元素来锁定消费者。白兔不仅是一种动物,而且是当地人民喜爱的重要文化符号。这家商店的主要目标受众是识字不多但负责采办的达官贵人家的侍女和操持家业的妇女。而白兔的故事从商朝以来便是华夏

---

① Giana M. Eckhardt and Anders Bengtsson, "A Brief History of Branding in China," *Journal of Macromarketing*, Vol.30, No.3, 2009, p.214.

② Yuan-Kang Wang, "Explaining the Tribute System: Power, Confucianism, and War in Medieval East Asia," *Journal of East Asian Studies*, Vol.13, No.2, 2013, pp.207—232.

③ Gary G. Hamilton and Chi-kong Lai, "Consumerism Without Capitalism: Consumption and Brand Names in Late Imperial China," *The Social Economy of Consumption: Monographs in Economic Anthropology*, No.6, 1989, p.259.

大地上家喻户晓的民间神话故事。嫦娥和她的白兔成为女性力量"阴"的化身。[1]在招牌上有这个白兔的形象,商店将变得对其目标群体更有亲和力与吸引力。因此,刘氏懂得利用白兔具有的象征性和独特的文化属性,证实了一种有经验的品牌推广技术。

<h2 style="text-align:center">二</h2>

　　如前文所述,品牌不仅被用来识别产品,还被用来创造超越商品使用价值的品牌身份,并通过品牌的象征性价值使消费者迷恋上产品。品牌的象征意义是如何产生的呢? 马克思提出了商品的两种不同价值:使用价值和交换价值。使用价值是人类如何使用该物品的实际功能,而交换价值反映了制造产品所需的劳动力以及一种商品与另一种商品的可交换价值。他认为,在前现代社会中,人们在经济活动上是相互依存的。例如,假设在一个前现代欧洲小镇上,人们来到地毯店订购东方地毯。工匠从镇上一个著名的纺织商那里预订了印度织物、亚麻布和流苏。这个纺织品经销商雇用当地的年轻男孩从附近的港口卸货。消费者知道,工匠通常,大概会花 15 天时间制作这块做工精致的地毯。因此,在这个小小的社会领域的每个交易阶段,消费者熟知在这串商品交易中的社会关系和生产所需的劳动量。马克思评论说:"劳动和它的产品没有必要披上与它们的现实所不同的奇妙形式。"[2]因此,马克思及多数西方学者表示随着人类进入资本主义社会,原本小镇的手工业者成为工厂的工人,开始以惊人的数量生产商品;城镇中的集市变成了拱廊、百货公司和购物中心,聚集了来自全球各地的商品。过去,一个人知道一件产品必须来自他居住的小镇上的商店。但如今,一件产品可能来自一家越南工厂,由几个完全不知名的工人制造。人们对商品背后的劳动没有任何认识。迈克·米勒在他的《乐蓬马歇:布尔乔亚文化和百货商店》一书中谈道:"作为 19 世纪最早的百货商店之一,乐蓬马歇陈列了 200 多种商品,从家庭用品到体育和园艺用品及厨房用具都有出售",数以万计的商品被展示出来。[3]货架上呈现的商品货币形

① E. T.C Werner, *Myths and Legends of China*, George G. Harrop, 1924, p.133.

② Karl Marx et al. *Capital: a Critique of Political Economy*, Penguin Books in Association with New Left Review, 1992, p.336.

③ Michael B. Miller, *Bon Marche: Bourgeois Culture and the Department Store, 1869—1920*, Princeton University Press, 2014, p.51.

式掩盖了个人劳动的社会性质和工人之间的社会关系,使这些关系表现为物质对象之间的关系。①他们的交换价值取代了商品背后的劳动关系。同时,人与人之间的交流,如与卖家讨价还价,也消失了,变成了有标准价格的无弹性的货币交易。人们开始崇拜产品的拜物教特性,而不是商品背后的工匠精神。商品拜物教把人在经济交流中的作用封存起来,放在一个"胶囊"里,并把它扔进资本主义发展的洪流中。此外,当人类将欲望、幻想和情感投射到商品上并与之形成关系时,交换价值被神秘化和迷信化。由于人在商品中感知到的是社会和劳动关系的不透明性,价值并没有必要把它的功能描述烙在额头上;相反,每一种劳动产品都变成了社会象形文字。因此,当人类开始破译这种"象形文字"时,商品就成了心中迷恋、热情和激情的投射对象。②人们与商品建立起了无形的联系,并将其与声望、浪漫、社会地位等特征联系起来。商品的迷恋品质不是从我们对其实用性的需求中获得的,而是从商品的符号价值中获得的,这就是商品对我们的意义所在。

诚然,以马克思代表的西方社会学者用前现代欧洲小镇工匠到百货商店的转变来论述商品脱离了原本的实用价值,转而,被赋予了符号意义。但是,商品的符号意义早在工业革命前便出现。至少,在封建中国时期,商贾已经学会了如何模糊商品的实用价值和援引商品的象征性特质来吸引消费者。现今最大的中医药品牌同仁堂,是由祖籍为浙江宁波的乐显扬创立于康熙八年(1669 年)。③在西药引入之前,中药业态是中国产业中最为饱和,竞争最为激烈的。因从业人数多、门槛相对较低,从而同质化严重,价格战屡见不鲜。然而,乐氏将同仁堂定位为最显赫的制药机构,采用了眼花缭乱的品牌方法占领消费者心智,形成品牌溢价,吸引了达官贵人、富贾商贾、文人墨客等目标群体。"同仁堂"三个字背后所蕴含的文化含义巧妙地与其受众群体的毕生追求联合在了一起。儒家讲究"仁义礼智信",这是每位君子的基本素养和毕生追求。而"仁"是君子最基本的道德规范和最高的理想道德境界,真正的君子时刻都能够做到以"仁"作为自己的行为准则和处世标准,"君子去仁,恶乎成名?

---

① Karl Marx et al. *Capital: a Critique of Political Economy*, Penguin Books in Association with New Left Review, 1992, p.335.

② Jean Baudrillard, *The Ideological Genesis of Needs/Fetishism and Ideology*, Routledge, 2007, p.58.

③ Sherman Cochran, *Chinese Medicine Men Consumer Culture in China and Southeast Asia*, Harvard University Press, 2006, p.16.

君子无终食之间违仁,造次必于是,颠沛必于是"。①加之,君子之追求无外乎居于庙堂之上,此后,衣锦还乡,荣归故里,加封于宗族堂号。东汉许慎在《说文》中写道:"古曰堂,汉以后曰殿。古上下皆称堂,汉上下皆称殿。至唐以后,人臣无有称殿者矣。""堂"字一直便意指高大显贵的地方。因此,"同仁堂"可以被理解为"高大的分享仁义的殿堂"。根据中国传统的四民划分来看,"士农工商"之中,有着君子之称的"士"占据的社会地位最高。②因此,通过将"仁"融入他的品牌名中,乐显扬希望说服他的消费者:当他们购买同仁堂的产品时,他们也获得了儒家的美德来彰显社会地位。

此外,为了巩固这种以儒家推崇的品质为主的品牌价值,乐氏还通过对城市福利的慈善捐助,将同仁堂与都城的社会精英联系起来。冬日里,乐氏家族会在商店门口为穷人施舍汤粥。同仁堂还通过安装路灯来照亮北京的人行道,路灯上刻有其品牌名字,中间是一个放大的"仁"字。③此外,品牌还赞助了一支消防队,为战士们配备了从德国进口的最新消防车,并将其更名为"同仁堂慈善水队"。更重要的是,显扬先生也可以被认为是前现代中国第一个有目的地采用品牌大使策略为其商号做广告的人。他特意在政府官员和学者调任新职或衣锦还乡之前将其产品免费送给他们。借此,他希望这些品牌大使能够将它们作为礼物分发,在北京城之外建立起同仁堂的品牌知名度和声誉。通过上述的品牌策略,同仁堂成功地将自己从一个普通的医药商号转变为儒家中"仁"爱的化身。在同仁堂,受众群体将儒家美德与消费联系在一起,仁是一种"可购买的"商品。

三

纵然前现代中国历史上有如上陈述的非常成熟的品牌策略,西方学界的部分学者依然会认为,封建中国僵化的政治制度和社会分层不会使人们产生使用商品来代表自己愿望。根据韩格理和黎志刚在《没有资本主义的消费主义:帝国晚期中国的消费和品牌名称》一文中所言,自宋朝开始,到明清时期,

---

① 孔子:《论语》(马一弘主编),湖南大学出版社 2013 年。

② Timothy Brook, *The Confusions of Pleasure: Commerce and Culture in Ming China*, University of California Press, 2011, p.210.

③ Sherman Cochran, *Chinese Medicine Men Consumer Culture in China and Southeast Asia*, Harvard University Press, 2006, p.26.

中国社会的阶级划分其实是非常模糊的,家庭财富和地位的不断上升和下降,以及在任何时候一个人的家庭地位的不确定性,催生了使用物质符号来标记地位的潜在需求。①例如,昂贵的物品在构建明朝社会等级阶梯中发挥了举足轻重的作用。张瀚在《松窗梦语》写道:"四方贵吴器,而吴益工于器。是吴俗之侈者愈侈,而四方之观赴于吴者,又安能挽而之俭也。"②器物一旦贴上吴地生产的标签就成为全国各地争相购买的品牌,这给了明朝时期新富们向上攀登的准绳。有闲阶层仅仅握有财富是不够的,要获得与之匹配的社会地位和尊荣,必须通过消费奢侈品来取得证明。③这为人们购买同仁堂的商品提供了一个基础性的解释:证明他们属于一个与凡夫俗子不一样的社会群体;在这个群体中,他们欣赏相同的符号价值并保持超凡的社会地位。前现代中国的营销人员不仅利用品牌创造了一个识别系统,而且也展示出他们懂得如何赋予品牌拜物性符号价值,吸引有闲阶层通过消费来彰显财富和社会地位。

如果说,西方社会真正意义上的品牌萌芽是与工业革命后高频率消费商品的发展同步出现的:工业化将许多家用商品的生产从当地生产者转移到集中的工厂,这促使企业在其商品包装印上受法律保护的标记。④为了让市场相信他们的商品具有更好的品质,营销人员用品牌策略包装他们的产品,努力提高消费者对公司的信赖。那么,品牌的产生始于市场中动态和复杂的竞争。然而,中国前现代社会并没有萌生西方世界的资本主义或受西方社会影响,那么在中国用来识别产品和标志社会地位的品牌的发展又该如何解释呢?事实上,十世纪到十九世纪,中国的经济已经广泛地商品化了,给品牌的发展创造了殷实的市场基础。以明朝(1368—1644年)为例,卜正民教授的《纵乐的困惑:明代的商业与文化》展示了随着明利用里甲制度来稳定农户,人口在明王朝增加了一倍,农民开始出售他们的农业剩余物给商人并积累财富;旨在加强国家对其领域的控制和通信的桥梁和邮局促进长距离的商业,商人们成功地

---

① Gary G. Hamilton and Chi-kong Lai, "Consumerism Without Capitalism: Consumption and Brand Names in Late Imperial China," *The Social Economy of Consumption: Monographs in Economic Anthropology*, No.6, 1989, p.265.

② 张瀚著,萧国亮校:《松窗梦语》,上海古籍出版社1986年版,第四卷第82页。

③ Thorstein Veblen, *The Theory of the Leisure Class*, Prometheus, 1998.

④ Victor Briciu and Arabela Briciu, "A Brief History of Brand and the Evolution of Place Branding," *Bulletin of the Transylvania University of Brasov*, Vol.9, No.2, (Jun., 2016), p.139.

将生产者和消费者纳入区域间的商业网络，城市市场在河流沿岸形成。来自波斯的使臣自运河而入，访问江南时，回忆道："房子站成一排排，人群的长袍似乎像屏风。市场上堆满了金银财宝；人们穿着漂亮的衣服和装饰品。河岸边的商店和市场鳞次栉比。"①

从港口流出的货品吸引了日本和西班牙的白银进入中国市场，促进了经济发展；新的财富影响了人们流通信息、积累知识的方式，甚至影响了人们的衣着。农民们不再满足于食用大米和普通蔬菜。他们也不再简单地穿着农村风格的衣服。明历的编纂者写道："人们预付生产费用以换取丰盛的饭菜；男人们戴着凹陷的帽子，穿着宽大的袖子垂到腰间的丝质服装游行，并定期改变自己的风格。"②奢侈的消费成为社会地位的标志，人们不满足于商品原有的实用价值，而追求其符号价值。美国汉学家施坚雅估计，在18世纪初，前现代中国有27 000个标准集镇，8 000个中等集镇，23 000个中心集镇，669个地方城市，200个大城市，63个区域商业城市，20个区域大都市和6个中央大都市。③在这些大大小小的城市市场中，从13世纪开始，中国的人均绝对值商品流通量，远远高于19世纪之前世界上任何一个社会。④日常生活用品和消费品大多不受政府控制，由农民、工匠和商人生产，在这些不同规模的市场上大规模销售。因此，在这种商品经济中，品牌成为区分不同供应商提供的类似产品的重要媒介。大量的商品，从大米和茶叶到布匹和金属制品，都带有品牌标志。

不难发现，明中叶以后社会生产与经济的发达，促使当时的社会习气发生了天翻地覆的转变，包括饮食、服务、住房、用具，以及游乐社戏等。⑤法国年鉴学派的历史经济学家费尔南·布劳代尔认为明代创造了一个广泛的市场经济，消费主义、奢靡消费，以及商标便发展于此。⑥有别于资本主义中资本家通

---

① Timothy Brook, *The Confusions of Pleasure : Commerce and Culture in Ming China*, University of California Press, 2011, p.5.

② Ibid., p.144.

③ William G. Skinner, *The City in Late Imperial China*, University of Michigan Press, 2007, p.286.

④ Gary G. Hamilton and Chi-kong Lai, "Consumerism Without Capitalism: Consumption and Brand Names in Late Imperial China", *The Social Economy of Consumption : Monographs in Economic Anthropology*, No.6, 1989, p.256.

⑤ 常建华：《旧领域与新视野：从风俗论看明清社会史研究》，《中国社会历史评论》第12卷第2页，天津古籍出版社2011年。

⑥ Tiago Nasser Appel, "Why there was no capitalism in early modern China," *Brazilian Journal of Political Economy*, Vol.37, No.1, (Jan., 2017), p.170.

过其雄厚的资本来控制整个生产过程,明代市场经济中的商人通过在当地购买便宜的产品,以在其他市场贩卖更高的价格来获利。这样一个广泛的市场经济并没有改变生产关系。它利用国家建立起的通讯网络(驿站、运河、桥梁等),打开了与地方经济的联系。一定程度上,它将农村和城市的劳动力有机地结合到了一个连续的生产过程中。它并没有像资本主义中瓦解以农村家庭为主的生产单元,正相反,它连接了农村与城市,重新建构了消费模式,使得生产单位和消费得到结合。[①]如此一来,本文开头援引的西方学者认为:品牌在前现代社会因为缺乏市场经济而不会出现的论调则不攻自破。以明朝为例的前现代中国建立起的广泛市场经济创造了工商业的繁荣,打破了旧有的社会秩序,新的消费和生活方式的出现,催生了品牌意识和市场策略。

前现代中国的品牌学是一个重要但很少被研究的领域。许多学者认为,品牌必须与西方资本主义的出现同步发展,因为它提供了差异化的需要。即使考古证据表明,品牌早在古代就开始在世界各地的各种原始文明中出现,人们仍然倾向于忽视封建中国时期的品牌实践。通过研究刘氏针铺和同仁堂这样的品牌可以清楚地表明,早期的生产者会试图通过给他们的产品贴上标签和与特定的符号价值建立联系来获得竞争优势。加之,《纵乐的困惑:明代的商业与文化》也很好地诠释了随着丝棉织业的发展,农村与城市的生产和消费被黏合在一起,商品经济空前繁荣,商品专门化出现,这些都让人们通过消费来证明自己的社会地位跃迁,用商品的符号价值来代表自身,给予了品牌拜物特质契合的社会经济发展环境。在前现代中国所构建的广泛市场经济中,品牌已经崭露头角,并且个体已经懂得如何通过消费其符号价值达成自我构建。

From "Zu" to "Hao", Brand Culture
in Early Modern Chinese Cities

Abstract: Brands have defined how individuals perceive their relationships with commodities and communities. One can trace the origin of branding to the primitive society, ever since men branded their ownerships to their livestock. Beyond the function value of commodities,

---

①   Timothy Brook, *The Confusions of Pleasure: Commerce and Culture in Ming China*, University of California Press, 2011, p.199.

brands have constructed a meaning-making system. However, given its vital role to the modern consumer society, the development of branding has been solely related to the birth of capitalism. In fact, branding practices had emerged in premodern China and had manifested its function to differentiate from competitors, and its symbolic fetishized qualities. By examining branding practices in premodern China, one can conclude that capitalism isn't the only catalyst of branding.

Key words: Brand; Commodity Fetishism; Market Economy; Premodern China

作者简介:金樊嘉,纽约大学文学学士,巴黎高商×耶鲁大学管理学硕士双学位在读。

城市更新背景下生态艺术行动的空间路径①

杨方伟

摘 要:城市空间的发展为生态艺术的演化提供了鲜活的场域和内在的驱动力,而生态艺术以社会行动的方式重构城市空间,并且不断生成新的城市文化。在这个过程中,生态意识如同一种社会黏结剂,通过艺术介入的行动渗透到日常生活的各个层面,用感性的方式化解人际关系间的隔阂,修复个体与自然、社会的关系,将自然环境、社会文化与城市生活整合为有机的社会共同体。在城市空间更新的过程中,生态艺术在空间和时间的维度上以行动的方式将社会文化、经验记忆、生命时间连接成一个有机网络,转化为对生活空间的赋能。

关键词:城市更新 生态艺术 社会行动 空间赋能

现代城市的自我更新,越来越成为城市彰显自身文明特质和建构可持续发展模式的重要方向。现代城市的发展不止于建筑空间的扩展,功能设施的规划,还要面对自身历史积淀、精神延续如何成为文化表征的问题。城市不仅仅是物理的"容器"和商品生产的场域,"城市还是一个意识的领域、一个习惯和传统的集合、一个有组织性的态度和感受的集合……"②"城市不仅包含了

---

① 本文为 2020 年四川美术学院博士重大课题培育项目"城市文化空间生成与实验艺术介入机制研究"(20BSPY005)成果。2019 年重庆市艺术科学研究规划青年项目"乡村文化空间转换与公共艺术资源配置路径研究"研究成果(19QN03)。
② 唐·马丁代尔:《城市理论》,王鸣彦译,《都市文化研究》第 8 辑,上海三联书店 2013 年版,第72 页。

各种重要的社会功能，这些功能还在寻求自身的表达，要求表现的路径。"①尤其是今天，一座现代文明城市如何发展，如何塑造自身的城市文化，需要从物质空间和文化空间双重路径来加以考虑，所以，可以将现代化的城市更新看作是一个不断生长、新陈代谢的迭代过程，需要兼顾物质空间扩展与基于历史人文、地方生活的城市文化的建构。

一、城市空间与生态艺术演化

生态艺术实践，以艺术语言、媒介范畴的探索作为发端，伴随城市的发展，与之对话、共生、相互交融，形成了围绕着城市空间展开的另类叙事和充满感性的表达。由于城市空间和社会结构的演变，生态艺术的场域和观念随之发生了显著的改变，生态艺术从艺术本体的表达转向了"精神生命"②的关怀；从物质性作品创造转向了社会关系连接的行动。共生性、介入性、系统性成为生态艺术在城市空间中实践的重要特征。

在这个过程中，生态艺术实践的空间路径从博物馆、画廊空间转向了自然空间；从自然空间转向了社会空间；从个人化的空间表达转向了社会性的空间连接。正如亨利·列斐伏尔所说空间里弥漫的是社会关系，生态艺术演变的内在驱动力，正是源自社会空间的生产模式。因为，无论是美术馆、博物馆僵化的机制还是工业化大生产对环境造成的破坏，抑或是消费主义的符码系统对公共领域的支配，本质上都是社会关系在空间上的投射。列斐伏尔也清楚地看到，艺术实践是打破这种固化的社会关系，创造空间差异性的有效途径。生态艺术所包含的不仅是某种艺术实践类型，更重要的是以生态学的"有机"观念和"整体"视角来看待自身与社会的关系。

空间表达与社会结构的关系，显著地构成了当下生态艺术实践的重要议题。尼古拉·布里沃（Nicolas Bourriaud）在20世纪90年代出版的著作《关系美学》中提出，艺术作品不再是视觉想象的乌托邦，它是"现实中的生活方式和行动模式"③，在书中布里沃清晰地阐释了当代艺术从艺术本体转向关系场域背后的社会学机理。布里沃提出的"关系美学"理论，更多侧重于将艺术视为一

---

① 唐纳德·L.米勒：《刘易斯·芒福德著作精粹》，宋俊岭、宋一然译，中国建筑工业出版社2010年版，第210页。

② 查常平：《人文批评中的生态艺术》，上海三联书店2021年版，第13页。

③ Nicolas Bourriaud, *Relational Aesthetics*, Les presses du réel, 2002, p.13.

种能促进人与人交往、建立互动关系的手段,艺术作为一种社会交往互动活动的"催化剂"。以人与人"关系"为底层逻辑的"关系艺术"充满"生态意识",因为艺术不再作为一种固化的审美对象而存在,而是连接情感、建立互动,把观众带入某种共同体状态。在社群连接、人际关系构建方面,"关系美学"可以看作是生态意识在艺术实践中的延伸。但是布里沃的"关系美学"没能对 1990 年代以后,城市化扩张所产生的自然生态恶化、社会文化冲突等问题作出有效回应。

20 世纪 90 年代的中国社会在城市化进程中呈现出丰富而复杂的状态,渗透着各种层叠交错的社会意识,尤其是消费主义将商业逻辑投射到各种社会关系之中,使得社会结构整体呈现出"消费""控制""碎片化"的特征。社会空间所产生的矛盾自然成为艺术家需要面对的问题,在这个阶段敏感的先锋艺术家们有一种方法论上的转向,不仅"把自己呈现为关系性的存在者",而且"表现出了独特的语言性、时间性、个人性、自然性、社会性、历史性、神圣性"①。从这个阶段开始,中国当代艺术的实践,逐渐与社会结构、社会事件镶嵌在一起,艺术家通过特定媒介"将社会焦点事件转化为内在的心理事件"②。在宽泛的社会语境中,这种艺术的"事件"性正是齐泽克所说的"重构的行动"③和"我们借以看待并介入世界的框架"④。从 1990 年代开始,"关系美学"与"事件美学"围绕着社会空间展开的艺术实践,构成了中国当代艺术实践"横向广度"与"纵向深度"两个面向⑤,发展出了一条具有生态意识的社会行动脉络。

二、社会空间中的艺术介入

今天城市化发展过程中,主要遵循的是"由权力和资本主导、以土地/空间效益为目标的经济开发型模式"。⑥中国自 20 世纪 90 年代以来城市化进程加速,城市空间通过"旧城改造""城市更新"来扩充自身容量,解决产业发展的空间需求和居民居住品质提升的生活需求。但是,空间需求和空间权利之间常

① 查常平:《中国先锋艺术思想史第一卷——世界关系美学》,上海三联书店 2017 年版,第 50—53 页。
② 同上,第 68 页。
③ 斯拉沃热·齐泽克:《事件》,王师译,上海文艺出版社 2016 年版,第 224 页。
④ 同上,第 13 页。
⑤ 查常平:《中国先锋艺术思想史第一卷——世界关系美学》,上海三联书店 2017 年版,第 55 页。
⑥ 陈映芳:《城市开发的正当性危机与合理性空间》,《社会学研究》2008 年第 3 期,第 29 页。

常产生分歧和冲突,围绕空间产生的矛盾,既是现实层面权益的计较,同时也是社会关系重构的过程。如何在行政权力手段之外寻找到一种有效化解这种矛盾的方式,正是我们透过生态艺术实践案例需要探讨的路径。

2006 年,位于广州市农林路的扉美术馆所在大厦竣工,旁边的菜市场便面临被拆迁还是保留的选择,不同利益的诉求,导致相关区域中的邻里关系开始变得紧张。2017 年扉美术馆邀请艺术家宋冬对大厦和菜市场之间的旧围墙进行创作,宋冬将这堵分割空间的墙进行了视觉性的转化。宋冬用收集的老旧窗框搭建成建筑的外墙,空间里摆放各种有时代感的生活物件。因为这些物件、窗框具有的生活质感,与当地人的情感产生了联系,分割地界的围墙,反而成为了一种关系的纽带。正如作品的名字——"无界的墙",附着在围墙上的感性材料,消解了物理的阻碍,成为流动的关系场域。

"无界的墙"成为大厦空间与菜市场摊贩之间紧张关系缓和的契机。紧接下来,华南理工大学教师何志森发起了三个月的"菜市场改造课程",用一系列艺术介入的行动将菜市场与大厦对立的空间关系融合为具有"共生性"的社群。何志森带领学生进入到农林路菜市场摊贩的日常生活中进行调研,但是摊贩们对同学、老师的行动并不理解,所以一开始的沟通并不顺利。直到一场大雨造成了一次"共患难"的经历,菜市场摊贩们才逐渐相信,这些"外来"的老师同学是友善的,真诚的沟通慢慢才展开。交流过程中,摊贩们讲述自己的故事,这些故事的"底色"是生活的苦涩和由于摊位之争造成的人际关系冷漠。何志森老师引导同学将摊贩们现实的艰辛,巧妙地用艺术的方式进行转换,用摄影的方式记录下摊贩们终日劳作的双手形象,并在"无界的墙"上展示。展览结束后,摊贩们把自己手的照片领了回去挂在摊位上,终日劳作的摊贩们获得了一种被记录、被关注的"尊严"感。

经过了沟通交流、记录日常生活的展览、共同聚餐一系列艺术行动,菜市场摊贩与美术馆、何志森项目团队在行动的过程中建立了信任。随着项目的推进,大家计划给菜市场密闭的环境开一扇窗来通风透气,而连接着菜市场和美术馆"无界的墙"毕竟是一堵墙,如果能够在"无界的墙"上开一扇窗户,既能满足菜市场功能上的需求,又能真正意义上连接菜市场的生活空间和美术馆空间。窗户打开后,引来了好奇的观众从美术馆一侧"围观"菜市场,窗口的另一侧是摊贩阿正的档口,他索性通过窗户将贴有"偷窥美术馆"标签的矿泉水卖给窗外的观众。开"窗口"的行动引发了一连串的连锁反应,"窗口"连通了

"无界的墙",成为了关系与事件的集合。阿正的"创意"可以说是被艺术行动"天马行空"的想象所感染,当一个终日劳作的摊贩忽然也有了灵机一动的自我表达,艺术介入已经不再是作用于外在的视觉表现,而是深入到摊贩们对于日常生活再理解的层面。围绕着扉美术馆与菜市场空间展开的一系列艺术介入项目,便是从空间的问题出发,用艺术、审美、行动的方式去化解生活空间与美术馆的对立与隔阂。

三、社区空间微更新

围绕城市更新的问题,除了空间扩张产生的对立以外还有因为人口快速流动而面临的一系列问题。大量城镇人口涌入城市,商业化住宅社区模式成为城市生活空间扩展的新形态。与此同时,传统院落、街巷社区大片消失,旧城城居民迁往新城区,"其在社会空间的后果上,是以家庭为中心的私人空间及其心理模式的充分发展,和公共空间及邻里交往的萎缩"。[①]面对这样的问题,不同地区都采取了相应的社区营造方案,比较早期的是日本"妻笼宿"社区改造、横滨市黄金町艺术祭、新潟县津川町"狐火祭",而这些社区营造的基本模式都是借助外部力量整合"人、文、地、产、景"等资源要素[②],打造旅游 IP 作为经济驱动力,从而实现对社区的带动。从中国城市空间更新的角度上看,这样的社区营造模式难以应对中国城市所面临的公共空间重构问题。因为城市公共空间最核心的问题是要回归日常,要让空间与生活自然融合。

2015 年上海出台的《上海市城市更新实施办法》,提出"城市有机更新","以人为本的空间重构和社区激活"的概念。[③]社区激活中的空间重构,不仅仅是物理空间层面的修建,更重要的是公共空间层面的社群连接。从 2015 年开始,上海市开始推动"住区内部自治型"和"公共街区开放型"社区花园,目的是让"城市居民参与到公共空间的建设中,拉近人与人、人与自然的关系"。[④]在

① 邹华华、于海:《城市更新:从空间生产到社区营造——以上海"创智农园"为例》,《新视野·城市社区建设研究》2017 年第 6 期,第 87 页。
② 胡澎:《日本"社区营造"论——从"市民参与"到"市民主体"》,《日本学刊》2013 年第 3 期,第 120 页。
③ 马宏、应孔晋:《社区空间微更新上海城市有机更新背景下社区营造路径的探索》,《时代建筑》2016 年第 4 期,第 11 页。
④ 刘悦来、尹科娈、魏闽等:《高密度中心城区社区花园实践探索——以上海创智农园和百草园为例》,《风景园林》2017 年第 9 期,第 17 页。

这样的背景下,上海市杨浦区四平路街道与同济大学景观学系展开合作,率先将一块仅 200 平方米的社区公共绿地打造成名为"百草园"的社区花园。"百草园"的兴建基于社区居民的意愿,花园的设计方案广泛听取了社区居民的意见,自发成立的"花友会"承担起建造施工的工作。"百草园"的兴建让居民感受到"社区花园"带来的价值,激发了居民参与公共项目的热情,围绕着社区花园,不同职业、身份的人群跨越家庭关系的藩篱,彼此间有了更多的交流、沟通与信任。"百草园"通过生态种植,把田间劳作的感觉带回到都市,把绿色自然的观念带入到邻里关系之中,把大尺度的城市空间浓缩为"方寸"之间的清宁。对于社区花园的构建,本质上是"生态意识"通过社会行动从艺术领域向生活领域的释放,是空间微更新的空间实验。

有了"百草园"社区花园经验后,"四叶草堂"团队继续与企业、社区展开合作,在位于上海市杨浦五角场街道创智天地片区的公共绿地打造成"上海市首个位于开放街区中的社区花园"①。由于社区花园位于"高密度复合型社区","四叶草堂"团队将社区花园视为城市街区中的空间营造,这个社区花园被命名为"创智农园",意在凸显公共空间中的"生态"属性,通过种植、自然教育使"农园"成为"人人可及可用的公共空间",而不是"炫耀性的消费空间"。②"农园"以 4 个集装箱改造的空间为中心,通过雨棚、长条凳与户外花园相连通。菜园、稻田、小型湿地分布于左右两端,石子路蜿蜒其间,将各个部分串联起来。来往的行人,隔着竹篱便可将农园里养花、种菜过程尽收眼底。"农园"强调生发城市空间中的在地性,这种在地性是通过创造适宜公众步行穿越的生态景观来实现,正如德·塞托所说:"步行的运动机能造就了城市的真实体系"③,一个真实的生活空间所带给人的不是对于效率的追逐,也不是功能意义上的城市规划,而是提供一个与身体尺度相适应,与情感知觉相呼应的"感性"的空间。

"创智农园"的空间营造并不只是停留在空间的设计规划层面,后期运维以"农园"的室内空间为聚点,搭建同济大学的公共教育资源,在"农园"开展一

① 刘悦来、尹科娈、魏闽等:《高密度城市社区花园实施机制探索——以上海创智农园为例》,《上海城市规划》2017 年第 2 期,第 30 页。

② 邹华华、于海:《城市更新:从空间生产到社区营造——以上海"创智农园"为例》,《新视野·城市社区建设研究》2017 年第 6 期,第 89 页。

③ 德·塞托:《日常生活实践》,南京大学出版社 2009 年版,第 174 页。

系列跨学科的学术沙龙,邀请不同地区的研究学者、公共项目发起人、社区营造同行进行讲座交流。从功能上定位为"自然教育空间",设置公共教育活动区、朴门花园区、互动园艺区和适于儿童玩耍的沙坑、蹦床。从空间设计的细节上充分考虑了儿童的需求和亲子活动的便利,目的是让空间的"形式"具有"生态美学"的感染力,从知觉感官上给儿童以浸润。

从"造园"到学术活动开展,可以看作是围绕着社区公共空间展开的一系列行动,虽然行动的主体并非艺术家,行动的结果也不是以创作审美对象为目的,但是生态艺术所蕴含的"生态意识"却透过公共空间营造得以展现。因为,生态意识的核心在于将城市空间、社会文化视为一个有机整体,而社区花园则是生态网络中各个层面的连接点。推动社区花园的兴建以及运维的一系列行动,本质上就是在建构"绿色生态文化"和城市空间的有机更新,是一种充满主动创造的"生态行动"。

四、作为空间表述的"时间"

"百草园"与"创智农园"社区花园的实验是社区民众与社会创新团队相互协作,自下而上开展的空间微更新行动。2015 年上海市人民政府推动了以"城市更新"为主题的"上海城市空间艺术季",可以看作是更为宏观的"空间叙事"。城市空间艺术季活动每两年举办一届,沿着浦江两岸,分别选址于徐汇西岸飞机库、浦东民生码头 8 万吨粮仓、杨浦滨江毛麻仓库。通过系统化、持续性的艺术活动开展,将传统工业时代的码头、仓库、船坞、工业空间改造成具有历史意涵和文化活力的公共空间。"上海城市空间艺术季"邀请国内外专业策展人、建筑师、艺术家团队,围绕工业空间的历史记忆、生态滨江的宜居生活、国际都市的人文地标等主题,用大量的新媒体影像、互动装置作品、在地性艺术创作进行阐释。通过艺术作品与空间的对话,释放出巨大的信息量和视觉活力,从文化内涵和资讯传播拓宽了公众对工业遗址空间的想象和理解。在城市的工业历史空间与公共生活空间中构建起文化、艺术、生活相互融合的生态圈。

2015 年以来举办的三届"上海城市空间艺术季"更像是以城市空间更新为背景打造的文化样板和空间实验。而"城市空间艺术季"与美术馆、博物馆系统的展览最大不同在于,艺术与城市空间的关系是不断生长、相互建构的关系。首先,"城市空间艺术季"并不拘泥于固定场所,而是不断发掘可以共生的空间进行新的构建。其次，从空间路径上看，是一种从内部空间到"外向生长"的模式，第三届"城市空间艺术季"就以毛麻仓库为中心，向周围 5 公里范围内的公共空间辐射，与闲置的小微空间进行联动，不断拓展公共空间的开放性、包容性，体现出艺术介入空间的行动机制。最重要的特点在于，"城市空间艺术季"不仅注重历史空间、闲置空间的激活与转换，而且强调城市公共空间的覆盖率与市民生活的融通性，考虑市民多样化的空间需求。

2021 年举办的第四届"上海城市空间艺术季"提出"15 分钟生活圈"的概念，将艺术季的展示场所放置到新华社区、曹杨新村社区的各个街道。从空间角度上看，是完全解构了美术馆"白盒子"的空间模式，从建筑空间转化到生活空间，艺术作品完全融入社区生活场所，居民在社区的街边路口，随时都能与艺术家的作品"不期而遇"。

"15 分钟生活圈"既是一个空间概念，也是一个时间概念。当我们在社会生活中谈时间的时候究竟在谈什么？齐美尔早就指出"生活越来越紧张、社会体验变迁的速度，是大都会生活的核心特质"[1]，"在信息化的网络社会，社会生活出现了越来越普遍的不连续性与韵律的解构"[2]。这些社会现象背后的原因在于"科技加速、社会变迁加速和生活步调加速"[3]。人们在日常生活中都有自己的时间结构和依照行事的时间表，这个时间表通常指向未来需要完成的工作，或者如何更加优化地管理时间，从而提高工作效率。例如，"996""007"这样的时间描述，就是对职场效率压迫生活时间戏谑、调侃的反映。

"城市空间艺术季"将"时间"作为生活空间、生活方式的理念，这种时间理念不仅是指从家到菜市场、健身房的生活距离，而是指涉了一种心理时间结构，在这个结构中，艺术家的介入和作品创造某种契机，使得社区居民能够"以行动与互动开拓并连结自身存在的维度"[4]，在不同的时间维度上相遇、连接。"城市空间艺术季"其中一个名为"细胞计划"的本地创作单元，特别凸显了艺术作为一种社会行动而重构生活时间的特质。在一连串的艺术行动中，社区居民被艺术家的创作带入到另外一种时空结构中，从而获得对自己"生命时

---

[1]　哈特穆特·罗萨：《新异化的诞生：社会加速批判理论大纲》，郑作彧译，上海人民出版社 2018 年版，第 9 页。

[2]　郑作彧：《社会的时间：形成、变迁与问题》，社会科学文献出版社 2018 年版，第 125 页。

[3]　哈特穆特·罗萨：《新异化的诞生：社会加速批判理论大纲》，郑作彧译，上海人民出版社 2018 年版，第 13 页。

[4]　郑作彧：《社会的时间：形成、变迁与问题》，社会科学文献出版社 2018 年版，第 14 页。

间"觉察的体验,与他人"生命时间"相连接的快乐。

由林书传、"卖力工坊"策划发起的"24 小时独处计划"正是一个以时间为主题的参与式艺术项目。该项目在"上生·新所"西侧广场搭建了一间 20 平方米大小,生活设施齐备的透明房间,公众可以通过申请进入这个既开放又封闭的房间"独处"24 小时。独处的状态仿佛是一个个体生命时间在公共空间被悬置,隔着一层玻璃,独处者与广场上来往穿梭的人群被划分成了两种时间维度:一种是流动的、向外观看的;另一种是静止的、向内凝视的。也许只隔了一层玻璃,也许只有 24 小时,但是身处房间内的参与者会洞悉到什么呢?"独处计划"仅仅是一个临时而短暂的项目,但是在设定的空间框架里提供了另一种完全不同于日常"时序"的时间视角,虽然"独处"是一个难以被准确描述的过程,但是时间在这种空间规则的设定中变成了一个相互观看、相互对照的结构,参与者对于时间的经验,会因此产生意料之外的"重构"。

"24 小时独处计划"是从空间的限制出发,对个体时间进行解耦,从而让参与者体察到自身生命状态。项目依靠个体在时间流逝中觉察,是一种独自向内探索的过程。而艺术家戴陈连的"天涯若比邻"城市剧场计划则是通过戏剧表演的形式让参与者展开对自身经验记忆的叙述。"天涯若比邻"剧场计划由为期 5 天的工作坊构成,首先,从当地社区招募 15 位社区居民,围绕着他们生活的番禺路、法华路、新华路讲述他们的共同记忆。然后从居民记忆中抽取某种视觉元素,制成纸影戏道具,由艺术家指引参与者用肢体语言进行表达练习。这个过程对于没有表演经验的普通居民来说并不容易,但是正因为戏剧表演带来的陌生化体验,能够将他们积压在心里的情感、经历,以一种行动性的身体语言表现出来。通常观众都是看戏的人,在日常生活的时序状态下,过去的只能留给过去,记忆也像是"被掩埋的巨人",而剧场计划就是将他们的经验展开,记忆激活,用一连串的行动与身体语言来表达曾经的喜怒哀乐。

建筑师罗珂通过空间搭建和艺术家杨方伟的装置作品《在时间里相遇》在新华路口展开了一次对话与合作。作品以"时间"为线索,通过语言游戏将参与者与艺术家的个人创作联结到一起。艺术家希望给参与者创造一种"相遇"的情境,参与者可能是和陌生人的相遇,也可能是和自己过去的经历、回忆相遇。艺术家设定两组词语,一组指向时间,另一组指向情绪,共同构成语言游戏的基本框架。参与者会根据抽到的词条,描述词条指向情景中的经历记忆,而这些信息在现场被记录下来成为游戏文本。艺术家把故事、文字、和图表信息整理出来,用信息设计的方式,对应到图表里相应的位置,制作成一册"微型小说"。

在生活中我们会遵循不同的时间节律,日常生活起居安排、工作时间计划会像"人生进度条"一样不断向前推进、读取。但是个体生命经验还拥有内在的时间节律。参与者讲述自己在特定情境下的故事,将自身内在的时间经验以图案、文字的形式展开。众多参与者的图文信息汇集在作品中,形成丰富的生命时间图谱,相互映照,相互展开。不同个体的生命时间经验会超越空间和交往的障碍,在作品中相遇。"在时间里相遇"这件作品不仅是一次参与式的艺术行动,还提供了特别的时间视角,参与者可以看向内在的生命时间,可以将自我的生活经验放置在艺术的场域与他人相互交织。

结　语

刘易斯·芒福德认为城市不仅是一个物理空间的"容器"还是生命经验、意识形态的集合体,"城市是一种象征形式,象征人类社会中种种关系的总和"①。随着城市的发展变迁,生态艺术的实践与之紧密地交织在一起,这是一个相互建构的互动过程。生态艺术从关注"人与自然"关系的出发点,衍生出"共生性、介入性、系统性"的生态意识,并且将人类生存环境、社会文化、生活节律视为有机整体。在现代城市更新的过程中,生态艺术不仅提供了一套有机观念,将社会空间、社区空间、社群关系连接成有机互动的网络,而且以社会行动方式参与到城市空间的重构中,从空间微更新、历史空间叙事再到生活空间赋能,用一连串的艺术行动融通物理空间的隔阂,将"抽象的空间生产"转化为和人们的日常生活、个人经验、情感记忆紧密相连的人文共生。

The Spatial Path of Ecological Art Action Under the Background of Urban Renewal

Abstract：The development of urban space provides a lively field and internal driving force for the evolution of ecological art, and ecological art continuously reconstructs urban space in the form of social action, and continuously generates new urban culture. In this process, eco-

---

① 刘易斯·芒福德:《城市文化》,宋俊岭译,中国建筑工业出版社 2009 年版,第 1 页。

logical consciousness is like a kind of social binder, permeating all aspects of daily life through artistic intervention, dissolving the barriers between interpersonal relationships in a perceptual way; repairing the individual and nature in the process of urban space renewal. The relationship between society, integrates the natural environment, social culture and urban life into an organic social community. Ecological art connects social culture, experience memory, and life time into an organic network in the dimensions of space and time, and transforms it into an empowerment of living space.

Key words: Urban renewal; Ecological art; Space empowerment; Social action

作者简介:杨方伟,四川美术学院艺术教育学院讲师,美术学博士。

悲剧精神的结构分析

毕聪聪

摘　要:以悲剧的方式活着,是人的基本生存样态;悲剧性,是人之精神的基本特性。哲学人类学将悲剧的发生视作人无可避免的实有生存事态,并赋之以情感的德性;美学则以悲剧的结构为凭,塑造其感性形式的审美价值。于是,传统的悲剧观念,实际生成了两种悲剧美学:接受的悲剧美学和观赏的悲剧美学。其中,悲剧精神分别以精神之为、事件之在为核心。与之相较,在宗教悲剧中,悲剧精神的超越方面得到彰显,它以面向他者的姿态构成故事之后的叙述,此即神圣关照下的超越的悲剧美学。由此,超越的悲剧美学,成为更趋近神圣的剧场布景、话语、行动。

关键词:悲剧　精神　美学　超越

一、导　言

　　悲剧的变式之一是谈论或书写悲剧:亲历者多不愿再提及它,而谈论者或书写者却难领会其中让人沉默[①]的真实。在这个层面,谈论或书写无力重现悲剧,二者不关涉悲剧本身,且作为复写,只意指其不在场。悲剧的再现取代悲剧的重现,[②]其结果是,再现之悲剧的中心被在场者即情感和感性形式取代,它自身成为某种程度上的喜剧,而喜剧以重复的愉悦为内核。因此,悲剧

[①] 齐泽克仔细分析了大量艺术作品中所展示的精神苦痛现象,指出这些精神痛苦追根溯源都可以归结为是对"主体被'杠'掉($)"的复杂体验。陈奇佳:《主体的倾覆与人的命运——齐泽克论悲剧》,《戏剧(中央戏剧学院学报)》2021年第3期,第5页。

[②] 重现是发生的回溯,再现是发生的再演。

被定义为"对一个严肃、完整、有一定长度的行动的摹仿",①恰好暗示出其无法重现的根本特征——悲剧性。具言之,摹仿是感性形式的事件性重构,其主体是被时间固化、结构化了的悲剧精神的发生和呈现;而悲剧具有的"通过引发怜悯和恐惧使这些情感得到疏泄(净化)"的功能,②在根本上是远离悲剧本身的自我的在场——痛苦和恐惧消失,自我达成回归。于是,在悲剧功能的实现和悲剧的媒介表达中,悲剧精神的复写得以完成,它的实现形式构成在场者的历史。"诗是一种比历史更富哲学性、更严肃的艺术,因为诗倾向于表现带普遍性的事,而历史倾向于记载具体的事件。"③诗与悲剧同构,它们都是沉默的悲剧的踪迹(trace)。④这样,悲剧本身就需要在悲剧再现之悲剧、在诗的沉默中被阐释。

事实上,悲剧再现之悲剧意味着悲剧本身的结构并不全由在场者确定。其中,未在场的沉默者和超越者在根本上影响甚至决定着悲剧是张力性的。⑤若悲剧呈现出完整且固定的结构,那么其模型必然是被再现的心理——故事;并且,仅由在场者构成的存在结构通常是对虚幻理想的描述,而表露事件之真实的却是不在场者。所以,亚氏将悲剧视作行动的摹仿,意在指明的正是悲剧作为"剧"即叙事类型的形式特征。其原型是悲剧(事件)本身,悲剧(事件)本身承载悲剧精神。换言之,不在场的沉默者——精神自我——和不在场的超越者——他者,与再现的悲剧这一踪迹构成悲剧本有的结构,它们在悲剧的本体层面、结构层面和历史——实现层面无可抹除。对前者来说,作为悲剧的深刻承受者,精神自我体会此在的全部现实性感受并书写着存在者的被抛处境(Geworfenheit);⑥于后者而言,作为悲剧的未来书写者,他者总观照并参与悲剧故事的进程。因此,即使是悲剧的再现,也同时指向精神自我和他者——它既保有人本真存在的印痕,又追随神圣的踪迹。

---

① ② 亚里士多德:《诗学》,陈中梅译注,商务印书馆 2009 年版,第 63 页。

③ 同上,第 81 页。

④ 此处"踪迹"概念,于德里达的意义上使用。参见 Jacques Derrida, *De la Grammatologie*, Les Editions de Minuit, 1967, pp.46—64. 因此,悲剧的知识化和审美化,都可视为对悲剧本身的逃离和回忆。参见 Karl Jaspers, *Tragedy Is Not Enough*, trans. Harald A. T. Reiche etc. Boston: The Beacon Press, 1952, pp.57—71.

⑤ 认为莎士比亚的戏剧从不缺乏神圣指向和终极关注,正由此而来。参见梁工:《圣书之美》,中央编译出版社 2014 年版,第 156—168 页。

⑥ 此处"被抛"概念,在海德格尔的意义上使用。参见 Martin Heidegger, *Sein und Zeit*, Tübingen: Max Niemeyer Verlag, 1927, SS.175—180.

这样,精神自我、他者以及始终在场的主体我于悲剧的再现中共在,三种自我决定了三种悲剧美学的类型。其中,始终在场的主体我建立观赏的悲剧美学,它以主体我的情感和审美感受为主导;而内在的精神自我思察接受的悲剧美学,这美学是精神自我的现实行动及对生存境况的回应;① 最终,超越的悲剧美学由面向他者的主体间的我造就,我为他者书写悲剧之后的故事,我成为他者。至此,悲剧本身的结构与悲剧美学的类型对应,悲剧精神的内涵得以全面呈现在话语之中。

二、悲剧与观赏

悲剧的再现是审美故事的诞生,观赏性的悲剧美学意在通过情感和感性形式的呈现唤起人们对悲剧精神的回忆。作为悲剧核心的卡塔西斯(Katharsis)具有调节情感、加深体验双重功能,悲剧精神以功能和结构的样态再现在审美故事中。一方面,悲剧通过引发怜悯和恐惧使某些情感得到疏泄(净化)。其中宣泄带来愉悦的慰藉,这是悲剧快感的来源;另一方面,悲剧通过展现自身发生的内部机制揭示被遮蔽的至善、真理或神圣。它通过向内的沉静驱逐浮躁,并在对愉悦表象的远离中得到神圣的高举。由此,观赏的行动实际上是主体我对自身已远离的悲剧精神的印证,主体我对其既渴望又犹疑、既恐惧又欢喜。因之,观赏性的悲剧美学在审美的意义上成立。

具言之,在情感方面,喜剧是轻浮的解放、欲望的满足,而悲剧通过情绪内向聚集之后的疏泄(净化),达致向平静的舒缓。悲剧故事,在情感维度诉诸怜悯、愤懑和恐惧。在悲剧故事的观赏中,主体我以共情的方式替代悲剧故事的主角,融入流动的感性形式。因此,当窦娥诉唱"不是我窦娥罚下这等无头愿,委实的冤情不浅。若没些儿灵圣与世人传,也不见得湛湛青天。我不要半星热血红尘洒,都只在八尺旗枪素练悬。等他四下里皆瞧见,这就是咱苌弘化碧,望帝啼鹃"之时,② 观赏者如临刑场,周身肃穆;而当窦娥质问"你道是暑气暄,不是那下雪天;岂不闻飞霜六月因邹衍? 若果有一腔怨气喷

---

① 在类型上,尼采所谓的日神精神大致与观赏的美学包括观赏的悲剧美学对应;酒神精神大致与英雄般承受悲剧的接受的悲剧美学对应。参见尼采:《悲剧的诞生》,周国平译,生活·读书·新知三联书店 1986 年版,第 4—6 页。

② 人民文学编辑部编:《关汉卿戏曲选》,人民文学出版社 1958 年版,第 27 页。

如火,定要感得六出冰花滚似锦,免着我尸骸现;要什么素车白马,断送出古陌荒阡"时,①观赏者内心戚戚、如火燃冰窖,怜悯和愤懑的感受,于内心积聚。窦娥呼号:"你道是天公不可期,人心不可怜,不知皇天也肯从人愿。做什么三年不见甘霖降? 也只为东海曾经孝妇冤。如今轮到你山阳县。这都是官吏每无心正法,使百姓有口难言。"②报复的快感生成,恐惧使人深陷其中、无法自拔。"浮云为我阴,悲风为我旋,三桩儿誓愿明题遍。"③惨白的叙述带来平静,观赏者陷入对命运的沉默。这样,《感天动地窦娥冤》激发的怜悯胜过愤懑,愤懑和怜悯共同招来恐惧。悲剧故事的主角,以反向共情的方式替代主体我,成为悲剧精神的承载者。幸有窦天章的唱词让人从悲剧故事中回退,悲剧的观赏在悲剧精神的再现或重生中完成。"莫道我念亡女与他灭罪消愆,也只可怜见楚州郡大旱三年。昔于公曾表白东海孝妇,果然是感召得灵雨如泉。岂可便推诿道天灾代有,竟不想人之意感应通天。"④由此,主体我的悲剧情感历程,在情感的疏泄(净化)中,转化为审美的愉悦。

悲剧作为典型的戏剧,在感性形式方面以临界转换的张力吸引观赏者的目光。而戏剧的夸张和转折,在结构上塑造审美意义。奥古斯丁如此描述他对戏剧的感受:"我被充满着我的悲惨生活的写照和燃炽我欲火的炉灶一般的戏剧所攫取了。人们愿意看自己悲惨故事而伤心,这究竟为了什么? 一人愿意从看戏引起悲痛,而这悲痛就作为他的乐趣。这岂非一种可怜的变态? 一个人越不能摆脱这些情感,越容易被它感动。一人自身受苦,人们说他不幸;如果同情别人的痛苦,便说这人有恻隐之心。但对于虚构的戏剧,恻隐之心究竟是什么? 戏剧并不鼓励观众帮助别人,不过引逗观众的伤心,观众越感到伤心,编剧者越能受到赞赏。如果看了历史上的或竟是捕风捉影的悲剧而毫不动情,那就败兴出场,批评指摘,假如能感到回肠荡气,便看得津津有味,自觉高兴。"⑤由此可见,不仅观赏悲剧带来的情感上的愉悦即快感使人难以自拔,悲剧结构本身亦使人深陷其中。悲剧之观赏的直接对象是悲剧的内容和结构,二者以戏剧化的方式满足主体我的审美需要。然而,悲剧的感性形式并未止步故事情节,观赏者在笑与哭、悲与乐的状态转换中,将感性形式扩展到故

①②③　人民文学编辑部编:《关汉卿戏曲选》,人民文学出版社 1958 年版,第 28 页。

④　同上,第 39 页。

⑤　奥古斯丁:《忏悔录》,周士良译,商务印书馆 1996 年版,第 36—37 页。

事之外,达致内在体验①的飞跃——意识远离情感诸象,面向他者擢升、飘远。就此而言,悲剧故事的结构,实际蕴含了超越结构的特征。悲剧越使人深陷其中,越在自身的解构中,达成生命情感的彼岸化;②悲剧之审美,作为有意味的形式,其目的确在形式之外。③

在俄狄浦斯这一悲剧典范中,悲剧故事不断戏剧化地延续和重演,观赏者随着故事的持续发生,不断深入悲剧精神的结构。幕起,是拉伊俄斯悲剧的前半生。拉伊俄斯是忒拜国王拉布达科斯的儿子,他幼年丧父,监护人被政敌杀害,自小就失去了作为忒拜国王本该拥有的一切权力。在投奔珀罗普斯后,拉伊俄斯爱上了珀罗普斯之子美少年克律西波斯,但由于克律西波斯对拉伊俄斯的爱恋没有回应,羞恼和引燃的欲火让他在己身的悲剧中制造了另一个悲剧——不仅克律西波斯在其欺拐、施暴中走向死亡,而且愤怒的珀罗普斯将"会被自己的儿子杀死"的诅咒施给了他。从此,摆脱了现在悲剧的拉伊俄斯一生都在远逃,他不想再次陷入悲剧,即使重新成为忒拜国王,也一直回避和妻子伊俄卡斯忒的交媾,以此拒绝接受神谕和预言中的命数。然而,悲剧命运终会降临悲剧的制造者,在拉伊俄斯某日醉酒和妻子伊俄卡斯忒进行一夜交合后,俄狄浦斯降生了。俄狄浦斯即悲剧本身。拉伊俄斯不愿屈从于此,他把刚出生的婴儿抛到喀泰戎的荒山中,意图让其在人迹罕至之地自然死亡,并希望以其死亡为祭品,安抚悲剧—命运之神。可死亡向来是悲剧的看护人,被牧羊人解救并被命名为俄狄浦斯(其本意为肿胀的脚)的婴孩长大后,在命运的窄道中最终了结了自己的父亲。至此,拉伊俄斯的生命在悲剧中消弭,而俄狄浦斯续承从其父身上延续下来的悲剧意志。

幕再起,是俄狄浦斯在死亡怀抱中的诞生。之后,是他在伦理压迫中远离自己的生养地(科任托斯国),在与斯芬克斯的争斗中高扬智慧成为忒拜的王,在母亲的床上生下了两儿两女。最终,俄狄浦斯迎来了悲剧的高潮:"他跑来跑去,叫我们给他一把剑,还问哪里去找他的妻子,又说不是妻子,是母亲,他和他儿女共有的母亲。他在疯狂中得到了一位天神的指点;因为我们这些靠

---

①   在反对谋划(project)的意义上使用此概念。参见巴塔耶:《内在体验》,尉光吉译,广西师范大学出版社2016年版,第12页。
②   艺术的对象,是彼岸的生命情感。参见查常平:《人文学的文化逻辑——形上 艺术 宗教 美学之比较》,巴蜀书社2007年版,第153页。
③   参见克莱夫·贝尔:《艺术》,薛华译,江苏教育出版社2005年版,第4页。

近他的人都没有给他指路。好像有谁在引导,他大叫一声,朝着那双扇门冲去,把弄弯了的门杠从承孔里一下推开,冲进了卧房。我们随即看见王后在里面吊着,脖子缠在那摆动的绳上。国王看见了,发出可怕的喊声,多么可怜!他随即解开那活套。等那不幸的人躺在地上时,我们就看见那可怕的景象:国王从她袍子上摘下两只她佩戴着的金别针,举起来朝着自己的眼珠刺去,并且这样嚷道:'你们再也看不见我所受的灾难,我所造的罪恶了!你们看够了你们不应当看的人,不认识我想认识的人;你们从此黑暗无光!'他这样悲叹的时候,屡次举起金别针朝着眼睛狠狠刺去;每刺一下,那血红的眼珠里流出的血便打湿了他的胡子,那血不是一滴滴地滴,而是许多黑的血点,雹子般一齐降下。这场祸事是两个人惹出来的,不止一人受难,而是夫妻共同受难。他们旧时代的幸福在从前倒是真正的幸福;但如今,悲哀,毁灭,死亡,耻辱和一切有名称的灾难都落到他们身上了。"[1]俄狄浦斯在底比斯人的爱戴和尊敬中远离了这个国家,他希望得到死亡看护,将自己从悲剧中解放。然而,死亡没有终结悲剧,在忒修斯的保护下,俄狄浦斯永眠众女神的居所。

拉伊俄斯制造的悲剧还是完结了,悲剧的承受者没有逃离自己的命运——逃避悲剧者,终于化身为悲剧。在悲剧的观赏中,在悲剧故事的涌现、叠套、转折和延展中,俄狄浦斯故事的悲剧精神结构呈现出来:俄狄浦斯的精神自我希望沉默地被烧死在喀泰戎山顶,以洗去这莫名而可怖的罪恶;牧羊人和底比斯人同情俄狄浦斯的遭遇,他们在俄狄浦斯的自我毁坏和放逐中看到了德性的崇高;俄狄浦斯在承受悲剧中放弃了旧我,并在漂泊中寻到了神圣的家乡。如歌所曰:"因此,当我们等着瞧那最末的日子的时候,不要说一个凡人是幸福的,在他还没有跨过生命的界限,还没有得到痛苦的解脱之前。"[2]悲剧的承受和超越,乃是跨过生命界限、走向新生之希望。[3]

三、悲剧与接受

精神既是悲剧的启幕者,又是悲剧的谢幕者,贯穿其中的,是作为剧本的命运。精神自我与命运的交互在生命舞台上展开,于是,一场场生命的戏剧自

---

[1] 索福克勒斯:《索福克勒斯悲剧二种》,罗念生译,人民文学出版社 1979 年版,第 105—106 页。
[2] 同上,第 112 页。
[3] H. 奥特将之称为不可言说的真实,这与十架神学息息相关。参见 H. 奥特:《不可言说的言说:我们时代的上帝问题》,林克、赵勇译,生活·读书·新知三联书店 1994 年版,第 44 页。

然发生。然而,命运的剧本是未知的、台上的演员是沉默的、表演的内容是偶发的,作为一种以生命书写的行为艺术,悲剧于演员而言,总之是接受命运的故事。所以,区别于悲剧观赏者及观赏的悲剧美学,悲剧的接受者领会了一种行动着的、书写着的、活生生的悲剧精神和审美体验,它是精神自我与命运现实交互的过程。自我的精神性表达为此在的操心,命运的精神是自由,在精神对自由的双重规定中,悲剧的产生和承受便是必然。"在世总已沉沦。因而可以把此在的平均日常生活规定为沉沦着开展着、被抛地筹划着的在世,这种在世为最本己的能在本身而'寓世'存在和共他人存在。"①此在,在在世的被抛状态即命运的承受中操心,此即精神自我的悲剧故事;能在作为超越的他者,在悲剧承载者的接受中被揭示出来。

精神性,作为自我的根本存在方式,使精神自我成为悲剧的原初承载者和言说者。按照别尔嘉耶夫的说法,"精神通过人来确证自己的实在性,人是精神存在的宣言"。②精神若在悲剧中消弭,人就会陷入彻底的沉默。所以,在再现的悲剧中作为不在场者的精神自我的沉默并非彻底的,它是人无暇观赏戏剧、默默承受苦难的结果。沉默着言说,是自我于精神世界的存在表达。

精神首先被抛于悲剧的世界,自我成为悲剧的接受者。在悲剧带来的苦难和折磨中,自我发现了精神的世界。"这一事实证明了我们属于另一种更深刻、更完全、更合理的存在。尽管我们是这个软弱无力的世界的俘虏,尽管我们的造反由于软弱无力而只是一种难以实现的企图;然而,我们毕竟只是这个世界的俘虏,而不是它的公民,我们依稀记得我们真正的家园,我们不羡慕那些能够完全忘记这个家园的人,我们对他们只有蔑视或同情,虽然他们取得了生活成就,而我们只有痛苦。"③悲剧迫使自我在沉默中遥望远方的家园。

精神再次被抛于悲剧的世界,自我成为悲剧中的被观赏者。在再现的悲剧中,精神被符号化为悲剧故事中的结构功能,自我则成为被叙述的角色。精神的符号化让悲剧本身成为言说的对象。根据别尔嘉耶夫的看法,精神的实在性是看不见的,他在可见的现实世界客体化。具言之,精神在客体世界变成

---

① 海德格尔:《存在与时间》,陈嘉映、王庆节译,生活·读书·新知三联书店 2014 年版,第 210 页。

② 徐凤林:《俄罗斯宗教哲学》,北京大学出版社 2006 年版,第 252 页。

③ 同上,第 212—213 页。

了象征或符号,文化就是精神实在的象征或符号,而不是精神实在本身,因为实在性只在主体中,在文化中看到的只是象征,而不是第一实在。因此,精神在客体化的世界里失去了自己的本来面目,被改变或遮蔽了,已经变得认不出来了。这是精神在历史中的悲剧,历史本身就是精神的悲剧。创造性的主体精神在历史客体化中认不出自己了。①被言说的悲剧故事中的精神和自我已远离了悲剧,它在悲剧的重复中唏嘘自身的被抛。

　　精神自我在被抛的悲剧处境中发现生命的精神性,精神在悲剧中的承受中使自我生命整全。所以,悲剧精神的结构,与人的生命的存在样态根本相关,精神自我是悲剧精神的存在基础。按托尔斯泰所说:"生命是在意识中和通过意识开启的东西。这个生命是非时间的和非空间的。我以前以为,生命是意识。这是不对的。生命是通过意识而开启的东西,它是时时刻刻都存在的,也就是非时间和非空间的。""我们把两种东西叫生命:(1)我们对表现于世界中的精神原则的意识;(2)我们在时间和空间中所观察到的这一精神原则的表现。实际上只有一个生命概念,就是第一个,即生命是我们所意识到的精神原则的表现。只有这个生命概念是真实的。假如没有它,就什么都没有了。我们所知道的一切,无论是什么,都是从这个生命概念中产生出来的;第二个生命概念也是从这第一个概念中产生的,在第二个概念中,我们把我们所不知道的东西和我们只能从对他人的观察中才能判断的东西,也归属于生命。"②这样,人的生命与世界中的精神原则息息相关:从神学的角度看,托尔斯泰视终极性的精神原则为上帝,人的精神性依附于祂,人的生命也源自祂;从存在论的角度看,命运或悲剧作为人的存在背景,即世界中的精神原则的一部分。由此,承受命运、与悲剧遭遇,是人之生命的必然。与之类似,弗兰克把实在分为三种类型或三个层次:第一层次是"物质的"实在,"经验的"实在,这是我们之外的,对大家都相同的世界;较深的第二层次是"理想之物""观念之物"的领域,这一领域表现了人对现实的理性认识关系;更深的第三层次的实在是人的精神世界,这个世界是个性化的,与个体的内在体验直接相关。③人的生命的发展,在精神世界的意义上,由悲剧开启。

　　这样,悲剧的接受于人而言便是生存的基本样态;不同的接受方式,决定

①　参见徐凤林:《俄罗斯宗教哲学》,北京大学出版社 2006 年版,第 253 页。
②　徐凤林:《俄罗斯宗教哲学》,北京大学出版社 2006 年版,第 58—59 页。
③　同上,第 212 页。

不同的人的生命形态。①按照约斯·德·穆尔(Jos de Mul)的观点,人在与命运的相遇中,作出了四种回应:一、英雄般地接受;②二、谦卑地(调节性的)忍受;三、理性地管理;③四、技术性地控制。④四种对待命运的方式造就了四种不同的悲剧,人由此谱写了悲剧的史诗、哀歌、戒律和幻想(乌托邦和科幻)。不同类型的悲剧生成不同的接受的悲剧美学,悲剧精神渗透人的生命。首先,英雄与命运相遇,悲剧成为一种生命的颂歌,英雄笔直站立并注视悲剧之命运。西西弗用智慧与众神对抗,起初没有屈服于宙斯的强权,之后亦未安息冥府,即使在地狱的陡山上推石头,他也未曾在哭喊中责难自己的命运。因此,西西弗是个荒谬的英雄。"他蔑视神明,仇恨死亡,对生活充满激情,这必然使他受到难以用语言尽述的非人折磨:他以自己的整个身心致力于一种没有效果的事业。而这是为了对大地的无限热爱必须付出的代价。"⑤其次,常人遭遇悲剧,无法凭借不甘的呼号、呐喊和咒骂逃离,终要恒久忍受。所以,在痛苦的怀疑中,伊凡·卡拉马佐夫发现,人不得不相信上帝:因为若无上帝,一切都是允许的。在根本上,人因为罪无法逃离悲剧,悲剧普遍切身于个人。伊凡·卡拉马佐夫的兄长马尔凯尔临终前对其仆人说"亲爱的,你们为什么要服侍我,为什么要爱我,我凭什么要你们伺候",正是对此发问;⑥再次,妄图逃离悲剧者,企图在人的理性立法中,建立稳固的生活秩序。但人从未被自己的理性完全规定,因此伦理和宗教的戒律都不能通过划界的方式将悲剧隔离。卡斯特里奥的死亡悲剧,在某种程度上也是加尔文的:加尔文在绞死卡斯特里奥的同时,亲手葬送了自己摆脱传统信仰的悲剧的凭靠——因信称义,他在以新的悲

---

① 刘小枫认为,"诗化不是克制恶的力量,而是与恶相处的技艺(适意)",正是此意。刘小枫:《拯救与逍遥》,上海三联书店 2001 年版,第 192 页。

② 乌纳穆诺(Miguel de Unamuno)将唐·吉诃德的故事视作英雄悲剧的范型,后者以执着的生命精神追寻失落的宗教和贵族传统。参见乌纳穆诺:《生命的悲剧意识》,段继承译,花城出版社 2007 年版,第 351—359 页。

③ 值得一提的是,刘小枫将诗人的自杀看作理念的失落和错谬,即诗人因具有虚无主义的信念而走向死亡。如此的自杀事件也算作理性管理命运的方式之一。"如果要思考诗人的自杀事件,必须采取价值现象学立场,而不是道德社会学和文化人类学立场,必须根据信念的意义问题来体察由生存事实产生的绝望心情。"刘小枫:《拯救与逍遥》,上海三联书店 2001 年版,第 50 页。

④ 约斯·德·穆尔:《命运的驯化:悲剧重生于技术精神》,麦永雄译,广西师范大学出版社 2014 年版,第 11—30 页。

⑤ 加缪:《西西弗的神话》,杜小真译,生活·读书·新知三联书店 1987 年版,第 157 页。

⑥ 陀思妥耶夫斯基:《卡拉马佐夫兄弟》,荣如德译,上海译文出版社 2004 年版,第 352 页。

剧替代旧的悲剧;①最后,诉诸政治技术、工业技术和信息技术的乌托邦和科学幻想,也未能扭转人的悲剧命运。工人革命的屡次失败、工业技术对生活世界的异化、信息技术对人生命的编码操作,都未能造就理想的生活秩序。人在科学宗教中的精神丧生,②带来的不仅是灵魂无处安息,而且是肉体生命中激情与活力的消亡。概言之,命运戏剧化地与人相遇,人永远无法逃离悲剧。作为人的基本生存样态,悲剧在人的承受中冲破戒律,并重生、再现于技术精神。

四、悲剧与他者

他者作为悲剧结构的指向,作为再现的悲剧的不在场者,使精神自我在承受悲剧之后的存在成为可能。他者在沉默中支撑并照耀着精神的悲剧旅途,使悲剧本身成为一种悲剧精神。悲剧精神是精神超越悲剧事件(本身)和悲剧图景再现的结果,且此超越性早已蕴含在二者之中。一方面,精神承受悲剧并开启真正的生命意味着生命的规定性与他者密切相关,他者以非同寻常的方式惊醒了沉沦着的自我;另一方面,作为悲剧结构要素的"净化",始终指向悲剧之后的他者。怜悯与恐惧,崇高与沉静,都是精神的超越结构的张力表达。所以,悲剧精神一旦诞生,自我便已踏上追寻他者的旅途,接受的悲剧美学由此转变为超越的悲剧美学。再现的悲剧美学呈现生命的断裂,接受的悲剧美学展示生命的重生,超越的悲剧美学则高歌生命与他者的结合。③这他者,是祂神、他人、它物,是与人之生命相异的他者的绝对差别性。

在宗教的叙事中,生命的两大主题——神圣与悲剧——时常共在。在悲剧的布景中,神圣作为他者,照亮人的生活。因此,无悲剧不成宗教。于此在而言,悲剧和宗教互为幕后场景意味着悲剧并不敞开或隐喻另一种生活,而是另一种生活在影绰着悲剧;人经由盼望和转身,映入生命的荧幕。所以,悲剧

---

① 参见茨威格:《良知对抗暴力:卡斯特里奥对抗加尔文》,舒昌善译,生活·读书·新知三联书店2012年版。

② 不仅指极端的科学主义,且包括宣扬科学、技术可以拯救人类的新兴宗教。

③ 从海德格尔对《安提戈涅》的分析中归结出表象性思维,悲剧性思维和反身性思维这三重思维,与此有相通之处。参见欧阳帆:《海德格尔的"安提戈涅问题"》,《海南大学学报(人文社会科学版)》2021年第39期,第31—38页。

作为宗教的来源始终与神圣的维度关联。在形式呈现的层面,它是存在性与神圣性的相合。由此,超越的悲剧美学成为精神的奥德赛,在信仰、盼望和爱的牵引下,①自我的精神得以从他者中升起。

信仰作为首要的精神超越的形式,在信心、信念、信从三个层面,叙述祂神对人的看护。这看护让信者内心洁净、意志坚定,即使身处悲剧境地,也不弃绝生命本身、远离神圣。在这个意义上,约伯与友人的辩白确是精神的苦难之旅。唯独对天主公义的信心和对己身清白的信念,让其在灵魂和肉体的折磨中,始终选择交托自身。"你们且住口,让我来发言;不要管我有什么遭遇。我已将我的肉放在我牙齿中,已将我的性命放在我手中;即使他杀我,我仍希望在他面前表白我的行为。这样对我还有救,因为恶人不敢到他面前。你们要细听我的话,侧耳静听我的解释。我今呈上我的案件,确知我自己有理。谁若与我争辩,我就住口,情愿死去。"②在纯然的信仰中,约伯选择以信仰表白的方式英雄般地面对苦难。因为他知道,这悲剧的承受,既不会因争辩的得胜而终止,亦不会因死亡的来临而消弭。这意味着,唯独信仰和拯救可以超越悲剧的内涵。

在信仰之外,有盼望让精神在苦难中持存。生命的活力被盼望激发,他者以注视的方式与自我进行精神的交通;而盼望一旦跨越死亡的界限,精神自我便越过了悲剧。《山海经·大荒北经》记载了这样一则神话:"大荒之中,有山名成都载天。有人珥两黄蛇,把两黄蛇,名曰夸父。后土生信,信生夸父。夸父不量力,欲追日景,逮之于禺谷。将饮河而不足也,将走大泽,未至,死于此。应龙已杀蚩尤,又杀夸父,乃去南方处之,故南方多雨。"③《山海经·海外北经》又载:"夸父与日逐走,入日。渴欲得饮,饮于河渭,河渭不足,北饮大泽。未至,道渴而死。弃其杖,化为邓林。"④夸父的具体身份仍未可知,⑤但如此一

---

① 这里的信、望、爱,其内涵超过基督教的三圣德,以他者为对象而不局限于祂神。卡尔·雅斯贝尔斯认为,"悲剧知识总是包含从悲剧中的终极释放,这一过程不在教义或启示,而是通过对秩序、公义、于同胞的爱的关注,通过信任,通过开放的思想及对未有答复之问题的接受达成"。这里,他者的含义便扩展到宗教之外。参见 Karl Jaspers, *Tragedy Is Not Enough*, trans. Harald A. T. Reiche etc. The Beacon Press, 1952, p.102。
② 《约伯传》13:13—19(思高本圣经)。
③ 《山海经》,方滔译注,中华书局 2009 年版,第 265 页。
④ 同上,第 194—195 页。
⑤ 在诸多看法中,可确定的是,夸父是最后一位炎帝,是始祖领袖之一。

位神人因逐日而死,却意味深长。《山海经·大荒北经》言称"夸父不量力",行不可行之事,力未逮而亡。但此不量力,绝不能被理解为愚钝和骄傲之后果,夸父因应龙的谋划而死。①所以,一种可能的解释是,夸父之"不量力"是出于无奈的作为,他不愿量察己身的界限,而非不能省察自己。换言之,夸父逐日是一个悲剧,它暗示了有限之人在无限他者面前的悲剧角色。这日影是苦难的现实,夸父在对苦难本源的追寻中亡故。夸父逐日是悲剧的史诗,是大地信仰对求索天空的命运叙述。海德格尔所言"天地人神",②在这里作为此在的四重悲剧要素印证夸父的生命。当然,更重要的是,死亡并没有将夸父划定在悲剧的界限中,他的盼望化作了邓林——大地信仰不灭的遗墓。而这意味着,盼望使精神在悲剧中重生。

于生命而言,信仰使悲剧不再可怖,盼望让悲剧的界限中止。在这之后,有爱让悲剧转化为精神的历程。《淮南子·览冥训》记载了后羿与嫦娥的故事:"譬若羿请不死之药于西王母,姮娥窃以奔月,怅然有丧,无以续之。何则?不知不死之药所由生也。"③此处不死之药,即道教中金丹大药。按照早期道教的观点,金丹大药是长生信仰的最高法门,嫦娥盗取了后羿的不死药,相当于断绝了其不朽生命延续的可能。对后羿来说,这无疑是最大的悲剧,毕竟超越死亡在某种程度上意味着彻底战胜悲剧,意味着生命得以超脱悲剧这一此在的生命困局。然而,尽管悲剧的承受险些使后羿沉沦于怒火的灭绝,但他还是在爱的怜悯中摆脱了悲剧的重演。"他一手拈弓,一手捏着三支箭,都搭上去,拉了一个满弓,正对着月亮。身子是岩石一般挺立着,眼光直射,闪闪如岩下电,须发开张飘动,像黑色火,这一瞬息,使人仿佛想见他当年射日的雄姿。飕的一声,——只一声,已经连发了三支箭,刚发便搭,一搭又发,眼睛不及看清那手法,耳朵也不及分别那声音。本来对面是虽然受了三支箭,应该都聚在一处的,因为箭箭相衔,不差丝发。但他为必中起见,这时却将手微微一动,使箭到时分成三点,有三个伤。"④三点伤不致使月亮坠落,嫦娥得以安居其上。后羿仍然爱着嫦娥,他对使女说:"那倒不忙。我实在

---

① 应龙处南极,杀蚩尤与夸父,不得复上。《山海经》,方滔译注,中华书局 2009 年版,第 236 页。

② Martin Heidegger, *Poetry*, *Language*, *Thought*, trans. Albert Hofstadter, Harper & Row, 2001, p.179.

③ 刘文典著,冯逸、乔华点校:《淮南鸿烈集解》,中华书局 1989 年版,第 217 页。

④ 鲁迅:《故事新编》,译林出版社 2013 年版,第 26 页。

饿极了,还是赶快去做一盘辣子鸡,烙五斤饼来,给我吃了好睡觉。明天再去找那道士要一服仙药,吃了追上去罢。"①金丹大药难再寻,但失药之悲剧已经不再主宰后羿的意志。

这样,面对他者的生命,在悲剧的超越中成就了悲剧精神。自我和他者于悲剧中精神贯透的图景,即超越的悲剧美学的对象和言语。信仰、盼望和爱,使悲剧不再是遮蔽生命的布景,而是生命存在的永恒背景。

五、结 论

通过对悲剧的分析,不难发现,悲剧生长悲剧精神的过程,便是精神生命在面向他者中开启的过程。无论是悲剧事件本身还是再现的悲剧,其内在结构都与悲剧精神对应。由此,在哲学人类学将悲剧的发生视作人无可避免的实有生存事态,并赋之以情感的德性、美学以悲剧的结构为凭,塑造其感性形式的审美价值时,沉默的他者都已居于其中。人(包括悲剧的承受者和观赏者)的视线一旦转向他者,不在场者必将临在悲剧之后的故事。所以,超越的悲剧美学的揭示实际上是绝对他者的彰显,人借着信仰、盼望和爱渡过生命和形式的苦厄。在这个意义上,宗教悲剧中的人文精神和审美意蕴,与神圣的他者即祂神息息相关,神圣者是人能够与之合一的终极他者。

Structural Analysis of Tragic Spirit

Abstract: Living in tragedy is a basic survival pattern of human beings. Tragedy is an essential characteristic of human spirit. Philosophical anthropology regards the occurrence of tragedy as the inevitable survival situation in existence of human beings, and endows it with sensual virtue; Based on the structure of tragedy, aesthetics shapes the value of its perceptual form. Therefore, the traditional ideas of tragedy actually produces two kinds of tragic aesthetics: receptive tragic aesthetics and ornamental tragic aesthetics. Among them, the tragic spirit takes the action of spirit and the presence of events as the core. By comparison, in religious tragedies, the transcendence of tragic spirit is highlighted, it forms the narrative after the story with the attitude of facing the other, which is the transcendent tragic aesthetics under the divine care. Thus, the transcendent tragic aesthetics has become a more sacred theatric setting,

---

① 鲁迅:《故事新编》,译林出版社 2013 年版,第 27 页。

discourse and action.

Key words：tragedy；spirit；aesthetics；transcendence

作者简介：毕聪聪，四川大学道教与宗教文化研究所博士研究生。

伦敦《女士杂志》的出版、流通与阅读①

许姗姗

摘　要:《女士杂志》诞生于工业革命时期,是当时最受欢迎且最有利可图的月刊之一,奠定了后世女性期刊发展的模式。《女士杂志》从编辑,经出版商、印刷商、运输商、销售商到读者,而后又回到编辑,依此循环往复。女性期刊的生产、流通和阅读的整个过程及每个环节,都与政治、经济、文化和社会有关,通过揭示《女士杂志》的出版、流通与阅读状况,增进对英国工业革命时期女性期刊和女性阅读文化的了解。

关键词:《女士杂志》　出版史　阅读史　传播循环模式

《女士杂志》诞生于工业革命时期,是当时最受欢迎且最有利可图的月刊之一,奠定了后世女性期刊发展的模式。《女士杂志》的研究肇始于 20 世纪六七十年代,受女权主义运动的影响,主要立足于女权主义媒体模式;学者将杂志视为意识形态的操控者,女性视作父权制和资本主义的受害者。②20 世纪80 年代,受葛兰西主义的影响,一些学者将杂志视为公民社会领域内发生的主导和从属利益集团的组成部分,讨论和协商妇女压迫的场所。③20 世纪 90年代,伴随史学研究的方法视域再次发生转向,学者批判女性期刊作为意识形

---

① 本文为上海师范大学 2021 年高水平地方高校一流研究生教育子项目"18 世纪英国的女性期刊和社会"(AC9103-21-368012323)成果。

② White Cynthia, *Women's Magazines*, *1693—1968*, London: Michael Joseph, 1970; Alison Adburgham, *Women in Print: Writing Women and Women's Magazines from the Restoration to the Accession of Victoria*, London: George Allen & Unwin, 1972.

③ Janice Winship, *Inside Women's Magazines*. London and New York: Pandora, 1987.

态传播者的角色,探究消费的文化现象所塑造的性别认同与差异。①21 世纪以来,学者关注基于文本生产与消费的研究,认为女性期刊不只是商品,更是文化。②根据新世纪以来新的研究取径,鉴于《女士杂志》与当时社会联系的疏远以及出版史料的相对匮乏,本文希冀在前人研究的基础上,立足英国工业革命时期的历史背景,探讨《女士杂志》的出版、流通和阅读状况,以窥视在工业革命发生之初和现代女性主义兴起之前的女性阅读文化。

一、出版商与期刊生产

《女士杂志》是工业革命催生的经济与社会结构变迁的产物,在 18 世纪晚期和 19 世纪初期是最受欢迎的女性期刊,反映了女性在工业革命刚刚启动之时从家庭私人领域走向社会公共领域的社会和文化状况。它是一种带有插图的杂集,内容包括时事、小说、诗歌、咨询专栏、时尚、礼仪、教育、音乐、戏剧、刺绣等,旨在为女性提供娱乐和教导,尤其适合家庭主妇与贵妇。③它最初每月发行量为 15 000 至 16 000 份。④杂志从 1770 年开始创办一直持续到 1832 年,此后又先后与《女士博物馆月刊》和《美丽汇编》合并,延续到 1847 年。⑤杂志存活时间长达 77 年,可以说是 18 世纪最成功的女性期刊,长期在激烈竞争的期刊市场中占有一席之地。它漫长的发展阶段凝聚了参与其中的各群体的心血,一定程度上是当时出版界状况的体现。

18 世纪 60 年代正是书籍社会降临的时代,期刊是重要的信息和文化传

① Ballaster Ros, Margaret Beetham, Elizabeth Frazer & Sandra Hebron(eds.), *Women's Worlds: Ideology, Femininity and the Woman's Magazine*, Basingstoke: Macmillan, 1991; Margaret Beetham, *A Magazine of her Own? Domesticity and Desire in the Woman's Magazine*, *1800—1914*, London and New York: Routledge, 1996.

② Jan. Fergus, *Provincial Readers in Eighteenth-Century England*, Oxford: Oxford University Press, 2006; Jennie Batchelor & Manushag N. Powell(eds.), *Women's Periodicals and Print Culture in Britain, 1690—1820s: The Long Eighteenth Century*, Edinburgh: Edinburgh University Press, 2018; Jennie Batchelor, "UnRomantic Authorship: The Minerva Press and the Lady's Magazine, 1770—1820", *Romantic Textualities: Literature and Print Culture*, *1780—1840*, Vol.23(2020), pp.76—93.

③ White Cynthia, *Women's Magazines, 1693—1968*, p.31.

④ Robert D. Mayo, *The English Novel in the Magazines, 1740—1815*, Evanston: Northwestern University Press, 1962, p.213.

⑤ Margaret Beetham, *A Magazine of her Own? Domesticity and Desire in the Woman's Magazine*, *1800—1914*, p.17.

播媒介。这一时期兴起的期刊,大体反映了两种不同的大众品位:一种是以时尚、浮华和讽刺为风格;另一种是以装饰、情感和道德为格调。①前者的代表如《城镇杂志》(1769—1796 年),内容主要是诙谐故事、趣味冒险和无聊八卦,读者是主要以城市资产阶级和小资产阶级为主;后者以《女士杂志》为典型,读者是社会中有教养的人士,提供有益指导、美德故事和情感小说。《女士杂志》在当时颇具知名度、持久性以及强大的文化和文学影响力,它的成功某种程度上归功于出版商对刊物和市场的精准把握。出版商面临的首要问题是为期刊定位,以便瞄准特定的读者群;而后利用杂志的销售网络,让杂志出版之后能够流通到读者手里。

这里值得一提的是,出版商是一个变化的概念,19 世纪之前在英国称作"书商",往往兼具批发和发行功能,既包括专门从事零售的小书商,也包括伦敦等地的大书商,他们拥有许多书籍的版权,经营各自的书店,并组织书籍的生产及向自己和其他地方书商批发图书。但是"包括书商、印刷商、装订商、出版商、雕刻商和拍卖商,都被描述得模棱两可,而且正是在这些行业之间的区别越来越明显的时期。书商的称谓是一个非常宽泛的概念。在 18 世纪初,'书商'可以是一个出版商,也就是印刷和销售作品的出资人和书籍的零售商,或者是作为批发商—出版商代理的零售商。出版商可能依靠签约的印刷商,而不是经营自己的出版社。他们可能向其他书商或直接向公众分发书籍,或者'出版商'一词可能被用来描述那些发行而不是资助出版物(即使它们公开)的人。所有这些不同的标签往往掩盖了两类书商的根本区别,一类投资和交易版权,一类为复制者印刷、销售或分销书籍或完全在版权材料范围外交易"②。此时期的出版商出版书籍、报纸和期刊,前两者随着新闻业的发展已有明确区分,各自独立,而期刊出版商则极为罕见,故而在 18 世纪和 19 世纪,期刊的出版往往由图书出版商承担。

直至 18 世纪中期,除爱丁堡和 1800 年前的都柏林外,英国出版业一直集中于伦敦,处于大都市垄断的地位。19 世纪初期,人们才把这种离散且稳定的商业实践称为"出版业";现代出版商出现且很快成为图书业的主导力量。

---

①   Robert D. Mayo, *The English Novel in the Magazines*, 1740-1815, p.188.

②   James Ravan, "*Constructing Bookscape: Experiments in Mapping the Sites and Activities of the London Book Trades in the Eighteenth Century*", J. Murray(eds.), *Mappa Mundi: Mapping Culture/Mapping the World*, Windsor: University of Windsor, 2001, pp.35—39.

"全国各地的销售通过书商、出版商、小贩和其他网络进行,网络的数量在 18 世纪显著增长。18 世纪 90 年代,1 000 多家零售商出现在伦敦。目录显示,他们有能力经营高质量的新书,以及市本、教科书和二手书。英格兰的第一本行业指南,即约翰·彭德雷德的《伦敦印刷商、书商和出版商手册》(1785 年),对这个不断扩大的网络进行了调查,以帮助伦敦的书商充分利用这个网络。"①但是,在工业革命时期,伦敦地区的出版业长期以来一直由一个相对稀少和稳定的拥有版权的书商集团所控制。这些书商相互竞争或互相合作,以维护他们对主要出版业近乎集体垄断的地位。例如,乔治·罗宾逊就经常在购买文件中声明,他已经购买了某项版权,而且是永远的。因此,无论法律上的情况如何,这个小圈子都确保了事实上的版权是安全的,后果是扩展到印刷文化的各个方面,从小册子、期刊到书籍,都可以被购买、借阅和阅读。②

18 世纪中期以前的出版商集中于伦敦,尤其是伦敦的圣保罗教堂和帕特诺斯特街成为出版和相关行业的场所。帕特诺斯特街在 17 世纪末和 18 世纪初主要因呢绒商、丝绸商和花边制造商而备受赞誉。然而,在接下来的 100 年,有 60 个左右的书商(任何时候都有 20 多个)将这条街打造成了书籍和期刊的批发中心。至少在 17 世纪 70 年代,该街是欧洲最重要的出版和书籍批发场所之一,实际上,在本世纪末,它是欧洲最富有成效的街道。虽然投入成本很高,出版收益前的投资时间很长,不同生产单位之间的关系相对固定,但新的资本从各种渠道进入出版业,新的创业精神蓬勃发展。这些限制首先包括在 19 世纪 10 年代末之前存在的广泛的技术限制,以及蒸汽动力印刷机的引入。③

根据所绘制的新地图,该街确实是一个紧凑而拥挤的地区,有狭窄的庭院和位于不同楼层的企业。许多装订商的房屋挤在一起,许多印刷厂位于后院和小巷。主要书商的房屋集中在这一长条形区域,具有良好的商业意义。仓库通常是共用的,所有的书商都受益于紧密相邻的行业,包括牛油商和银器商。许多书店所处的狭窄小巷也是过往行人明显拥挤的通道。此外,对书商

---

① James Chandler(ed.), *The Cambridge History of English Romantic Literature*, London: Cambridge University Press, 2008, p.379.

② James Chandler(ed.), *The Cambridge History of English Romantic Literature*, pp.379—380.

③ James Ravan, "Constructing Bookscape: Experiments in Mapping the Sites and Activities of the London Book Trades in the Eighteenth Century", p.28.

而言,帕特诺斯特街和教堂街作为著名贸易专业区域的吸引力(用现代的说法是聚集理论)远胜于商业荣誉。用凯文·林奇的提示性话语来说,"物理特征,如果它们是一个门槛的话,似乎在某种程度上辐射了它们的形象,从一个中心扩散出去"。恰如约翰·斯特雷普在 1720 年所说,帕特诺斯特街的新书商与街道的吸引力有关。"在[帕特诺斯特街]的上方,有一些出版商和大型书商仓库;对于有学问的人来说,这里的位置很好,比较隐蔽和私密。"①

帕特诺斯特街同样吸引约翰·库特和乔治·罗宾逊进驻于此,为他们经营期刊贸易提供良好的地理环境。根据库特在 1771 年 7 月庭审现场的辩护可知,他聘请印刷商约翰·约翰逊和出版商约翰·惠布尔负责杂志的印制和销售工作。②而罗宾逊和约翰·罗伯茨成为《女士杂志》业主后,直至 1773 年前者成为该杂志印刷商和出版商,而 1771 年 4 月至 1773 年间,他是雇佣他人还是自己印刷与出版,尚不得而知。然而,阿奇博尔德·汉密尔顿也是《女士杂志》《城镇杂志》《新年鉴》的印刷商,为他的朋友罗宾逊贡献了大量作品……③,他还创立《批评评论》,并且印刷了 50 年。④当时知名批评家威廉·泰勒,在 1805 年写给朋友苏西的信件中,顺便提到罗宾逊家族在 1804 年底之前一直与汉密尔顿出版社有联系。⑤而 1804 年罗宾逊公司出现火灾导致宣布破产,可知该公司拥有自己的印刷厂。"同年 11 月,塞缪尔·汉密尔顿也宣布破产。尽管 C. H. 廷珀利似乎对罗宾逊和汉密尔顿的合作出版并不知情,但他在 1811 年 5 月 22 日宣布乔治·罗宾逊的死讯时报告说,前者早些时候就破产了,因为'他们拥有大量财产的'印刷厂被一场大火烧毁了。这一论断导致了一个有趣的猜测,即罗宾逊夫妇的作品是在汉密尔顿的印刷机上印刷的。"⑥在 18 世纪末到 19 世纪初期间,更多的商业和商业合作形式是书籍贸易的重要方式。罗宾逊与 18 世纪中期拥有版权的主要书商及其"合伙企业"有着

①　John Strype, *A Survey of the Cities of London and Westminster*, 2 vols., London, 1720, 1: bk 3: 195b.

②　*The Lady's Magazine*, July 1771, pp.41—42.

③　William West, *Fifty Years' Recollections of an Old Bookseller*, London, 1837, p.223.

④　William West, *Fifty Years' Recollections of an Old Bookseller*, p.222.

⑤　J.W. Robbfrds, *A Memoir of the Life and Writings of William Taylor of Norwich*, London: 1843, Vol.II, p.68.

⑥　O. Wellens "The 'Critical Review': New Light on its Last Phase", *Revue belge de philologie et d'histoire*, tome 56, fasc. 3 (1978), p.682.

本质的区别,是这些独立商人的分化组合,最终促成大出版商或批发商的出现。

如前所述,19世纪初,出版商逐渐摆脱书商身份,成为具有现代意义的真正出版商,专营批发业务,这源于英国版权制度的变迁。1710年的《安妮法案》规定,作者和书商在有限的时间内享有印刷、发行和销售书籍的专有权。① 但是,期刊并未在该法案中被提及,直至19世纪,它作为文学财产的地位还是很模糊。1842年的《文学版权法》将保护范围扩大到"任何百科全书、评论、杂志、期刊作品或以一系列书籍或部件出版的作品",期刊的法律地位得以正式确立。然而,1774年的唐纳森诉贝克特案件,上议院投票否决了禁令,有效地废除了永久的普通法版权原则。"据媒体报道,在一夜之间,昨日被视作财产且价值约20万英镑的东西显然已化为乌有。整个贸易寡头政治在某种程度上被摧毁了"。②这必然导致发行数量的激增,为在激烈竞争中获利,一些现有的书商决定完全脱离传统的角色,只专注于出版。因此,出版商一词有了新的意义和新的重要性。朗文公司是最早看到这种可能性的公司之一;到19世纪10年代,该公司已经将出版和零售完全分离,在这个过程中,将工作与家庭分离(这是一个明显的现代化举措:早期的业务传统上是国内业务)。它成为了同代传统出版商中的佼佼者。约翰·默里是成功的书籍销售和出版公司的继承人,同样向西搬到了阿尔比马尔,并将公司变成了19世纪最重要的出版企业之一。默里设计了向作者支付一半利润的制度,这一制度在整个维多利亚时代一直是标准。他比任何人都更能体现19世纪出版商的新形象。③

出版商通常与印刷商有一定联系。近代以来,印刷术推动了社会进步。直至19世纪初,与350年前的古登堡印刷术相比,印刷工艺并没有太大变化。排版、印刷和装订都是手工过程,就像造纸和打字一样,伴随造纸术、排版机、印刷机的机械化,才迎来突破性进展。印刷商早已失去了16世纪在书籍贸易中扮演的核心角色。经济力量掌握在出版商手中,对他们来说,印刷商不过是支付报酬的代理人,除此之外,印刷商还有很多客户。维多利亚时代的印刷业是由几家使用最新设备的公司和数以千计的小型家族企业组成的,这些企业

---

① 法令文本,参见 Lionel Bently & Martin Kretschmer(eds.), *Primary Sources on Copyright*(1450-1900),www.copyrighthistory.org。版权史研究,参见 John Feather, *Publishing, Piracy and Politics: An Historical Study of Copyright in Britain*, London: Mansell, 1994。

② M. Rose, *Authors and Owners: The Invention of Copyright*, Cambridge, MA: Harvard University Press, 1993, pp.92—97.

③ James Chandler(ed.), *The Cambridge History of English Romantic Literature*, pp.383—384.

在女王去世时仍在手工布置和印刷小型工作。据推测《女士杂志》的印刷商或与出版商存在这种关联。具体而言,《女士杂志》先后由印刷商惠布尔、罗宾逊印刷厂或合作者汉密尔顿印刷厂印刷,它的印刷商受雇于业主库特和罗宾逊家族,由此可知,它的印刷商与出版商也存在一定的联系。

二、期刊的销售流通

期刊是信息文化的载体,但对于生产商来说,它也是一种商品,必须流通和销售才能赚取利润。《女士杂志》经出版商、印刷商和装订商等一系列环节生产出来之后,再通过与运输商、销售商的协作最终流入读者之手,实现产品的消费目的。杂志的销售流通受当时社会、政治、经济、思想观念的影响,需要将其置于与该杂志有关的具体环境中分析,即在 18 世纪的历史大背景中考察。

期刊贸易一直面临的问题是期刊的流通。18 世纪,伦敦书籍在全国范围已建立起更有效的供应和分销机制,开发并帮助创造了书籍与期刊市场。虽然交通设施简陋,信贷业务也很原始,但复杂的供应系统还是得到了发展。①然而,河运和陆路建设,尤其是 30 年代铁路的建设,促使现有的分销系统发生了改变。该杂志走出伦敦,流传到英国本土,甚至漂洋过海流入欧洲和美国,必然涉及复杂的物流。根据经济史专家马赛厄斯的观点,"不管道路状况如何,运河是铁路时代之前唯一能支撑英国工业化成城市化影响的运输方式。"②英国的运河时代与工业革命基本重合。但运河并非不无限制,它会受到地理位置、风雨、结冰等自然因素,海盗等人为因素的影响,自然需要道路运输。交通史家还对陆路交通的进步进行了细致的量化分析。查特斯和特恩布尔认为,从 1715 至 1840 年间,公共运输班次增加了 10 倍,运输量—距离增加了 34 倍。格霍尔德认为上述结论过于夸大,对此他进行了修正,认为从 1681 年到 1838 年伦敦每周的运输班次约增长了 2 倍,而陆运生产率的重大变化始于 18 世纪中叶。③格霍尔德还认为,1690 至 1820 年间陆路交通生产率增长迅

① John Feather, *The Provincial Book Trade in Eighteenth-century England*, Cambridge University Press, Cambridge, 1985, pp.44—68.

② Peter Mathias, *The first Industrial Nation*, Methuen: London and New York, 1983, p.104.

③ 转引自沈琦:《从 18 世纪"交通革命"到 12—13 世纪"交通革命"——前工业时代英国交通史研究述评》,载《中国世界中世纪史学会 2012 年年会文集》,第 100 页。

速,甚至快于水路交通,其主要原因在于马匹的改良、快速货运马车以及大型运输企业的出现,而不是收费道路的普及。①故而,《女士杂志》该是出版商利用道路交通网络分配期刊与合订本。

期刊随处可见,尤其在伦敦。它们可以在出版商办公室购买,也可以从印刷商或大城市或省级书商订购。人们可以从伦敦街头的小贩那里购买或租用它们,也可以在酒馆、理发店、杂货店和印度式房屋里阅读它们。②比如,在安妮女王统治时期,伦敦大约有2 000家咖啡馆。大多数的期刊可以在现场阅读,有时也可以借阅,还有一些是私人读书俱乐部的主人,这些俱乐部的成员集体购买期刊,并在喝酒或吃饭时大声朗读。③到了1720年代,人们也可以从新的流通图书馆中获得期刊的合订本。同样地,省级地区也有期刊销售场所,以书店为例,它迅速发展,从1749年在200个城镇的400个网点增长到18世纪90年代在300个地点的近1 000个网点。④

书商或印刷商将期刊售卖给图书馆、书店或流动书摊。18世纪,英国可供民众阅读的场合多集中于咖啡馆和图书馆。咖啡馆作为公共领域多讨论时事,女性期刊鲜少在此论及,更多地出现于图书馆中,尤其是流通图书馆。《女士杂志》很便宜——50页的月刊只需6便士;而且它很耐用,因为它还为图书馆提供了"12期加增刊"装订册形式。⑤那时,"人人"看《女士杂志》。也就是说,每个有钱的人都能买得起当地流通图书馆的入场券,在那里可以买到现期和前几年的装订本。⑥流通图书馆是向读者出租图书的商业企业,通常每年或每季度收费。它从17世纪后期少数书商的非正式租书安排中发展而来,作为书商或企业家经营的独立机构,直到18世纪早期才出现,最大图书馆的所有

① D. Gerhold, "Productivity Change in Road Transport before and after Turnpiking, 1690-1840", *Economic History Review*, Vol.49(1996), pp.511—512.

② Jeremy Black, *The English Press in the Eighteenth Century*, Aldershot: Gregg Revivals, 1991, pp.99—108.

③ J.H. Plumb, "Commercialization and society", Neil McKendrick, John Brewer & J.H. Plumb(eds.), *The Birth of a Consumer Society: the commercialization of leisure in eighteenth-century England*, London: Hutchinson, 1983, pp.269—270.

④ John Brewer, *The Pleasures of the Imagination: English culture in the eighteenth century*, London: Harper Collins, 1997, p.137.

⑤ Jacqueline Pearson, "'Books, my greatest joy': constructing the female reader in The Lady's Magazine", *Women's Writing*, Vol.3, No.1(1996), p.4.

⑥ Edward Copeland, *Women Writing about Money: Women's Fiction in England, 1790-1820*, Cambridge: Cambridge University Press, 1995, p.119.

者一直是当时最多产的出版商之一,特别是在小说方面。①早在1742年,神职人员塞缪尔·范库特博士将创办的流通图书馆企业搬至伦敦,在此蓬勃发展。伦敦的其他租书书商,以范库尔的业务为榜样,很快就把自己的公司称为流通图书馆。到1775年,巴斯和伦敦有许多这样的图书馆在营业,而在大城镇和所有富人和时髦人士聚集的饮水场所和海滨度假地,也能看到其他图书馆。流通图书馆在18世纪后半期的发展备受瞩目。到1800年,保罗·考夫曼在伦敦发现了100多家这样的机构,在全国其他119个地方又发现了268家,他认为1801年4月的月刊说至少有1 000个这样的图书馆是正确的。②流通图书馆对创造现代流行的阅读文化发挥了重要作用,部分原因是让更多的公众能够买得起书,但更重要的是增加了任何一个读者能够负担得起的书籍数量,促进书籍的生产与流通。

根据惠布尔、罗宾逊和罗伯茨的官司可知,到1771年7月,《女士杂志》显然已经成为一个成熟的品牌,读者和订户每次都会购买,他们会通过附近的书店或出版社予以订购。③詹姆斯·拉文认为,每年50英镑可能是购书者的最低收入,然而,在1780年前后,只有约15万户家庭属于这一类,④相对而言,期刊比三卷本小说更实惠,被订阅的几率更高。扬·弗格斯考察北安普敦郡戴文垂的书商克莱家族,约翰·克莱与儿子们在1740年代至1780年代的不同时期,在戴文垂、拉格比、拉特沃斯和沃里克销售书籍、期刊,存有大量商业记录,包含大量用户订阅《女士杂志》的情况。她发现威廉·高夫自1771年起订购、阅读、享受《女士杂志》,拉格比的亚伯拉罕·斯普纳或他的兄弟在1784年4月订购(可能会继续订购;记录到此结束)。⑤它还能吸引自己的读者,促使27名女性读者从克莱书店以外的其他书店等订阅。这27位女性在印刷业的全部投资中只包括一份《女士杂志》的订阅费,她们占了达文特利、拉格比和卢特沃斯地区及其周边地区所有克莱出版社女性订阅者的28％。⑥

---

① https://www.oxfordreference.com/view/10.1093/acref/9780195169218.001.0001/acref-9780195169218-e-0102.

② *Monthly Magazine*, April 1801, p.238.

③ *The Lady's Magazine*, July 1771, pp.41—52.

④ James Raven, *Judging New Wealth: Popular Publishing and Responses to Commerce in England, 1750—1800*, Oxford: Oxford University Press, 1992, p.58.

⑤ Jan Fergus, *Provincial Readers in Eighteenth-Century England*, pp.200—209.

⑥ Ibid., p.243.

　　如果对期刊感兴趣,有人也会到市集和流动小贩那里去买。"在市集场合买书,乃是既有的惯例,起源甚早,并延续数百年之久,举凡巴黎地区的许多市集,与英格兰斯道布里吉的大市集,此景皆然。赶集的商人得享通关特权与各种优待,令搬运集散更方便;货币兑换员的设置,促进了商品的成交;闻风而来的庞大人潮,更使商人不愁找不到买家。大型市集也就这样成为早期印刷商与书商的关注焦点。其他的有利因素如下:市集定期举行,利于书商定期结账、偿债;铸模匠、刻字师傅,也会现身市集,便于印刷商采买器材;它又宛如论坛,同业在此讨论常见问题,并宣布未来的出版计划,借机确认其他人即将出版的书籍未与自己重复;此外,这更是联络、洽谈生意合作的良机。凡此种种,都是赶集的重要理由。"①但是,英国主要的书市,包括牛津、斯道布里吉、考文垂、布里斯托尔和伊利的书市,是伦敦出版商的习惯,直到17世纪末。在市集上买东西似乎是一种特殊的艺术。②甚至许多书商发现市集比他们的书店更加有利可图。然而,直至18世纪末期,绝大部分英格兰市集书籍售卖的商业活动已停止,像斯道布里吉市集,到1828年羊毛贸易退出后,"市集虽然喧闹依旧,却已经在它的嫩嫩溪流旁边沉沉欲睡了。"③到19世纪,市集的商业功能逐渐被娱乐功能所取代。

　　自15世纪起,一些人口稀少的小镇与乡村,无法稳固支持书商生计,遂成为小贩的市场,随后整个英格兰随处可见叫卖的行商小贩。自17世纪末以来,行商控制的分销网络已覆盖英格兰的小镇、乡村与偏远地区。城市里街道可见叫卖小贩和各色街头小贩,店铺越来越多,书刊种类更是丰富而繁多。他们自身也是一个巨大的消费群体,尤其是比较富裕的商贩,他们往往是新商品的第一批使用者,同时也是最有力的宣传推广者。他们的出现以及经营活动的展开,增进了商品的供应,推动了广大普通人群生活方式的丰富与改变。

　　此外,《女士杂志》流传到海外,往往是书商网络和个人努力的结果,意味着它们往往是由朋友、亲戚等带给外地的其他读者,因此,海外读者等待时间最长。例如,乔治·华盛顿曾让人把《女士杂志》运到弗吉尼亚的芒特弗农,送

---

① ［法］费夫贺、马尔坦:《印刷书的诞生》,李鸿志译,桂林:广西师范大学出版社2006年版,第224页。

② Marjorie Plant, *The English Book Trade : An Economic History of the Making and Sale of Books* (*3rd*), London: Allen & Unwin, 1974, p.262.

③ 克拉潘:《现代英国经济史》(上卷),第二分册:《早期铁路时代1820—1850》,姚曾廙译,商务印书馆1964年版,第284页。

给他的继女帕特西，装在一个箱子里，箱子里还有线、别针、鞋带和丝袜。①就像当今一个副本的杂志可以有多个读者，从最初的朋友那里，将它们传递给买方，或者他们的牙医或美发师。《女士杂志》传播到海外，一般在家庭成员之间传阅，在几代人之间流传。

三、《女士杂志》的读者群体

读者作为期刊循环的终点，是期刊意义得到最终实现的根本保证。从性别上来说，根据英国报刊将作者匿名的做法当作惯例的传统，《女士杂志》同样没有利用作者的声誉与威望，它的稿件很大程度上依赖于默默无闻的投稿人，其中大多数是女性。然而，简·亨特表明，在所有寄给《女士杂志》(1770—1847 年)的信件中，带有男性签名的从来没有少于三分之一、甚至经常超过一半。②虽然无法确定匿名读者的真实性别，但《女士杂志》的实践证实，尽管它宣称专为女性设计，实际上仍有大量男性读者，所以，它与那些声称混合读者群的刊物似乎没有差别。

从读者的地域分布上看，虽然《女士杂志》是一份英国伦敦出版的刊物，但爱尔兰、苏格兰、威尔士甚至殖民地都有出现，数量却远远少于英国。尽管英国不同领土的相对人口统计学与此相关，表明英格兰以外的投稿人数明显偏低。此外，英格兰的每个地区似乎都有代表，但在已确定的投稿人中，住在伦敦市中心的杂志出版办公室附近的比例过高，但杂志转载内容的选择与意识形态的差异方面无法体现这种地域分布。③然而，在最初的 20 年，该杂志更为关注的是自身地位的确定和读者群体的界定，女性读者的形象显然较为鲜明。特别是在 80 年代，阅读成为主题，因此女孩和妇女涉猎有关阅读故事时，到处都能看到自己作为读者的形象，或是理想化的或是道德式的。④事实上，《女士

---

① Helen Bryan, *Martha Washington*：*First Lady of Liberty*，New York：John Wiley & Sons，2002，pp.170—171.

② Jean E. Hunter，"The Ladies Magazine and the Study of Englishwomen in the Eighteenth Century"，Donovan H. Bond & W. Reynolds McLeod,(eds.), *Newsletters to Newspapers*：*Eighteenth-Century Journalism*，Morgantown，West Virginia：The school of Journalism，West Virginia University，1977，pp.103—117.

③ https://blogs.kent.ac.uk/ladys-magazine/2015/04/20/location-location-location-the-geographical-distribution-of-reader-contributors-to-the-ladys-magazine-part-1/.

④ Jacqueline Pearson，"'Books, my greatest joy'：constructing the female reader in The Lady's Magazine"，p.4.

杂志》的读者不仅跨越不同地区,而且也是不同性别与年龄段的读者混合体。所以,杂志的读者群亦是复杂多样的。格兰特评论说,它的发行量"主要是在裁缝中,它的时尚版是对他们的强烈推荐"。①扬·弗格斯对《女士杂志》订阅群体研究,证实农民和商人作为该订阅者的总数超过了神职人员、律师、医生等职业男性。②

《女士杂志》读者的地域、性别与阶级交织的多重身份完善了该期刊的接受状况,阅读一种杂志产品,更是消费一类期刊文化。按照社会阶层划分,工业革命时期,媒体使用"工作""中产阶级""上层阶级"术语习以为常,但这些术语不足以全面描述文化消费。大众市场产品的消费者不仅仅是按照严格意义上的户主收入或在生产资料中的地位来界定阶级,更需要按照他们在文化消费资料中的地位来分类。《女士杂志》的读者是作为阶级的政治话语与作为期刊的文化话语的结合。杂志的标题表明受众以社会地位为目标,"女士"更多偏向于有教养、有知识的中产阶级。然而,实证研究表明,真实情况远非如此。

1. 中产阶级读者

中产阶级是英国社会的一部分,从 17 世纪开始,他们并不完全适合于传统的地主阶级与其他阶级、贵族与平民、富人与穷人的二元分类。③起初,这个词很少被中产阶级自己用作自我描述,而是更多地被用于对社会流动的批判。④历史学家将其作为一个分析范畴,证明它是有问题的和复杂的,试图确定其边界和规模时,使用了外部措施(财富、职业和担任教区职务),最近则使用了内部方法,研究等级制度和集体活动的语言(如识字,或公民、休闲、家庭和经济网络),以确定构建和阐明该身份的共同伦理学。⑤中产阶级上层包括金融家、商业家和大工业家,他们是"富裕的中等阶级"。中等阶级下层保证基本的温饱生活,有比较固定的职业和工作,但他们需要辛苦谋生,承负着极大

①　Gillian Hughes,"Fiction in the Magazines",Karen O'Brien & Peter Garside(eds.),*The Oxford History of the Novel in English*,Volume 2,Oxford:OUP,2015,p.468.

②　Jan Fergus,*Provincial Readers in Eighteenth-Century England*,pp.200—209.

③　Penelope J. Corfield,"Class by Name and Number in Eighteenth-Century Britain",*History*,Vol.72 (1987),pp.38—61.

④　Daniel Defoe,*The Compleat English Tradesman*(2ⁿᵈ),London,1727,pp.60,106.

⑤　Henry R. French,"The Search for the 'Middle Sort of People' in England,1600-1800",*Historical Journal*,Vol.43,no.1(2000),pp.277—293.

的生存压力。传统上,中等阶级下层包括小商人,小店主;独立工匠、手艺人,尤其是个体或家庭工场主,店员;下级教士和公务员,低级专业人员如小学教师、护士、银行普通职员、公司推销员等等。19 世纪英国还出现了外科医生、机械师、建筑师、会计师等新专业人员。①在通过教区记录和其他档案材料对女性进行分类时,遵循 18 世纪的惯例,即主要通过丈夫的阶级来确定女性的阶级,如果她没有结婚,则通过她的父亲的阶级来确定。此外,某些"隐藏的"女性订户是以他人的名字订阅的,通常是丈夫或父亲。

"订阅《女士杂志》和《城镇杂志》的女性阶层存在一些有趣的差异。例如,《女士杂志》对商人和农民的妻子特别有吸引力。在我可以确定属于这些群体的女性中,有 72%的人订阅了杂志(或 25 名妇女中的 18 名),而相比之下,在我可以确定的其他各阶层的妇女中,只有一半多一点的人订阅了杂志(39 名妇女中的 24 名)。事实上,《女士杂志》几乎可以说是在克莱夫妇的顾客中创造了中产阶级的女性用户。"②

1775 年的《女士杂志》在"致敬公众"的序言中感谢"寄宿学校的女教师们,她们友好地把我们的作品介绍给她们的神学院,并且同样友好地给我们提供了她们学生的数篇作品"③。该报也被家庭教师所购买,如奈利·威顿,与寡居的母亲一起开办了一所小学校,以帮助她的哥哥成为一名律师,然后在安布尔赛德担任家庭教师兼管家,年薪 30 基尼。④

"外科医生威廉·迪肯订阅《女士杂志》的第一期(日期为 1770 年 8 月),从次年 12 月开始,他的妻子凯瑟琳取代了他的订阅人身份,持续了 4 个月。然而,当记录在 3 个月后恢复时,迪肯先生再次成为记录在案的订户,并且在订阅的整个过程中一直如此,又是六年。订阅被取消时,两人都还活着。因此,这种情况反映迪肯夫人在 7 年多的时间里总共做了 4 个月的订户。"⑤我们推定迪肯夫人作为"隐匿的"读者隶属于丈夫的阶层。《女士杂志》1774—

---

① 钱乘旦:《英国通史》(第四卷),江苏人民出版社 2016 年版,第 177—192 页。

② Jan Fergus, "Women, Class and the Growth of Magazine Readership in the Provinces, 1746-80", *Studies in Eighteenth-Century Culture*, Vol.16(1986), p.46.

③ *The Lady's Magazine*, Jan., 1775, p.iv.

④ Gillian Hughes, "Fiction in the Magazines", Karen O'Brien & Peter Garside(eds.), *The Oxford History of the Novel in English*, Volume 2, p.468.

⑤ Jan Fergus, "Women, Class and the Growth of Magazine Readership in the Provinces, 1746-1780", p.44.

1786 年的《女士的医生》专栏,先后由约翰·库克和威廉·特恩布博士负责,寻求或提供医学问题的建议,希望该专栏能够帮助患病的女性,"她们羞于咨询医生",①为她们提供专业医疗指导。库克曾建议在治疗婴儿结痂的过程中遇到特别困难的母亲,用黑沥青(一种类似焦油的物质)的石膏涂抹头部,并把毛发连根拔出。②此栏目隐含的读者有医生阶层。

此外,北安普敦郡戴文垂的书商克莱家族,约翰·克莱与儿子们在 1740 年代至 1780 年代的不同时期,在戴文垂、拉格比、拉特沃斯和沃里克销售书籍、期刊,存有大量商业记录,弗格斯据此统计了 1770—1784 年,四地区连续订阅《女士杂志》两年以上的女性订户中,表格显示职业阶层有 16 人,这里所谓的"职业阶层"包括神职人员、医生、律师和官员的妻子和女儿;③绅士阶层有 5 人,商人阶层有 12 人。④

2. 其他读者

《女士的仆人或管家的日历》,附有每月的第一道和第二道菜,展示在七个盘子上,特别为这部作品设计和雕刻的,共计 18 道菜排列两行,推测读者该有仆人。⑤大卫·普罗维特是达文特里一个旅店老板的儿子,他自己是达文特里的一个仆人,可能受雇于一家制衣商,他在 1777 年订阅了 2 个月的《时尚杂志》,在 3 月份转而订阅《女士杂志》,并且显然在 1780 年记录结束后还保持着这种订阅,这是所有仆人订阅时间最长的一次。⑥

除仆人外,工人威廉·高夫也是该杂志的订阅者。高夫受雇于名字为多德福一家旅馆或一个大农场。当时教区所登记的民兵名单中,显示他的身份是劳工(labourer),他很可能与同事休伊特先生共同订阅了《女士杂志》,根据 1777 年北安普敦郡民兵组织的记录,休伊特很可能是就当老板或休伊特家族的成员之一。1771 年 7 月之前,休伊特订阅了惠布尔版的《女士杂志》,并一直订阅到 1772 年 1 月。此时,高夫已经开始在杂志上发表谜题。到 1773 年克莱家族书店的记录恢复时,高夫已经取代了休伊特成为订户,续订了罗宾逊版

---

① *The Lady's Magazine*, Nov., 1774, p.578.
② *The Lady's Magazine*, Jan., 1777, p.41.
③ Jan Fergus, "Women, Class and the Growth of Magazine Readership in the Provinces, 1746-1780", p.45.
④ Ibid., p.56.
⑤ *The Lady's Magazine*, Feb., 1772, pp.76—80.
⑥ Jan Fergus, *Provincial Readers in Eighteenth-Century England*, p.29.

本,直至 1777 年底,1779 年 3 月去世;到那时,就在订阅记录恢复的时候,休伊特又开始订阅了。①

　　此外,学童和学生也阅读过《女士杂志》。匿名者曾说过:"在本世纪初的《女士杂志》上,有一本叫《格拉斯维尔修道院》的连载小说。我是在六岁时所住的一所充满浪漫气息的老房子里发现它的,我非常仔细地拼出了每一个字。从那以后,我再也没有看过它,尽管我仍然记得足够多的故事和情节,使我相信它是可悲的垃圾。尽管如此,我还是很想再看一次。你的读者中有谁能告诉我作者是谁,它是否曾以书的形式出版过! 25 年来,我一直在阅读图书目录,但从来没有看到过一本。"②如女性小说家夏洛蒂·勃朗特,她给哈特利·柯勒律治写了一封信,日期是 1840 年 12 月 10 日,在信中回忆了 19 世纪 20 年代的童年,"先生,我读过《女士杂志》,对它的内容有所了解。在我还不知道如何批评或反对的时候,我就读过它们。它们是属于我母亲或我姨妈的旧书;它们漂洋过海,遭遇海难,盐水浸染后发白。我把它们当作假期下午的一种享受,或者在我应该专注上课的时候偷偷地阅读——我从来没有看到过使我如此感兴趣的东西——有一天,我的父亲把它们烧掉了,因为里面有愚蠢的爱情故事。我衷心希望自己能及时出生,为《女士杂志》投稿。"③克莱的商业记录中还反映出达文特里异端学院的男孩们往往会阅读《女士杂志》;这是他们阅读过的杂志之一,而不是唯一的选择。每个机构至少有三个男孩拿走了《女士杂志》(而且至少一个男孩可能隐藏了他的订阅)。④

　　总之,《女士杂志》主要为中产阶级中下层服务。就像有教养阶层会选择《美丽汇编》,商人女儿选择《女士杂志》。⑤《女士杂志》在商人和农民的妻子和女儿中取得了显著的成功,但事实上,它吸引了所有阶层的女性。与《城镇杂志》不同,它的基调是家庭和装饰。⑥正如夏蒂埃所观察的那样:广泛传播的文

---

① Jan Fergus, *Provincial Readers in Eighteenth-Century England*, pp.200—201.

② Anon, "The lady's magazine", *Notes and Queries*, Volume: s5-Ⅵ(1876), p.188.

③ Justine Pizzo & Eleanor Houghton(eds.), *Charlotte Brontë*, *Embodiment and the Material World*, Cham: Palgrave Macmillan, 2020, pp.133—134.

④ Jan Fergus, "Women, Class and the Growth of Magazine Readership in the Provinces, 1746—1780", p.38.

⑤ Alison Adburgham, *Women in Print: Writing Women and Women's Magazines from the Restoration to the Accession of Victoria*.

⑥ Jan Fergus, "Women, Class and the Growth of Magazine Readership in the Provinces, 1746—1780", pp.39—40.

本和书籍在很大程度上超出了人们的想象,跨越了社会边界,吸引了来自不同社会和经济阶层的读者。①但是,仅以阶级话语勾勒读者的类别,还是有所欠缺的。

诚然,阶级不足以作为大众市场文本读者的描述性类别,性别分类也需要改进,以摆脱简单的二元对立,即消费者要么是"男性",要么是"女性"。正如期刊发刊词所证实的,《女士杂志》被称为女性期刊,这从其教育与娱乐的宗旨、伦敦和巴黎时尚、小说等方面可以看出。但是,从杂志的撰稿者、订阅者可知,它在性别化方面并没有那么明显,其实文化并没有阶级或性别之分。那么她或他该以何种方式阅读,读者能不能像卡洛·金斯伯格的《奶酪和虫子》中的梅诺契奥那样,通过抵制、扭曲或无视公开的信息而获得快乐?这种性别化的微妙变化体现在期刊中。在此,我需要澄清我所说的性别是什么,它包括三个相互关联的部分:隐含读者的性别化(从而也是期刊本身的性别化);生产者和隐含读者之间的性别动态;性别的话语构建(男性与女性)。这些组成部分的意思可以通过参考它们的使用方式来解释。

编辑坚称该杂志是针对女性的,像为女性所借鉴和改编的某些男性文学模式,产生了像《女漫游者》《一位女士的伤感之旅》的作品。②虽然,它将女读者构建为一种独特类型,但在实践中支持其自身男女混合的事实,像历史——或者可能是诗歌、科学或旅行写作——被推荐为"适合两性的研究"。③

3. 女读者

《女士杂志》的标题将自身定性为女性化。与社会地位一样,这一点在历史学中多被探讨过。大多数研究者得出结论,该杂志刻意向女读者群做出让步,理由是宗旨针对女性,有礼仪道德训导,有连载小说,对小说这种文学形式颇感兴趣。④然而,我们应该警惕从表面上看,无论是 18 世纪的还是现在的话语,其背后的目的都是为了促进一种本质主义的观点,即两性根本上是不同的,妇女的利益自然局限于家庭或琐碎的事务,而不是由专业的妇

---

① Roger Chartier(ed.), *The Culture of Print: Power and the Uses of Print in Early Modern Europe*, Translated by Lydia G. Cochrane, Oxford: Polity, 1989, p.4.
② 《女漫游者》从 1772 年(第三卷)连载到 1777 年(第八卷);《伤感之旅》连载七年,每年每期正文第一篇。
③ *The Lady's Magazine*, Feb., 1772, p.68.
④ Robert D. Mayo, *The English Novel in the Magazines*, pp.159—208.

女出版物来塑造。①

实证研究表明，将文学的特定形式和话题与女读者联系起来是错误的。哈莉·贝瑞指出，17世纪《雅典信使报》的读者有男性。弗格斯对18世纪在中部地区购买和借阅的阅读材料的研究，对所谓的女性和小说之间的联系提出了挑战，显示出男性和女性读者的品位之间存在着相当大的交集，并从两个方向跨越了杂志标题的性别编码的界限。②从创办之日起，《女士杂志》就吸引了许多女性的购买者，但在塞缪尔·克莱在达文特里、拉格比、拉特沃思和沃里克的书店中，女性也是《绅士杂志》和《伦敦杂志》的确定购买者。这些妇女大多来自专业和贵族阶层，品味保守，喜欢旧书。③

《女士杂志》中的女士定位于家庭主妇与贵妇，按照"两分领域"的观念，当时的英国以性别为界分野，逐渐形成了女性操持家务、男性参与公共与政治活动的状况。他们指出，公共领域始终都是根据性别组织起来的，很少有女性的位置。女性的空间局限于家庭领域，她们操持家务、相夫教子，全身心投入到照顾家庭之中。故而，杂志作为娱乐性和实用性兼具的作品，充实女性的闲暇时光。例如，1786—1790年连载系列：供《女士杂志》的年轻女性读者使用的家庭课程（系列），作为指导文学，为年轻女性的礼仪、道德、家庭、婚姻、行为等提供全方位的教导。④1780年该卷的封面雕刻显示，女士们在去往智慧殿堂的路上"手中拿着《女士杂志》，作为一种入场券"。就如《女士杂志》或《希思的美丽之书》这样的文学年刊上的图片，编码为家庭和谐和女性礼仪。⑤

1770年代初，《女士杂志》成功地扩大了省级读者群，部分原因是吸引了新的女性订户。此后，越来越多的杂志不得不利用几乎相同的省级顾客群。订阅《女士杂志》的女性，尤其是农民和商人的妻子和女儿，能坚持订阅两年以上的寥寥无几。总的来说，在58位女性订户中，似乎只有11位订户这样做

---

① Shawn Lisa Maurer, *Proposing Men：Dialectics of Gender and Class in the Eighteenth-Century Periodical*, 1998.

② Helen Berry, *Gender，Society and Print Culture*, London：Routledge，2003，p.53；Jan Fergus, *Provincial Readers in Eighteenth-Century England*, pp.41—74，197—235.

③ Jan Fergus, "Women，Class and the Growth of Magazine Readership in the Provinces，1746—1780", pp.41—56.

④ *The Lady's Magazine*, Aug.，1789, pp.426—428.

⑤ Kathryn Ledbetter & Terence Allan Hoagwood, "*Colour'd Shadows*"：*Contexts in Publishing，Printing，and Reading Nineteenth-Century British Women Writers*, New York：Palgrave Macmillan，2005，p.96.

了。但是,这种短暂订阅的倾向在两性中都很普遍。①

4. 男读者

男性投稿人和读者订阅《女生杂志》打破了其女性化的标签,证实该杂志的读者群是男女均有,体现男女品味的交集。根据弗格斯的研究,克莱的顾客威廉·高夫订阅该杂志,他还在杂志上的发表了赞美诗、谜语等,以及他与其他男性读者的诗意交流,是该杂志跨性别阅读的重要证据。希尔莫顿收费公路的琼斯先生订阅了 15 种杂志,从 10 月份开始订阅后,在 1770 年 12 月又订购了 2 份《女士杂志》。像古德曼一样,这种双重订阅很快就被取消了,大约在 1771 年 7 月之前。②

综上所述,《女士杂志》的读者是复杂多变的,并且兼具多重身份,甚至,在一定条件下读者即作者。杂志需要构建它的读者,教育读者阅读文本,使读者有更多机会阅读期刊,娱乐和提升自己,所以,杂志读者更多地与阅读问题紧密相连。

结　语

史学家罗伯特·达恩顿的书籍"传播循环"模式一定程度上揭示了期刊作为传播途径,转达思想,影响人们的观念乃至社会发展。期刊作为社会的产物,同样受到历史环境的制约。但是,作为一个行业,期刊贸易包括一系列不同产品的商业交易,涉及不同的制造商、加工商、批发和零售商、流通代理商以及隐匿和公开的市场消费者。鉴于期刊传播过程的复杂性,达恩顿的模式有简化的危险,相比托马斯·亚当斯和尼古拉斯·巴克尔的书籍模式,后者则更看重书籍对社会的影响,这有助于理解贸易中的结构和关系。亚当斯的模式是基于书籍的生命历程,强调五种人类活动,即出版、印制、发行、受容和存佚,它们共同决定书籍的生命。这些活动又都受四类大环境的限制和规范:思想,政治、法律和宗教,商业环境,社会行为和读者品味。但是,第二次世界大战的战火,损毁了帕特诺斯特街的街道建筑及所存资料,导致无法完整勾勒《女士杂志》真实的生产与消费情况,故而无法全面揭示期刊出版的复杂历程。然而,可以确定的是,《女士杂志》的出版过程必然是纷繁复杂的。总之,期刊是

---

① 　Jan Fergus, *Provincial Readers in Eighteenth-Century England*, p.215.

② 　Ibid., p.214.

一种特殊的文化实践，它既塑造了所处的社会，同时也被社会所塑造。《女士杂志》在 1770 年至 1847 年的整个运行期间，正是处于英国工业革命特定的社会和历史背景中，有助于对女性期刊与女性阅读文化的更深入理解。

The Publication, Distribution and Reading
of *The Lady's Magazine* in London

Abstract：Born during the Industrial Revolution, *The Lady's Magazine* was one of the most popular and profitable monthly periodicals at that time, and set the pattern for the development of women's periodicals in later years. The Lady's Magazine went from editor, through publisher, printer, shipper, bookseller to reader and then back to editor, and so on. The entire process of production, distribution and reading of women's periodicals, and every aspect of it, were affected by the political, economic, intellectual and culture conditions of the time. By shedding light on the publication, distribution and reading of The Lady's Magazine, we enhance our understanding of women's periodicals and women's reading culture in Britain during the Industrial Revolution.

Key words：*The Lady's Magazine*；publication history；reading history；communications circuit

作者简介：许姗姗，上海师范大学世界史系博士研究生。

双重"他者"视域中的女性意识

——以《书城杂志》(2017—2022) 经典文本诠释案例为观察重点

顾红梅

摘　要:"他者"理论多重视域中,萨特对于"他者"的"占有"原则,莱维纳斯对于他者的"召唤"关系,是本文理解"他者"的双重思考向度。本文以经典文本诠释中女性意识挣脱传统观念束缚的讨论为出发点,使文本中被遮蔽的女性敞开言说,在文化历史情景、在特定文化现场,使得被遮蔽的女性意识被看见,被重新审视、反思、理解。

关键词:他者　女性意识　相异性　爱欲　诠释

经典文本的女性叙事中,女性通常处于文本边缘,以"他者"身份被男性主导的社会所束缚、限制,女性意识也多被遮蔽,或为阅读经验中的成见所囿。与此同时,作为边缘"他者"的女性,一方面她们以自身独特方式与男权社会抗争,彰显其女性意识;另一方面她们的自我意识也被不同时代的诠释者释放出来,从而获得普泛的理解。

探讨"他者"问题,范畴较宽,其中,古今中外文学作品的阅读、诠释,为我们打量"他者"世界,打开了一扇扇窗门。本文聚焦于女性角度观察,以《书城杂志》近年(2017—2022)经典阅读、深度阅读传播中女性意识诠释文章作为主要案例,展开浅析,并佐以其他阅读类、人文类期刊相关阐述。本文试图通过《书城杂志》等期刊相关案例,让文本中女性意识所涉基本事实被看见,通过细读、诠释文本,让文本中被遮蔽的女性敞开言说,启发我们质疑固有观念,在文化历史情景、特定文化现场,使得被遮蔽的女性意识被看见,并且在当下被重新审视、反思、理解。

一、"他者"理解

何谓"他者"? 有的研究者认为,"他者"(The other)是相对于"自我"而形成的概念,指自我以外的一切人与事物。①也有研究者将"他者"置于更广泛的文化背景思考,把"他者"视为一切与我相异且外在于我的主体性存在,"包括具体的你和他,也包括蕴涵意义的物质的,或思想的存在与环境;甚至包括我试图摆脱的那部分自我或自我意识。"②

法国思想家西蒙娜·德·波伏瓦在其女性主义经典著作《第二性》导言中论及"他者"时写道:"他者并非将自我界定为他者来界定主体:他者是因为主体将自己确定为主体,才成为他者的。"③她将"他者"概念引入女性研究领域,"女人基本特征就在这里:她是整体中的他者,这两者互相必不可少。"④人类是男性的,男人不是从女人本身,而是从相对男人而言来界定女人的,"女人不被看做一个自主的存在。"⑤波伏瓦的"他者"概念受萨特"他者"理论影响。

在"他者"理论的多重视域中,萨特对于"他者"的"占有"原则,莱维纳斯对于他者的"召唤"关系,是本文理解"他者"的双重思考向度。一是西方哲学传统中的"他者"思考向度。学者孙向晨在其所著《面对他者》一书的导言中指出,在西方哲学传统中,"对于'他者'只有一个原则,那就是'占有',以'同一'的自主与主权来统摄一切。"⑥萨特的"他者"立场与西方哲学传统相一致,他的著名命题"他人是地狱",将视角引向"他者"的限制,他认为要伸张自由,必然与"他人"发生冲突。⑦

二是以莱维纳斯为代表的"他者"观。莱维纳斯的"他者"立场以西方哲学传统为对立面,是由"他人"而"无限",由"他者"而"多元",通过"他人"对"自我"的抗拒,反抗的是"同一"的封闭性。⑧作为与萨特同时代的哲学家,

---

① 张剑:《西方文论关键词——他者》,《外国文学》2011 年 1 月。

② 王建刚:《狂欢诗学——巴赫金文学思想研究》,学林出版社 2001 年版,第 44 页。

③④⑤ [法]西蒙娜·德·波伏瓦:《第二性》,郑克鲁译,上海译文出版社 2011 年版,第 11 页,第 13 页,第 8 页。

⑥⑦⑧ 孙向晨:《面对他者——莱维纳斯哲学思想研究》,上海三联书店 2008 年版,第 2,35,26 页。

莱维纳斯也承认"他人"对"我"的限制,但结果指向的不是冲突,"我"与"他人"的关系"是一种'召唤'关系"①。他曾说过:"我对萨特关于'他者'的现象学分析极感兴趣,尽管我总是很遗憾,萨特把'他者'解释成一种威胁和一种堕落。"②虽然莱维纳斯"男人是主体,是绝对;女人是他者"的论调被波伏瓦认为是"对男性特权的一种肯定"③,而遭其批评。但是,莱维纳斯的"他者"思想区别于西方哲学传统,使得他的"他者"观并未如波伏瓦认为的那么绝对。

莱维纳斯的"他者"观也反映在他对阅读、诠释的态度上。他认为,当我们寻找那最佳地标明人类特征的事物时,"应当诉诸人类对于书籍的开放性、人们读书的能力"④,他特别关注阅读、诠释的"开放性"。

> 假如一本书需要被解释,这意味着书不过是一些留在羊皮卷、纸张或电子设备上孤独沉默的词语,一旦被写下便处于无力状态。它们无法将意义强加给任何人,它们从读者——或不如说是研究者——那里乞求一种解释,以便保持活力。它们不能要求一种确切的意义,因为它们完全依赖于那些转向它们并关心它们的读者去再次发现它们的意义,或者不如说,去发现它们意义的能量不同于以前所认为的。⑤

莱维纳斯的"他者"理论,对于本文关于经典文本诠释中女性意识挣脱传统观念束缚的讨论,是极为重要的启示。

二、女性意识及被召唤的"爱欲"

(一) 女性意识释义

关于女性意识的讨论被东西方普泛关注,为古今中外经典诠释中历久弥新的一个课题。马克思在《社会女性观》中指出,女性意识是"女性作为主体存在于客观世界中的地位、作用和价值的自觉意识,是激发妇女追求独立自主,

---

①② 孙向晨:《面对他者——莱维纳斯哲学思想研究》,上海三联书店 2008 年版,第 72 页,第 35 页。
③ 〔法〕西蒙娜·德·波伏瓦:《第二性》,郑克鲁译,上海译文出版社 2022 年第 35 次版,第 9 页。
④⑤ 〔法〕卡特琳娜·夏利尔:《现代性与犹太思想家》,刘文瑾编译,上海人民出版社 2017 年版,第 51,53 页。

发挥主动性和创造性的主要动因"。①强调女性意识来自客观世界,能激发女性创造性,是女性作为人的自我主体意识。当代学者特里·K.甘布尔则偏向于从内心出发,将自我意识视作个体对自己的评价,其中包括任何个体觉得自己具有的东西以及对自己的感觉,"它是你所持有的关于'你是谁'以及'你是做什么的'等的一切观点和态度的总和。"②

文化学者郑培凯在《〈红楼梦〉的女性意识》一文中探讨的女性意识,主要是指某些女性对自身本体有一个自觉的认识,认识自我的生存意义,对生命有理想、有追求,意识到内心有想做的事情,也认识到社会现实环境,思考外在现实能不能容许她自我意识得到发挥,实现她的愿望。他认为,女性自我意识完成,要经历精神压迫、心理挫折,甚至摧残自我存在的价值。在这种情况下,"女性坚持自我信念,或完成自己的追求,或宁死不屈,赍志以终,这才是自我完成的女性意识。"③该文探讨的女性意识,范畴虽是明清文学与戏剧作品,但概念来自现代思维脉络,是属于现代人理解的女性自我意识。

可以说,女性意识蕴含生命能量。女性意识能激发女性主动性和创造性,当女性经受现实、心理等挫折之后,仍彰显自我意识,完成自己追求,其自我意识本质上依赖于女性思考自身、环境的能力,包括自我认知能力、爱的能力、审美能力,及对社会环境、个体命运的觉知能力,等等。古代女子和现代女性虽然自我意识的程度、意义甚至语境,不可能一致,但这些能力因子已潜移默化影响到女性意识的表达。

同时,"异样"也是女性意识的重要特质。曹雪芹于18世纪书写《红楼梦》,他说小说中"不过几个异样的女子,或情或痴,或小才微善,亦无班姑、蔡女之德能"。从曹雪芹谦虚低调的叙述中,郑培凯敏锐地捕捉到"异样"两字的意味,他在《〈红楼梦〉的女性意识》一文中指出:"你看到'异样'这两个字,应该就知道这里透露着作者心中的关键用意,要讲的就是这些女子不同凡俗的特殊才具,跟她们遭遇的生命境遇。"④林黛玉、薛宝钗、探春、晴雯、王熙凤、妙玉等"异样"女性角色,各具超越庸常的才能,她们对自身命运各具深切觉知。20世纪三四十年代,高语罕对《红楼梦》女性的"奇"也进行过阐释:"大观园中的

① 转引自周标:《西方文学中女性意识的觉醒与重建》,《求索》2013年2月。
② [美]特里·K.甘布尔等:《有效传播》(第七版),熊婷婷译,清华大学出版社2005年版,第40页。
③④ 郑培凯:《〈红楼梦〉的女性意识(上)》,《书城》2020年8月。

人物上自贾母,下至一婢一仆,无人不是各有其特性,就是各有奇处:不惟美的奇,丑的也奇;不惟善的奇,恶的也奇。"①

无论是"异样",还是"奇",都是独特的"他者"呈现在我们面前的、区别于其他人的面孔。"他者"特性包括"他者"的"陌生性、相异性"②,"正是与'他人'的'相异性',而不是其'共同性'构成了社会的本质。"③《红楼梦》女子展现"他者"相异性,她们自觉或不自觉凭借自身独特女性意识,被阅读者凝视。同时,她们在特定社会历史场景中的"异样"自主意识穿越时代局限得以观照,从而使她们能活在当下。

随着实验心理学、神经科学的发展,人类意识被认为是"最后尚存的谜团",甚至有思考者坚称"意识绝不会被揭秘"。④意识谜团激发研究者不断去观察、思考,人们对意识的敬畏之心,也将使得女性意识的探究获得更大空间、更平等视角。

(二) 抵达"他者"的"爱欲"

观察经典文本中女性意识的觉醒,多数离不开爱欲能量。爱欲"保护、维系、扩大着生命"⑤。爱欲是"他者"问题的一个重要观察点,"被莱维纳斯视为与'他者'关系的原型。"⑥《〈红楼梦〉的女性意识》一文以"情欲合一"的情爱观作为诠释女性意识的关注点,认为男女之间,有情就有欲,关键是如何看待情与欲的关系。男女情爱有所交流则能达到情欲合一,女性的情感参与是必要的;男欢女爱而没有情感交流,就只是男性物化女性,发泄男子的性欲,其中没有真正的情爱。"只有自我本体认识了'情欲合一',双方心灵有所沟通,男子的情欲跟女子的情欲才能一起得到释放,才能琴瑟和鸣,如鱼得水,相洽相亲,这才是真正的情爱交流。"⑦对以"好色不淫"为饰、又以"情而不淫"作案,站在男权立场物化女性的轻薄浪子,作者持批判态度。

与此相比,林语堂《红楼梦》英译文本亦凸显"爱欲",吕世生认为,其立意

① 王国维、高语罕等:《石头记索隐、〈红楼梦〉评论、红楼梦宝藏六讲》,吉林出版集团 2016 年版,第157 页。

②③⑥ 孙向晨:《面对他者——莱维纳斯哲学思想研究》,上海三联书店 2008 年版,第 121 页,第 100页,第 162 页。

④ [美]丹尼尔·丹尼特:《意识的解释》,苏德超等译,中信出版集团 2022 年版,第 24 页。

⑤ [美]赫伯特·马尔库塞:《爱欲与文明》,黄勇等译,上海译文出版社 2012 年版,第 9 页。

⑦ 郑培凯:《〈红楼梦〉的女性意识(下)》,《书城》2020 年 9 月。

和《红楼梦》原文比照,是译者基于西方文化的美学观做出的决策。译文"围绕贾宝玉、林黛玉、薛宝钗的爱情纠葛,突出生死爱欲这些人类共同情感,而原文则主要通过贾、史、王、薛四个贵族之家荣华富贵幻灭的描写表现了世事无常、万事皆空这一思想"①。以"爱欲"理解"他者",这与林语堂《红楼梦》的翻译理念有关,"我勉力忠实原文,但不是逐字翻译,因为译者负有双重责任:对译文读者及原文作者"②。林语堂从"他者"视角考量,注重译本"爱欲"的普遍性诠释,以增强对译文读者的亲和力。异域文化对译文的可接受程度,是他比较注重的考量因子,"爱欲"成为他跨文化翻译实践中理解"他者"文化意识的途径。

林语堂从《红楼梦》中萃取东西方普遍理解、共情的"生死爱欲",作为凝视"他者"、理解女性意识的聚焦点。为此,他将原文中"与叙事主线关联不多的人物、情节,以及众多的诗词唱和,生日节庆的饮宴作乐等俱被删除,原文200多首诗赋,仅保留了10余首"③。这也不可否认,译文对《红楼梦》世家大族鼎革之际人生无常等中国文化独特观念理解的深度有所削弱;大量诗词删减,使得译文中女性自我意识内涵不及原文丰沛。

"被爱的并不能真正成为我的,被爱的依旧是'他者'"。④莱维纳斯尊重情爱中"他者"的独立性、不可占有性,其论述增强了我们对女性意识的理解。回到《红楼梦》的女性意识》一文,倚重心灵沟通的"爱欲",对女性意识进行观想、召唤,这在《红楼梦》创作时代是很难为人接纳的观念,反映了曹雪芹的超前识见。近世王国维《红楼梦》评论》:"生活之本质何?'欲'而已矣。'欲'之为性无厌,而其原生于不足。不足之状态,苦痛是也。"⑤他洞察《红楼梦》世界的底色就是一个"欲"字,"所谓'玉'者,不过生活之欲之代表而已矣。"⑥在被欲望驱使的一众"皮肤滥淫之蠢物"中,至情至性的"爱欲"能傲世独立,这是《红楼梦》胜出一筹的地方。可以说,基于"爱欲"的现代意识启蒙,并以平等视角理解"他者",提升了女性意识的意义。

---

①②③　吕世生:《林语堂〈红楼梦〉译本的他者文化意识与对传统翻译观的超越》,《红楼梦学刊》2016年第4辑。

④　孙向晨:《面对他者——莱维纳斯哲学思想研究》,上海三联书店2008年版,第103页。

⑤⑥　王国维、高语罕等:《石头记索隐、〈红楼梦〉评论、红楼梦宝藏六讲》,吉林出版集团2016年版,第46、51页。

三、诠释,让被遮蔽的女性回到文本现场

希腊文的"诠释"这一动词,同时意味着"陈述"与"解释、翻译"。①阅读史中,一方面,过往的文本诠释沉淀在阅读者的记忆里,对于经典作品尤其如此,它们总是"带着先前解释的气息走向我们,背后拖着它们经过文化或多种文化(或只是多种语言和风俗)时留下的足迹。"②另一方面,诠释者的年龄阶段、人生际遇等的变化,均影响他们在文本现场的路径探寻、认知思考。本文选择两则诠释案例,以当代女性视野分析、理解十四世纪欧洲及十七世纪中国经典文本中被遮蔽的女性意识,及对于当下的启示。

(一)谄媚背后的诋毁

《〈十日谈〉:慰藉抑或训诫之书》一文,作者陈英把自己作为勤勉的读者,强调个体阅读体验,严格地观察文本中女性"他者"的真实命运,作者对文本的诠释是批判性分析过程。《十日谈》的阅读史,历代读者不会忽略薄伽丘的创作动机,薄伽丘在《十日谈》结尾处强调,"从我开始动笔,一直辛苦写到完稿,我始终都铭记着,我费心竭力写这本书是给那些有闲的女子解闷的"③。陈英注意到,薄伽丘在《十日谈》中对女性体恤和赞美的言辞,使得一些评论者认为,"薄伽丘尊重女性,维护女权,提倡男女平等,这在《十日谈》中充分体现出来"④;这部作品"赞美妇女是自然的美妙造物,主张妇女应该享有跟男人平等的地位"⑤;或者"薄伽丘在小说中对妇女表现了很大的同情和尊重,赞扬妇女的善良、富有同情心和机智,批评封建特权和男女不平等"⑥。这些阐述虽然不能涵盖多数读者的阅读体验和理解,但至少能窥见读者、评论者对《十日谈》的普遍认知。《〈十日谈〉:慰藉抑或训诫之书》却揭开被这些普遍认知遮蔽的一角:"谄媚的背后就是诋毁。"

文章列举《十日谈》第八天的故事:文士爱上寡妇,但寡妇心有所属,爱的是一位男子。寡妇对爱情的自主选择激怒了文士,文士便对寡妇进行人身攻击和羞辱,甚至唆使她跳楼。薄伽丘在《十日谈》中描述:

---

① [法]魏明德(B. VERMANDER):《诠释三角——汉学、比较经学与跨文化神学的形成与互动》,谢华等译,复旦大学出版社2021年版,第178页。
② [意]伊塔洛·卡尔维诺:《为什么读经典》,黄灿然等译,译林出版社2012年版,第4页。
③④⑤⑥ 陈英:《〈十日谈〉:慰藉抑或训诫之书》,《书城》2022年3月。

"你要明白,只要这世道还在,我的生命,比千千万万像你这样的女人对世界更有用……你既然很想下来,为什么不跳下来呢? 要是老天有眼,你一下就能摔断脖子……"

"即使我的策划全部落空,我手里还有一支笔,可以写出你的种种行径,让你后悔生在这个世上"。

作者认为,《十日谈》中两性是彻底割裂的,女性在故事中的设定也纯粹作为欲望对象;以文士为代表的男性掌握话语权后,贬低女性,肆意抹黑、报复没听从他们意愿的女性。作者继而揭示男权背后社会生活的本质,《十日谈》"强调性别秩序、封建等级秩序,完全抹杀了一个女性的情感、需求和存在"。作者重点诠释《十日谈》第十天第十个故事:一位农民的女儿嫁给侯爵,忍受其侯爵丈夫各种羞辱和虐待,最终苦尽甘来,被侯爵重新接回家,确认她侯爵夫人地位。并指出,这个《十日谈》最后的故事,薄伽丘强调了这样的价值观,如果一个女性放弃自我,一切都以丈夫的意志行事,最后会得到一个完美的结局。作者将之视为"最阴险的"故事。①

(二) 被误读的自主意识

《〈聊斋志异〉中的情爱观》一文,王意如以其独特的诠释角度,发现被遮蔽的"他者"。作者沉浸于文本,洞察、推理,敲打故事细节,闯入被遮蔽的人和事的深处,寻找证据,拷问蒲松龄《聊斋志异》的情爱观。以《青凤》为例,作者反思耿去病的情种形象。耿去病初见女鬼青凤狂态可掬的情态,之后他和鬼"灼灼然相与对视"的胆量,及"倘宥凤也,刀锯铁钺,小生愿身受之"的担当,都令人感佩。耿去病对爱矢志不渝的追求行为,在阅读经验中演绎成一个爱情童话。

《〈聊斋志异〉中的情爱观》质疑"爱情童话"背后被阅读者疏忽的细节。举例说来,青凤三避之后,耿去病决定搬到楼里去住,他"归与妻谋,欲携家而居之",但"妻不从"。居家搬入一个令人害怕、"荒落益甚"的地方,"妻不从"是正常的。耿去病"乃自往",他妻子"就像一个无足轻重的隐形人一样被热烈的爱情故事遮掩"②。在这种不平等的婚姻关系中,女性自主意识被遮蔽,只能选

---

① 陈英:《〈十日谈〉:慰藉抑或训诫之书》,《书城》2022 年 3 月。
② 王意如:《〈聊斋志异〉中的情爱观》,《书城》2022 年 3 月。

择以顺从的方式,成为男权世界的边缘"他者"。

蒲松龄十七世纪后期开始书写《聊斋志异》,狐鬼、精灵在与人相恋的故事中大抵自主、生动的,文学史对《聊斋志异》的评介,通常是肯定她们对封建礼教的反抗。"描写爱情主题的作品,在全书中数量最多,它们表现了强烈的反封建礼教的精神。其中一些作品,通过花妖狐魅和人的恋爱,表现了作者理想的爱情。①"

《〈聊斋志异〉中的情爱观》一文关注的是,这些心怀自主意识的女子获得具有反礼教精神这一鼓励之后,最终仍被束缚在男权主导的藩篱里。比如,耿去病后来得遇青凤,虽"如获异宝",却是"另舍舍之"。妻子是"合法"的,青凤并没有进入家庭,耿去病也没有和青凤住在一起,而是让她做了个没名没分的外室。挣脱礼教的青凤,重被宗族礼教观念所遮蔽。作者对《聊斋志异》批判性思考时揭示:"女性世界的情感标准就只有一个维度:必须钟情于男主,哪怕男主有再多别的想法。"蒲松龄男女有别标尺下的情爱,"不是现代意义上排他的两厢爱恋,更和婚姻没多大关系。②"作者重返文本现场诠释《聊斋志异》,发现过往阅读经验中被误读的女性自主意识,露出人世间真实的人性、欲望、宗族等级规范等陈腐封建礼教制度本质。

当代一些诠释者拒绝被阅读史中的赞美所迷惑,通过文本细读,尽量保存女性意识一缕本真微光。这种阐释路径有别于文学批评和文学史研究的方式,而是诠释者放下成见,回到纯粹的文本现场细读,与他人分享交流。对于文本现场的情景、对话,丝丝入扣的情绪,人物活动痕迹,等等,始终保持谦逊态度;而对过往阅读经验则持质疑精神,直面"他者"真实处境,从而在文本深处发掘被遮蔽、被物化、被诋毁的"他者"。富于伦理关切的文学研究者韦恩·布斯(Wayne Clayson Booth)认为,教条化的思维让文学批评变得僵硬、粗暴,他在其著作《小说修辞学》中,提出的"隐含作者"概念就暗示着对教条主义独白的抵制。"优秀的文学作品中存在着的从来不只是一种声音,它是多种声音的集合体;文学作品所传达的价值,也绝不能等同于作者本人的价值观,它所传达的价值常常会超越生活中作家的单一主观意图。③"

---

① 游国恩等主编:《中国文学史》(四),人民文学出版社 1989 年版,第 256 页。
② 王意如:《〈聊斋志异〉中的情爱观》,《书城》2022 年 3 月。
③ 范昀:《韦恩·布斯:文学共导中的人性》,《书城》2018 年 12 月。

四、回归历史文化情景及阅读现场的女性意识

(一) 在历史文化情景中理解女性意识

安托瓦纳·贝尔曼在《异域的考验》一书中将阅读视为有意识的主体间的交际,"对文本的理解首先是对主体的表达成果的理解……这一现象的产生不仅取决于作者,更取决于作者在语言文化史中所处的情景"①。在贝尔曼看来,作者在语言文化史中所处的情景,对理解文本起关键作用。

在语言文化史宽阔视野下,作者所处社会的思想风潮、文学戏剧、文化情景,等等,势必影响阅读者、诠释者对文本及其中女性意识的理解。《〈红楼梦〉的女性意识》一文,作者从泰州学派思想家罗汝芳对其弟子汤显祖的教导中提取自我意识观点,"人有'赤子之心',应该发挥自我的天性,生命的意义是'活泼泼地',不应该抹杀内心的'情',被迫随着社会习俗的'理',做一个没心没肺的'假人'。"他揭示了社会历史文化意识对《红楼梦》女性的自主意识、思想状况的影响。文中写道,晚明的文学写作里,对女性的关注很多,归有光、李贽等人开了风气,汤显祖的《牡丹亭》可以说是集中呈现了晚明文人对于女性处境的关怀,是对女性内心幽微意识的系统性探索。②

文中写到汤显祖《牡丹亭》对黛玉自我意识的触动:"《红楼梦》二十三回'西厢记妙词通戏语、牡丹亭艳曲警芳心',讲到林黛玉读了《西厢记》,触动了懵懂的少女情怀,之后又听到《牡丹亭·惊梦》的唱曲,引动了情思"③。幼弱的黛玉依附外家,在巍峨冷漠的贾府挣扎,"一年三百六十日,风刀霜剑严相逼",当她听到《牡丹亭·惊梦》"良辰美景奈何天,赏心乐事谁家院","如花美眷,似水流年"等唱词,不免心痛神驰,"进入了杜丽娘的情思状态,挑动了自己内心深藏的情愫,逐渐置换成杜丽娘呈现的女性意识"④。可见曹雪芹对于女性意识的关注,不只源自他自己的经历,也继承了晚明以来文学与戏剧表演对于女性意识的发掘。

在具有现代启蒙意义的文化意识、思想风潮影响下,女性意识内涵趋于丰富、深厚。林德尔·戈登(Lyndall Gordon)《破局者:改变世界的五位女作家》一书中的五位女性作家:玛丽·雪莱、艾米莉·勃朗特、乔治·艾略特、奥利

---

① [法]安托瓦纳·贝尔曼:《异域的考验》,章文译,生活·读书·新知三联书店 2021 年版,第 238 页。
②③④ 郑培凯:《〈红楼梦〉的女性意识(上)》,《书城》2020 年 8 月。

芙·施赖纳和伍尔夫,她们生活在19世纪的英国,身处社会边缘;而特定历史文化因素却使她们冲破人生种种藩篱,成为时代"破局者"。她们的女性文学意识都来自当时历史图景下的普通人生,如伍尔夫所言,"只有在能够丈量普通女性可能有的生活方式和人生经历的前提下,我们才能够理解超凡的女性作为作家的成功或失败。"①同时,她们将"发挥女性天性中独有的特质和潜能,并实现意识和人格的真正独立"②的追求融入文学创作,她们的作品纳入了文学史的经典体系。

在双重"他者"视域中,这五位英国女作家面临双重境况。该书译者之一胡笑然在《沉默另一侧的轰鸣》一文中分析:一方面,女性在经济、法律、社会生活里被禁锢在种种局限之中;另一方面,这又是一个接连不断涌现革命性思想的时代。从启蒙运动的余晖到约翰·斯图尔特·密尔的自由人文主义,再到赫伯特·斯宾塞的社会进化论,许多为激进的社会变革和人性解放所发出的勇敢声音都为她们的"离经叛道"提供了思想温床。③清室倾颓、礼崩乐坏之际,也是革命性思潮催生长期受压抑的女性自我意识觉醒的年代。秋瑾诗句"休言女子非英物,夜夜龙泉壁上鸣",是她自己写照,也为当时追求自主意识的女性画像。如,刘青霞出资创办刊发鲁迅《人间之历史》《摩罗诗力说》《文化偏至论》等文章的《河南》杂志,还在东京创办《中国新女界》,致力于男女平权。④社会激烈变革时期双重"他者"视域的矛盾、冲突、交缠,使女性自主意识、个体生命,比承平时代包含更深刻的人性洞察、人格独立、权利诉求。

(二) 被遮蔽的"他者"在当下阅读现场敞开

细读经典文本,文本中被遮蔽的"他者"总会在当下阅读现场敞开。阅读现场关系到阅读者所处社会场景。阅读本质上是一种集体传播现象,比如,新闻环境模式下对阅读文本的选择、诠释及传播,不可避免受由新闻事件激发的社会情绪辐射。每年3月,是社会群体意识关注女性的时间点,2022年3月尤其明显。观察近三年《书城杂志》3月号刊登的女性意识题材经典阅读释义文章,2020、2021的3月号分别为二篇、一篇,但2022年3月号却增至五篇。毋庸回避一则新闻事件:2022年1月底至3月,徐州丰县八孩母亲"铁链女"事

---

①②③　胡笑然:《破局者:改变世界的五位作家》,《书城》2022年2月。
④　综合自李娟:《新女性传奇种种》,《书城》2017年1月。

件的持续曝光,击穿女性权利认知底线,引起强烈社会情绪。事件现场引发的不仅是新闻观察,还包括伦理、宗族传统、风俗、法律、经济,等等,诸多因素构建成复杂的文化现场。只要是知情者,均无法从这一文化现场逃逸,这或多或少影响到公众阅读意向的选择。

2022年3月刊登、播发的女性意识题材经典诠释文章,除《〈十日谈〉:慰藉抑或训诫之书》和《〈聊斋志异〉中的情爱观》之外,《李清照的才女之累》①批判男权社会对李清照改嫁的性别压制及道德评价;也批评南宋之后,一些有道德洁癖的批评家力图将其再婚之事洗白,把她驯化、规范到主流价值观中去的荒唐之举。《博弈进路与女性选择》②则对现代社会如何提升女性的博弈地位进行思考,其中"个人自我价值感的重要性"关涉女性意识的价值。《重读〈包法利夫人〉》把爱玛被欲望充塞的自我意识置于她生活的社会环境观察、自省,认为福楼拜或是以爱玛的道德污点作为一种原罪的隐喻,悲悯是出于同情,宽宥是期待救赎。"现代性本身是否携带道德进步,文明与进化如何一再遭遇困境,这是大革命以来困扰法国知识界的大问题。"③

回归阅读现场的关于女性"他者"的言说,唤起了公众对当下女性意识的关注。罗伊诉韦德案的判决赋予了女性合法堕胎的权利。该案过去半个世纪之后,2019年5月美国阿拉巴马州通过了历史上最严格的反堕胎法案即《人类生命保护法》,2022年6月美国最高法院又判决推翻"罗伊诉韦德案",均引起公众强烈反应。2021年8月,《读书》杂志载文评论美国历史学者索琳歌尔《妇女对法律的反抗:美国"罗伊"案判决前堕胎法的理论与实践》一书,由露丝——跨越从堕胎非法化到合法化历史阶段的一位堕胎师的人生故事,"展现堕胎非法化时代女性的真实境遇,法律与道德伦理之间的紧张关系","关注被堕胎法案保护女性隐私权这一目标所遮蔽的女性权利和性别平等问题"。④曾在非法堕胎师那里,被主流社会所压抑的、来自女性内心深处的或卑微或不堪的欲求,在当下或将再次被言说。女性意识是一块试金石,总能测试出现代性的脆弱性。现实环境中女性被损害的遭遇,会触发集体痛点,引发群体性共

①　赵柏田:《李清照的才女之累》,《书城》公众号2022年3月8日发布。原刊于该杂志2022年1月。

②　[美]玛莎·努斯鲍姆:《博弈进路与女性选择》,《书城》公众号2022年3月11日发布,文章节选自其著作《女性与人类发展:能力进路的研究》,左稀译,中国人民大学出版社2020年版。

③　李庆西:《重读〈包法利夫人〉》,《书城》2022年3月。

④　马姝:《露丝故事的启示》,《读书》2021年第8期。

鸣,也不可避免延伸影响到阅读行为。

五、结　语

从以上讨论可以看到,双重"他者"视域碰撞、对抗、交缠,在当下的阅读语境中,经典文本中的女性意识重新被看见、认知、理解。

一方面,在以"限制""占有"为重的"他者"视域中,女性通常被所处的时代禁锢,深陷困境,无法改变自身被支配地位。对大多数男人而言,女性问题是每一个时代都要直面的命题。时至今日,女性依然无法取得与男性平等的地位,《〈十日谈〉:慰藉抑或训诫之书》的作者陈英是《那不勒斯四部曲》译者,从14世纪至20世纪、21世纪的意大利,即便在现代社会小资产阶级文化圈,陈英还是敏锐地察觉到森然的性别秩序,"看到的是一种隐性的暴力,一种更深层次的规训。如果男性生活是一种不断自我赋权的过程,女性却要经历一种漫长的弃权和自我规训"。①时代在变迁,但我们总能见到似曾相识的面目,比如美国反堕胎法案事件,让我们再次领教波伏瓦所言"女人是一个子宫、一个卵巢;她是雌的"②这一境况。阅读史中那些被限制、被支配、被物化的"他者",会在适宜的时机穿越时代局限给我们以启示,也时不时给现代性一记耳光。

另一方面,注重"多元"特性、"召唤"关系的"他者"理论,对女性意识的包容、尊重具有启示作用。启发诠释者多维度细读文本,打破"他者"所受的种种束缚,将女性"他者"从文本中释放出来,在被诠释的过程中,女性意识也被关注。反之,若诠释者放弃以平等、包容之"他者"视角凝视、诠释她们被遮蔽、被禁锢的自我意识,那么,她们真的变成了孤儿,永远淹没在沉默的文字里。通过经典文本诠释,让女性意识从文本现场回归阅读现场、文化现场,从而被关注;使女性在具体社会环境摆脱边缘"他者"境地,期许作为人类的女性过上一种"与人类尊严相配的生活"③。

---

① 　陈英:《暴力、自我赋权和同谋》,《书城》2021年3月。
② 　[法]西蒙娜·德·波伏瓦:《第二性》,郑克鲁译,上海译文出版社2011年版,第27页。
③ 　陈燕:《悲剧、女性与正义》,《书城》2022年2月。

The Female Consciousness From a Dual Perspective of "the Other"

—Focus on classic interpretation articles published in Shucheng(2017—2022)

Abstract: With the emergence of modern phenomenology, "otherness" has come into prominence. Sartre's possession of the other and Levinas's calling for the infinity of the unlimited other contribute to the theory of otherness. The paper attempts to apply their framework to discuss the deconstruction and reconstruction of female otherness in classic interpretation based on the articles published in Shucheng. According to the author, these articles have broadened the text space and deepened the textual meaning of the classics by exploring the suppressed female voices in a historical-cultural context and by making efforts to find their voices.

Key words: the other; the female consciousness; heterogeneity; eros; interpretation

作者简介: 顾红梅,《书城杂志》执行主编。

光启评论

在阅麓读书会上关于《茶馆:成都的公共生活和微观世界》与学术内外的答问

王　笛

澳门大学人文学院

编者按:阅麓读书会两周年之际,能邀请到著名历史学家、澳门大学杰出教授王笛先生参加第十五期《茶馆》的读书活动,倍感荣幸与感动。在长达三个半小时的时间里,王笛老师全程参与,跟师生们交流、互动,竟然回答了十七个问题,让师生们收获甚巨。

这次小范围、面向阅麓读书会师生群体的学术交流活动,王笛老师怀着提携后进、鼓励后学的学者气度和博大胸襟,在没有任何酬劳的情况下,非常爽快地应约参加,让我们为之动容、深受鼓舞。

以下是王笛老师在本期读书会的发言与答问,由上海师范大学传播学硕士研究生郑纯娜同学整理,周韧老师、吴文治老师校对,王笛老师最后审阅修订。

引　言

听了好几位老师的发言。先是吴文治老师的介绍,然后是曹汝平老师、何灿群老师、柳沙老师、周韧老师关于这本书的一些解读、看法,也提了一些问题。这对于我一个作者来讲是非常重要的,因为毕竟自己做研究还是有相当的局限性。

在一个课题里面,投入的时间太长以后,有的时候会出现一些问题,比如这本书花了11年。好的一面是可以做得很扎实,但是不好的地方就是可能时间太长了,会对这个课题比较迟钝了。刚开始是有种新鲜的感觉,在刚读这些资料时,会觉得很新,会觉得都有看法,但是当你同样数量的材料看了几遍、几十遍甚至上百遍,反反复复地改这本书,其实有的时候就开始反应迟钝,可能也开始有点厌倦了。所以我在做这个课题的后期,实际上就是想尽快结束。但是呢,由于这个课题我自己觉得既然下了那么大的功夫,也不应该草草了事,就是我自己都还能发现问题,那么我就应该发现了问题,就要尽量地解决。

刚才文治老师提到,这本《茶馆》我有 12 个版本,就是说从头到尾地改,不只是局部的改,就有 12 次。每改一次,形成一个文件,花的功夫也特别大。

实际上,这个书英文版是 2008 年出版的,中文版 2010 年出版,距今其实也已经有相当的时间了。但是我非常高兴的是,现在还有很大的读者群。社科文献印了 13 次,还特别出了一个典藏版。后来到北大又出了新的版本。读者能够有这么好的反响,我觉得这么多年的辛苦和努力,还是值得的。所以今天大家所提到的,让我又重新在头脑中浮现出很多过去的研究资料的细节。

那么我就根据各位老师所提出的问题,顺着来讲一下。吴老师刚才提到那个湖州一元茶馆我还真的去过,上海朱家角的茶馆我也去过,也拍了很多照片。虽然我的主要研究点还是在成都,但其实全国各地的茶馆我也做了不少的考察,这是有必要的。因为对一个地方的研究,实际上也需要了解其他地方,在写作的时候,才有比较研究的视角。

另外,我要提到就是《茶馆》的第二本,即社会主义时期的茶馆,英文版在 2018 年康奈尔大学出版社已经出版,中文版预计在今年六月份香港中文大学出版社出版。这本书的时间跨度从 1950 年到 2000 年,很接近我们现代的这种生活,这两本书加在一起刚好是 20 世纪的成都茶馆 100 年的历史,就会很完整了。

问题一:地方文化真的能用"坚韧"来形容吗?

我在这本书中间,提出的主要观点是说国家文化在利用国家权力削弱地方文化。曹老师就问,为什么觉得它是坚韧的。

从整个中国的历史看,不仅仅是在近代,精英文化在不断地影响大众文化,而精英文化就是正统的儒家文化,是受到国家承认的主流文化,地方精英不断用这种文化对地方的民众,包括农民、一般的民众进行教化。这是过去地方精英的一种使命。举个简单的例子,比如说在清朝,在每一个乡场都有专门宣讲康熙圣谕的人,内容包括一些儒家的基本的准则,如孝道、和睦、忠君等等。这实际上就是用一种正统的儒家文化来影响民众。

但是呢，如果我们考察从晚期帝国时期一直到现代，国家利用它的政治权力、正统的文化不断地对民众、大众文化施加影响。实际上，一直到21世纪，我们还能看到其实在任何一个地方，不仅仅是成都，包括上海、北京这些最重要的政治、文化和商业中心，其实大众文化还顽强地存在。

举个例子，我们认为上海是中国最西化的城市。但是一直到前几年，一个朋友家里的老人去世了，还要做纸糊的房子和家具，送到墓地去烧掉。我们可以想象，上海的现代化程度非常高，社会主义革命对地方文化产生了最强烈的影响，但是到了21世纪，地方文化还是这么强，大众文化表面上看起来他是弱者，并且一直都是弱者，它总是被改造、被限制、被制约，但是它又一直坚韧地存在，进行弱者的抵抗。我用"弱者的抵抗"这个说法，是受到耶鲁大学人类学家詹姆斯·斯科特(James Scott)的《弱者的武器：农民反抗的日常形式》的启发，什么叫弱者的反抗呢？他不是和你直接地对抗，而是以弱者的方式来积极消极地反应。所以大众文化的"坚韧"，就是通过这样一种形式表现出来的。

问题二：从国家层面入手探究茶馆的日常生活，会不会仍然有宏大叙事之嫌，或者，为什么不是从"茶馆"窥探国家？（从心脏到毛细血管，还是反之？）

其实我觉得，这本书我也是从茶馆来观察国家。举个简单的例子说，国家颁布了好多关于茶馆的规定，包括卫生标准、厕所、宣传等等。特别是在抗战时期，在茶馆要求张贴《国民公约》，还要求每一个茶馆准备一个黑板，这个黑板上要写抗战前线的一些新闻和消息，茶馆里面的演出需要国家进行审查等等，其实这就是从茶馆中看到了国家无处不在，这是双向的。

茶馆就是一个小的窗口，从这个窗口看外面的大世界，可以大到这个城市。也可以大到整个大后方，大到政府和政策，大到抗日战争，甚至大到整个第二次世界大战。

问题三：王老师如何处理历史写作时的自身的态度问题？

我们历史写作者、研究者，应该是力图从第三者的角度，不要站到自己的立场上在进行历史写作，因为如果有倾向的话，会影响到对研究对象的一种公平，不能冷静地分析你所研究的对象，你可能受到自己的情绪影响，或者爱与恨的影响。

但是，任何事情都不是绝对的。其实我一直强调，既然历史的研究是主观性的活动，研究者也不是机器，对不对？研究者在使用资料的时候，有他自己的解读，其实会受到他自身的影响，比如教育的程度、地域，甚至经济地位、政治观点、意识形态等等因素。这些通通都会对所研究的对象有潜移默化的影响。所以不可避免地在写作中带入自己的情感和判断。但是作为研究者，我觉得应该尽量避免这种偏见。

但是，是否应该把一些感情加入进来，我并不完全排斥，比如刚才大家提到《茶馆》读起来觉得很有画面感，读起来非常有趣。我想如果是自己写的东西都打动不了自己，都没有一点感觉，那么读者也肯定不会有感觉的。所以，我在写作的时候，我不完全是冷冰冰的，我不是写一篇科学论文对不对？毕竟是在写历史，对这些历史肯定有我的判断，有我的观点，那么我在表达自己的观点的时候呢，我觉得可以把自己的感情流露出来。

比如说我就在整部书中表现出对弱者的同情，大家从书中可以看得很清楚，我对国家（当然是指政府）主要是持批判的态度。因为民众没有权力，也没有话语，我就从宽容的、理解的态度来看待他们。既然他们没有声音，我就要尽量发现他们的声音。所以大家可以看到我还是有态度的，还是有我的立场，我的立场是要为这些没有声音的人、失声的人、失语的人发出他们的声音。所以说从这个角度讲，我并不排斥表明这种态度。

问题四：关于"三"的偏好。

这个是柳沙老师总结出来的，我很喜欢"三"，如三个主要观点，每一部分三章，等等。这本书出版那么久，我第一次听到读者说这个，我自己也没有发觉，但是感觉柳沙老师的总结还真的是这么一回事儿，这完全是不自觉的。我想了一下，为什么刚好都是"三"。因为如果是两点，觉得好像有点单薄，超过三点了又太繁琐。当然也可能有些地方其实还有四点、五点的，但是三点倒的确是最多，这个是潜意识在作怪。

问题五：历史写作的目的是为了真实记录历史还是为了通过历史事件揭示人类社会变迁的原因、原理和关键因素（史料派和史观派）？

关于历史的目的，作为一个历史研究者，我们还是想去还原历史，毕竟我们一个民族、一个文化、一个国家,总是要了解自己的过去。所以我想这是第一个。

第二个目的就是表达对历史的认识。这特别重要,了解历史有利于我们怎样去理解过去,这对我们如何看今天会有帮助。虽然这个社会在变化,政治也在变化,国家也在变化。但是呢,如果你对过去的历史有正确的了解的话,历史观会让你认识问题比不了解历史的那些人要深入得多。

问题六:王老师如何看在国内进行历史学或者说人文社科研究,与在欧美研究的差别? 中国中青年人文学者应如何选题和从事研究?

这个问题太大了。现在中国其实也逐渐和国际接轨,你看现在好多新书马上就翻译过来了,而且量非常大、非常快。当然,从史学研究上来讲,我觉得差别也是比较明显的,可能最明显的是,在欧美的研究其实还是注重问题,不仅是把事情讲清楚而已,总是要表现一些对历史的理解。过去我经常见到,比如我的学生认为这个问题还没有人研究,所以去研究。这和西方不一样,西方学者会问你,这个问题既然没有先人研究,那么你的研究到底能告诉我们什么? 你研究这个问题对我们理解中国、理解美国、理解欧洲有什么帮助? 是不是提供了新的模式? 提供了一些新的看法吗? 提供了新的资料吗? 而不是说这个问题没有人研究,我就去研究。所以说,这个可能是最明显的不一样。

问题七:1900—1949 年期间成都男人开始多大年纪泡茶馆,并一代代接受这种生活方式的?

男性在多大年纪就可以泡茶馆,说实话没有定论。但是据我了解,有的成都人还在襁褓之中,可能还不到一岁就泡茶馆了,我在茶馆的第二本专门写这个问题,一个年轻人结婚以后有了小孩,早上去吃早茶,他就背着他的婴儿到茶馆中去。所以说像三四岁的小孩自己去茶馆,简直是太经常了。我也采访过一个老先生,他带着他三四岁的孙子去泡茶馆。

我在茶馆的第二本也用了好多回忆录,回忆他们怎么样成为茶客的。好多的描述就是,先是他们的爷爷、父亲带着去的。茶馆到了二十世纪五六十年代,都还有很多表演、讲评书,是小孩最喜欢去的地方。成都的茶馆还有个特别的是,许多家庭会派小孩去茶馆去买开水或者热水,小孩最喜欢了,都争着去,去了就可以在茶馆中间去混一段时间。回去了被问道,哎呀,为什么那么久才回来？小孩便称水还没有开、要在那里等一下之类的借口。其实家长也知道小孩茶馆里被那些讲评书的、表演的、算命的等等所吸引。茶馆就是小孩的大世界。过去其实没什么娱乐活动的，不像我们现在有手机、电视、电影、网络，当时茶馆就是最好的娱乐中心。

问题八：茶馆文化是何时从成都兴起的？

关于早期成都茶馆的资料非常少，最早可以追溯到元代。但是元代所提到的茶馆都是茶摊、茶棚之类还是今天意义的茶馆，其实都不清楚。有明确的记载茶馆也是一直到了 19 世纪才看得到，但是现代意义的茶馆是晚清即 19 世纪末 20 世纪初才形成。过去的成都茶馆其实是坐长凳，很不舒服的，现在我们看到的有扶手的竹椅，可以在那里打瞌睡，是到了 20 世纪初才出现。所以这个就提供给我们思考，我们总是认为文化有很长历史，其实有的时候并不见得就是我们想象得那么长。好多的传统是后来才发明出来的，英国历史学家霍布斯·鲍姆曾经出过一本书就叫《传统的发明》，就系统地讨论过这个问题。

问题九：微观史和专门史两者之间有何区别和联系？

微观史它主要是以人物为主，而且是下层人，不是研究帝王、知识精英、英雄人物，微观史研究的就是那种没有地位的普通民众，英语说的 nobody、anybody，可以是任何一个人。专门史主要是讲某一个地方，比如四川地方史，上海城市史；或者是某一个方面，比如公路交通史、铁路史、蚕桑史等等。

问题十：王老师，请问在表达某一类文化价值时，是否往往都会消极描述当时的社会关系和国家机器，以此来烘托文化的价值？茶馆为代表的这一类地域文化的自治能力和生命力是否被夸大？

这本书，读者确实会感觉到我对这个国家权力是持批评态度的，因为民众是失声的，我没有必要作为一个历史研究者再去为国家权力去鼓吹它做的很多有益的事情，包括现代化、抗战等等，因为已经有了很多研究，而且在过去也是研究的主流。所以我在研究的时候，是设身处地地从国家的视野转向了民众的视野。

如果你看过我的第一本书《跨出封闭的世界》，那就是从精英和国家的角度写的,对现代化都是持肯定的态度。但是那个时候我们不考虑在现代化的过程中间,到底一般的民众,他们的经历是怎么样的。其实有的时候所谓的现代化,打的旗号都是说为了民众,但是最后却并不这么回事。所以我在《街头文化》那本书的最后一句话:他们失掉了一个旧世界,但是并没有得到一个新世界,就是揭示了这个问题。这段话也很能引起读者的共鸣。其实这个就表达了我的观点,现代化有很多积极的东西,但是我过去已经研究过了,其他人已经研究过了,现在我没有必要再来研究这方面的东西。

现在是两类学者,一类学者是为国家政策做解释的,国家政策出来,他就为这个政策做论证;另一类就是不断地发现问题,持批判态度。我自认为我更多的是属于后一种。所以说为什么我那本书叫"消失的古城",实际上就是要批评中国城市的大拆大建。

问题十一:关于本书的英文名和中文名,不能完全对上,想听听本书的中文名命名的故事。

这个中文的书名其实没有什么故事,因为英文直接翻译出来比较啰嗦,原来的英文书名是这样的:*The Teahouse:Small Business,Everyday Culture,Public Politics in Chengdu,1900—1950*。如果直译为中文就是:"茶馆:成都的小商业、日常文化与公共政治,1900—1950",我觉得这样显得有点啰嗦,所以我就还是想把它改得稍微适合中文的书名一点。中文书名有一点想象力会更好,让读者看着想读,好奇微观世界里面到底是写啥东西?英文标题则比较明确表明了这本书的主要内容,这也展示英文写作和中文写作真的还是有区别的。

问题十二:谈谈新文化史与文化研究之间的一个区别。本书的研究方法偏向于哪一种?

关于新文化史和文化研究的区别,我觉得新文化史是一种历史取向,主要还是在历史学界,但是文化研究就明显是一种跨学科,包括历史、文学、哲学、政治学、社会学等,大家都研究文化,只是说从不同的领域来研究文化。新文化史就是属于历史学的一个范畴,当然也会涉及文学、人类学,引用文学资料。但是总的来说还是历史的研究。所以这个区别是很明显的。

2021年10月,我在人民文学出版社出版的《那间街角的茶铺》,依然是讲述成都茶馆的故事,但是就更多地运用了文学的手法,引用了更多文学的资料。

问题十三:这本书在西方的高校的阅读课和讨论课是非常受欢迎的,会不会存在一种文化猎奇的心态?

其实我想不管是西方读者、学者,还是大学里面的研究生、本科生,读这本书的时候,肯定有一种猎奇。西方也发表了好多书评,我记得有一篇书评说,我们从来还没有进入到有这么多细节的城市生活。茶馆文化、茶馆生活展示中国普通人的生活,这对西方人来说是非常新的。回到国内,其实你要说西方猎奇的话,中国人都从这个书中发现了很多新的东西,更多的读者在中国。虽然我们都了解这种茶馆文化,但对它的细节不了解,所以中国读者看到这本书其实还是有一种猎奇的感觉。

问题十四:茶客临时有事回家占座的行为不会影响茶馆的经营吗?男女厕分离吗?是旱厕吗?

茶客要去办事,然后把茶碗留在桌子上,这样会不会影响生意?其实我觉得是不影响的,大家一定不要用今天茶馆的概念去想象。过去的茶馆是没有隐私的,一张桌子你坐了以后,其他人也可以坐,甚至一张方桌的话可以坐六个人。没有什么空间,大家都挤在一起。所以你走以后,把茶碗移到这个桌子的中间,如果生意好周围马上就会有人来替补。这样生意做得更灵活,茶馆特别讲究人气,越挤越好,所以茶客再回来的话,老板都是无所谓的。

茶馆厕所的设备,根本谈不上设备,就是挖个坑搭两个板子,非常简陋,卫生条件非常差的。政府在颁布卫生条例的时候都要特别提到关于厕所的问题。但是,过去在成都,一般人上街如果要找厕所的话,可以随便去茶馆里面用厕所的,就像今天的麦当劳一样。茶馆老板其实是希望用的人越多越好。因为粪便实际上是可以卖钱的,农民定期来收,这个也是茶馆的收入之一。

过去,女性很少坐茶馆的,所以当然也只有男厕所,就是蹲坑。

问题十五:您是先写中文版还是英文版,心里想象的读者是东方还是西方的?

最初是用英文写的。因为在美国,英文的发表和出版是评审、提升等主要的依据,所以首先考虑的是写英文书,写作的时候完全是用英文来思考。而且针对的也是西方的读者。关于公共空间,比如像哈贝马斯公共领域的这些概念,其实主要是针对西方学术界的讨论。不过,我自己把它翻译成中文的时候,做了非常大的改动。首先英文没有中文表达得这么丰富,在英文写作中一般要求比较精炼,点到为止,不会让你引用很多史料,问题点到为止。

所以在翻译成中文的时候,需要补充一些东西,有时候要把完整的史料放进去才觉得过瘾,才觉得读起来有味道。如果只是把英文版直接翻译成中文的话,我就觉得还显得比较单薄。

所以在写作的初期是按英语思维的,也是针对西方读者的。但是在翻译成中文的过程中,是针对中国读者的。比如说在英文版里面就没有中文版里的"引子"和"尾声"。从可读性来说,中文版的可读性更强,还增写了"袍哥"这一章。

问题十六:您在书中提出了第二条写作线索"在国家权力深入地方的过程中,以茶馆为代表的地方文化,竭力对抗现代化所推行的国家文化的同一模式"。并指出"中国传统中的许多东西都永远不复存在了,但茶馆不仅没有消亡,而且达到了前所未有的繁荣。这充分反映了地方文化的顽强"。现在任何事物的去留都是国家机器和社会关系的认同与协商下的结果,强调这种复杂的互动关系给予地域文化的能量,对于历史叙事来说是否会具有正向影响,使得叙述更加原真?

嗯,谢谢!这个问题很重要,确实这个在从现代化以后,好多传统的这种生活方式都在消失,我所强调的国家权力在其中起到了重要的作用,主要是通过茶馆这个空间来讲的。其实有好多传统的消失和国家权力并不直接无关,可能是由于经济的发展、生活方式的改变,所以实际上是两个层面的问题。

一是国家觉得这个是落后的,所以要打击。特别是从晚清新政以来,从20世纪初,国家就认为要现代化,那么大众宗教、传统生活方式都是落后的,包括当时的精英,他们代表的是国家文化,许多是从西方回来的,借鉴西方,参与了对大众文化的改造,或者是围剿。警察把大众宗教作为主要的目标,他们把一切大众信仰,包括崇拜祖宗、妈祖、观音以及佛教、道教统统都看作是阻碍现代化的东西。虽然从20世纪初,还在清政府的时候,更不要说国民党政府,就开始打击这些大众宗教,比如说把好多庙没收了,拿来开办学堂。所以我主要展示的是从国家的层面上,通过国家权力使很多传统的东西消失了。

但是有的东西是随着文化、经济的发展所消失的,这与国家权力是不同层面的东西。但是呢,我认为国家权力在促成传统消失的方面,由于它可以动用国家的机器,所以起的作用更明显,而经济的影响更缓慢,是自然的选择。

问题十七:想请问如何看待历史研究与现实关怀二者之间的关系,是否存在矛盾?因为大多数人能够达成共识,历史研究能够帮助读者深度了解国家与社会发展的历史。而历程与现状,从现实关怀的角度来说呢,又对研究者们提出怎么样的研究要求?

历史研究应该有现实关怀,为什么我把那本书叫"消失的古城",就是因为觉得现在我们的大拆大建,让我们的珍贵的城市景观和传统文化消失了,实际上这就是现实关怀。比如成都,原来我们川大门口就是九眼桥,这是个明代的桥,非常有地方文化的特点,本来就是一个古董、一个文物。但是由于后来修了一个新桥,就非要把这个老桥拆掉。当时川大历史系好多老师、教授都提出呼吁,没有人听,最后还是拆掉了。

很多年以后,又在另外一个地方修了座九眼桥,是假的,把那个真的古董拆了,然后修假的,作为一个历史研究者,对这种现象进行批评,这就是一种现实关怀。我在人民文学出版社马上要出一本书,叫"历史的微声",从微声中看到大的问题。这本书是我的书评集,有一篇是评文斯的《人类进化史》,题目就叫"人类文明的发展是合作而不是竞争"。过去我们一直受达尔文进化论的影响,后来赫胥黎又把达尔文的进化论用到人类社会,认为"物竞天择,适者生存"。严复翻译了赫胥黎的著作,即《天演论》,这样适者生存的竞争理念就成了中国根深蒂固的一种思维方式。但实际上人类进化史,提出了一个非常重要的观点,人类文明的进化,不是因为竞争而是合作。而这个问题的强调和提出,就是针对中国社会所普遍存在的,以为中国可以脱离这个世界而独立生存。

我最近几年特别关注我们的思想倾向,我们该怎样去面对这个世界,是继续敞开大门吗?还是要进行对抗。其实,我这本书写的书评主要是回应现在的我们的一些思维,我觉得我们必须要合作,当然,竞争是有必要的。但是人类历史的发展就是通过合作才完成的,所以我们一定要坚持合作。坚持拥抱这个世界,这个就是我的现实关怀。历史研究和现实关怀是相辅相成的,如果我没有现实关怀的话,就不会想到这个问题。读那本书的时候,合作的这个主题打动我,就是因为看到现在中国正面临这样的选择。那么我希望通过我的这本书评,来阐述我的观点,并希望大家能从这本书里面得到一些启发。

这些年,我们不断地问"为什么历史有意义?""什么是历史发展的规律?"我就对这个所谓历史发展的规律提出了反思。如果历史有规律的话,那么意思就是说我们不论怎么做,总会走向一样的道路。这就是忽视了历史的复杂性和丰富多彩。我认为历史发展是没有规律的,也不是按既定的道路来向前发展的,因此每一步决策都是至关重要的。

这也是我对现实的思考,我们太沉迷于宏大叙事了,总觉得我们现在就是在创造历史。我认为,我们要充分地尊重历史,但是绝不要妄想创造历史。历史是不能创造的,你的野心越大,造成的灾难就越大。这个就是我现在对世界的思考,并把这种对现实的关怀用在自己的历史研究之中。

近代以来外国人眼中的中国城市
——《外国所绘近代中国城市地图总目提要》评介

祁毓龙　张瀚文

西方的地图测绘文化自前近代即已东传中国,近代以来,随着域外人士足迹自通都大邑、沿海港市与沿边商埠渐次深入内陆中小市镇,外国人实测的大比例尺城市平面图,亦从开埠港城展拓至我国腹地,由此形成了数量可观、层次多样的城镇地图资料库。《外国所绘近代中国城市地图总目提要(彩图版)》(李孝聪、钟翀主编,中西书局,2020 年 12 月版)一书的出版,不仅为我们了解此类大比例尺实测地图在近代中西地图文化交流中所扮演的重要角色,更将为我国城市史地研究中开展对近代城市历史形态的"深描"与系统考察提供丰富的素材。

一、"外国所绘近代中国城市地图"之集大成之作

《外国所绘近代中国城市地图总目提要(彩图版)》(以下简称《总目提要》)上下两册加一函套装,并采用了大 16 开的全彩精印。全书 632 页 200 余万言,系一大型的条目式、地图目录类的提要书籍。按其《前言》所示,总计收录了近代外国所绘城市地图条目 2 336 条,囊括城市地图 2 500 余幅,从篇幅、体量来看,应是我国迄今规模最大的一种以地图为专题编目的著作了;这些地图的测绘者来自英、法、美、日、俄、德、意、奥、荷、比、西、葡、加、瑞士、波兰、芬兰、朝鲜、印度等 20 余国,涉及我国大中小城镇 700 多座,几乎包含了目前所能看到的测绘质量较高的绝大多数外国所绘近代中国城市地图,其中不乏一些藏于海内外公私机构、兼具文物和史料价值且从未公开的珍稀城市

地图。因此,本书可以说是"外国所绘近代中国城市地图"这一类专门地图的集大成之作。

关于外国所绘近代中国城市地图的学术价值,虽说此类地图因战争、开埠、兴业等不同目的,在观察城市时视角不一、各有侧重,但毋庸置疑,它们是当时中外交涉、政府施政、城市近代化建设的重要凭据,其中也蕴涵着近代来华外国人对中国城市的实录与体认,从地图角度展现东西洋异域人士眼中的中国城市[①];更为重要的是,作为我国历史图像文献中极具研究价值的一类资料,特别是近代以来才开始流行的、采用投影经纬网控制技术的大比例尺实测城市平面图,"不仅能够展示城市规划建设的发展历程、近代城市空间形态与结构功能的演变,而且也为解读、探索中国的城市社会与都市文化提供了一种重要的基础研究素材","其所包含的城市地理要素、历史人文信息,乃至测绘、印刷等科学技术以及近代以来的地理意识与旅游文化内涵,更是广泛辐射到其他学科领域,为相关学科研究的不断深化提供大量多元、形象的信息,成为文字资料所无法替代的重要史料"。[②]

作为一种大型的地图目录书,虽说此类地图价值颇高,且其中收录的大部分都是近代地图(按该书收图的年代限定,是从 19 世纪中叶西方近代城市实测制图技术传入中国断至该技术得以充分运用的 20 世纪 40 年代[③]),然而,面对大量散存于海内外各大公私藏机构的各种中国城市地图,既要尽可能地在准确考订成图年代与测绘者的基础上做到网罗周全,又要对其开展条分缕析、精当著录,且在具体编纂过程中,诸如全书编撰体例的安排、众多公私机构藏图状况与相关研究前沿动态的把握、近代以来多语种地图的识读等等,对于具有丰富历史地图研究经验的团队成员来说,也都是极大的挑战。编者坦言,从2015 年筹备编撰起就面临藏家及藏图机构在资料利用权、地图数字化精度方面的千差万别,再加之所涉测绘者大多并非著名政要、图上地名的多语种转译

① 李孝聪:《外国绘制近代中国城市地图集研究引论》,《陕西师范大学学报(哲学社会科学版)》第 46卷第 3 期,2017 年 5 月,第 112 页。
② 钟翀:《日本所绘近代中国城市地图研究序论》,《都市文化研究》第 14 辑,上海三联书店 2016 年版,第 132 页。
③ 该书著录提及"近代地图"中的"近代",并非史学界通常所指"鸦片战争"至"五四运动",而是从 19世纪中叶西方近代城市实测制图技术传入中国直至充分运用的 20 世纪 40 年代。参见前揭李孝聪:《外国绘制近代中国城市地图集研究引论》,《陕西师范大学学报(哲学社会科学版)》第 46 卷第 3 期,第 112 页。

等问题,为编撰的推展增加了诸多障碍,以致此书从着手到最终刊出,整整历经了五个寒暑,其工作的难度可想而知。从这个意义上来说,此书也可以说是我国古旧地图编目整理的一部里程碑式的著作。

二、古旧地图的"图目学新编"

近年来,古旧地图的整理、出版与研究在我国呈"爆炸性增长",地图史学俨然成为"显学"①,不过,针对古旧地图这类特定图像文献的编目整理,由于其与传统古籍等文献差异甚大,目前还缺乏完善的编纂体例与实施规则,因此尚有待深入开展。而本书的编者,在这方面作了大量开拓性的尝试,以至于最终成稿的此书,在编排与著录上,与此前的图目类著作都有很大的不同,因此也可以说本书是古旧地图的"图目学新编"。②

笔者也曾有幸参与此书的部分校对工作,细细阅读品味下来,对此书的编纂也有了一些粗浅的理解。

首先,针对古旧地图载体形态复杂、表现精粗差异甚大这一特点,编者将全书所涉 2 500 多种地图,做了分层的安排,即采用了详细著录的条目式编目、简要著录的表格式编目两种形式。这样编排的好处是显而易见的——既可以对一些测绘质量高、研究价值突出的精测精制地图予以较多篇幅的呈现,又可以灵活、紧凑地利用有限纸幅,最大限度地将许多测绘质量不高、表现较为粗略但又有一定研究价值或一定的文物价值或历史意义的城市地图也收录进来。此种分层处理的形式,就笔者陋见,至少在地图编目之中尚属首见,实为一大创举。

其次,笔者以为该书最具特色之处在于——编者针对地图这种特殊的图像文献,创造性地于编号、城市、图名、测绘信息、印刷与出版、载体形态、比例尺、收藏者或出处、附说等文字著录项之外,增设了"小插图"这一项。也就是说,在本书条目式编目的每一条中,都插入了小幅彩印的地图图像原图。作为图像类文献目录书,虽然小幅图像并不能做到十分清晰展现原图上的标注和

---

① 　汪前进:《说说古旧地图与地图史学》,《中国社会科学报》2021 年 9 月 13 日第 2250 期。

② 　此处笔者提到的"图目学"一词,缘于该书编纂过程中的 2017 年 6 月 10 日"外国所绘近代中国城市地图集成与研究"这一国家社科重大前期报告会之际,由与会周振鹤等先生提出的"地图目录学"一词的简称,是指对地图图录、目录及其分类标准、编撰体例进行系统研究的学问,此前学界通常用地图图录和目录来代替,然这样的表达并不能涵盖相关研究的整体,故采用"图目学"一词。

文字的程度,但也尽可能地让读者直观了解所著录地图的图像原貌、便于快速检索与比对研究,假若是一位熟谙某城地图或稔知某城镇形态的读者,只要一览此类"小插图"便可知悉原图状貌,此正是本书编者践行"一图胜万言"之巧思所在。

除了以上这样革新性的编目举措之外,本书编者还做了许多细致的著录考量,这些匠心与创新在书中比比皆是,笔者在此可再举几个例子(图1)。

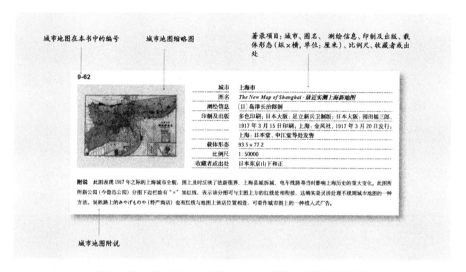

图1　The New Map of Shanghai · 最近实测上海新地图

资料来源:李孝聪、钟翀主编:《外国所绘近代中国城市地图总目提要(彩图版)》,中西书局2020年12月版,编例第6页。

例如,在地图的编排上,本书采取了分层设置的图目编排体系。首先,以我国最近(2020年)的行政区划排序,并赋予2个数字组成的编号(前一数字代表我国一级行政区划;后一数字为对应前一数字所示一级行政区属下的各种城市地图);但是,这样的编排不可避免地出现同一城市的多国别绘制者、未注明成图时间、多语种的地图如何排序这一问题,为此,本书又以成图年代的先后排序;而针对"同一城市、成图年代相同或不详"的地图,则按国别(英—法—美—日—俄—德—其他国籍)或语种(英—法—日—俄—德—其他语言)为序加以编排,这样的安排,尽可能地反映了鸦片战争后外国人来华及其活动范围的客观轨迹。

又如,地图的测制方式是古旧地图最为关键的定性指标之一,就外国所绘地图而言,其测、绘、制、印工序繁多,因而在地图上往往存在"编""编制""绘""测绘""绘制""编绘""摹绘""制图""调制""编译""修订""增订"等多种表达,该书遵从尽可能保留原图信息的原则下,以照录原图所载、而非实施标准化处理的形式予以著录,方便研究者所利用。而就印制及出版项而言,亦有大量地图并未注明其测制及出版时间。就此难点,本书编纂团队通力合作,对图上时间指向较强的关键地物进行了考订,以尽可能采用成图年代的上下限予以著录,并在"附说项"中对于考订原委择要说明。

另外,本书对于古旧地图的图名、比例尺、地图尺寸等细节都制订了统一而又详尽的著录规则。例如对于多个图名并见的地图,该书规定:"一般以主图上或版权页处所题的地图名为正名,图中的题识或地图的封套或折叠式地图的封皮等处所题的地图别名,一般在'附说'项中予以说明。"而本书之中所有的图名均采用海外通行的斜体字来表示,若原图为西文图名,则在其后括注一中文译名;即便如此,还存在不少原图上中、西文图名并见的情况,对此,本书则不再另加中译图名,而是沿用原图的中文图名,并以"·"加以区隔,书中图 9-26 的图名就是此例,因此采用"*The New Map of Shanghai* ·最近实测上海新地图"的形式予以著录(图 1)。另外还有"原图不具图名"的情况,本书"一般采用原图收藏者所题图名;原图收藏者所题图名有明显错误的,则由本书编者自拟图名,且用加黑中括号标示,以示区别"[①]的形式予以著录。

三、近代城市及城市地图研究的一座"富矿"

纵览全书,所选地图内容丰富、涉及近代城镇众多、著录撰述精当并有相当的考证和阐发,实为"外国所绘近代中国城市地图"这一类地图资料的系统性整理兼研究之作,十分有益于城市史地专业人士的研究利用。

以外国人最为关注的北京城为例,该书共收录了北京城图 66 种,绘制时间从前近代的明末清初一直延续至 20 世纪上半叶,可以说囊括了各类外国所绘的最重要、最具代表性的北京图类型,其中即包含了在学界久负盛名的俄国汉学家比丘林编制的 *ПЛАНЪ ПЕКИНА*、法国制图家布歇所制 *Plan de la*

[①] 李孝聪、钟翀主编:《外国所绘近代中国城市地图总目提要(彩图版)》,中西书局 2020 年 12 月版,第 3 页。

Ville Tartare et Chinoise de Pekin、日本江户时代刊中国地理书——《唐土名胜图绘》所收《京师总图》等北京地图,亦有以往较少关注的如葡萄牙传教士安文思所著《中国新志》一书所收 *Plan de la Ville de Pekim Capitale de la Chine*、朝鲜佚名所绘《北京都城三街六市五坛八庙全图》等图,有些地图甚至还是首次披露,如日佚名编绘《辰旦北京州顺天府城池京师大清皇城之地图》、意大利《世纪画报》于 1900 年所刊 *Pekino a Volo D'uccello* 等图。这些外国所绘的北京地图,有不少可以形成明确的编绘系列,例如已有学者研究指出:上述比丘林所绘图,就是本书所收的多种近代西文北京图的绘制底图。[①]因此,本书的出版,将为此类分散在世界各地的、甚为稀见的城市地图的谱系与成图背景研究带来极大的便利。

难能可贵的是,本书的编纂并不止步于地图的收集与分类编排,而更注重于外国人对某一城市地图绘制历史的系统整理,关于这一点,我们从多种城市图的著录中,可以体会编者着力钩稽出该城地图演进的径路及其历史全貌的用心——例如编者并没有拘泥于政治史意义上的"近代",正如其"前言"所述"为了完整展现外国所绘中国城市地图演进的历史全貌,本书编者也收录了部分创作于前近代或近代早期、但未运用近代实测技术的外国人所绘中国城市地图";又如,编者在对上海、广州、大连、天津,甚至哈尔滨、昆明等城市图的撰述之中,也时时展现了外国人对中国城市认知嬗递的考察,而对于沿边及内陆中小城镇图的判读与分析上,则收集了不少以往未曾关注的案例,并做了许多有关测绘者或测绘年代的考证,其或纠正了一些谬传已久的误说。

以本书所收前近代以来四种颇具代表的日本所绘北京城图为例。根据本书著录,可知《北京皇城图》系前川六左卫门于 1752 年刊印,该图描绘的地物有"大明门""承天门""煌殿""中级殿""建极殿"等,人物均着明服,并绘出明北京城图特有的午门前 6 座大象,透射出编绘时参考明北京城图的可能性极大;手绘《辰旦北京州顺天府城池京师大清皇城之地图》并未注明绘者,据查证此图当为江户中期著名制图家森幸安所作《日本舆地图》系列图之一,且据图中附记,明证其在前川六左卫门所镌《北京皇城图》基础上编绘而成;最早的近代日制北京城市地图《清国北京全图》则显示明治维新后日本在地图绘制手法与

---

① 参见李孝聪、钟翀主编:《外国所绘近代中国城市地图总目提要(彩图版)》,中西书局 2020 年版,第 7 页。

编绘资料的搜集上较此前大为更新，该图凡例言道"此图循英国镌行测量图"，据考证，该"英国镌行测量图"应该就是参考了前述比丘林所作 1817 年 *ПЛАНЪ ПЕКИНА* 为底图的 *Plan of Peking in 1817*（见于《总目提要（上册）》第 9 页）；最后一种"清国北京城全图"则是朝野新闻社据上述"清国北京全图"编绘、并以报刊夹带形式流行的。① 纵观此四种北京图的编绘脉络，既可深刻理解日制中国城市地图多是"吸收利用同时代近代测绘成果的基础上，通过一些补充调查并加以综合改进而制作的编绘型地图"这样的特色②，同时也可推察前近代以来日本人对中国城市认知的更新速率，历经了一个从相对滞后、更新较慢到综合运用既有精良地图编绘、即时性较强的发展路径，折射出其对中国的体认由朦胧渐至清晰的全过程。

此外，订正承传已久的谬误也是本书一大贡献，这样的例子在书中所在多有，限于篇幅笔者仅举一例。如杜赫德著《中华帝国全志》法文版中，一幅图名"*Kiatcheou*"的外框上方标有"*Province de Chan-si*（山西省）"并编入云南、福建等多省混合图组之中，然该图在英文版《中华帝国全志》中，却被标注为"*Kya Chew in the District of Ping-Yang-Fu in Shan Si*"，即山西平阳府吉州（今山西吉县），由此造成以后多种版本著录的错误。

而据笔者与此书编者处了解，当时编纂之际曾为此图描绘的城市进行慎重的分析：从图中河流与该城的位置关系来看，"*Kiatcheou*"图（图 2）之城，居处于大小二河交汇处的台地上，大河若为黄河，则相对位置与居于黄河之东的吉州不符；另外，"*Kiatcheou*"图所绘城市形态，图上有南、北二城，且在北城外建有北郭，这与未筑北郭的吉州不符；与上述两点相符、且读音接近的是黄河对岸的陕西葭州城（今陕西佳县），进一步细致分析该图所绘地物，如图中最显著的位于城内东南方的塔、在北城城墙根与北郭城门入口处标示的建筑物等，均可与佳县方志所载"州志图"中的"凌云塔"与志书记载的"城隍庙"对应③，据此可知杜赫德著《中国帝国全志》中"*Kiatcheou*"之图实为"葭州"。这样的纠谬或辨析不胜枚举，有的还涉及民族语言的转译等复杂情况，如书中对

---

① 钟翀：《日本内阁文库藏中国城市地图珍本集释——例论海外专馆所藏地图之创作背景与图史互证》，《形象史学》2022 年第 21 辑。

② 钟翀：《日本所绘近代中国城市地图刍议》，《陕西师范大学学报（哲学社会科学版）》第 46 卷第 3 期，2017 年 5 月，第 131 页。

③ 嘉庆《葭州志》卷上《坛庙》，第 35 页，中国国家图书馆藏。

"Yangi Shahr""Yangi Shuhr"等由俄语或德语转译维吾尔语词汇的称谓所作的辨析①等等,无不反映编者著录的严谨作风,也更增加了此书的研究价值。

图 2　Kiatcheou

　　资料来源:李孝聪、钟翀主编:《外国所绘近代中国城市地图总目提要(彩图版)》,中西书局 2020 年 12 月版,第 467 页。

　　目前我国城市古旧地图集的出版主要着眼于为数不多的少量超大城市或沿海城市,尚不足以全面覆盖我国城市体系中的各类城市。此类图集的收录范围也多以本国所绘地图为主要对象。而在本书编纂之前,对于外国人绘制的中国城市地图、尤其是研究价值甚高的近代初期外国人所绘地图,其专门的搜集、整理、刊印工作几乎无人问津。本书广搜外国所绘近代中国城市地图,并开创性地提出了基于过往此类书目著录得失而总结的颇具实践意义的著录

①　王耀:《清中期新疆南疆新建城市称谓辨析》,载《西域历史语言研究集刊》,社会科学文献出版社 2020 年版,第 83—105 页。

原则及编例规范,这既符合地图史学发展规律,又可清晰呈现地图演进的历史序列,为我们日后编撰此类大型图目书树立了典范,因此具有很强的参考价值。诚然,面对如此海量的特殊图像史料,作为一种具有创新意义的地图目录书,已经不应苛求"小插图"的清晰度了。当然,作为城市史地的研究者,我们仍然期待将书中的"小插图"以高清彩印古旧地图集的形式予以公刊,这必将为近代城市研究带来更大的动力与更为广阔的研究空间。

图书在版编目(CIP)数据

知识、权力与城市/苏智良,陈恒主编.—上海:上海三联书店,2022.12
(都市文化研究丛书)
ISBN 978-7-5426-7902-4

Ⅰ.①知… Ⅱ.①苏… ②陈… Ⅲ.①城市文化-研究
Ⅳ.①K901.6

中国版本图书馆 CIP 数据核字(2022)第 192439 号

知识、权力与城市

主　　编／苏智良　陈　恒

责任编辑／殷亚平
装帧设计／徐　徐
监　　制／姚　军
责任校对／王凌霄

出版发行／上海三联书店
　　　　　(200030)中国上海市漕溪北路 331 号 A 座 6 楼
邮　　箱／sdxsanlian@sina.com
邮购电话／021－22895540
印　　刷／上海惠敦印务科技有限公司

版　　次／2022 年 12 月第 1 版
印　　次／2022 年 12 月第 1 次印刷
开　　本／710mm×1000mm　1/16
字　　数／480 千字
印　　张／29.5
书　　号／ISBN 978-7-5426-7902-4/K·688
定　　价／118.00 元

敬启读者,如发现本书有印装质量问题,请与印刷厂联系 021-63779028